国际大宗商品定价权的
金融视角分析及我国的对策研究

谭小芬　著

中国金融出版社

责任编辑：明淑娜
责任校对：李俊英
责任印制：陈晓川

图书在版编目（CIP）数据

国际大宗商品定价权的金融视角分析及我国的对策研究/谭小芬著．—北京：
中国金融出版社，2020.4
ISBN 978 – 7 – 5220 – 0384 – 9

Ⅰ.①国…　Ⅱ.①谭…　Ⅲ.①国际贸易—商品价格—文集　Ⅳ.①F740.3 – 53

中国版本图书馆 CIP 数据核字（2019）第 277797 号

国际大宗商品定价权的金融视角分析及我国的对策研究
Guoji Dazong Shangpin Dingjiaquan de Jinrong Shijiao Fenxi ji Woguo de Duice Yanjiu

出版
发行　　　中国金融出版社

社址　　北京市丰台区益泽路2号
市场开发部　（010）66024766，63805472，63439533（传真）
网 上 书 店　http：//www.chinafph.com
　　　　　　　（010）66024766，63372837（传真）
读者服务部　（010）66070833，62568380
邮编　100071
经销　新华书店
印刷　保利达印务有限公司
尺寸　185 毫米×260 毫米
印张　27.5
字数　510 千
版次　2020 年 4 月第 1 版
印次　2020 年 4 月第 1 次印刷
定价　85.00 元
ISBN 978 – 7 – 5220 – 0384 – 9
如出现印装错误本社负责调换　联系电话（010）63263947

摘　要

　　近十年来，国际大宗商品价格出现大幅波动。基于基本面的解释认为，新兴经济体的高速增长而产生的实际需求增加和增长预期被大幅上调从而推高大宗商品价格。同时，资源的不可再生性，生产和基础设施的长期低投资水平，供给扩张滞后于需求的增长，导致存货水平和闲置生产力下降；市场结构具有垄断性，地缘政治风险和气候反常导致的供给短缺，使大宗商品市场更容易产生波动。

　　然而，仅仅从供需市场分析，难以解释为何近十年来在没有出现重大供给冲击的情况下，国际大宗商品价格的波动幅度和涉及的商品范围都超过以往的大宗商品价格周期里大宗商品的表现。可能的一个原因是大宗商品市场的金融化，对大宗商品的定价机制产生了直接影响。2003—2011 年，投资者对大宗商品相关金融工具的投资需求急剧膨胀，大宗商品相关资产价值从 130 亿美元上涨到 4500 亿美元，远远超出了实际消费需求。石油期货交易量与石油产量的比例在 2009 年高达 15∶1，纽约商业期货交易所投机者持有的未平仓合约数量占比从 2000 年的 20% 上升到 2008 年的 40% 多（Khan，2009）。这些都表明，近年来大宗商品的金融属性日益凸显。这不仅使金融市场的波动对大宗商品价格有间接影响，而且使金融资本直接参与大宗商品的交易、炒作和价格操纵，从而对大宗商品市场运行产生直接影响。

　　对于近十年来大宗商品价格的大幅波动，流行的解释包括大宗商品供需紧张、投机因素、地缘政治风险、供给约束等多种因素的影响（Frankel and Rose，2009），然而关于其中哪方面是主要原因尚未达成一致意见。

　　第一种观点是从基本面出发，认为随着中国、印度等新兴经济体的高速增长而产生的实际需求增加和增长预期大幅上调是大宗商品飙升的主要原因（Belke，Bordon and Hendricks，2010；Gervais，Kolet and Lalonde，2010；Hamilton，2009；Kilian，2009；Thomas，Mühleisen and Pant，2010；Wirl，2008；Hicks and Kilian，2009；Zhang and Law，2010；Kilian and Murphy，2010）。其一，新兴经济体的产出增长比发达经济体速度更快，而且新兴经济体的经济增长和随之产生的大宗商品需求一直被低估。当新兴经济体的经济增长预期被上调时，大宗商品价格上涨的可能性会随之增大。其二，新兴经济体的高速经济增长相对来说属于"大宗商品密集型"。全球制造业的转移、工业化和城市化的发展，使新兴经济体对能源和金属类商品的需求增加。这一种观点被国际机构、西方媒体和学界广泛认可，然而问题是，新兴经济体呈现高速增长趋势并不是新现象，2000—2004 年新兴经济增长速度高于 2004—2008 年，但是前一时期并没有出现大宗商品价格飙升的现象。

第二种观点称为供给约束，包括：资源的不可再生性；大宗商品生产和基础设施的长期低投资水平；供给扩张滞后于需求的增长，导致存货水平和闲置生产力下降；市场结构具有垄断性；地缘政治风险和气候反常导致的供给短缺；农产品用于生物燃料生产。这些因素使大宗商品市场更容易产生波动（Breitenfellner, Cuaresma and Keppel, 2009；Gervais and Kolet, 2009；World Bank, 2011）。然而，实证研究表明，供给约束对大宗商品价格的影响很不显著（Cevik and Sedikz, 2011）。Kilian (2009) 将石油价格冲击分解为供给冲击、需求冲击和预防性需求冲击，发现需求冲击对价格影响最大，预防性需求其次，最后才是供给冲击。

第三种观点强调投机性因素和金融市场的作用，认为大宗商品的金融属性，使大宗商品价格不仅容易受现货供需的影响，还容易受到投资者投资组合再平衡的影响（Inamura et al., 2011；BIS, 2008；IMF, 2008；Masters, 2008）。Masters (2008) 认为，在大宗商品市场蓬勃发展的 2006—2008 年，不断增长的指数基金投资是推动大宗商品价格上涨的主要原因。Buyuksahin (2009) 和 Mayer (2009, 2011) 认为指数投资者的交易头寸对大宗商品的价格波动有影响。Singleton (2011) 实证分析表明即使在控制了其他解释变量的影响之后，金融投资者的交易头寸对期货价格的影响仍是统计显著的。Baldi、Peri 和 Vandone (2011) 考察玉米和大豆的现货和期货价格，发现需求增长和金融投机都是造成大宗商品价格波动的原因，而且，期货市场的广度和深度在大宗商品价格发现中起着重要作用；Kaufmann 和 Ullman (2009) 对石油期货和现货价格进行分析，发现投机性因素放大了基本面触发的价格上涨；Tang 和 Xiong (2010) 指出主要大宗商品指数中包含的大宗商品之间的关联性明显强于那些没有被包含在指数中的大宗商品之间的关联性。Büyükşahin 和 Robe (2011) 指出，研究大宗商品期货交易委员会（CFTC）的微观数据，发现随着活跃于大宗商品市场和股票市场内对冲基金的比重增加，大宗商品和股票指数之间的关联性会逐渐加强。然而也有大量的观点反对上述的结论。例如，Irwin 和 Sanders (2010) 对 2006—2009 年的观察值进行格兰杰因果检验后发现，指数基金的投资头寸与农产品价格之间的相关性在统计上并不显著。Hamilton (2009) 以及 Endle 和 Holt (2011) 的实证分析表明，投机并不是大宗商品价格上涨的决定因素，他们强调了基本面的重要性。Korniotis (2009) 指出，在金属行业中，有期货市场的大宗商品和那些没有期货市场的大宗商品之间价格变动的相关性较强，而且较为稳定，他否定了投机对大宗商品价格形成的影响。Frankel 和 Rose（2009）以及 Anzuini、Lombardi 和 Pagano（2010）发现，在控制经济增长和通货膨胀等变量后，名义利率只能解释油价变化的5%。不过，Breitenfellner、Cuaresma 和 Keppel（2009）指出，虽然货币因素和投机因素在统计上不显著，但是这些金融因素很可能跟随基本面因素，影响短中期的石油价格变化。

这些文献极大地丰富了大宗商品定价机制的研究，然而尚有若干问题需要进一步讨论：一是现有文献大都认为是新兴经济体的需求推动大宗商品价格上涨，对金融因素的分析主要是注重投机因素而忽略了国际货币因素。关键是，解释大宗商品价格的上涨，不论是实际需求增加这一基本面，还是进入大宗商品市场的投机资金增加，都可能与宽松的国际金融环境有关。如果是全球流动性过多推动全球需求和大宗商品价格同时上涨，或者是全球流动性通过刺激总需求和改变风险偏好，间接推动大宗商品价格的上涨，那么目前的实证检验结果就会有失偏颇。这一分析结果的差异会导致国际经济政策的截然不同：如果大宗商品价格上涨不仅仅源于新兴经济体的需求增长，而且与全球流动性也有关系，那么，要抑制全球大宗商品价格上涨引起的通货膨胀，作为提供全球流动性的发达国家，必须和新兴经济体同时实行金融紧缩政策。二是现有文献对需求因素的分析，大都注重全球总需求，而有关"中国需求"的讨论大都是定性分析，没有进行定量评估。我们可以借鉴 Cevik 和 Sedikz（2011）首次将实际需求分解为"新兴市场需求"和"发达经济体需求"的做法，将全球需求分解为"中国需求"和"其他国家需求"，讨论中国因素对大宗商品定价的影响。三是现有文献集中于讨论各种经济变量与大宗商品价格的关系，有关各种因素在大宗商品定价机制的传导机制的讨论不多。

在这种背景下，本课题从金融视角研究国际大宗商品的定价权及中国的对策，考察全球流动性、货币政策和金融投机对大宗商品价格的影响路径和程度，具有非常重要的理论价值和现实意义。从理论上看，这一课题有利于检验和丰富有关大宗商品价格形成机制的理论，包括现金交易模型、期货市场理论和霍特林（Hotell）稀缺地租理论；从现实意义看，国际大宗商品的"中国定价权缺失"问题，已经成为我国经济发展过程中越来越重要的一个课题。然而，要增强我国在大宗商品交易上的定价权，仅仅从大宗商品市场供求结构角度进行分析，很难求得问题的真正答案与解决办法，必须要考虑金融市场和国际货币因素，才能更好地把握大宗商品价格运行机制，使我国在国际大宗商品定价中享有更多的发言权。

本课题的核心命题是：近年来全球大宗商品价格的波动幅度明显加剧，究竟在多大程度上反映了金融因素的影响？金融因素如何与实际需求因素共同决定大宗商品价格？这对中国的政策含义是什么？这可以进一步分解为四个问题：（1）大宗商品区别于一般商品，尤其是制成品的重要特征就是其金融属性，这一特性如何影响国际大宗商品价格的运行轨迹与趋势？（2）大宗商品价格波动的影响因素有哪些？其中金融因素在大宗商品定价中的作用有多大？与以往相比，近年来金融因素的作用是否更为显著？（3）大宗商品价格决定中的金融因素与实际需求因素的不同影响机制，即金融投资的增加是否使大宗商品价格背离"基本面"或是加剧其价格波动？大宗商品期货投资对即期价格是否有影响？（4）作为重要的大宗商品需求国，中国在国际大宗商品定价中的作用及相关的对策研究。

本课题基本思路是：为了从金融视角分析国际大宗商品定价权及中国的对策，本课题将金融因素分解为"国际货币因素"（采用全球流动性或美元汇率衡量）和"金融投机因素"（期货市场投机者的未平仓合约数量），然后对各种因素在大宗商品定价中的传导机制和影响程度进行分析。具体的研究思路和技术路线如下。

第一，基于1990—2012年的月度数据，观察各种大宗商品价格（能源、有色金融、农产品）的变化轨迹及其与经济变量的关系，比较那些没有衍生品的大宗商品（如煤、铁矿石）与具有发达金融市场的大宗商品价格，分析大宗商品现货市场与期货市场、股票市场之间的联动性（大宗商品金融属性会提高这种相关性），寻找出大宗商品价格波动的若干特征事实与规律。

第二，从大宗商品价格的影响因素入手，构建一个包含实际需求、供给约束和大宗商品价格的基准 VAR 模型，然后逐步加入金融因素，通过脉冲响应、方差分解和格兰杰因果检验，比较1990—2012年、1990—2002年和2003—2012年三个时间区间的实证结果，考察金融因素在大宗商品价格决定中的影响机制与程度，分析金融因素对大宗商品价格波动的贡献程度。在此基础上进一步扩展，运用时变参数向量自回归模型（TVP – VAR），研究金融因素对大宗商品价格的冲击效应及其演进机制，观察金融因素对大宗商品价格的影响是否随时间变化。

第三，在基准 VAR 模型的基础上，采用 HP 滤波法将大宗商品价格分解为"趋势成分"（代表长期趋势）与"波动成分"（代表短期不规则波动），在控制石油供给、全球增长等因素后，考察全球流动性或投机因素对大宗商品价格"趋势成分"与"波动成分"的影响，分析金融因素在向大宗商品价格传导过程中的路径和作用。

第四，讨论中国与国际大宗商品价格之间的关联性。首先，借鉴来自国际货币基金组织的 Cevik 和 Sedikz（2011）将实际需求分解为"发达经济体需求冲击"和"新兴经济体需求冲击"的做法，将实际需求分解为"中国需求"（用中国石油进口额或工业增加值衡量）和"其他国家需求"（采用加权后的 GDP 或加权后的石油进口额），量化分析中国因素对国际大宗商品价格的影响；其次，基于金融市场视角，量化分析中国大宗商品期货市场价格对国际大宗商品期货价格的影响，观察中国期货市场价格能否影响到国际大宗商品期货价格？影响程度有多大？最后，在这些量化分析的基础上，讨论中国在大宗商品国际定价机制中的话语权，分析中国大宗商品国际定价权缺失的原因、对中国的影响及相关的对策。

数据选取方面：（1）大宗商品价格采用标普＆高盛商品指数（SP&GSCI）、路透 CRB 商品指数（RJ/CRB）和道琼斯—瑞银商品指数（DJ－UBS），这三个指数的区别在于大宗商品的权重不同，前两个指数能源相关产品的权重相对较大，第三个有色金属及农产品的权重较大。（2）"全球流动性"采用两个指标，一是将各国广义货币以各年 GDP 权重（PPP 口径）进行加权平均得出"全球 M2 缺口"（实际增长率减长期趋势）；二是用 GDP 权重对各国的"利率缺口"（实际利率与潜在增长率的背离幅度，正值代表金融紧缩）进行加权平均；"金融投机"来源于美国商品期货交易委员会（CFTC）"商业性"（套期保值者）和"非商业性"（投机者）的敞口头寸数据，根据 Gurrib（2007）的做法，将"非商业性"多头头寸减去空头头寸作为投机行为的代理变量。（3）实际需求采用两个指标，一是全球 GDP 缺口，用世界 GDP 与其趋势（HP 滤波）的偏离来衡量，世界 GDP 来源于国际货币基金组织（IMF）的 WEO，全球 CPI 来源于 IMF 的 IFS；二是采用各国的石油需求数据，数据来自国际能源署（International Energy Agency）。（4）供给约束采用全球石油产量、石油储量指标，数据来源于美国能源信息署（U. S. Energy Information Administration，EIA）。

研究方法：（1）采用向量自回归模型（VAR）、脉冲响应和方差分解的方法，在包含供给冲击、需求冲击和大宗商品价格的基准 VAR 模型中，加入金融变量（全球利率缺口、全球流动性、主要国际货币的汇率、金融投机），分析这些因素对大宗商品价格的影响程度、影响时间；（2）考虑到影响大宗商品价格的因素可能会随时间发生变化，每个因素在不同的大宗商品价格周期中所起的作用是不同的，仅仅依赖某一个因素可能无法解释大宗商品价格在所有时期的变化。因此，课题对数据样本分区间或者采用参数随时间变化的模型进行考察，运用结构性裂变（Structural break）方法对全部样本分为若干个区间进行检验，并进一步运用 TVP－VAR 模型和递归 VAR 模型，考察金融因素对大宗商品价格的影响是否随时间变化，金融冲击的效应是在强化还是弱化。（3）在基准 VAR 模型的基础上，采用格兰杰因果关系检验，寻找各种变量之间以及这些变量与大宗商品价格之间的因果关系，检验大宗商品定价机制的逻辑链条和传导机制。

本课题创新之处：（1）研究视角：将金融因素分解为"全球流动性"和"金融投机"因素，将全球需求分解为"中国需求"和"其他国家需求"，将大宗商品价格分解成"趋势成分"和"波动成分"，考察金融因素和中国因素在大宗商品定价中的传导机制和贡献程度。（2）研究方法：在传统 VAR 模型的基础上结合 TVP－

VAR 方法进行研究，TVP－VAR 模型具有高度的灵活性，其可以容纳传统的 VAR 模型及其各种形式的扩展，更好地考察金融属性对大宗价格冲击效应随时间变化的特征。（3）数据选取：采用月度数据，比现有大部分文献采用季度数据或年度数据能够获取更多信息，更好地描述金融因素和实际需求对大宗商品市场的影响。

本课题基本观点：（1）虽然大宗商品价格波动主要来自实际需求，但是金融因素在大宗商品定价中的作用日益凸显；进一步看，需求因素和全球流动性共同驱动大宗商品价格的长期趋势，而投机性因素则加剧了大宗商品价格的短期波动；中国因素在一定程度上推动了大宗商品价格上涨，但并不是主要的原因。（2）中国需求助推大宗商品价格上涨，并不意味着中国具有大宗商品的国际定价权，相反，由于大宗商品的需求无弹性和供给约束同时存在，需求上升与投机性资金流入相互叠加，使中国在大宗商品价格形成过程中处于不利的地位。（3）为解决中国大宗商品定价权的矛盾，需要加快我国大宗商品期货市场建设，建立大宗商品的国际定价中心；积极推进人民币国际化，使人民币成为大宗商品交易的国际参考货币；调整产业结构和贸易结构，增强中国在大宗商品贸易中的价格谈判能力。

本课题主要得出以下结论。

第一，将需求分解为新兴经济体需求和发达经济体需求，分析两者对大宗商品价格所起到的拉动作用及其动态变化。结果发现，尽管新兴经济体的发展极大地刺激了对于国际原油的需求，发达经济体仍然是大宗商品价格上涨的重要推手。同供给相比，在需求层面的影响，发达经济体的需求对于大宗商品价格的驱动作用更为显著，其作用约为新兴经济体的两倍。同时，在1994—2012年大宗商品价格的驱动因素发生了结构性变化，具体表现为2003年之前大宗商品价格的波动主要受到发达经济体需求的影响，2003年之后新兴经济体的需求对于大宗商品的影响逐渐显现，其作用逐步超过发达经济体；而且，来自北美地区的需求的影响明显强于其他地区，相比之下，亚洲等新兴地区对于油价波动影响较弱。

第二，实体经济需求和流动性水平相对供给因素对大宗商品价格的影响更为显著。中国因素对于不同种类大宗商品的影响存在差异，中国需求对铜、铝、锌的影响程度高于发达国家，而且影响的时间相对发达国家更为持久，然而，中国的流动性对大宗商品价格的影响程度普遍低于发达国家，而且影响时间更为短暂。金融危机期间大宗商品市场受发达国家需求的影响显著增强，量化宽松货币政策推升了大宗商品价格，表明金融危机及相关的刺激政策影响了大宗商品市场的运行。

第三，21世纪以来全球流动性的冲击对国际大宗商品价格影响显著，其中以数量指标衡量的全球流动性对商品价格冲击为正，以价格指标衡量的全球流动性对商品价格冲击为负；自2004年开始，全球流动性冲击对国际商品价格的影响不断增强，在金融危机前后的国际大宗商品价格的上涨中扮演了重要角色，2011 年以来商品价格受全球流动性的驱动作用有所减弱，但仍高于危机前的水平；全球流动性数量指标对商品价格的影响力度更大，作用持续期更久，但商品价格对价格指标的冲击更为敏感；近年来全球流动性对国际大宗商品市场冲击的传导速度呈加快趋势，但作用于商品价格的持续时间逐渐缩短，全球流动性在中长期对商品价格的影响降低。

第四，在大宗商品超调模型的基础上，就货币政策冲击对国际大宗商品价格的影响进行了实证检验，结果发现：其一，在大宗商品的供给因素不显著的条件下，宽松的货币政策冲击会推动大宗商品价格上涨，而紧缩的货币政策冲击则会导致大宗商品价格下降，而且货币政策冲击对能源类大宗商品价格的影响程度大于对非能源类大宗商品价格。其二，货币政策冲击对大宗商品价格的作用会受到投机活动、美国与其他国家货币政策冲击的联动性及大宗商品的供给冲击等因素的影响。投机活动规模的扩大、美国与其他国家货币政策冲击联动性的提高均会放大美国货币政策冲击对大宗商品价格的影响程度，而大宗商品价格受供给冲击影响程度的提高则会削弱货币政策冲击的作用。其三，货币政策的不确定性增加了大宗商品期货市场的波动性。

第五，利率下降通过降低存货持有成本、增加存货量来减缓短期的价格波动，而对长期冲击带来的波动没有太大作用；协同性方面，利率下降时特有冲击引起的波动减小，共同冲击引起波动不变，商品价格间的协同性增强。

第六，国际大宗商品期货市场迅猛发展，对大宗商品相关金融工具的投资需求急剧膨胀，交易规模远远超出实体消费需求。大宗商品金融化的发展，在一定程度上对大宗商品价格的波动起到相当的作用。研究 2000—2014 年月度数据结果发现，总体经济需求和投机活动为影响大宗商品价格的主要因素，总体经济需求对大宗商品价格的影响具有持久性和稳定性，在长期内主导着大宗商品价格的变动，而投机对大宗商品价格的影响是短暂瞬时的，全球经济总需求对大宗商品价格的影响在危机中比危机前更显著，投机因素对大宗商品价格的影响在危机前比危机中更显著。以石油为例，2004 年 4 月至 2009 年 2 月石油期货市场存在非常明显的投机活动，长期投机因素对石油价格波动的影响程度非常显著。因此，国际金融机构需要加强对石油期货交易市场的投机行为的监管，避免过度投机对油价波动带来的不良影响。

第七，无论是否包含中国在内，总需求对国际大宗商品价格变化的解释程度都最高。中国对国际大宗商品价格的影响呈上升趋势，但是作用不如发达国家显著，而且其主要渠道是总需求而非流动性。金融危机影响了大宗商品市场的运行机制，总需求对国际大宗商品价格的影响在危机时期比危机前更显著，而流动性对国际大宗商品价格的影响在危机前比危机中更显著。发达国家实体经济需求是影响大宗商品价格的最主要因素。美国实际利率对大宗商品价格波动的贡献度高于中国实际利率。金融危机期间，除金属外，实体经济需求对大宗商品价格的影响程度显著上升。

第八，全球经济总需求冲击和石油特定需求冲击对油价变动的影响远远高于供给冲击。数据研究表明，供给冲击和需求冲击对油价波动的贡献为 20.4%，远低于特定需求冲击的贡献（79.6%），表明近年来油价波动主要受石油市场参与者的预期变化、库存调整和金融投机等因素的推动，供求因素只能解释油价波动的 20% 左右。进一步分析表明，油价的特定需求冲击对工业产出的影响高于供给冲击和需求冲击。油价的供给冲击、特定需求冲击和金融投机冲击会抑制工业产出，能源密集度越低或者国有企业产量占比越低，抑制效应越显著。石油的需求冲击会扩张工业产出，轻工业的扩张幅度高于重工业，能源密集度低的行业扩张幅度高于能源密集度高的行业，新兴经济体的需求冲击的影响高于发达经济体的需求冲击，国内需求冲击的影响高于国外需求冲击的影响。对于国外需求冲击和发达经济体需求冲击引起的油价波动，贸易依存度越高，受到的影响越大；对于国内需求冲击和新兴经济体需求冲击，贸易依存度越大，受到的影响越小。从特定需求冲击或投机冲击来看，那些能够更好地预测油价变化、更多参与原油衍生品市场、能够提前进行库存调整或转嫁成本的行业，受到油价投机冲击的影响会更小，而那些距离石油产业链条较远、缺乏对冲和套期保值手段以及难以转嫁成本的行业，受到油价投机冲击的负面影响就会更大。

由于中国已经成为许多大宗商品的最大消费国，国际大宗商品的价格波动对中国经济带来三大挑战。一是大宗商品价格波动会对国内的产出稳定性，特别是对原材料主要依靠进口行业的产出稳定造成不利冲击；二是大宗商品价格波动会在相当程度上威胁国内物价稳定；三是价格波动通过贸易条件会影响国民收入的潜在损益，影响国民福利。为有效应对国际大宗商品价格波动、缓解其带来的负面冲击，中国需要调整经济结构，转变投资驱动型经济增长模式，从资源需求国的角度思考如何争取本国在大宗商品定价中的主导权，利用中国强大的购买力，争取更低的价格，而不是继续被动接受国际价格。同时，由于发达国家流动性和金融市场投机会对大宗商品价格产生显著影响，中国需要密切关注发达国家货币政策和期货市场对大宗商品市场的溢出效应。

目　　录

第一章
国际大宗商品价格：基本面分析

第一节　国际大宗商品价格波动：基本面有多重要[1]

一、问题的提出

2003 年以来，国际大宗商品价格的剧烈波动成为大宗商品市场的重要特征。以汤姆森—路透的 CRB 指数为例，2002 年 5 月至 2011 年 4 月，国际大宗商品价格经历了两次大幅攀升，其累计涨幅达到 171.7%。第一轮大幅攀升发生在 2003—2008 年，这是 20 世纪以来国际大宗商品价格上涨幅度最大、持续时间最长的一次，5 年内价格上涨 129%；金融危机爆发后，从 2008 年 3 月至 2009 年 3 月，大宗商品市场急转直下，一年内价格跌幅超过 36%；第二轮上涨发生在 2009—2011 年，CRB 指数从 2009 年 3 月的 309 点上涨到 2011 年 4 月的 576 点，涨幅达到 86.4%。2011 年下半年以来，国际大宗商品价格一路走低，至 2014 年底跌幅逾 20%。国际大宗商品市场如此巨大的波动，传统商品市场价格的变化规律已不能完全解释这种波动现象。究竟是什么因素造成国际大宗商品价格的波动，近年来国内外学术界进行了大量有益的探索，这些研究大致可以分为以下四个方面。

首先是影响供求等基本面因素。从需求来看，中国等新兴经济体的崛起，推动了大宗商品实际需求的增加。Knut、Hilde 和 Thorsrud（2012）运用 FAVAR 模型，发现发达国家和新兴经济体的需求对油价波动的解释程度超过 50%；而且，近十年来新兴经济体尤其是亚洲新兴经济体的迅速发展，对油价的拉动作用远远超过发达国家，其对石油价格波动的解释程度为发达国家的两倍。Arbatli 和 Vasishtha（2012）通过预测修正模型，以一系列大宗商品价格作为研究对象，发现美国和以中国、印度为代表的亚洲国家对大宗商品价格的变化起到了重要的作用，亚洲国家对工业原材料的巨大需求对 2002—2008 年的大宗商品价格产生了重要影响。Kilian 和 Hicks（2009）运用预测修正模型研究了"金砖四国"和 OECD 成员国对油价影响的差异，进一步证明亚洲新兴经济体的快速发展是 2003—2008 年油价上涨的重要推手。Cevik 和 Sedikz（2011）分析了 1990—2010 年原油和高档红酒价格的波动，发现需求增加是推升两类商品价格的主要因素，虽然发达国家的消费超过一半，但新兴经济体国家贡献了商品需求增加额的绝大部分，因此在商品价格形成中发挥着举足轻重的作用。部分文献重点考察了中国因素的影响。卢锋（2009）提出，中国因素的影响主

1　本部分作者为谭小芬、张峻晓。

要在于需求增长（特别是金属需求的增长）在全球需求增长中所占的份额相对很大，而金融危机之后中国工业的复苏和各制造业生产效率的提高也影响大宗商品市场。此外，中国经济增长与主要矿业大宗商品价格之间也存在密切的联系。其中，城镇化、工业化和出口是中国需求增长的重要驱动因素，中国需求增长又进一步提高了世界需求（Yu，2011）。总的来说，一方面新兴经济体的快速发展和城镇化建设刺激了大宗商品的需求，另一方面新兴经济体的增长速度相对其他国家普遍较高，对其经济增长的预期也推动了大宗商品价格的上升。供给方面，资源的不可再生性、大宗商品生产和基础设施的长期低投资水平、地缘政治和反常气候冲击等严重限制了供给的增加，这使商品价格对需求的波动极为敏感（Breitenfellner，Cuaresma and Keppel，2009）。张珣等（2009）通过对 20 世纪 70 年代以来的历次经济周期更替的研究发现，国际大宗商品价格波动，如持续不断的石油价格冲击大多来源于供给冲击。Gilbert（2010）提出，当商品的库存销售比很低时，如果发生显著的供给下降和需求过剩，大宗商品价格就会出现大幅波动。Chambers 和 Bailey（1996）的研究发现，在卖方居于垄断地位的寡头市场中，国际寡头对于供给方的数量和商品价格的限制会对大宗商品的定价机制产生很大作用，这种情况在需求价格弹性与供给价格弹性均较小的资源性大宗商品市场上会经常出现。Cevik 和 Sedikz（2011）发现大宗商品的供给约束对大宗商品价格的影响并不显著，商品价格的上升主要来源于需求膨胀。Arezki、Loungani、Ploeg 等（2014）认为，奥巴马能源新政实施以来，美国的天然气正逐步取代煤炭成为电力生产的主要燃料，近年来包括 LNG、页岩气在内的新能源行业发展迅速，这在短期将会降低美国劳动力市场的失业率，中期将会重振北美的制造业，在长期将会增强美国对于原油期货市场冲击的承受能力，而像中国和印度这种高能耗的快速发展的新兴经济体也会同样受益。

其次是货币政策和全球流动性因素。对这一类因素的研究涉及一系列的经济指标，例如美元汇率、货币政策和通货膨胀等。美元作为大宗商品的主要计价单位，其汇率波动是驱动商品价格的重要因素之一。Chu 和 Morrison（1984）认为非能源类大宗商品价格除了会受到世界经济总量变化、商品进口国替代品价格变化以及供给变化的作用外，还会受到来自美元汇率和世界利率水平的影响，且其价格波动与进口国对美元汇率变化和世界利率水平变化负相关。Frankel（2008）将宏观金融模型运用于可储存国际大宗商品价格波动的分析中，从套利交易和超调模型两个方面验证发现实际利率对大宗商品价格存在负向影响。套利交易方面，基于实证检验得出三点结论：一是存货数量与商品价格负相关；二是利率与存货需求负相关，因此与大宗商品价格负相关；三是利率降低会提高大宗商品预期价格，而商品预期价格又与商品存货需求正相关。超调模型方面，Frankel（2008）修改多恩布什的汇率超调模型来建立利率影响大宗商品价格的超调模型，发现实际利率对大宗商品价格存在负向影响。Akram（2009）通过建立 SVAR 模型对 1990—2007 年的数据进行分析后发现，美国短期实际利率和美元汇率对大宗商品价格产生的负向影响能够在较大程度上解释大宗商品价格的变化，而且当实际利率发生变化时，石油和贵金属的价格会出现超调现象。Anzuinie、Lombardi 和 Pagano（2010）运用 SVAR 模型将利率水平和货币供应对大宗商品价格产生的影响进行比较后发现，美国联邦基金利率的变动会直接作用于大宗商品价格，而货币供应对大宗商品价格的影响主要是通过提高经济增速和改变通货膨胀预期等间接方式来推升大宗商品价格。Gruber 和 Vigfusson（2012）运用面板 GARCH 模型对 1985—2012 年的月度数据进行分析后发现，利率下降会使大宗商品价格的波动性降低，并使大宗商品价格变化的协同性上升。Reuven 和 Sylvain（2012）通过事件研究法，对美国第一轮量化宽松货币政策和第二轮量化宽松货币政策过程中的货币政策声明对大宗商品价格的影响进行分析，发现刺激性货币政策的声明会增加市场的不确定性并导致投资者下调经济增长预期，进而导致长期利率下降、美元贬值和大宗商品价格下跌。

再次是投机因素。随着机构投资者大量涌入商品期货和指数基金市场，国际大宗商品的金融化属性日益明显，这在很大程度上造成了大宗商品价格与经济基本面的偏离（Trostle，2008；Kilian，2009）。自 2003 年开始，投资者对大宗商品相关金融工具的投资需求急剧膨胀，大宗商品相关资产价值从 130 亿美元上涨到 2011 年的 4500 亿美元，当资金在各品种之间频繁进出时，大宗商品市场就表现为不同品种轮番的价格上涨或下跌（Erb and Harvey，2006；Geman and Kharoubi，2008；Chong and Miffre，2010）。Masters（2008）认为，在大宗商品市场蓬勃发展的 2006—2008 年，不断增长的指数基金投资是推动大宗商品价格上涨的主要原因之一。Hamilton 和 Wu（2013）运用风险规避型套利者模型对金融危机发生前的原油期货市场分析后发现，原油价格的波动与持有大量原油期货多头合同的商品指数基金有关。Kaufmann（2009）对石油期货和现货价格进行分析，发现投机因素的存在放大了基本面因素引起的大宗商品价格上涨。Singleton（2011）对大宗商品价格的实证分析表明，即使在控制了其他解释变量的影响之后，金融投资者的交易头寸对期货价格的影响仍然是显著的。Baldi、Peri 和 Vandone（2011）对玉米和大豆的现货与期货价格的波动进行分析后发现，实体经济需求和投机都是造成大宗商品价格波动的主要因素，而且商品期货市场的深度和广度在大宗商品定价机制中发挥着重要的作用。然而，与此同时，也有大量研究反对上述结论。Hamilton（2009）强调来自基本面的供需因素的重要性，认为投机并不是拉动大宗商品价格上涨的决定性因素。Irwin 和 Sanders（2011）通过对 2006—2009 年农产品价格的波动进行分析后发现，指数基金的投资头寸与农产品价格之间的关系并不显著。另外，Korniotis（2009）通过分析金属行业中有期货市场和无期货市场的大宗商品价格之间的变动关系，发现两个市场大宗商品价格的变动有较强的相关性并且这种相关性较为稳定，从而否定了投机对大宗商品价格形成的影响。Kilian 和 Murphy（2012）通过测度原油供给冲击、需求冲击、投机性冲击在不同历史时期对全球原油价格的影响程度，发现投机因素虽然对全球油价的波动具有重要影响，但 2003—2008 年油价的大幅上涨主要来源于实体经济因素；考虑到原油价格的内生性，短期内油价的需求弹性通常高于传统的理论预期值。此外还有学者将基于认知偏差的行为金融理论和有效市场理论应用到大宗商品价格波动的分析中。Etienne、Irwin 和 Garcia（2014）对 12 种农产品期货价格的日度数据进行分析，发现所有的农产品市场都经历过若干价格泡沫周期，大部分泡沫周期持续时间不超过 20 年，且近期农产品市场上产生的泡沫严重程度要弱于 20 世纪 70 年代。Linn、Zhu 和 Chiou-Wei（2014）研究了美国天然气期货市场在美国能源分析局的周度公告发布前后的表现，发现有关商品基本面运行的信息尤其是新闻在驱动商品价格变化中扮演了重要的角色。

最后是市场间的联动因素。所谓联动因素，主要指大宗商品市场之间的协同性和商品市场与股票市场间的关联性。Buyuksahin 和 Robe（2014）研究了 17 种商品期货的非公开头寸数据与商品和股票收益率之间的关系，发现国际大宗商品的金融资产属性逐渐增强，随着投资者参与商品期货与商品指数基金的程度加深，商品与股票的收益之间的关联性在不断上升。Kazuhiko 和 Tatsuyoshi（2013）选取 1983—2011 年的商品收益率作为研究对象，通过对其超额协同性的长期趋势和短期波动进行分析，发现 2000 年之后指数内商品价格的协同性显著上升，而指数外商品不具有这种特征，且这种收益率的超额协同性与共同的宏观经济冲击无关。Silvennoinen 和 Thorp（2009）通过 DSTCC-GARCH 模型对 1990—2009 年单个商品期货与金融资产之间的相关系数的动态特征进行分析，发现商品市场与金融市场间的联系不断增强。Lombardi 和 Ravazzolo（2012）运用 BDCC 模型检验股票价格和商品价格间的相关性后发现，金融危机爆发后商品价格与股票价格之间的相关性大幅上升。Kawamoto、Kimura 和 Morishita（2011）的量化分析表明，商品市场和股票市场之间的关联性增强，这种联动性的增强主要源于大宗商品市场的金融化和金融危机带来的全球经济波动。

上述文献从需求拉动、供给约束、投机因素、流动性以及地缘政治风险等角度解释了大宗商品价格的波动，而且大都是从某一项因素入手考察其对大宗商品价格的影响，没有综合考虑和比较各个因素的影响程度。问题在于，单独的某一种因素可以在短期内使大宗商品价格偏离正常的轨道，但是很难合理地解释大宗商品市场在 21 世纪发生如此剧烈的波动的原因，很可能在不同时期主导大宗商品市场的因素是不同的。为了研究一段时期内商品价格驱动因素的影响机制、传递过程以及程度大小，需要动态地研究国际大宗商品价格的波动和各影响因素的变化情况。为此，本节将多个影响因素纳入分析框架，基于全样本 VAR 和滚动 VAR 模型，考察各种影响因素在不同时期对大宗商品价格影响程度的动态变化，较为全面地分析国际大宗商品价格的波动成因，特别是重点关注商品的金融化和危机过后全球流动性对大宗商品价格的影响。

二、基于全样本时期的 VAR 模型分析

（一）变量选取与数据处理

本节所选取的研究样本为 2003 年 1 月至 2014 年 12 月世界各国的月度数据。被解释变量国际大宗商品价格用 CRB 指数表示。我们选取 CRB 指数主要出于两个方面的考虑，一是 CRB 指数包括了核心商品的价格，能够反映世界商品价格的动态信息和广泛波动；二是相比于道琼斯—瑞银指数、IMF 等价格指数，商品市场上的交易者和投资者偏好于用 CRB 指数作为反映大宗商品价格变动的基准指标。

在解释变量方面，本节选取全球工业生产总值（demand）代表实体经济需求，短期利率（interest）和美元实际汇率（reer）代表货币因素，美国商品期货市场净头寸（specu）代表商品期货投机因素。（1）全球工业生产总值由所有国家的非建筑业工业生产增加值加权而得，权数为各国的经济总产值占比。全球工业生产总值可以衡量世界经济的活跃程度，其走势是世界实体经济发展的缩影，能够代表全球经济对国际大宗商品需求的变化。数据来源于荷兰经济分析局（Netherlands Bureau for Economic Policy Analysis），以 2005 年为基期。（2）短期利率方面，考虑到各国的市场化程度与金融市场发展的差异，我们选用美国、欧元区和日本短期利率加权值代表全球短期利率指标，权重为各国平均国内生产总值占全球 GDP 的比重。其中美国短期利率用美联储三月期国库券利率表示，欧元区短期利率用欧洲中央银行三月期存款利率表示，而日本短期利率用其国内三月期定期存单利率表示。对于各国利率的原始数据，本节采用 X – 12 方法进行季节调整处理，以消除数据结构中的季节因素和不规则趋势。短期利率在第 t 期的加权计算公式为：$Interest_t = \sum Interest_{i,t} \times$（$GDP_i/GDP_{total}$），其中 GDP_i 表示 i 国样本期内的平均 GDP，GDP_{total} 表示各国在样本

期内平均 *GDP* 的总和，$Interest_{i,t}$ 表示 i 国第 t 期的短期利率水平。（3）美元汇率选用美联储网站公布的根据贸易加权的美元实际汇率。（4）商品期货投机指标用覆盖能源、农产品、有色金属和贵金属在内的 18 种国际大宗商品的非商业性期货净头寸之和表示。考虑到商品期货交易所的特点和各自市场份额的不同，能源类商品的数据来自纽约商业交易所 NYMEX 分部，包括轻质低硫原油、2 号供热用油、天然气和汽油数据；金属类商品数据来自芝加哥商业交易所 COMEX 分部，包括 1 号铜、黄金、银数据；农产品中，粮油作物数据来自芝加哥商业交易所，包括小麦、大豆、玉米、大豆油和豆粕数据；经济作物数据来自纽约期货交易所，包括咖啡、可可、11 号糖数据；畜牧产品数据来自芝加哥期货交易所，包括活牛、菜牛和精猪数据。选用这些具有代表性的非商业性大宗商品期货数据来表示商品期货投机指标，能够较为全面地反映国际大宗商品市场上的投机行为。

（二）序列的平稳性检验和格兰杰因果检验

为了防止因序列数据的不平稳导致的"伪回归"，本节首先对上述除短期利率之外的变量取对数后进行一阶差分处理，对于短期利率则只做差分处理，然后用 ADF 单位根对处理后的变量进行平稳性检验。滞后期采用 SIC 准则在最大滞后期 12 期内选取，并根据每个变量呈现的趋势图形决定是否加入常数项和趋势项。检验结果如表 1 所示，所有的变量在经过上述处理后均为平稳序列。由此可以建立 VAR 模型对上述变量进行分析。

表 1 变量的 ADF 检验

时间序列	检验形式	ADF 统计量	是否平稳	概率
demand	（C, 0, 1）	− 4. 922603	是	0. 0001
interest	（C, T, 3）	− 4. 228646	是	0. 0053
reer	（C, 0, 0）	− 9. 416316	是	0. 0000
specu	（C, 0, 1）	− 8. 601266	是	0. 0000
crb	（C, 0, 0）	− 6. 427282	是	0. 0000

注：（C, T, K）分别表示截距项、趋势项和滞后阶数，滞后期的选择标准参考 SIC 准则。

表 2 是分别用 LR、FPE 和 AIC 方法对 VAR 模型最优滞后阶数的选取结果，按照大多数标准，本节选取滞后期为 P＝2。考虑到 VAR 模型自身并不能体现经济含义，为了更有效地研究各变量之间的经济关系，本节选用格兰杰非因果检验的方法对各变量之间的因果关系进行检验。由于 VAR 模型的滞后期选取为 P＝2，格兰杰检验的滞后期也选择为 2，自变量与因变量之间因果关系检验结果如表 3 所示。从表 3 可以看出，以上所有解释变量在 90% 的置信水平下均是国际大宗商品价格指数的格兰杰原因。

表2 模型滞后阶数的选取结果

滞后期	Log L	LR	FPE	AIC
0	1015. 463	NA	139. 7253	21. 96694
1	941. 2997	137. 1613	61. 60110	21. 14623
2	875. 2213	63. 79804 *	60. 74846 *	21. 12295 *
3	847. 9516	46. 14393	72. 33463	21. 27358
4	828. 1113	39. 87828	91. 40649	21. 46132
5	790. 3209	26. 45369	139. 8353	21. 80884

注："＊"表示从每一列标准中选择的滞后阶数。

表3 格兰杰（Granger）非因果关系检验结果

原假设	F – 统计量	P 值
需求因素（demand）不是 crb 的格兰杰原因	4. 95029	0. 0087
短期利率水平（interest）不是 crb 的格兰杰原因	3. 53191	0. 0314
美元实际汇率（reer）不是 crb 的格兰杰原因	3. 81994	0. 0248
商品期货投机（specu）不是 crb 的格兰杰原因	2. 52978	0. 0826

（三）全样本时期的 VAR 模型结果分析

1. 脉冲响应结果分析

脉冲响应函数测度的是模型中某一变量的一个冲击对模型中内生变量的当前值和未来值所产生的影响。根据 Bernanke 提出的"slow-to-fast"顺序，在进行脉冲响应和方差分解时，我们对变量的排列顺序为：全球工业生产总值（demand）、世界短期利率（interest）、美元实际汇率（reer）、商品期货市场投机（specu）、大宗商品价格指数（crb）。图1 显示了脉冲响应的结果，可以发现以下结果。

首先，模型中各解释变量的冲击对大宗商品价格的影响均符合经济理论。其中全球工业生产总值（demand）的冲击对 crb 指数产生显著的正向影响，说明来自实体经济的需求提升了大宗商品价格；全球短期利率的冲击对 crb 指数的影响为负，原因在于，短期利率的提升不仅会通过抑制经济增长来降低大宗商品需求，还会从存货渠道、供给渠道和金融渠道三个方面拉低大宗商品价格；美元实际汇率对 crb 指数的影响为负，主要是由于大宗商品价格大都以美元计价，美元贬值时，一方面大宗商品出口国为了维系国际收支平衡会抬高商品出口价格，另一方面，商品进口国的商品需求会因本币相对美元升值而增加，这又会进一步抬高商品价格；反之，美元升值则会拉低大宗商品价格。投机冲击对大宗商品价格产生了正向影响，表明投机的增加伴随大量闲置资金流入国际大宗商品市场，国际大宗商品期货市场的繁荣成为商品价格走高的重要推手。

其次，各因素对于大宗商品价格的影响程度有所差异。观察脉冲响应的结果发现，从第 12 期开始，各因素对 crb 指数的脉冲响应绝对值均小于 0.1，说明各因素对于国际大宗商品价格波动的影响主要集中在冲击发生之后的 12 期内，之后会逐渐趋于稳定。通过计算前 12 期内各变量一个单位标准差的正向冲击对商品价格产生的脉冲响应系数的均值，我们将各影响因素在前 12 期内对商品价格冲击的均值按绝对值由大到小的顺序排列为全球工业生产总值（0.4133）、世界短期利率（－0.2557）、美元实际汇率（－0.2548）和商品期货投机（0.2286）。

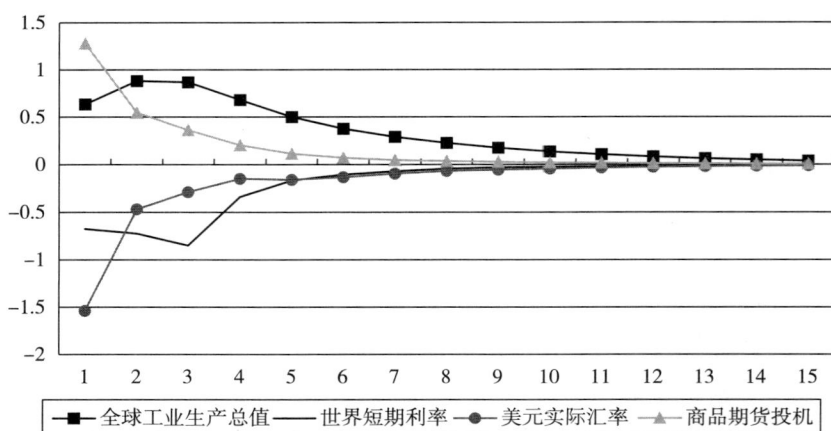

图 1　2003—2014 年国际大宗商品价格的脉冲响应结果

最后，不同因素对商品价格冲击的传导机制有不同的特点。从冲击传播的速度来看，投机因素和美元实际汇率对大宗商品价格产生影响的时间最短，在冲击发生后的第 1 期其脉冲响应系数便达到峰值（分别为 1.2805、－1.5381）；而实体经济需求因素和短期利率对商品价格冲击的传导则经历一个先升后降的过程，从第 1 期开始上升至第 3 期达到峰值（分别为 0.8401、－0.8491）。从冲击所持续的时间来看，虽然投机因素和美元实际汇率对商品价格冲击的传播速度最快，但其冲击效果在初期达到峰值后便迅速跌落，分别于第 6 期和第 7 期之后趋近于零；实体经济需求虽然对商品价格冲击的传导速度较慢，但其对价格的作用时间较长，一直持续到冲击发生后的第 12 期；世界短期利率对商品价格作用的持续时间与汇率类似，在第 3 期达到峰值后迅速削弱，至第 7 期之后趋近于零。

2. 方差分解结果分析

方差分解的基本思想是将内生变量的预测均方误差分解成系统中各变量的随机冲击所作的贡献，从而得知各变量对模型内生变量的相对重要性。本节运用 Cholesky 方差分解来分析世界工业生产总值、世界短期利率、美元实际汇率和商品期货市场对 crb 指数变化一个单位标准差的贡献度。方差分解结果如图 2 所示，我们选取结果趋于稳定的第 10 期进行分析，可以发现，各因素对大宗商品的贡献度由大到小依次为实体经济需求（16.27%）、美元实际汇率（15.02%）、投机因素（11.65%）和世界短期利率（10.15%）。由结果可知，各驱动因素对大宗商品价格波动的贡献程度均超过 10%，且对价格波动的解释度之和达到 53%。其中，实体经济需求和美元汇率是 2003—2014 年驱动大宗商品价格变化的最重要因素，投机因素和世界短期利率对于推动商品价格起伏也发挥重要的作用。

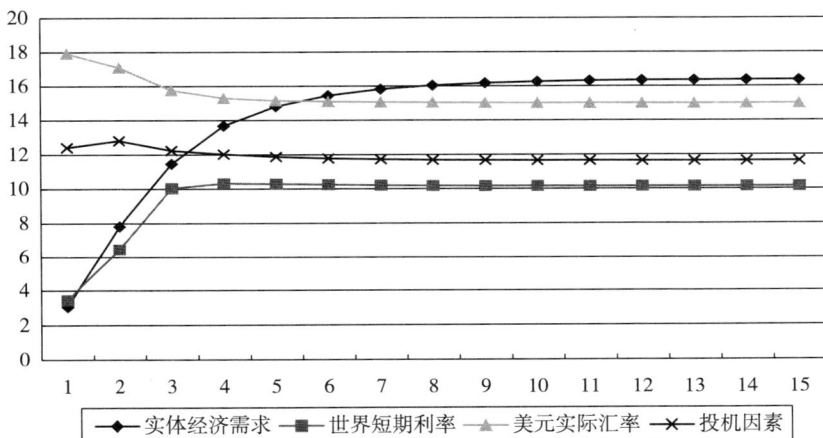

图 2 2003—2014 年国际大宗商品价格波动的方差分解结果

3. 历史分解结果分析

为了进一步了解 2003—2014 年各个时点不同油价冲击对油价水平的历史累计贡献，我们采取历史分解方法进行分析。历史分解方程可以表示为：$x_{T+j} = \sum_{i=0}^{j-1} C_i u_{T+j-i} + \sum_{i=j}^{\infty} C_i u_{T+j-i}$，其中第一部分指以时点 T 为样本基期，从 $T+1$ 到 $T+j$ 时刻的冲击对当前变量的贡献，而方程第二部分是根据 T 时刻的信息得到的 $T+j$ 时点的原始估计值，实际值等于原始估计值与冲击贡献值之和。本节根据 VAR 模型的历史分解结果，将国际大宗商品价格变化分为以下五个时期，如图 3 所示。可以发现以下结果。

（1）2003 年 1 月至 2008 年 6 月。虽然全球工业生产总值的增加拉动了商品价格的上涨，但在这段时期内实需因素对大宗商品价格的推动作用相对较小；短期利率方面，尽管在 2007 年末至 2008 年初的一段时间内世界主要发达国家的利率下调带动了商品价格的上涨，但从总体来看，2005—2008 年的短期利率在世界范围内普遍处于上升阶段，其对商品价格的影响表现为抑制作用。这一时期真正促使商品价格快速上涨的主要原因是商品市场上的投机因素和美元汇率的贬值，其中投机因素对商品价格的推升起主要作用。

（2）2008年6月至2009年3月。国际金融危机爆发并逐渐波及实体经济，经济增长下滑遏制了大宗商品的需求，也影响到商品投资者的预期和风险偏好，实体经济需求的下跌和对世界经济前景的悲观预期拉低了大宗商品价格。另外，随着国际金融危机愈演愈烈和金融市场的剧烈动荡，投资者纷纷选择以美元等避险货币计价的资产，使美元汇率在金融危机期间强势反弹，这又从货币层面进一步降低了国际大宗商品价格。

（3）2009年3月至2011年6月，大宗商品市场重拾升势。这一时期大宗商品价格的上涨又可以分为2009年至2010年上半年和2010年下半年至2011年两个时期。前一个时期的价格上涨主要源于实体经济需求的增加和全球范围内宽松的货币政策带来的低利率；在后一个时期，由于全球范围内短期利率已降至低位，货币政策对于商品市场的刺激作用日益减弱，但全球经济的复苏和商品市场的繁荣降低了投资者的风险预期，商品期货投机推动着大宗商品价格上涨，此外，美元汇率贬值也刺激着大宗商品价格进一步抬升。

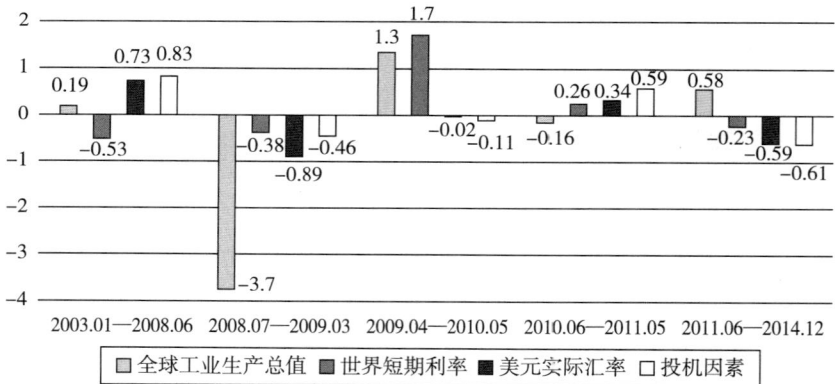

图3　分时期的大宗商品价格历史分解均值

（4）2011年6月至2014年12月。在经历大幅反弹之后，由于缺乏实体经济的强力支撑，国际大宗商品价格开始走低。尽管全球工业需求对商品价格起到一定的提振作用，但前期大宗商品投资旺盛所造成的大量产能过剩抵消了来自需求端的贡献，并且随着全球主要新兴市场经济体的增速放缓，大宗商品市场需求增长对商品价格的拉动作用有限。在货币与流动性方面，在全球主要经济体轮番降息过后，流动性对大宗商品价格的影响力日渐式微，而美联储退出量化宽松货币政策和收紧货币政策的预期不断升温导致美元不断走高，进一步打压了大宗商品价格。同时，商品期货投机也在拉低大宗商品价格。根据历史分解的结果，投机因素对大宗商品价格的负向作用集中发生在 2011 年 6 月到 2012 年 1 月，这一时期《多德—弗兰克法案》的出台和国际投行撤出或缩减商品业务是其背后的主要原因。

三、基于滚动 VAR 模型的动态分析

通过全样本时期 VAR 模型的分析，可以得到 2003—2014 年各驱动因素对国际大宗商品价格的长期影响。然而随着实体经济需求、金融市场状况、宏观经济发展以及经济政策发生变化，单独对整个样本期进行分析很有可能忽略这些变化带来的效应。因此，有必要动态地对每个时期各个因素对大宗商品价格的作用进行详细分析，检验各因素对商品价格的影响程度是否在样本期内发生了变化。为此，本节运用滚动 VAR 模型对 2003—2014 年大宗商品价格的波动进行分析，其基本步骤如下：首先固定 2003—2004 年为模型基期，根据 2003 年 1 月到 2004 年 12 月的数据估计出一个初始 VAR 方程，接着每次增加一个月的数据建立一个 VAR 方程，一直连续添加到 2014 年 12 月为止，这样一共得到 121 个 VAR 方程。本节统一选取使每个 VAR 方程的方差分解结果第 10 期进行分析，各个解释变量对大宗商品价格波动贡献度的滚动结果如图 4 所示。从图 4 可以看出，各因素对大宗商品价格波动的影响程度在 2005—2014 年发生了很大的变化。以国际金融危机爆发的 2008 年 6 月至 2009 年 3 月为分水岭，导致大宗商品价格波动的主导因素在这之前和之后呈现出显著的差异。

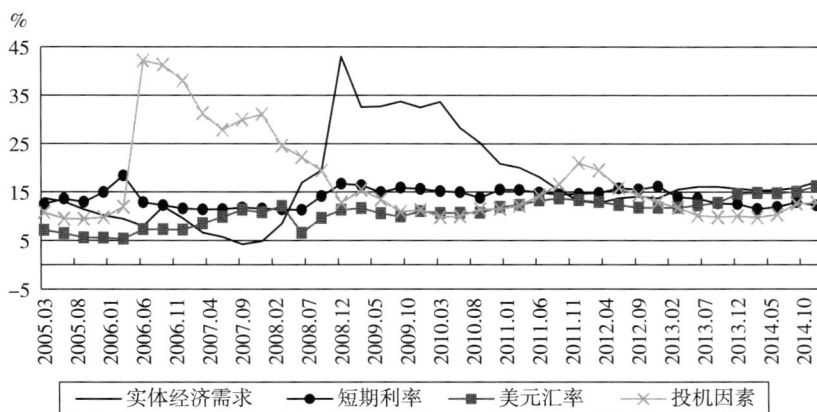

图 4　各因素对大宗商品价格贡献度的变化趋势

（1）实体经济需求方面。2003—2012 年，全球工业生产总值和 CRB 指数始终具

有高度的同步性。在商品价格飞速上涨的 2005—2008 年，全球工业生产总值增加 16.3%，与之相对应的是大宗商品价格上涨了 54.2%。在危机过后二者又同时触底反弹，自 2009 年 3 月至 2011 年 4 月全球工业生产总值增加了 18.6%，CRB 指数也随之升至历史最高点，涨幅达到 86.4%。观察需求因素对大宗商品价格波动贡献度的走势可以发现，尽管实体经济需求对危机前后商品价格的上涨都具有很强的解释力，但是在危机后的 2009—2011 年，全球主要工业国家的复苏刺激实体经济需求不断增长，带动大宗商品市场的强力反弹，实体经济需求因素对大宗商品价格波动的贡献度一度超过 30%，远远高于 2006—2008 年的 10%，成为危机后大宗商品价格上涨的主导因素。2012 年后，全球工业生产总值与国际大宗商品价格出现背离，这一方面是由于世界主要新兴市场国家的经济增速放缓，从滚动 VAR 的结果也可以看出，实体经济需求对商品价格的拉动作用在 2012 年以后逐渐降低；另一方面，供给端的过剩产能超过了全球经济的需求，不断对大宗商品价格造成下行压力。

（2）短期利率方面。2003—2007 年，全球经济处于上行周期，虽然欧美主要发达国家持续提高短期利率，在一定程度上抑制了大宗商品价格，但是由于需求对大宗商品价格的拉动超过了利率提升的作用，大宗商品价格仍然一路飙升；2008 年国际金融危机爆发后，无论是以美国为代表的发达国家还是众多的发展中国家，均相继采取了宽松的货币政策，世界短期利率呈阶梯式下行，大量的流动性涌向国际大宗商品市场，特别是在危机后的 2009—2011 年，国际大宗商品受利率下行和流动性涌入的影响明显增强，推动了大宗商品价格迅速反弹。2013 年以后，美联储逐渐收紧货币政策，世界短期利率的下行空间收窄，流动性对大宗商品价格的提振作用开始逐渐减弱。

（3）美元汇率。作为国际大宗商品的计价单位，美元汇率与国际大宗商品价格走势密切相关，在 2002 年 4 月至 2008 年 6 月和 2009 年 3 月至 2011 年 6 月这两个时期，美元汇率贬值幅度分别为 30% 和 17%，成为大宗商品价格上涨的重要推手。2012 年之后美联储货币政策退出的讨论逐渐升温，美元汇率呈上行趋势，特别是 2014 年以来美国经济逐渐脱困向好，推动美元进一步走强。从滚动 VAR 的结果可以看出，美元汇率对国际大宗商品价格的影响在样本期较为稳定，并且在 2012 年后有逐渐增强的趋势，表明美元升值成为这一时期抑制大宗商品价格的重要因素。

（4）投机因素。2003 年美联储放行大宗商品现货交易，认定银行进行大宗商品交易是对金融活动的补充，因此以允许花旗公司 Phibro 参与能源市场交易为先例，为银行业进军商品市场打开大门。此后随着商品期货与商品指数投资的兴起，大宗商品市场的金融化程度不断加深，并与基本面因素相互交织，共同推动大宗商品价格的大幅波动。商品期货投机的指标显示，投机因素自 2004 年开始呈上涨趋势并迅速膨胀，到金融危机爆发后有所回落但仍处于高位，自 2009 年初开始又再次上涨并超过危机前的水平。滚动 VAR 模型的结果显示，2005—2008 年投机因素对于国际大宗商品价格的冲击远远超过了实体经济、利率和汇率，成为这一时期大宗商品价格上涨的主导性因素；自 2009 年 3 月至 2011 年上半年，投机因素、实体经济需求和全球低利率政策共同推动着大宗商品价格一路飙升，但投机因素的重要性有所下降。2011 年 6 月至 2012 年初，投机因素对大宗商品价格的影响再次增强，并触发了大宗商品价格的急剧下跌。2012 年后，投机因素对大宗商品价格的影响逐渐减弱，基本面成为驱动国际大宗商品价格变化的主要因素。2011 年后投机因素导致大宗商品下跌，并且影响减弱。主要原因在于，危机前国际大型银行侧重为客户提供大宗商品贸易融资和对冲服务。危机后出台的《多德—弗兰克法案》限制大金融机构的投机性交易，金融监管加强的同时，大宗商品交易的利润率下滑，很多国际投行被迫撤出或缩减商品业务，减少了企业套利保值者的选择，降低了大宗商品市场的流动性。

四、稳健性检验

（一）改变 VAR 模型中的变量排序

原模型中我们将 CRB 指数作为因变量，研究国际大宗商品价格如何受到各个解释变量的冲击和影响，各变量的排列顺序为实体经济需求因素（demand）、短期利率（interest）、美元实际汇率（reer）、投机因素（specu）和大宗商品价格指数（crb）。前面的排序认为各个解释变量会引起大宗商品价格的变化，而大宗商品价格变化不会影响到各个解释变量。为保证结果的稳健性，我们改变模型中变量的排序方式。考虑到大宗商品价格的变化会引起通货膨胀水平的变化，从而引发中央银行的政策调整。因此，我们将短期利率变量置于商品价格指数之后进行检验。新模型仍然按照上文对最优滞后阶数的确定标准，选取滞后期 P = 2，各变量的排列顺序依次为：实体经济需求因素、美元汇率、投机因素、大宗商品价格和短期利率。图 5 和图 6分别是改变排序后的脉冲响应和方差分解结果。改变排序后的脉冲响应结果基本没有变化；从方差分解的结果来看，改变排序后的基本结论仍然相同，不过，短期利率对商品价格变动的影响有所减弱，美元汇率对大宗商品价格的作用有所增强。结合这一稳健性检验还可以发现，世界工业生产总值的增加和国际大宗商品价格的提高会提升短期利率水平，而美元实际汇率与投机因素对短期利率水平的冲击则不显著。

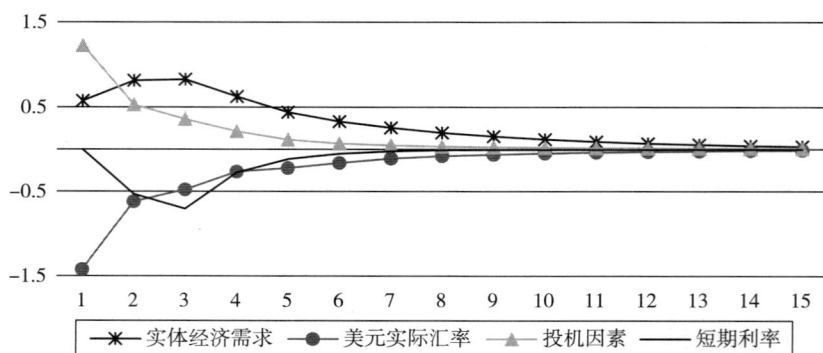

图 5   改变变量排序后的脉冲响应结果

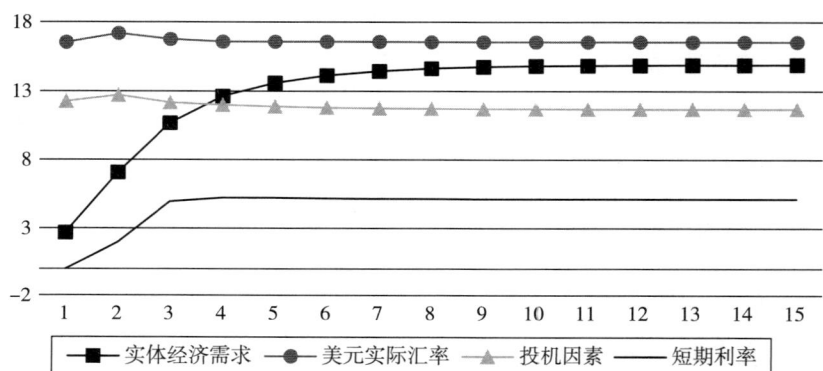

图 6   改变变量排序后的方差分解结果

（二）使用农产品和能源价格指数替换 CRB 指数

国际大宗商品价格指数（CRB 指数）涵盖的大宗商品种类繁多，而不同种类的大宗商品对于供求因素、货币因素和投机因素的反应很可能大相径庭。为保证上述 VAR 模型结果的稳健性，本节分别以农产品和能源商品价格替代 CRB 指数进行分析，结果发现脉冲响应的方向没有变化，而方差分解结果略有不同。采用农产品价格的结果显示，2003—2014 年各因素的贡献度依次为：投机因素（20.5%）、短期利率（10.5%）、美元实际汇率（9.6%）和实体经济需求（9.2%），可见农产品价格的变化更多地来源于短期利率和投机因素的影响，受实体经济需求的影响要小于总体大宗商品价格指数，而且 2005—2008 年投机因素依然是农产品价格上涨的主导性因素。采用能源价格指数的方差分解结果显示，能源类商品价格受美元汇率的影响要明显高于其他商品，2005—2008 年投机因素对能源类商品价格的上涨影响也很大，2012 年后美元汇率对能源商品价格的影响程度迅速增强。

五、主要结论和政策建议

价格的巨幅波动是近十年来国际大宗商品市场的重要特征，给各国宏观经济带来了巨大的冲击，同时也给各国的政策制定者带来了严峻的挑战。考虑到2003年以来大宗商品市场的金融化进程和金融危机之后全球主要经济体经济政策的变化，本节从实体经济需求、货币和投机层面分析国际大宗商品价格驱动因素及其动态变化，得出如下结论。

1. 随着大宗商品市场上机构投资者的涌入和指数投资的兴起，国际大宗商品的金融化属性日益凸显，因此仅仅从传统的供需视角研究大宗商品价格变化是不够的。投机因素的作用日益凸显，甚至在某些时间段里成为大宗商品价格变化的主要驱动因素。

2. 来自基本面的实体经济需求和货币层面的因素对大宗商品价格的影响具有长期性和稳定性。从长期来看，来自经济基本面的需求增长仍然是商品价格变动背后的决定性因素；危机后的低利率和美元汇率对大宗商品价格的作用显著增强。

3. 2005—2008年国际大宗商品价格的飞速上涨主要来自投机因素的推动作用，而危机之后特别是2009—2011年商品价格的上涨更多地来源于实体经济的复苏和全球范围内普遍的低利率政策；2012年之后，供大于求和美元汇率走强成为抑制大宗商品价格的重要因素。

4. 采用农产品价格和能源价格替代总体商品价格指数的结果表明，投机因素和流动性对农产品价格的影响更为显著，而能源价格受美元汇率的影响更为显著。

面对国际大宗商品市场的波动，我们应积极采取措施应对。首先，加强对商品期货市场上投机的监管，对于预防和控制短期内大宗商品价格的波动具有重要的意义。监管过程中要注意对指数投资基金杠杆水平和持仓量的监测，同时也要注重增强商品衍生品柜台交易的透明度；其次，货币政策的大幅调整会使大宗商品价格受流动性因素影响大大增强，因此需要特别关注发达国家特别是美国货币政策的溢出效应；最后，大宗商品价格的决定最终要回归到供求等基本面，因此如何在全球经济持续增长的过程中调整大宗商品的供给以适应需求，是应对国际大宗商品市场波动的根本问题。这要求一方面要加速新兴经济体的增长转型，摆脱高度依赖投资驱动和资源消耗型的增长模式，提高资源使用效率；另一方面要加强大宗商品投资和商品供给的基础设施建设以增强中长期的商品供给能力。

附录

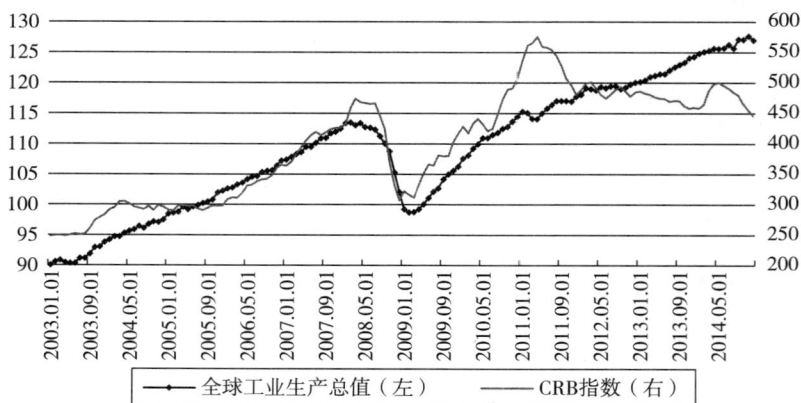

附图1　全球工业生产总值（左）与 CRB 指数（右）变动趋势

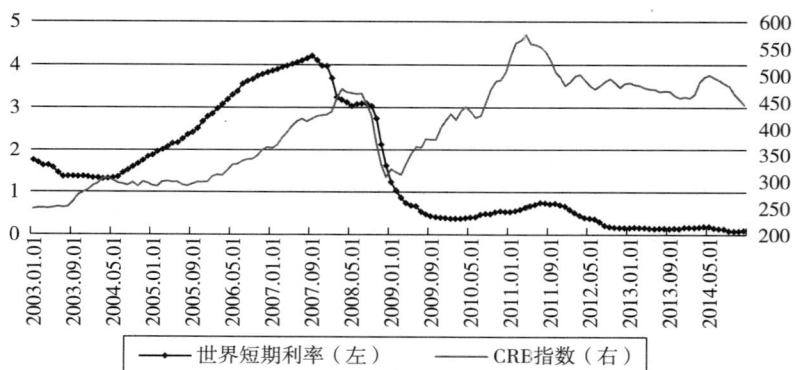

附图2　世界短期利率（左）与 CRB 指数（右）的变动趋势

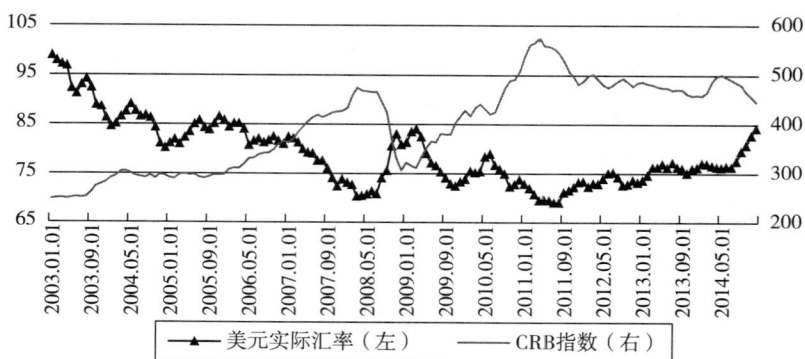

附图3　美元实际汇率（左）与 CRB 指数（右）变动趋势

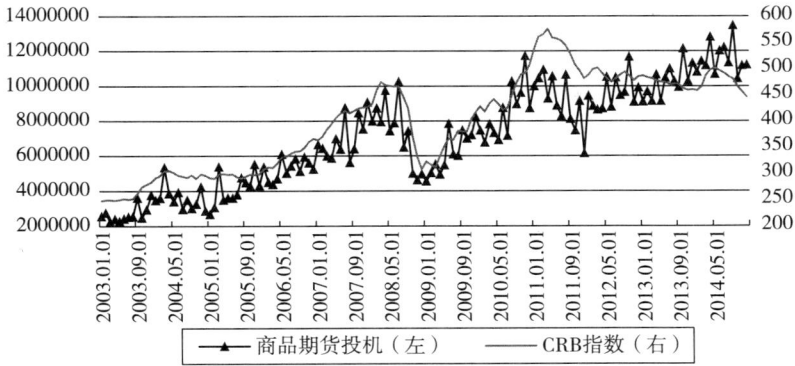

附图 4　商品期货投机（左）与 CRB 指数（右）变动趋势

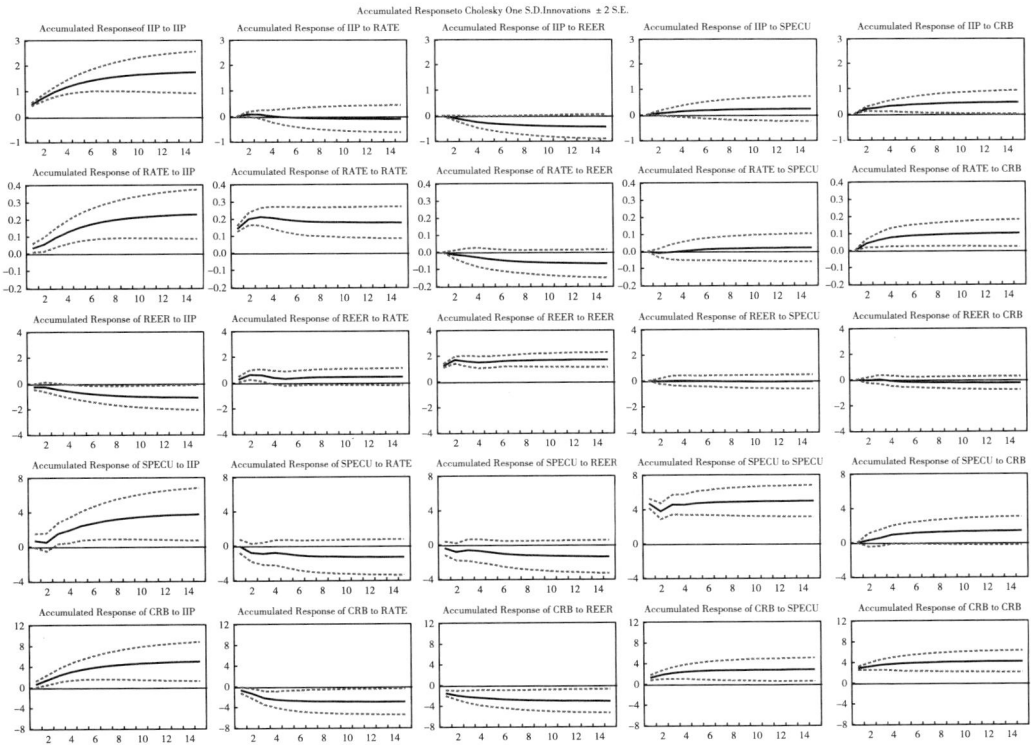

附图 5　大宗商品价格指数对各因素的累计脉冲响应结果

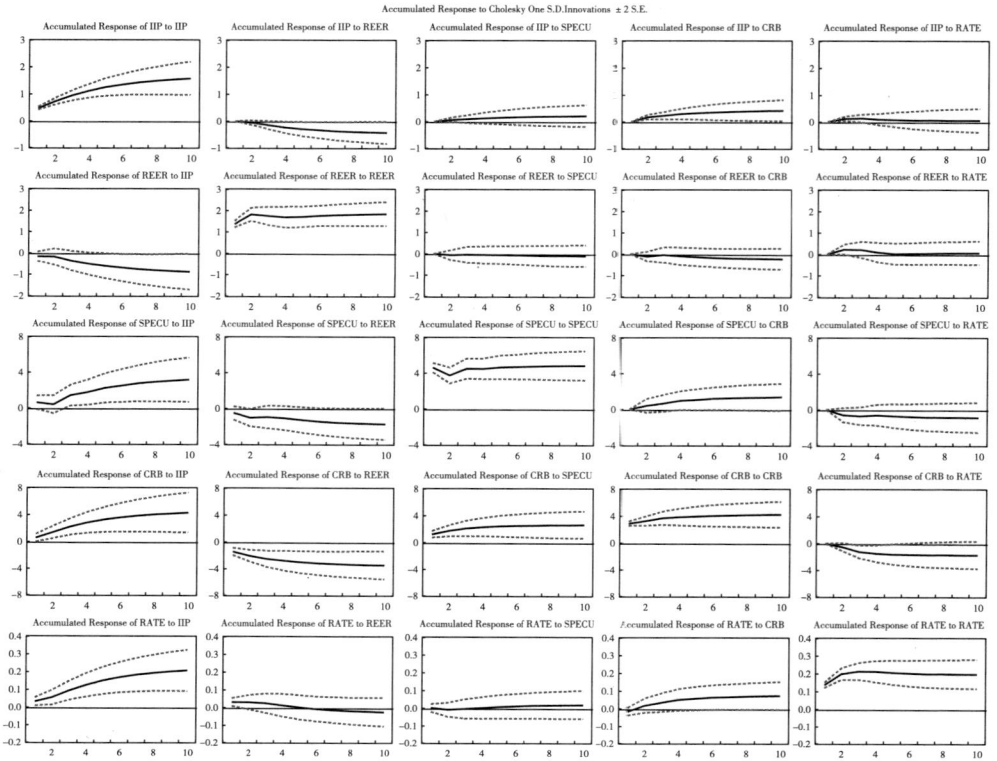

附图6　稳健性检验（一）中的累计脉冲响应结果

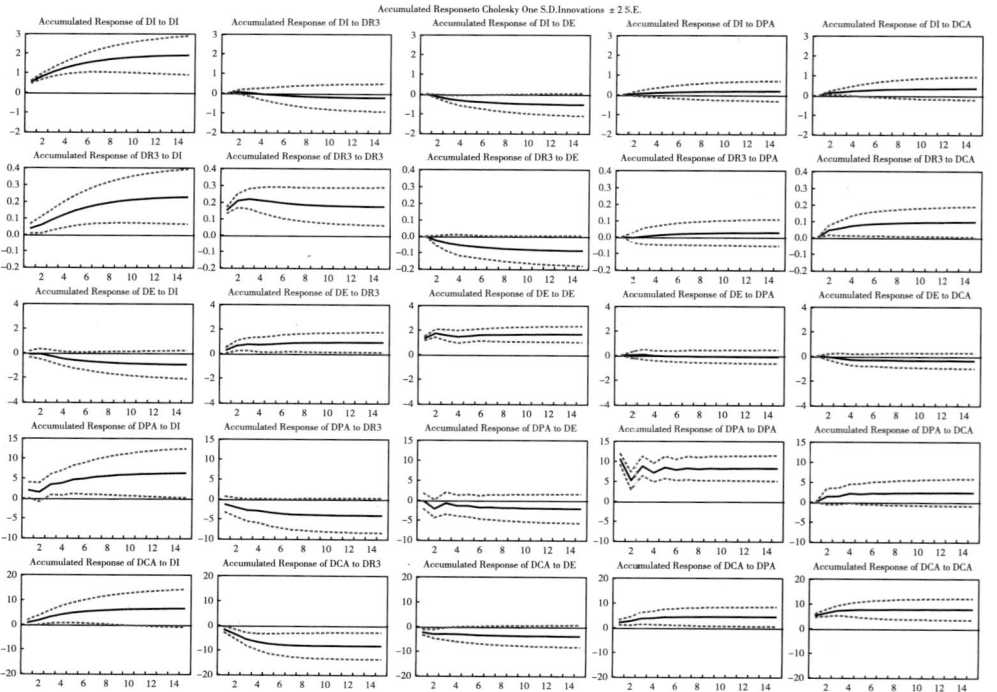

附图7　稳健性检验（二）农产品价格对各因素的累计脉冲响应结果

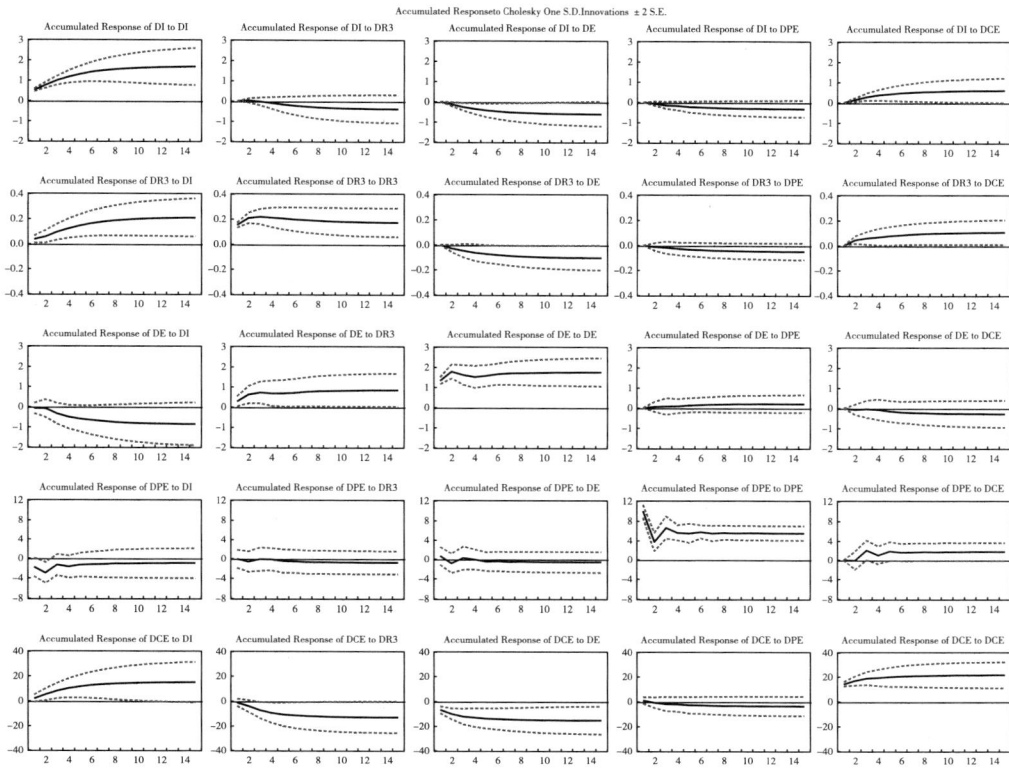

附图8 稳健性检验（二）能源类商品价格对各因素的累计脉冲响应结果

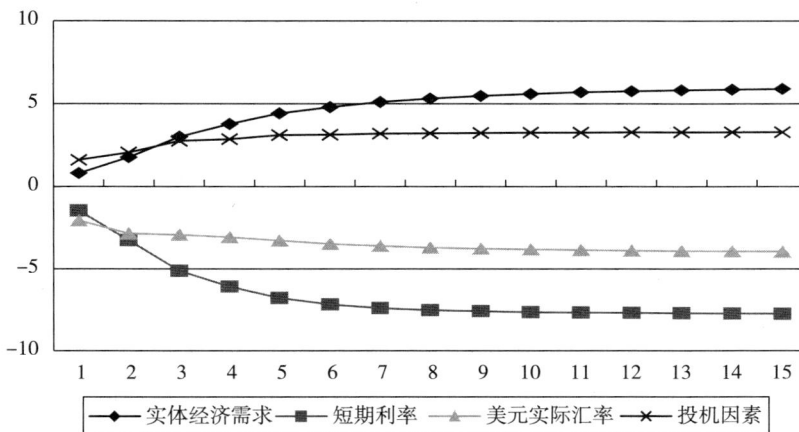

附图9 农产品价格对各因素累计脉冲响应结果

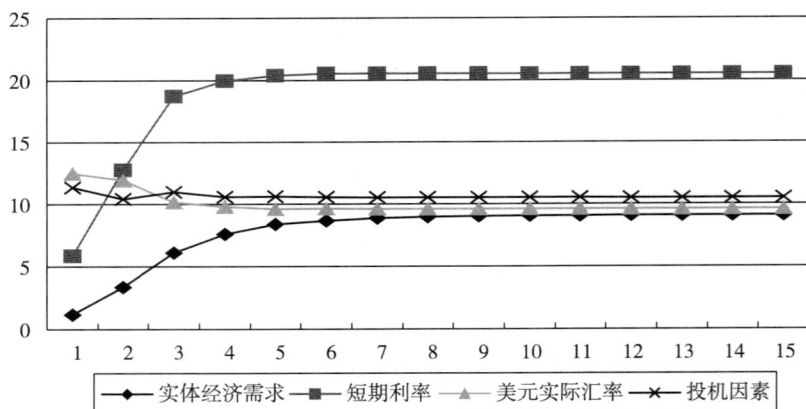

附图 10　农产品价格对各因素方差分解结果

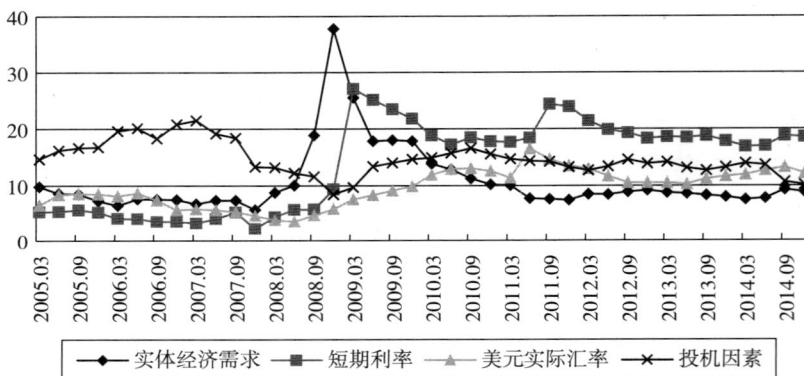

附图 11　各因素对农产品价格指数波动贡献度的递归结果

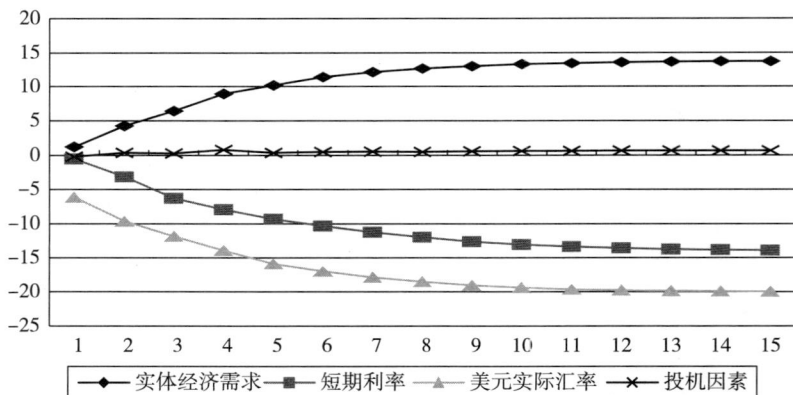

附图 12　能源价格指数对各因素的脉冲响应结果

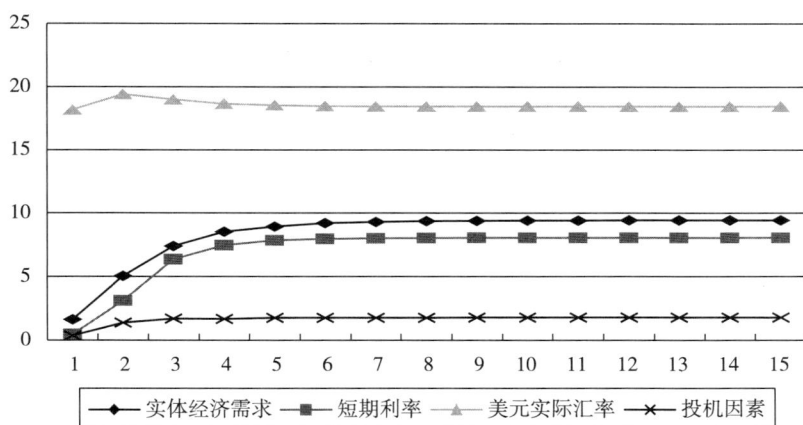

附图 13　能源价格指数对各因素的方差分解结果

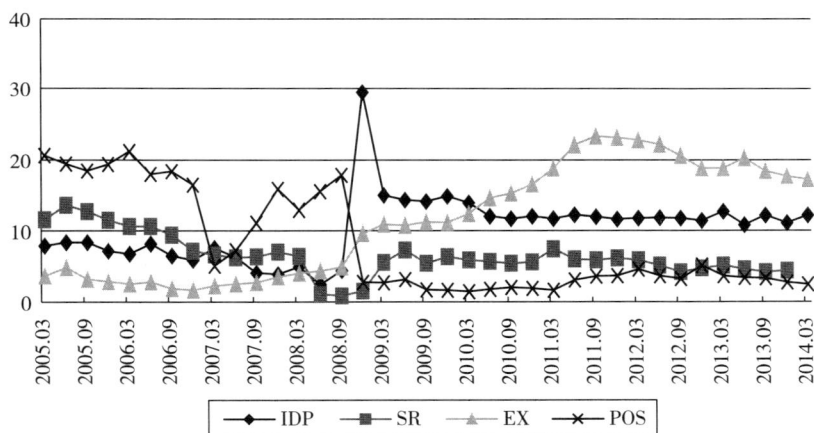

附图 14　各因素对能源价格指数波动贡献度的递归结果

参考文献

［1］卢锋，李远芳，刘鎏. 国际商品价格波动与中国因素——我国开放经济成长面临新问题［J］. 金融研究，2009（10）：38－56.

［2］张珣，余乐安，黎建强，汪寿阳. 重大突发事件对原油价格的影响［J］. 系统工程理论与实践，2009（3）：10－15.

［3］Akram Q F. Commodity Prices, Interest Rates and the Dollar［J］. Energy Economics，2009，31（6）：838－851.

［4］Anzuini A，Lombardi M J，Pagano P. The Impact of Monetary Policy Shocks on Commodity Prices［R］. European Central Bank，Working Paper No. 1232，2010.

［5］ Arbatli E C, Vasishtha G. Growth in Emerging Market Economies and the Commodity Boom of 2003 – 2008: Evidence from Growth Forecast Revisions ［R］. Bank of Canada, Working Paper, No. 2012 – 8, 2012.

［6］ Arezki R, Loungani P, Ploeg R, Venables A. Understanding International Commodity Price Fluctuations ［J］. Journal of International Money and Finance, 2014, 42 (4): 1 – 8.

［7］ Baldi L, Peri M, Vandone D. Price Discovery in Agricultural Commodities: the Shifting Relationship between Spot and Futures Prices ［C］. Food and Natural Resources, EAAE 2011 Congress, August, 2011.

［8］ Breitenfellner A, Cuaresma J C, Keppel C. Determinants of Crude Oil Prices: Supply, Demand, Cartel or Speculation? ［J］. Monetary Policy & the Economy, 2009 (4): 111 – 136.

［9］ Buyuksahin B, Robe M A. Speculators, Commodities and Cross – market Linkage ［J］. Journal of International Money and Finance, 2014, 42 (4): 38 – 70.

［10］ Chambers M J, Bailey R E. A Theory of Commodity Price Fluctuations ［J］. Journal of Political Economy, 1996, 104 (5): 924 – 957.

［11］ Chong J, Miffre J. Conditional Correlation and Volatility in Commodity Futures and Traditional Asset Markets ［J］. Journal of Alternative Investments, 2010, 12 (1): 61 – 75.

［12］ Chu K Y, Morrison T K. The 1981 – 82 Recession and Non – oil Primary Commodity Prices ［C］. Staff Papers, International Monetary Fund, 1984, 31 (1): 93 – 140.

［13］ Erb C B, Harvey C R. The Strategic and Tactical Value of Commodity Futures ［J］. Financial Analysts Journal, 2006, 62 (1): 69 – 97.

［14］ Etienne X L, Irwin S H, Garcia P. Bubbles in Food Commodity Markets: Four Decades of Evidence ［J］. Journal of International Money and Finance, 2014, 42 (4): 129 – 155.

［15］ Frankel J A. The Effect of Monetary Policy on Real Commodity Prices ［R］. National Bureau of Economic Research, Working Paper No. 12713, 2008.

［16］ Geman H, Kharoubi C. WTI Crude Oil Futures in Portfolio Diversification: The Time – to – maturity Effect ［J］. Journal of Banking & Finance, 2008, 32 (12): 2553 – 2559.

［17］Gilbert C L. How to Understand High Food Prices ［J］. Journal of Agricultural Economics, 2010, 61 (2): 398 – 425.

［18］Gruber J W, Vigfusson R J. Interest Rates and Volatility and Correlation of Commodity Prices ［R］. International Finance Discussion Paper No. 1065, Board of Governors of the Federal Reserve System, 2012.

［19］Hamilton J D. Causes and Consequences of the Oil Shock of 2007 – 08 ［R］. National Bureau of Economic Research, Working Paper No. 15002, 2009.

［20］Hamilton J D, Wu J C. Effects of Index-Fund Investing on Commodity Futures Prices ［J］. Chicago Booth Research Paper, 2013, 13.

［21］Irwin S H, Sanders D R. Index Fund, Financialization and Commodity Futures Markets ［J］. Applied Economic Perspectives and Policy , 2011, 33 (1): 1 – 31.

［22］Kaufmann R K. The Role of Market Fundamentals and Speculation in Recent Price Changes for Crude Oil ［J］. Energy Policy, 2011, 39 (1): 105 – 115.

［23］Kawamoto T, Kimura T, Morishita K. What Has Caused the Surge in Global Commodity Prices and Strengthened Cross-Market Linkage? ［R］. Bank of Japan, Working Paper Series No. 11-E-3, 2011.

［24］Kazuhiko O, Tatsuyoshi O. Increasing Trends in the Excess Comovement of Commodity Prices ［R］. The Research Institute of Economy, Trade and Industry. Discussion Paper Series No. 13-E-048, 2013.

［25］Kilian L, Murphy D. The Role of Inventories and Speculative Trading in the Global Market for Crude Oil ［R］. University of Michigan, Working Papers, 2012.

［26］Kilian L. Not All Oil Price Shocks are Alike: Disentangling Demand and Supply Shocks in the Crude Oil Market ［J］. The American Economic Review, 2009, 99 (3): 1053 – 1069.

［27］Kilian L, Hicks B. Did Unexpectedly Strong Economic Growth Cause the Oil Price Shock of 2003 – 2008? ［R］. CEPR Discussion Papers No. 7265, 2009.

［28］Knut A, Hilde C B, Thorsrud L A. What Drives Oil Prices? Emerging Versus Developed Economies ［R］. Norges Bank Working Paper No. 201211, 2012.

［29］Korniotis G M. Does Speculation Affect Spot Price Levels? The Case of Metals with and Without Futures Markets ［R］. The Federal Reserve Board, Finance and Economics Discussion Series No. 2009 – 29, 2009.

［30］Linn S C, Zhu Z, Chiou-Wei S. The Response of U. S. Natural Gas Futures and

Spot Prices to Storage Change Surprises: Fundamental Information and the Effect of Escalating Physical Gas Production [J]. Journal of International Money and Finance, 2014, 42 (4): 156 – 173.

[31] Lombardi M J, Ravazzolo F. Oil Price Density Forecasts: Exploring the Linkages with Stock Markets [R]. Norges Bank Working Paper No. 2012 – 24, 2009.

[32] Masters M. Testimony before the Committee on Homeland Security and Governmental Affairs [R]. US Senate, May 20, 2008.

[33] Reuven G, Sylvain L. Central Bank Announcements of Asset Purchases and the Impact on Global Financial and Commodity Markets [J]. Journal of International Money and Finance, 2012, 31 (8): 2078 – 2101.

[34] Sedik T S, Cevik S. A Barrel of Oil or a Bottle of Wine : How Do Global Growth Dynamics Affect Commodity Prices? [J]. International Monetary Fund, Working Papers No. 1101, 2011.

[35] Silvennoinen A, Thorp S. Financialization, Crisis and Commodity Correlation Dynamics [J]. Journal of International Financial Markets, Institutions and Money, 2009, 24 (4): 42 – 65.

[36] Singleton K. Investor Flows and the 2008 Boom/Bust in Oil Prices [R]. Stanford Graduate School of Business, Working Paper, 2011.

[37] Trostle R. Global Agricultural Demand and Supply: Factors Contributing to the Recent Increase in Food Commodity Price [J]. Report of USDA Economic Research Service No. 0801, 2008.

[38] Yu Y. Identifying the Linkages between Major Mining Commodity Prices and China's Economic Growth—Implications for Latin America [J]. IMF Working Paper No. 86, 2011.

第二节 国际石油价格波动的来源：
发达经济体还是新兴经济体[1]

一、引言

过去 20 年间，国际原油价格经历了大幅度波动，给世界各国经济造成不可估量的影响。特别是进入 21 世纪以后，石油价格进入了新一轮的上升通道。在 2003—2012 年的十年间，美国西得克萨斯轻质原油（WTI）现货价格由每桶 32.95 美元上升为每桶 87.86 美元，增加了约 1.67 倍。[2] 与此同时，新兴经济体也迎来了黄金发展期，并逐渐成为世界经济发展的重要引擎，新兴经济体的蓬勃发展使其成为油价上涨的重要驱动因素。

同发达经济体相比，新兴经济体对于石油的需求可以分解为两个方面：国内需求和出口需求（Cheung and Morin，2007）。在国内需求方面，随着城市化和工业化进程迅速推进，随之而来的是基础设施投资的增加，由此刺激了能源密集型产业的发展，从而加大了石油需求。在出口需求方面，伴随着国际贸易的发展，出口加工制造业呈现出欣欣向荣的良好态势，对于石油等大宗商品的需求也日益膨胀。

尽管新兴经济体的发展极大地刺激了对于国际原油的需求，但是发达经济体仍然是油价上涨的重要推手，并在油价上升过程中扮演了重要角色。本节采用向量自回归模型，分别构建非限制性 VAR 模型和递归 VAR 模型，基于 1994—2012 年的数据，研究这一时期国际石油价格的驱动因素。在研究过程中，本节将石油需求分解为新兴经济体需求和发达经济体需求，着重分析两者对于油价所起到的拉动作用。

本节剩余部分的结构安排如下：第二部分为石油价格驱动因素的文献综述，第三部分建立 VAR 模型进行实证研究，第四部分建立递归 VAR 模型进行动态分析，第五部分为稳健性检验，第六部分针对不同地区情况进行分析，第七部分为本节结论与未来研究方向。

---

1 本部分作者为谭小芬、杨楠。
2 资料来源于美国能源信息署。

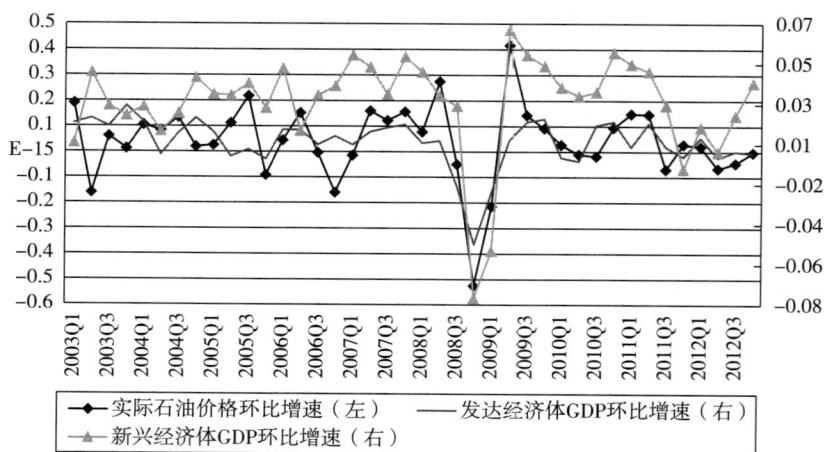

注：1. 石油价格为美国炼油商原油进口成本，且已通过美国 CPI 指数（2005 年为基期）换算成实际油价。

2. 2003Q1 代表 2003 年第一季度，余同。

图1　实际油价与发达经济体 GDP、新兴经济体 GDP 的变动趋势

资料来源：EIA 数据库，FRED 数据库。

二、文献综述

过去十年里国际大宗商品价格经历了巨幅波动。Cashin 和 Mcdermott（2002）针对大宗商品价格波动特点进行实证研究，结果表明，自 1862 年起，大宗商品价格呈现出下降趋势，这种趋势直至 1999 年出现反转，此后呈现出价格不断爬升的态势。石油等大宗商品价格的波动往往和经济活动之间存在着不可分割的密切联系（Gisser and Goodwin，1986），导致大宗商品价格波动的原因较为复杂，并成为学者们研究的焦点。Frankel 和 Rose（2009）将这些原因归结全球需求的急剧扩张、各类金融投机性行为和各国货币政策的冲击。尽管学术界对大宗商品价格波动原因没有达成共识，但是近年来的研究强调宏观经济因素在其中所起到的重要作用（Belke，Bordon and Hendricks，2010；Hamilton，2009；Kilian，2009；Thomas，Mühleisen and Pan，2010；Wirl，2008）。Barsky 和 Kilian（2002，2004）针对宏观经济变量对油价的影响进行了深入研究并首次提出宏观经济变量和石油价格之间存在反向因果关系。

（一）供需关系对油价的影响

各类宏观经济因素，如供给、需求、利率、汇率，在大宗商品价格决定过程中所起到的作用各不相同。同其他因素相比，供需关系是决定石油价格的基本因素。伍超明和陈洪波（2009）提出，尽管从短期来看，石油价格的波动受到石油库存变化、汇率变动、期货价格波动、突发事件、政治事件、国际资本市场资金的短期流向、气候异常、市场干预等诸多因素的影响，但是从长期来看，供给和需求仍然是决定石油价格的主要动力。在此基础上，李卓和张茜（2012）构建符号约束的SVAR模型，区分了石油市场中的基本面冲击和非基本面冲击，发现供需基本面冲击解释了石油价格的大部分波动情况。Lagalo（2011）提出，相比于供给冲击，需求冲击对石油价格的影响更为重要。Killian（2009）采用SVAR模型将石油供给冲击、总需求冲击和特定需求冲击加以区分，认为在众多宏观经济因素中，全球总需求的膨胀是推动石油价格上涨的主要因素。Unalmis和Unsal（2012）将需求分解为不同方面，提出同其他因素相比，生产率冲击是影响石油价格的重要因素。与上述研究不同，朱民和马欣（2006）对影响2006年石油价格的因素进行了系统性分析，发现2006年形成油价风险的主要动因已从需求的波动转向供给的波动。

（二）发达经济体与新兴经济体需求对油价的影响

Cevik和Sedik（2010）发现，相较于供给因素而言，需求因素在大宗商品价格的决定过程中扮演更为重要的角色；而且，他们首次将总需求分解为来自发达国家的需求和来自新兴经济体的需求，并发现新兴经济体的需求是推动石油等大宗商品价格上涨的主要决定因素。他们的研究阐述了新兴经济体在价格形成中的重要作用，却没有对此进行进一步解释。部分文献更进一步细致分析以亚洲为代表的新兴经济体对大宗商品价格的影响。覃东海和余乐安（2005）提出20世纪90年代以来新兴市场国家的经济增长形成了巨大的石油需求，成为需求方面的新增动力。Cheung和Morin（2007）运用误差修正模型针对亚洲新兴市场对大宗商品价格产生的影响进行了分析，并以中国为代表深入剖析了两种需求：一是伴随城市化的发展，工业化进程的快速推进产生的需求；二是制造业和出口加工工业的迅速发展产生的需求，并以石油和基础金属为代表，通过建立包含收入、滞后价格、利率和其他外生变量在内的大宗商品价格模型，证实了自1997年末开始，大宗商品价格受到亚洲新兴经济体的冲击愈加强烈。Kilian和Hicks（2013）进一步证明，从2003年中期至2008年中期石油市场的巨幅震荡很大程度上由全球需求过度膨胀所致，反映了这一时期亚洲新兴经济体的快速发展。他们在研究过程中建立实际GDP增长的预测模型，并对模型进行相应的估算，结果发现，在受到经济增长的冲击后，石油价格将出现巨幅波动，这一波动趋势将在冲击后期逐步明朗，并促使新一轮价格高峰的出现。其研究对象主要集中于"金砖四国"和OECD成员国，运用历史分解法和脉冲响应函数方法深入剖析了来自不同国家的经济冲击对石油价格产生的不同影响，并进一步指出，中国、俄罗斯和日本在 2003 年中期至 2008 年中期石油价格的巨幅波动中扮演了重要角色。在此基础上，Arbatli 和 Vasishtha（2012）通过建立预测修正模型，提出亚洲国家对工业原材料的巨大需求对 2002—2008 年的大宗商品价格产生了不可忽视的影响。相比于 Kilian 和 Hicks（2013）的研究，该研究对预测数据的选取更具说服力和普适性，并没有局限于单一的大宗商品，而是以一系列的大宗商品为研究对象，进一步说明了美国和以中国与印度为代表的亚洲国家在大宗商品价格的变化过程中起到了重要的作用。Aastveit、Hilde 和 Thorsrud（2012）在 Kilian（2009）的基础上，运用 FAVAR 模型来研究发达国家和新兴经济体在石油价格形成中所起到的不同作用。研究发现，发达国家和新兴经济体的需求冲击可以解释石油价格波动的 50% 到 60%，因而很大程度上影响了石油价格的形成；而且，近十年来，新兴经济体尤其是亚洲国家经济迅速发展，在石油价格和石油生产中的决定作用超过发达国家，其对石油价格波动的解释力约为发达国家的两倍。

上述文献深入研究了新兴经济体和发达经济体对油价需求的驱动作用，但是还有若干方面可以进行改进：（1）不少文献研究选取时间序列较短；（2）对油价驱动因素的结构性变化研究较少，忽略了在样本时间段内不同因素对油价拉动作用的变化，对油价上涨的动态过程仍需进一步探究；（3）从变量选择上看，大部分文献包含的变量较为单一，在研究需求冲击的同时对其他因素的研究较少；（4）在研究过程中，上述文献较少涉及对地区和国家的分析，缺乏对发达经济体和新兴经济体需求与油价传导机制的深入剖析。

与上述研究相比，本节的贡献在于：（1）扩大样本容量。在时间序列选择方面，本节选取了 1994—2012 年的数据，延长时间跨度能够分析油价驱动因素的动态影响；在变量选择方面，在供需基础上引入流动性因素；在样本选择方面，选取了 26 个国家，并针对不同地区和国家进行了具体的分析。（2）关注油价驱动因素的结构性变化。本节构建递归 VAR 模型，对 2003 年前后的油价驱动因素进行了深入分析和比较。（3）在上述研究的基础上，针对不同地区需求对油价产生的影响进行分析。

三、基于全样本时期季度数据的 VAR 分析

（一）模型选择说明

本节将采用非限制性 VAR 模型对影响石油价格的基本面进行分析，从而比较发达经济体和新兴经济体的需求在推动石油价格上涨过程中所起到的不同作用。之所

以采用 VAR 模型是因为与其他方法相比，建立 VAR 模型有利于分析多元时间序列变量之间的相互关系，从而解释各类经济冲击对于经济变量形成的影响。VAR 模型的形式如下：

$$y_t = \Phi_1 y_{t-1} + \cdots + \Phi_p y_{t-p} + \varepsilon_t \qquad t = 1, 2, \cdots, T$$

式中，y_t 是内生变量列向量，p 是滞后阶数，T 是样本个数，ε_t 是扰动列向量。$\Phi_1, \cdots, \Phi_p$ 为待估计的系数矩阵。内生变量依次包括：全球石油供给，发达经济体的经济活动，新兴经济体的经济活动，流动性，实际油价。

（二）变量数据说明

本节选取 1994 年第一季度至 2012 年第四季度的季度数据。选取这一区间的原因在于：（1）样本中涉及各国 GDP 数据，目前 GDP 数据仅有季度和年度两种频率。同年度数据相比，季度数据更能够保证 VAR 模型估计精度；（2）美国能源信息署公布的石油产量数据是从 1994 年开始的。具体而言，各变量的处理方法如下。

全球石油供给（S）（单位：千桶/天）。本节选用全球原油产量来表示供给因素。

发达经济体的经济活动（D）（单位：美元）。该变量代表发达经济体的石油需求。本节参照 Kilian（2009）的方法，采用发达经济体的国内生产总值来表示发达经济体的经济活动。该指标采用不变价格计算，剔除了通货膨胀的因素。由于这一指标无法完全反映发达经济体的石油需求，本节在第四部分将采用工业生产总值进行稳健性分析。发达经济体涵盖 15 个发达国家，包括美国、加拿大、日本、英国、丹麦、芬兰、法国、德国、意大利、荷兰、挪威、瑞典、瑞士、澳大利亚和新西兰。本节将各国 GDP 转化为以美元计价，并将各国 GDP 进行加总，从而构建发达经济体 GDP 指标。在样本区间内发达经济体 GDP 呈现出上升趋势，仅在 2008—2009 年受金融危机的影响有所下降。

新兴经济体的经济活动（E）（单位：美元）。该变量代表新兴经济体的石油需求。本节采用以不变价格计算的各国国内生产总值来表示新兴经济体的经济活动。如前文所述，本节在第四部分将这一变量替换为新兴经济体的工业生产总值进行稳健性分析。新兴经济体涵盖 11 个国家和地区，包括中国、印度、印度尼西亚、韩国、新加坡、中国台湾、泰国、巴西、墨西哥、智利、南非。新兴市场总体 GDP 指标构建过程与发达经济体相同。1994—1997 年新兴经济体的 GDP 呈下降趋势，受亚洲金融危机的影响在 20 世纪 90 年代末达到最小值，进入 21 世纪后受全球经济回暖影响，GDP 上升但在 2009 年有所下降。

流动性（L）（单位：美元）。本节采用主要国家和地区的广义货币（M2）来衡量流动性。由于各国（地区）货币计量口径的不同，个别国家（地区）采用 M3 近似代表该经济体流动性情况。[3] 本节将各国和地区广义货币量转化为以美元计价，以各国和地区 GDP 占样本国家和地区 GDP 总和的比重为权数进行加权，从而得到全球流动性指标。

实际油价（P）（单位：美元/桶）。本节参照 Kilian（2009）的方法，采用美国炼油商原油进口成本作为石油价格。由于该价格没有剔除通货膨胀的因素，本节利用美国城市居民消费价格指数（CPI）以 2005 年为基期将其换算成实际油价。在样本区间内，石油价格上升幅度较为明显，在 2009 年受到金融危机的冲击，油价大幅度回落。

以上数据中，全球原油产量和美国炼油商原油进口成本数据引自美国能源信息署数据库（EIA）。各国（地区）GDP 和广义货币量数据引自圣路易斯联储经济数据库（FRED）。

上述变量的描述性统计如表 1 所示。

表 1   **变量描述性统计**

变量	样本个数	平均值	最大值	最小值	标准差
S	76	79900.13	89584.04	68162.86	6152.39
D	76	1.74E+13	2.10E+13	1.32E+13	2.47E+12
E	76	1.55E+12	2.95E+12	9.63E+11	5.79E+11
L	76	5.39E+12	9.60E+12	2.88E+12	1.84E+12
P	76	22.17	53.74	6.59	12.89

（三）VAR 模型构建

1. 单位根检验

为减少季节性因素影响，本节首先对变量进行 X – 12 季节调整。考虑到非限制性 VAR 模型的变量一般为平稳序列，本节对各变量进行对数差分，然后对处理后的变量进行 ADF 检验，检验结果如表 2 所示。从表 2 可以看出，处理后的变量皆为平稳过程。

表 2   **变量 ADF 检验**

变量序列	原始序列			对数差分后序列		
	检验形式	t 值	结论	检验形式	t 值	结论
S	(C, 0, 0)	– 1.06	非平稳	(0, 0, 0)	– 6.60	平稳
P	(C, 0, 2)	– 0.75	非平稳	(0, 0, 1)	– 7.05	平稳

3　主要国家和地区包括美国、英国、澳大利亚、加拿大、丹麦、日本、新西兰、挪威、瑞典、韩国、南非、瑞士、墨西哥、中国、巴西、印度尼西亚、印度、智利、新加坡、中国台湾。其中，加拿大采用 M2 +，丹麦、瑞典、澳大利亚和新西兰采用 M3。

续表

原始序列				对数差分后序列		
变量序列	检验形式	t 值	结论	检验形式	t 值	结论
L	（C，0，1）	3.42	非平稳	（C，0，0）	-6.55	平稳
D	（C，0，2）	-0.76	非平稳	（0，0，0）	-4.47	平稳
E	（C，0，1）	2.23	非平稳	（0，0，0）	-7.75	平稳

注：检验形式（C，T，P）表示存在常数项和时间趋势项，（0，0，p）表示不存在常数项和时间趋势项；滞后阶数 P 根据 SIC 准则确定。

2. 格兰杰非因果关系检验

在确定变量平稳性的基础上，本节对变量之间进行了格兰杰因果关系检验，检验结果如表3所示。从表3可以看出，全球石油供给、发达经济体的经济活动、新兴经济体的经济活动和流动性均为实际油价的格兰杰原因，同时实际油价也是全球石油供给、发达经济体的经济活动、新兴经济体的经济活动三者的格兰杰原因。

表3　　　　　　　　　　　　　　格兰杰因果检验

假设	P 值	接受或拒绝	假设	P 值	接受或拒绝
S 不是 P 的原因	0.027	拒绝	P 不是 S 的原因	0.002	拒绝
D 不是 P 的原因	0.072	拒绝	P 不是 D 的原因	0.057	拒绝
E 不是 P 的原因	0.076	拒绝	P 不是 E 的原因	0.081	拒绝
L 不是 P 的原因	0.078	拒绝	P 不是 L 的原因	0.173	接受

注：接受或拒绝的判断标准为10%的显著性水平。

3. 模型滞后阶数的确定

滞后阶数的确定是 VAR 模型的一个重要问题，在选择滞后阶数时，既要考虑到滞后项的数目，又要兼顾模型的自由度。在本节确定滞后阶数的过程中，依据 AIC 准则，最优滞后阶数为8；依据 LR 和 FPE 准则，最优滞后阶数为4；依据 SC 准则，最优滞后阶数为0；而依据 HQ 准则，最优滞后阶数为1。本节依据 LR 和 FPE 准则，选择滞后阶数为4。依据此滞后阶数所建立的 VAR 模型通过了滞后结构的检验，所有根模均位于单位圆内，表明该模型是稳定的。

（四）VAR 模型的结果分析

本节对上述建立的 VAR 模型进行估计，由于 VAR 模型估计的单个系数没有很强的经济学意义，在这里不作赘述，主要通过脉冲响应、方差分解、历史分解等方法对模型进行分析。本节设定冲击作用期限为10期，分别给各变量一个单位的冲击，得到实际油价的脉冲响应函数，如图2所示。

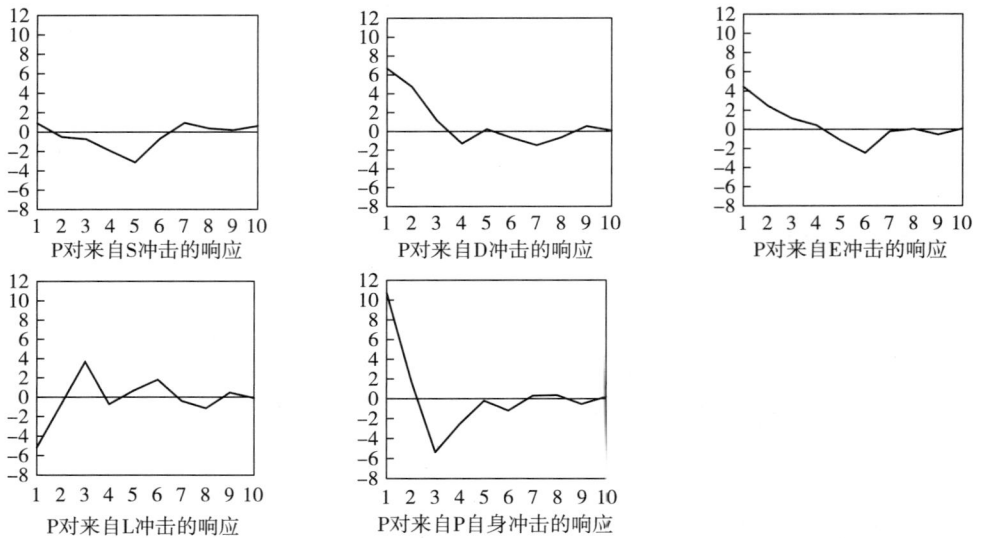

P对来自S冲击的响应　　P对来自D冲击的响应　　P对来自E冲击的响应

P对来自L冲击的响应　　P对来自P自身冲击的响应

图2　各变量对油价冲击的脉冲响应函数

从图2可以看出：（1）来自石油实际价格（P）自身的冲击，对于石油价格的影响在第1期最大，为10.72[4]个单位，之后迅速减弱，从第3期开始为负，并从第3期起从负向趋近于零。（2）来自全球石油供给（S）的冲击，对实际油价（P）的影响在第1期和后4期为正。从第2期开始影响缓慢变小，在第5期达到了最小值；从第5期开始有所回升，并在第7期达到了最大值，此后逐渐趋近于零。总体来看，供给冲击对于油价具有负向影响，但与其他冲击相比，石油供给冲击的影响程度较小。这主要是因为20多年以来石油行业的回报率较低，造成行业基础设施投资的减少，使石油产能增长十分有限（覃东海和余乐安，2005），短期内产能扩张受到限制。（3）来自发达经济体的经济活动（D）的冲击，对实际油价（P）的影响在第1期最大，此后逐渐趋近于零。总体来看，其对实际油价（P）的正向影响在前3期最为显著，这表明发达经济体对于石油的需求能够通过油价得以体现，需求的增长会带动油价快速上升。（4）来自新兴经济体的经济活动（E）的冲击，对实际油价（P）的影响在前4期显著为正，从第4期之后为负，并逐渐趋于零。总体来看，新兴经济体的需求对于油价的影响为正且具有一定的持续性。（5）来自流动性（L）的冲击，对实际油价（P）的影响在前2期、第4期和第7至第9期为负，其余时期为正。

从脉冲响应图可以看出，发达经济体和新兴经济体对油价影响的期限大致相同，

4　脉冲响应结果均乘以100进行处理。

但发达经济体对于油价的正向影响明显强于新兴经济体，其在第 1 期对于油价的影响达到 6.69 个单位，约为新兴经济体影响（4.45 个单位）的 1.5 倍。这表明同新兴经济体的需求相比，发达经济体的需求对于油价的推动作用更为强烈。

实际油价的方差分解结果如表 4 所示。从表 4 可以看出，除去实际油价自身外，发达经济体的经济活动和流动性的方差贡献度较高；此外，石油供给的贡献度较低，但随着时期的推移，贡献度呈现出缓慢增加的趋势。以第 10 期为例，同发达经济体相比，新兴经济体的需求贡献度相对较低，仅为 10.7 个单位，约为发达经济体的 1/2，这一结论同脉冲响应结果相一致。这表明在油价形成方面，发达经济体的需求推动作用约为新兴经济体的两倍。

表 4 油价的方差分解结果

时期	标准差	P	S	D	E	L
1	0.14	55.52	0.40	21.57	9.57	12.93
2	0.15	49.38	0.46	27.96	10.77	11.43
3	0.17	51.58	0.58	23.95	9.51	14.39
4	0.17	51.55	1.83	23.51	9.16	13.95
5	0.18	49.59	4.95	22.63	9.27	13.56
6	0.18	48.21	4.91	21.94	10.84	14.10
7	0.18	47.74	5.14	22.39	10.74	14.00
8	0.18	47.49	5.15	22.37	10.67	14.32
9	0.18	47.41	5.14	22.38	10.73	14.34
10	0.18	47.36	5.25	22.35	10.71	14.32

上述结果表明，1994—2012 年需求冲击对油价的解释力度较强，进入 21 世纪后尤其是 2003 年以来，伴随着各国（地区）经济的迅猛发展，油价驱动因素也有所变化。为此本节对实际油价进行了历史分解，结果如附录 2 所示。通过历史分解方法，真实值可以被分解为预测值和预测误差两项，同时预测误差被分解为每个变量冲击的贡献，从而衡量不同变量历史贡献度的差异。通过历史分解结果可以看出：第一，在解释油价波动方面，石油供给冲击解释力度较小。从附录 2 历史分解结果图可以看出，与其他时期相比，2003 年前期，石油供给冲击对于石油价格的推动作用较为明显，这可以归结为第二次海湾战争所带来的影响，但在样本区间内的大多数时间段内，石油供给所带来的影响并不显著。第二，流动性的历史贡献也缺乏一定的稳定度，流动性的大小同各国货币政策密不可分，这表明各国流动性情况对油价的影响缺乏一定的规律性。第三，总体来看，在样本区间的大多数时间段内发达经济体

的历史贡献度为正向，且数值较大，仅在 2009 年前后受到金融危机的影响，发达经济体的经济活动对油价产生了显著的负向作用。这表明在过去的二十年间，来自发达经济体的需求对油价的上涨具有较强的拉动作用，且持续时间较长。第四，尽管在样本区间内新兴经济体的经济活动对石油价格主要产生正向的影响，但这种影响并不十分显著。这表明新兴经济体的需求对于石油价格的拉动作用是有限的。1997 年前后，新兴经济体的经济活动对石油价格产生了显著的负向影响，这是由于亚洲金融危机的影响使新兴经济体的需求对油价产生了负向效应。总体来看，1994—2012 年，发达经济体和新兴经济体均在油价上涨过程中起到了正向拉动作用，但是发达经济体的需求对油价的波动产生的影响更为强烈。

为更好地说明新兴经济体和发达经济体在历史贡献度方面的差异，本节选取了 2003—2012 年期间两者的历史分解结果。从图 3 可以看出，2003 年以来新兴经济体的需求冲击对油价的影响越来越显著，在某些历史时期甚至超过了发达经济体带来的影响。与发达经济体相比，新兴经济体正向贡献较为显著，这说明新兴经济体的需求冲击对油价起到了抬升的作用；而这一时期发达经济体的贡献度则主要体现为负向影响，例如 2008—2009 年，受到金融危机的影响，发达经济体的石油需求急剧下降，导致油价大幅度回落。

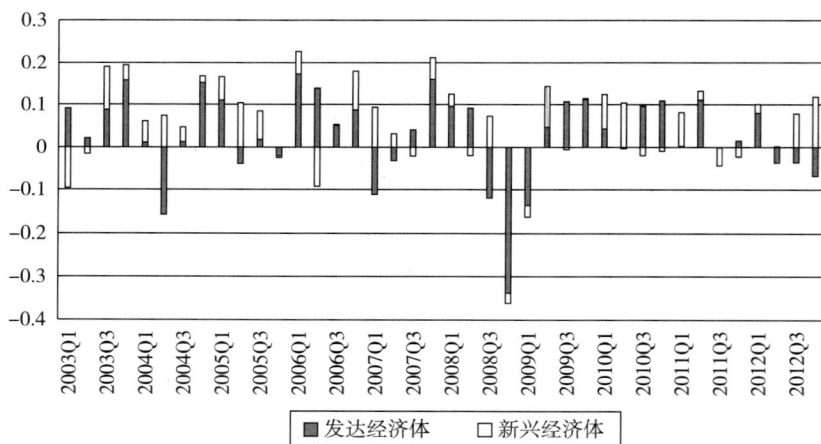

注：2003Q1 表示 2003 年第一季度，余同。

图 3　历史分解结果

四、基于月度数据的递归 VAR 模型分析

在上述研究中，本节重点分析了新兴经济体和发达经济体的需求与石油价格之

间的相互影响。模型中以 GDP 代表各国的经济活动，但这一变量为季度数据，忽略了月度数据发布对油价的影响。因此，下面以各国工业生产总值替代 GDP，选用 1994—2012 年的月度数据进行研究。月度数据相对季度数据的样本容量更大，更容易刻画各经济变量的波动情况，从而保证了 VAR 模型的估计精度。在递归 VAR 模型的设定方面，本节采用固定起始时间的方法，即第一个 VAR 方程样本区间为 1994 年 1 月至 1998 年 1 月，第二个 VAR 方程样本区间为 1994 年 1 月至 1998 年 2 月，以此类推共 180 个 VAR 模型。图 4 为递归后的 180 个 VAR 方程的第 2 期脉冲响应结果。从中可以看出，油价对于新兴经济体和发达经济体工业产值一个单位的脉冲冲击，响应差异较大：第一，发达经济体工业产值一个单位的冲击，油价受到显著的正向影响。具体而言，1998—2000 年发达经济体需求对油价影响较为显著并处于较高水平，2003 年前后这种影响有所回落并开始逐步削弱，在 2008 年末至 2009 年初受到金融危机的影响，其对油价影响有所抬升；第二，新兴经济体工业产值一个单位的冲击，对油价的影响随时间推移而有所变化。从脉冲响应图中可以清晰地看出从 1998 年开始新兴经济体需求对油价影响稳步增强并在 2002 年达到阶段性高峰，随后略有下降。2003 年开始来自新兴经济体的需求促使油价开始第二轮上升，并在 2005 年达到第二个峰值，之后有所下降，到 2008 年对油价的影响又开始上升并稳定在较高水平。

图 4 递归 VAR 脉冲响应图

对比发达经济体和新兴经济体对油价带来的影响，可以认为，2003 年之前发达经济体的需求是油价上涨的主要驱动因素，但在 2003 年之后随着新兴经济体需求的逐渐增加，其逐步取代发达经济体成为推动油价攀升的重要原因。这一研究结论进一步证实了本节第三部分的分析。2003 年后新兴经济体得到了前所未有的蓬勃发展，

GDP 增长率远远超过了发达经济体，随之而来的是日益膨胀的石油消费需求。以中美两国为例，1994—2012 年美国石油消耗量由 19761 千桶/天下降为 18490 千桶/天，与此同时，中国石油消耗量由 5160 千桶/天上升为 10276 千桶/天，上升了 99%。[5] 如此庞大的石油消费需求刺激了油价的接连攀升，也使新兴经济体成为石油市场的重要需求方。

图 5 所示为实际油价的方差分解图递归结果。总体来看，方差分解结果同脉冲响应结果基本一致。2003 年之前，发达经济体的需求贡献度明显高于新兴经济体，而 2003 年之后，新兴经济体的需求贡献度迅速上升，远远超过发达经济体；与此同时，发达经济体的方差贡献度逐步下降，对油价的影响有所减弱。

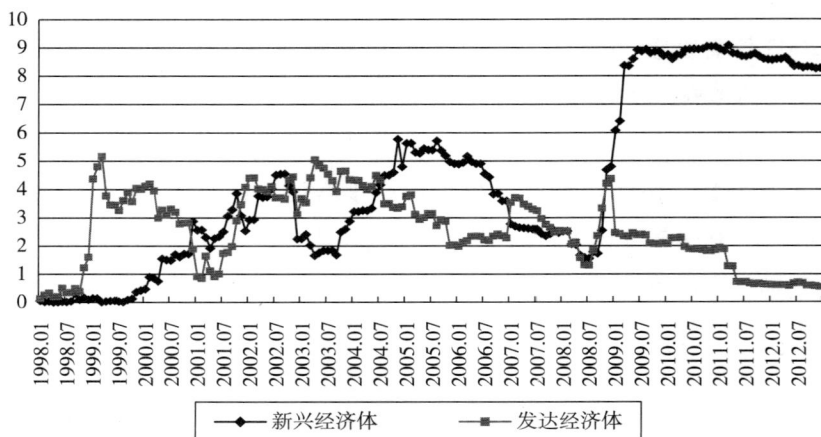

图 5　递归 VAR 方差分解图

五、稳健性检验

（一）变量替换

在前面的分析中，采用各国（地区）广义货币量代表流动性因素具有一定的缺陷。为保证结果的稳健性，本节参照 Darius 和 Radde（2010）的方法，选用七国集团（G7，包括加拿大、美国、英国、德国、法国、日本、意大利）成员国的国际储备与美国基础货币之和（LL，单位：美元）作为代表指标。作为重要的国际货币，美元充当了全球交易媒介，同样地，各国国际储备也可以履行类似的职能。因此，该指标从资产转化为交易媒介的角度对全球流动性加以阐释。1994—2012 年全球流动性呈现出上升趋势。

5　资料来源：美国能源信息署。

本节对替换变量后的 VAR 模型加以估计，脉冲响应结果如图 6 所示。从图 6 可以看出：第一，来自油价自身的冲击（P）在前 2 期对油价的影响显著为正，从第 3 期后从负向逐渐趋于零；第二，来自石油供给的冲击（S）对油价的影响在前 6 期显著为负，这表明石油供给的增加对油价上涨产生负向影响，且持续时间较长；第三，来自流动性的冲击（LL）对油价的影响在第 3 期和第 4 期显著为正，其余时期为负，总体来看，流动性对于油价的影响波动较大，具有不稳定性；第四，来自发达经济体的需求冲击（D）对油价的影响在前 3 期显著为正，随后逐渐趋于零，这说明发达国家的需求在一定程度上会带动油价上涨；第五，来自新兴经济体的需求冲击（E）对油价的影响在前 4 期显著为正，从第 5 期开始从负向趋于零。总体上看，新兴经济体的需求对油价的拉动作用较小。对比发达经济体和新兴经济体，尽管新兴经济体的需求对油价影响的持续时间长于发达经济体，但发达经济体的需求拉动作用明显强于新兴经济体。以第 1 期为例，发达经济体的需求冲击对油价的影响达到了 7.3 个单位，而来自新兴经济体的冲击对油价的影响仅为 3.7 个单位，约为发达经济体的 1/2。这表明同新兴经济体相比，来自发达经济体的需求对油价的影响更为强烈。

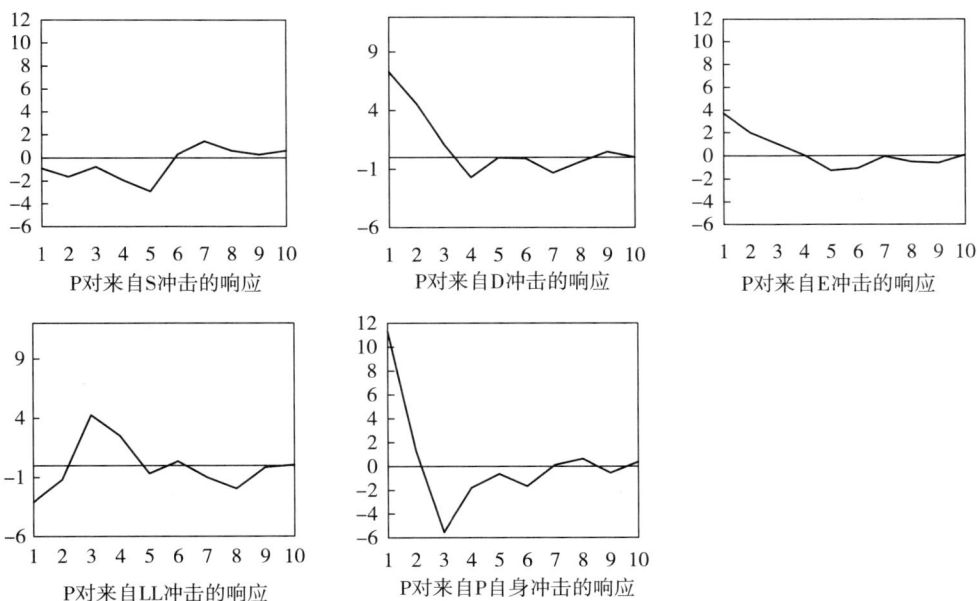

图6 各变量对油价冲击的脉冲响应函数（VAR 模型）

除此之外，本节针对递归 VAR 模型进行了变量替换。在新构造的模型中，将流动性因素替换为美元实际有效汇率（R）和美国联邦基金利率（RR）。作为影响油价的重要因素，美元实际有效汇率和联邦基金利率对石油需求有着重要影响。这主要是因为在实际交易过程中，石油价格主要以美元计价，因此美元升值意味着他国将以更高的价格进口石油，因而在一定程度上抑制了石油需求，从而缓解了油价抬升的压力。从利率方面来讲，一方面利率调高将增加石油存储成本，从而削弱石油需求；另一方面高利率将在一定程度上抑制投资活动，从而增加石油预防性需求，从而对油价攀升起到推波助澜的作用。本节对变量替换后的模型进行了 VAR 估计，脉冲响应结果如图 7 所示。

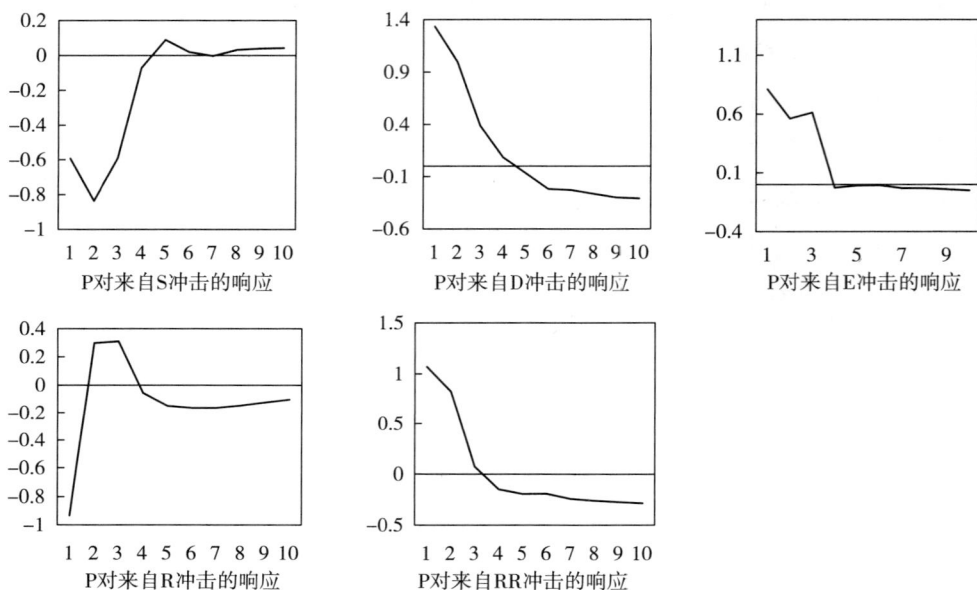

图7　各变量对油价冲击的脉冲响应函数（递归 VAR 模型）

（二）断点研究

1994—2002 年石油价格脉冲响应如图 8 所示。从图 8 可以发现：第一，来自石油价格自身的冲击对油价的影响较大，在前 3 期显著为正，第 3 期后趋于平稳；第二，给石油供给一个单位的冲击，其对油价的响应在前 4 期显著为负，这说明石油供给的增加将在一定程度上降低石油价格；第三，给发达经济体需求一个单位的脉冲冲击，其对油价的影响在前 4 期显著为正，并在第 1 期达到了最大值为 1.3 个单位，这表明发达经济体需求变动对油价解释力较强；第四，来自新兴经济体需求的冲击在前 4 期对油价产生显著的正向影响，之后逐渐趋于零，其对油价的影响在第 1 期达到了最大值，为 0.8 个单位；第五，来自美元实际有效汇率的冲击对油价的影响在前 2 期显著为负，最大值为 −0.9 个单位，这表明美元升值有助于抑制油价上涨；第六，来自利率的冲击对油价的影响在前 3 期显著为正，第 3 期后则更多地体现为负向影响。总之，相对新兴经济体而言，发达经济体需求对于油价的影响更为强烈这一结论依然成立。

通过上述分析可以初步得到结论：1994—2012 年，相对于新兴经济体而言，发达经济体的需求对于油价的推动作用更为显著。为进一步研究两者在油价上涨过程中所扮演的不同角色，本节对样本区间进行了时间段划分。表 5 为 Chow 分割点检验结果，从各统计量检验结果中可以看出 VAR 模型在 2003 年第二季度前后发生了结构变化，这与前文得出 2003 年以后新兴经济体的经济增长和油价上涨之间的联系日益紧密相吻合。因此，本节将以 2003 年为分界点，着重分析 1994—2002 年和 2003—2012 年两个阶段各因素对于油价推动作用的不同。图 8 和图 9 为这两个时间段内实际油价的脉冲响应图。

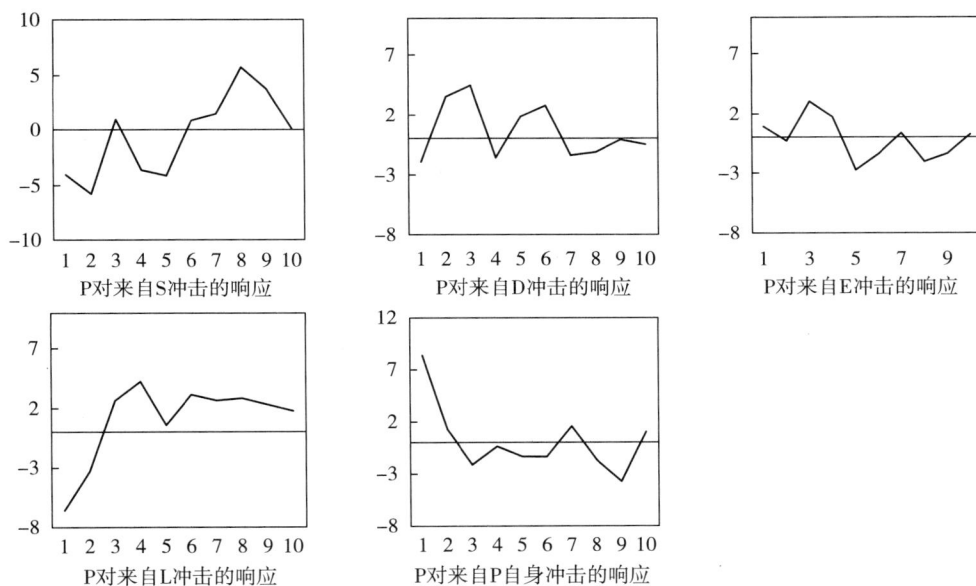

图 8　1994—2002 年石油价格脉冲响应图

表 5　　　　　　　　　　　　　　Chow 检验结果

Chow 分割点检验：2003 年第二季度		
方程样本区间（1994—2012 年）		
F – statistic	2.772401	Prob. F（3，69）	0.0479
Log likelihood ratio	8.535748	Prob. Chi – Square（3）	0.0361
Wald Statistic	8.317203	Prob. Chi – Square（3）	0.0399

根据 1994—2002 年的脉冲响应图可以得出：第一，来自石油价格自身的冲击对油价的影响较大，在第 1 期达到了 8 个单位，随后逐渐趋于零；第二，来自石油供给的冲击对于油价的影响在前 6 期显著为负，并在第 2 期达到了 -6 个单位；第三，来自流动性的冲击对于油价的影响在前 3 期为负，第 3 期开始呈现出正向影响；第四，来自新兴经济体的需求对于油价的影响程度较小，这主要体现在油价在前 4 期呈现出正向响应，随后从负向逐渐趋于零；第五，来自发达经济体的需求冲击对油价的影响在第 1 期至第 3 期和第 5 期至第 7 期显著为正，且在第 3 期达到了最大值，为 4.5 个单位。总体而言，在该样本区间内，需求冲击对于油价的影响并未完全显现，相比于新兴经济体，发达经济体的需求冲击影响更为显著。

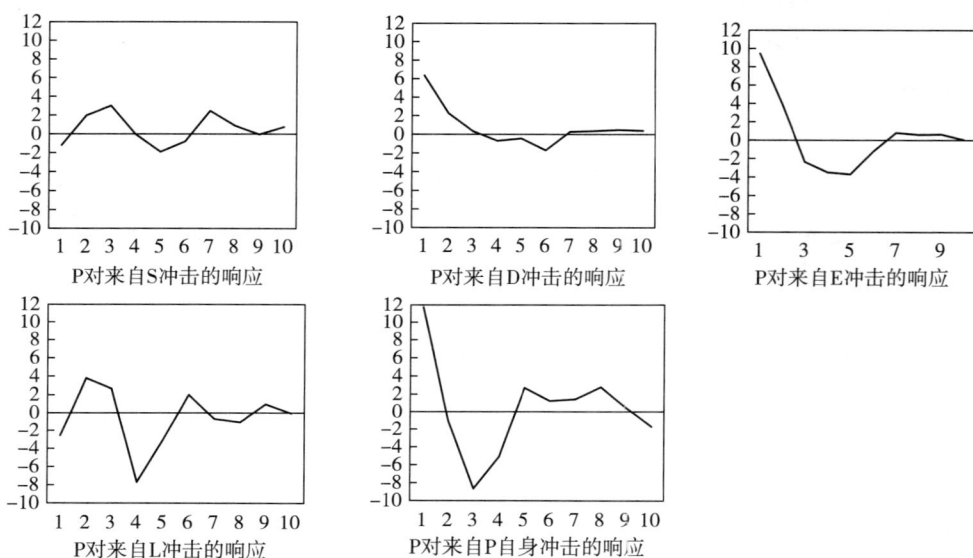

P对来自S冲击的响应　　P对来自D冲击的响应　　P对来自E冲击的响应

P对来自L冲击的响应　　P对来自P自身冲击的响应

图 9　2003—2012 年石油价格脉冲响应图

从 2003—2012 年的脉冲响应图来看：第一，来自石油价格自身的冲击在第 1 期达到最大，为 12 个单位，第 2 期至第 5 期为负，随后从正向逐渐趋于零；第二，来自石油供给的冲击对油价的影响在第 4 期至第 6 期为负，其他时期为正。同其他冲击相比，石油供给冲击对于油价的影响并不显著；第三，来自流动性的冲击对油价的影响缺乏一定的稳定性，在第 4 期和第 5 期显著为负；第四，来自新兴经济体的需求冲击对于油价的影响较大，在前 2 期显著为正，并在第 1 期达到了 9 个单位，这表明该样本区间内来自新兴经济体的需求对于油价存在显著的拉升作用；第五，来自发达经济体的需求冲击对油价的影响在第 1 期达到了 6 个单位，并在前 3 期呈现出显著的正向影响。总体而言，同 1994—2012 年相比，

2003 年后石油供给冲击的影响有所削弱；同发达经济体的需求冲击相比，新兴经济体的需求对于油价的正向影响有所增强，这主要体现在油价对于新兴经济体需求冲击的响应更为强烈。

表 6 和表 7 为两个区间内实际油价的方差分解结果。从表 6 和表 7 可以看出，1994—2002 年，除去油价自身外，石油供给、发达经济体的经济活动和流动性的方差贡献度均较大，新兴经济体的经济活动方差贡献度较小。具体而言，在该样本区间内油价自身解释能力不断下降，相反石油供给的贡献度上升幅度较大；来自新兴经济体的方差贡献度呈现出先上升后下降的趋势，在第 5 期达到了最大值；相较于来自新兴经济体的需求而言，该时间段内发达经济体的经济活动在推动油价上涨方面显然发挥了更为重要的作用，约为新兴经济体的两倍。

同 1994—2002 年相比，2003 年以后油价的驱动因素发生了明显变化。从方差分解表 7 中可以看出，油价自身、新兴经济体的经济活动和流动性三者的解释能力较强；来自发达经济体的贡献度在第 2 期达到最大，此后呈现出逐步下降的趋势；相比之下，尽管石油供给的贡献度呈现出上升趋势，但总体来看解释能力仍然最弱。对比发达经济体和新兴经济体的贡献度，不难看出在该样本区间内，新兴经济体的经济活动对于油价波动的解释能力更强，这表明从 2003 年以后，新兴经济体的需求成为驱动油价上涨的重要因素。

总体来看，对比这两个时间段，可以认为：第一，2003 年以后全球石油供给的方差贡献度明显下降，这表明进入 21 世纪以后供给面对于油价的影响有所减弱；第二，同供给面相比，需求面对于油价的影响稳步上升；第三，就发达经济体和新兴经济体两者而言，2003 年之前石油价格波动主要由发达经济体的需求变化引起，而到了 2003 年之后，则更多地受到新兴经济体的影响。这些结论和脉冲响应结果相吻合。

表 6　　　　　　　　　　**1994—2002 年实际油价方差分解结果**

时期	标准差	P	S	D	E	L
1	0.12	52.14	12.17	2.79	0.61	32.29
2	0.14	37.16	25.70	8.54	0.48	28.12
3	0.15	32.40	21.44	15.65	4.40	26.10
4	0.16	28.00	23.36	14.47	4.94	29.23
5	0.17	25.80	26.65	14.17	6.97	26.41
6	0.18	24.59	25.01	15.62	7.11	27.66
7	0.18	24.32	24.62	15.57	6.86	28.63

续表

时期	标准差	P	S	D	E	L
8	0.20	21.95	29.95	13.92	7.09	27.09
9	0.21	23.41	30.80	12.75	6.96	26.08
10	0.21	23.41	30.48	12.68	6.90	26.54

表7　　　　　　　　　　2003—2012 年实际油价方差分解结果

时期	标准差	P	S	D	E	L
1	0.17	50.06	0.51	14.64	32.37	2.42
2	0.18	44.16	1.69	14.44	33.00	6.70
3	0.20	51.98	3.49	11.08	26.60	6.85
4	0.23	47.08	2.82	9.05	23.89	17.16
5	0.23	45.47	3.30	8.52	24.89	17.83
6	0.24	44.88	3.34	8.88	24.68	18.22
7	0.24	44.50	4.38	8.74	24.38	18.00
8	0.24	45.07	4.44	8.61	24.00	17.88
9	0.24	44.96	4.42	8.63	24.00	18.00
10	0.24	45.18	4.49	8.60	23.85	17.88

六、不同地区需求对油价波动的贡献

通过上述研究得出本章的基本结论，即同新兴经济体相比，发达国家的需求在推动油价上涨过程中起到了更为重要的作用。尽管新兴经济体需求对于油价的上涨也起到了一定的驱动作用，但作用效果不如发达经济体显著，新兴经济体的作用在2003 年之后才得以逐渐显现。为进一步研究两者和油价之间的相互作用关系，在上述 VAR 模型的基础上，本节将样本中的 26 个国家划分为四个地区（剔除南非、澳大利亚和新西兰），分别为北美地区（NA）、欧洲地区（EU）、亚洲地区（AS）和拉丁美洲地区（SA）。通过地区划分，进一步研究来自不同地区的需求对于油价所起到的不同的推动作用。

图 10 为不同地区对于实际油价的方差贡献。本节选取了第 4 期和第 8 期的方差分解结果加以比较。从图 10 可以看出，在四个地区中来自发达地区的需求对于石油价格的方差贡献度明显高于新兴经济体地区。其中，北美地区和欧洲地区的贡献度最高，其次为拉丁美洲地区，亚洲地区的方差贡献度最小。这一研究结果也表明，

在驱动石油价格上涨的过程中，新兴经济体地区（拉丁美洲和亚洲地区）的需求驱动作用并不显著。从整个样本区间来看，发达地区（北美和欧洲地区）对于石油价格波动的解释力超过新兴经济体地区，是驱动油价波动的重要原因。

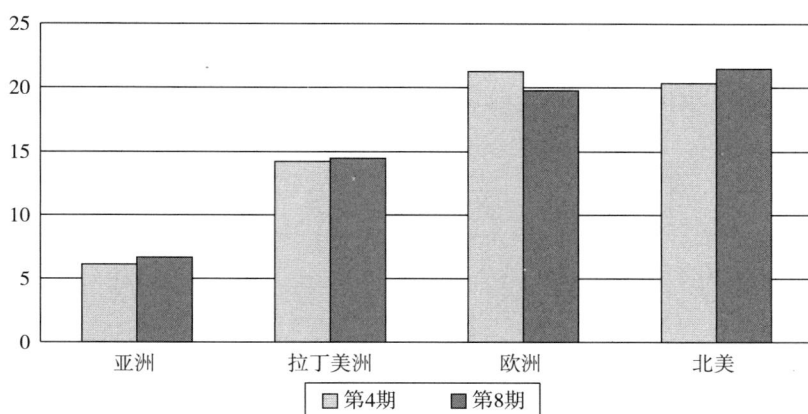

图10　不同地区需求对于石油价格波动的方差贡献

七、结论与未来研究方向

本节通过构建基于1994—2012年的月度数据和季度数据和递归VAR模型，将石油需求分解为发达经济体需求和新兴经济体需求，对驱动油价上涨的因素加以分析，着重研究了两者在油价上涨过程中所起到的不同作用。得出如下结论：（1）油价波动受到多方面因素的影响，其中供需关系是决定石油价格的基本因素。同供给相比，需求层面对于油价的影响往往更大。（2）发达经济体的需求对于油价的驱动作用更为显著，约为新兴经济体的两倍。同时，在1994—2012年油价的驱动因素发生了结构性变化，具体表现为2003年之前油价的波动主要受到发达经济体需求的影响，2003年之后新兴经济体的需求对于油价的影响逐渐显现，其在油价决定过程中所起到的作用逐步超过发达经济体。（3）来自北美地区的需求对于油价的影响明显强于其他地区，相比之下，亚洲等新兴地区对于油价波动的影响较弱。

由于数据的可获得性，本节所进行的研究仍然存在一定缺陷，具体表现在选取的国家不够全面，一些重要国家没有囊括其中；仅仅分析了石油价格驱动因素，缺乏对金属等大宗商品价格驱动因素的全面考察。在未来的研究过程中，本节将就这一方面加以改进，从而对发达经济体和新兴经济体需求对大宗商品价格的驱动作用进行全面分析。

附录1 变量描述

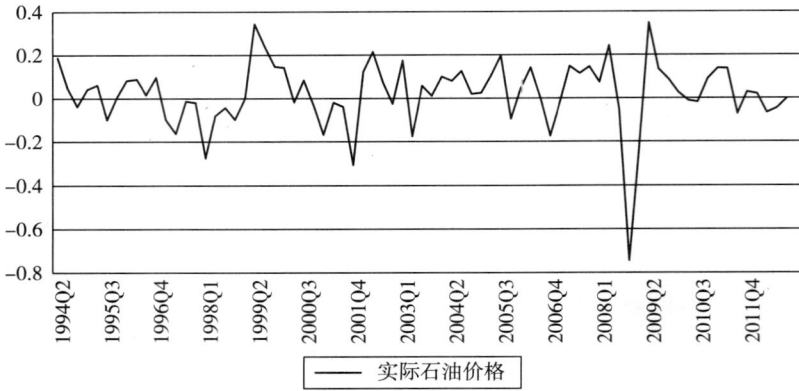

附图1

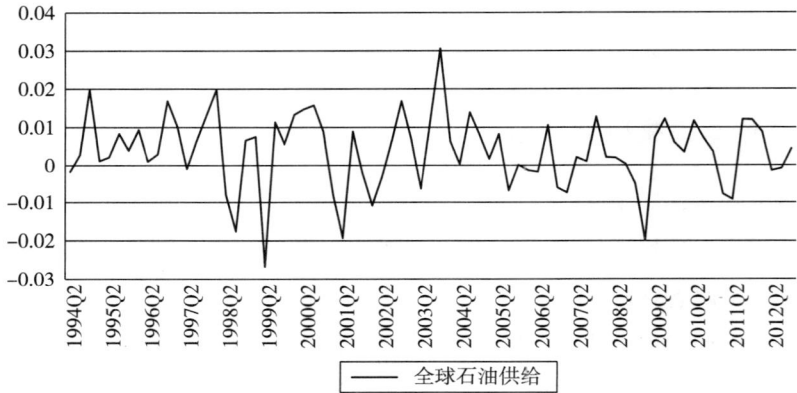

附图2

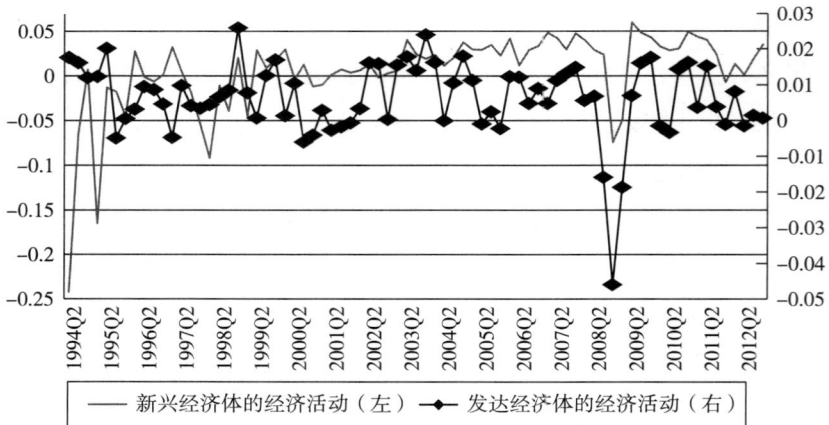

附图3

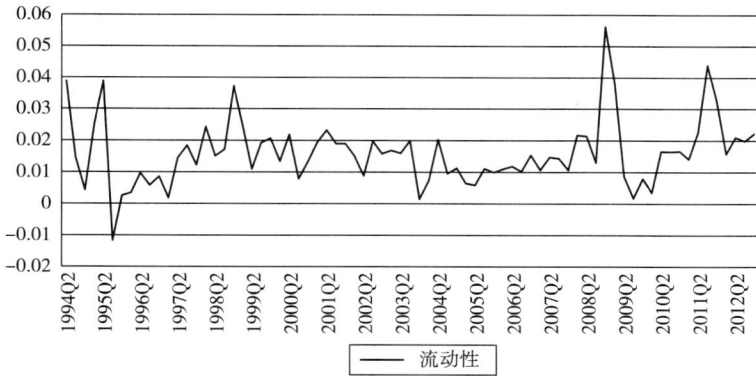

附图 4

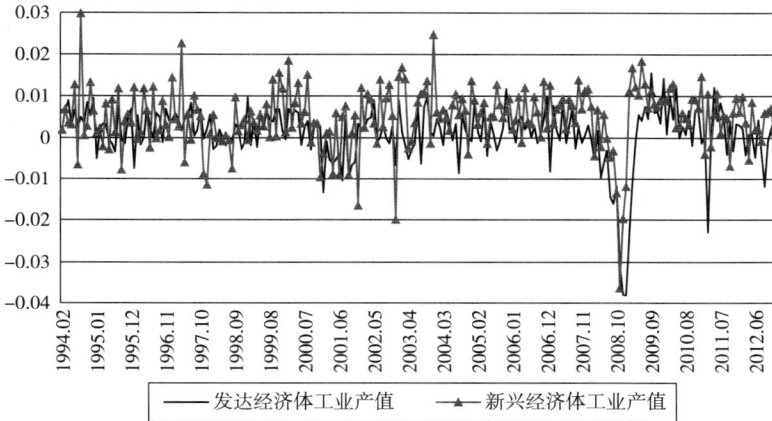

附图 5

注：1994Q2 表示 1994 年第二季度，其他以此类推，下文同。

附录 2　历史分解结果

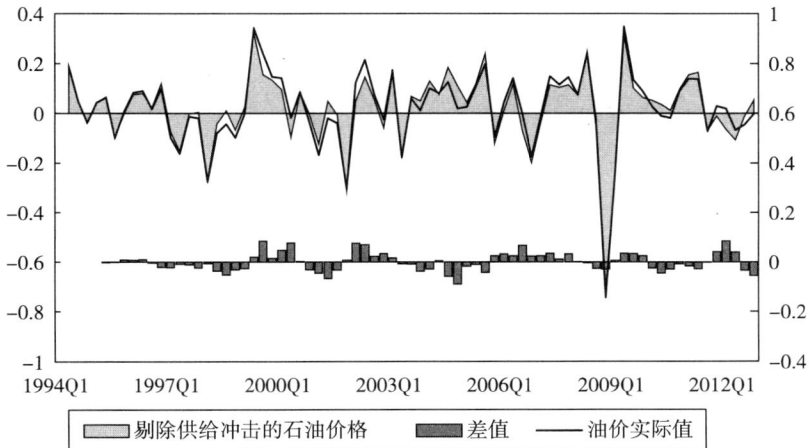

附图 6　供给冲击

47

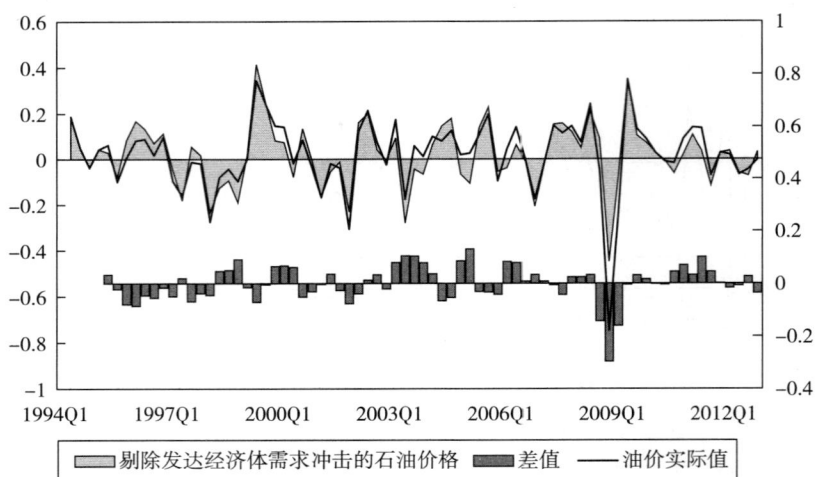

附图7 发达经济体需求冲击

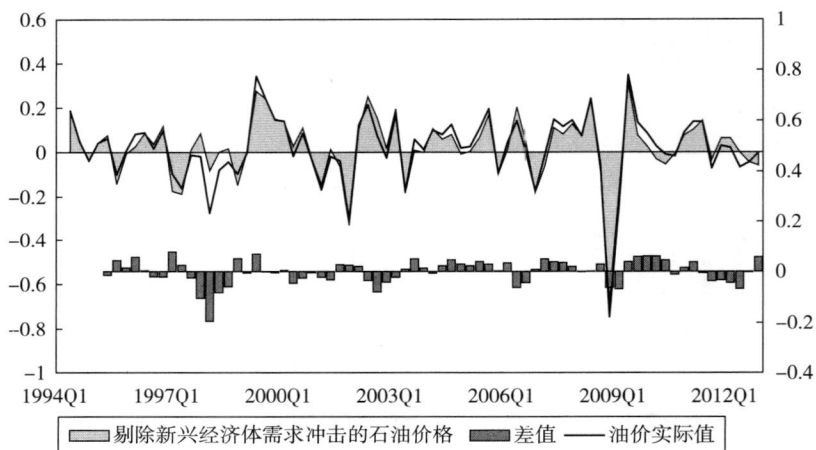

附图8 新兴经济体需求冲击

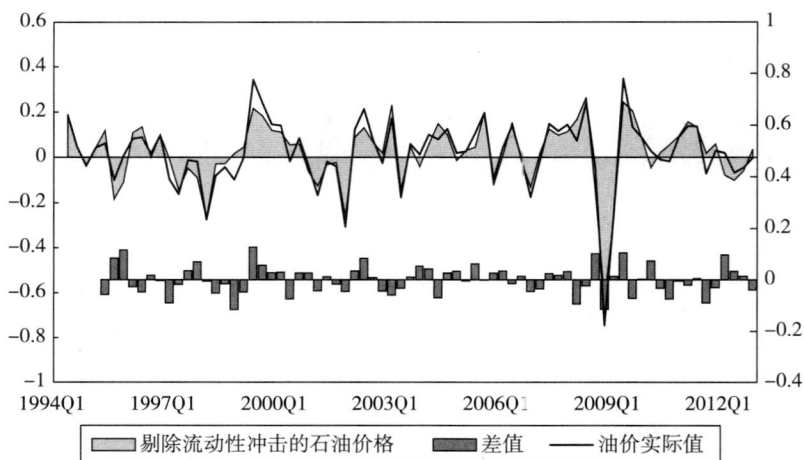

附图9 流动性冲击

参考文献

［1］李卓，张茜．国际油价波动与石油冲击——基于符号约束 VAR 模型实证分析［J］．世界经济研究，2012（8）：10－16．

［2］覃东海，余乐安．石油价格的预测及其对世界经济的冲击［J］．世界经济，2005（3）：55－59．

［3］伍超明，陈洪波．国际石油价格的影响因素分析［J］．中国金融，2009（18）：53－54．

［4］朱民，马欣．2006 年石油价格展望［J］．国际金融研究，2006（5）．

［5］Aastveit K A, Bjørnland H C, Thorsrud L A. What Drives Oil Prices? Emerging Versus Developed Economies［J］. Working Paper, Norges Bank, 2012（2）.

［6］Arbatli E C, Vasishtha G. Growth in Emerging Market Economies and the Commodity Boom of 2003－2008：Evidence From Growth Forecast Revisions［R］. Working Paper, Bank of Canada, 2012（8）.

［7］Barsky R B, Kilian L. Do We Really Know that Oil Caused the Great Stagflation? A Monetary Alternative［R］. NBER Macroeconomics Annual 2001, Volume 16. MIT Press, 2002.

［8］Belke A, Bordon I G, Hendricks T W. Global Liquidity and Commodity Prices - a Cointegrated VAR Approach for OECD Countries［J］. Applied Financial Economics, 2010（3）：227－242.

［9］Cashin P, Mcdermott C J. The Long－run Behavior of Commodity Prices：Small Trends and Big Variability［R］. IMF Staff Papers, 2002（2）：175－199.

［10］Cevik S, Sedik T S. Barrel of Oil Or a Bottle of Wine：How Do Global Growth Dynamics Affect Commodity Prices?［J］. IMF Working Paper, No. 1, 2001.

［11］Cheung C, Morin S. The Impact of Emerging Asia on Commodity Prices［R］. Bank of Canada Working Paper No. 55, 2007.

［12］Darius R, Radde S. Can Global Liquidity Forecast Asset Prices?［R］. Working Paper No. 196, IMF, 2010.

［13］Frankel J A, Rose A K. Determinants of Agricultural and Mineral Commodity Prices［R］. HKS Faculty Research Working Paper Series, No. 038, Harvard University, 2010.

［14］Gisser M, Goodwin T H. Crude Oil and the Macroeconomy：Tests of Some Popular Notions：A Note ［J］. Journal of Money, Credit and Banking, 1986 (1)：95 – 103.

［15］Hamilton J D. Understanding Crude Oil Prices ［J］. NBER Working Paper No. 14492, National Bureau of Economic Research, 2008.

［16］Kilian L, Hicks B. Did Unexpectedly Strong Economic Growth Cause the Oil Price Shock of 2003 – 2008 ［J］. Journal of Forecasting, 2013 (5)：385 – 394.

［17］Kilian L. Not All Oil Price Shocks Are Alike：Disentangling Demand and Supply Shocks in the Crude Oil Market ［J］. American Economic Review, 2009 (3)：1053 – 1069.

［18］Lagalo L G. Separating Demand and Supply Shocks in the Oil Market—An Analysis Using Disaggregated Data, 2011. http：//belkcollegeofbusiness. uncc. edu/azillant/ Lagalo _ Latika _ Separating. pdf.

［19］Thomas A H, Mühleisen M, Pant M. Peaks, Spikes, and Barrels：Modeling Sharp Movements in Oil Prices ［J］. Working Paper, IMF, 2010 (86) .

［20］Unalmis D, Unalmis I, Unsal D F. On the Sources and Consequences of Oil Price Shocks ［J］. IMF Working Papers, 2012.

［21］Wirl F. Why Do Oil Prices Jump (or Fall)? ［J］. Energy Policy, 2008 (3)：1029 – 1043.

第三节　国际原油价格驱动因素的广义视角分析
（2000—2015 年）[1]

一、引言

作为关系到全球经济和金融发展命脉的资源性商品，国际原油价格波动一直是业界和学术界关注的焦点。20 世纪 70 年代爆发的两次能源危机导致油价大幅上涨，对世界经济产生巨大的冲击，迫使西方国家建立战略石油储备体系和增加非产油国的石油开采，以应对油价动荡和供应紧张。随着石油输出国组织（OPEC）取消"限产报价"政策以及石油勘探开发成本的不断降低，油价自 80 年代中后期开始大幅下降。除去科威特战争期间油价剧烈上涨，布伦特原油均价在之后的 20 年里维持在 13.1~24.2 美元/桶的范围内波动。1997—1998 年亚洲金融危机爆发且石油输出国增产，布伦特原油价格跌至 9.8 美元/桶。进入 21 世纪，原油价格变化进入了全新的时期，在经历过小幅下降后布伦特油价从 2003 年开始一路飞速上涨，至 2008 年 7 月达到 132 美元/桶，创下了原油价格历史新高。2008 年国际金融危机爆发，布伦特原油价格在半年之内下挫到 40 美元/桶，跌幅超过 70%，之后油价随着经济回升又大幅上涨，于 2011 年达到 123 美元/桶。2011 年以后油价在 123~102 美元/桶的范围内小幅震荡下行，到 2014 年下半年加速下跌，至 2015 年 3 月跌幅超过 50%。

国际油价的波动与供需矛盾、宏观经济周期、金融周期波动与地缘政治冲击等因素密切相关，21 世纪以来油价分别经历过两轮大幅上涨和下跌，且波动的幅度和频率均超过历史水平。从近几年国际油价的变动来看，国际原油市场具有以下几个特点：一是非常规石油开采在全球石油产量增量中的地位逐步提高，根据美国能源信息署（EIA）的估计，美国页岩油日均产量从 2009 年 69 万桶增加到 2014 年 407 万桶，增幅为 489%。二是石油相关金融工具投资急剧膨胀。截至 2012 年，全球商品指数基金规模达到 2400 亿美元，其中约 50% 投资于能源商品。纽约商业期货交易所投机者持有的未平仓合约占比从 2000 年的 20% 上升到 2008 年的 40% 多，其交易规模远远超出了实际消费需求。三是国际大宗商品市场中各类商品价格趋向于同涨同跌。图 1 描述了近 30 年布伦特原油价格、CRB 金属价格指数和食品价格指数的走势，各类大宗商品价格的联动性增强，说明原油价格和其他非能源类商品价格在某种程度上受到共同影

---

[1]　本部分作者为谭小芬、张峻晓。

响因素的驱动。四是西方发达国家为了摆脱金融危机的困境轮番实施扩张的货币和财政政策，为国际市场注入了大量的流动性，在一定程度上推升了原油价格。

国际油价的波动引起了人们对于其背后驱动因素的兴趣。供需基本面和金融投机对原油价格的波动起到什么样的作用？国际市场的流动性水平和货币因素怎样作用于原油价格？为了厘清这些问题，本节引入因素增广型向量自回归模型（FA-VAR），建立原油价格影响因素的广义视角分析框架，并结合 TVP-FAVAR 模型分析各因素对油价的影响如何随时间发生变化。

图 1　1987—2015 年布伦特原油价格、CRB 金属价格和食品价格指数走势
资料来源：Wind 数据库。

二、文献综述

近年来大量文献对原油市场影响因素进行了大量有益的探索，主要包括以下几个方面。

首先，供需基本面因素。（1）供给方面。张珣（2009）通过研究 1970 年以来的历次经济周期更替，发现国际原油价格波动大多来源于供给冲击。Kilian（2009）认为原油价格波动来源于未预期到的供给冲击、实体经济需求和投机需求三个方面的结构性冲击，其通过构建 SVAR 模型分析 1970—2007 年各因素对实际原油价格的影响，发现未预期到的供给冲击会立刻减少世界原油产量并抬高油价，但由于某个地区的原油供给下降将刺激其他地区增产，在冲击发生后的第 1 年内世界原油产量会反而增加。Unalmis 和 Unsal（2012）结合 1982—2007 年的数据和 DSGE 模型的实证分析，发现原油供给冲击是造成油价波动的最重要因素，库存需求对油价波动也产生重要影响，在模型中忽略库存将会高估原油供给冲击的影响。Roache 和 Erbil（2010）发现原油现货价格、期货价格、原油库存和利率之间存在长期关系，原油市场短期冲击发生后油价会逐渐调整至均衡状态，而库存的数量会影响油价的调节速度。（2）需求方面。很多学者将原油价格的上涨归因于以中国为代表的新兴经济体的高能源消耗和经济高增长预期。Smith（2009）分析了 OPEC 成员国及非 OPEC 国家相对于 1973—1975 年的生产水平与原油需求的关系，发现油价在 2004 年之后的上涨能够被以中国为代表的新兴经济体的需求增长和由高成本引起的原油供给负向冲击解释。Knut、Hilde 和 Thorsrud（2012）运用 FAVAR 模型分析实体经济需求增长与油价波动的关系，发现全球经济需求增长对油价波动的解释程度超过 50%，其中新兴经济体尤其是亚洲新兴经济体的迅速发展对石油价格的影响为发达国家的两倍。Kilian 和 Hicks（2009）运用预测修正模型论证了来自中国、印度等亚洲新兴市场国家的高经济增长刺激了原油需求，是推动 2000—2008 年油价上涨的主要原因。Sedik 和 Cevik（2011）探究了 1990—2010 年原油和红酒价格上涨的原因，发现实体经济需求增长对商品价格的推动作用超过供给约束，而且，尽管发达国家的消费比例超过一半，但商品价格的上涨更多地来自新兴经济体需求的增长。Hamilton（2009）分析了 2007—2008 年与石油危机期间油价上涨的特点，发现之前油价震荡基本来源于供给冲击，而 2007—2008 年的飞速上涨则是由实体经济需求拉动的。Mu 和 Ye（2010）基于 1997—2010 年油价波动和中国原油净进口的月度数据建立 VAR 模型，发现中国原油进口增长与油价上涨不存在因果关系，中国需求冲击对 2002—2008 年油价上涨的作用很小。

其次，全球流动性与货币因素。Barsky 和 Kilian（2004）认为货币政策的转变是 20 世纪 70 年代原油价格的上涨以及主要发达国家经济滞胀的主要原因，不断提高的流动性水平刺激了原油和工业商品需求，造成 1973—1974 年前后油价与大宗商品价格的普遍上涨。Frankel（2008）认为美联储的低利率是造成国际大宗商品价格在 20 世纪 70 年代和 21 世纪初大幅上涨的主要原因，因为低利率使美元贬值并降低商品存货成本，而实行美元盯住汇率制度的国家也会随美联储降息，进而刺激这些国家的原油需求。由于中国的货币供给 M2 在全球 M2 的占比从 1996 年的 5% 上升到 2011 年的 28%，Ratti 和 Vespignani（2012）认为中国的工业生产和流动性水平的提高刺激了全球的工业原材料需求，原油价格在 2009—2010 年的飞速上涨很大程度上来源于全球经济复苏和中国向市场注入的大量流动性。Akram（2008）选取 1990—2007 年 OECD 国家工业生产、美国短期实际利率、美元汇率与油价指数的季度数据，通过建立 SVAR 模型分析后发现，短期实际利率和美元汇率对油价波动具有很强的解释力，并且油价会对利率的冲击做出"超调"反应。Gospodinov 和 Jamali（2013）认为流动性冲击主要通过作用于商品期货市场投机者的净持仓影响商品价格，通过回归分析得出每 25 个基点的非预期货币政策冲击会引起油价变化 2.66%、铜价变化 1.55%、金价变化 1.33%、CRB 现货指数变化 0.83%。Eickmeier 和 Lombardi（2012）通过构建符号约束的 VAR 模型，对 1991—2010 年货币政策的冲击对油价的影响进行研究，发现货币政策在 2008 年油价上涨中扮演了重要角色，并且利率冲击主要是通过基本面渠道作用于原油价格。Breitenfellner 和 Cuaresma（2008）论述了美元汇率影响原油价格的五个途径：第一，原油出口国进口货物主要以欧元结算，而出口原油主要以美元结算，出于稳定贸易收入的需要，美元贬值时原油出口国将调高油价；第二，美元贬值使以美元计价的原油价格相对下降，从而增加了石油进口国的原油需求；第三，美元贬值减少了美元资产的收益，吸引外国投资者寻求以原油为代表的商品资产作为替代；第四，美元贬值会导致实行盯住美元汇率制度的国家放松货币政策，造成国际市场流动性过多，刺激原油需求；第五，由于外汇市场的有效性强于原油商品市场，外汇市场的变动会先于油价反映实体经济需求预期，进而影响原油价格。

最后，预期和金融投机因素。国际大宗商品相关金融工具的投资需求自 2003 年开始急剧膨胀，至 2011 年大宗商品相关资产价值已经上涨到 4500 亿美元，其中有相当大的部分投资于能源商品市场，Chong 和 Miffre（2010）认为当资金在各品种之间频繁进出时，会造成大宗商品价格轮番上涨或下跌。Kilian 和 Murphy（2012）认为油价波动预期在特定时期对原油价格影响显著，并论证了油价预期在 1979 年、1986 年和 1990 年前后对原油价格波动发挥了重要作用，但 2003—2008 年原油价格的上涨多来源于实体经济需求的旺盛。Lombardi 和 Robays（2012）运用符号约束的 SVAR 模型测度了金融投机对原油价格的作用，发现基本面的供求因素是油价波动的主要原因，但原油市场的投机活动在过去的 10 年发展迅速，并且短期内投机因素会对原油现货价格造成很大影响。Manera、Nicolini 和 Vignati（2013）采用 Working's T^2 指标和投机者持有的净长头寸比例表示长期投机，用期货交易市价（Scalping）表示短期投机，并通过构建 GARCH 模型发现，自 2000 年起短期投机行为对于油价波动影响显著。Eickmeier 和 Lombardi（2012）发现金融投机和货币政策都对原油价格有显著影响，其中金融投机活动直接作用于油价，而货币政策则是通过作用于基本面影响油价。Hamilton 和 Wu（2013）运用风险规避型套利模型分析原油期货价格的波动，发现金融危机前后油价的剧烈波动与持有大量原油期货多头合约的商品指数基金有关。Linn、Zhu 和 Chiou-Wei（2014）通过研究美国能源类商品期货市场在美国

2　Working's T 指标描述了投机活动相对于套保行为的活跃程度，是描述期货市场投机活动活跃程度的传统指标。具体描述参见参考文献。

能源局的周度公告发布前后的表现，发现有关基本面运行的信息尤其是新闻对能源商品价格运行影响显著。此外，也有学者质疑金融投机冲击对原油市场影响的有效性，Alquist 和 Gervais（2011）认为用原油期货市场净持仓规模的膨胀来解释油价的上涨缺乏合理性，第一，原油期货净持仓测度的是某一时点的存量而不是某一时期的流量，因此期货持仓量远远高于实际原油需求，但二者并没有可比性；第二，实证分析结果显示金融企业原油期货头寸会随油价变化调整；第三，有证据表明金融公司所持有的期货头寸并不会引起市场关于油价预期的持久性变化。Knittel 和 Pindyck（2013）假设原油现货市场上供给和需求对商品价格弹性相同且不随时间改变，并建立均衡模型分析原油现货价格、需求与库存之间的关系，发现投机因素对于商品价格波动只有微弱的影响。

现有文献从实体经济需求、供给约束、货币因素以及金融投机活动等角度解释了油价的波动。原油市场在 21 世纪以后进入了全新的发展阶段，油价波动的频率和幅度均创下历史新高，单独从某一种因素入手很难合理地解释油价长期剧烈的波动。近年来原油供给市场份额争夺激烈，新兴国家经济增速由快放缓，主要发达国家货币政策分化加剧，美元汇率结束贬值进入升值通道，原油市场内外部环境的改变需要我们动态地分析原油价格影响因素及各因素在 21 世纪以来的变化。和以往文献相比，本节具有两个方面的创新：首先，全面测度油价影响因素，本节分别从反映原油需求、供给、全球流动性和投机因素的一共 27 个经济指标中提取基本因素，从广义视角构建原油供需、全球流动性、投机因素和美元汇率 4 个解释变量并代入模型分析；其次，通过引入 TVP-FAVAR 模型，动态地分析油价波动的原因以及各因素的变化情况。

三、变量选取与 FAVAR 模型实证结果分析

（一）FAVAR 模型建立和变量选取

在国际原油市场实际运行中，存在来自宏观经济因素、供需矛盾、金融投机活动、货币因素等众多因素在不同程度上直接或间接地对原油价格产生冲击。在进行实证分析时，很难通过直接观察或测量得到能够全面代表某一方面因素的指标变量，为解决这一问题，本节将主成分分析模型与 VAR 模型相结合，通过提取基本因素的形式建立反映国际原油价格影响因素的代表性子空间，为我们从广义视角研究原油价格影响因素提供了一个较好的计量框架。该模型表述如下：

设 n 维向量组 $X_n = (x_{p,1}, x_{p,2}, \cdots, x_{p,n})$ 代表一个原始容量为 n 的样本信息集，则样本协方差矩阵和样本相关矩阵分别为

$$S = (s_{i,j})_{p \times p} = \frac{1}{n-1} \sum_{i=1}^{n} (x_i - \bar{x})(x_i - \bar{x})^T$$

$$R = (r_{ij})_{p \times p} = \frac{s_{i,j}}{\sqrt{s_{i,i} s_{j,j}}}$$

其中,$\bar{x}_i = \frac{1}{n} \sum_{j=1}^{n} x_{i,j}, (i = 1, 2, \cdots, p),$

$$s_{i,j} = \frac{1}{n-1} \sum_{k=1}^{n} (x_{i,k} - \bar{x}_i)(x_{j,k} - \bar{x}_j)^T, (i, j = 1, 2, \cdots, p)$$

根据雅可比法得到相关矩阵 R 的特征值($\lambda_1, \cdots, \lambda_n$)和单位正交特征向量($e_1, \cdots, e_n$),各特征值满足 $\lambda_1 \geq \lambda_2 \geq \cdots \geq \lambda_n \geq 0$。则提取的 m 个主成分指标可以表示为

$$Prime_m = F_{m,n} X_n$$

其中,$F_{m,n} = (f_{i,j})_{m,n}$,$f_{i,j} = \sqrt{\lambda_i} e_{i,j}$,$i \in [1, m]$,$j \in [1, n]$。

主成分分析通过把复杂的高维空间样本降低至低维空间进行处理,有效涵盖相当广泛的市场信息,解决了传统向量自回归模型的有限变量问题。结合文献梳理结果,本节选用供需因素、金融投机、全球流动性和美元汇率作为原油价格波动的解释变量,其中美元汇率选用美联储网站公布的实际美元加权汇率表示,其他变量则通过从实体经济需求、原油供给水平、全球流动性和金融投机四个方面分别提取基本因素得到。数据选取的频率均统一为月度,时间跨度为 2000 年 1 月至 2015 年 3 月,对个别缺漏数据采用三次样条(spline interpolation)插值法填充。

第一个因素是石油需求因素,包括以下八个指标:国际干散货运价格指数,以贸易和产量加权的全球工业生产指数,以产量加权的全球工业生产指数,新兴市场国家出口贸易指数,发达国家进口贸易指数,经合组织石油需求量,全球石油需求量,美国、欧洲、中国、日本四个国家和地区石油进口量。其中工业生产和进出口贸易指数来源于 CPB World Trade Monitor,干散货海运指数和石油需求量来源于 Bloomberg 数据库。第二个因素是全球石油供给因素,包括:全球原油产量、OPEC 原油剩余产能、全球钻机数、美国原油库存、欧洲原油库存和 OPEC 估计石油产量。产量和库存数据来源于美国能源署和 Bloomberg,钻机数量来源于贝克休斯网站。第三个因素是金融投机因素,包括:芝加哥商业期货交易所原油期货投机净持仓、非期货投机净持仓、投机性期货净持仓占总未平仓合约比、非商业性套利净持仓、非商业性投资交易者数量、期货期权投机净头寸、基金投资者投机净持仓。以上数据来源于 CFTC 网站和 Wind 数据库。第四个因素是全球流动性因素,本节主要选取代表全球流动性的六个价格指标,包括:VIX 波动率指数、七国集团成员国和欧盟加权长期利率、伦敦同业拆借利率、美国短期利率、日本短期利率和欧洲短期利率。

其中 VIX 指数来源于 BIS 金融数据，利率指标来源于 OECD 主要经济指标。原油价格方面，选用国际原油市场三大基准原油布伦特原油、WTI 原油和迪拜原油价格现货价格，数据来源于 Wind 数据库。

各组变量经主成分提取，分别得到代表实体经济需求、原油供给、金融投机和全球流动性的四个因子，各因子对所代表指标的贡献程度分别达到 94.34%、92.32%、89.92%、95.32%。本节将原油供给与实体经济需求的比值（s-d=supply/demand）作为供需失衡压力变量，当（s-d）升高时，表明原油需求相对供给在减少，原油供需矛盾缓和，而当（s-d）下降时则表明原油供需失衡压力上升。由此得到供需失衡压力因素（s-d）、投机因素（specu）、全球流动性因素（liqui）和美元汇率（usreer）四个解释变量，各变量与原油价格的走势如图 2 所示。供需失衡压力、以价格指标表示的全球流动性、美元实际汇率与原油价格负相关。供需失衡压力上升（s-d 下降），原油需求增长大于供给，会推动原油价格升高；全球流动性指标（liqui）下降，说明市场资金状况良好，风险溢价下降，进而推升油价；美元汇率（usreer）升高则会带动以美元计价的原油价格下降。原油市场上的投机行为的增加伴随大量资金进入原油市场，推动油价升高，因此与油价变化正相关。

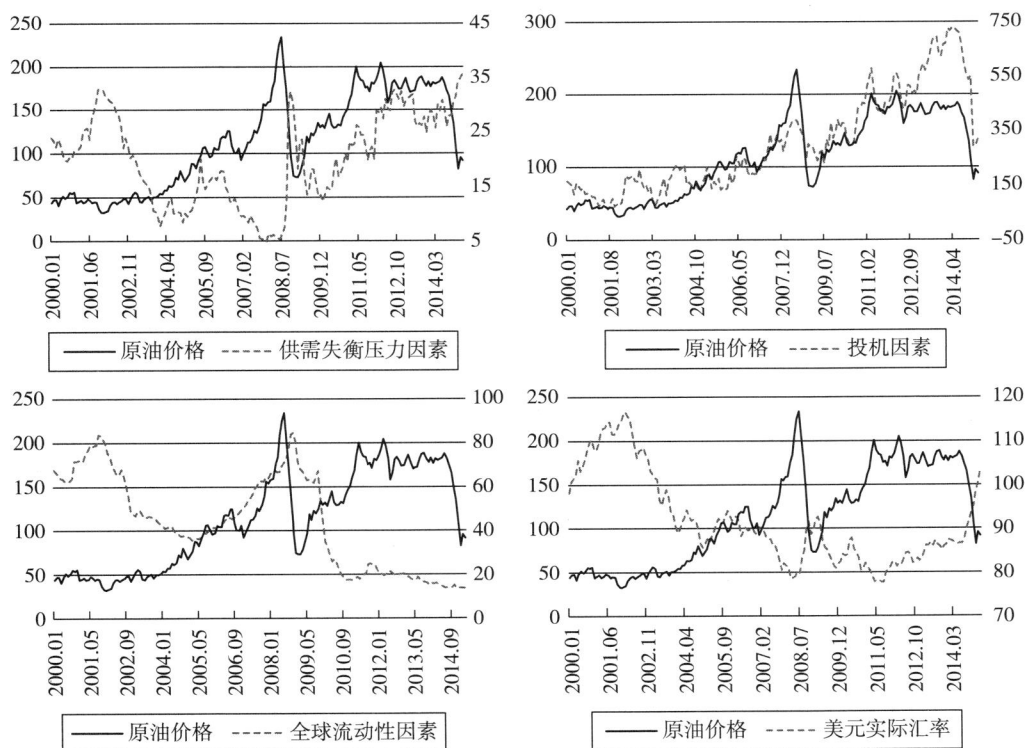

图 2　各个解释变量与原油价格走势

（二）数据处理和检验

为了消除模型各变量序列中的随机趋势和确定趋势，避免"伪回归"，本节先对解释变量和油价运用 X－12 法进行季节调整，而后对各序列进行先取对数后差分的处理。接下来采用 ADF 单位根检验各变量平稳性，最优滞后阶数根据 SIC 准则在 1～12 期内选取，针对每一个变量的走势决定是否添加截距项和趋势项。经检验模型所有变量均满足平稳性条件，单位根检验结果如表 1 所示。

表 1 变量的 ADF 检验

时间序列	检验形式	ADF 统计量	是否平稳	概率
s－d	（C，T，1）	－5.9908	是	0.0006
specu	（C，T，0）	－15.0055	是	0.0000
liqui	（C，T，0）	－10.3399	是	0.0000
usreer	（C，T，7）	－9.5608	是	0.0001
oil	（C，T，0）	－9.9398	是	0.0001

注：检验形式为（C，T，K），其中 C、T、K 分别表示截距项、趋势项和滞后阶数，滞后期的选择标准参考 SIC 准则。

下面对各变量建立 VAR 模型，根据 LR 和 AIC 法则确定滞后期 p＝2。为考察油价和模型中各驱动因素的因果关系，对经过上述处理的油价波动、供需失衡压力、投机指标、全球流动性和美元汇率进行格兰杰非因果检验，滞后阶数的选取与 VAR 模型保持一致，解释变量与油价波动的因果关系检验结果如表 2 所示。检验结果显示，供需基本面因素、投机因素、全球流动性和美元汇率在 90％ 的置信水平下均是油价波动的格兰杰原因。

表 2 各变量间的格兰杰非因果检验结果

原假设	F－统计量	Prob.
供需失衡压力因素（s－d）不是 CRB 的格兰杰原因	5.43725	0.0051
全球流动性（liqui）不是 CRB 的格兰杰原因	2.49641	0.0853
投机因素（specu）不是 CRB 的格兰杰原因	3.22832	0.0420
美元汇率（usreer）不是 CRB 的格兰杰原因	3.12334	0.0465

（三）基于 2000—2015 年数据的 FAVAR 模型实证结果分析

在进行脉冲响应和方差分解时，通常是将解释变量排在被解释变量之后（Bernanke，2005），考虑到实体经济需求在一定程度上反映了经济繁荣程度，会对市场资金状况和风险预期产生影响，进而作用于流动性水平和投机行为，所以本节将模型中各变量的排列顺序调整为供需失衡压力（s－d）、全球流动性（liqui）、投机因素（specu）、美元汇率（usreer）和油价（oilprice）。首先运用 Cholesky 方差分解分析各个变量冲击对油价波动一个单位标准差的贡献程度。

表 3 描述了方差分解结果，选取结果趋于稳定的第 12 期进行分析。除自身因素外，各驱动因素在 2000—2015 年对油价波动的贡献度由大到小依次为投机因素（14.62%）、供需失衡压力（11.36%）、美元汇率（7.73%）和全球流动性（3.79%）。模型选取的解释变量对原油价格波动的累计解释程度达到 37.51%，且投机因素和供需失衡压力对油价波动的贡献均超过 10%。其中投机因素对原油价格波动的影响在第 1 期达到最大，而其他各变量对油价的影响则从冲击开始后逐渐增加。

表3   商品价格波动方差分解结果（liq1）   单位：%

时期	s－d	liqui	specu	usreer	oilprice
1	2.30076	1.174233	17.14799	3.208784	76.16823
2	5.982254	2.86328	16.15428	5.667456	69.33273
3	10.01711	3.574473	15.09965	6.875778	64.43300
4	11.14846	3.647186	14.72157	7.524703	62.95809
5	11.32219	3.760249	14.64428	7.683563	62.58972
6	11.34447	3.790554	14.62548	7.721447	62.51805
8	11.35964	3.792241	14.62082	7.727630	62.49967
10	11.35996	3.792359	14.62064	7.728212	62.49883
12	11.35998	3.792364	14.62063	7.728219	62.49881

脉冲响应函数测度的是模型中某一变量的一单位冲击对模型中各内生变量在冲击发生后一定时期内所产生的影响。脉冲响应函数的结果刻画在图 3 中，原油市场的投机因素对油价的冲击为正，而供需失衡压力、全球流动性和美元汇率均对原油价格产生负向冲击。首先，取各因素一单位的正向冲击发生 6 个月内对原油价格冲击的平均值，按照绝对值由大到小的顺序排列：供需失衡压力（－0.01035）、美元汇率（－0.0087）、全球流动性（－0.006）和投机因素（0.005786）；而各因素对油价脉冲响应的峰值按绝对值由大到小依次为：投机因素（0.0284）、供需失衡压力（－0.0182）、美元汇率（－0.0138）和全球流动性（－0.0111）。其次，从各因素冲击达到峰值的速度看，投机因素对原油价格影响的传递最为迅速，在冲击发生的第 1 期便达到峰值，美元汇率在第 1 期也基本达到峰值，全球流动性在第 2 期达到峰值，而供需基本面的压力对油价影响的传递最慢，在冲击发生后的第 3 期才达到最大。最后，从冲击持续时间看，原油市场上的投机行为在冲击发生后的第 4 个月便趋于稳定，而供需因素、美元汇率和全球流动性则在冲击发生后的 6 个月才趋于稳定。

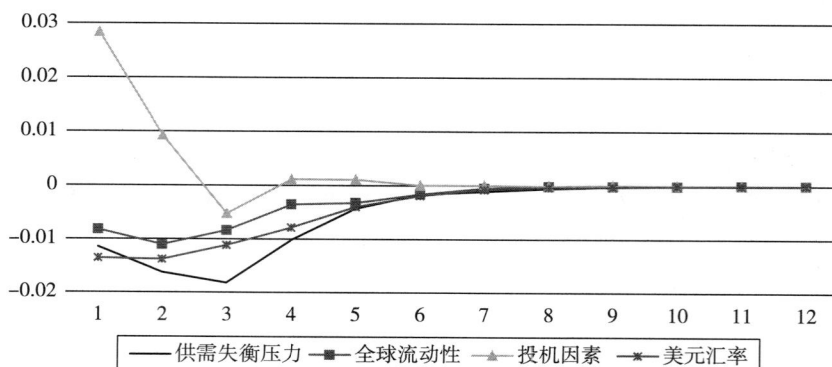

图3 2000—2015 年油价波动的脉冲响应结果

四、基于 2000—2015 年 TVP-FAVAR 模型的实证分析

上述模型对原油价格的驱动因素以及各因素在 21 世纪以来对油价的影响进行分析,结果发现投机因素和供需失衡压力因素是影响原油价格运行的主导因素。原油市场上的投机行为能够迅速作用于油价,并在冲击发生 4 个月后趋于稳定;而供需失衡压力因素对原油价格影响的传导则较为缓慢,但冲击的持续时间较长。货币因素与市场资金状况也对油价产生影响,但作用力相比投机因素和供需失衡压力因素较小。传统 VAR 模型中所有的变量系数和协方差在样本期内是固定不变的,因此由传统 VAR 模型所得到的脉冲响应结果是基于整个样本区间,并不能分析模型中的解释变量对被解释变量的冲击发生了怎样的变化。随着世界经济发展和国际商品市场发展进入新的历史时期,需要我们动态地分析原油市场各因素与油价波动的关系。为此,本节引入时变参数向量自回归(TVP-VAR)模型,分析 2000—2015 年各驱动因素对原油价格的影响。

(一)TVP-VAR 模型理论框架

时变参数向量自回归模型中系数和冲击的协方差矩阵都是时变的,能够捕捉模型滞后结构的时变特性和各变量联立关系的非线性等征。首先定义一个基本的结构 VAR 模型:

$$Ay_t = F_1 y_{t-1} + \cdots + F_s y_{t-s} + \mu_t, t = s + 1, \cdots, n \qquad (1)$$

y_t 为 $k \times 1$ 维观察向量, A 为 $k \times k$ 维联立参数矩阵,为了减少待估参数,相对简化模型估计,假设 A 矩阵为下三角矩阵。F_i 为 $k \times k$ 维系数矩阵,扰动项 μ_t 为 $k \times 1$ 维结构性冲击,且 $\mu_t \sim N(0, \Phi\Phi^T)$,其中,

$$\Phi = \begin{bmatrix} \sigma_1 & 0 & L & 0 \\ 0 & \cdots & \cdots & \\ M & \cdots & \cdots & 0 \\ 0 & L & 0 & \sigma_k \end{bmatrix}$$

因此（1）式可简写为如下模型：

$y_t = B_1 y_{t-1} + \cdots + B_s y_{t-l} + A^{-1}\Phi\varepsilon_t, \varepsilon_t \sim N(0, I_k)$，其中 $B_i = A^{-1}F_i$。

将 B 矩阵行元素拉直，形成 $k^2s \times 1$ 维向量 β，且定义 $X_t = I_s \otimes (y_{t-1}, \cdots, y_{t-s})$，其中 $\otimes$ 表示克罗内克乘积，因此模型简化为

$$y_t = X_t\beta_t + A_t^{-1}\Phi\varepsilon_t, t \in [s+1, n] \tag{2}$$

接下来赋予模型系数和参数时变特性，参照 Nakajima（2011）的处理方式，把下三角矩阵 A_t 中非 0 和 1 元素设置为 1 个列向量 a_t，

其中，$a_t = (a_{21}, a_{31}, a_{32}, a_{41}, \cdots, a_{k,k-1})$，

令 $h_t = (h_{1,t}, \cdots, h_{k,t})$，其中 $h_{i,t} = \log(\sigma_{i,t}^2), i \in [1, k], t \in [l+1, n]$，

则模型扩展为时变参数 VAR，模型形式如下：

$$y_t = X_t\beta_t + A_t^{-1}\Phi_t\varepsilon_t, t \in [s+1, n] \tag{3}$$

（3）式中的参数服从随机游走过程，表述如下：

$$\beta_{t+1} = \beta_t + \mu_{\beta t}$$
$$a_{t+1} = a_t + \mu_{at}, t \in [l+1, n]$$
$$h_{t+1} = h_t + \mu_{ht}$$

其中，$\beta_{l+1} \sim N(\mu_{\beta_0}, \sum_{\beta_0}), a_{s+1} \sim N(\mu_{A_0}, \sum_{A_0}), h_{s+1} \sim N(\mu_{h_0}, \sum_{h_0})$。

本节将 TVP-VAR 模型与 FAVAR 模型相结合，构建同时具有广义视角和时变特征的 TVP-FAVAR 模型。对于时变模型参数的估计，我们在贝叶斯推断的背景下构建马尔科夫—门特卡罗（MCMC）算法并连续抽样 10000 次，为了保证抽样的有效性，使用模拟滤波器对时变参数 β 和 α 取样。同时为了保证模型分析的一致性，滞后阶数的选取与上文保持一致。

（二）2000—2015 年原油驱动因素时变参数模型结果分析

时变参数等间隔反应函数测度的是样本期内每一期解释变量的变化对相等时间间隔后的内生变量产生的冲击，由于反应函数根据不同时期的变量确定系统参数，可以追踪原油价格的驱动因素在样本期内的表现和变化趋势。本节统一选取各个基本因素在 2000—2015 年每一期的冲击在 3 个月后对原油价格的影响进行分析，为了保证结果的稳健性，在模型分析中同时添加各因素在 2 个月和 4 个月后对油价的影响。

首先是供需失衡压力因素，图 4 刻画了 2000—2015 年原油市场上一单位的供需冲击分别在 2 个月、3 个月、4 个月后对油价的影响。从图 4 走势可以看出，自 2000 年开始油价受供需失衡压力因素的影响逐渐增大，至 2005 年底达到峰值，成为这一时期推动油价上涨的重要因素。21 世纪初世界经济逐渐摆脱亚洲危机的困境，新兴市场国家经济增长强劲，2000—2005 年以中国、印度为代表的亚洲新兴经济体工业生产值增加 55.8%，出口贸易增长 71.7%，实体经济的繁荣刺激了原油市场需求；供给方面，伊拉克战争的爆发导致原油市场供需压力骤升，从而推动油价大幅升高。2006 年开始，原油市场受供需因素的影响逐渐减小，一方面国际大宗商品市场的金融化趋势使油价偏离基本面，另一方面石油供给的平稳增长能够满足世界实体经济需求，特别是随着美国开采技术的成熟，美国页岩油日均产量自 2009 年开始以每年百万桶的速度增长，2009—2011 年世界原油日均产量增加 717.3 万桶，很大程度上缓解了原油市场供需压力。2011 年以来，随着国际大宗商品市场上升周期的终结，原油市场投机者的热情逐渐消退，供需基本面对油价的影响开始增强。近年来新兴市场国家经济增速放缓，发达国家除美国外经济状况未见好转，而原油市场供给逐年稳步增长，特别是 2014 年下半年以来原油供给增长大大超过需求，导致油价跌幅超过 50%。

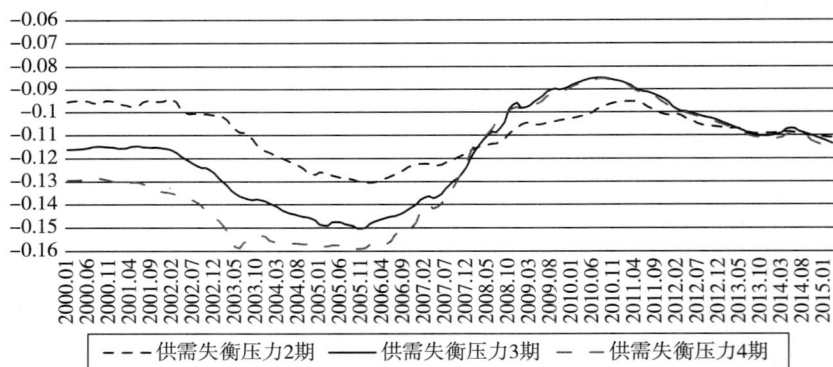

注：2000.01 表示 2000 年 1 月，其他同此格式。

图 4　2000—2015 年供需冲击对原油价格的影响

其次是全球流动性因素，从图 5 刻画的实证结果可以发现 2000 年以来全球流动性对原油的冲击经历了不同的发展阶段。2000—2006 年以价格指标表示的全球流动性因素对原油市场的影响逐渐减弱，这一时期由于新兴经济体高速发展，为了抑制经济相对过热和通货膨胀，世界主要经济体利率开始进入上行通道，因此全球流动性对油价的负向冲击逐渐降低。自 2007 年开始原油受流动性冲击作用开始增强，特别是金融危机过后的 2009—2010 年，全球流动性水平在欧美等发达国家宽松的货币政策刺激下迅速提升，成为这一时期油价上涨的重要推手。2011 年之后，随着主要发达国家利率下行空间的收窄，全球流动性冲击对油价的影响逐渐降低。

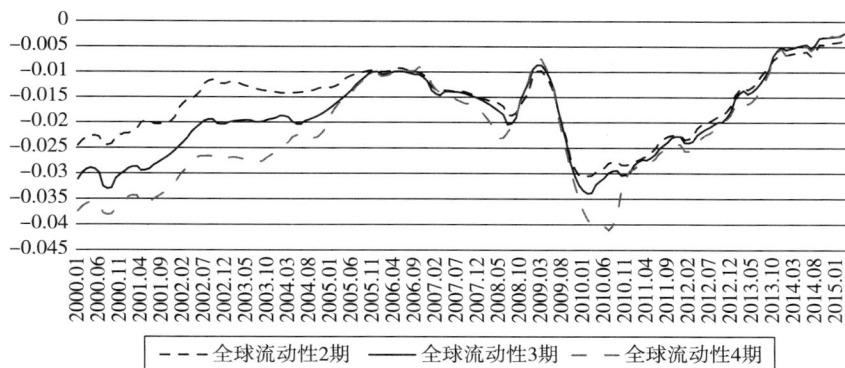

图 5　2000—2015 年全球流动性对原油价格的影响

再次是原油市场投机因素，图 6 刻画了 2000—2015 年投机因素的冲击对油价的影响。2000—2002 年原油市场上的投机行为较为稳定，2003 年美联储放开国际大宗商品现货交易，允许花旗银行旗下的 Phibro 公司参与能源市场交易，原油市场的投机行为开始急剧增加，投机因素对油价的推动作用出现小幅上涨趋势。此后随着国际商品期货与指数投资的兴起，全球原油期货合约交易规模从 2004 年的 0.89 亿份上涨到 2009 年的 3.18 亿份，原油市场的金融化程度不断加深。时变参数模型的结果显示，自 2006 年下半年开始，投机因素对油价的推动作用迅速增强，投机因素是推动 2007—2008 年油价攀升的重要因素；金融危机过后，原油价格触底反弹，而原油市场投机行为对油价的推动作用进一步上升，成为 2010—2011 年油价大幅上涨的重要推手。自 2012 年至今虽然原油市场上的投机活动仍然保持较高水平，但对油价的影响逐渐降低。

图 6　2000—2015 年投机因素对原油价格的影响

最后是美元汇率因素，从图7描述的时变参数模型结果中可以发现美元汇率对原油价格的影响从2002年开始呈增长趋势，从金融危机到现在一直稳定在较高水平。美元实际汇率在2002年4月至2008年6月和2009年3月至2011年6月的贬值幅度分别达到30%和17%，美元实际汇率因素是这两个时期推动原油价格上涨的重要因素。随着2013年之后美联储逐步退出量化宽松货币政策，美元汇率呈上行趋势，特别是2014年下半年以来美国经济超预期复苏和美联储加息预期升温，推动美元汇率指数进一步走强并创五年半以来新高，成为这一时期油价下跌的重要原因。

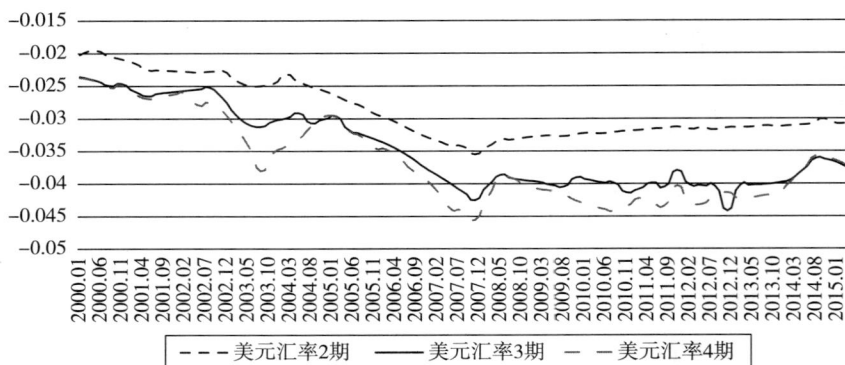

图7　2000—2015年美元汇率对原油价格的影响

根据时变参数模型结果，我们将原油价格变化划分为5个时期，图8描述了各个时期原油价格影响因素对油价冲击的平均值。从图8可以看出：（1）在2000年1月至2008年6月，虽然原油期货和指数投资大大加深了原油金融化属性，并推动油价上涨，但这一时期原油价格的上涨更多地来源于供求基本面和美元汇率贬值。自1998年开始新兴工业国家消费了世界原油产量的三分之二，其中中国的石油消耗以每年6.3%的速度增长，新兴经济体的飞速发展使原油供求压力剧增；而美联储长期的低利率政策导致美元汇率自2002年开始一路走低，至2008年金融危机前累计贬值幅度接近32%，推动油价上涨；另外美元的长期贬值导致实行美元盯住汇率的国家被迫施行低利率政策，从而推升了国际市场的流动性水平，是这一时期推高油价的又一重要因素。（2）在2008年7月至2009年2月，金融危机全面爆发并波及至实体经济，全球工业生产和经济增长大幅下滑，导致原油需求严重受挫。国际金融市场的剧烈动荡一方面影响到商品投资者的预期和风险偏好，原油市场的投机者纷纷看空油价；另一方面吸引投机者转向以美元等避险货币计价的资产，使美元汇率在金融危机期间强势反弹，进一步拉低了油价。（3）在2009年3月至2011年5月，原油价格触底反弹，为摆脱金融危机影响，东西方各国普遍施行积极的财政和货币政策，全球经济的复苏和全球流动性水平的提高刺激原油需求增加并逐渐恢复到 2008 年危机前的水平；金融投机方面，国际商品市场的繁荣和对世界经济前景的看好降低了投机者的风险预期，吸引大量资金进入原油市场，成为这一时期油价急剧上涨的重要推手。（4）在 2011 年 6 月至 2014 年 5 月，在经历大幅反弹后油价进入震荡下行阶段。供需方面，随着页岩气开采技术的成熟，美国的原油产量和全球占比稳步上升，其中液态石油产量于 2013 年已经与沙特阿拉伯持平，原油市场供需压力逐步减小；金融投机方面，随着 2011 年《多德—弗兰克法案》出台和国际投行缩减或退出国际商品市场业务，投机因素对油价的影响开始减弱；在流动性与美元汇率方面，在全球主要经济体轮番降息后，全球流动性对油价的提振作用逐步减小，而随着人们对美联储退出量化宽松货币政策和收紧货币政策的预期不断升温，美元汇率开始进入上行通道，进一步拉低油价。（5）在 2014 年 6 月至 2015 年 3 月，原油价格加速下跌，来自供需基本面的因素和美元汇率升值是导致油价下跌的主要原因。一方面新兴经济体增速放缓，西方发达国家尚未完全走出金融危机的泥潭，导致原油需求增长乏力；另一方面以沙特阿拉伯为代表的石油输出国与美国、俄罗斯等国的供给市场份额争夺激烈，全球原油生产稳步攀升，成为油价下跌的重要原因。受美联储加息预期和美国经济复苏的影响，美元汇率大幅回升，进一步压低了油价。

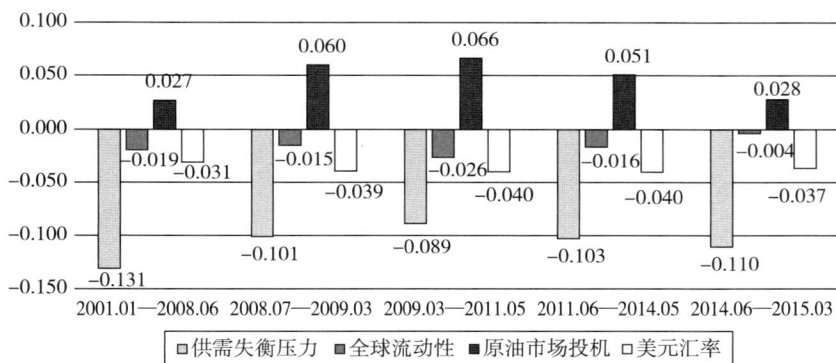

图 8　分时期原油价格影响因素的等间隔冲击函数均值

五、结论

作为关系到全球工业生产和商品市场命脉的重要资源商品，原油价格在 21 世纪的两次巨幅上涨和下跌成为业界和学术界关注的焦点。本节将 FAVAR 模型与 TVP-VAR 模型相结合，从原油市场众多经济指标中提取影响油价的基本因素，并动态地分析 2000—2015 年影响油价运行的因素和油价及各影响因素发展趋势，得出以下三个结论。

（1）来自原油市场基本面的供求矛盾和金融投机行为是 21 世纪以来驱动油价变化最重要的因素，其中投机行为能够迅速作用于油价并在冲击发生 4 个月后趋于稳定，而供求因素影响油价的传导速度较慢，但冲击持续时间较长；美元汇率与全球流动性的变化对油价也产生重要影响，且金融危机过后发达国家货币政策的大幅调整使全球流动性对油价的冲击显著增强。

（2）虽然原油市场上的投机行为在 2000—2008 年迅速发展，但这一时期油价历史性的攀升主要是由于新兴经济体高速发展造成供需压力增加和美元汇率的持续贬值，另外美联储长期低利率政策使与美元汇率挂钩国家被迫降低利率并向国际市场投放大量流动性，进一步刺激原油需求上涨；2009—2011 年油价的上涨中，投机因素和全球流动性水平的提高扮演了重要角色，供需失衡压力因素对油价的推动作用降低。

（3）2012—2015 年油价保持震荡下行，全球流动性和投机因素对油价的冲击减弱；全球原油产量大幅增加是造成 2014 年下半年以来油价加速下跌的主要原因，而受美联储加息预期和美国经济复苏影响美元汇率大幅升值，是压低油价的又一重要因素。

参考文献

［1］张珣，余乐安，黎建强，汪寿阳．重大突发事件对原油价格的影响［J］．系统工程理论与实践，2009（3）：15 – 15.

［2］Kilian L. Not All Oil Price Shocks are Alike：Disentangling Demand and Supply Shocks in the Crude Oil Market ［J］. American Economic Review，2009，99：1053 – 1069.

［3］Unalmis D，Unalmis I，Unsal D F. On the Sources and Consequences of Oil Price Shocks：The Role of Storage［R］. Research and Monetary Policy Department，Central Bank of the Republic of Turkey Working Papers No：1230，2012.

［4］Roache A，Erbil N. How Commodity Price Curves and Inventories React to a Short-run Scarcity Shock ［R］. International Monetary Fund Working Paper 2010 – 09，2010.

［5］Smith J. World Oil：Market or Mayhem？［J］. Journal of Economic Perspectives，2009，23：145 – 164.

［6］Knut A，Hilde C B，Thorsrud L A. What Drives Oil Prices？Emerging Versus

Developed Economies [R]. Norges Bank Working Paper No. 201211, 2012.

[7] Kilian L, Hicks B. Did Unexpectedly Strong Economic Growth Cause the Oil Price Shock of 2003 – 2008? [R]. CEPR Discussion Papers No. 7265, 2009.

[8] Sedik T S, Cevik S. A Barrel of Oil or a Bottle of Wine: How do Global Growth Dynamics Affect Commodity Prices? [R]. International Monetary Fund, Working Papers No. 1101, 2011.

[9] Hamilton J D. Causes and Consequences of the Oil Shock of 2007 – 2008 [R]. National Bureau of Economic Research, Working Paper No. 15002, 2009.

[10] Mu X, Ye H. Understanding the Crude Oil Price: How Important Is the China Factor? [R]. International association for Energy Economics, Working Papers No. 10 – 050, 2010.

[11] Barsky R B, Kilian L. Oil and the Macro-economy Since the 1970's [J]. Journal of Economic Perspectives, 2004, 18: 115 – 134.

[12] Frankel J A. The Effect of Monetary Policy on Real Commodity Prices [R]. National Bureau of Economic Research, Working Paper No. 12713, 2008.

[13] Ratti R, Vespignani J L. Crude Oil Prices: China's Influence Over 1996—2011 [R]. School of Economics and Finance, Discussion Paper 2012 – 10, 2012.

[14] Akram Q F. Commodity Prices, Interest Rates and the Dollar [J]. Energy Economics, 2009, 31: 838 – 851.

[15] Gospodinov N, Jamali I. Monetary Policy Surprises, Positions of Traders, and Changes in Commodity Futures Prices [R]. Federal Reserve Bank of Atlanta, Working Paper No. 201312, 2013.

[16] Eickmeier S, Lombardi M J. Monetary Policy and the Oil Futures Market [R]. Deutsche Bundesbank Discussion Paper No. 35, 2012.

[17] Breitenfellner A, Cuaresma J C. Crude Oil Prices and the USD/EUR Exchange Rate [J]. Monetary Policy & the Economy Q4/08, 2008.

[18] Chong J, Miffre J. Conditional Correlation and Volatility in Commodity Futures and Traditional Asset Markets [J]. Journal of Alternative Investments, 2010, 12: 61 – 75.

[19] Kilian L, Murphy D. The Role of Inventories and Speculative Trading in the Global Market for Crude Oil [R]. University of Michigan Working Papers, 2012.

[20] Lombardi M J, Robays V I. Do Financial Investors Destabilize the Oil Price?

[R]. ECB Working Paper No. 1346, 2011.

[21] Manera M, Nicolini M, Vignati I. Futures Price Volatility in Commodities Markets: The Role of Short Term vs Long Term Speculation [C]. Department of Economics and Management. Working Paper No. 4204 – 13, 2013.

[22] Hamil Ton J D, Wu J C. Risk Premia in Crude oil Futures Prices [R]. NBER Working Paper Series Number 19056, 2013.

[23] Linn S C, Zhu Z, Chiou-Wei S. The Response of U. S. Natural Gas Futures and Spot Prices to Storage Change Surprises: Fundamental Information and the Effect of Escalating Physical Gas Production [J]. Journal of International Money and Finance, 2014, 42: 156 – 173.

[24] Alquist R, Gervais O. The Role of Financial Speculation in Driving the Price of Crude Oil [R]. Bank of Canada Discussion Paper 2011 – 6, 2011.

[25] Knittel C, Pindyck R. The Simple Economics of Commodity Price Speculation [R]. NBER Working Paper No. 18951, 2013.

[26] Bernanke B, Boivin J, Eliasz P. Measuring Monetary Policy: A Factor Augmented Vector Autoregressive (FAVAR) Approach [J]. Quarterly Journal of Economics, 2005, 120: 387 – 422.

第二章
国际大宗商品价格：
全球流动性和货币政策层面的考察

第一节 全球流动性对国际大宗商品价格的影响[1]

一、引言

近年来"全球流动性"成为业界和学术界热议和广泛使用的概念，但目前国际上对于全球流动性并没有明确的定义。国际货币基金组织（IMF）在 2012 年 10 月《世界经济展望报告》中提出，流动性反映各方参与交易和资金融通的能力和意愿，以及在金融市场短期波动过程中避免资产价格过度波动的能力。国际清算银行（BIS）则将全球流动性划分为官方流动性和私人流动性，将其定义为在世界范围内进行交易和投资的资金可用性。一般认为，全球流动性过剩表现为普遍低利率、货币供给增速加快和宽松的信贷条件，而金融机构利率高和企业信贷部门资金枯竭则是流动性危机期间的常见特征。综合来看，本文认为全球流动性水平代表全球金融市场参与者用于本土和跨境资产交易的能力、意愿及资金可用性，是一个反映货币供应、信贷状况、风险预期以及利率水平的综合性指标，并且能够对国际金融资产和商品价格产生重要影响。进入 21 世纪以来，包括原油、金属在内的国际大宗商品价格经历了快速上涨和大幅下跌的剧烈波动，根据纽约商业交易所和芝加哥期货交易所的数据，铜、小麦和原油的期货价格在 2008 年金融危机前的涨幅分别达到 529%、311% 和 617%。随着金融危机的爆发悉数跌至半数以下，危机过后触底反弹并升至历史最高点，涨幅分别为 198%、89% 和 173%，之后保持震荡下行。着眼于 21 世纪以来的商品价格变化，不论是单个商品价格还是价格指数，其波动幅度和频率都超过历史水平，且随着大宗商品金融化属性的不断加强，不同类别的大宗商品价格更倾向于受共同因素的驱动而同涨同跌。现有文献关于国际大宗商品价格的波动的解释多围绕供求基本面和商品市场的投机行为展开，然后关注不同种类商品之间价格的联动性，也有学者认为全球流动性状况会通过改变资产收益率和成本、影响预期等途径作用于大宗商品投资者，导致大量的资金流入或流出国际商品市场并影响商品价格。根据万德和彭博数据库的资料，自 2008 年金融危机爆发至 2011 年 3 月美国、日本和欧洲的中央银行资产分别扩张 2.87 倍、1.41 倍和 1.32 倍，期间 CRB 现货指数上涨 86.7%；而美国历次退出第一轮量化宽松货币政策、第二轮量化

1 本课题为国家自然科学基金重点应急管理项目"汇率市场变化、跨境资本流动与金融风险防范"（批准号71850005），教育部哲学社会科学研究重大课题攻关项目"中国资本账户开放的进程安排与风险防范"（项目编号14JZD016）。本部分作者为谭小芬、张峻晓。

宽松货币政策和第三轮量化宽松货币政策前夕，RJ/CRB 指数、铜价和 WTI 原油期货价格都出现了下降。

图 1 描述了 2000—2017 年 VIX 和 CRB 现货价格指数的走势，用 VIX 指数来衡量股票资产的预期波动和投资者的风险厌恶程度，作为市场风险的指标。从图 1 可以发现：2002—2007 年 VIX 指数不断下行，市场资金状况和风险偏好上升，CRB 指数一路上行；金融危机前夕，市场资金状况与风险预期已经出现恶化，2008 年金融危机波及实体经济领域，VIX 指数骤然抬升，CRB 指数急转直下；自 2008 年末开始以美国为代表的主要发达国家普遍实行宽松的货币政策，资金状况和风险预期得到大幅改善，VIX 指数迅速降低并推动 CRB 指数上升；2011 年以后全球流动性保持宽松态势，VIX 指数在低位运行，CRB 指数则保持高位震荡。为了说明全球流动性在国际大宗商品价格波动中的角色及其对商品市场冲击的发展和变化，本节通过具有时变参数的因素增强型向量自回归模型（TVP-FAVAR），以全新的视角认识全球流动性，揭示二者的关系。

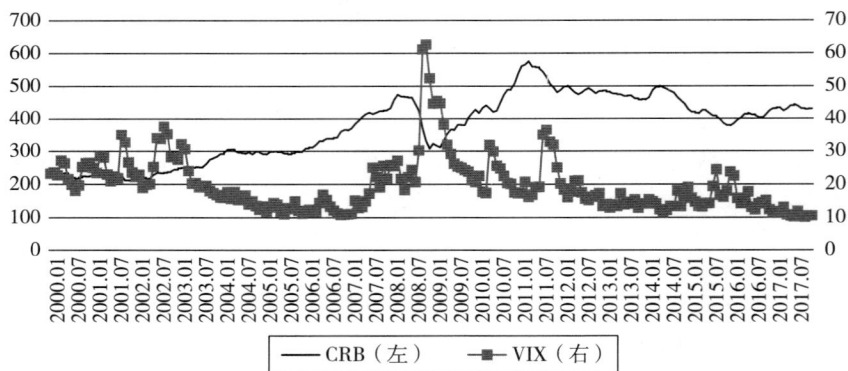

图 1   CRB 现货指数与 VIX 波动率指数走势

二、文献综述

随着国际资本流动的自由化，仅从一国的角度衡量流动性状况已经远远不够，Giese 和 Tuxen（2007）指出，在全球连通的金融市场环境中，世界主要经济体货币供给的调整会在世界范围内对资产和商品价格产生重要影响。Yin 和 Han（2014）将影响大宗商品价格的因素分为全球、地区和各国异质性特征，认为全球和地区因素是大宗商品的收益率联动性的重要原因，并进一步发现全球性因素的作用在 2004 年之后更加突出，也说明大宗商品市场联动性逐渐增强。Sun（2015）分析了全球流动性向东盟五国的传导及其对金融环境和金融稳定风险的影响，发现全球流动性传导和不断变化的金融环境导致东盟五国金融稳定风险增加。因此，东盟五国的决策者应该为可能出现的流动性紧缩做好准备，加强对非银行金融机构的监管，并建立一个全面的金融稳定框架。Branch（2016）认为流动性的不足会导致资产价格的大幅波动。全球流动性概念最早由 Baks 和 Kramer（1999）提出，作者将西方七个主要工业化国家的超额货币供给作为全球流动性指标，分析其与资产收益率的关系，发现全球流动性增长与全球股票的实际收益率正相关。除此之外，目前新兴市场的流动性对大宗商品价格的影响也在显现，Brana 和 Prat（2016）认为过去几年重要的中央银行实施的非常规货币政策加剧了全球流动性的扩大，并通过使用面板阈值模型考察了非线性因素下十七个新兴市场国家的全球流动性过剩对资产价格的影响。结果发现，在全球投资者高风险偏好期间，全球流动性过剩是新兴市场国家资产价格的推动因素。然而，当全球风险厌恶情绪加强时，这两个变量之间的联系会发生变化。Chiaiel、Ferrara 和 Giannone（2017）发现商品价格的大部分波动可以由一个单一的全球因素概括，这一因素与全球经济活动的波动密切相关。这也为我们提取流动性指标奠定了理论基础。Cohen、Domanski、Fender 等（2017）认为全球流动性是一个全面的术语，用来表示更容易融资的状况、资本流入和汇率升值的综合信息。在国际活跃的金融机构活动揭示了全球流动性传导所涉及的概念基础和经济机制的基础上，本节分析强调了国际储备货币，特别是美元的作用，还根据资产负债表的规模和货币构成建立了一套全球流动性指标。

目前，根据识别全球流动性的角度不同，可以将研究全球流动性与大宗商品价格的关系的文献分为三大类。

第一类，从数量指标识别全球流动性。Sousa 和 Zaghini（2007）建立了基于全球五个工业化国家的货币供给的 SVAR 模型，分析全球流动性对全球工业生产和国际大宗商品价格的影响，发现全球流动性的提高对世界产出增长的作用在短期明显，但在中长期效力减弱；对商品价格的影响则正好相反，前两个季度流动性提高对大宗商品价格的影响微弱，但在中长期却对大宗商品价格有明显的提振作用。Belke、Bordon 和 Hendricks（2010）通过建立 CVAR 模型，对主要 OECD 国家的货币供给、全球 CPI 指数和国际大宗商品价格之间的关系进行研究，发现全球流动性在长期和短期均能够对大宗商品价格和 CPI 产生影响。Browne 和 Cronin（2010）发现美国货币供应量 M2、实际 GDP、CPI 指数与国际大宗商品价格指数之间存在长期协整关系，并利用上述 4 个变量建立 VEC 模型，发现货币供应量的冲击会对工业原材料商品价格和 CRB 指数产生正向推动作用，且传递速度要快于对 CPI 的冲击。Anzuinie、Lombardi 和 Pagano（2010）运用 SVAR 模型对货币供应与大宗商品价格的关系进行分析，发现通过刺激经济增速和改变通货膨胀预期等渠道，增加的货币供应量间接推升国际大宗商品价格。Askari 和 Krichene（2010）将 2003—2007 年国际大宗商品价格的上涨归因于全球流动性的泛滥，认为扩张型的货币政策导致社会信用不断扩张，但对资产、商品以及服务的需求增加受限于短期供给约束，由于供给不能随需求快速增加，商品价格以每年 24.6% 的速度上涨。Belke、Orth 和 Setzer（2010）发现，2001 年以来，全球流动性扩张一直非常活跃。与传统观念相反，高货币增长率并未伴随着商品价格同时上涨。Landgraf 和 Chowdury（2011）建立 VEC 模型分析了 1995—2010 年的季度数据，发现仅将发达国家的货币因素作为全球流动性不足以解释国际商品市场的波动，包括"金砖四国"在内的新兴市场国家的流动性水平对国际大宗商品价格的影响更为显著。Cerutti、Claessens 和 Ratnovski（2014）提供了一个全球流动性的定义，与在国际金融市场中的"融资便利性"的含义一致。与以前的研究相比，文章使用更长的时间序列和更广泛的国家样本，确定了推动跨境银行流动的全球因素以及特定国家因素。它证实了美国金融状况的解释力，其中市场波动率（VIX）和期限溢价下降，银行杠杆率上升，国内信贷和 M2 增长。同时，其他系统重要性国家，英国和欧元区的类似变量也很重要，有时甚至与欧洲银行在跨境银行业务中的主导作用一致。Ratti 和 Vespignani（2015）调查了主要发达经济体和主要发展中经济体的流动性对商品价格的影响。以 M2 作为流动性指标，发现"金砖四国"流动性的意外增长与商品价格的显著和持续增长相关，影响力大于美国、日本和欧元区国家流动性意外增长，并且这种差异随着时间推移而增加。在 1999—2012 年，"金砖四国"的流动性与全球能源价格和全球经济活动密切相关，而美国、日本和欧元区国家流动性则不然。"金砖四国"流动性对矿产和金属价格的影响是美国、日本和欧元区国家流动性影响的两倍。DJIGBENOU-KRE 和 Park（2016）考察全球流动性是否对全球失衡产生影响，基于 G5 集团（美国，英国，欧元区国家，日本和加拿大）和 20 个新兴国家的数据使用 Panel－VARX 模型建模。实证结果表明，全球流动性，特别是美国货币总量对全球失衡的影响是显著的。另外，全球失衡与新兴经济体的外汇储备有关。Wang、Hwang 和 Chung（2016）调查中国短期国际资本流入与资产市场之间的关系，并用几个指数衡量近年来中国市场的状况，确定短期外资流入对资产市场可能产生的影响。文章运用结构向量自回归（SVAR）模型来研究基础货币中的未冲销部分和短期国际资本的流入对中国股市和房地产市场的影响。结论表明，短期国际资本流入和资产价格之间的关系是相互加强的。基础货币中未经冲销的部分进一步加剧了资产价格泡沫，这表明短期国际资本流入和流动性过剩将逐渐加剧资产价格泡沫的严重程度。

第二类，从价格指标考察全球流动性。商品价格与全球利率水平必然存在联系，

Chu 和 Morrison（1984）指出同基本面的因素一样，美元汇率和世界利率水平也会影响非能源大宗商品价格。Barsky 和 Kilian（2002）认为石油价格会受宏观经济变量如利率水平的影响，并且 20 世纪 70 年代石油价格的激增是当时过于宽松的货币政策的产物。Hua（1998）发现实体经济活动和实际美元汇率对非能源商品价格的影响在长、短期都很显著，而且利率的波动是造成商品价格震荡的重要原因。Hammoudeh 和 Yuan（2008）利用 GARCH、EGARCH 和 CGARCH 模型分析了短期利率的调整、市场信息的冲击和商品市场过去的震荡对国际大宗商品价格波动的影响，发现商品价格的波动受升高的利率抑制，那么调整货币政策可以稳定商品市场。Akram（2008）选取 1990—2007 年 OECD 国家工业生产、美国短期实际利率、实际美元汇率与原油、金属、食品等各类商品价格指数的季度数据，通过建立 SVAR 模型分析后发现，短期实际利率和美元汇率对商品价格的波动具有很强的解释力，并且原油价格和金属价格会对利率的冲击做出"超调"反应。Frankel（2008）将用于宏观经济分析的超调模型运用到国际大宗商品价格的波动分析中，发现全球实际利率对大宗商品价格存在负向影响。此外，Frankel 还对实际利率影响商品价格的途径作了进一步阐述，认为实际利率水平降低提高了大宗商品价格是通过预期和增加商品存货需求两个渠道实现的。Anzuinie、Lombardi 和 Pagano（2010）运用 SVAR 模型分析美国联邦基金利率与大宗商品价格的关系，发现利率水平每提高 100 个基点，商品价格会下降 2%。Eickmeier 和 Lombardi（2012）基于 1991—2010 年的月度数据建立带有符号限制的 VAR 模型，研究货币政策的冲击对原油价格的影响，发现国际油价受到全球利率水平和金融市场冲击的影响显著，且 2008 年国际油价的上涨在很大程度上是由于货币政策的驱动，商品价格受货币政策的影响主要仍通过基本面。Gruber 和 Vigfusson（2012）结合 1985—2012 年的月度数据建立面板 GARCH 模型分析利率水平与商品价格波动率的关系，发现低利率会降低国际大宗商品市场的波动性，并增强国际大宗商品价格变化的协同性。Antonakakis 和 Kizys（2015）认为大宗商品价格与黄金白银价格以及其他货币对美元的汇率之间也存在关联关系。

第三类，从货币政策的预期值与目标值的差额识别全球流动性冲击。这部分的文献认为，在一个信息充分共享的有效市场，对于货币政策预期的变化将会迅速反映在商品价格中，因此在货币政策实际施行时，流动性状况和利率水平的调整对商品价格波动产生的影响将会减小。Lunieski（2009）认为在过去 20 年里流动性和利率水平的可预期性得到显著提高，货币政策的不确定性逐渐降低。为了研究这一趋势对国际大宗商品市场带来的影响，论文将联邦基金利率的期货价格的预期偏差作为货币政策的不确定性指标，通过建立 GARCH 模型进行分析后发现，货币政策的不确定性对商品期货价格指数和金价有显著的影响。Hofmann 和 Bogdanova（2012）将世界各国货币政策与泰勒规则间的系统性偏离归因于各国中央银行出于金融风险的考虑，在世界主要国家调低利率水平后也会实行积极的货币政策，以降低金融不稳定性、避免不利的汇率变动及剧烈的资本流动，从而引发世界范围内的货币宽松和流动性过剩的风险。Reuven 和 Sylvain（2012）通过事件研究法分析货币政策声明对国际大宗商品价格的影响，发现在美国前两轮"量化宽松"期间，刺激性货币政策的声明会增加市场预期的不确定性，导致长期利率下降、美元汇率贬值和国际大宗商品价格下跌。Kozicki、Santor 和 Suchanek（2015）发现包括金属、能源和农产品在内的商品价格在 2009—2010 年显著上涨。一些观察家认为，商品价格上涨的一个重要部分是美联储大规模资产购买计划（LSAP）。作者使用事件研究方法，探讨美联储的 LSAP 宣布和后续实施以及这些采购逐渐减少事件是否会影响商品价格。实证结果表明，LSAP 公告并未导致较高的商品价格，同时证明了大宗商品出口商的货币升值时，股票市场出现增长。其他因素，如供应约束和新兴市场经济体的强劲需求，可能是导致商品价格上涨的原因。当货币政策处于零利率下限时，商品价格对宏观经济新闻变得更为敏感。Chang、Gau 和 Hsu（2017）认为美国的量化宽松政策（QE）导致大量资金流入金融市场，改善了资金流动性并削弱了螺旋效应，最终导致了外汇市场流动性充裕。

现有文献主要从数量指标、价格指标以及货币政策的不确定性三个方面定义全球流动性，但仍存在以下几点问题：首先，现有文献对全球流动性的测度大多从货币供给量或利率等单一角度入手，缺乏对反映信贷状况和风险预期的综合指标的考察；其次，数量型和价格型流动性的冲击对商品价格产生影响的效力和持久性不同，对结合二者影响的分析较少；再次，在不同的历史时期全球流动性与国际商品市场的关系会产生变化，需要分析全球流动性作用于国际商品市场的动态变化；最后，对大宗商品价格影响因素的研究集中于欧美发达市场，近年来才开始关注新兴市场。

本篇论文的创新之处在于：（1）全面测度全球流动性水平，指标中包括了全球信贷状况和风险偏好。本节选取市场上反映全球流动性状况的 13 个指标，运用主成分分析法分别提取数量指标 liq1 和价格指标 liq2。其中 liq1 为反映货币供给和信贷状况的数量型指标，liq2 代表反映利率水平和风险偏好的价格型指标。（2）对比不同类型指标代表的全球流动性对国际大宗商品市场冲击，分析全球流动性作用于商品价格的特点差异。（3）通过引入时变参数向量自回归模型（TVP-VAR），动态地分析全球流动性冲击对国际大宗商品价格的影响在样本期内的变化。

三、变量选取和 FAVAR 模型实证结果分析

（一）变量选取

为考察商品价格的波动，本节选取实体经济需求、实际美元汇率、全球股票价格和全球流动性作为解释变量，研究的样本为 2000—2017 年的月度数据。被解释变量为国际大宗商品价格，选用 CRB 现货指数的月度平均值表示，并用 X－12 方法进行季节调整。

1. 全球流动性指标

根据全球流动性的定义，目前市场上不存在能够直接全面反映流动性水平的经济指标，学者们对于全球流动性的测算也各不相同。Sousa 和 Zaghini（2007）采用美国、欧盟、日本和英国的货币供给量之和定义全球流动性，各国间的汇率根据购买力平价原则确定。Agostino 和 Surico（2009）将美国、德国、法国、英国、日本、澳大利亚和加拿大七国的广义货币供给的增长率的简单算术平均值定义为全球流动性。Darius 和 Radde（2010）则将美国基础货币和国际储备之和作为全球流动性指标。此外 IMF 还提出关于全球过剩流动性的定义，将其描述为美国、日本、欧盟和英国的广义货币供给与四国（地区）货币需求的预期值之差。Korniyenko 和 Loukoianova（2015）考察了 2008 年以来在美国、英国、欧元区国家和日本这四个系统重要性国家和地区实施的非常规货币政策措施（UMPMs）对全球货币和流动性状况的影响，结果显示两者之间存在显著的正向关系。Beckmann、Belke 和 Czudaj（2017）证实了全球流动性对大宗商品价格的作用，并根据货币政策冲击的全球数据对共同的和异质性的因素进行了区分，然后使用了含有马尔可夫过程的向量误差修正模型，来研究随时间变化的短期波动。在实际经济运行中存在众多的指标在不同程度上直接或间接代表着全球流动性，很难通过直接观察和测度推算出一个能够很好表示全球流动性的数据。Choi、Kang、Kim 等（2017）分析了全球流动性（GL）从发达经济体（AEs）向新兴市场经济体（EMEs）的传导，通过因子模型从发达经济体的宏观金融数据中提取全球流动性动量，通过符号约束将其识别为政策驱动、市场驱动和风险厌恶因素。论文使用面板因子增量 VAR 模型研究新兴市场经济体（EMEs）对全球流动性冲击的反应，研究发现政策驱动的流动性上升推动了新兴市场经济体的经济增长，推高了股票价格和货币价值；而风险厌恶率上升则产生相反的效果；市场驱动的全球流动性扩张推升了股票价格并降低了融资成本，提高了竞争力和改善了经常账户。在应对宏观金融波动方面，盯住通货膨胀的新兴市场经济体表现更好。考虑到模型实际操作中能够处理的变量有限，难以覆盖所有的指标信

息，为了真实完整地反映全球流动性对国际商品市场的冲击，本节借鉴 Bernanke（2005）提出的 FAVAR 模型的思路，使用一个包括所有变量的提炼机制测度全球流动性——先通过主成分分析法提取能够反映全球流动性变动的主要指标变量 liquidity，再代入模型分析，以解决传统 VAR 模型的有限信息集问题。该模型描述如下：

n 维向量组 X_n 表示 n 个不同全球流动性指标组成的信息集，则其相关系数矩阵 R 可表示为

$$R = \begin{bmatrix} r_{1,n} \\ \cdots \\ r_{n,n} \end{bmatrix}, \text{其中} r_{i,j} = \sum_{k=1}^{n} \frac{(x_{k,i} - \bar{x_i})(x_{k,j} - \bar{x_j})}{\sqrt{\sum_{k=1}^{n}(x_{k,i} - \bar{x_i})^2 \sum_{k=1}^{n}(x_{k,j} - \bar{x_j})^2}}, i,j \in [1,n];$$

用雅可比法求出 R 矩阵的特征值和单位向量分别为（$\lambda_1, \cdots, \lambda_n$）和（$e_1, \cdots, e_n$），且满足 $\sum_{j=1}^{n} e_{i,j}^2 = 1, \lambda_1 \geqslant \lambda_2 \geqslant \cdots \geqslant \lambda_n \geqslant 0$。假设所求主成分变量个数为 m，令 $l_{i,j} = \sqrt{\lambda_i e_{i,j}}, i \in [1,m], j \in [1,n]$，记矩阵 $(l_{i,j})_{m,n}$ 为 $L_{m,n}$，则 m 个主成分指标可表示为

$$Liq_m = L_{m,n} X_n$$

各个主成分变量的累计贡献率表示为

$$\frac{\sum_{k=1}^{i} \lambda_k}{\sum_{k=1}^{m} \lambda_k}, \ i \in [1,m]$$

本节从货币供给、信贷和价格变量三个层面，选取 13 个衡量流动性的代表型变量进入模型：（1）货币供给层面，选取所有 OECD 国家货币供给量 M1、M3、全球外汇储备（FX Reserve）3 个变量；（2）信贷方面，选取全球跨境信贷（Cross – border credit），美国、日本、欧洲银行贷款（bank loans），美国、日本、欧洲债券发行（debt securities），信贷总额超 GDP 占比（（Credit – GDP）/GDP）4 个变量；（3）价格变量方面，选取 VIX 指数、七国集团成员国和欧盟加权长期利率（long – term rate）、伦敦同业拆借利率（Libor）、美国短期利率（US short rate）、日本短期利率（JP short rate）和欧洲短期利率（EU short rate）6 个变量。所有流动性指标的具体信息如表 1 所示。在所有选取的流动性数据中，货币供给层面和信贷层面属于全球流动性的数量型指标，而利率变量层面属于价格型指标。

为消除各变量的量纲不同、数值差异过大对经济含义的影响，在上述操作步骤中首先对观测矩阵进行标准化处理。目前标准化常用的方法有 Z 值法、线性插值法、小数定标标准化法和百分位数法，本节采用小数定标标准化法（Decimal scaling），

即通过移动数据的小数点位置将原始数值 x 标准化到 x'，计算方法为 $x' = x/(10^j)$，其中 j 是满足条件的最小整数值。根据各组变量，经主成分提取，分别得到全球流动性的数量主成分因子 liq1 和价格主成分因子 liq2，liq1 和 liq2 对各自类型指标变量的解释程度都超过了 90%，能够有效地涵盖数量型全球流动性指标的变化。为了对比不同类型指标所代表的全球流动性发挥的效用，同时检验结果的稳健性，本节首先研究数量指标对国际大宗商品价格的影响，关于价格指标的研究将在稳健性检验中展开。从图 2 描述的 liq1 指标与 CRB 指数的走势图中可看出，全球流动性数量指标与国际大宗商品价格呈正相关关系，且 liq1 增长较为稳定，在 2000—2014 年的 15 年间增长率波幅基本维持在 5% 以内。

表 1   全球流动性数据信息

影响因素	变量名称	单位	范围	来源
货币供给	M1 指数	1	OECD 成员国	OECD – Main Economic Indicators
	M3 指数	1	OECD 成员国	OECD – Main Economic Indicators
	全球外汇储备 （Cross – border credit）	百亿美元	全球	Federal Reserve Bank of St. Louis
信贷	银行贷款（bank loans）	百亿美元	美国、欧洲、日本	BIS
	债券发行（debt securities）	百亿美元	美国、欧洲、日本	BIS international debt statistics
	信贷总额超 GDP 占比 （（Credit – GDP）/GDP）	%	美国、日本	BIS international banking statistics
	全球信贷	百亿美元	发达地区 和发展中地区	BIS Liquidity
价格指标	长期加权利率 （long – term rate）	%	七国集团 成员国和欧盟	OECD – Main Economic Indicators
	伦敦同业拆借利率（Libor）	%	英国	Federal Reserve Bank of St. Louis
	美国短期利率 （US short rate）	%	美国	OECD – Main Economic Indicators
	日本短期利率 （JP short rate）	%	日本	OECD – Main Economic Indicators
	欧洲短期利率 （EU short rate）	%	欧洲	OECD – Main Economic Indicators
	VIX 指数	1	全球	Federal Reserve Bank of St. Louis

注：表中数据均使用美元计价。

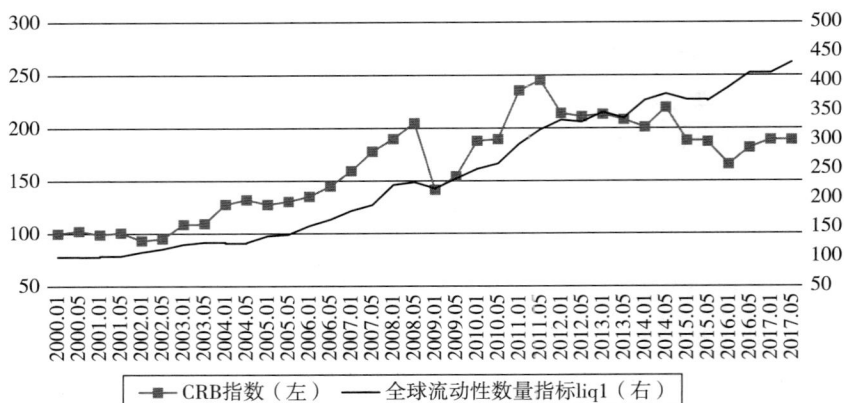

图 2　CRB 指数与全球流动性数量指标 liq1（设定 2000 年初为 100）走势

2. 其他解释变量

全球经济的繁荣程度影响着国际大宗商品需求，是推动商品价格波动的重要因素。Kilian（2009）认为海运指数与世界经济活动有很大的正相关性，能够反映国际干散货运输市场的走势和全球实体经济的活跃程度。作为借鉴，本节选用国际干散货海运价格指数（BDI）代表国际大宗商品的实际需求变量。数据来源于 Wind 数据库。

美元作为全球主要大宗商品的计价单位，美元汇率的走势会对商品价格的波动产生重要影响。对于大宗商品进口国，美元走低意味着商品进口价格相对下降，商品需求增加从而刺激商品价格上涨；对于大宗商品出口国，美元贬值会减少商品出口收入，出口商为了维持收入水平将会提高商品价格。本节美元汇率选用圣路易斯联储网站公布的根据贸易加权的美元实际汇率指数（reer）。

全球股票价格水平也可以通过多种渠道影响国际大宗商品价格。Delatte 和 Lopez（2013）确认了股票市场波动与大宗商品价格之间的关系，这种联动性在 2003 年之后开始显现，在 2008 年经济危机之后更加明显。股票价格上涨会通过财富效应增加收入水平、促进全球经济增长并刺激国际大宗商品需求；此外股票价格水平的抬升反映了投资者对经济前景看好，良好的基本面预期会推动商品指数基金和商品期货市场的发展，并吸引机构投资者进入商品市场从而推动国际大宗商品价格上升。本节中全球股票价格选用摩根士丹利资本国际公司编制的全球股票指数（MSCI - world）表示，MSCI 全球指数覆盖全球 24 个主要发达国家和地区的股票市场，包括美国、日本、澳大利亚、中国香港、瑞士、新加坡等，数据来源于 Wind 数据库。

（二）序列的平稳性检验和格兰杰因果检验

为保证模型结果真实反映解释变量与因变量的均衡关系，本节首先对除全球流动性之外的各序列运用 X – 12 法进行季节调整，而后对各数据进行先取对数后差分处理。对于全球流动性 liq1，使用标准化后的数量型数据提取，对提取出的主成分作季节调整，然后进行取对数差分的处理。接下来采用 ADF 单位根检验各序列平稳性，最优滞后期根据 SIC 准则在 1 ~ 12 期内选取，针对每一个变量的趋势图形决定是否添加截距项和趋势项。经检验所有变量均满足平稳性条件，单位根检验结果如表 2 所示。

表 2 变量的 ADF 检验

时间序列	检验形式	ADF 统计量	是否平稳	P 值
BDI	(C, T, 0)	– 10. 54534	是	0. 0000
reer	(C, T, 0)	– 10. 03597	是	0. 0000
msciworld	(C, T, 0)	– 12. 30297	是	0. 0000
crb	(C, T, 0)	– 8. 10412	是	0. 0000
liq1	(C, T, 0)	– 15. 46136	是	0. 0000

注：检验形式为（C，T，K），其中 C、T、K 分别表示截距项、趋势项和滞后阶数，滞后期的选择标准参考 SIC 准则。

下面以 liq1 作为全球流动性变量与其他解释变量一起建立 VAR 模型，按照 LR 法确定模型最优滞后阶为 P = 2。为了更有效地证明各数据之间的经济关系，本节采用格兰杰非因果检验对以上各变量之间的因果关系进行检验，滞后期的选取与 VAR 模型保持一致。解释变量与商品价格指数之间的因果关系如表 3 所示，各个解释变量在 90% 的置信水平下均为国际大宗商品价格指数的格兰杰原因。

表 3 格兰杰非因果关系检验结果

原假设	F – 统计量	Prob.
需求因素（BDI）不是 CRB 指数的格兰杰原因	2. 44241	0. 0895
全球流动性（liq1）不是 CRB 指数的格兰杰原因	3. 52004	0. 0314
全球股票价格（msciworld）不是 CRB 指数的格兰杰原因	9. 92051	8. E – 05
实际美元汇率（reer）不是 CRB 指数的格兰杰原因	2. 51338	0. 0835

（三）实证结果分析

一般认为，在进行脉冲响应和方差分解时，根据"slow-to-fast"（Bernanke，2005）顺序，应将解释变量置于被解释变量之前。考虑到实体经济活跃程度会影响到货币政策的调整，进而影响全球流动性，而流动性又会与全球经济形势一起影响全球股票价格，因此本节将各变量的排列顺序为：国际干散货海运指数（BDI）、全球流动性指标（liq1）、全球股票指数（MSCI-world）、实际美元汇率（reer）和 CRB 指数。

首先将 liq1 作为全球流动性变量代入模型，本节运用 Cholesky 方差分解来分析各个解释变量及 CRB 指数自身变化对商品价格变化一个单位标准差的贡献程度。方差分解的结果如表 4 所示，选取结果趋于稳定的第 10 期进行分析，发现模型中的解释变量对 CRB 指数波动的贡献度由大到小依次为全球股票价格（15.708%）、全球流动性（8.960%）、国际干散货海运指数（7.158%）和实际美元汇率（5.121%）。各因素对商品价格波动的解释度之和约 40%，其中全球流动性和实体股票价格的走势对商品价格波动的贡献度最为显著，二者的贡献程度之和约 25%。实体经济需求因素和美元汇率对于商品价格波动也发挥着重要作用，但贡献度不如全球流动性和全球股市的表现。

脉冲响应函数反映的是模型中某一变量的一单位的变动对模型中内生变量在当前和未来一段时期产生的冲击。对图 3 显示的脉冲响应的结果进行分析，可以发现以下结果。

首先，所有解释变量的变动对 CRB 指数的冲击都很显著。国际干散货海运指数（BDI）的上升代表着商品需求的增加，会刺激商品价格上涨；作为国际大宗商品计价单位的美元汇率升值，则会抑制商品进口国的商品需求从而拉低商品价格，因此美元实际汇率（reer）与商品价格指数负相关；股票价格（MSCI-world）的上涨一方面代表了企业业绩和利润增加，从而提升商品需求，另一方面代表了投资者对经济预期的看好和风险偏好的降低，因此会吸引场外资金进入商品市场推动商品价格上涨；全球流动性（liq1）的提高一方面会改善市场资金状况，刺激经济增长，另一方面会传递政策信号影响资产收益率和投资者预期，从而成为商品价格上涨的重要推手。

其次，各因素的变动对商品价格波动的影响主要发生在冲击开始后的前 6 期，之后开始趋于稳定。按照前 10 期内每个解释变量一单位标准差的正向冲击对商品价格产生的脉冲响应的均值由大到小依次排列为：全球股票价格（0.00175478）、全球流动性（0.001575889）、国际干散货海运指数（0.001429873）、美元实际汇率（-0.001014748）。

最后，每个因素对国际商品价格冲击的传导机制有所差异。总体而言，实际美元汇率与商品价格为负向关系，且负向影响在第 1 期达到最大（-0.002631），说明这一因素对商品价格的影响最为迅速，其一个单位的冲击很快传递到商品市场，其影响在之后逐期减少，第 5 期之后影响较弱，趋近于零。流动性与全球股票价格对商品价格的影响都是先增加，在第 2 期达到最大后减弱。在前两期，全球股票价格对商品价格的影响强于流动性因素的影响，之后流动性的作用反而强于全球股票价格的作用。这是由于全球股票价格的影响作用在第 2 期之后快速减弱，至第 4 期趋于零，而流动性的作用则减缓较慢，在第 4 期有明显转折。出现这样的现象说明大宗商品的金融化属性增强，在短时期内受股票市场价格波动影响的作用较强，而流动性的影响作用则比较稳定，在之后的时间段凸显出来。国际干散货海运指数，也就是实体经济需求在前 3 期影响较弱，且比较平稳，在中期成为影响最为显著的因素。从 FAVAR 的脉冲响应图中可以看出，各因素的影响效果不同，且在不同的时期发挥主要作用。

表 4 　　　　　　　**商品价格波动方差分解结果（liq1）** 　　　　　单位：%

时期	BDI	liq1	MSCI – world	reer	CRB
1	2.470684	2.627309	6.130243	5.882116	82.88965
2	3.149365	7.137775	15.28459	5.328825	69.09945
3	5.816530	8.591666	16.06133	5.166709	64.36376
5	7.067701	8.746823	15.77283	5.098524	63.31412
6	7.164542	8.885062	15.70434	5.109252	63.13680
7	7.158482	8.951665	15.70824	5.120683	63.06093
8	7.158220	8.960355	15.70662	5.121521	63.05328
9	7.158267	8.960264	15.70826	5.121346	63.05186
10	7.158213	8.960198	15.70836	5.121309	63.05192

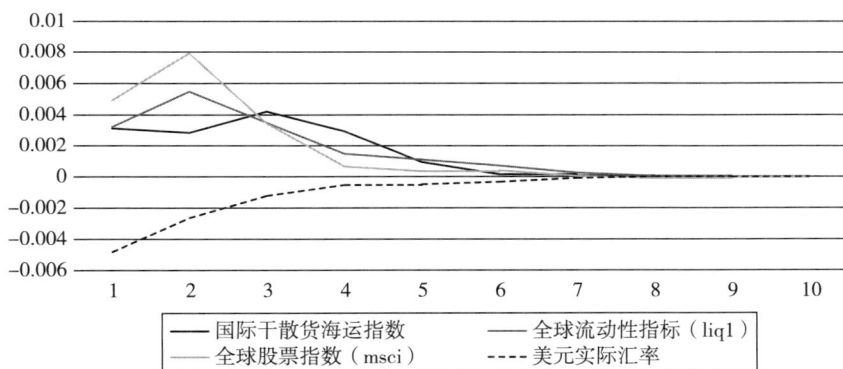

图 3　基于 liq1 的 FAVAR 模型的脉冲响应图

四、基于 2000—2017 年数据的 TVP-FAVAR 模型分析

前文对 2000—2017 年全球流动性及其他驱动因素对商品价格波动的影响进行了整体分析，发现 21 世纪以来全球流动性在国际大宗商品市场的波动中扮演着重要角色，但是上述分析并没有描述全球流动性对商品价格的影响在过去 15 年间发生了怎样的变化。随着国际经济形势和市场环境的发展，流动性状况在不同的历史时期对

商品价格波动的影响很有可能发生变化，为了深入探讨全球流动性与国际大宗商品市场的动态关系，本节引入时变参数向量自回归模型（TVP-VAR），结合上文各变量数据的处理，动态地分析全球流动性对大宗商品价格波动产生的影响。

（一）理论模型的建立

TVP-VAR 模型是由标准的 VAR 模型经动态扩展得到，最初由 Primiceri（2005）提出。与普通 VAR 相比，TVP-VAR 模型中所有的系数和协方差都随着时间不断变化。作为一种非线性时变分析模型，TVP-VAR 模型能灵活显著地测度各经济变量之间相关关系的时变性特征。

简化的 TVP-VAR 模型形式如下：

$$Y_t = X_t \beta_t + A_t^{-1} \sum \varepsilon_t, t \in [l+1, n] \tag{1}$$

接下来赋予系数 β_t，A_t，$\sum$ 时变特征，采用 Nakajima（2011）提出的方法，将 A_t 中除 0 和 1 之外的元素转化为列向量，

即令 $a_t = (a_{21}, a_{31}, a_{32}, a_{41}, \cdots, a_{k,k-1})$，

同时令 $h_t = (h_{1,t}, \cdots, h_{k,t})$，其中 $h_{i,t} = \log(\sigma_{i,t}^2), i \in [1, k], t \in [l+1, n]$，

最后我们还假定式（1）中的参数服从如下的随机游走过程：

$$\beta_{t+1} = \beta_t + \mu_t$$
$$a_{t+1} = a_t + v_t, t \in [l+1, n]$$
$$h_{t+1} = h_t + w_t$$

其中，$\beta_{l+1} \sim N(\mu_{\beta 0}, \sum_{\beta 0})$，$a_{s+1} \sim N(v_{a0}, \sum_{a0})$，$h_{s+1} \sim N(w_{h0}, \sum_{h0})$。

本节将 TVP-VAR 模型与 FAVAR 模型结合，组成同时具有广义时变参数的 TVP-FAVAR 模型，并参照 Nakajima（2011）的方法，采用 MCMC（Markov Chain Monte Carlo）算法并连续抽样10000次。为保证分析结果的一致性，在 TVP-FAVAR 模型里仍然设定滞后阶数 p = 2 进行分析。

（二）2000—2017 年时变参数等间隔冲击函数结果分析

时变参数等间隔冲击反应函数是根据每一期的变量确定系统参数，以此测算样本期内每一期解释变量的一单位冲击对相等时间间隔后的因变量产生的影响。将上文变量按照相同的顺序引入模型，选取全球流动性 liq1 在 2000—2017 年每一期的冲击在 4 个月后对国际商品价格造成的影响进行分析，为了保证结果的稳健性，同时添加 liq1 在 3 个月和 5 个月后对商品价格的影响结果。

图 4 为描述三期的冲击效果图，其显示不同期数冲击效果的变化较为相似。在 2008 年危机前后，美国影子利率已经下降为负，资产负债表扩张，在前瞻性指引下

市场信心恢复比较快，预期经济状况未来会得到改善，因此流动性的效果比较明显，之后流动性的边际效用在不断递减。

图 5 刻画了不同时期 liq1 对商品价格冲击的平均值，总体来看，危机前流动性的冲击作用较强，从 2007 年下半年危机爆发开始，流动性的作用显著减弱，尤其是危机之后的两个时间段，流动性的作用只有之前三分之二。具体而言，危机前，大量流动性通过金融市场进入实体经济，推动了大宗商品价格的上升；危机爆发时，流动性收缩，市场反应迅速，冲击效果加强；危机爆发后，市场疲软，投资者信心不足，再加上监管力度的加大，虽然政府向市场投放了一定的流动性，但并没有显著地提高大宗商品的价格，诸如美国第三轮、第四轮量化宽松政策的边际效果实际上是减弱的，投资者风险厌恶系数仍然较高，股市的影响力也被削弱。

表 5 展示了四个变量分时期对大宗商品价格冲击效果的均值。从表 5 可以看出，危机前，大宗商品价格对 BDI 也就是需求变化的反应更为灵敏，此时为需求因素占主导；危机之后，需求低迷，再加上投机监管力度加大，流动性的作用稍强于其他因素。

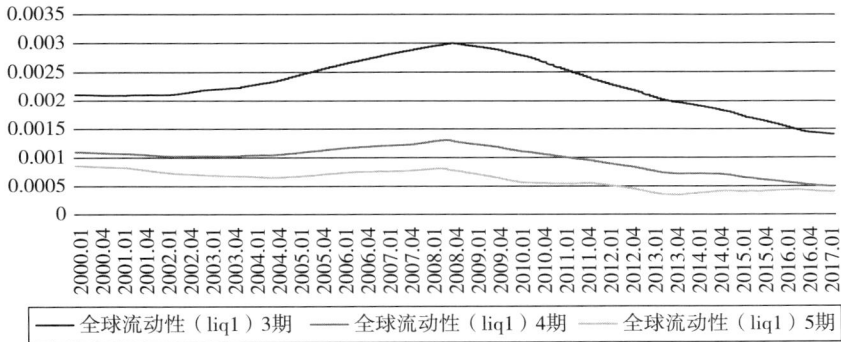

图 4　基于 liq1 的全球流动性等间隔冲击反应函数结果

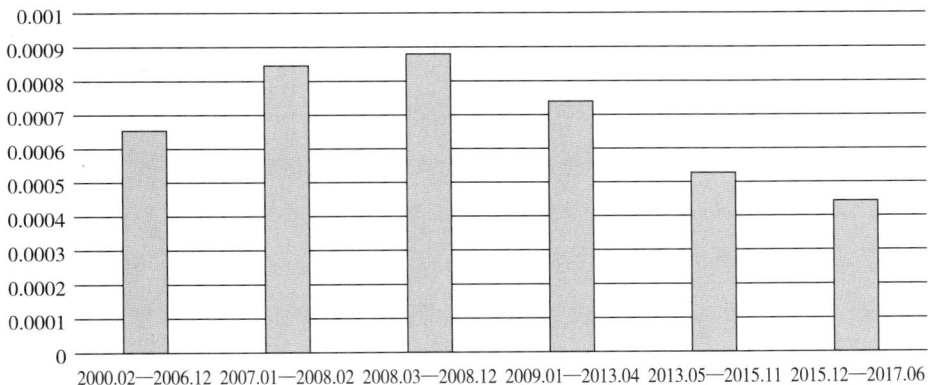

图 5　不同时期全球流动性对国际大宗商品价格冲击的平均值

表 5 各变量分时期冲击效果均值

变量	2000.02—2006.12	2007.01—2008.02	2008.03—2008.12	2009.01—2013.04	2013.05—2015.11	2015.12—2017.06
BDI	0.001400596	0.001397929	0.001358991	0.000378141	0.000235862	0.000294309
liq1	0.000654397	0.000845656	0.000879844	0.000739745	0.000527554	0.000443956
MSCI	0.000606769	0.00071206	0.000747959	0.000711377	0.000591789	0.000571959
reer	−0.000566834	−0.000578861	−0.000582293	−0.000568813	−0.000561521	−0.000568183

（三）2000—2017 年时变参数时点冲击反应函数结果分析

时点冲击反应函数测度的是解释变量在样本期内某一时点的一单位冲击在冲击发生后的未来一段时期对被解释变量产生的影响。本节分别选取发生在 2004 年 7 月、2008 年 1 月、2009 年 8 月和 2016 年 1 月的全球流动性冲击对国际大宗商品价格的影响进行分析，模型结果刻画在图 6 中。从图 6 可以看出，来自不同时点的 liq1 冲击效果差异较大，但总体在第 2 期达到最大，到第 8 期减至零，说明冲击传导较快，作用效果比较集中。具体而言，危机时流动性在初期的作用效果更大更明显一些，危机后的效果较危机前明显变弱。

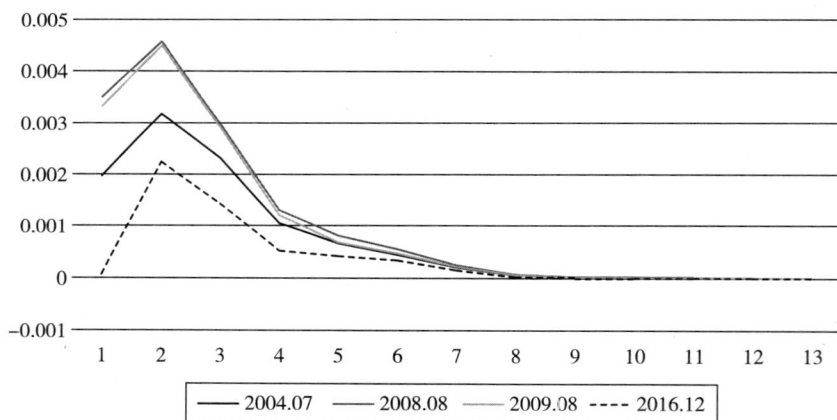

图 6　基于 liq1 的全球流动性时点冲击 13 期反应函数结果

具体来看，第 2 期冲击达到峰值时，冲击效果由小到大排序为：2016 年 1 月（0.002242）、2004 年 7 月（0.003181）、2009 年 8 月（0.00449）和 2008 年 8 月（0.004566）。从结果中可以看出，经济危机期间，liq1 的正向冲击效果更强，可见各国在经济危机期间采取的量化宽松政策，通过资产负债表扩张，在大宗商品价格短暂下跌后，带动了价格小幅回升。

五、稳健性检验：基于全球流动性价格指标与美国影子利率的分析

（一）基于价格型流动性指标的稳健性检验

为了检验模型结果稳健性，接下来本节将首先以价格指标 liq2 作为全球流动性变量，采用相同的方法建立 FAVAR 和 TVP-FAVAR 模型。图 7 描述了 2000—2014 年 CRB 指数与 liq2 的走势图，2001—2007 年全球经济过热导致 liq2 与国际大宗商品价格共同走高，二者在经济危机后呈现明显的负相关变动关系，且与 liq1 指标相比全球流动性的价格指标的波动幅度更大。

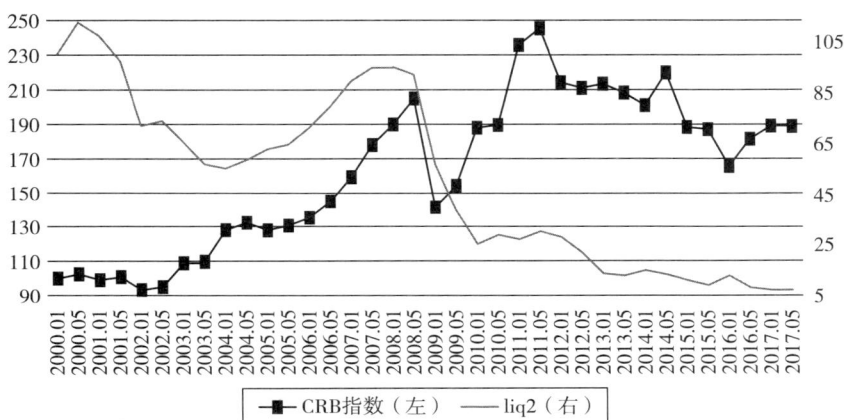

图 7　CRB 指数与全球流动性 liq2 走势

（1）基于全球流动性价格指标 liq2 的 FAVAR 模型结果分析

将除全球流动性外的各个解释变量按照与上文相同的方法进行处理，对于全球流动性价格指标 liq2，考虑到其经济学含义，对其进行一阶差分后代入模型。其方差分解和脉冲响应的结果如表 6 和图 8 所示。同样取方差分解趋于稳定的第 10 期结果进行分析，各变量对商品价格波动的作用力度由大到小依次为：全球股票价格（14.73%）、美元实际汇率（8.174%）、全球流动性（7.315%）和国际干散货海运指数（6.0038%）。各个解释变量对商品价格波动的影响均显著，且总体解释程度接近 35%。相较于数量型全球流动性指标 liq1，价格型全球流动性指标 liq2 对商品价格的总体影响力度较弱。

脉冲响应的结果与上文基本一致，作为价格型指标，liq2 的走高代表全球流动性状况恶化，因此会对商品价格产生向下的压力。同样，liq2 的冲击在第 2 期达到最大，至第 4 期衰减到较小，且冲击整体为负向。

时期	BDI	liq2	MSCI – world	reer	CRB
1	1.904016	0.713781	6.722758	8.878479	81.78097
2	2.394811	5.087932	14.73248	8.244239	69.54054
3	4.972892	7.002757	15.10690	7.970350	64.94710
4	5.979287	7.172270	14.79924	8.000941	64.04827
5	6.006874	7.242555	14.72775	8.124942	63.89788
6	6.000458	7.307617	14.70687	8.170790	63.81426
7	6.001702	7.315069	14.71044	8.176012	63.79678
8	6.002251	7.314596	14.72337	8.174979	63.78480
9	6.003299	7.315357	14.72606	8.174528	63.78076
10	6.003808	7.315336	14.72597	8.174448	63.78044

表6　　　　　　　　　商品价格波动方差分解结果（liq2）　　　　　单位：%

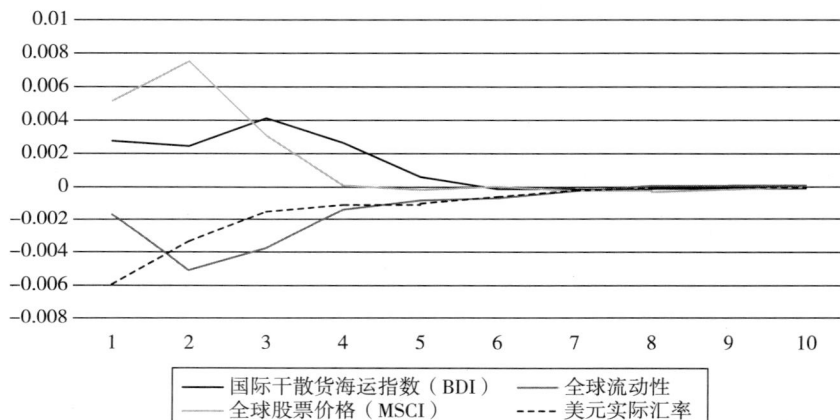

图8　2000—2014 年商品价格波动的脉冲响应结果（liq2）

（2）基于全球流动性价格指标 liq2 的 TVP-FAVAR 模型结果分析

图9 是 liq2 在 2000—2017 年对国际大宗商品市场的等间隔冲击函数结果，与数量型指标相比，价格指标计算的流动性对商品价格冲击的波动幅度稍大，并且为负。图10 描述不同时期 liq2 对商品价格冲击的平均值，结合等间隔冲击函数的结果，发现在整体经济态势良好的时候，如 2000 年到 2007 年初，流动性价格指标的冲击绝对值较小，在经济下行时，则呈现较大负向的影响，尤其是 2008 年国际金融危机期间，这一时期市场基准利率下调，大宗商品价格同时下降，原因是市场信心受创，风险利率上升。2013 年伯南克释放加息信号，至 2015 年美联储开始加息之后，流动性收紧，对大宗商品价格的负向冲击作用增强，价格随之小幅下跌。表7 描述了四个变量在不同时期影响效果的均值，从表7 中可以看出，2009 年之前，BDI 代表的

需求因素仍然是影响效果的均值最大的变量，2009 年开始，大宗商品价格经过短暂下跌之后，开始有小幅回升，此时对价格影响的均值最大的是 MSCI，即股票市场因素，因为危机后人们对股市的信心在慢慢增加，股市的影响力加强。

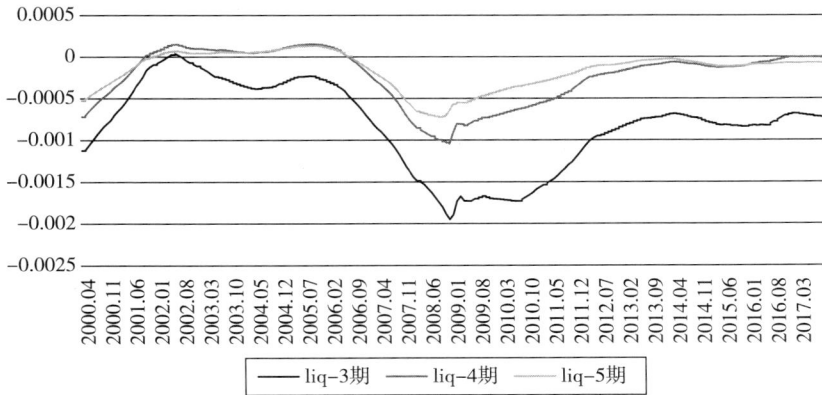

图 9　基于 liq2 的等间隔冲击反应函数结果

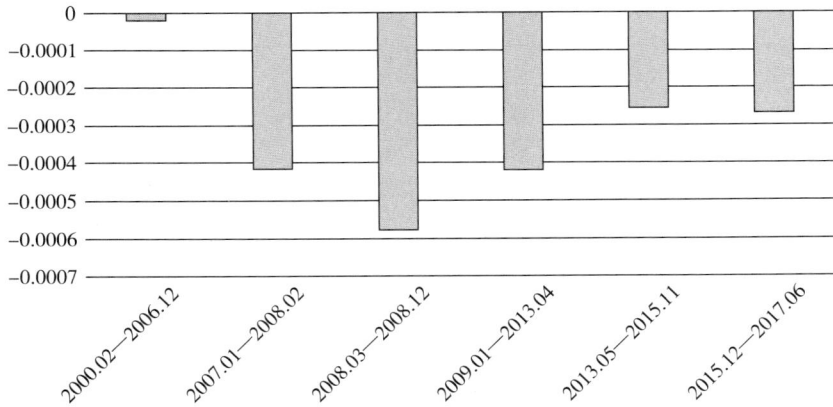

图 10　不同时期全球流动性对国际大宗商品价格冲击的平均值

表 7　　　　　　　　　　各变量分时期冲击效果均值

变量	2000. 02—2006. 12	2007. 01—2008. 02	2008. 03—2008. 12	2009. 01—2013. 04	2013. 05—2015. 11	2015. 12—2017. 06
BDI	0. 001427134	0. 00138971	0. 001272131	0. 000380896	0. 000286982	0. 00022216
liq2	0. 000169279	− 0. 000461716	− 0. 000607269	− 0. 000513548	− 0. 000292727	− 0. 000367173
MSCI	0. 000759747	0. 000705465	0. 000677771	0. 000801831	0. 000826481	0. 000887005
REER	− 0. 000954571	− 0. 000972577	− 0. 000977132	− 0. 000949211	− 0. 000934401	− 0. 000926934

图 11 刻画了 liq2 在 2004 年 7 月、2008 年 1 月、2009 年 8 月和 2016 年 12 月的冲击对国际大宗商品价格的影响。各时点冲击的均值与峰值均符合上文结论，价格型的流动性指标对商品价格的影响总体为负向，并且在第 2 期达到最低值，说明价格型指标的冲击传导速度更快。2004 年 6 月美联储宣布加息后，第 1 期的冲击值为正，说明在经济形势整体向好的情况下，这一货币政策存在时滞效应。此时大宗商品价格仍然主要受基本面即需求的影响，在需求作用下价格不降反升，因此出现了加息和价格上升并存现象。2008年、2009 年金融危机时，价格型指标流动性因素的负向冲击随着危机的蔓延而加剧，表现在 2009 年的时点冲击在达到峰值后下降得更慢，影响更持久。

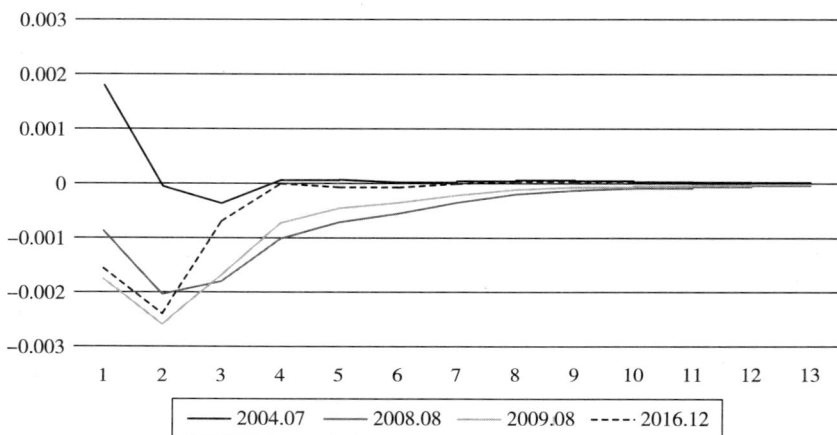

图 11　基于 **liq2** 的时点冲击反应函数结果

（二）基于美国影子利率的稳健性检验

美国影子利率最初由 Fischer Black（1995）提出，它不受市场利率最低为零的限制，能更好地衡量市场对货币政策作出的反应。下面的检验中，使用的是经济学家 Jin Wu 与 Fan Xia（2014）设计的影子联邦基金利率[2]（Wu-Xia Shadow Federal Funds Rate）模型得到的数据，这个模型实际上是 2008 年末美联储开始进入零利率区间后，名义利率在非负制约下可以反映"真实"利率水平的一个工具。该模型显示联储影子利率在美联储开启量化宽松模式后迅速进入负利率时代，并在第三轮量化宽松货币政策期间达到顶点，之后 2014 年夏季见底开始反弹，进入 2015 年后这个趋势加速上行并在 2015 年末，也就是美联储宣布加息后，从负利率状态恢复到零的水平。当联邦利率高于 0.25% 之后，这一影子利率的数据没有更新。因此在检验中，2000—2008 年的数据为有效联邦基金利率，2009—2015 年为 Wu-Xia 影子利率，只

　　2　Jin. Cynthia，Fan Dora Xia. Measuring the Macroeconomic Impact of Monetary Policy at the Zero Lower Boud［R］. NBER Working Paper No. 20117，May 2014.

作了 2000—2015 年的数据检验。

图 12 为使用影子利率代替流动性指标的 FAVAR 脉冲响应图，可以看出影子利率对大宗商品价格的作用在前两期为正，之后为负向作用。图 13 为 TVP-FAVAR 模型的脉冲结果，2004 年和 2008 年时点脉冲响应的结果显示，经过了长期的经济繁荣之后，在货币政策作出调整时，市场的反应存在时滞效应，利率上升对减少需求的作用传导较慢，价格并未出现明显的下降，基本面的支撑作用明显；危机之后，基本面迅速恶化，使这种时滞作用消失，降低了利率，稳定了市场，价格回升，与利率负向关系明显。总体而言，使用影子利率与价格型流动性指标的结果较为一致，这也证明了流动性指标的作用。这一现象也说明了货币政策的不对称性，也就是在好的经济状况下，加息进行得比较晚，而在经济形势恶化时，减息进行得更快。

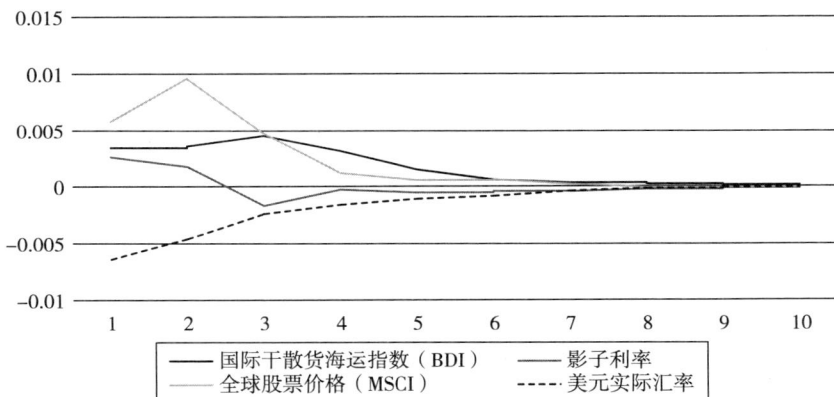

图 12　基于美国影子利率的 FAVAR 脉冲响应结果

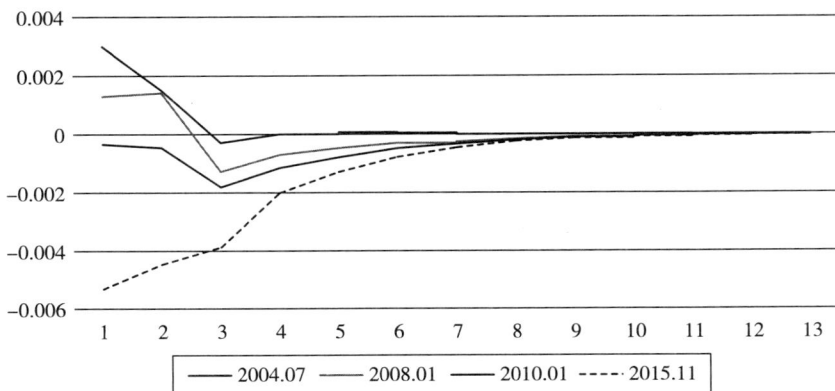

图 13　基于美国影子利率的 TVP-FAVAR 时点脉冲响应结果

六、主要结论

21 世纪初至今，国际大宗商品市场的发展进入了一个全新的阶段，新兴市场国家经济增速由快变缓、大宗商品相关金融工具兴起和国际流动性泛滥交织在一起，共同构成国际商品市场的外部环境。本节以全新的视角定义了全球性的数量指标和价格指标，通过建立 FAVAR 和 TVP-FAVAR 模型分析了 2000—2017 年全球流动性与国际大宗商品价格的关系，得出以下结论：

（1）根据 TVP-FAVAR 模型脉冲响应的均值结果，BDI 代表的需求因素在 2007 年金融危机前的作用比较突出，危机之后，股票市场的波动和价格型的流动性作用更明显。具体而言，在全球流动性对国际大宗商品价格的作用中以数量指标衡量的全球流动性 liq1 与商品价格正相关，以价格指标衡量的全球流动性 liq2 与商品价格负相关。

（2）从总体来看，以数量指标和价格指标衡量的全球流动性对商品市场冲击的传导速度一致，都在第 2 期达到最大，作用持续时间大概为 7 期。自 2004 年开始，数量型指标全球流动性对国际大宗商品价格的作用较强，于 2008 年前后达到顶峰，成为推动国际大宗商品价格上涨的重要因素，2011 年之后数量型指标流动性对商品价格的影响有所减弱，中央银行投放的流动性并没有有效推动商品价格上升。相比之下，商品价格对价格型指标流动性的敏感性在危机时更强，流动性的负向冲击作用更显著。

（3）选择 2004 年及 2016 年两次加息后的时点冲击及 2008 年、2009 年危机中的两个时点进行分析，发现流动性指标均对货币政策及市场环境的变化作出了反应，并体现在对大宗商品价格的冲击上。然而在数量型指标下，冲击的差异极小，在价格型指标下，负向效果随危机的蔓延加剧。

（4）就两种指标进行 FAVAR 模型方差分解的结果来看，能最大限度地解释商品价格方差的变量是 MSCI，即股票市场的情况。由此可以推论，近年来，大宗商品的金融化属性在不断增强，基本的供需影响的作用在减弱，更容易受到股市波动的影响，这表明大宗商品可能与大量金融资本投资于商品期货及期权相关，使大宗商品市场金融化，从而与股票市场的联动性日益增强。

参考文献

［1］ Agostino A，Surico P. Does Global Liquidity Help to Forecast U. S. Inflation？［J］. Journal of Money，Credit and Banking，2009，41：479 – 489.

［2］ Akram Q F. Commodity Prices，Interest Rates and the Dollar ［J］. Energy Economics，2009，31：835 – 851.

［3］ Antonakakis N，Kizys R. Dynamic Spillovers Between Commodity and Currency

Market ［J］. International Review of Financial Analysis，2015，1 – 17.

　　［4］ Anzuinie A，Lombardi M J，Pagano P. The Impact of Monetary Policy Shocks on Commodity Prices ［R］. European Central Bank，Working Paper No. 123，2010.

　　［5］ Askari H，Krichene N. Monetary Policy and World Commodity Markets：2000 – 2007 ［J］. PSL Quarterly Review，2010，63：143 – 175.

　　［6］ Baks K，Kramer C F. Global Liquidity and Asset Prices：Measurement，Implications and Spillovers ［R］. IMF Working Papers No. 99 – 168. Washington，D. C. ，1999.

　　［7］ Barsky R B，Kilian L. Do We Really Know that Oil Caused the Great Stagflation? ——A Monetary Alternative ［J］. NBER Macroeconomics Annual，2002，16：137 – 183.

　　［8］ Beckmann J，Belke A，Czudaj R. Does Global Liquidity Drive Commodity Prices ［J］. Journal of Banking & Finance，2017，48：224 – 234.

　　［9］ Belke A，Orth W，Setzer R. Liquidity and the Dynamic Pattern of Asset Price Adjustment：A Global View ［J］. Journal of Banking & Finance，2010，34：1933 – 1945.

　　［10］ Belke A，Bordon I G，Volz U. Effects of Global Liquidity on Commodity and Food Prices ［J］. World Development，2013，44：31 – 34.

　　［11］ Belke A，Bordon I G，Hendricks T W. Global Liquidity and Commodity Prices——A Cointegrated VAR Approach for OECD Countries ［J］. Taylor &Francis Journals，2010，20：227 – 242.

　　［12］ Bernanke B，Boivin J，Eliasz P. Measuring Monetary Policy：A Factor Augmented Vector Autoregressive（FAVAR）Approach ［J］. Quarterly Journal of Economics，2005，120：387 – 422.

　　［13］ Brana S，Prat S. The Effects of Global Excess Liquidity on Emerging Stock Market Returns：Evidence From a Panel Threshold Model ［J］. Economic Modelling，2016，52：26 – 34.

　　［14］ Branch W A. Imperfect Knowledge，Liquidity and Bubbles ［J］. Journal of Economic Dynamics & Control，2016，62：17 – 42.

　　［15］ Browne F，Cronin D. Commodity Prices，Money and Inflation ［J］. Journal of Economics and Business，2010，62：331 – 345.

　　［16］ Cerutti E M，Claessens S，Ratnovski L. Global Liquidity and Drivers of Cross-Border Bank Flows ［R］. IMF Working Paper No. 14/69，2014.

　　［17］ Chu K Y，Morrison T K. The 1981 – 82 Recession and Non-oil Primary Commodity Prices ［C］. Staff Papers. International Monetary Fund，1984，31：93 – 140.

［18］ Chiaie S D, Ferrara L, Giannone D. Common Factors of Commodity Prices ［R］. Banque de France Working Paper. No. 645, 2017.

［19］ Chieh-Hsuan W, Jen-Te H, Chien-Ping C. Do Short-term International Capital Inflows Drive China's Asset Markets? ［J］. The Quarterly Review of Economics and Finance, 2016, 60: 115 – 124.

［20］ Choi W G, Kang T, Kim G Y, Lee B. Global Liquidity Transmission to Emerging Market Economies, and Their Policy Responses ［R］. IMF Working Paper No. 17/222, 2017.

［21］ Cohen B H, Domanski D, Fender I, Shin H S. Global Liquidity: A Selective Review ［J］. Annual Review of Economics, 2017, 9: 587 – 612.

［22］ Darius R, Radde S. Can Global Liquidity Forecast Asset Prices? International Monetary Fund Working Paper No. 196, 2010.

［23］ Delatte A L, Lopez C. Commodity and Equity Markets: Some Stylized Facts From a Copula Approach ［J］. Journal of Banking & Finance, 2013, 37: 5346 – 5356.

［24］ Djigbenou-Kre M L, Park H. The Effects of Global Liquidity on Global Imbalances ［J］. International Review of Economics and Finance, 2016, 42: 1 – 12.

［25］ Eickmeier S, Lombardi M J. Monetary Policy and the Oil Futures Market ［R］. Deutsche Bundesbank Discussion Paper No. 35, 2012.

［26］ Frankel J A, Hardouvelis G A. Commodity Prices, Money Surprises and Fed Credibility ［J］. Journal of Money, Credit and Banking, 1985, 17: 425 – 438.

［27］ Frankel J A. The Effect of Monetary Policy on Real Commodity Prices ［R］. National Bureau of Economic Research, Working Paper No. 12713, 2008.

［28］ Giese J V, Tuxen C K. Global Liquidity and Asset Prices in a Cointegrated VAR ［J］. Nuffield College, University of Oxford, and Department of Economics, Copenhagen University, 2007: 1 – 28.

［29］ Gospodinov N, Jamali I. Monetary Policy Surprises, Positions of Traders, and Changes in Commodity Futures Prices ［R］. Federal Reserve Bank of Atlanta Working Paper No. 201312, 2013.

［30］ Gruber J W, Vigfusson R J. Interest Rates and Volatility and Correlation of Commodity Prices ［R］. Board of Governors of the Federal Reserve System, International Finance Discussion Paper No. 1065, 2012.

［31］ Gurkaynak R S, Sack B T, Swanson E P. Market-based Measures of Monetary

Policy Expectations [J]. Journal of Business & Economic Statistics, American Statistical Association, 2007, 25: 201 – 212.

[32] Hammoudeh S, Yuan Y. Metal Volatility in the Presence of Oil and Interest Rate Shocks [J]. Energy Economics, 2008, 30: 606 – 620.

[33] Hofmann B, Bogdanova B. Taylor Rules and Monetary Policy: a Global Great Deviation? [J]. BIS Quarterly Review, 2012.

[34] Hua P. On Primary Commodity Prices: The Impact of Macroeconomic or Monetary Shocks [J]. Journal of Policy Modeling, 1998, 20: 767 – 790.

[35] Kilian L. Not All Oil Price Shocks are Alike: Disentangling Demand and Supply Shocks in the Crude Oil Market [J]. American Economic Review, 2009, 99: 1053 – 1069.

[36] Korniyenko Y, Loukoianova E. The Impact of Unconventional Monetary Policy Measures by the Systemic Four on Global Liquidity and Monetary Conditions [R]. IMF Working Paper No. 15/287, 2015.

[37] Kozicki S, Santor E, Suchanek L. Large-Scale Asset Purchases: Impact on Commodity Prices and International Spillover Effects [R]. Banque de Canda, Working Paper No. 21, 2015.

[38] Landgraf S, Chowdhury A. Factoring Emerging Markets into the Relationship Between Global Liquidity and Commodities [R]. Working Paper 2011 – 07, 2011.

[39] Lunieski C. Commodity Price Volatility and Monetary Policy Uncertainty: A GARCH Estimation [J]. Political Economy, 2009, 19: 108 – 124.

[40] Libo Y, Liyan H. Co-movements in Commodity Prices: Global, Sectoral and Commodity-specific Factors [J]. Economic Letters, 2015, 126: 96 – 100.

[41] Reuven G, Sylvain L. Central Bank Announcements of Asset Purchases and the Impact on Global Financial and Commodity Markets [J]. Journal of International Money and Finance, 2012, 31: 2078 – 2101.

[42] Shostak F. How China's Monetary Policy Drives World Commodity Prices [N/OL]. Mises Daily-Von Mises Institute [2006 – 09 – 18]. http: //mises. org/daily/2134.

[43] Sousa J M, Zaghini A. Global Monetary Policy Shocks in the G5: A SVAR Approach [J]. Journal of International Financial Market, Institution and Money, 2007, 17: 403 – 418.

[44] Sun T. The Impact of Global Liquidity on Financial Landscapes and Risks in the ASEAN-5 Countries [R]. IMF Working Paper No. 15/211, 2015.

［45］Ya-Ting C，Yin-Feng G，Chih-Chiang H. Liquidity Commonality in Foreign Exchange Markets During the Global Financial Crisis and the Sovereign Debt Crisis：Effects of Macroeconomic and Quantitative Easing Announcements［J］. North American Journal of Economics and Finance，2017，142：172 – 192.

第二节　货币政策的不确定性对国际大宗商品价格的影响：基于 1996—2014 年日度数据的 GARCH 实证研究[1]

在过去十多年里，宏观经济变量的波动加剧了国际大宗商品价格的波动。从 2000 年 1 月到 2008 年 7 月，在全球经济增长强劲和流动性过剩的推动下，国际大宗商品市场出现了史无前例的长达 7 年的大宗商品牛市行情。2008 年国际金融危机后，市场严重缺乏流动性，恐慌情绪严重，引起了大宗商品价格的急剧下降。2009 年 3 月，为应对经济衰退和通缩压力，各国政府和中央银行纷纷实施救助政策和量化宽松货币政策，经济重新出现增长趋势，大宗商品价格大幅回升。此后，受欧元区经济疲软、新兴经济体增长乏力以及美国就业复苏缓慢的影响，大宗商品价格又开始出现下行趋势。

把握国际大宗商品的价格变化规律至关重要。从微观层面来看，价格变化将直接导致市场参与者的盈利或亏损；从宏观层面来看，大宗商品价格变化对一国宏观经济均衡和宏观经济政策制定均有举足轻重的作用。大宗商品价格变化是影响国际收支、汇率、国民收入、价格等宏观经济变量的关键因素（Cabrales，Castro and Joya，2011）。从过去十年来看，大宗商品价格呈现整体上涨态势，且价格的波动频度扩大，幅度增强，这种波动不仅通过贸易条件造成国民收入的潜在损益，而且对国内的物价水平和产出稳定也会造成一定风险。作为一个大宗商品进口大国，中国需要密切关注发达国家货币政策对大宗商品的影响，进而给中国物价水平和通货膨胀带来的影响。在此背景下，研究货币政策冲击对大宗商品价格及其波动性的影响就显得至关重要。本节的研究在理论上有助于我们更加准确地认识大宗商品价格的运行规律，在实务中有利于中国科学地制定大宗商品市场战略。

本节在 Frankel（2008）关于大宗商品价格对货币政策反应的超调模型理论基础之上，从货币政策视角，选取货币政策本身（I）和未预期到的货币政策冲击（REER）作为主要的自变量来研究其对大宗商品价格及其波动性的影响，旨在为政策制定者提供参考建议。本节有以下特点：（1）使用高频数据进行研究，包含了更多的信息量，使用 1996 年 9 月 23 日到 2014 年 12 月 31 日的日度数据进行实证研究；（2）建立四个方程进行对比研究，研究国际大宗商品期货价格（CRB）、黄金期货价格、铜期货价格和小麦期货价格受货币政策影响的异同；（3）以往文献使用 VAR 模

1　本部分作者为谭小芬、刘阳。

型和协整模型，更多的是检验货币政策和大宗商品价格之间是否存在长期的统计关系，以及对大宗商品价格的估计和未来预测方面，而较少对大宗商品价格波动性进行解释。本节引进 GARCH 模型评估货币政策冲击对大宗商品价格波动性的影响，分析了过去的冲击对现在的波动性的影响。

本节剩余部分结构安排如下：第一部分为文献综述；第二部分提出了货币政策影响大宗商品价格的理论模型和传导渠道；第三部分构造货币政策的不确定性指标；第四部分对货币政策影响大宗商品价格进行实证研究；第五部分进行稳健性检验；第六部分为结论建议。

一、文献综述

近十年来，国际大宗商品价格出现大幅波动，现有研究表明主要原因包括全球实体经济需求的变化、各国货币政策的冲击和各类金融投机性行为的推动因素。

（一）实际供需对大宗商品价格的影响

过去十年里大宗商品价格经历了巨幅波动，Frankel 和 Rose （2010）认为大宗商品价格波动的原因可以归结为三类：（1）全球需求的迅速扩张所带来的推动作用；（2）各类金融投机行为所产生的刺激作用；（3）各国灵活的货币政策所带来的冲击作用。尽管对于影响大宗商品价格波动的原因学术界仍然存有争议，近些年来的研究文献却均倾向于强调宏观经济因素在其中所起到的重要作用（Belke，Bordon and Hendricks，2010；Hamilton，2009；Kilian，2009）。

各类宏观经济因素诸如供给、需求、利率、汇率等在大宗商品价格决定过程中起到的作用各不相同。Killian （2009）认为在众多宏观经济因素中，全球总需求的膨胀是推动石油价格上涨的主要因素。Cevik 和 Sedik （2010）则进一步提出相较于供给因素，需求因素在大宗商品价格的决定过程中扮演更为重要的角色。不仅如此，其在研究过程中，尝试将总需求分解为发达国家需求和新兴经济体需求并表明新兴经济体需求是推动石油等大宗商品价格上涨的主要决定因素。尽管 Cevik 和 Sedik 的研究较为粗略地说明了新兴经济体在价格形成中的重要作用，但是没有对此进行进一步解释，而对发达国家需求和新兴经济体需求对大宗商品价格的影响也没有进行具体的说明。在此基础上，文献研究集中于需求因素对大宗商品价格产生的影响，并逐步深入剖析以亚洲为代表的新兴经济体在其中所起到的重要作用。从研究方法来看，文献研究主要采用了广义矩估计方法（GMM）、历史分解法（historical decomposition）、脉冲响应模型（IRF）、误差修正模型（ECM）、结构 VAR 模型（SVAR）、FVAR 模型等。

Cheung 和 Morin （2007）运用误差修正模型对亚洲新兴市场对大宗商品价格产

生的影响进行了分析。其从价格传导渠道着手进行探讨，并以中国为代表深入剖析了两种价格传导机制：（1）伴随着城市化的发展，工业化进程的快速推进，即国内需求渠道对大宗商品价格的影响；（2）制造业和出口加工工业的迅速发展，即出口渠道对大宗商品价格的影响。其研究以石油和基础金属为代表，通过建立包含收入、滞后价格、利率和其他外生变量在内的大宗商品价格模型，证实了自1997年末开始，大宗商品价格受到亚洲新兴经济体的冲击愈加强烈。

Kilian 和 Hicks（2009）运用预测修正模型进一步证明从2003年中期至2008年中期石油市场的巨幅震荡很大程度上是全球需求过度膨胀所致，从而反映出这一时期亚洲新兴经济体的快速发展。其在研究过程中建立实际GDP增长的预测模型，并对模型进行相应的估测，研究证实受到经济增长的冲击后，石油价格将出现巨大波动，这一波动趋势将在冲击后的12到16个月内逐步明朗，并促使新一轮价格高峰的出现。其研究对象主要集中于"金砖四国"和OECD成员国家，通过运用历史分解法和脉冲响应函数方法深入剖析来自不同国家的经济冲击对石油价格产生的不同影响，并进一步指出中国、俄罗斯和日本在2003年中期至2008年中期石油价格的巨幅波动中扮演了重要角色，从而为石油市场的震荡提供了理论依据。在 Kilian 和 Hicks 研究的基础上，Arbatli 和 Vasishtha（2012）通过建立预测修正模型，指出亚洲国家对工业原材料的巨大需求对2002—2008年的大宗商品价格产生了不可忽视的影响。相比 Kilian 和 Hicks 的研究，其对预测数据的选取更具说服力和普遍性。该研究舍弃了单一的大宗商品，以一系列的大宗商品为研究对象，进一步说明了美国和以中国及印度为代表的亚洲国家在大宗商品价格的变化过程中起到了重要的作用。除需求因素外，该研究也剖析了利率和美元汇率对大宗商品价格的影响。在丰富以往研究成果的基础上，该研究依然存在亟待完善之处：第一，其研究所采用的预测修正模型的建立并不能保证其足够的长期性和持久性；第二，该研究主要集中于对需求因素的深入剖析，而对诸如利率、汇率和供给等其他宏观因素的剖析还不够深入和全面。

Knut、Hilde 和 Thorsrud（2012）运用 FVAR 模型来研究发达国家和新兴经济体在石油价格形成中所起到的不同作用，研究发现发达国家和新兴经济体的需求冲击可以在50%到60%的程度上解释石油价格的波动，因而很大程度上影响了实际石油价格的形成。近十年来，新兴经济体尤其是亚洲国家经济迅速发展，在石油价格形成和石油生产中的决定作用远远超过发达国家，其对石油价格波动的解释力为发达国家的两倍。同时，根据该研究成果，不同的地区对于石油市场的冲击也会作出不同的反应，这主要表现在相较于欧洲和北美国家，亚洲和南美国家的表现更为积极，这种现象不仅反映出不同地区能源密度的不同，同时也反映出各个国家经济结构如对外开放程度和外来投资比例的差异。该研究借鉴了 Kilian（2009）在研究中所采用的结构 VAR 模型，并首次运用结构模型明确地提出新兴市场国家的经济增长在石油价格的决定过程中产生的影响，数据覆盖 33 个国家和地区，综合而又详尽地对新兴经济体的经济增长和石油价格变动之间的关系作出了解释。韩立岩和尹力博（2012）使用 FAVAR 模型，引入包括实体经济指标、金融市场信号、大宗商品期货市场供需与库存因素以及投机因素在内的 532 个经济指标，结果发现，在长期内实体经济因素是大宗商品价格上涨的主要动力，中国因素的作用是间接和非主要的。

（二）投机因素对国际大宗商品价格的影响

近十年来，国际大宗商品价格出现大幅波动。然而，仅仅从供需市场分析，难以解释为何近十年来在没有出现重大供给冲击的情况下，国际大宗商品价格的波动幅度和涉及的商品范围都超过以往的大宗商品价格变化程度。可能的一个原因是大宗商品市场的金融化，对大宗商品的定价机制和市场运行产生了直接影响。2003—2011 年，投资者对大宗商品相关金融工具的投资需求急剧增加，大宗商品相关资产价值从 130 亿美元上涨到 4500 亿美元，远远超出了实际消费需求（Nishimura，2011）。Masters（2008）认为，在大宗商品市场蓬勃发展的 2006—2008 年，不断增长的指数基金投资是推动大宗商品价格上涨的主要原因。Kaufmann 和 Ullman（2009）对石油期货和现货价格进行分析，发现投机性因素放大了基本面触发的价格上涨。Singleton（2011）实证分析表明，即使在控制了其他解释变量的影响之后，金融投资者的交易头寸对期货价格的影响仍是统计显著的。Baldi、Peri 和 Vandone（2011）考察玉米和大豆的现货和期货价格，发现需求增长和金融投机都是造成大宗商品价格波动的原因，而且期货市场的广度和深度在大宗商品价格发现中起着重要作用。然而同样有大量的观点反对上述的结论。如 Hamilton（2009），认为投机并不是大宗商品价格上涨的决定因素，他们强调了基本面的重要性。Kilian 和 Murphy（2012）的论文在该研究领域中具有重要价值。在 Kilian（2009）明确的三种冲击的基础上，Kilian 和 Murphy（2012）通过构建包含全球原油产量、全球实体经济、原油实际价格以及地上原油库存量四个变量在内的，根据经济理论和前人研究施加符号和弹性约束的结构 VAR 模型，运用脉冲响应和历史分解等实证检验的方法，分别测度了原油供给冲击、需求冲击、投机性需求冲击在不同历史时期对于全球原油价格的影响程度。由于该模型在构建过程中并未依赖现货和期货市场间套利条件的成立，研究结论广泛地适用于对于 1973 年开始的各次油价变化的解释与分析。该文主要得出两个结论：虽然投机因素对之前多次全球油价的波动具有重要影响，但

2003—2008 年油价的上扬是由实体经济面的因素引起的；考虑到油价的内生性，短期油价的需求弹性往往高于传统理论预期的。

Juvenal 和 Petrella（2012）的论文对于推动该领域研究的发展同样有着举足轻重的作用。格兰杰因果关系的样本外检验说明原始的 VAR 模型并未包含足够的信息，作者遂采用包含两组（共四个）从海量变量中提取出的主成分因子与三个描述原油市场动态变化的变量在内的，根据经济意义施加了符号约束的因子扩张 VAR 模型（FAVAR），通过脉冲响应、方差分解、历史分解等实证检验的方法，得出了以下两个主要结论：投机因素，虽然不及供需因素显著，但确实对油价在 2004—2008 年的波动有着很强的解释能力；不同商品之间价格变化的相关性与供需冲击联系得最密切。之后只采用 1986 年后的部分样本的稳健性检验进一步证实了以上结论。该论文之所以有重要意义，主要在于两点。其一，作者注意到了传统 VAR 模型包含的信息有限甚至不足的缺陷，采用包含更多变量的因子扩张 VAR 模型（FAVAR），以取得更完备的结论。其二，作者创新性地将原油供给者的投机性行为从 Kilian 提出的原油投机性需求冲击中独立出来单独研究，细化了结论。Morana（2012）同样采取了因子扩张 VAR 模型（FAVAR），为 Juvenal 和 Petrella（2012）的研究结论提供了有力支持。合理假设下，Morana 的模型包括分别描述全球和各国宏观经济、金融活动和原油市场的两组方程，前者提取出 12 个主成分因子。根据乔利斯基正交法和经济理论确定以上三类冲击的先后顺序，再采用脉冲响应、方差分解和历史分解等方法考察三类冲击对原油价格的影响，并观察到投机因素对油价的影响显著高于传统研究观测到的。另外，Manera、Nicolini 和 Vignati（2013）采用广义自回归条件异方差模型（GARCH 模型），通过分析包括非贸易交易者所占的市场份额、代表长期投机的投机者持有的净长头寸比例以及反映短期投机在内的四种指标，发现投机因素自 21 世纪初对油价波动确实有着显著影响，尤其是期货市场上的短期投机行为。同时，Bicchetti 和 Maystre（2012）对高频和超高频交易数据的研究同样证实了这一观点。

（三）货币政策对大宗商品价格的影响

到目前为止，研究货币政策对大宗商品价格的影响的文献按照货币政策的表现形式大致可以分成三个支流，一是研究利率和货币存量对大宗商品价格的影响；二是研究未预期到的货币政策对大宗商品价格的影响；三是在全球层面研究货币政策的影响。

其中最常见的是研究利率和货币存量对大宗商品价格的影响。Frankel（2008）根据多恩布什的汇率"超调模型"提出了实际利率影响大宗商品价格的"超调模型"，并基于 1950—2008 年的数据，发现实际利率与大宗商品价格之间存在负相关关系，利率下降1%会推动大宗商品价格上升4%~6%。超调的原因在于，大宗商品的供给弹性较低，在流动性冲击下短期内出现价格迅速上涨，超过其长期均衡水平。实际利率上升主要通过三种机制来影响大宗商品价格：一是"供给渠道"，当实际利率上升时，大宗商品生产商会增加产量，从而增加供给；二是"存货渠道"，持有大宗商品的企业由于较高的机会成本，会降低库存量，减少需求；三是"金融渠道"，投机者会倾向于做空商品期货合约，做多国库券。Akram（2008）运用SVAR模型和对1990年第一季度到2007年第四季度的数据进行研究，发现短期的美国利率和美元汇率的冲击会负向影响国际大宗商品价格，并能够较大程度解释大宗商品价格的变化；而且，当实际利率变化时，石油和金属价格会有超调表现，但食品和工业产品的价格变化则会滞后。Cabrales、Castro和Joya（2011）运用SVAR分析了从1980年第一季度到2010年第三季度的四种大宗商品价格（石油、煤、金和镍）、联邦基金利率、美国M2、美国实际有效汇率和几个主要经济体的GDP的季度数据，认为货币政策可以较大程度地解释四种大宗商品价格的波动，并且联邦基金利率负向影响大宗商品价格并使之超调。此外，还发现单个大宗商品价格的变化要大于价格指数的变化。此外，Gruber和Vigfusson（2012）运用面板GARCH模型分析了从1985年到2012年中期的月度数据，发现利率下降会使大宗商品价格的波动性降低，并增加大宗商品价格变化的协同性。Glick和Leduc（2011）采用事件研究法分析了美国第一轮量化宽松货币政策和第二轮量化宽松货币政策中的货币政策声明对国际大宗商品价格的影响，发现尽管长期利率下降，美元贬值，但是大宗商品价格平均来说在发布货币政策声明后反而下降，而且在第一轮量化宽松货币政策期间，大宗商品价格和长期利率的正相关关系更显著，作者认为原因可能是货币政策声明增加了市场不确定性或者是降低了经济增长预期。

尽管以上文献认为利率和货币存量对大宗商品的价格具有显著影响，但是也有文献认为实际利率对大宗商品价格的影响较小，甚至无影响。Tomson和Summers（2012）复制了Frankel（2008）的实证分析，发现实际利率对大宗商品的实际价格的影响在1985年有结构裂变。此外，还发现CRB指数中的26种大宗商品实际价格与实际利率的关系在1950—2005年都有显著的结构裂变，相关系数由负变正，而且大多发生在20世纪80年代初期。作者认为实际利率只能解释大宗商品价格变动的很小一部分，而更重要的因素是需求、风险厌恶水平、指数投资等。Anzuini、Lombardi和Pagano（2010）用SVAR模型分析了从1970年1月到2009年9月月度的美国数据，包括联邦基金利率、美国M2、CPI、工业产值指数和大宗商品价格指数，发现扩张性的美国货币政策既提高了大宗商品价格指数又提高了各种大宗商品的价格。尽管这种影响显著，但影响程度却不大。他们也发现了利率影响大宗商品价格三个渠道，不过，货币因素对大宗商品价格的影响非常小，它主要是通过促进经济增长和提高通货膨胀率等间接渠道来推升大宗商品价格。

Frankel 和 Rose（2010）运用 Frankel（2008）"超调模型"的扩展形式，分析了从20世纪60年代初到2008年影响12种农产品和矿产品价格的宏、微观因素的年度数据。其中，宏观数据包括世界实际 GDP 增长率和实际利率；微观因素包括库存量、远期即期差价以及风险因素。实证结果发现尽管宏观因素对大宗商品价格有影响，但微观因素，如风险因素、库存量和远期即期差价是影响大宗商品价格的最持久并且最有力的因素。Saghaian、Reed 和 Marchant（2002）运用 VECM模型进行研究发现，农产品价格在受到货币供给冲击后，短期内存在超调现象。然而因为价格和货币供给不同步的原因，长期内货币冲击对大宗商品价格的影响并不是中性的。

第二支流的文献认为未预期到的货币政策对大宗商品的价格影响显著。Kuttner（2001）用联邦基金利率期货数据把货币政策分解为预期到的货币政策和未预期到的货币政策，发现市场利率对未预期到的货币政策的反应较大，对预期到的部分反应较小。Gospodinov 和 Jamali（2012）基于1990年1月到2009年1月的月度数据，将大宗商品价格变化和预期到的货币政策冲击和未预期的冲击以及便利性收益（convenience yield）进行回归，发现未预期的货币政策冲击无论是对某一种大宗商品价格还是对总体价格指数都有显著的影响；而且，原油和燃料油对冲击的反应具有非对称性。另外，作者还指出货币政策冲击的传导不是通过库存量的调整，而是通过投机者净长头寸的调整。Rosa（2013）把未预期到的货币政策分成三种：一是中央银行公布的联邦基金利率目标和市场预期的差距；二是对未来货币政策计划的修正；三是未预期到的资产购买声明。其分析了能源期货日内高频数据，发现未预期到的货币政策对油类价格有负向影响，而且与货币政策相关的新闻的公布会显著地提高大宗商品价格的波动性和交易量长达40分钟。同时，未预期到的宏观经济数据变化对油类价格有显著的影响。Scrimgeour（2010）分析了高频数据，发现未预期到的利率每上升10个基点，大宗商品价格就会立即下降0.5%，而且金属价格的变化要大于农业产品价格的变化。Lunieski（2009）采用联邦基金利率期货数据分析了未预期到的货币政策对大宗商品价格的影响，发现未预期到的货币政策增大了黄金期货价格的波动性并且货币政策的不确定性的降低会使大宗商品价格上升。Glick 和 Leduc（2011）用路透社的期望调查来衡量未预期到的货币政策，并用事件研究法进行研究，发现在控制预期的情况下，大规模资产购买计划（LSAP）的声明会降低大宗商品价格，尤其是能源价格。

第三支流的文献认为仅仅用某一个经济体的指标来研究货币政策对大宗商品价格的影响是不全面的，认为需要考虑全球层面的指标来研究货币政策对大宗商品价格的影响。Belke、Bordon 和 Hendricks（2009）基于主要 OECD 国家 1970 年第一季度到 2008 年第二季度的数据，包括实际 GDP、CPI、货币总量和大宗商品价格指数，发现全球流动性是大宗商品价格的有用的预测指标，因而可以用来预测未来的通货膨胀水平。此外，发现大宗商品和消费品的价格弹性不同导致了大宗商品价格超调于消费品。Belke、Bordon 和 Volz（2012）用协整 VAR 模型分析了 1980—2011 年的数据，发现全球流动性与大宗商品的价格和食品价格的变化存在长期的正相关关系。从长期来看，大宗商品价格和食品价格会根据全球流动性的变化而调整。Landgraf（2011）分析了 1995—2010 年的主要 OECD 国家和"金砖国家"的季度数据，包括 GDP、CPI、超额货币量、利率和大宗商品价格，发现经济总需求对大宗商品的价格有较大影响，而货币因素的影响不显著，但是当加入"金砖国家"的数据时，货币因素的影响增强。

以上文献还存在以下几个有待改进之处：（1）样本数据大多截止到 2012 年或之前，而近年来发生的各种政治、经济事件会对大宗商品市场产生新的影响；（2）关于"未预料到的货币政策冲击是如何影响国际大宗商品价格及其波动性"这一方面的文献较少，在完全市场假说中，预期到的利率变化会迅速地反映在金融产品的价格之中，因此对于已经预期到的联邦基金利率的变化，对大宗商品市场的影响不应该太大，而未预期到的货币政策冲击对于大宗商品的价格应该有着较为显著的影响；（3）利用 VAR、SVAR 及 VEC 模型对于分析大宗商品价格和货币政策变量之间的长期趋势和预测大宗商品价格变化起到了作用，但是对于不满足方差齐次性的金融时间序列大宗商品价格来说，上述模型不能解释大宗商品价格的波动性，即不能解释其方差的集簇现象。

基于上述三点不足，本节使用 1996 年 9 月 23 日到 2014 年 12 月 31 日的日度数据进行实证研究，建立四个方程对比研究国际大宗商品期货价格（CRB）、黄金期货价格、铜期货价格和小麦期货价格受货币政策冲击尤其是未预期到的货币政策冲击影响的异同，并引进 GARCH 模型评估货币政策冲击对大宗商品价格波动性的影响，分析过去的冲击对现在的大宗商品价格波动性的影响。

二、货币政策影响大宗商品价格的理论模型和传导渠道

进行大宗商品买卖交易的场所被称为大宗商品市场，即商品交易所，著名的有

芝加哥商品交易所和纽约商品交易所等。大宗商品是那些能进入流通但不是最后的零售环节，兼具商品属性和金融属性并可用于农业、工业生产和消费的大批量进行交易的商品。大宗商品有各个子类，如大宗农产品、能源大宗商品、贵金属和原材料等。

大宗商品交易包括现货交易和期货（期权）交易，期货交易比现货交易更具便利性，能够更好地发挥规避风险和价格发现的功能，期货价格能够影响现货价格。影响期货价格的因素非常复杂，因为大宗商品大多是工业、农业的原材料，处于产业链上游，其价格变化最基本的影响因素是宏观经济和下游需求的变化；由于大宗商品期货交易如原油期货和贵金属期货交易等具备较强的金融属性，货币政策对其价格影响较大。

（一）国际大宗商品价格影响因素分析

商品的价格主要是由商品的供需决定，大宗商品作为一种商品，当然也不例外。然而，大宗商品又有其特殊性。大宗商品的金融属性较强，其价格主要由期货市场主导，期货市场对货币政策的反应较为敏感。此外，大宗商品作为一种战略资源，往往会受到地缘政治、经济危机、战争和外交的影响。下面主要从供需关系、货币政策、政治波动以及经济危机事件、投机行为和相关大宗商品价格波动等因素来分析其对大宗商品价格的影响。

第一，大宗商品的价格主要是由供需关系决定。经济学最基本的原理供求理论认为，市场供求关系决定商品的价格。在市场供求关系相互作用的影响下，商品价格围绕商品价值上下波动。在其他条件不变的情况下，市场供给增加，价格下降，反之则会上升；市场需求增加，价格上升，反之则会下降。当市场供给和需求平衡时，就形成了商品的市场价格。虽然在现实环境中，影响价格的因素在表现形式上会各有不同，但供求关系基本决定了其价格。供给量＝生产量＋进口总量＋库存量，需求总量＝消费总量＋出口总量；当供给量大于需求量时，价格下跌；当供给量小于需求量时，价格上涨；当供给量与需求量相等时，价格不变。其中影响大宗商品供给的因素最重要的是大宗商品的产量以及库存量。库存量变动是体现供需关系的一个非常重要的指标。

大宗商品需求量的影响因素有多种，其中最重要的是全球的经济运行情况。经济增长强劲，则对大宗商品的需求就会上升。大宗商品的消费量和经济增长率在长期具有同步上升的趋势。例如，工业金属、石油作为现代经济社会的重要原材料之一，其需求量与经济状况有着密切的联系。经济增长强劲时，对工业金属、石油需求增加从而使其价格上升，经济萎靡时，需求下降从而促使其价格下跌。经济增长率和工业生产增加值是分析宏观经济形势时非常有用的两个指标。

第二，货币政策也是影响大宗商品价格的重要因素。货币政策主要表现形式包括利率、货币供应量、汇率等。利率影响大宗商品的储存成本从而影响其供需；汇率主要通过"一价定律"影响大宗商品价格。大宗商品以美元计价，由于大宗商品的实物价值不变，美元升值时，一单位美元代表的大宗商品实物价值增加，用美元衡量的大宗商品价格就会下降，反之，美元贬值大宗商品价格就会上升。现在主要的国际货币都实行浮动汇率制度，国际货币汇率的浮动会对大宗商品的价格产生重大的影响；全球量化宽松政策导致的货币供应量的增加通过两个途径来影响大宗商品价格。一方面是通过影响汇率市场的波动幅度来影响大宗商品市场。另一方面，货币供应量增加，通货膨胀预期增加，投资者为了保值增值而增加对大宗商品的交易，使大宗商品价格出现大幅波动，同时，货币供应量的增加为投机者提供了充足的资金，也促进了大宗商品价格的上升。

第三，政治经济危机和战争也会对大宗商品的价格产生重大影响。以黄金为例，如果爆发危机，人们出于避险目的，就会大量囤积黄金，使黄金价格大幅上升。石油也一样，近年来，争夺石油资源和控制石油市场，成为油价大幅度上升的重要原因。

第四，投机因素是影响大宗商品价格的不可忽视的因素之一，以大宗商品为标的的基金的发展是影响大宗商品价格的一个重要因素。举例来说，从纽约商品交易所的工业金属价格与非商业性头寸变化来看，工业金属价格的波动与基金的头寸之间有着较强的关联度；而且基金投资往往由比较专业的人士操作，其对宏观经济形势的分析也更为全面和准确，因此了解商品基金的动向也是获悉大宗商品行情的重要途径。

第五，相关大宗商品价格波动也会影响大宗商品价格。有研究表明，原油市场的波动很容易传导到其他大宗商品市场中去。比如，作为重要的工业原材料，原油和工业金属的需求是影响全球经济形势的最根本因素。因此从长期来看，原油价格和工业金属价格与经济发展的程度有着较强的正相关性。正因为如此，工业金属价格与原油价格出现了一定程度上的正相关性。

本节重点关注货币政策对大宗商品价格的影响，那么货币政策是如何影响大宗商品价格的呢？

货币政策要想影响大宗商品的价格，首先影响其供求变化。货币政策通过影响对经济增长和通货膨胀预期这一间接渠道来影响大宗商品的需求，而通过库存渠道、供给渠道和金融渠道三个直接渠道来影响大宗商品的供给。首先是间接渠道，宽松的货币政策必然伴随着利率的下降和货币供应量的上升，这会刺激经济增长和通货膨胀预期，从而增加对大宗商品的需求，推高大宗商品价格。此外是直接渠道，利率的降低通过库存渠道、供给渠道和金融渠道等影响大宗商品供给，从而影响其价格。其一，较低的利率降低了大宗商品的储藏成本，生产商从而减少当期生产，待价格上升时再生产，从而产量降低，价格上升；其二，较低的利率水平同时也降低了持有"地下"存货的成本，从而使大宗商品的生产者有动机减少当期开采量，库存增加，从而供给相应减少。例如，石油生产商不会将地底下的石油提早卖出去，因为换来的钱利息很低，而是等待利率上升时再开采，从而减少石油供给，石油价格上升；其三，利率下降，投资者做空国库券，做多大宗商品期货。期货价格上升会通过套利机制对现货价格也会产生一定的影响。反之，一个正向的利率冲击会增加大宗商品的产量、降低商品库存，并且投机的头寸也会明显下降。

（二）货币政策影响大宗商品价格的理论模型

Frankel（1986）根据大宗商品价格的预期收益率、无套利均衡及大宗商品现货期货平价关系提出了实际利率与大宗商品实际价格呈负相关关系的"大宗商品价格超调模型"。下面详细说明 Frankel（1986）的"大宗商品超调模型"。

1. 预期方程

$$E(\Delta RS) = E(\Delta(S - P)) = -a(RS - \overline{RS}) \tag{1}$$

式中的 RS 表示大宗商品实际价格，$\overline{RS}$ 表示大宗商品实际价格的长期均衡水平，S 表示大宗商品名义现货价格，P 表示消费者价格指数，$a > 0$。预期方程表示的是大宗商品实际价格的均值回归，即当实际价格高于均衡价格时，预期收益率为负；当实际价格低于均衡价格时，预期收益率为正。而且，预期收益率的绝对值与实际价格的偏离程度成正比。大宗商品实际价格相对于均衡价格越高，其预期下降的程度就越大，反之则相反。

2. 无套利均衡方程

$$E(\Delta S) + C = I \tag{2-a}$$

$$C = CY - SC - \varepsilon \tag{2-b}$$

（2）式中的 I 表示名义无风险利率，C 表示大宗商品的净持有收益率（不包括资本利得）。CY 表示持有大宗商品的便利收益率（比如心理满足感等），SC 表示持有大宗商品的库存成本率，ε 表示风险溢价。无套利均衡方程表示的是持有大宗商品的获益与将大宗商品变现获得利息收入之间的无套利均衡。当大宗商品的净持有收益率高于名义利率时，投资者会做空国债、做多大宗商品，从而使利率上升、大宗商品净持有收益率下降；而当大宗商品的净持有收益率低于名义利率时，投资者则会做多国债、做空大宗商品，从而使利率下降、大宗商品净持有收益率上升。

3. 总方程

由方程（1）和方程（2）可得，

$$RS = \overline{RS} - \frac{1}{a}(I - E(\Delta P) + SC + \varepsilon - CY) \qquad (3)$$

令 $i = I - E(\Delta P)$ 得，

$$RS = \overline{RS} - \frac{1}{a}(i + SC + \varepsilon - CY) \qquad (4)$$

方程（4）表明大宗商品实际价格 RS 与实际利率 i、库存成本率 SC 和风险溢价 ε 负相关，与便利收益 CY 正相关。前三者是持有大宗商品的机会成本，本节分别选取代表变量：美国联邦基金利率（I）（代表货币政策），未预期到的货币政策冲击（REER）。未预期到的货币政策冲击会影响到风险溢价水平，以及库存成本从而影响到大宗商品的价格。

（三）货币政策影响国际大宗商品价格的直接渠道

货币政策通过供给渠道、存货渠道以及金融渠道直接影响大宗商品的供给，从而影响大宗商品的价格。

1. 供给渠道

"供给渠道"，指当实际利率上升时，大宗商品生产商会增加产量，从而增加供给，如石油生产者希望尽快将地下的石油开采出来卖掉，换来的资金的利息会增加，而石油在地下是没有资金收益的。这种机制都会使实际利率负向影响大宗商品价格。因此，理论上利率和大宗商品的供给应该是正相关关系，利率上升，供给增加，从而大宗商品价格会下降，表明利率负向影响大宗商品价格，反之则相反。如图 1 所示，除了 2008 年国际金融危机期间，利率和供给之间的正相关关系不明显外，经济平稳期间利率大体上与石油供给还是正相关的，如 1996—2004 年，石油供给和石油价格之间也是明显的负相关关系。如图 1 所示，2008 年国际金融危机后，石油供给和大宗商品价格脱离了理论的负相关关系，可能的原因是危机后，主导大宗商品价格的因素变为需求和流动性因素，在供给上升的同时，量化宽松政策的实施使投机性资金大增，从而使大宗商品价格不降反升。在金融危机阶段，避险投资需求和投机需求的作用会大于供给因素的作用。

2. 存货渠道

"存货渠道"，指当实际利率上升时，大宗商品的生产商由于较高的机会成本，会降低库存量，将原有的库存卖出，也相当于增加了供给。企业对大宗商品的库存

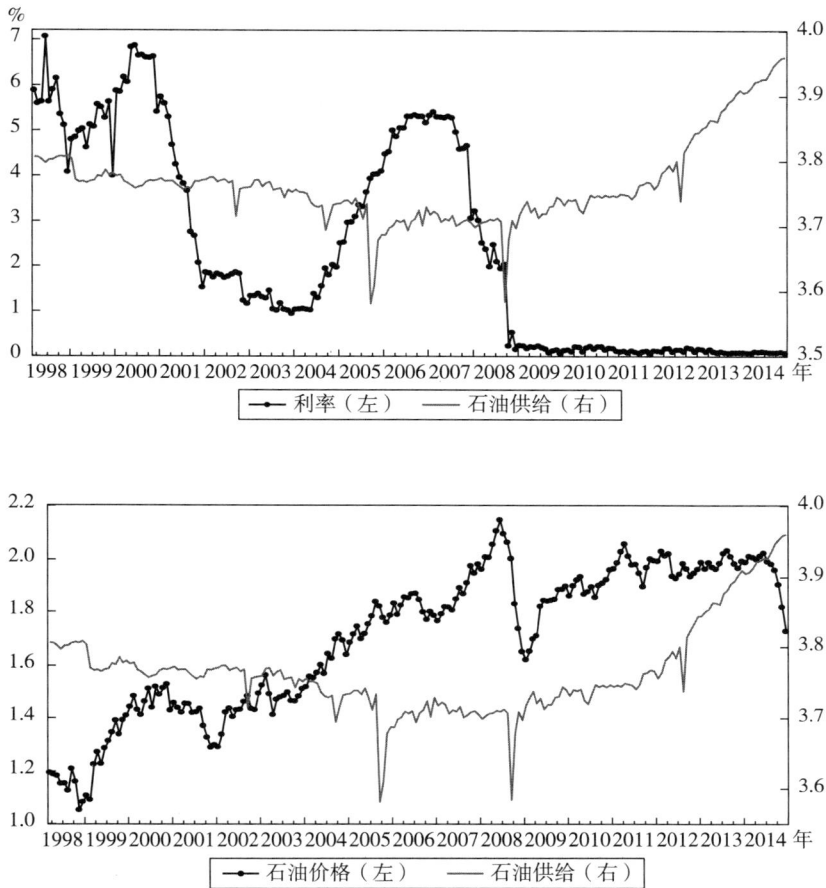

图1　利率和石油供给、石油供给和石油价格趋势图

资料来源：彭博数据库（Bloomberg）。

需求会降低，减少需求。这种机制都会使实际利率负向影响大宗商品价格。因此，利率和大宗商品的库存应该是负相关关系，利率上升，生产商库存降低，从而供给增加，促使大宗商品价格会下降，反之则相反；而大宗商品库存和大宗商品供给负相关，供给和价格负相关，因此库存和价格正相关。如图2所示，除了2004—2006年，利率和库存同时增加外，利率大趋势上与石油库存还是负相关。在2004—2006年，利率和石油库存同时增加，可能是因为经济过热，经济增长强劲，大宗商品需求增加，生产商们为了稳定以后的生产从而增加了库存，所以出现了利率上升而库存增加的局面。石油库存和石油价格在大多数时间是正相关的。然而2008年危机期间，石油库存和大宗商品价格脱离了理论的正相关关系，可能的原因是危机中以及危机后，主导大宗商品价格的主要因素变为需求和流动性因素，在库存上升的同时，经济萎缩需求降低，从而使大宗商品需求下降，价格不升反降。在经济危机阶段，需求因素的作用会大于供给因素的作用。

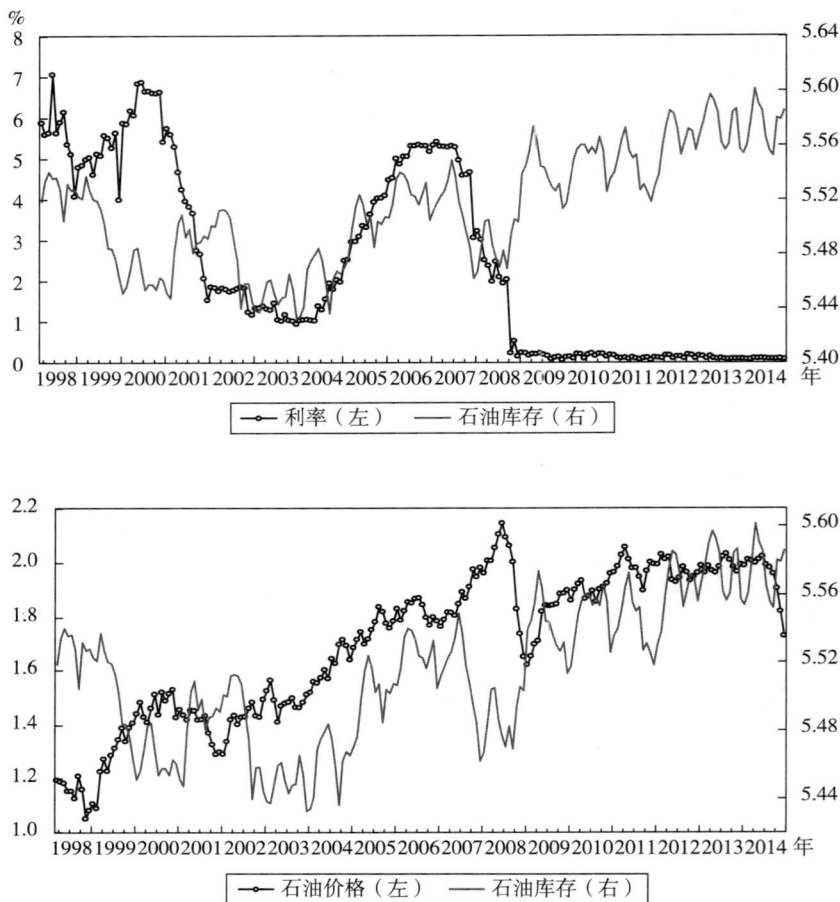

图 2　利率和石油库存、石油库存和石油价格趋势图

资料来源：彭博数据库（Bloomberg）。

3. 金融渠道

"金融渠道"，指当实际利率上升时，投机者会倾向于做空商品期货合约，做多国库券。这种机制都会使实际利率负向影响大宗商品价格。当货币政策冲击增加时，VIX 指数增加，投资者避险情绪严重，从而退出大宗商品市场，大宗商品价格会下降。图 3 表明，VIX 指数和石油价格大多数时间是负相关的，VIX 增加，商品价格下降。在 2008 年危机期间，VIX 指数明显增加，投资者的风险厌恶指数增加，不愿意进行交易，从而使大宗商品价格大幅度下降。

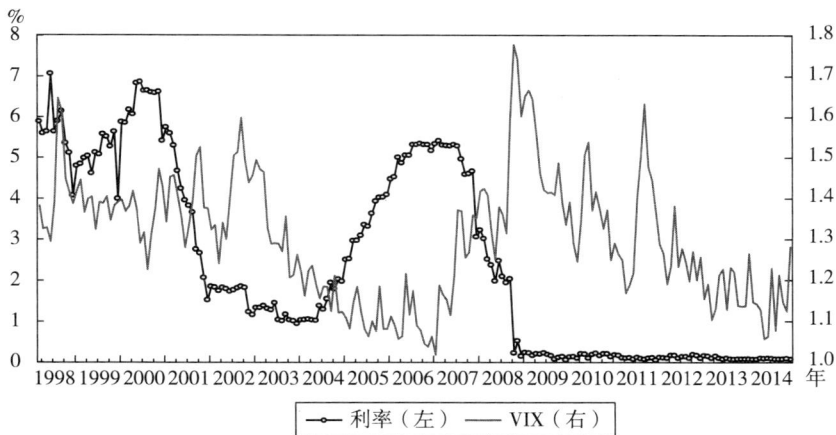

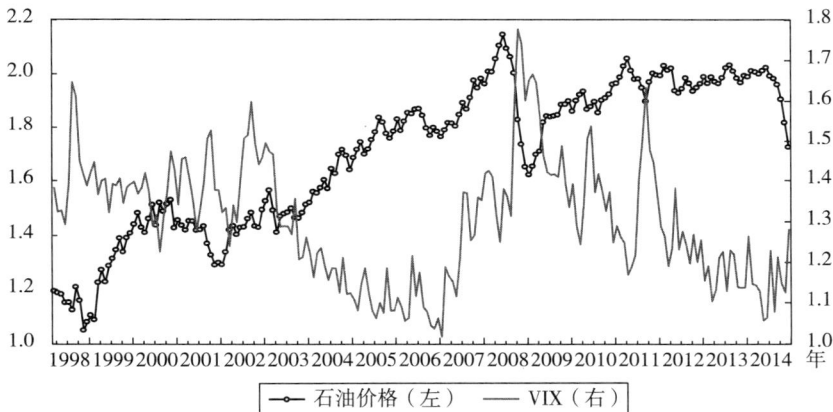

图3　利率和 VIX、VIX 和石油价格趋势

资料来源：彭博数据库（Bloomberg）。

（四）货币政策影响国际大宗商品价格的间接渠道

货币政策影响国际大宗商品价格的间接渠道是，货币政策通过影响经济的实际增长预期或者是通货膨胀率预期来间接影响大宗商品价格。本节选取了石油价格研究此渠道，因为协同性的原因，影响原油期货价格的因素同样也会影响国际大宗商品期货价格和黄金期货价格。

图4 显示了利率和美国工业生产总值（IP），IP 和石油价格之间的关系。从图4可以看出，在 2005 年以前，利率和 IP 负相关，与理论一致。利率的降低会促进经济增长，经济增长会增加对大宗商品的需求，从而促使大宗商品价格上升。2005 年后，利率和工业生产总值的趋势呈现正相关关系，更多的原因是受政策制定者的货币政策影响，人为地提高利率来抑制经济的通货膨胀。2008 年金融危机期间，经济低迷，

工业生产总值下降，而此时货币政策当局为了促进经济增长，实施了宽松的货币政策，利率降低，因此出现了利率和工业生产总值正相关变化趋势。综上可以看出，工业生产总值与石油价格是正相关的，与理论一致。

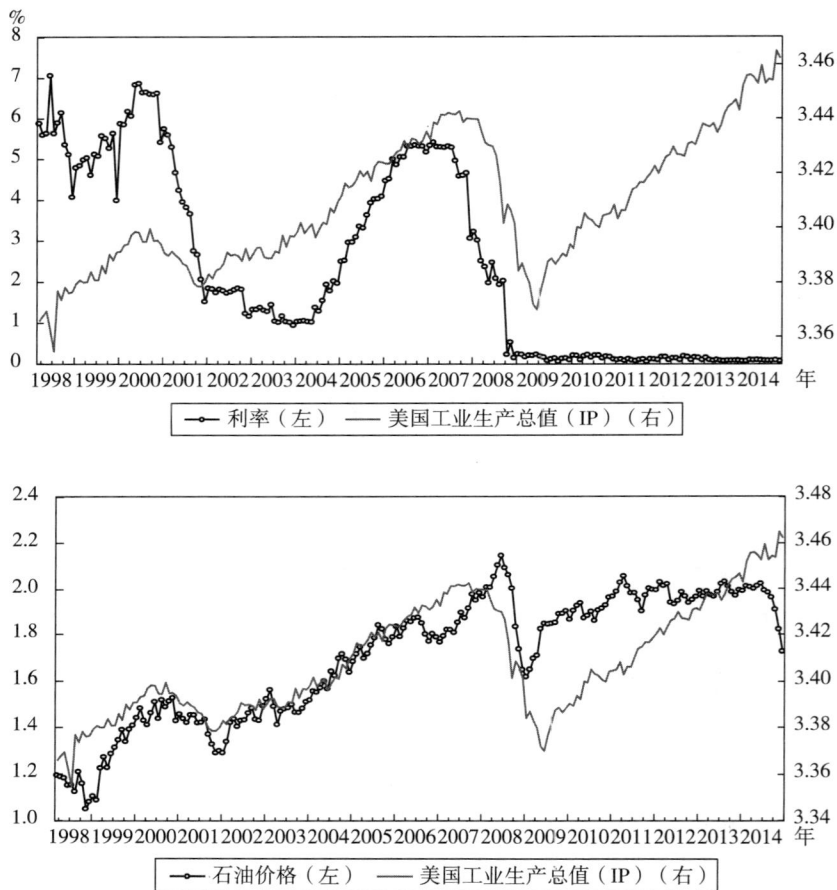

图4 利率和IP、IP和石油价格趋势

资料来源：彭博数据库（Bloomberg）。

综上所述，利率通过三种直接渠道和间接渠道负向影响大宗商品价格，图5为利率和大宗商品价格的趋势图，我们可以看出大部分时间，利率确实是负向影响大宗商品价格的。在2005—2006年和2008—2009年，利率出现了正向影响大宗商品价格的关系，原因是在这两个时期，需求因素的作用大于供给因素。政策制定者为了达到政策目标而提高或者降低利率，使利率和大宗商品价格的负相关关系消失，而出现同升同降。在2005—2006年经济过热期间，政策制定者为抑制通货膨胀而提高利率，但是经济增长强劲，对大宗商品的需求也强劲，因此大宗商品价格会上升，此时，需求因素大于供给因素。在2008—2009年的危机期间，为促进经济增长，货

币当局采取宽松货币政策，降低利率，但是经济的萎靡导致市场对大宗商品需求的
减少，大宗商品价格下降。

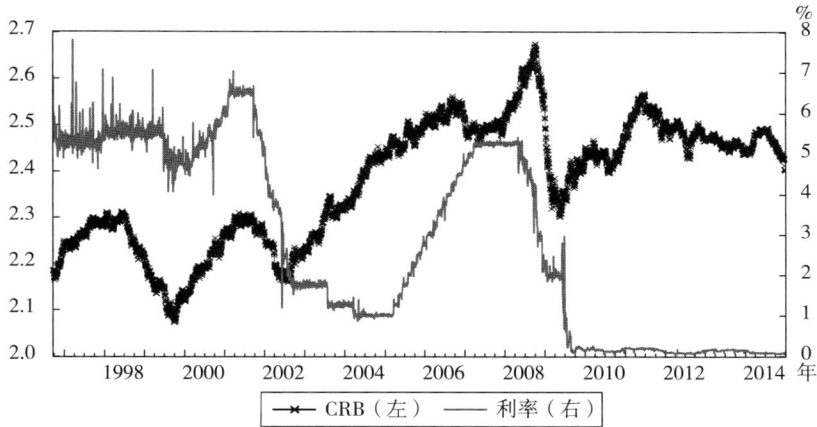

图5　利率和大宗商品价格（CRB）的趋势图

资料来源：彭博数据库（Bloomberg）。

三、货币政策不确定性指标的构造

企业和金融投资者一般会选择大宗商品期货这个工具来对冲未来价格的不确定
性或者收益的不确定性，因为大宗商品期货的收益本身有一定的风险性，经典理论
认为大宗商品期货价格本身包含了一部分风险溢价，来补偿投资者投资有风险的商
品期货而不是无风险的金融资产。经典理论还假设增加期货收益不确定性的因素会
增加期货价格本身的波动性，也就是方差。

货币政策对大宗商品价格的影响通常是通过利率来实现的，利率上升会通过三
个直接渠道：供给渠道、存货渠道和金融渠道来反向影响大宗商品期货价格。货币
政策的不确定性会影响大宗商品期货价格的风险溢价，如果投资者对利率不确定性
有着明确的预期，则包含在大宗商品期货价格中的风险溢价就会比较低，但是如果
利率不确定性上升，则大宗商品期货价格的风险溢价将会上升。货币政策的不确定
性也会影响大宗商品价格的波动性，大宗商品衍生品市场的参与者很多属于投机者，
利率的不确定性将会促使投资者更多随机地买单和卖单，使大宗商品期货价格的波
动性变大。

那么，如何构造货币政策的不确定性这个变量呢？货币政策的可预测性与联邦
公开市场政策的透明度密切相关。在 2007 年伯南克联邦公开市场的一篇报告中强调
了货币政策透明度的重要性："大量的证据表明，中央银行的透明度提高了货币政策

的有效性，增强了经济和金融的表现。如果金融市场的参与者能够很好地理解货币政策是如何根据新的信息来变化的，那么资产和股票的收益率将会根据经济数据的变化向着中央银行的政策目标的方向变化。"[2]

近二十年来，联邦公开市场的透明度已经大幅度提高，理解它的发展最重要的是分析货币政策可预测性的发展。Carlson、Craig 和 Higgins 等（2006）发现在 1994 年和 2004 年的紧缩的货币政策的两段期间内，市场的反应是相反的，这是联邦公开市场的透明度不同使货币政策的可预测性不同导致的。在 1994 年，股票市场没有能力预测联邦公开市场政策的变化导致交易的不确定性和市场的波动。相反地，在 2004 年，虽然同样是紧缩的货币政策，但是市场的波动性非常低，原因是市场参与者预测政策变化的能力增加了。他们将这些归功于格林斯潘采取的一系列货币政策。表 1 总结了明显增加联邦公开市场透明度的关键货币政策。

表 1   **货币政策透明度改变时间表**

时间	货币政策
1989 年 8 月	联邦基金利率的改变必须是 2.5 个百分点的倍数。以前联邦公开市场可以使用任何的幅度，导致了下一步货币政策的不确定性。
1994 年 2 月	联邦公开市场通过一个发布会来解释其货币政策及其目标。以前市场需要根据公开市场的操作来推测政策目标。
1999 年 5 月	5 月，联邦公开市场第一次引进一个关于政策误差（policy bias）的声明，说明将来可能提高或者降低利率，但是目前利率维持不变。12 月，它们用风险平衡表（balance of risks）来替代"政策误差"声明，加入了"经济展望"（outlook for economy）这一新的栏目。
2003 年 8 月	第一次加入"前景展望"（forward - looking）来释放下一步的联邦基金利率改变的信息。

这些政策的改变就是为了提高货币政策的透明度，为市场参与者提供更可靠的货币政策信息。这些政策的实施很好地改变了联邦公开市场与公众之间关于联邦基金利率和下一步政策方向的交流。然而，单独这些政策的实施并不能很好地提高联邦基金市场的可预测性。它们提供了一个理解联邦公开市场环境和大事件的一个框架，但是衡量大宗商品价格和货币政策之间的关系需要一个可以量化的变量。1988年出现的联邦基金利率期货（federal funds futures）改变了市场预测联邦公开市场政策的方式。就像联邦基金市场一样，联邦基金利率期货在每个交易日连续交易直到到期月的最后一天。交割价是以交割期内有效基金利率的平均值为基准，因此，联邦基金利率期货很快成为一个测量联邦基金利率预期的工具。在很大程度上，联邦

2　Chairman Ben S. Bernanke, Federal Reserve Communications, Speech at the Cato Institute 25th Annual Monetary Conference, Washington, D. C. November 14, 2007.

基金利率期货是建立在对未来基金利率的预期之上。联邦基金利率期货在到期前的24个月里进行交易。

　　很多学者已经用联邦基金利率期货来研究货币政策的不确定性。学者们已经达成共识：联邦基金利率期货是一个非常有价值的市场预期指标。他们研究了联邦基金利率期货是否可以作为预测联邦政府政策的一个准确可靠的变量。Hamilton（2007）分析了一个月到三个月到期的联邦基金利率期货的日度数据的变化特性，证明了它预测联邦基金利率的能力。他发现，货币政策的改变在1990—2000年对市场可预测性有着积极的作用。Carson、Craig和Higgins等（2006）通过分析基金利率期货预测误差支持了这个结论。他们发现1994年到期和1994年后到期的联邦基金利率误差有着明显的区别，而1999年以后到期的联邦基金利率期货误差更小。然而，他们发现在危机年份，预测误差的减小或许预示着通货紧缩、市场紧缩以及市场价格下降的结束，他们还发现在衰退时期预测误差会增加（见图6）。他们的研究和Kuttner（2001）的发现支持如下结论：联邦利率期货是市场预期联邦基金利率的一个有用的工具。因此，联邦基金利率期货误差是预测货币政策不确定性最好的方式。不过，在衰退时期，如2008—2009年，预测误差明显增加。

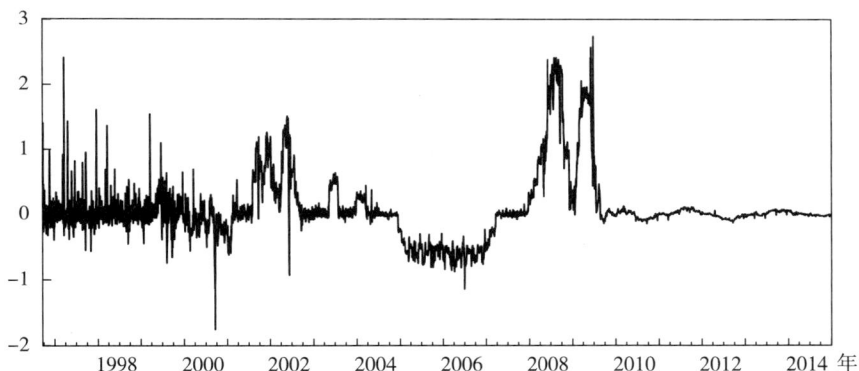

图6　预测误差（REER）的变动趋势

资料来源：彭博数据库（Bloomberg）。

四、货币政策影响大宗商品价格的实证分析

　　在研究货币政策影响大宗商品价格的理论模型以及构造货币政策不确定性指标的基础上，本节实证研究货币政策的不确定性对大宗商品价格的影响。

　　（一）数据选取及说明

　　本节从货币层面选取美国联邦基金利率（I）以及联邦基金利率期货数据（F）构造未预期到的货币政策冲击（REER）、联邦基金利率（I），从非货币层面选取美

国 WTI 期货原油价格（oil），基于 1996 年 9 月 23 日至 2014 年 12 月 31 日的日度数据，使用 GARCH 模型，研究国际大宗商品期货价格（CRB）和国际黄金期货价格（GOLD）变化的驱动因素，尤其是未预期到的货币政策冲击（REER）和货币政策本身美国联邦基金利率（I）对大宗商品价格影响的区别。

选取国际大宗商品期货价格指数（CRB）和美国黄金期货价格（GOLD）的日度数据作为因变量。国际大宗商品价格指数（CRB）是由 28 种不同的商品组成，商品范围从农业到工业，它可以代表广泛的大宗商品市场的价格趋势，可以作为研究大宗商品价格的良好的替代变量。黄金作为一种重要的抗通货膨胀商品，它对货币政策的变化有很强的敏感性。大宗商品的期货价格对货币政策冲击以及其他冲击的反应敏感，其本身的波动性也更大，因此选择期货价格而非现货价格。

货币政策对大宗商品价格的影响通常是通过利率来实现的，联邦基金利率（I）、未预期到的货币政策冲击（REER）、作为理论模型中 $RS = \overline{RS} - \dfrac{1}{a}(i + SC + \varepsilon - CY)$ 影响大宗商品价格的机会成本变量引入模型。货币政策通过供给、存货、金融三个直接渠道反向影响大宗商品价格，而货币政策不确定性则会通过影响风险溢价以及投资者的投机行为对大宗商品价格及其波动性造成影响。

其中，货币政策冲击这一指标通过以下方式构造：

预测到的货币冲击：$ERR = F_{T-1,D} - I_{T-1,D}$

未预期到的货币冲击：$REER = \dfrac{1}{D}\sum_{1}^{D} I_{T,D} - F_{T-1,D}$

实际的货币冲击：$\dfrac{1}{D}\sum_{1}^{D} I_{T,D} - I_{T-1,D} = ERR + REER$

ERR 为预期到的货币政策冲击。

实际误差＝预期到的误差＋未预期到的误差

$F_{T-1,D}$ 指的是隐含在联邦基金利率期货合约中的利率＝100－期货合约报价。

国际原油期货价格（OIL）用来测量大宗商品价格对石油冲击的反应。石油冲击更容易传递到其他大宗商品市场中，考虑到大宗商品间的协同性，影响石油的因素一般也会影响其他大宗商品价格，因此货币政策冲击以外的影响大宗商品价格的因素将会用石油期货价格来解释。石油价格对特殊事件如石油厂的爆炸，火山爆发以及地缘政治事件等的反应在石油生产国比非石油生产国家更加敏感。

所有数据来自万德（Wind）数据库，除了利率外所有的变量取对数形式。

图 7 为因变量和自变量的趋势图，我们可以看出自变量和因变量之间的趋势符合相关理论，接下来将对数据用 EVIWS7 进行计量分析。

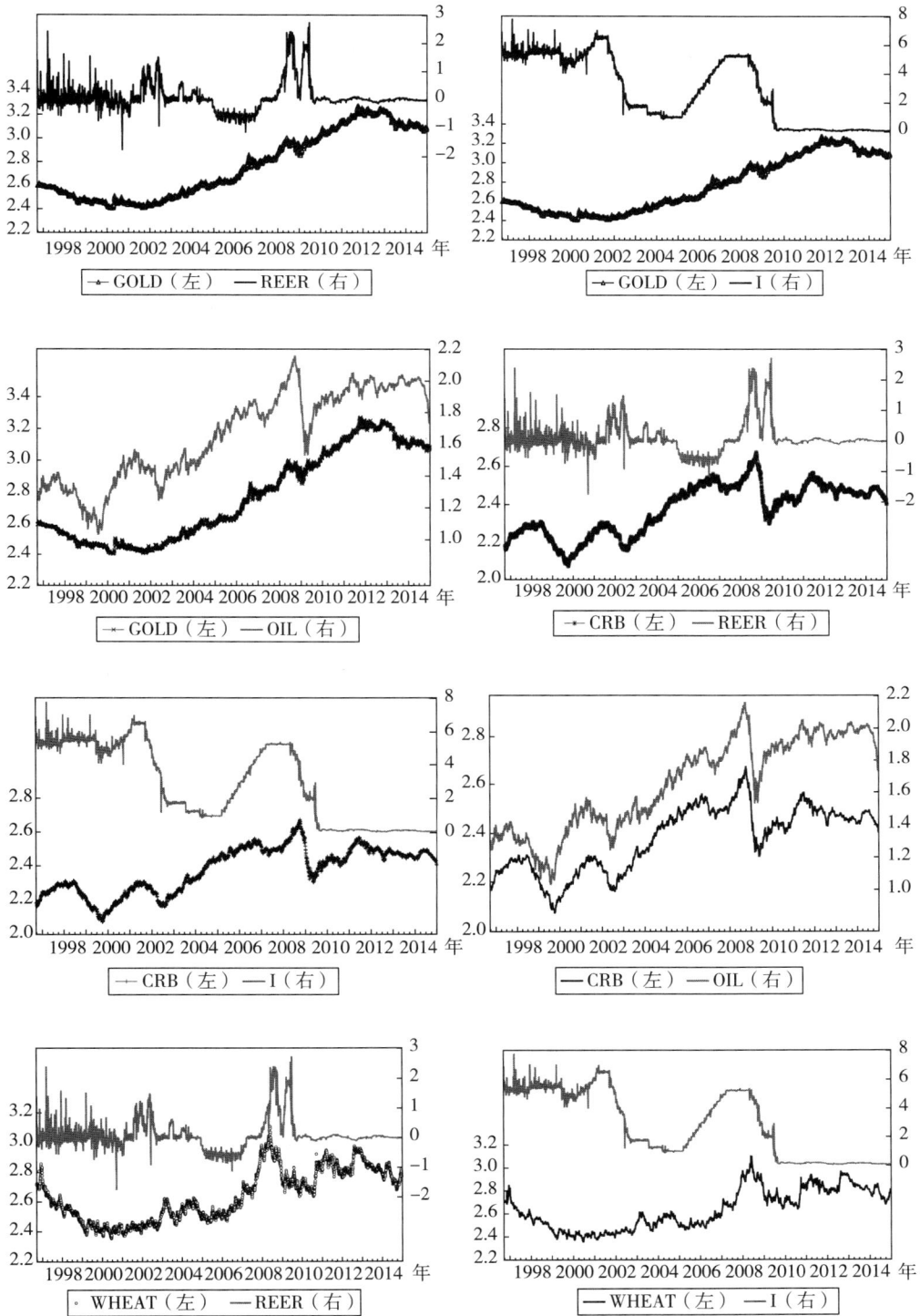

图 7 因变量和自变量的趋势

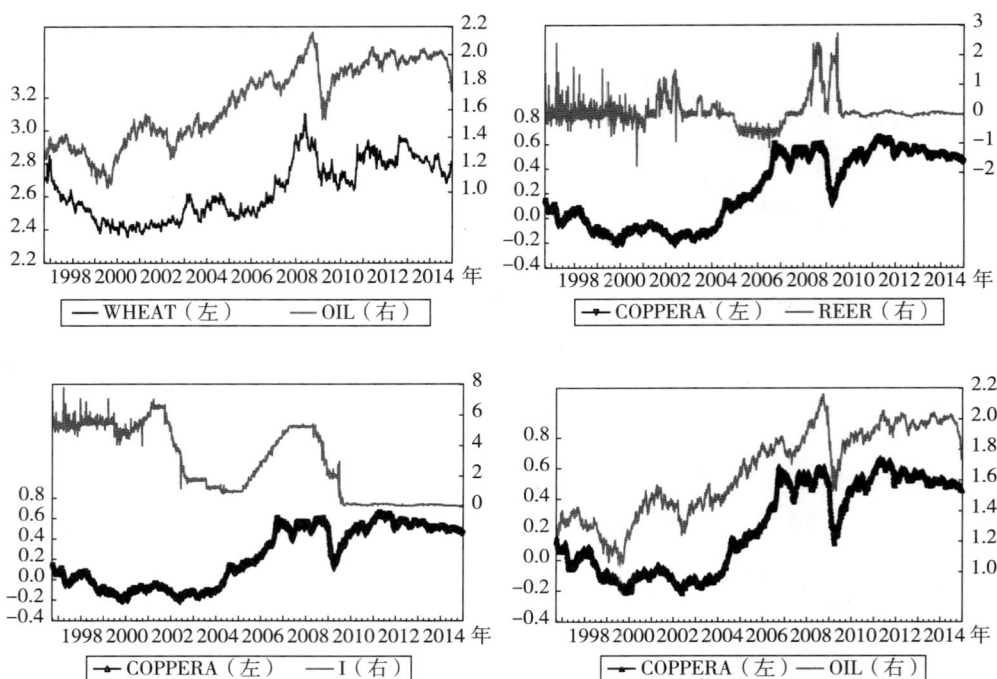

图 7　因变量和自变量的趋势（续）

资料来源：万德数据库（Wind）。

（二）数据平稳性（ADF）检验

时间序列如果带有一定的趋势则是不平稳的，不平稳的数据回归结果的有效性较低，为了防止这种现象的发生，在建立计量模型之前，需要对数据进行平稳性检验。本节选用 ADF 单位根检验方法，对选取的变量进行单位根检验。使用 SIC、AIC等准则在最大滞后期 31 期内自动选取，结合图 7 的各变量变化趋势，决定是否在 ADF 检验中加入截距项、时间趋势项。检验结果如表 2 所示。

表 2　　　　　　　　　　变量的 ADF 检验结果

时间序列	原始序列			一阶差分序列		
	检验形式	ADF 统计量	是否平稳	检验形式	ADF 统计量	是否平稳
CRB	(C, 0, 0)	− 1.638156	否	(0, 0, 0)	− 69.90521	是 ***
GOLD	(C, 0, 0)	− 0.187123	否	(0, 0, 0)	− 68.21016	是 ***
OIL	(C, 0, 0)	− 1.554812	否	(0, 0, 0)	− 70.07774	是 ***
COPPERA	(C, 0, 1)	− 0.700403	否	(0, 0, 0)	− 74.67748	是 ***
WHEAT	(C, 0, 1)	− 1.661600	否	(0, 0, 0)	− 73.33536	是 ***

续表

时间序列	原始序列			一阶差分序列		
	检验形式	ADF 统计量	是否平稳	检验形式	ADF 统计量	是否平稳
REER	(0, 0, 23)	− 3.363628	是 **			
I	(0, 0, 23)	− 1.667945	是 **			

注：检验形式为（C, T, K），其中 C, T, K 分别表示截距项、趋势项和滞后阶数（0 表示没有相应项），滞后期的选择标准参考 SIC 准则；*** 表示在 1% 显著水平下平稳，** 表示在 5% 显著水平下平稳。

从表 2 可以看出，序列 CRB、GOLD、OIL、COOPERA 和 WHEAT 均在 90% 的置信水平下为非平稳序列，而其一阶差分都在 99% 的置信水平下为平稳序列，也就是为一阶单整 I（1）序列。序列 I、REER 在 90% 的置信水平下为平稳序列。因此分别将以下四组变量纳入模型中 DCRB、DOIL、I、REER 和 DGOLD、DOIL、IREERDCO-OPERA 和 DWHEAT、I、REER 和 DGOLD、DOIL、IREER 建立四个 GARCH 模型。

（三）GARCH 模型的建立

我们最常用的最小二乘回归（OLS）都是假设方差满足齐次性、同分布，但是时间序列数据的方差往往不能满足齐次性，而是与其残差的滞后项高度相关。金融从业者发现，金融时间序列大的和小的预测误差会大量成簇出现，存在异方差。异方差的出现与金融市场易受货币财政政策、谣言以及政局战争变化等的影响有关。ARCH 效应的存在不能使 OLS 估计无效，但是如果忽略 ARCH 效应影响会使回归的有效性降低。[3]

本节将使用广义自回归条件异方差（Generalized Auto Regressive Conditional Heteroskedasticity）模型，建立均值和方差变向量 Y_{it}，货币政策向量 Z_{1t}，…，Z_{kt}，外生变量 X_{1t}，…，X_{kt}。

GARCH 模型的形式如下：

$$Y_{it} = b_0 + dY_{t-1} + \sum_{i=1}^{k} b_i X_{it-k} + \sum_{i=1}^{j} c_i Z_{it-j} + \varepsilon_t$$

$$\sigma_{it}^2 = \omega_0 + \sum_{i=1}^{l} \alpha_i \varepsilon_{t-i}^2 + \sum_{i=1}^{m} \beta_i \sigma_{it-m}^2 + \sum_{i=1}^{k} h_i Z_{t-k} + \sum_{i=1}^{j} g_{iX_{it-j}}$$

这里，如果系数 $\beta = 0$，模型将变为 ARCH 模型。滞后残差项 ε_t 为 ARCH 项，滞后预测方差项 σ_t 为 GARCH 项。GARCH 方程一般写作 GARCH（p, q），p 和 q 分别代表 GARCH 项和 ARCH 项的滞后阶数。GARCH 模型可以用较少的滞后阶数达到 ARCH 模型的效果。

3　高铁梅．计量经济分析方法与建模［M］．北京：清华大学出版社，2006.

1. 最小二乘估计的残差图

从图 8 可以看到，四个方程的最小二乘的残差图都存在群簇现象，即在大的方差后面往往出现大的方差，小的方差后面出现小的方差，表明可能存在 ARCH 效应。

2. 条件异方差的 ARCH LM 检验

Engle 在 1982 年提出检验残差序列中是否存在 ARCH 效应的拉格朗日乘数检验（Lagrange multiplier test），即 ARCH LM 检验。ARCH LM 检验的原假设是残差中直到 q 阶都没有 ARCH 效应，回归方程如下:[4]

$$\hat{u}_t^2 = \beta_0 + \beta_1 \hat{u}_{t-1}^2 + \cdots + \beta_q \hat{u}_{t-q}^2 + \varepsilon_t$$

表 3 为四个方程的 ARCH – LM 检验结果，我们可以看到原假设不成立，四个方程都存在明显的 ARCH 效应。

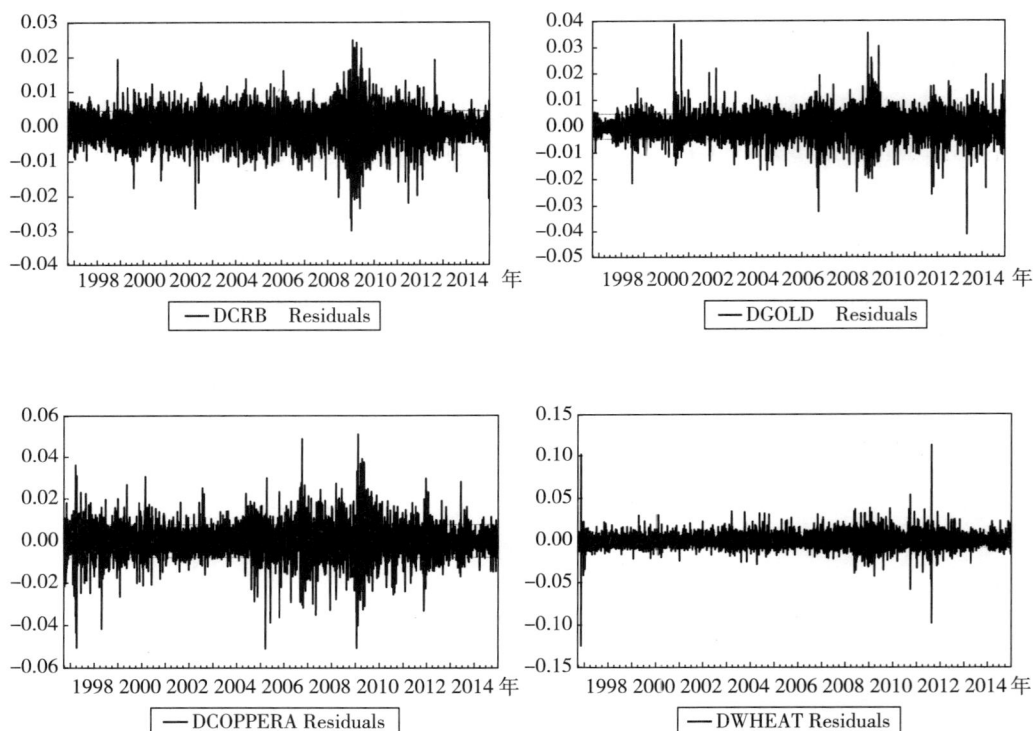

图 8　四个方程的残差

4　高铁梅. 计量经济分析方法与建模［M］. 北京：清华大学出版社，2006.

表3　　　　　　　　　　　　　　四个方程的 ARCH – LM 检验结果

变量	F 统计量	F 的概率	Obs * R – 统计量	Obs * R – 概率
CRB 指数价格	83.56085	0.0000	82.15493	0.0000
黄金期货价格	205.7097	0.0000	197.2777	0.0000
铜期货价格	15.57932	0.0000	30.99507	0.0000
小麦期货价格	11.05290	0.0000	22.03137	0.0000

3. 条件异方差的残差平方相关图检验

残差平方相关图可以用来检验残差自回归条件异方差性（ARCH）。其可以显示直到所定义的滞后阶数的残差平方的自相关性和偏自相关性，计算出相应滞后阶数的 Ljung – Box 统计量。如果残差中不存在 ARCH 效应，那么各阶滞后自相关和偏自相关系数应为零，且 Q 统计量不显著。[5]

我们可以看到四个方程中的各阶滞后自相关和偏自相关系数显著不为零，且 Q 统计量显著，因此说明四个方程的残差存在残差自回归条件异方差性（ARCH）。

4. 均值方程和方差方程分析

通过对四个方程的残差自回归条件异方差性（ARCH）的检验，我们确定四个方程都存在 ARCH 效应，通过对四个方程分别建立 GARCH 模型，根据残差的自相关和偏自相关系数以及 AIC、SIC 准则，CRB 方程建立的是 GARCH（1，1），GOLD 方程建立的是 GARCH（0，5），COOPERA 方程建立的是 GARCH（1，1），WHEAT 方程建立的是 GARCH（0，1），得到以下统计结果如表4所示。

表4　　　　　　　　　　　　　　四个方程的 GARCH 估计结果

变量	GOLD		CRB	
	均值方程	方差方程	均值方程	方差方程
LOG（GARCH）	2.93E – 05		0.000210 *	
	(0.223131)		(1.691368)	
DOIL	0.040109 ***	– 9.68E – 06	0.004711	5.06E – 06 ***
	(8.364085)	(– 1.297293)	(0.845847)	(5.220117)
REER	– 7.66E – 05	1.29E – 06 ***	– 0.000248 *	4.22E – 07 ***
	(– 0.710472)	(9.229157)	(– 1.741728)	(– 5.141812)
I	– 9.17E – 05 ***	– 2.11E – 07 ***	2.51E – 06	– 1.05E – 06 ***
	(– 4.336451)	(– 4.435303)	(0.104630)	(– 151.6537)

5　高铁梅. 计量经济分析方法与建模［M］. 北京：清华大学出版社，2006.

续表

变量	GOLD		CRB	
	均值方程	方差方程	均值方程	方差方程
C	0.000732	9.54E−06 ***	0.002405 *	9.44E−08 ***
	(0.509096)	(16.32606)	(1.721809)	(3.982001)
RESID (−1) ^2		0.123067 ***		0.037894 ***
		(5.973908)		(11.20908)
RESID (−2) ^2		0.134308 ***		
		(5.000510)		
RESID (−3) ^2		0.092330 ***		
		(3.908408)		
RESID (−4) ^2		0.114237 ***		
		(4.436372)		
RESID (−5) ^2		0.142833 ***		
		(5.124432)		
GARCH (−1)				0.958065 ***
				(252.9017)
LL	19334.84		19337.50	
DW	1.982402		2.023749	
AIC	−8.106917		−8.109712	
变量	COOPERA		WHEAT	
	均值方程	方差方程	均值方程	方差方程
LOG (GARCH)	0.000376 *		2.93E−05	
	(2.222551)		(0.223131)	
DOIL	0.010643	−1.05E−06	0.032282 ***	−1.05E−06
	(1.312043)	(−0.064288)	(3.187236)	(−0.064288)
REER	−0.000515 ***	1.18E−06 ***	−0.000501 **	1.18E−06 ***
	(−2.610636)	(3.230430)	(−2.435902)	(3.230430)
I	−5.25E−05	−4.56E−07 ***	6.84E−05	−4.56E−07 ***
	(−1.458219)	(−6.031132)	(1.444082)	(−6.031132)
C	0.004082 **	0.000121 ***	−0.000329 *	6.47E−05 ***
	(2.327523)	(10.18466)	(−1.941487)	(32.87999)
RESID (−1) ^2		0.048512 ***		0.149648 ***
		(8.810570)		(6.693625)
RESID (−2) ^2				
RESID (−3) ^2				
RESID (−4) ^2				

续表

变量	COOPERA		WHEAT	
	均值方程	方差方程	均值方程	方差方程
RESID（-5）^2				
GARCH（-1）		0.944562 *** （154.8014）		
LL	17026.78		16041.26	
DW	2.154894		2.128264	
AIC	-7.139826		-6.727193	

注：*** 表示在 1% 显著水平下显著，** 表示在 5% 显著水平下显著，* 表示在 10% 显著水平下显著。

为了分析货币政策的不确定性对大宗商品价格和波动性的影响，本节研究了政策变量和非政策变量对大宗商品期货价格以及波动性的影响。货币政策变量 I 以及 REER 估计了货币政策不确定性对大宗商品期货价格和波动性的影响，而石油作为非货币政策变量使整个模型的估计更加准确。

表 4 结论证明，总的来说四个 GARCH 模型很好地刻画了大宗商品期货价格的波动性，过去的方差和残差是大宗商品期货价格方差的显著性决定因素，但是货币政策影响大宗商品期货价格和波动性对四个方程来说有些细微的差别。

在 GOLD 方程中，未预期到的货币政策（REER）冲击在均值方程中不显著，在方差方程中在 1% 的显著水平下显著，说明货币政策的不确定性将会对黄金期货价格的波动性产生显著的影响，但是对于预测黄金价格的变动没有说服力。货币政策的不确定性的增加不会推高黄金期货的价格但是会增加价格的波动幅度。

REER 在 GOLD 方差方程中显著，说明在很大程度上黄金价格的方差受到宏观经济变量的影响。如在次贷危机后，货币政策的不确定性将会因为投资者和交易者不能准确地预测衰退时期的深度和广度而增加。在衰退时期，黄金作为避险资产，投资者将会大量进入黄金市场，引起黄金价格的波动，因此在衰退时期，货币政策不确定性的增加将会导致大宗商品价格的波动性增加。然而，近年来，联邦基金利率期货预测利率的误差越来越小，因而可以推测随着联邦基金利率期货预测利率的误差的降低，货币政策的不确定性将会抑制黄金市场的波动。然而，模型没有发现货币政策的不确定性对黄金价格均值有显著影响，但是会显著影响黄金期货市场波动。

对于 CRB 方程来说，GARCH 模型发现，过去的方差和残差在方差方程中非常显著。未预期到的货币政策冲击（REER）在 CRB 均值方程中在 10% 的显著水平下显著，方差方程中在 1% 的显著水平下显著，说明未预期到的货币政策冲击对 CRB 价格波动性的影响要比对 CRB 价格均值水平的影响更为显著。有很多原因可以解释

REER 在四个方程中影响的不同，CRB 指数中包含的大宗商品的种类和黄金有着很大差异。CRB 指数篮子中包含了农业类、工业类和能源类大宗商品。货币政策的冲击将会在更大范围影响到 CRB 的价格，因此在 CRB 均值方程中，REER 是显著的。

在这个模型中，货币政策不确定性的增加将会显著影响 CRB 价格水平及其波动性。GRACH 模型显示，货币政策不确定性的增加将会降低 CRB 指数。可以预期，货币政策不确定性的降低将会提升 CRB 指数。模型表明，货币政策的确定性提高将会提升大宗商品期货价格。如果交易者对货币政策的变动有着较为明确的预期，那么他们将会看好大宗商品期货市场的前景，从而积极建立仓位，推高大宗商品期货价格。

在铜期货价格（COOPERA）方程中，未预期到的货币政策冲击（REER）在均值方程和方差方程中都在 1% 的显著水平下显著，说明货币政策的不确定性将会对铜期货价格及其波动性产生显著的影响。货币政策的不确定性的增加会推高铜期货价格的波动幅度，但是会降低铜期货价格。

REER 在 COOPERA 方程中显著说明，铜价格的波动性在很大程度上受到宏观经济变量的影响。比如，次贷危机后货币政策的不确定性将会因为投资者和交易者不能准确地预测衰退期的深度和广度而增加。在衰退时期，投资者会大量退出铜期货市场进行套期保值交易，引起铜价格的下降以及其波动幅度的增加，因此在衰退时期，货币政策不确定性的增加将会导致铜期货价格波动性的增加。然而，近年来，联邦基金利率期货预测利率的误差越来越小，我们可以推测随着联邦基金利率期货预测利率的误差的降低，货币政策不确定性的降低将会抑制铜市场的波动。

对于小麦期货价格（WHEAT）方程来说，GARCH 模型发现，过去的方差和残差在方差方程中非常显著。然而未预期到的货币政策冲击（REER）与在 COOPERA 方程中的影响略有不同，REER 在 WHEAT 均值方程中在 5% 的显著水平下显著，在方差方程中在 1% 的显著水平下显著，说明未预期到的货币政策冲击对 WHEAT 价格波动性的影响要大于对 WHEAT 价格本身的影响。

在这个模型中，货币政策不确定性的增加将会显著影响 WHEAT 价格和其波动性。GRACH 模型显示，货币政策不确定性的增加将会降低 WHEAT 指数。本节因此可以推断出，货币政策不确定性的降低将会提升 WHEAT 指数。模型表明，货币政策越透明越会提升农产品大宗商品期货价格。如果交易者对货币政策的变动有着较为明确的预期，那么他们将会看好农产品大宗商品期货市场的前景，从而积极建立仓位，推高农产品大宗商品期货价格。

非货币政策变量（OIL），在四个方程中的影响各不相同。石油冲击在 GOLD 均值方程中在 1% 的显著水平下显著，在方差方程中不显著。石油期货价格的上升会推高黄金期货的价格，说明石油市场的波动能够传导到黄金市场中，石油价格波动与通货膨胀紧密相连；而黄金作为抗通货膨胀的金融资产，不难理解石油价格的上升会提高黄金期货价格。因而可以推断，石油价格冲击将会促使投资者进入黄金市场中进行交易，从而推高黄金期货的价格。石油冲击几乎不能影响 CRB 本身，但是在方差方程中在 1% 的显著水平下显著，说明石油冲击更多的是影响大宗商品价格 CRB 的波动性，而非 CRB 价格本身来对大宗商品市场产生影响。这可能是因为 CRB 指数中包含了不同类的大宗商品，传导的石油冲击也许在不同的大宗商品间相互抵消了。石油冲击几乎不能影响铜和小麦价格的波动性，但是在小麦均值方程中在 1% 的显著水平下显著，说明石油冲击能够传导至农产品大宗商品市场。然而，石油冲击在 COOPERA 均值方程和方差方程中不显著。石油和铜期货价格之间短期来说没有必然的因果关系。

5. 对建立 GARCH 模型后的模型残差进行 ARCH – LM 检验

表 5 为四个 GARCH 方程的 ARCH – LM 检验，可以看出，四个方程都不存在明显的 ARCH 效应，说明模型很好地消除了残差自回归条件异方差性，拟合优度较好。

表 5　　　　　　　　　　　GARCH 模型的残差的 ARCH – LM 检验

变量	F 统计量	F 的概率	Obs * R – 统计量	Obs * R – 概率
CRB 指数价格	0.449731	0.5025	0.449878	0.5024
黄金期货价格	0.795379	0.3725	0.795581	0.3724
铜期货价格	1.218748	0.2697	1.218948	0.2696
小麦期货价格	2.219427	0.1363	2.219325	0.1363

6. 建立 GARCH 模型后的条件异方差的残差平方相关图检验

四个方程中的各阶滞后自相关和偏自相关系数为零，且 Q 统计量不显著，说明四个方程的残差不存在残差自回归条件异方差性，模型很好地消除了残差自回归条件异方差性。

五、稳健性检验

为了检验上文的结论是否具有稳健性，本节以 2008—2009 年的金融危机为断点，分阶段进行稳健性检验，判断模型是否具有稳健性。这里只选取 GOLD 为研究对象，而不是具体地研究其他分类子大宗商品。

（一）结构断点的邹检验（Chow Breakpoint Test）

对全样本进行断点检验，2008 年的金融危机发生前后货币政策对大宗商品的影响可能发生显著变化，如表 6 所示，2008 年的断点检验显示，拒绝没有断点的假设。

表 6 结构断点的邹检验

检验形式	统计量	检验形式	P 值
F – statistic	5. 934123	Prob. F（4，4759）	0. 0001
Log likelihood ratio	23. 71729	Prob. Chi – Square（4）	0. 0001
Wald Statistic	23. 73649	Prob. Chi – Square（4）	0. 0001

（二）分阶段 GARCH 模型实证分析

根据断点检验的结果，将全样本分为危机前、危机中和危机后三个阶段：1996 年 9 月 24 日到 2007 年 12 月 31 日、2008 年 1 月 1 日到 2008 年 12 月 31 日和 2009 年 1 月 1 日到 2014 年 12 月 31 日。

1. 三阶段最小二乘估计的残差图

观察图 9 我们可以看到，三阶段方程的最小二乘的残差图都存在群簇现象，即在大的方差后面往往出现大的方差，小的方差后面出现小的方差，表明可能存在 ARCH 效应。

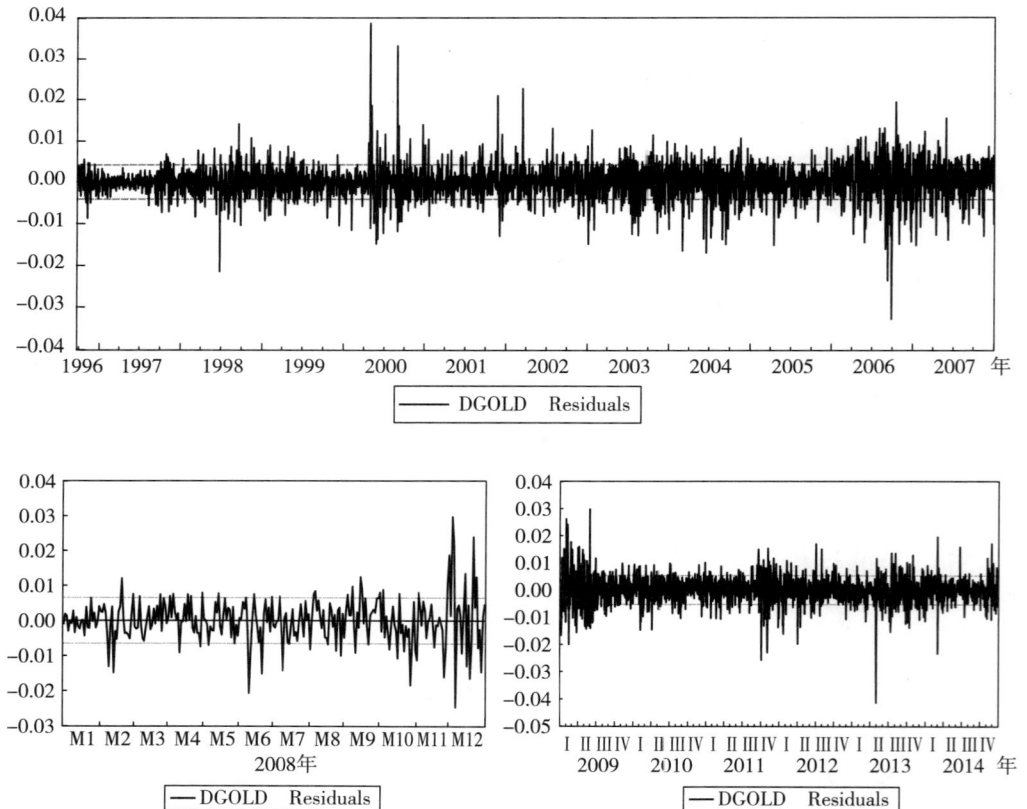

图 9 三阶段方程的残差

2. 条件异方差的 ARCH – LM 检验

表 7 为三阶段方程的 ARCH – LM 检验，从表 7 可以看出，原假设不成立，三个方程都存在明显的 ARCH 效应。

表 7 　　　　　　　　　　**三阶段方程的 ARCH – LM 检验结果**

变量	F 统计量	F 的概率	Obs * R – 统计量	Obs * R – 概率
危机前	35. 32305	0. 0000	69. 05612	0. 0000
危机中	14. 35382	0. 0002	13. 70512	0. 0002
危机后	71. 65132	0. 0000	68. 59644	0. 0000

3. 条件异方差的残差平方相关性检验

三阶段方程中的各阶滞后自相关和偏自相关系数显著不为零，且 Q 统计量显著，因此说明三个方程的残差存在残差自回归条件异方差性。

4. 均值方程和方差方程分析

通过对三阶段方程的检验，发现三个方程都存在 ARCH 效应。对三个阶段分别建立 GARCH 模型，根据残差的自相关和偏自相关系数以及 AIC、SIC 准则，危机前建立 GRACH（0，1）模型，危机中建立 GRACH（1，1）模型，危机后建立 GRACH（0，1）模型。三阶段方程的 GARCH 估计结果如表 8 所示。

表 8 　　　　　　　　　　**三阶段方程的 GARCH 估计结果**

变量	危机前		危机中		危机后	
	均值方程	方差方程	均值方程	方差方程	均值方程	方差方程
LOG（GARCH）		2. 88E – 06 *** （4. 25875）				
DOIL	0. 04615 *** （6. 662019）	– 1. 91E – 05 （– 1. 30592）	0. 332412 *** （12. 41986）	– 7. 85E – 06 （– 0. 470319）	0. 086262 *** （8. 875509）	– 3. 62E – 05 *** （– 6. 59788）
REER	– 0. 000261 （– 1. 353746）	1. 61E – 07 （0. 38146）	– 0. 000837 * （– 1. 828971）	3. 22E – 06 *** （12. 02461）	0. 000656 （0. 1666）	8. 15E – 06 *** （12. 87268）
I	– 8. 83E – 05 ** （– 2. 097416）	– 1. 64E – 07 ** （0. 0451）	1. 84E – 05 （0. 041594）	– 6. 11E – 06 *** （– 29. 70535）	– 0. 000613 （1. 444082）	– 9. 14E – 07 *** （– 2. 54364）
C	0. 000418 ** （2. 336703）	8. 58E – 05 *** （5. 35717）	0. 000975 （0. 6710）	5. 62E – 05 *** （53. 82561）	0. 000209 （1. 317460）	2. 68E – 05 *** （248. 3671）
RESID（– 1）^2		0. 173355 *** （11. 0959）		0. 069225 *** （3. 172301）		0. 223943 *** （9. 470549）
RESID（– 2）^2						
RESID（– 3）^2						
RESID（– 4）^2						

续表

变量	危机前		危机中		危机后	
	均值方程	方差方程	均值方程	方差方程	均值方程	方差方程
RESID（-5）^2						
GARCH（-1）				0.923973 *** （38.96918）		
LL	12014.63		978.7456		6043.476	
DW	2.030545		1.897506		1.996463	
AIC	-8.169134		-7.417905		-7.715624	

注：*** 表示在 1% 显著水平下显著，** 表示在 5% 显著水平下显著，* 表示在 10% 显著水平下显著。

表 8 的结果证明，总的来说三个 GARCH 模型很好地解释了大宗商品期货价格的波动性，过去的方差和残差是大宗商品期货价格方差的显著的决定因素，但是货币政策影响大宗商品期货价格和波动性对三阶段方程来说有些细微的差别。

对于危机前方程，未预期到的货币政策冲击（REER）在均值方程和方差方程中都不显著，说明危机前 REER 对黄金期货的影响不大。利率本身在均值方程和方差方程中都在 5% 的水平下显著，说明危机前货币政策对大宗商品价格的影响主要是通过利率本身产生作用。利率下降会推升大宗商品价格，而增加大宗商品价格的波动性。

对于危机中方程，REER 在均值方程中在 10% 的显著水平下显著，在方差方程中在 1% 的显著水平下显著，说明危机中未预期到的货币政策冲击对大宗商品价格的影响显著，未预期到的货币政策冲击对黄金期货价格波动性的影响要大于对黄金期货价格本身的影响，符号也和全样本阶段的相同，未预期到的货币政策冲击的减少会抑制黄金期货价格的波动，但是会推高黄金期价价格。在衰退时期，大量投资者涌入黄金市场寻求避险，这会引起黄金价格的波动，因此货币政策不确定性的增加会加大黄金价格的波动性。可以预期，随着联邦基金利率期货预测利率误差的降低，货币政策不确定性将会下降，会有利于减小黄金市场的波动。这也有利于稳定投资者对于黄金市场的预期，从而推高黄金期货价格；而利率本身在均值方程中不显著，在方差方程中在 1% 的水平下显著，说明利率本身在危机期间对黄金期货价格影响不大，主要是影响黄金期货价格的波动性，这与前面的分析结果一致。在 2008—2009 年危机期间经济下滑，为促进经济增长，当局采取宽松货币政策，降低利率，但是经济萎缩导致对大宗商品需求的减少，使大宗商品价格下降，利率和大宗商品的负相关关系不明显。

对于危机后方程，REER 在均值方程中不显著，在方差方程中在 1% 的显著水平下显著，说明货币政策的不确定性会对黄金期货价格的波动性产生显著的影响，但是不显著影响黄金价格水平的预测，货币政策不确定性上升对黄金期货价格均值影响不显著，但是会增加其波动幅度。这里的结论和全样本时期的结论相同。利率本身在均值方程中不显著，在方差方程中在 1% 的显著性水平下显著，说明危机过后，利率更多的是通过影响大宗商品价格波动性来对大宗商品价格产生影响的。

然而，石油冲击在三阶段的均值方程中均在 1% 的显著水平下显著，在前两个方差方程中不显著，在危机后的方差方程中在 1% 的显著性水平下显著。石油期货价格的上升会推高黄金期货的价格，说明石油市场的波动能够传导到黄金市场中。石油价格波动与通货膨胀紧密相连，而黄金作为抗通胀的金融资产，不难理解石油价格的上升会推高黄金期货价格。可以推断，石油价格冲击将会促使投资者进入黄金市场中进行交易，从而推高黄金期货的价格。危机前、危机中，石油冲击不能够解释黄金期货价格的波动性，而危机后，石油冲击能够对黄金期货价格的波动性产生显著的影响。石油冲击在三个阶段的均值方程中的符号都是正值，与全样本阶段的符号和显著程度相同，说明结论稳健。

以上分析表明，我们研究的关键变量货币政策不确定性（REER）在三个阶段方程中的符号和显著性与前面的全样本方程具有高度一致性，说明结论是稳健的。

5. 对建立 GARCH 模型后的模型残差进行 ARCH – LM 检验

表 9 为三阶段 GARCH 方程的 ARCH – LM 检验，我们可以看到三个方程都不存在明显的 ARCH 效应，说明模型很好地消除了残差自回归条件异方差，很好地拟合了模型。

表 9　　　　　　　　　建立 GARCH 模型后的 ARCH – LM 检验

变量	F 统计量	F 的概率	Obs * R – 统计量	Obs * R – 概率
危机前	0.003792	0.9509	0.003794	0.9509
危机中	0.672513	0.4129	0.675951	0.4110
危机后	1.128019	0.2884	1.128648	0.2881

6. 建立 GARCH 模型后的条件异方差的残差平方相关图检验

三阶段方程中的各阶滞后自相关和偏自相关系数为零，且 Q 统计量不显著，说明三阶段方程的残差不存在残差自回归条件异方差。这表明，模型很好地消除了残差自回归条件异方差。

六、结论建议

本节研究了货币政策冲击对大宗商品期货价格的影响，发现货币政策的不确定性增加了大宗商品期货市场的波动性。相反地，货币政策不确定性的降低可能会抑制大宗商品期货市场价格的波动并增加大宗商品的交易从而推高基础大宗商品的价格。在四类大宗商品市场，大宗商品价格的波动性会受到未预期到的货币政策冲击影响，未预期到的货币政策冲击越小，大宗商品价格波动性越小。未预期到的货币政策冲击越小，说明货币政策越透明，降低了投资者对货币政策未来变动的预期，进而抑制了大宗商品市场价格的波动。对于大宗商品铜和小麦价格指数，货币政策不确定性越小，大宗商品期货价格越高。未预期到的货币政策冲击越小，说明货币政策越透明，降低了投资者对未来预期的不确定性，降低了风险溢价，因而促使投资者进入大宗市场进行交易，进而推升了大宗商品价格。

从分样本结果来看，未预期到的货币政策冲击在危机中对大宗商品期货价格的影响显著，能够同时影响大宗商品期货价格本身和其波动性。在危机前货币政策主要是通过利率本身对大宗商品价格产生影响，而未预期到的货币政策冲击对大宗商品期货价格和波动性影响很小。危机后，未预期到的货币政策冲击对大宗商品期货价格波动性影响显著，而对大宗商品期货价格本身影响甚微。

上述结论对大宗商品市场的交易者具有重要的启示。对持有以大宗商品为标的的衍生金融资产的投资者来说，了解大宗商品价格波动性的特点和规律，可以使投资者有机会获得更大的利润。在危机和衰退时期，货币政策的不确定性可能增加，从而大宗商品价格波动性可能增加，因此要做好应对措施，提前平仓或者不建立新仓。随着货币政策的透明度的提高，即联邦基金期货利率预测实际利率能力的增加，投资者会有更大的信心预测未来利率的走势，从而积极建仓，推动大宗商品价格上涨。对政策制定者来说，随着政策透明度的提高，大宗商品价格的波动性可能降低，但是大宗商品价格却被抬升，政策制定者需要平衡利弊，制定正确的货币政策来应对大宗商品市场的波动。

参考文献

［1］高铁梅．计量经济分析方法与建模［M］．北京：清华大学出版社，2006：249.

［2］韩立岩，尹力博．投机行为还是实际需求？——国际大宗商品价格影响因素的广义视角分析［J］．经济研究，2012（12）：83－96.

［3］卢锋，李远芳，刘鎏．国际商品价格波动与中国因素——我国开放经济成长面临新问题［J］．金融研究，2009（10）：38－56.

［4］Akram Q F. Commodity Prices, Interest Rates and the Dollar. Energy Economics,

2009, 31 (6): 838 - 851.

[5] Anzuinie A, Lombardi M J, Pagano P. The Impact of Monetary Policy Shocks on Commodity Prices [R]. ECB Working Paper No. 1232, August 2010.

[6] Arbatli E C, Vasishtha G. Growth in Emerging Market Economies and the Commodity Boom of 2003 - 2008: Evidence from Growth Forecast Revisions [R]. Bank of Canada. Working Paper No. 2012 - 8, 2012.

[7] Baldi L, Peri M, Vandone D. Price Discovery in Agricultural Commodities: the Shifting Relationship Between Spot and Futures Prices [C]. EAAE 2011 Congress, Change and Uncertainty Challenges for Agriculture, Food and Natural Resources, August, 2011.

[8] Belke A, Bordon I G, Volz U. Effects of Global Liquidity on Commodity and Food Prices [J]. World Development, 2013, 44: 31 - 43.

[9] Belke A, Bordon I G, Hendricks T W. Global Liquidity and Commodity Prices-a Cointegrated VAR Approach for OECD Countries [J]. Applied Financial Economics, 2010, 20 (3): 227 - 242.

[10] Bicchetti D, Maystre N. The Synchronized and Long - lasting Structural Change on Commodity Markets: Evidence from High Frequency data [J]. Algorithmic Finance, IOS Press, 2012, 2 (3 - 4).

[11] Breitenfellner A, Cuaresma J C, Keppel C. Determinants of Crude Oil Prices: Supply, Demand, Cartel or Speculation? [R]. Österreichische National Bank. Monetary Policy and the Economy Q4: 111 - 136, 2009.

[12] Cabrales C A, Castro J C G, Joya J O. The Effect of Monetary Policy on Commodity Prices: Disentangling the Evidence for Individual Prices [J]. Borradores de Economia, 2011, 685.

[13] Carlson J B, Craig B, Higgins P, Melick W R. FOMC Communications and the Predictability of Near - term Policy Decisions [R]. Economic Commentary, Federal Reserve Bank of Cleveland, 2006.

[14] Cevik S, Sedik T S. Barrel of Oil Or a Bottle of Wine: How Do Global Growth Dynamics Affect Commodity Prices? [R]. International Monetary Fund, Working Paper 1101, 2011.

[15] Cheung C, Morin S. The Impact of Emerging Asia on Commodity Prices [R]. Bank of Canada Working Paper No. 2007 - 55, 2007.

［16］ Claudio M. Oil Price Dynamics, Macro – Finance Interactions and the Role of Financial Speculation ［R］. Fondazione Eni Enrico Mattei, Working Papers, 2012. 07.

［17］ Farooki M Z. China's Structural Demand and the Commodity Super Cycle：Implication for Africa ［R］. Paper Prepared for Research Workshop China - Africa Development Relations February, 2009.

［18］ Frankel J. The Effect of Monetary Policy on Real Commodity Prices ［R］. NBER Working Paper No. 12713, 2008.

［19］ Frankel J A, Rose A K. Determinants of Agricultural and Mineral Commodity Prices ［R］. HKS Faculty Research Working Paper Series RWP10 – 038, John F. Kennedy School of Government, Harvard University, 2010.

［20］ Glick R, Leduc S. Are Large – scale Asset purchases Fueling the Rise in Commodity Prices? ［R］. Federal Reserve Bank of San Francisco Economic Letter, April 4, 2011 – 10, 2011.

［21］ Gospodinov N, Jamali I. Monetary Policy Surprises, Positions of Traders, and Changes in Commodity Futures Prices ［R］. Federal Reserve Bank of Atlant, Working Paper 2013 – 12, 2013.

［22］ Gruber J W, Vigfusson R J. Interest Rates and the Volatility and Correlation of Commodity Prices ［R］. Federal Reserve Board International Finance Discussion Papers No. 2012 – 1065, 2012.

［23］ Hamilton J D. Causes and Consequences of the Oil Shock of 2007 – 08 ［R］. National Bureau of Economic Research No. W15002, 2009.

［24］ Juvenal L, Petrella I. Speculation in the Oil Market ［R］. FRB of St. Louis Working Paper No. 2011 – 027E, 2011.

［25］ Kaufmann R K, Ullman B. Oil Prices, Speculation, and Fundamentals：Interpreting Causal Relations Among Spot and Futures Prices ［J］. Energy Economics, 2009, 31 (4)：550 – 558.

［26］ Kilian L, Hicks B. Did Unexpectedly Strong Economic Growth Cause the Oil Price Shock of 2003 – 2008? ［R］. CEPR Discussion Papers No. 7265, 2009.

［27］ Kilian L, Murphy D P. The Role of Inventories and Speculative Trading in the Global Market for Crude Oil ［R］. University of Michigan, 2012.

［28］ Kilian L. Not All Oil Price Shocks Are Alike：Disentangling Demand and Supply Shocks in the Crude Oil Market ［J］. American Economic Review. American Economic

Association, 2009, 99（3）：1053－1069.

［29］ Knut A A, Hilde C B, Thorsrud L A. What Drives Oil Prices? Emerging Versus Developed Economies ［R］. Norges Bank, Working Paper 2012/11, 2012.

［30］ Kuttner K N. Monetary Policy Surprises and Interest Rates：Evidence from the Fed Funds Futures Market ［J］. Journal of Monetary Economics 47, 2001, 3：523－544.

［31］ Landgraf S, Chowdhury A. Factoring Emerging Markets into the Relationship Between Global Liquidity and Commodities ［J］. Working Paper 2011－07, 2011.

［32］ Lunieski C. Commodity Price Volatility and Monetary Policy Uncertainty：A GARCH Estimation ［J］. Political Economy, 2009, 19：108－124.

［33］ Manera M, Nicolini M, Vignat I I, Returns in Commodities Futures Markets and Financial Speculation：A Multivariate GARCH Approach ［R］. Fondazione Eni Enrico Mattei, Working Papers 2012. 23, 2012.

［34］ Masters M. Testimony before the Committee on Homeland Security and Governmental Affairs ［R］. U. S. Senate, May 2008.

［35］ Morana C. Oil Price Dynamics, Macro－Finance Interactions and the Role of Financial Speculation ［R］. Fondazione Eni Enrico Mattei. Working Papers 2012. 07, 2012.

［36］ Mu X, Ye H. Understanding the Crude Oil Price：How Important is the China Factor? ［J］. Energy Journal, 2011, 32（4）.

［37］ Nishimura K G. Financial Factors in Commodity Markets ［C］. Speech by Mr Kiyohiko G Nishimura, Deputy Governor of the Bank of Japan, at the Paris EUROPLACE International Financial Forum, Tokyo, 28 November 2011.

［38］ Pant M, Mhleisen M, Thomas A H. Peaks, Spikes, and Barrels：Modeling Sharp Movements in Oil Prices ［R］. International Monetary Fund, 2010.

［39］ Ratti R A, Vespignani J L. Liquidity and Crude Oil Prices：China's Influence over 1996－2011 ［J］. Economic Modelling, 2013, 33（517－525）.

［40］ Roache S K. China's Impact on World Commodity Markets ［R］. International Monetary Fund, Working Paper No. 12－115, 2012.

［41］ Rosa C. The High－Frequency Response of Energy Prices to Monetary Policy：Understanding the Empirical Evidence ［R］. Federal Reserve Bank of New York Staff Report No. 598, 2013.

［42］ Saghaian S H, Reed M R, Marchant M A. Monetary Impacts and Overshooting of Agricultural Prices in an Open Economy [J]. American Journal of Agricultural Economics, 2002, 84 (1): 90 – 103.

[43] Scrimgeour D. Commodity Price Responses to Monetary Policy Surprises [R]. Working Papers 2010 – 04, Department of Economics, Colgate University, 2010.

[44] Singleton K. Investor Flows and the 2008 Boom/Bust in Oil Prices [R]. Working Paper, Stanford Graduate School of Business, 2011.

[45] Thompson A S, Summers P M. The Effect of Monetary Policy on Real Commodity Prices: a Re – examination [J]. The Journal of Economics, 2012, 38 (1): 1 – 21.

第三节 实际利率和存货调整对国际油价波动的影响：基于套利模型和 1995—2015 年月度数据的实证研究[1]

一、引言

回顾近 20 年国际原油市场的发展历程，发现国际油价走势犹如过山车（如图 1 所示）。2004 年以前，国际油价不曾超过 40 美元/桶，到 2006 年国际油价上升到 70 美元/桶，2008 年 7 月最高达 136 美元/桶。随着 2008 年国际金融危机的爆发，油价在短短半年之内下跌到接近 2004 年的水平，跌幅达 70% 以上。很快地，油价在 2011 年再次攀升至超过 100 美元/桶，并维持了四年之久。然而，2014 年下半年以来，国际油价再次大跌，从高于 100 美元/桶跌至不足 50 美元/桶，跌幅超过 50%。一个明显而重要的问题是什么因素导致了原油价格如此剧烈的波动。学界争论的焦点在于基本面因素和投机因素的相对重要性上[2]。

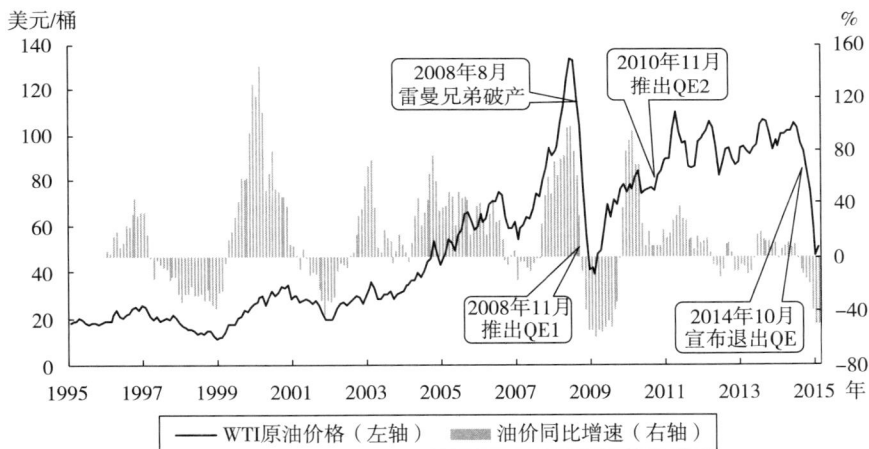

图 1 近 20 年国际原油价格走势

注：QE 指量化宽松货币政策。QE1 代表第一轮量化宽松货币政策。

资料来源：Bloomberg 数据库。

区分投机因素和供需因素在油价波动中的相对重要性，对政策制定者来说十分关键。引起油价上涨或下跌的原因不同，则采取的有效的应对措施就不一样。关于

1　本部分作者为谭小芬、刘杰。

2　此处的"基本面因素"指原油供给、原油需求以及宏观经济环境；"投机因素"包括原油存货调整和原油期货等衍生品的投机性交易，等等。

油价驱动因素研究的一个趋势是，越来越多的学者开始关注投机因素在近年来的油价波动中扮演的角色，其出发点是油价的剧烈变化已然超出了供需等基本面因素的解释能力。关于投机的理解可以归纳为两类：一是原油期货市场上或其他衍生品市场上的非商业投资者的交易行为，二是原油现货市场上的存货行为。本节主要基于套利模型关注存货投机对油价的潜在影响。

作为可存储商品，原油存货为利益相关者提供了一种投机方式。[3] 基于对未来原油价格的预期，通过在继续持有存货和出售商品之间进行权衡，投机者的决策影响着原油市场的供给和需求，进而对油价产生影响。同时，经济理论指出利率与上述存货的投机过程有关。这是通过影响持有存货的机会成本体现的。当利率较低时，存货的持有成本就小，其他条件不变的情况下，均衡状态下的存货量会增加，从而对油价产生上行压力；反之则相反。

本节基于 Frankel（2014）的套利模型对利率、存货和油价三者间的理论关系进行分析，然后以 1995 年 1 月至 2015 年 2 月的月度数据作为样本，通过 TVP-VAR 模型进行估计得到供给、需求、利率和存货对油价的时变参数值，结合脉冲响应的基本结果，比较不同驱动因素在不同时期油价变化背后的相对重要性，为近 20 年来原油价格的变化提供可能的解释。

论文的主要创新点有：（1）本节通过对 25 个反映全球流动性状况的价格指标提取主成分，得到全球利率的替代变量；（2）运用 TVP-VAR 模型估计出各影响因素的时变回归系数，有利于分析和比较不同时期不同因素的影响差异；（3）对利率、存货和油价三者间的关系进行深入探究，包括利率影响油价的机制、存货对油价变化的调整等；（4）样本区间为 1995 年 1 月至 2015 年 2 月，与以往文献相比更新了数据，尤其是包括了 2014 年下半年以来油价急剧下跌阶段，为探究该阶段油价下跌原因提供了基础。

本节剩余部分的结构安排如下：第二部分是文献综述，主要对影响油价的利率因素和投机因素进行总结；第三部分是理论模型，阐释利率、存货和商品价格之间的关系；第四部分是数据描述、实证模型和实证检验结果；最后是结论与政策建议。

二、文献综述

现有文献关于大宗商品价格的上涨主要有三种解释。一是全球增长说，认为 2000 年以来全球经济的广泛增长，尤其是中国等发展中国家成为全球重要经济体以及对这些国家未来继续高速增长的预期，导致商品需求增加，进而导致商品价格上

2　本文在实证研究部分采用 Wind 数据库公布的世界原油库存来衡量原油存货。值得注意的是，现实中严格区分存货是出于生产用途，还是投机因素是非常困难的。

涨。Kilian 和 Hicks（2009）运用预测修正模型研究了"金砖四国"和 OECD 成员国对油价影响的差异，发现亚洲新兴经济体的快速发展是 2003—2008 年油价上涨的重要推手。更为具体的是，Knut、Hilde 和 Thorsrud（2012）运用 FAVAR 模型，计算出发达国家和新兴经济体的需求对油价波动的总体解释程度超过 50%，而且后者几乎是前者的两倍。二是宽松的货币政策，这常常体现为较低的实际利率。Reuven 和 Sylvain（2012）通过事件研究法，对美国 QE1 和 QE2 过程中的货币政策声明对大宗商品价格的影响进行分析，发现刺激性货币政策的声明会增加市场的不确定性并导致投资者下调经济增长预期，进而导致长期利率下降、美元贬值和大宗商品价格下跌。Anzuinie、Lombardi 和 Pagano（2010）运用 SVAR 模型将利率水平和货币供应对大宗商品价格产生的影响进行比较后发现，美国联邦基金利率的变动会直接作用于大宗商品价格，而货币供应对大宗商品价格的影响主要是通过提高经济增速和改变通货膨胀预期等间接方式来推升大宗商品价格。三是投机因素，包括破坏性投机和稳定性投机（Frankel，2014），前者与"羊群效应"（或攀比效应）有关，个人投资者追随其他投资者的行为，加剧了商品价格的波动；后者指当商品价格上涨至超过其长期均衡水平时，市场参与者就产生未来价格会下降的预期，进而卖出或做空与该商品有关的资产，从而达到减缓价格上涨的效果。一方面，自 2003 年开始，投资者对大宗商品相关金融工具的投资需求急剧增加，在大宗商品市场蓬勃发展的 2006—2008 年，对指数基金和商品期货的投资需求不断增长是推动大宗商品价格上涨的主要原因之一（Masters，2008）；另一方面，也有大量研究得出投机因素不重要的结论，如 Hamilton（2009）强调来自基本面的供需因素的重要性，认为投机并不是拉动大宗商品价格上涨的决定性因素。为了更好地研究实际利率和存货投机对商品价格的重要性，本节对相关文献进行梳理和评述。

（一）实际利率对国际油价的影响

低利率通常被认为是导致大宗商品价格上涨的重要原因之一，利率主要通过以下四个渠道影响商品供给或需求，进而影响大宗商品价格。（1）供给渠道。较低的利率降低了大宗商品的储藏成本，因此生产商减少当期生产，待价格上升时再生产，从而产量下降，价格上升。（2）存货需求渠道[4]。较低的利率水平同时也降低了持有"地下"存货的成本，因此使大宗商品的生产者有动机减少当期开采量，库存增加，从而供给相应减少。例如，石油生产商不会将地底下的石油提早卖出去，因为换来的钱利息很低，而是等待利率上升时再开采，从而减少石油供给，石油价格上升。

　　3　这里，存货需求区别于实体经济需求，存货需求是基于对未来油价预期进行的投机性或生产性行为，实体经济需求指由于实体经济的增长带来的对原油等原材料的实际需求的增加。

（3）投机需求渠道。利率下降，投资者做空国库券，做多大宗商品期货。期货价格上升会通过套利机制对现货价格产生一定的影响。反之，一个正向的利率冲击会增加大宗商品的产量、大宗商品库存降低，并且投机的头寸也会明显下降。（4）实体需求渠道。宽松的货币政策必然伴随着利率的下降和货币供应量的上升，这会刺激经济增长和通货膨胀预期，从而增加对大宗商品的需求，推高大宗商品价格。

较早时期研究利率与大宗商品价格关系的文献，大多是对大宗商品价格与流动性的关系进行分析，研究方法也从简单的相关系数法，发展到 OLS，再到 VAR 等结构性模型。如 Chu 和 Morrison（1984），认为大宗商品价格除了受到世界经济总量变化、商品进口国替代品价格变化以及供给变化的作用外，还受到美元汇率和世界利率水平的影响，且其价格波动与汇率和利率变化负相关。Frankel（2006）用 OLS 模型检验了 1950—2000 年道琼斯—瑞银商品价格指数、CRB 商品价格指数、穆迪商品价格指数等最常用的商品价格指数与实际利率的关系，发现 1950—1979 年实际商品价格与实际利率间存在显著的负相关关系，但自 1980 年以后二者并不存在稳定的相关关系。Belke、Bordon 和 Volz（2012）用协整 VAR 模型对 1980—2011 年的数据进行分析，发现全球流动性和大宗商品的价格和食品价格的变化存在长期的正相关关系。从长期来看，大宗商品价格和食品价格会根据全球流动性的变化而调整。

此外，近些年不少学者提出大宗商品价格关于利率变化的"超调模型"，深入研究大宗商品价格对利率变化作出反应的动态过程。Akram（2008）估计了包含 1990—2007 年 OECD 国家工业产值、美国短期实际利率、美元实际有效汇率、原油实际价格、实际大宗商品价格指数的 SVAR 模型，脉冲响应结果表明实际利率下降会使大宗商品价格显著上涨，而且石油和金属商品会对利率变化作出"超调"反应。Frankel（2014）正式提出了实际利率影响大宗商品价格的"超调模型"，并基于 1950—2012 年的数据，发现实际利率与大宗商品价格之间存在负相关关系，利率下降 1% 会推动大宗商品价格上升 4%~6%。"超调"的原因在于，由于大宗商品的供给弹性较低，在流动性冲击下短期内其价格迅速上涨，超过其长期均衡水平。

（二）存货投机对国际油价影响

关于投机的定义有很多，其中较有代表性的是 Knittel 和 Pindyck（2013）的定义，以原油为例，他们将原油价格投机解释为通过预期未来油价上涨或下跌而购买或出售原油有关资产以获得实现资本利得可能性的行为，并全面比较了五种投机方式的可行性、成本以及对油价和宏观经济变量的影响。[5]总体来说，投机方式可以概

---

5 这五种投机方式分别为：购买石油公司股票、保持地下原油不开采、持有地上原油存货、持有原油期货、持有其他原油衍生品，具体参见 Knittel 和 Pindyck（2013）。

括为现货投机、期货投机和其他衍生品投机。

现货市场的投机行为主要表现在石油库存的变化上。学术界关于库存与油价关系的研究中，既有支持存货变化影响油价的观点，也有反对的观点。一方面，Kilian和 Murphy（2012）认为石油的库存变化量能够反映石油现货市场的投机活动，针对油价上涨预期的投机行为会引起石油库存的增加，从而导致油价上涨及石油产量的增加。Dvir 和 Rogoff（2012）利用美国的数据进行研究发现存货和油价密切相关，他们指出美国原油产量、美国原油库存、实际原油价格和美国工业产值之间存在一组稳定的协整关系。进一步地，大量学者通过对结构性模型施加符号约束探究历史上不同时期存货投机对油价的作用。Juvenal 和 Petrella（2011）对库存变量实施负向的符号约束，构建 FAVAR 模型，发现投机行为对 2004—2008 年的油价波动具有很强的解释能力。另一方面，Kilian 和 Murphy（2012）通过对 SVAR 模型施加符号约束和弹性约束，认为 2003—2008 年的油价上涨并非由投机因素导致，因而对原油市场进行额外监管不能阻止这一时期的油价上涨。Beidas – Strom 和 Pescatori（2014）研究 1983—2012 年国际原油市场上的投机性原油需求对油价的短期作用，利用有符号约束的 SVAR 模型对数据进行分析，发现油价对投机冲击的响应（10% ~ 35%）小于对需求冲击的响应程度（40% ~ 45%）。

此外，部分学者从商品定价模型出发，从理论和实证两个维度研究投机与油价的关系。如 Knittel 和 Pindyck（2013）建立了基于供需的现货市场和存货市场商品价格模型，以 1999—2012 年的生产、消费、库存变化和便利收益率为样本，利用反事实分析法，发现投机几乎对商品价格及其波动性没有影响。Frankel（2014）建立了可存储商品的套利模型，关注利率和市场参与者对未来油价的预期，对 1995—2011年的数据进行检验后发现：利率与存货需求负相关进而与商品价格负相关，与未来油价的预期和存货需求正相关，进而与油价正相关。

现有文献已经对国际油价波动的可能影响因素进行了全面而系统的理论分析和实证检验，本节试图在这些文献的基础之上，着重考察全球流动性因素、存货投机和供需因素在不同时期对油价影响的差异。

三、理论模型

绝大部分的大宗商品，像矿产品、化石燃料和农产品等，与其他商品的区别在于它们往往是可存储和相对同质的。因此，其价格决定模型中除了供给和需求之外，还需要考虑存货调整。本节借鉴 Frankel（2014）的套利模型，对利率、存货和价格之间的关系进行分析。

首先，建立包含预期的价格均衡调整方程。市场参与者观察到商品现在的价格高于或低于其长期均衡水平时，就会产生价格在未来的一段时间内会回归到均衡水平的预期。假设价格按照均匀的速率进行调整，则有

$$E\left[\Delta(s-p)\right] \equiv E\left[\Delta q\right] = -\theta(q - \bar{q}) \tag{1}$$

或者简单移项得到

$$E(\Delta s) = -\theta(q - \bar{q}) + E(\Delta p) \tag{2}$$

其中，s 代表即期价格，p 代表经济整体物价指数，$q = s - p$ 是商品实际价格，$\bar{q}$ 是商品在长期的实际均衡价格，θ 衡量价格调整速度。[6]

其次，建立存货决定方程。该方程关注存货水平的确定，是继续持有存货到下一期还是当期就出售资产然后投资以获得利息收益。均衡状态下，两者的收益率应该相等。

$$E(\Delta s) + c = i \tag{3}\text{-a}$$

$$c \equiv cy - sc + rp \tag{3}\text{-b}$$

其中，i 是名义利率，cy 代表持有存货的便利收益率[7]，sc 为存储成本[8]，$rp \equiv (f - s) - E(\Delta s)$ 代表风险溢价[9]，f 是与利率 i 等期限的商品期货或远期价格。

（一）价格与利率关系

为了得到价格与利率的关系，将方程（2）代入方程（3）中，有

$$-\theta(q - \bar{q}) + E(\Delta p) + c = i \tag{4}$$

进而得到

$$q = \bar{q} - (1/\theta)(i - E(\Delta p) - cy + sc - rp) \tag{5}$$

这个方程说明，大宗商品的实际价格，相对于其长期均衡水平，与实际利率负相关。当实际利率上升时，如 20 世纪 80 年代早期，资金将流出大宗商品行业，大宗商品价格下降。直到大宗商品价格下降到远低于其长期均衡水平时，人们产生未来价格会反弹的预期，此时就达到了套利条件。相反地，当实际利率下降时，如在 2001—2005 年和 2008—2012 年，资金将流入商品部门，商品价格上涨直至价格被认为远高于其长期均衡水平时，人们开始预期未来价格会下降，此时也达到套利条件。这就是大宗商品价格关于利率的超调模型。

---

6 注意，此处的即期价格、物价指数、实际价格和长期均衡价格均需取自然对数。

7 例如，确保生产过程中某些关键原料的正常供应以防供给突然中断而带来的保险价值，或在持有黄金的情况下带来的愉悦感。

8 例如，畜产品的喂养费、谷物耗损率及仓储库的租金、油箱的租金、防止被他人偷盗而支出的安全维护成本，等等。

9 按照这种定义，此处的风险溢价是从对冲者的角度出发的。如果持有商品的风险较大，风险溢价就应该为负，从而对暴露在现货市场风险中的市场参与者提供补偿；但是如果持有商品本身能够提供自然对冲，那么风险溢价就应该为正，因为其价格与投资组合的市场回报负相关。

（二）存货与价格关系

商品的存储成本与库存量有关，从而在价格方程中引入存货量。存货成本随着现有存货量对既定存储能力造成的压力程度的增加而增加，用函数表示为 $sc = \Phi(INVENTORIES)$，其中 Φ 为增函数。当存货量处于历史高位时，如果没有存储能力的明显改善，存货成本就会相应很高。这在理论上表明存货量与商品价格负相关。将 sc 代入方程（5）得

$$q = \bar{q} - (1/\theta)\Phi(INVENTORIES) - (1/\theta)\left[i - E(\Delta p)\right] + (1/\theta)cy + (1/\theta)rp$$

（6）

该方程刻画了存货量与商品实际价格之间的负相关关系。

（三）利率与存货关系

下面得出存货和利率之间的关系。根据方程（3）得到

$$sc = \left[E(\Delta s) - i\right] + cy + rp$$（7）

将方程（7）与存货量和边际存储成本的逆函数相结合，得到

$$INVENTORIES = \Phi^{-1}(sc) = \Phi^{-1}\left\{\left[E(\Delta s) - i\right] + cy + rp\right\}$$（8）

其中，Φ^{-1} 是增函数。于是利率与存货量之间也是负相关关系。低利率不仅预示着更高的商品价格，也预示着更高的存货持有量。

根据套利模型，影响大宗商品价格的因素有供需因素、存货投机因素和利率因素。利率和存货首先通过套利均衡方程，其次通过价格的长期均衡调整方程对商品价格产生影响。对于存货，高存货量与高存储成本相对应，高存储成本与预期下一期价格上涨相对应。对于利率，高利率也与预期下一期价格上涨相对应。下一期即期价格上涨意味着长期内价格下降至均衡水平。因而，高存货量和高利率对应着长期内的价格下降，即利率和存货与价格变化负相关。本节在接下来的部分，将验证利率变化通过存货调整还是其他渠道对国际原油价格波动产生影响，并探究存货调整究竟是起到稳定性作用还是破坏性作用。

四、数据与实证检验

（一）数据选取及说明

本节选取 1994 年 1 月至 2015 年 2 月反映原油市场供需和库存的月度数据，并通过提取主成分的方法得到反映全球流动性状况的利率替代变量。具体指标选取如下：

原油供给（crude oil supply，S）。选取世界原油产量当月值代表原油供给，该指标包含了欧佩克国家和非欧佩克国家的产油量，能够反映全球原油产量的走势，是全球原油生产市场的一个重要指标，单位是千桶/日，数据来源于美国能源信息署

（EIA）。

原油需求（crude oil demand，D）。本节选取 BDI 指数作为反映全球原油需求的指标。由于全球经济活动的活跃程度会影响石油需求，从而导致石油价格的波动，经济越繁荣，油价上涨的趋势将越明显。一种可行的衡量办法是将所有国家工业增加值进行加权来衡量全球经济活动，然而，由于全球跨国公司的产业转移和各国节能技术水平的差异，以及近十年来发达国家的服务业比重上升，能源密集度下降，而新兴经济体的工业比重上升，造成能源密集度增加，将各国工业增加值加权会忽略这种产业结构和技术进步变化带来的石油需求差异。考虑到上述缺陷，Kilian（2009）另辟蹊径，他认为航运指数与经济活动有很大的正相关性，于是运用干散货航海运费指数来表示世界经济的活跃程度。这一方法在之后的很多研究中得到了广泛的运用。因此，本节也采用波罗的海干散货指数（BDI）作为衡量全球经济活动活跃程度和原油需求的指标。数据来自彭博数据库。

利率（interest rate，I）。通过对 25 个反映全球流动性状况的价格指标提取主成分，[10]得到利率的替代指标。价格指标主要是反映利率和利率以外的其他成本的资金价格，本节主要从货币流动性、资金流动性、市场流动性和风险承担与评估四个角度选取重要价格指标提取主成分。数据来源于万德（Wind）和彭博数据库（Bloomberg）（见表 1）。本节模型中采用的是剔除通货膨胀因素后的实际利率。

原油库存（crude oil inventory，V）。选取世界石油库存这一指标代表原油库存，单位是百万桶，数据来源于美国能源信息署（EIA）。EIA 会定期公布美国原油库存数据和世界原油库存数据，前者每周公布一次，后者每月公布一次，EIA 的库存数据已被市场交易员和国际权威的能源咨询机构广泛采用。

原油价格（price of crude oil，P）。选取国际货币基金组织（IMF）从 1980 年开始按月度发布的石油现货价平均价格指数，2005 年为 100。该指标可以反映国际原油现货市场的整体价格水平，与上述指标相对应。与利率相同，本节模型采用的是剔除通货膨胀因素后的实际价格。

表 1　　　　　　　　　　衡量全球流动性状况的价格指标

序号	指标名称	样本区间	数据来源
1	美国：联邦基金利率（日）：月	1995 年 1 月至 2015 年 2 月	Wind
2	美国：国债收益率：10 年：月	1995 年 1 月至 2015 年 2 月	Wind
3	Libor：美元：1 个月：月	1995 年 1 月至 2015 年 2 月	Wind

10　主要选取美国、欧洲国家、英国、日本等发达经济体的流动性指标（代表发达经济体），同时考虑中国的流动性状况（代表发展中经济体）。

续表

序号	指标名称	样本区间	数据来源
4	日本：抵押拆借利率：隔夜：期末值：月	1995 年 1 月至 2015 年 2 月	Wind
5	日本：国债利率：10 年：月	1995 年 1 月至 2015 年 2 月	Wind
6	Libor：日元：1 个月：月	1995 年 1 月至 2015 年 2 月	Wind
7	欧元区：一年期欧元银行同业拆息利率：月	1995 年 1 月至 2015 年 2 月	Wind
8	欧元区：二级市场 10 年期政府债券收益率：月	1995 年 1 月至 2015 年 2 月	Wind
9	英国：基准利率：月	1995 年 1 月至 2015 年 2 月	Wind
10	英国：英镑同业拆借利率：1 周：月	1995 年 1 月至 2015 年 2 月	Wind
11	Libor：英镑：1 个月：月	1995 年 1 月至 2015 年 2 月	Wind
12	德国：长期国债收益率：月	1995 年 1 月至 2015 年 2 月	Wind
13	法国：国债收益率：10 年：月	1995 年 1 月至 2015 年 2 月	Wind
14	中国中长期贷款利率：1 至 3 年（含）：月	1995 年 1 月至 2015 年 2 月	Wind
15	VIX index	1995 年 1 月至 2015 年 2 月	Bloomberg
16	七国集团波动率指数	1995 年 1 月至 2015 年 2 月	Bloomberg
17	JP 全球波动率指数	1995 年 1 月至 2015 年 2 月	Bloomberg
18	Brent 原油期货 spread	1995 年 1 月至 2015 年 2 月	Bloomberg
19	WTI 原油期货 spread	1995 年 1 月至 2015 年 2 月	Bloomberg
20	美国股市 PE	1995 年 1 月至 2015 年 2 月	Bloomberg
21	日本股市 PE	1995 年 1 月至 2015 年 2 月	Bloomberg
22	FTPTP100 index	1995 年 1 月至 2015 年 2 月	Bloomberg
23	新西兰货币状况指数	1995 年 1 月至 2015 年 2 月	Bloomberg
24	外汇互换基点	1995 年 1 月至 2015 年 2 月	Bloomberg
25	外汇互换基点	1995 年 1 月至 2015 年 2 月	Bloomberg

（二）TVP-VAR 模型

向量自回归（VAR）模型是计量经济学分析中的一个被大量运用的基础计量工具。在众多的 VAR 模型中，由 Primiceri（2005）提出的具有随机波动率的时变参数 VAR（time-varying VAR）模型得到广泛使用，尤其是在宏观经济学的分析中。与一般的 VAR 模型相比，TVP-VAR 模型让我们能够以一种灵活稳健的方式捕捉到经济结构当中潜在的时变特质。通过在 VAR 模型中定义所有参数遵循一阶随机游走过程，实现允许参数发生暂时的或持久的改变。

本节使用的是多变量的 TVP-VAR 模型。简化式 VAR 模型的形式如下：

$$y_t = X_t\beta + A^{-1}\sum \varepsilon_t \tag{9}$$

本节通过允许参数随时间变化将之扩展到 TVP-VAR 模型。考虑如下具有随机波动率的 TVP-VAR 模型：

$$y_t = X_t\beta_t + A_t^{-1}\sum{}_t \varepsilon_t \qquad (10)$$

其中，系数 β_t，参数 A_t 和 $\sum_t$ 都是时变的。仿照 Primiceri（2005）的方法，让 $a_t = (a_{21}, a_{31}, a_{41}, \cdots, a_{k,k-1})'$ 表示矩阵 A_t 下三角元素的堆积向量，让 $h_t = (h_{1t}, \cdots, h_{k,t})'$，$h_{jt} = \log\sigma^2_{jt}$，其中 $j = 1, \cdots, k$ 和 $t = s+1, \cdots, n$。假定方程（10）中的参数遵循如下的随机游走过程：

$$\beta_{t+1} = \beta_t + \mu_{\beta t}, \qquad \alpha_{t+1} = \alpha_t + \mu_{\alpha t}, \qquad h_{t+1} = h_t + \mu_{ht}$$

$$\begin{pmatrix} \varepsilon_t \\ \mu_{\beta t} \\ \mu_{\alpha t} \\ \mu_{ht} \end{pmatrix} = \begin{pmatrix} 0, & \begin{pmatrix} I & 0 & 0 & 0 \\ 0 & \sum_\beta & 0 & 0 \\ 0 & 0 & \sum_\alpha & 0 \\ 0 & 0 & 0 & \sum_h \end{pmatrix} \end{pmatrix}$$

对于 $t = s+1, \cdots, n$，其中 $\beta_{s+1} \sim N(\mu_{\beta_0}, \sum_{\beta_0})$，$\alpha_{s+1} \sim N(\mu_{\alpha_0}, \sum_{\alpha_0})$ 和 $h_{s+1} \sim N(\mu_{h_0}, \sum_{h_0})$。[11]

（三）实证结果

1. 平稳性检验和格兰杰因果检验

为了防止因序列数据的不平稳导致的"伪回归"，本节采用 ADF 单位根对原始序列和一阶差分后的序列进行平稳性检验。滞后期采用 SIC 准则在最大滞后期 14 期内选取，并根据每个变量的变化趋势决定是否加入常数项和趋势项。检验结果如表 2 所示，所有的变量均为一阶平稳序列。由此，对上述除利率之外的变量取对数后进行一阶差分处理，对于短期利率则只作差分处理即可得建立模型所需的平稳序列。

表 2　　　　　　　　　　　变量的单位根检验结果

时间序列	原始序列			一阶差分序列		
	检验形式	ADF 统计量	是否平稳	检验形式	ADF 统计量	是否平稳
世界原油产量（S）	（C，0，1）	-0.976	否	（C，0，1）	-13.608	是 ***
BDI 指数（D）	（C，0，1）	-3.072	否	（C，0，3）	-9.786	是 ***
流动性主成分（I）	（C，0，1）	-1.024	否	（C，0，1）	-15.229	是 ***
世界原油库存（V）	（C，0，1）	-1.029	否	（C，0，1）	-15.242	是 ***
原油实际价格（P）	（C，0，1）	-2.053	否	（C，0，1）	-9.750	是 ***

注：检验形式为（C，T，K），其中 C、T、K 分别表示截距项、趋势项和滞后阶数（0 表示没有相应项），滞后期的选择标准参考 SIC 准则；*** 表示在 1% 显著水平下平稳。

11　该模型估计采取马尔科夫链—蒙特卡罗方法（Markov Chain Monte Carlo，MCMC），具体参见 Nakajima（2011）。

在建立模型时，根据 AIC 准则选取最优滞后阶数，本节选取滞后期为 P = 2。考虑到 VAR 模型自身并不能体现经济含义，为了更有效地研究各变量之间的经济关系，本节选用格兰杰非因果检验的方法对各变量之间的因果关系进行检验。滞后期选择为 2，自变量与因变量之间因果关系检验结果如表 3 所示。从表 3 可以看出，以上所有解释变量（S、D、I、V）在 90% 的置信水平下均是国际油价的格兰杰原因。此外，利率、供给是存货量的格兰杰原因，需求不是存货调整的格兰杰原因，价格也不是利率和存货量的格兰杰原因。

表3　　　　　　　　　　　　　格兰杰非因果关系检验结果

原假设	F - 统计量	P 值
石油产量（S）不是油价（P）的格兰杰原因	3. 458	0. 033 **
石油需求（D）不是油价（P）的格兰杰原因	7. 111	0. 001 ***
流动性主成分（I）不是油价（P）的格兰杰原因	2. 652	0. 073 *
存货量（V）不是油价（P）的格兰杰原因	5. 813	0. 003 ***
利率（I）不是存货量（V）的格兰杰原因	2. 347	0. 098 *
石油产量（S）不是存货量（V）的格兰杰原因	6. 633	0. 002 ***
石油需求（D）不是存货量（V）的格兰杰原因	0. 582	0. 559
价格（P）不是利率（I）的格兰杰原因	1. 120	0. 328
价格（P）不是存货量（V）的格兰杰原因	1. 416	0. 245

注：*、**、*** 分别表示在 10%、5%、1% 显著性水平下通过 F 检验。

2. 时变回归系数

图 2 显示了原油供给、原油需求、利率和原油存货对原油价格的时变回归系数。[12] 供给、需求、利率和存货对油价的回归系数符合理论预期，而利率与存货之间的关系并不显著。

（1）对原油价格影响最大的变量是原油库存（V），在整个样本区间，库存对价格的回归系数都为负而且显著不为零，在 2003—2004 年存货的作用达到最大。这表明库存增加时原油价格下降，库存减少时原油价格上升。上述结果验证了存货具有稳定价格波动作用的结论，与理论模型相符合；而存货的投机性质并不明显，从而不支持存货投机导致油价上涨的说法。

（2）利率（I）对原油价格的回归结果系数大多为负，且在样本区间开始的几年内对价格的影响较大，仅次于存货；随着时间的推移，利率的作用不断减弱，到 2012 年 5 月利率对价格的影响由负转正。有趣的是，实际利率在样本区间内经历由

12　利率之外的变量均经过取对数和一阶差分处理，即以增长率的形式进入模型，回归系数可以解释为"原油需求 ［（原油供给/原油库存）/实际利率］ 增加百分之一，会导致油价上升百分之几"，等等。

高到低的变化，实际利率与原油价格对利率回归系数的简单相关系数高达 −0.71，表明在利率处于较高位置时，利率下降对商品价格的抑制作用较为强烈；而当利率下降到相当低时，进一步地削减利率似乎不能起到减缓价格上涨的作用。这与经济学理论中的"流动性陷阱"颇为类似。

（3）供给（S）和需求（D）对油价的影响符合经济理论，即供给对油价的影响系数为负，需求为正。其影响可以分为三个阶段：第一个阶段是 1995—2000 年，供给对油价的作用逐渐增大，需求对油价的影响较小。第二个阶段是 2001—2008 年。进入 21 世纪，供给对油价的影响开始减小，到 2008 年底接近于零，同时全球需求因素变得越来越重要，在 2004—2006 年前后达到最大，可见需求因素在这一时期的油价上涨中发挥着重要作用。第三个阶段是 2009 年以后。2009 年以后，供给的作用再次凸显，成为继存货之后影响油价的第二重要的因素，需求的作用逐渐减弱。

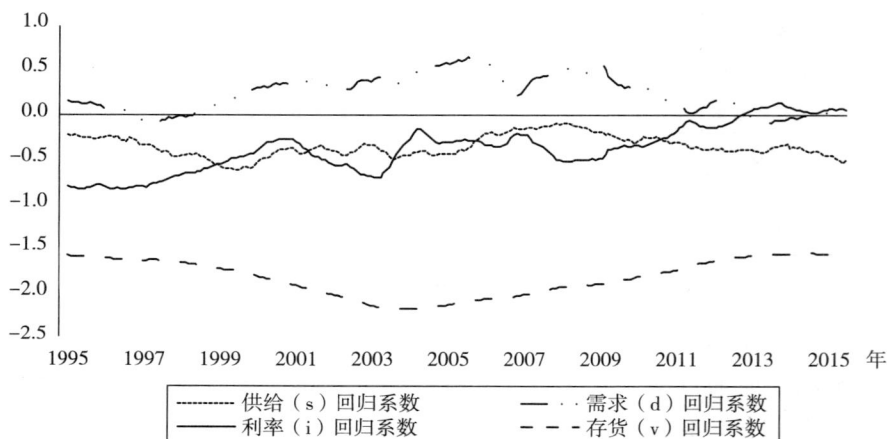

图 2　各变量时变回归系数

为了更加直观地认识不同因素在历史上对国际油价的真实影响程度，我们通过"$a_t \times y_t$"的方法得到变量 y 在时刻 t 对油价影响的具体值（见图 3），可以看出：

第一，从对油价变化的贡献程度来看，存货最大，其次是利率，最后是供给和需求。根据油价的具体波动特征，可以分以下几个阶段观察油价的驱动因素。在1995—1997 年油价上涨时期，供给和需求因素对油价的影响较小，存货量的减少发挥了主导作用；在 1997—1999 年亚洲金融危机爆发后油价下跌，全球流动性紧缩成为关键因素，其次是存货量；在 1999—2001 年油价恢复阶段，伴随全球经济走出危机的阴影，对原油的需求显著改善，需求对油价的拉升作用开始显现，存货依然扮演重要的角色；2001—2002 年短暂的油价回调中，需求、利率和存货共同发挥了作用；随后在 2002—2008 年 6 月油价大幅上涨阶段，全球流动性宽松和经济增长带来的原油需求增加成为油价上升的两大推手；2008 年 6 月至 2009 年 3 月，危机爆发后国际油价骤跌，利率、存货和需求的贡献旗鼓相当，全球需求因素的重要性达到历史最高；2009 年 3 月至 2011 年 3 月，油价处于反弹阶段，需求上升、全球流动性宽松和存货调整是重要力量；其后，2011 年 3 月至 2014 年 6 月，油价经历了稳中有波动的三年，各因素贡献也较为稳定；然而，2014 年 6 月以来全球油价下跌超过50%，存货的大量积累成为"罪魁祸首"。

第二，比较 2002—2008 年上半年的油价上涨和 2009—2010 年的油价上涨，我们发现：2002—2008 年需求和利率因素至关重要，从 2002 年初至 2008 年初，全球工业产值增加了两倍，全球经济广泛而快速的增长带来对原油需求的稳步增长，成为拉升油价的长期力量；这一时期的另一大特征是，全球流动性状况继续宽松，这对油价也起到刺激作用。在 2009—2010 年金融危机后国际油价恢复阶段，原油存货不再增加成为油价回暖的积极信号，全球经济缓慢复苏带动原油需求增加，而此时开始的量化宽松货币政策又一次将全球利率水平推至历史低谷，开启负利率时代，利率下降仍然能够起到刺激油价上涨的作用，但这一作用正随着流动性的不断宽松而逐渐减弱甚至逆转。

第三，在历史上油价的 4 次明显下跌中，1998—1999 年的下跌主要由利率和存货导致；2002 年油价下跌除了利率和存货因素以外，需求也起到重要作用；2008—2009 年油价下跌是由存货、利率和需求共同导致，而且需求因素在此时对油价的影响达到历史最强程度，这时危机使全球经济受到重创，需求大幅下降最近一次油价下跌是在 2014 年 6 月。2014 年 6 月以来，国际油价大跌 50% 以上，根据本节模型的计算结果，需求的贡献几乎为零，利率和供给贡献较小，最主要的驱动因素是原油库存，OPEC 不减产决定以及美国等国家原油产能的提高，使这一时期原油供给和库存大量增加，从而让已经不断下跌的油价再次雪上加霜。

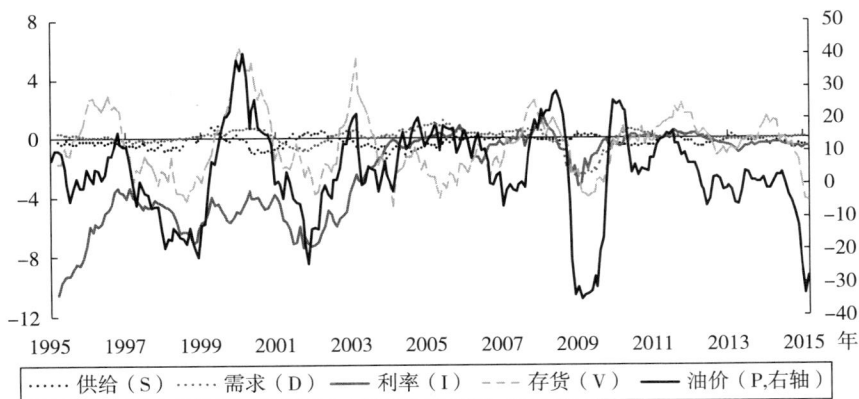

图3　不同因素对油价变化的贡献

关于 2014 年下半年到 2015 年初油价巨幅下跌的原因，国际上一些有影响力的研究与本节结论基本一致（Baumeister C and Kilian L，2015；Arezki R and Blanchard O，2015；et al.）。如 Blanchard 等（2015）指出，大宗商品中的金属对全球经济活动的变化比石油对全球经济活动的变化更加敏感，但是这一时期工业金属价格下跌幅度远不如石油价格跌幅大，说明油价跌幅大可能更多的是来自供给层面。他们指出，需求萎缩大概只能解释 2014 年下半年油价下跌的 20%～35%。导致油价下跌的供给因素包括：石油产量的意外增加（2014 年 9 月利比亚石油生产恢复速度快于预期，伊拉克动荡没有对石油生产产生影响），OPEC 最大的原油供应国沙特阿拉伯公开宣布不减少目前稳步增长的原油供应，以及随后的 2014 年 11 月在原油市场存在供给过剩的情况下 OPEC 决定继续保持 3000 万桶/天的原油日产量。实际上，由于 OPEC 的最低限价政策，原油价格一直处于相对高位，尽管全球原油产量在稳步增加。然而，无约束生产国行为的变化导致对未来全球原油供应渠道的预期发生了根本性改变，解释了此次原油价格下跌的时间和幅度，并让国际油价逐渐接近竞争性市场均衡价格。历史上相似的油价下降发生在 1986 年，当时沙特阿拉伯自愿停止成为机动生产国，导致油价从 27 美元/桶下降至 14 美元/桶，直到 2015 年以后的 2000 年才得以恢复。

国际清算银行的研究报告（Domanski，Kearns，Lombardi，Shin，2015，BIS）也总结了 2014 年下半年以来油价下降的两大原因：一是 OPEC 宣布不减产是油价下跌的关键因素；二是近年来石油行业承担的债务显著增加是油价下行的新的压力。他们强调，石油行业的债务量由 2006 年的 10 亿美元快速上涨至 2014 年的 25 亿美元，而石油价格下跌带来了沉重的财务压力，并可能导致整个石油行业的紧缩。如果以增加当期和未来的原油销售量的方式进行调整，那么原油价格的下跌将被放大。他们从五个方面揭示了债务加剧和油价下跌的关系：（1）油价下跌恶化了石油生产者的资产负债表，从而恶化了其信贷状况；（2）油价下跌减少了石油生产者的现金流，增加了流动性短缺风险；（3）贷款服务条款可能要求持续的生产以保证现金流，从而使减产推迟；（4）强势美元使以美元进行融资的新兴经济体石油公司的债务负担加大，对其带来不利影响；（5）市场波动性高时[13]，互换交易商们不愿将空头合约卖给石油生产者，使石油生产者缺少对冲工具，增加其面临的油价波动带来的不确定性风险。[14]

13　2014 年下半年以来，CBOE 原油隐含波动率指数由 20 以下上升至超过 60，具体参见 Oil and Debt（BIS，2015）。

14　对能源支持型投资产品的需求成为石油生产商们的对冲需求的天然选择，然而，2013 年以来资金开始从能源投资产品流出的事实使这一问题发生了改变，这可能使互换交易商为了覆盖其与石油生产商的风险敞口而在公开市场上持有空头头寸。

此外，除了传统供需和债务因素影响，替代性能源的发展似乎也是影响油价变化的关键原因。随着页岩气产量迅速提高，国际能源署预计，页岩气将取代煤炭而成为仅次于石油的第二大能源资源，而且可能改变全球能源生产格局。近几年，页岩气产量增加已经拉低了能源价格。替代性能源的发展增加了国际油价的下行压力。

3. 脉冲响应结果分析

（1）不同窗口期的脉冲响应。首先，由于 TVP-VAR 模型的特有优势，我们可以得到不同时间点的脉冲响应结果。对于每一个样本点，我们选取窗口期分别为 4、8、12 共三个窗口期进行观察，这样可以非常方便和直观地对不同因素的响应结果进行横向和纵向比较，从而得出有意义的结论（结果如图 4 所示）。

油价对供给的响应。几乎在所有的历史时期，油价对供给正向冲击的响应是负向的，即供给突然增加会导致油价下跌，且响应程度在 4 个月左右达到最大，之后随时间的推移逐渐减小，1 年之后响应趋近于零；供给对油价影响最大的时期是在 1997—1998 年前后，在亚洲金融危机爆发的背景下，国际油价暴跌，而原油供给在 1996—1998 年的迅速扩张也起到推波助澜的作用。

油价对需求的响应。从方向上看，油价对需求正向冲击的响应是正向的，即突然的需求增加会抬高国际市场上的原油价格；从响应程度上看，21 世纪的前十年油价对需求的单位冲击响应程度较大，而在样本区间的两端点处油价对需求的单位冲击响应程度较小，说明需求因素在 2003—2008 年的油价上涨中扮演了重要角色；从响应的持续时间上来看，首先，2012 年以前，需求冲击带来的响应持续时间较长，而在 2013 年和 2014 年，需求冲击在 1 年以后对油价的影响就消失了。

油价对利率的响应。油价对利率正向冲击的响应在 2011 年以前为负，在 2012 年及以后为正，这是利率区别于其他变量最明显的特征。具体来看，首先，2011 年 10 月之前，意外的利率下降导致油价上涨，量化宽松的货币政策及降息在一定程度上推高了油价；然而在 2012 年之后，全球利率水平已经处于历史低位，额外的降息对油价的影响由正变负，表明这一时期利率的下降普遍伴随油价的下跌，背后的原因可能是实体经济需求疲弱，投资者预期悲观和石油供给过剩，以及 2013 年后关于美联储退出 QE 和加息预期等因素，可能都改变了以往利率与油价的这种负相关关系。其次，利率冲击对油价影响的持续性也最长。最后，利率对油价影响最大的时期是在 2007—2008 年国际金融危机前夕，这一时期实际利率的下降毫无疑问推升了全球油价。

油价对存货的响应。首先，油价对存货正向冲击的响应是负向的，即意外的存货增加可以抑制油价上涨，意外的存货减少会导致油价攀升；其次，存货对油价的影响在 4 个月左右达到最大，其后随着时间推移不断减小，到 8 个月左右就逐渐消失；最后，存货对油价影响最大的时期与供给类似，是 1998 年左右，这一时期的油价受供给和存货冲击的影响较大，而 2007—2008 年油价受利率和需求冲击的影响较大。

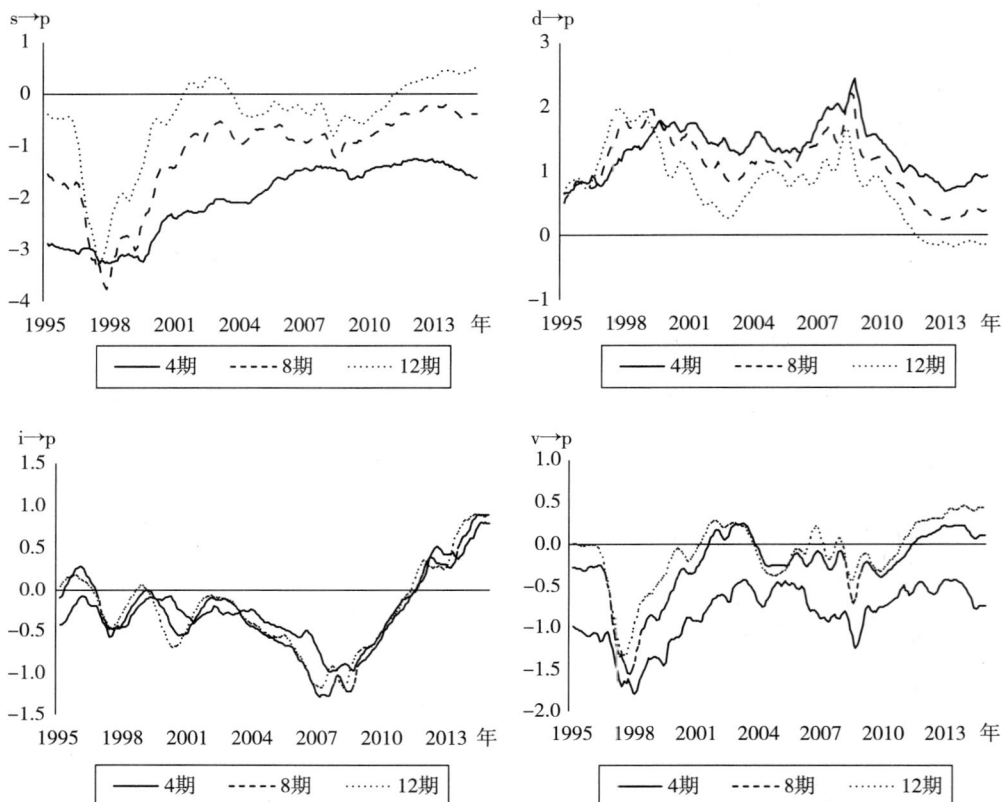

图 4　脉冲响应结果（1）

（2）不同历史时期的脉冲响应。通过选取几个特定时间点，我们可以比较不同历史时期的脉冲响应函数值的大小及其变化，亦可作为对样本区间的一种稳健性检验。图 5 显示的是油价对供给、需求、利率和存货在 2003 年 2 月、2008 年 8 月、2008 年 11 月、2010 年 11 月和 2014 年 10 月发生一单位正向冲击的第 1 期至第 12 期的响应函数值。选取这四个特定时间点的目的在于，探究和比较在四个不同历史时期油价对供需因素、投机因素和全球流动性因素冲击的响应差异，以及其背后隐含的理论和现实意义。这四个时期为：2003 年 2 月全球经济快速增长，2008 年 8 月雷曼兄弟破产，2008 年 11 月美国第一轮量化宽松货币政策推出和 2010 年 11 月美国第二轮量化宽松货币政策推出，以及 2014 年 10 月美联储宣布退出量化宽松货币政策等特殊阶段。

2003 年 2 月全球经济快速增长。21 世纪最初的几年，全球经济迎来广泛而快速增长的局面。这一时期各因素对油价的影响表现出以下几点不同。首先，供需因素是最重要的，供给和需求对油价的影响显著高于 2008 年 8 月雷曼兄弟破产时期，在世界经济和平增长的时期，市场参与者容易形成稳定的预期，金融因素和投机因素的作用尚未凸显，基本面的作用不容忽视。其次，利率在第 1 期的脉冲响应均变为正值而非理论上的负值，即利率上升意味着油价上涨，存货增加带来油价上涨，这可能是因为在经济快速发展、油价不断攀升的同时，通货膨胀压力增大使政府提高了利率水平。最后，存货的脉冲响应结果虽然在第 1 期反向，但影响程度不大，且在以后各期均与其他时期并无差异。

2008 年 8 月雷曼兄弟破产。雷曼兄弟破产后，国际油价连续大跌。一方面，投资者对美国经济前景的忧虑急剧升温，他们担心在全球经济衰退的阴影下，对原油等商品的需求可能大幅下降；另一方面，避险意识的回归也促使投资者抛售商品等高风险资产。通过对比可以发现，雷曼兄弟破产事件给原油市场带来的变化主要有：油价对供给冲击的负向响应程度在第 1 期较小，在第 2～3 期显著加大；油价对需求冲击的正向响应程度减弱；油价对利率冲击的负向响应程度减弱；存货冲击对油价的影响在四个历史时期保持高度一致。雷曼兄弟破产带来全球金融动荡，令信贷创造功能萎缩，这使油价波动本身具有更高的不确定性，如受市场避险情绪、"羊群效应"和预期等难以量化的因素的影响，油价对供给、需求、利率等冲击的响应程度有所减弱。供给在第 2～3 期对油价作用增强可能是因为随着后续政策的推出以及经济的缓慢复苏，需求和预期逐步恢复稳定，供给变化成为决定油价波动的重要力量。

量化宽松货币政策。美国推出两轮量化宽松货币政策后，即 2008 年 11 月第一轮量化宽松政策和 2010 年 11 月第二轮量化宽松政策，国际原油市场明显的变化是：需求因素对油价的影响在大小和持久性上都明显改善，这是因为危机后的 2009—2011 年，全球经济开始复苏，对商品的需求不断变大，需求对油价的作用增强；而供给冲击对油价的影响仅在第 1 期增加，在后续时期有所下降；利率变化对油价影响在两轮量化宽松政策下的相同点是，利率冲击对油价的长期影响减小，这是因为利率水平依然足够低，进一步的利率下降几乎不能起到抑制油价上涨的作用。2014 年 10 月美联储宣布退出量化宽松政策，原油市场最大的变化是需求的作用有所减弱，但依然是影响油价波动的重要因素；利率对油价的长期影响由负向转变为正向，这与前面的结果保持一致，利率对油价的时变回归系数从 2012 年开始变为正值。

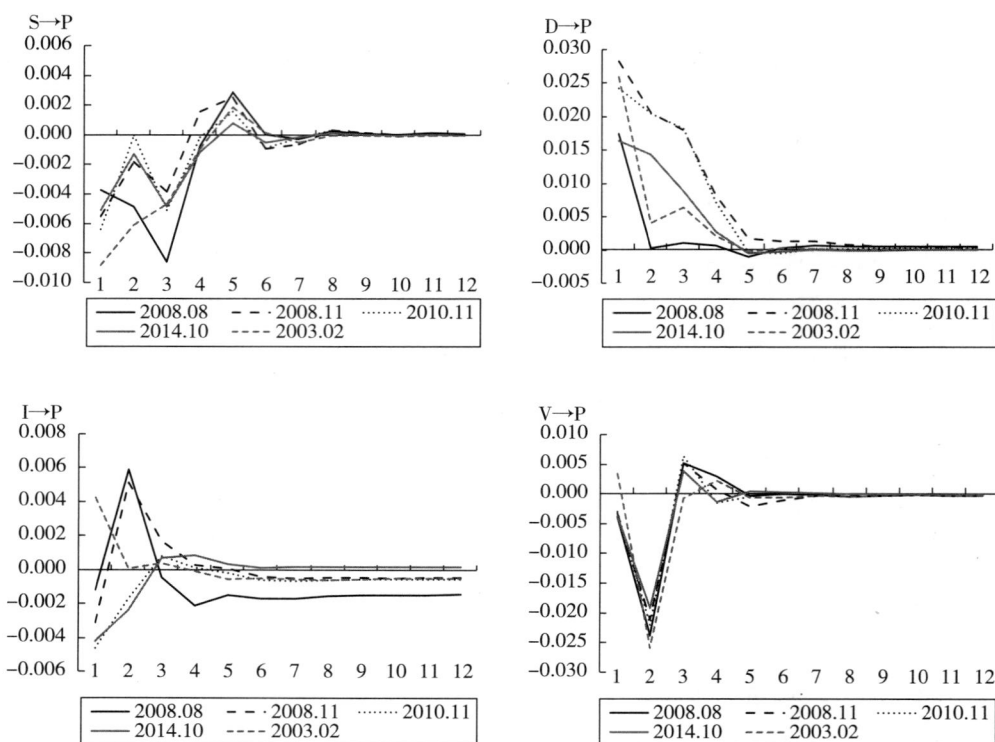

图5 脉冲响应结果（2）

4. 进一步研究：实际利率和存货调整对油价的影响

第一，实际利率对油价的影响机制。实际利率影响油价的渠道包括存货需求、投机需求、实体需求和供给四种渠道。结合脉冲响应结果（3）（如图6所示），可以观察究竟哪种机制在起作用以及不同时间段有何区别。检验思路如下：供给角度，利率下降是否导致石油供给减少，从而导致油价上升；实体需求角度，利率下降是否刺激需求增加，从而需求增加刺激油价上涨；存货角度，降低利率是否增加存货需求，从而提升油价；反之则相反。结果显示，正向的利率冲击导致供给减少而不是供给增加，供给渠道不成立；正向的利率冲击导致存货量增加而不是减少，存货渠道不成立；发挥作用的是实体需求，根据脉冲响应图，利率上升在大部分时期会导致原油需求下降，尤其是在1995—2001年和2008年以后，即利率下降导致油价上升的主要作用机制是，利率下降通过刺激需求增加进而引起油价上涨。

基于实际利率和存货调整的套利定价模型认为利率与存货之间也存在负相关关系。然而，在对利率影响油价的可能机制的检验中，发现正向利率冲击会导致存货量增加而不是减少，这不仅说明存货渠道不成立，也表明套利模型在近20年国际原油市场上很可能不成立。原油价格更多地受来自供需基本面因素和金融市场因素的影响，而不是简单地由套利模型决定。套利模型不成立的原因，可能的解释有：（1）发达国家利率政策的平滑性和可预见性增强。20 世纪 80 年代后全球宏观经济进入"大稳健"（great moderation）时期，此后主要的宏观经济变量（如 GDP 和就业率）的波动性都趋于下降，在这一时期，中央银行更善于选择利率变动的时机来熨平经济波动，且通常以平滑方式而非"一步到位"的方式调整基准利率。此外，中央银行在政策规则指导下进行利率平滑操作，在同一方向上连续调整利率，从而使基准利率的未来变化更具可预测性，有利于市场形成一致的预期。利率操作的这种特点让其预见性增强，生产者们可能提前消化了这种影响，较少使用现货市场的套利机制。（2）投机和套利可能更多地通过金融市场而不是实体存货交易进行。过去二十年，大宗商品市场发生的一个巨大的变化是商品期货市场的快速发展。国际大宗商品的金融属性近年来凸显，对大宗商品相关金融工具的投资需求急剧增加，其交易规模远远超出了实际消费需求。一方面不同类型的金融机构涌入大宗商品衍生品市场，另一方面则是大量创新的金融产品涌现。金融市场产品的多样性、准入门槛低以及杠杆效应等特征，为具有套利需求的市场参与者提供了极大的便利。（3）市场力量和结构的变化。对资源性大宗商品市场而言，卖方在寡头市场中处于一定的垄断地位，对商品供给的数量和价格进行限制，因此会显著影响大宗商品的价格形成。然而，随着国际原油市场多元化和竞争的增强，OPEC 供给约束作用不断减弱，生产者们试图通过垄断优势或者达成"一致承诺"采取共同行动控制原油产量和价格变得越来越困难，一个承诺遵守"限产"约定的成员国很可能放弃这一承诺。市场结构的变化也反映出通过存货进行投机变得愈加难以实现。

第二，存货调整：油价变化对存货的影响。该部分通过存货对油价变化的脉冲响应图（见图 6），考察存货量对油价波动如何做出反应。（1）正向调整：1995—1997 年以及 2005—2008 年，来自油价的正向冲击会导致存货量增加，即投机者们预期油价将会继续上涨从而囤积原油以待未来出售赚取更多的利润。这两个时期分别是 1997 年亚洲金融危机和 2008 年美国次贷危机前的 2～3 年，而危机的发生也与这种投机活动密切相关。（2）负向调整：1998—2004 年和 2009 年以后，正向的油价冲击会导致存货量的负向调整，相反，油价下降导致存货量增加，即存货发挥缓冲油价剧烈波动的作用，2014 年下半年以来油价下跌存货量增加的现象就是例证。总的来看，亚洲金融危机和美国次贷危机前夕存货投机性质更加严重，其他时期存货的属性更偏向于生产性库存，起到稳定油价的作用。

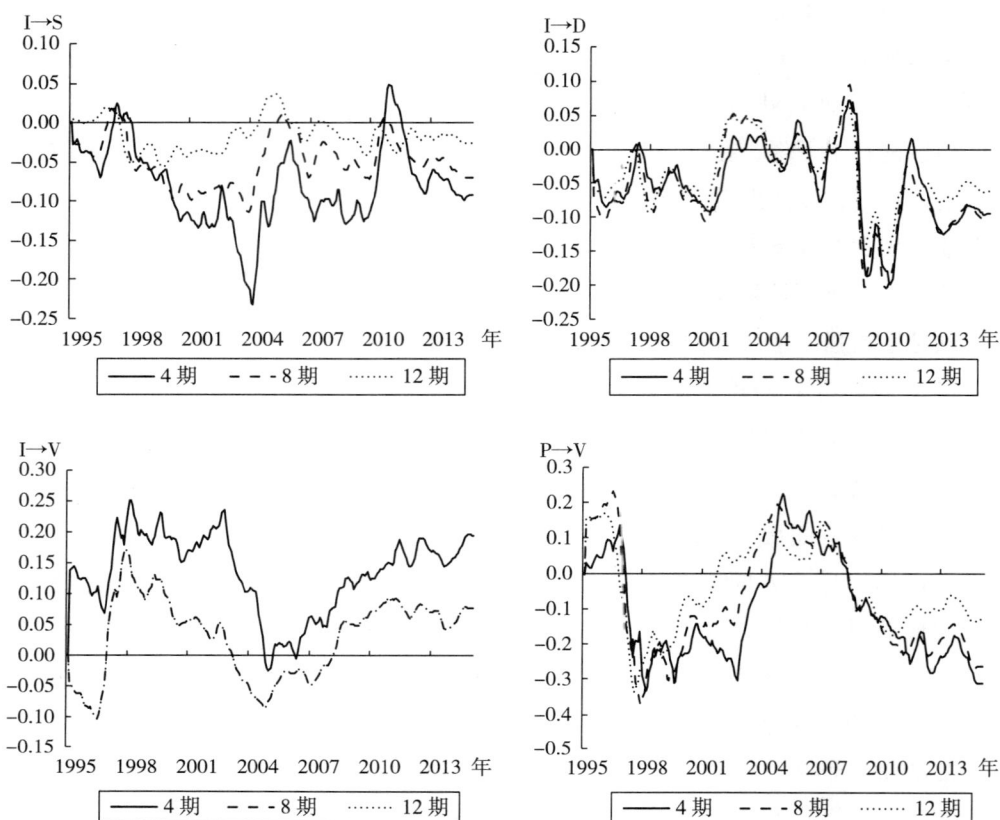

图6 脉冲响应结果（3）

五、结论与政策建议

在过去的二十年里，国际原油价格经历了几次大的波动，然而其背后的主导因素不尽相同。为了对原油价格波动有一个更为深入而直观的认识，同时对预测未来原油价格的走势有所启发，本节研究了1995年1月至2015年2月的近二十年来国际原油市场的发展历程。首先，本节通过引入套利模型，从经济理论角度对利率和存货影响油价的方式作出分析；此外，运用TVP-VAR模型对供给、需求、利率、存货和油价5个变量进行MCMC估计，得到时变参数值和脉冲响应函数图。主要结论如下：第一，原油存货对油价的影响是负向的，存货具有减轻原油价格剧烈波动的作用，尤其是在1995—1997年以及2009年以后；第二，全球需求因素在2000—2009年对原油价格的影响较大，供给对油价作用较大的时期是在1996—1999年前后；第三，利率对油价的影响在2012年发生转变，由2012年以前的负向影响转变为2012年以后的正向影响，利率影响油价的机制主要是通过实体需求渠道；第四，历史上四次明显的油价下跌中，不同因素起到的作用不同，2014 年下半年以来油价下降不是需求因素主导，而主要受到供给和存货增加的影响。

本节提出以下政策建议。首先，稳定原油市场供需。供给方面，各国政策制定者应加强协商与合作，确保全球原油供应的稳定性和持续性，尽力避免再次出现 1996—1998 年的原油供应大幅扩张以及 2014 年下半年以来供给大幅增加和存货不断囤积的现象；需求角度，各国应积极寻找其他替代能源，减少对原油的依赖程度，降低油价波动对实体经济的负面影响。其次，深入探究基本面因素和投机因素对国际原油价格的影响，以及因素间的相互作用机制，如实际利率的变化对存货的影响，以及存货对油价波动的影响，实际利率对油价的直接影响，为原油市场发展提供更合理的解释。再次，完善金融市场并加强监管。近年来金融因素对于国际油价的决定作用越发明显，各国应开始重视原油市场上投机行为对于油价的影响，增强金融监管意识，防止原油价格被操纵。最后，加强国际沟通与协作，督促美国实行更加负责的货币政策。美国量化宽松政策的推出与退出主要以美国经济形势为最终决定因素，但是考虑到美国经济对世界经济的影响，美国货币政策操作要考虑对其他国家和其他市场的溢出效应，特别是新兴市场和大宗商品市场的影响。新兴市场经济体应该与美联储等发达经济体中央银行加强政策沟通，建立信息共享机制和政策协调机制，降低发达经济体货币政策的负面溢出效应。

参考文献

［1］Akram Q F. Commodity Prices, Interest Rates and the Dollar［J］. Energy Economics, 2009, 31（6）: 838 – 851.

［2］Anzuini A, Lombardi M J, Pagano P. The Impact of Monetary Policy Shocks on Commodity Prices［R］. European Central Bank Working Paper No. 1232, 2010.

［3］Arezki R, Blanchard O. The 2014 Oil Price Slump: Seven Key Questions［R］. CEPR's Policy Portal, 2015.

［4］Baumeister C, Kilian L. Understanding the Decline in the Price of Oil since June 2014［R］. CEPR Discussion Paper, No. 10404, 2015.

［5］Beidas-Strom S, Pescatori A. Oil Price Volatility and the Role of Speculation［R］. IMF Working Paper, 14, No. 218, 2014.

［6］Belke A, Bordon I, Volz U. Effects of Global Liquidity on Commodity and Food Prices［R］. RUHR Economic Paper No. 323, 2012.

［7］Chu K Y, Morrison T K. The 1981 – 82 Recession and Non – Oil Primary Commodity Prices ［R］. International Monetary Fund Staff Papers, 1984, 31 （1）: 93 - 140.

［8］ Domanski D, Kearns J, Lombardi M, Shin H S. Oil and Debt ［R］. BIS Quarterly Review.

［9］ Dvir E, Rogoff K. Demand Effects and Speculation in Oil Markets: Theory and Evidence ［J］. Journal of International Money and Finance, 2014, 42 （C）: 113 - 128.

［10］ Fattouh B, Killian L, Mahadeva L. The Role of Speculation in Oil Markets: What We Have Learned So Far? ［J］. Social Science Electronic Publishing, 2013, 34 （3）: 7 - 33.

［11］ Frankel J. The Effect of Monetary Policy on Real Commodity Prices ［R］. NBER Working Paper No. 12713, 2006.

［12］ Frankel J. Estimated Effects of Speculation and Interest Rates in a " Carry Trade" Model of Commodity Prices ［J］. Journal of International Money and Finance, 2014, 42 （C）: 88 - 112.

［13］ Hamilton J D. Causes and Consequences of the Oil Shock of 2007 - 08 ［R］. NBER Working Paper No. 15002, 2009.

［14］ Juvenal L, Petrella I. Speculation in the Oil Market ［R］. FRB of St. Louis Working Paper No 2011 - 027E, 2011.

［15］ Kilian L, Hicks B. Did Unexpectedly Strong Economic Growth Cause the Oil Price Shock of 2003 - 2008? ［R］. CEPR Discussion Papers No. 7265, 2009.

［16］ Kilian L. Not All Oil Price Shocks Are Alike: Disentangling Demand and Supply Shocks in the Crude Oil Market ［J］. American Economic Review, 2009, 99 （3）: 1053 - 1069.

［17］ Kilian L, Murphy D P. The Role of Inventories and Speculative Trading in the Global Market for Crude Oil ［J］. Journal of Applied Econometrics, 2012, 29 （3）: 454 - 478.

［18］ Knittel C R, Pindyck R S. The Simple Economics of Commodity Price Speculation ［R］. NBER Working Paper No. 18951, 2013.

［19］ Knut A, Hilde C B, Thorsrud L A. What Drives Oil Prices? Emerging Versus Developed Economies ［R］. Norges Bank Working Paper No. 201211, 2012.

［20］ Masters M. Testimony Before the Committee on Homeland Security and Governmental Affairs ［R］. US Senate.

［21］ Nakajima J. Time - Varying Parameter VAR Model with Stochastic Volatility: An

Overview of Methodology and Empirical Applications ［J］. Monetary and Economic Studies, 2011: 107 – 142.

［22］ Nakajima J. Time-Varying Parameter VAR Model Using TVP-VAR Package, 2013.

［23］ Nergo M D, Primiceri G. Time-Varying Structural Vector Auto-regressions and Monetary Policy: A Corrigendum ［R］. Federal Reserve Bank of New York Staff Reports No. 619, 2005.

［24］ Reuven G, Sylvain L. Central Bank Announcements of Asset Purchases and the Impact on Global Financial and Commodity Markets ［J］. Journal of International Money and Finance, 2012, 31 (8): 2078 – 2101.

第三章
国际大宗商品价格：投机因素有多重要

第一节　大宗商品市场的金融化是否助长了
大宗商品价格的上涨：来自期货市场的经验证据[1]

一、引言

近十年来，国际大宗商品市场大幅波动，自 2002 年开始一直到 2008 年，国际大宗商品价格长期处于高位运行的增长态势，尤其在 2007—2008 年上半年，国际大宗商品价格急剧暴涨至历史高点。2008 年国际金融危机爆发，国际大宗商品价格严重下挫。随后，2009 年第一季度以来，各国经济回暖，大宗商品价格也开始反弹，逐步向危机前水平回升。到 2011 年中期，几类主要的大宗商品价格甚至超过危机前的最高水平。其中，基本金属和能源类大宗商品在国际大宗商品市场中波动最为显著。例如，原油价格在 2007 年底至 2008 年 8 月大幅攀升，升幅超过 100%，之后急转直下，截至 2008 年底，暴跌近 70%。紧接着，2009 年初至 2011 年，价格大幅攀升。粮食价格进入 21 世纪以来也一直保持上升趋势，但累计名义增幅有所下降。

相较于以往大宗商品价格周期，本轮大宗商品价格上涨的幅度更大，波动的范围更广。一方面，这与中国、印度等新兴经济体在近十年来经济高速增长有关，这些国家的经济增长大量依赖于城市化、工业化、基础设施投资建设，属于大宗商品密集型经济，从而对石油、金属、农产品等资源性大宗商品的需求急剧增长。然而，大宗商品存在供给约束，由于大宗商品生产条件和基础设施投资水平低下导致的供应限制，地缘政治存在不确定性以及气候变化风险导致供给短缺等都会造成大宗商品价格的上涨。另一方面，全球范围的低利率环境和宽松的货币政策，以及美元大幅贬值都是引发国际大宗商品价格上涨的原因。

此外，大宗商品价格过去十年大幅上涨的同时，大宗商品市场发生的另一个巨大的变化则是商品期货市场的快速发展。过去十年内对大宗商品相关金融工具的投资需求急剧膨胀，其交易规模远远超出了实际消费需求。大宗商品相关资产价值，2003 年仅 130 亿美元，而 2011 年则上涨到 4500 亿美元。2009 年石油期货交易量达石油产量的 15 倍，纽约商品期货交易所投机者所持有的未平仓合约数量占比 2000 年为 20%，到 2008 年这一比例超过 40%。[2] 这些都表明，国际大宗商品的金融属性近年来凸显，大宗商品期货市场参与者中金融投资者的数量逐渐增加。大宗商品市

1　本部分作者为谭小芬、梁冬。

2. 数据来源于彭博数据库。

场的金融化进程不断加快，这一方面体现为越来越多不同类型的金融机构涌入大宗商品衍生品市场，如对冲基金、养老基金、保险公司等；另一方面则是大量创新金融产品涌现，如指数基金、商品交易所交易基金、场外交易互换合约等结构性产品。金融市场的波动对国际大宗商品价格会造成一定的间接影响，而大宗商品期货市场上金融投资者的参与会加剧大宗商品的炒作与价格操纵行为，从而对大宗商品价格的定价机制和市场运行产生直接的影响。

近年来国际大宗商品价格大涨大跌，同时大宗商品期货市场自 2004 年开始迅速扩张，由此使"投机活动是否影响了大宗商品价格"这一问题引起业界和学术界的广泛关注。本节结合期货市场数据，对国际大宗商品市场自 2004 年以来金融化发展进程以及发展趋势进行梳理和分析，并选取 2000—2014 年数据进行量化分析，以探究投机对大宗商品价格的影响以及对大宗商品价格变动的影响，并进一步进行动态检验，分析不同阶段大宗商品价格各驱动因素的影响程度，探究投机因素在不同时期对大宗价格波动的贡献程度。

本节结构安排如下：首先，对现有相关研究文献进行系统梳理，在理论基础上进行逻辑推理和数据图表分析，对大宗商品金融化定义、发展动因、发展趋势进行梳理分析，分析投机因素影响大宗商品价格的传导机制，进一步分类检验大宗商品期货市场不同的交易者与大宗商品价格的相关关系。然后，从大宗商品价格驱动因素入手，基于 2000—2014 年的月度数据，选取代表性指标，建立包含需求冲击、供给冲击、美元汇率冲击、投机冲击和国际大宗商品价格的向量自回归模型（VAR）。通过脉冲响应、方差分解分析这些因素对价格的影响程度。在 VAR 模型基础上进一步进行递归 VAR 分析，探究投机因素随时间变化对大宗商品价格的影响，分阶段分析国际大宗商品价格波动的影响因素。最后，将检验结果与理论分析相结合，对实证检验结果进行归纳总结，最终得出结论并提出政策建议。

二、文献综述

国内外文献认为大宗商品价格波动的影响因素主要有四类：一是需求角度，认为由新兴经济体如中国、印度等国家的经济高速增长主导的巨大需求压力导致大宗商品价格大幅上涨；二是供给角度，认为大宗商品存在供给约束，供给冲击引起大宗商品价格变动；三是金融市场角度，认为与货币政策有关的因素会对大宗商品价格产生一定影响，如流动性、利率、汇率等；四是投机角度，结合大宗商品的金融属性，讨论近年来期货市场投机规模的迅速扩张对大宗商品价格变动的影响。同时，针对投机对大宗商品价格影响的研究又大致分为两类，一类认为投机因素的确影响大宗商品价格，并对大宗商品价格有显著的作用；另一类则认为投机因素并不是导致大宗商品价格变动的原因，甚至认为因果关系是从大宗商品价格向投机头寸传递。本节主要根据这四种观点对现有文献进行阐述。

（一） 由新兴经济体主导的需求因素

这种观点从基本面出发，认为近年来大宗商品价格飙升主要是由中国、印度等新兴经济体经济崛起，实际需求大幅上涨，增长预期大幅上调带动。

Borensztein 和 Reinhart （1994） 将非石油类大宗商品价格纳入全球供给、需求的简化模型，发现短期的需求弹性为 0.5 ~ 0.7 （全球工业产值上升 1% 会引起大宗商品价格上升 1.5% ~ 2%）。Helbling （2012） 采用不包括供给的 VAR 模型，发现 1% 的全球产出冲击在 12 个月后导致非石油类大宗商品实际价格累计上涨 7%。采用包括供给的原油价格 VAR 模型后，发现 1% 的全球产出冲击会在 12 个月后导致原油价格上涨 9%。Kilian （2009） 考虑供给、经济活动总需求以及原油特定需求对大宗商品价格的影响，认为 2000 年直到 2008 年上半年，经济活动总需求是推动石油价格上涨的主要原因。同时，Kilian （2009） 发现 1% 的全球总需求冲击，12 个月后会导致石油实际价格上升 1%。Arbatli （2008） 构建的 VAR 模型中，主要考虑新兴经济体和发达国家未被预期到的需求冲击，同时用供给、存货、实际有效汇率和实际利率作为控制变量，发现中国和印度未预期到的工业产量的增长和实际有效汇率对基础金属价格影响显著。同时，文章分时段分析，发现 1999—2003 年美国未预期到的需求对大宗商品价格的影响较大，在 2003—2006 年亚洲新兴国家需求对大宗商品价格的影响较大，而 2006—2008 年实际有效汇率的影响较为显著。卢锋和李远芳（2009） 从中国需求角度出发，考虑中国因素对 2002—2007 年国际大宗商品价格的直接和间接影响，认为近十年来中国工业化和城市化进程在不断加快，对基本金属以及石油等能源类大宗商品需求增加，从而对大宗商品价格产生显著影响。Mu （2010） 采用中国石油净进口、石油全球产量及石油实际价格三个变量，建立 VAR 模型，进行脉冲响应分析，检验石油价格波动中中国因素的作用程度。结果表明，中国石油净进口在 2002—2010 年能解释价格上升的 11% ~ 23%（根据假定的供给价格弹性）。Cevik 和 Sedik （2011） 探究了 1990—2010 年期间大宗商品价格剧烈波动的原因。通过分析原油和红酒两种大宗商品，他们发现宏观经济是大宗商品价格的决定性因素。虽然发达国家需求占全球需求超过一半，但新兴经济体是经济需求增长的主力，且 1998—2010 年新兴经济体经济增长对大宗商品价格的推动作用要大于 1990—1997 年。Knut、Hilde 和 Thorsrud （2012） 采用 FAVAR 模型检验发达国家和新兴经济体对石油价格变动的作用，发现发达国家和新兴经济体的需求变动对石油价格变动解释的贡献程度达到50%，尤其是近十年来以亚洲国家为代表的新兴经济体的迅速崛起，其需求增长对石油价格变动的贡献程度为发达国家的两倍。Arbalti和Vasishtha（2012）运用预测修正模型，检验了发达国家和新兴经济体尤其是亚洲新兴国家的经济增长预测修正对大宗商品价格波动的影响。结果表明两者都起到显著作用，尤其在2002—2008年，大宗商品价格的上涨主要是亚洲新兴经济体经济发展引起的对工业原材料需求增长造成的。韩立岩和尹力博（2012）建立了因素增强型向量自回归模型（FAVAR），采用包括中国和美国的经济总需求、大宗商品库存、大宗商品期货市场供需以及大宗商品投机指标对大宗商品价格进行实证研究，指出在长期内，国际大宗商品价格上升主要由经济总需求推动，且中国因素对于大宗商品价格波动并不起到主要作用，而是一种间接影响。

（二）大宗商品供给因素

这种观点关注大宗商品的供给约束，包括：资源的不可再生性；大宗商品生产条件的限制以及基础设施投资水平的低下导致的供应限制；地缘政治的不确定性；大宗商品市场结构的垄断性；气候变动风险带来的供给短缺等。这些因素都使大宗商品市场更容易产生波动（Breitenfellner, Cuaresma and Keppel, 2009；Gervais and Kolet, 2009）。

Chambers和Bailey（1996）发现在寡头市场中，卖方处于一定的垄断地位，对商品供给的数量和价格进行限制，因此会显著影响大宗商品的价格形成机制，尤其对资源性大宗商品市场而言，其供给价格弹性较小。Kilian（2009）检验实体需求冲击、商品供给冲击以及预防性需求冲击对石油价格的影响，发现对石油价格影响最大的是实体需求冲击，其次是预防性需求，最后才是供给冲击。Erbil和Roache（2010）检验暂时性的供给短缺冲击对大宗商品期货价格的影响，发现大宗商品现货价格、期货价格、存货水平和利率之间在长期内存在相关关系，这意味着这些冲击会使大宗商品价格达到新的稳定均衡水平。在受到供给短缺冲击后，因为大宗商品存货吸收了该冲击，大宗商品现货价格会先升后降。此外，初始大宗商品存货水平的高低决定了大宗商品价格调整的速度和机制，且导致价格非线性调整。Cevik和Sedik（2011）通过检验发现供给约束对大宗商品价格影响不显著，大宗商品价格的波动主要由需求因素和流动性因素驱动。

（三）金融市场因素

这种观点主要从货币政策角度出发，研究一系列经济指标与大宗商品价格波动的关系。指标主要包括利率、美元汇率、流动性、通货膨胀等。

Chu和Morrison（1984）提出大宗商品价格会受到实体经济总量、大宗商品进口国替代品价格和供给因素的影响，世界利率水平和美元汇率也对国际大宗商品价格波动起到一定的解释作用。Frankel（1986）应用多恩布什的汇率超调模型，提出了大宗商品价格对利率变动的超调理论，认为货币政策对农产品价格有重要影响，因为它们的价格灵活，而其他商品的价格具有黏性，名义货币供给的减少在短期内造成实际货币供给减少，实际利率提高，导致实际大宗商品价格下降，而大宗商品价格下降的幅度大于货币供给增加的幅度，相对于长期均衡水平进行超调，以产生足够的升值预期抵消了高利率的影响，这种预期后来会调整到合理水平。Frankel（2008）又从套利交易角度检验实际利率的作用，提出利率通过四种渠道对大宗商品价格产生影响。一是需求渠道，利率上升引起产出减少，大宗商品需求降低从而使大宗商品价格下降。二是存货渠道，大宗商品具有可存储的特点，利率上升使持有成本上升从而引起存货需求下降，大宗商品价格下降。三是供给渠道，利率上升，石油生产国通过将石油生产所得收益投资于金融资产增加利率收入。因此，石油生产国有动机增加石油供给，从而石油价格上升。四是金融渠道，利率上升，投资者将资金由大宗商品期货市场向债券市场转移，大宗商品价格下降。Akram（2008）基于1990—2007年的季度数据建立SVAR模型，得出结论：实际利率下降，大宗商品价格将显著上升，并发现石油价格和金属价格对利率变动的反应存在超调行为。此外，美元贬值也会推动大宗商品价格上扬，美元和利率冲击也在一定程度上影响着大宗商品价格。Askari和Krichene（2010）提出由于工业国家扩张的货币政策带来的强劲的经济增长和伴随而来的通货膨胀趋势导致信用扩张（尤其是在2002—2004年）和无限制的货币创造带来无限制的需求扩张，而供给被限制跟不上需求的扩张引起大宗商品的价格上涨。他们还指出许多工业国家的CPI对大宗商品价格的大幅上涨并不敏感，这会导致政策制定者低估通货膨胀的风险。Belke、Bordon和Volz（2013）通过实证检验发现，大宗商品价格与全球流动性在长期内存在正相关关系，而与利率呈现负相关关系。

（四）投机因素

这种观点认为大宗商品的金融属性使大宗商品价格不仅容易受现货供需的影响，还容易受到投资者投资组合再平衡的影响（Inamura et al.，2011；BIS，2008；IMF，2008；Masters，2008）。

投机因素对国际大宗商品价格的影响研究大致分为两种观点，一种观点认为投机因素的确对近年来大宗商品价格的波动起到一定的解释作用；另一种则认为投机因素并不影响大宗商品价格波动。从研究方法来看，这些文献主要采用了施加符号约束的结构VAR模型、施加或未施加符号约束的因子扩张VAR模型（FAVAR）、广义自回归条件异方差模型（GARCH）、普通最小二乘法（OLS）、格兰杰（Granger）因果检验、历史分解等建模和实证检验方法。Masters（2008）认为，指数基金投资的迅速增长是 2006—2008 年期间大宗商品价格大幅上涨的主要原因。他进一步提出 Masters Hypothesis，认为指数投资者巨大的购买压力创造了巨大的大宗商品期货价格泡沫，而这一泡沫又通过期货价格与现货价格的联动性传递给现货价格，并提出国际大宗商品的价格远远偏离其基本价值的观点。Kaufmann 和 Ullman（2009）选取石油商品对其现货价格和期货价格进行分析，提出投机活动扩大了由基本面因素推动的石油价格的上涨。Baldi、Peri 和 Vandone（2011）考察玉米和大豆的现货和期货价格，发现供给和需求基本面的变动对于解释近年来农产品价格具有重要作用。同时，增长预期和投机活动也促进了农产品价格水平的上升和波动幅度的增加。Tang 和 Xiong（2010）发现 21 世纪以来，大宗商品市场指数投资急剧扩张，美国各类不同大宗商品的期货价格之间的相关性显著增强，尤其是 GSCI 和 DJ – UBS 两种大宗商品指数中包含的大宗商品之间的相关性明显强于没有包含在指数中的大宗商品之间的相关性。这说明大宗商品市场的金融化进程可以解释大宗商品价格的波动。Juvenal 和 Petrella（2012）首次采用包含四个主成分因子与三个描述原油市场动态变化的变量在内的、施加符号约束的 FAVAR 模型，将原油供给者的投机行为从 Kilian（2007）提出的原油供给冲击中独立出来，提出投机对 2004—2008 年期间的石油价格波动起到显著作用。近年来石油价格的上涨主要是由全球需求驱动，但大宗商品市场的金融化进程也起到了重要作用。Morana（2012）通过建立描述全球及各国宏观经济、金融活动和原油市场的 FAVAR 模型，发现投机因素对于国际油价在 2004—2010 年上涨的解释能力达到 44%，显著高于传统研究所得结果。Gilbert（2010）检验了 2006—2008 年投机泡沫和指数投资对大宗商品期货价格的影响，选取了能源（石油）、农产品（小麦、玉米和大豆）、有色金属（铝、铜和镍），发现指数投资对原油和金属价格的上涨发挥了显著作用，证实了投机行为对大宗商品价格的决定作用。Lombardi 和 Robays（2012）采用了施加符号约束的 SVAR 模型，分别研究了基本面冲击、原油市场特定需求冲击和金融活动冲击对于油价波动的影响，结果表明投机活动在短期内对油价作用显著，在 2007—2009 年尤为如此。Vansteenkiste（2011）构建了一个异质性代理人的理论模型，区分商业性交易者和非商业性交易者，分析噪音交易下的石油期货价格，结果发现模型具有多重均衡：（1）基本面波动越高、未来石油需求的不确定性越大，油价与基本面的偏离就越小，这时候只有商业性交易者进入市场，油价主要受到基本面的影响；（2）当未预料到的重大冲击影响到石油现货价格时，所有交易者都会进入市场，油价会受到基本面和投机的影响。论文进行经验检验，采用马尔科夫—区制转换模型进行估计，发现1992—2004年石油期货价格的波动能够由基本面解释，而2004—2011年石油价格的波动则受到基本面和投机的影响。Manera、Nicolini和Vignati（2013）构建GARCH模型，分别采用Working's T投机指数、非商业性交易者市场份额和投机者持有的净长头寸比例描述长期投机、采用食价（scalping）描述短期投机，发现短期投机行为自2000年起对于油价波动确实有着显著影响。

然而，一些学者反对上述观点，认为投机因素并不是导致大宗商品价格变动的影响因素。Hamilton（2009）以及Endle和Holt（2011）的实证分析表明，投机并不是大宗商品价格上涨的决定因素，它们强调基本面的重要性。Korniotis（2009）指出，在金属行业中，有期货市场的大宗商品和那些没有期货市场的大宗商品之间价格变动的相关性较强，而且较为稳定，他否定了投机对大宗商品价格的作用。不过，Breitenfellner、Cuaresma和Keppel（2009）指出，虽然货币因素和投机因素在统计上不显著，但是金融因素很可能跟随基本面因素，影响短中期的石油价格变化。Fattouh、Kilian和Mahadeva（2012）认为，投机因素不能解释近十年来包括原油在内的各类大宗商品价格的巨幅波动，全球总需求的收缩和扩张才是影响大宗商品价格的主要因素。Irwin和Sanders（2010）对2006—2009年的观察值进行格兰杰因果检验后发现，指数基金的投资头寸与农产品价格之间的关系在统计上并不显著。Alquist和Gervais（2012）通过格兰杰因果检验证实了原油期货、现货价差与原油期货净长头寸的单向因果关系，结果表明投机因素并未导致原油价格的波动。Knittel和Pindyck（2013）假设现货市场上供给和需求是商品价格的等弹性函数，且两个弹性值均不随时间变化，对商品现货和库存建立均衡模型，结果表明投机因素对大宗商品价格波动只有微弱的影响。

总的来说，现有文献从实体经济需求推动、大宗商品供给约束、金融市场以及投机因素角度解释了大宗商品价格的变动，但大多文献在针对某一因素进行研究时，仅侧重于单方面分析。本节将需求、供给、美元、投机四个因素同时纳入一个分析框架，力求全面地分析投机在大宗商品价格波动中所起的作用。此外，全球经济在近十年来在经济增长、金融市场发展、贸易结构、宏观经济政策等方面都发生了很大变化，尤其在2008—2009年爆发的金融危机使大宗商品价格出现了危机前的暴涨与危机后的暴跌现象，大宗商品价格的驱动因素也随之发生了变化，因此需要对影响大宗商品价格波动的因素的传递过程和贡献程度进行动态地研究，而现有文献很少考虑在不同的阶段大宗商品价格波动的影响因素的不同。因此，本节将大宗商品的需求因素、供给因素、美元指数和投机因素共同纳入分析框架，通过方差分解分析和递归 VAR 模型进行动态分析，分阶段分析大宗商品价格波动的驱动因素。

三、大宗商品金融化趋势及其对大宗商品定价的影响机制

（一）大宗商品金融化和大宗商品衍生品市场

1. 大宗商品价格历史变动走势

经历了数十年的温和波动状态，国际大宗商品市场在进入 21 世纪以后的近十年来，经历了剧烈震荡。国际大宗商品价格自 2002 年开始大幅上涨，保持持续上升趋势，在 2007 年到 2008 年上半年暴涨至历史高点。2008 年下半年金融危机爆发，国际大宗商品价格严重下挫，创造了自 1982 年以来的最大跌幅。随后，2009 年第一季度以来，各国经济回暖，大宗商品价格开始反弹，逐步向危机前水平回升（见图 1）。

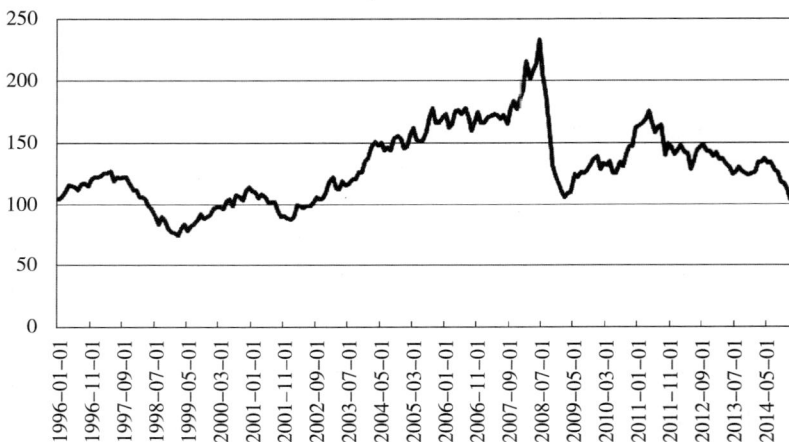

图 1　大宗商品价格历史走势（1996 年 1 月 1 日至 2014 年 5 月 1 日）

资料来源：彭博数据库（Bloomberg）。

无论是从幅度还是频率看，最近十几年大宗商品价格的波动都远高于历史水平。一般认为，国际大宗商品价格主要由全球供给和需求基本面驱动。在需求方面，随着中国、印度等新兴经济体经济的高速增长，实际需求增加且增长预期大幅上调，这些新兴经济体的经济增长属于商品密集型（基础设施建设、城市化建设、工业品材料），导致其对大宗商品高度依赖，带来对石油、金属、农产品等大宗商品的需求激增。在供给方面，资源的不可再生性导致大宗商品存在供给约束，大宗商品生产条件限制以及基础设施投资水平的低下导致供应限制，地缘政治不确定性以及气候变化风险带来的供给短缺等都会造成大宗商品市场波动。

2. 大宗商品金融化

21 世纪以来，国际大宗商品市场另一个备受瞩目的现象是大宗商品衍生品市场

的迅速发展，大宗商品市场的参与者从实体投资者向金融投资者转变，该现象被称为大宗商品金融化。

学术界对于金融化并没有统一的定义。Greta Krippner（2008）总结归纳了以往的经济研究中与金融化相关的几类观点。一是在宏观层面，认为金融化指以商业银行为主导的金融系统逐渐被资本市场取代并由其在金融系统中发挥支配作用。二是在微观层面，认为金融化代表股东价值的支配地位，而"股东价值"为公司治理的一种模式。三是将金融化视为以利息收入为生的食利者阶层在社会中的经济和政治力量日益增加的体现。四是从金融工具角度出发，认为金融化是与创新金融工具如期货、期权等金融衍生品增加相联系的金融交易的急剧增加。基于此，Greta Krippner（2008）将金融化界定为"利润的积累越来越多地来自金融渠道，而不是通过商品生产和贸易形式"。[3] 在此基础上，爱普斯坦（2007）提出金融化应指"金融动机、金融市场、金融参与者和金融机构在国内及国际经济运行中的地位不断提升。[4]

由此，大宗商品的金融化表现为金融投机、金融交易参与者在市场运行中的作用日益加强，影响不断提升。大宗商品的金融化一般包含两类现象：一是更多不同类型的金融机构及金融交易者参与到大宗商品衍生品市场交易中，如养老基金、保险公司、对冲基金以及以套期保值或套利为目的的散户投资者等。二是日益多样化的创新金融产品的涌现，如期货、期权、场外交易互换合约、指数基金、商品交易所交易基金和期货结构性产品，这些金融创新产品的出现降低了进入大宗商品衍生品市场交易的门槛，推动更多的金融投资者以及金融机构参与到大宗商品衍生品的投资中。

3. 大宗商品衍生品市场

近些年来，全球大宗商品衍生品市场规模迅速扩大，其金融交易规模已经远远超过了大宗商品的实物交易规模，市场参与主体中，金融投资者的数量日益增加。

大宗商品市场分为实物现货市场和衍生品市场，依据市场的交易和清算机制，大宗商品的衍生品市场分为场内市场（交易所）和场外市场（OTC）。

大宗商品衍生品市场的交易规模从 2003 年开始迅速增长，尤其在 2005 年出现爆炸式扩张。从国际清算银行（BIS）对全球大宗商品市场的统计数据来看，2004年交易所的未清偿合约数量不到 1500 万份，而 2011 年底已上升至 6000 万份。期货成交总额 1994—1999 年的年均增长率仅为 0.4%，期权成交总额的年均增长率仅为 2.1%，而在 2000—2005 年，两者的年均增长率分别达 25.9% 和 43.4%，说明大宗

3　Greta Krippner. 美国经济的金融化 [J]. 国外理论动态，2008（6）：7 – 15.
4　爱普斯坦. 金融化与世界经济 [J]. 国外理论动态，2007（7）：14 – 17.

商品交易所市场在 2005 年开始以前所未有的增速迅速扩张。对场外市场而言，2004 年未清偿名义金额不到 15000 亿美元，而 2005 年这一金额增长超过三倍达到 54000 亿美元，2007 年底达到 82550 亿美元。2008 年金融危机之后，全球大宗商品市场暴跌，2010 年场外市场（OTC）的未清偿名义金额降至 32730 亿美元，截至 2014 年 6 月的统计为 22060 亿美元。

大宗商品衍生品市场的交易规模随着衍生品市场的迅猛发展迅速扩张，且远远超出实物产量。2011 年，在商品交易所进行交易的金属铜和石油的期权、期货规模相当于其全球产量的 76.8 倍和 13.1 倍，而 2002 年仅为 30.5 倍和 3.2 倍。若进一步考虑场外市场，则衍生品交易规模与实物产量之间的差距会更大。根据国际清算银行（BIS）对全球大宗商品市场的统计，大宗商品场外市场交易的名义金额在危机前的 2007 年底相当于交易所市场的七倍多，而由于金融危机的爆发，场外市场受危机影响比交易所市场更为剧烈，场外市场的规模迅速减少。

按传统的期货市场理论，衍生品市场的投资者分为套期保值者以及投机者。套期保值者是在实物市场中持有或即将持有现货的个人或公司，进入大宗商品期货市场买卖与实物市场数量相当、方向相反的期货合约，对冲其可能面临的价格风险。套期保值者一般是商品的买家和卖家，如货物生产商在 6 个月后将售出一批商品，则进入期货市场卖出 6 个月后到期的相等数量的商品期货合约，对冲未来价格下跌可能引起的损失，锁定未来的收入实现保值目的。投机者则并不在现货市场中持有现货，而是根据对市场的判断，利用大宗商品价格的波动进行低买高卖从中获得价差收益。

目前，大宗商品期货市场上的参与者有以下几类：第一类为生产商、贸易商、加工商等商业交易者，这一类别的参与者主要为现货商，从事实体生产、加工、贸易等交易，进入期货市场进行风险对冲以实现套期保值目的。第二类为掉期交易商，这一类别的参与者主要在期货市场进行大宗商品的掉期交易。在进行大宗商品的掉期交易时，与掉期交易商进行交易的可能是投机者如对冲基金等，也可能是从事实体生产的制造商、生产商等传统套期保值者。第三类为资金管理人，如注册商品交易顾问（CTA）、对大宗商品进行投资的对冲基金、注册商品基金经理（CPO）等，他们代表客户管理并执行大宗商品的期货交易。第四类为小额分散投资者，这类参与者主要以购买在交易所交易的基金、共同基金等的方式进行大宗商品的衍生品交易投资。

（二）大宗商品金融化动因和发展趋势

1. 大宗商品金融化动因

大宗商品衍生品市场规模的迅速膨胀，大宗商品金融化的迅猛发展，一方面是由于大宗商品期货作为一种配置资产的方式具有独特的好处。首先，Gorton 和 Rou-wenhorst（2006）发现大宗商品的期货收益与通货膨胀率正相关，而与股票、债券收益率负相关。投资于大宗商品期货市场获得的收益与投资于股票市场获得的平均收益相当，而由于不同商品的期货合约之间具有较低的相关性，投资于大宗商品市场要比投资于股票和债券市场具有更高的稳定性。期货市场具有价格发现的功能，大宗商品的期货价格可以反映其实物价格水平，与通货膨胀率正相关，因而大宗商品可作为抵御通货膨胀的资产配置方式。因此，资产组合分散化和较高的绝对收益是金融投资者参与大宗商品投资最重要的两个动因。其次，国际主要的大宗商品都以美元作为计价标准进行交易，大宗商品的期货投资可用于抵御美元贬值对冲美元汇率波动带来的影响。最后，很多金融机构将大宗商品期货投资作为投资于发展中国家的替代品，因为这些国家往往金融发展水平较低，可供投资的金融产品较少，而这些国家的经济发展属于大宗商品密集型，经济增长一般都伴随着国际大宗商品价格的上涨。

另一方面，大宗商品所处的外在经济、市场环境也推动着大宗商品金融化的发展。全球范围的宽松货币政策和低利率市场环境刺激投资者投资于大宗商品以抵御通货膨胀风险，提升投资组合多样化以获取更高收益。Frankel（2008）的利率对大宗商品的影响的研究结果表明，低利率对大宗商品需求的影响有以下三种渠道：(1)存货渠道，低利率使存货持有成本下降，增加存货需求；（2）需求渠道，利率下降引起产出上升，从而增加对大宗商品的需求；（3）金融渠道，低利率政策鼓励投资者将资金由债券市场向大宗商品市场转移以追求更高收益。宽松的货币政策和低利率环境刺激了大宗商品市场的投机行为。同时，随着技术的进步以及电子化交易模式的引入，大宗商品期货市场的交易机制以及基础设施日益完善，金融创新不断发展，越来越多不同类型的机构投资者参与其中，越来越多样化的新型金融产品涌现，如期货、期权、场外交易互换合约、指数基金、商品交易所交易基金和期货结构性产品，这些都使大宗商品衍生品市场的交易门槛越来越低，从而推动越来越多的个人金融投资者和金融机构参与到大宗商品衍生品市场交易中，客观上推动了大宗商品金融化的发展。

2. 大宗商品金融化发展趋势

大宗商品的场外市场（OTC）交易具有高度不透明的交易特点，要对大宗商品的衍生品市场总体的交易规模进行估计存在一定困难。然而对于有严格监管的交易所市场，由于存在集中清算机制，可以得到较为详细的相关交易数据。衡量大宗商品衍生品市场的一个重要指标是大宗商品期货合约未平仓合约数量。图 2 显示过去十几年来美国交易所的原油期货日均未平仓合约自 2003 年以来迅速增长，由于参与大宗商品期货投资的投资者日益增加，市场规模不断扩大。

全球大宗商品衍生品的交易所交易 70% 都集中在美国，作为美国商品交易所的监管机构，美国商品期货交易委员会（Commodity Futures Trading Commission，CFTC）于 1962 年 6 月 30 日开始公布持仓报告（Commitments of traders，COT）。

目前，COT 报告于东部时间每周五的下午 3 点 30 分公布上周二的期货及期货期权交易数据，遇联邦假日会往后顺延一到两天。在该报告中，CFTC 将对开展大宗商品期货交易的众多投资者进行分类。按交易目的分类，一般将 CFTC 持仓报告的报告头寸划分为商业交易和非商业交易。商业持仓交易商一般通过期货合约对冲风险，以套期保值为主要目的进行持仓交易。在 CFTC 持仓报告的细分分类中，商业头寸包括生产商、贸易商、加工商、最终消费者和掉期交易商。非商业持仓交易商一般是市场趋势的追逐者和推动者，以投机为目的进行持仓交易，在期货市场低买高卖以追求利润最大化。它们主要是一些商品基金，因此也被称为基金持仓，非商业头寸包括资金管理人（managed money）和其他可报告头寸。非报告持仓反映散户的持仓情况。进一步地，商业持仓和非报告持仓包括多头头寸和空头头寸，而非商业持仓包括多头头寸、空头头寸和套利头寸。

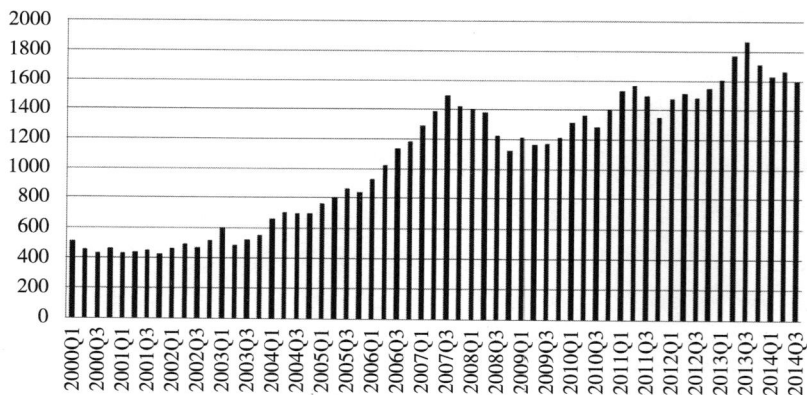

图 2　美国交易所原油期货日均未平仓合约（单位：千）

资料来源：美国商品期货交易委员会（CFTC）。

COT 报告中的头寸关系为：商业多头 + 商业空头 + 非商业多头 + 非商业空头 + 2 × 套利持仓 + 非报告多头 + 非报告空头 = 2 × 总持仓。

图 3 和图 4 分别显示了纽约商业交易所石油衍生品的商业交易头寸和非商业交易头寸历年来的变动，可以看出，从 2004 年开始，无论是商业交易还是非商业交易，多头头寸和空头头寸都开始愈加活跃。此外，非商业交易中的套利交易（spread trade）自 2005 年开始增速远超非商业多头及空头增长。根据 CFTC 的报告，原油期货交易所有头寸自 2004 年以来翻了三倍，而套利交易头寸则翻了六倍。

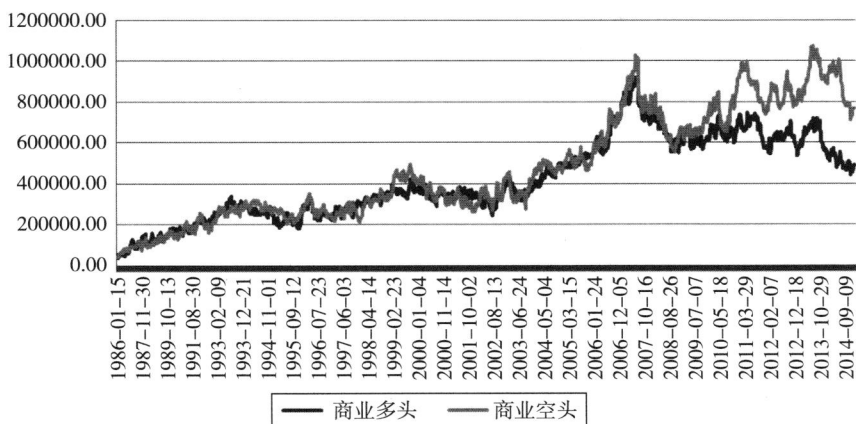

图 3　NYMEX 中商业类石油衍生品头寸（周数据，单位：张）

资料来源：美国商品期货交易委员会（CFTC）。

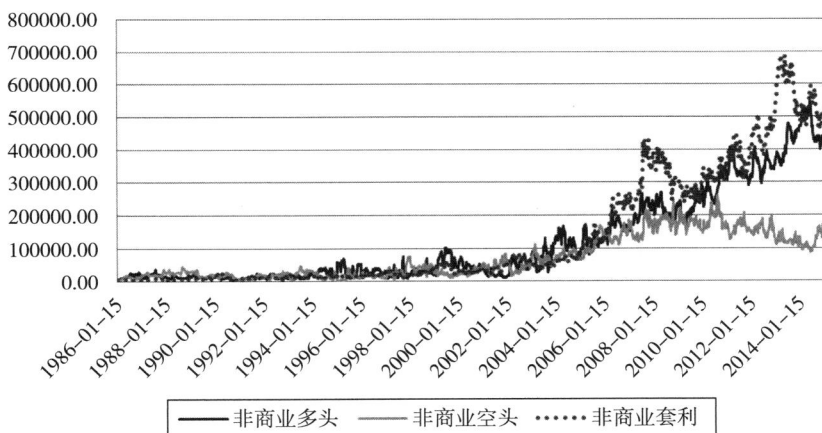

图 4　NYMEX 中非商业类石油衍生品头寸（周数据，单位：张）

资料来源：美国商品期货交易委员会（CFTC）。

图 5 显示了纽约商业交易所商业交易者和非商业交易者净头寸（多头头寸－空头头寸）的变动。从图中可以看到，在 2004 年以前，商业交易者和非商业者的净头寸呈现正负交替变动，而 2004 年之后，非商业交易者的净头寸开始以净多头增长，这意味着以对冲基金、资金管理人为主的这类投资者坚定地看涨原油价格。

近十几年来，金融投资者已成为大宗商品衍生品市场的重要参与者，CTFC 报告显示非商业交易占全部石油交易头寸的比例已达到 64%，而在过去，这一比重仅

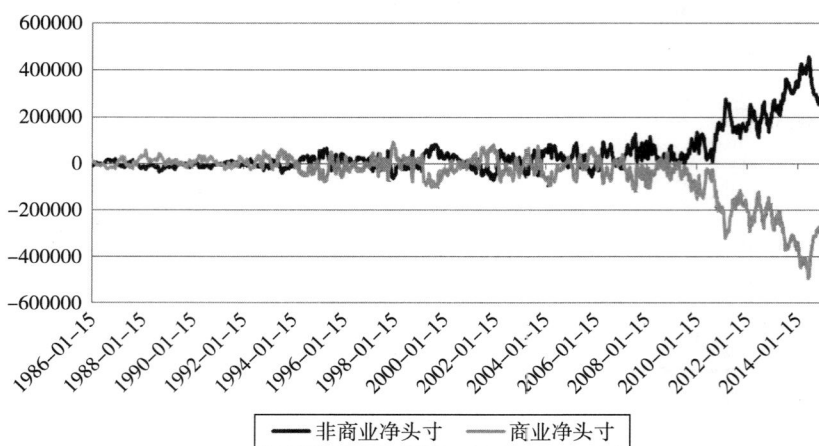

图 5　NYMEX 商业类和非商业类石油交易净头寸（周数据，单位：张）

资料来源：美国商品期货交易委员会（CFTC）。

有 30%。

图 6 和图 7 分别显示了持有实物的商业交易者（包括生产商、贸易商、加工商和最终消费者）和资金管理人在美国交易所持有的石油期货合约头寸。从图 6 可以看出 2008—2012 年，生产商、贸易商、加工商和最终使用者整体持有原油期货合约净空头头寸。自 2011 年开始，商业交易者持有原油期货合约的净空头头寸逐渐减少，2013 年初开始持有小规模净多头头寸。从图 7 可以看出资金管理人自 2008 年开始，除在危机时期油价暴跌时整体持有净空头头寸外，在美国交易所长期持有原油期货合约净多头头寸。

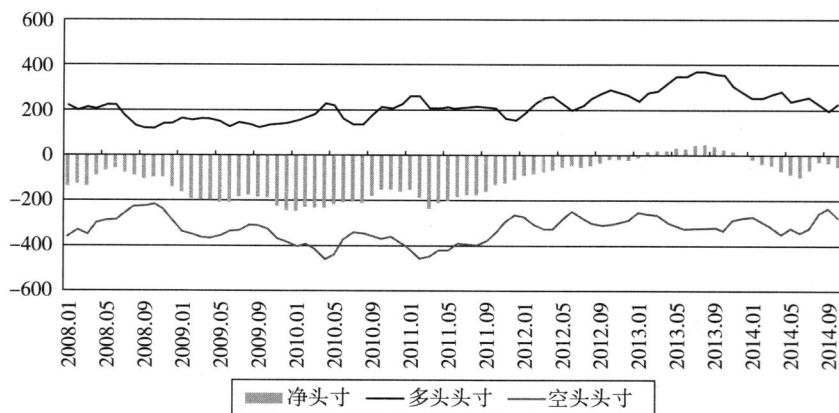

图 6　美国交易所生产商/贸易商/最终用户的期货合约头寸（单位：千）

资料来源：美国商品期货交易委员会（CFTC）。

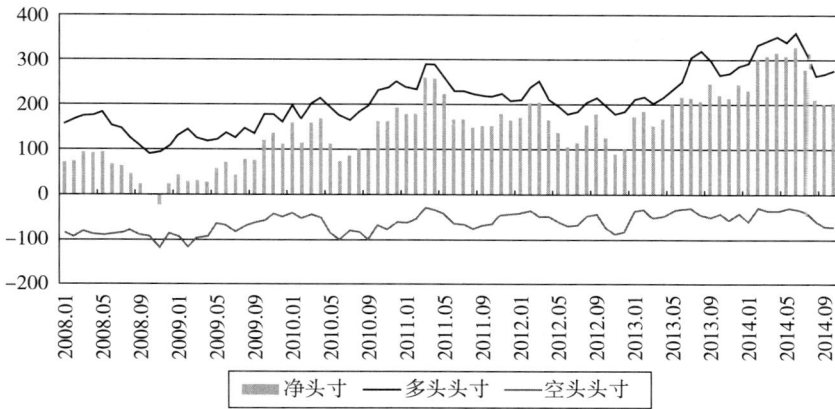

图7 美国交易所资金管理人的期货合约头寸（单位：千）

资料来源：美国商品期货交易委员会（CFTC）。

值得注意的是，近年来大宗商品市场指数投资也出现前所未有的增长，据 CFTC 指数投资数据的估计，大宗商品指数投资的资产总额从 2003 年的 150 亿美元增长至 2012 年的 2100 亿美元。图 8 显示了在 CFTC 的 special call 机制下管理的大宗商品指数投资资产（数据始于 2007 年）和美国最大的五个大宗商品指数基金管理下的资产总和的同比变动，以及这两者的变动与大宗商品指数同比变动的对比。当大宗商品指数基金管理下的资产变动增长率（实线）大于大宗商品价格指数增长率（柱状）时，意味着指数投资的净流入。指数投资也构成了大宗商品市场非商业交易投资的一个重要部分。

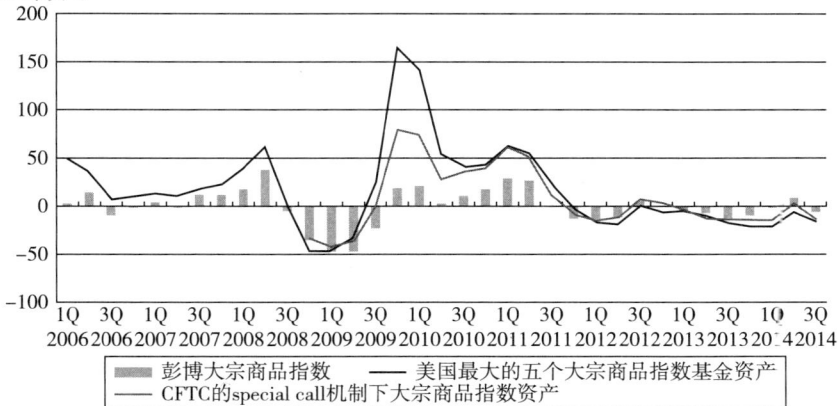

注：1Q表示第一季度。

图8 大宗商品指数资产与大宗商品指数（单位：%）

资料来源：彭博数据库（Bloomberg），美国商品期货交易委员会（CFTC）。

（三） 大宗商品投机对价格的影响机制及相关性检验

1. 投机对大宗商品价格的影响机制

对于大宗商品期货市场，从理论上对参与大宗商品期货交易的交易者进行分类是清晰的。根据传统的大宗商品期货交易理论，大宗商品期货市场的交易活动分为套期保值和投机。进入大宗商品衍生品市场进行投机活动的机构投资者或个人根据对市场的判断，利用大宗商品价格的波动进行低买高卖，从中获得价差收益。

投机活动主要通过两种路径对大宗商品价格产生影响。一是投机者在期货市场大量买进，增强大宗商品期货市场的买方力量，导致期货价格上涨。同时，对未来价格更高的预期进一步推动消费者增加现货市场购买导致对大宗商品的需求增加，未来预期更高的价格引致生产者减少现货市场供应导致大宗商品的供给减少，最终推高大宗商品价格。二是投机者在期货市场上大量卖出，增强大宗商品期货市场的卖方力量，推动期货价格下跌。同时，对未来价格更低的预期引致消费者减少现货市场购买导致对大宗商品需求减少，未来预期更低的价格推动生产者增加现货市场供应导致大宗商品供给增加，大宗商品价格下跌。

因此，大宗商品期货市场的发展，投机交易的日益增加会使大宗商品的价格在一定程度上打破供求基本面的约束，出现特有的波动状况，形成"基本面因素—市场预期—期货市场运作"的"三角关系"，三者共同影响大宗商品价格的走势和波动幅度。

2. 大宗商品期货市场数据与价格之间的相关性检验

从近年来大宗商品市场的运行状况来看，实际中对商品期货市场的交易活动进行明确的区分并不容易。一般地，按照美国商品期货交易委员会（CFTC）的持仓报告将大宗商品期货市场的参与者分为"商业交易者"和"非商业交易者"两大类。商业交易者属于传统意义上的套期保值者，这类交易者通常为生产商或最终消费者，进入期货市场利用大宗商品期货合约对冲实物价格风险；而非商业交易者在进行商品期货交易时并不同时持有实物资产。

一般地，非商业净头寸，即非商业多头头寸减去空头头寸，可以用来代表期货市场的投机活动。在期货市场，对于同一种大宗商品合约，有众多的买者和卖者，买者和卖者合约的净头寸即可代表投机活动。买入合约大于卖出合约，则存在净多头投机头寸，当卖出合约大于买入合约，则存在净空头投机头寸。非商业净头寸可以视作投资者情绪，反映期货市场的投机活动。

图9到图11分别为大豆、玉米、石油三种大宗商品在期货市场的非商业交易净头寸与期货收盘价的相关关系图，从图中可以看出非商业净头寸与大宗商品的期货价格存在明显的相关关系，对大豆、玉米、石油非商业净头寸与其期货价格进行相

关性检验发现，相关系数分别为 0.796、0.702、0.672，说明投机活动与大宗商品价格之间存在较强的联动性，期货市场的投机活动可能会在某种程度上对大宗商品价格的变动起到一定的指示作用。

图 9　CBOT 大豆非商业净头寸与期货收盘价的相关关系

图 10　CBOT 玉米非商业净头寸与期货收盘价的相关关系

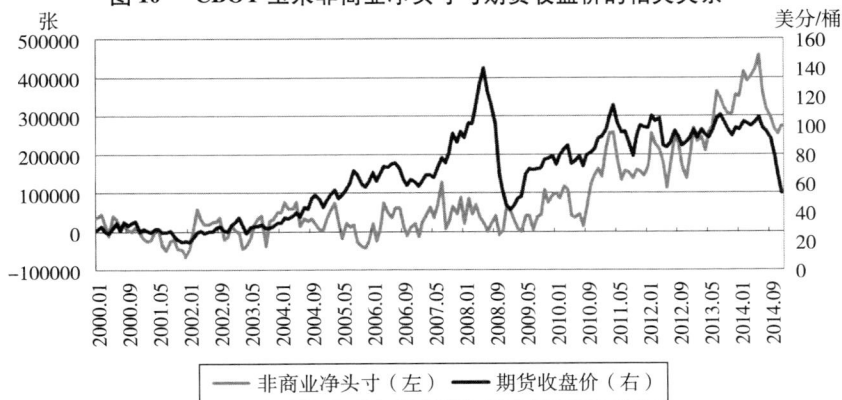

图 11　NYMEX 石油非商业净头寸与期货收盘价的相关关系

资料来源：Wind 数据库，美国商品期货交易委员会（CFTC）。

更为细致地，CFTC 的持仓报告将交易头寸进行了较为详细的划分。COT 的细分报告将未平仓合约（open interest）划分为报告头寸（reportable positions）和非报告头寸（nonreportable positions）。非报告头寸为分散的小额投资者所持头寸。报告头寸指交易规模达到 CFTC 规定的一定限额的交易商须报告的头寸，占所有未平仓合约的 70% ~ 90%。其中，报告头寸中包含四类头寸：第一类为生产商、贸易商、加工商、最终消费者，这一类别交易者主要为有实体生产或交易背景的投资者，他们进入期货市场买卖期货合约的主要目的是对冲其持有实物资产的风险。第二类为掉期交易商[5]（swap dealers），这一类别的交易者主要在期货市场进行大宗商品的掉期交易，在进行大宗商品的掉期交易时，与掉期交易商进行交易的可能是投机者如对冲基金等，也可能是从事实体生产的制造商或生产商等传统套期保值者。第三类为资金管理人，这一类别的交易者主要包括注册商品交易顾问（CTA）、CFTC 认证的未注册基金、针对大宗商品进行投资的对冲基金等。这一类的交易商一般都为投机者。第四类为其他报告头寸（other reportables）。

本节对期货市场的分类交易数据进行检验，探究期货市场中这几类交易者与大宗商品价格的关系。选用 2006 年 6 月到 2014 年 12 月石油、玉米两种大宗商品期货市场的分类交易周数据以及期货价格进行相关性检验。对于每一个期货市场，检验生产商、掉期交易商、资金管理人这三种类别的投资者的净头寸与大宗商品价格的关系。对大宗商品的期货价格进行对数处理，设期货价格为 P_t，取期货价格的收益率 $R_t = \ln(P_t/P_{t-1})$。各类交易者的交易头寸为多头头寸减去空头头寸后的净头寸，对净头寸进行一阶差分处理，代表交易者交易净头寸的变化。

各数据的描述性统计如表 1 所示。

表 1　　　　　　　玉米各类型交易者净头寸及净头寸变动基本统计特征

统计指标	生产商净头寸	生产商净头寸一阶差分	掉期交易商净头寸	掉期交易商净头寸一阶差分	资金管理人净头寸	资金管理人净头寸一阶差分	期货收益率
均值	− 389629	145. 0673	283393. 1	− 236. 7735	153985. 2	153. 565	0.001095
中值	− 383519	− 136. 5	270422	111	158060	− 85	0.004988
最大值	− 37900	97084	412591	52004	409444	78739	0.177404
最小值	− 747587	− 77602	162798	− 39965	− 119896	− 103231	− 0.253588
标准差	158902. 3	26311. 9	67117. 93	9104. 599	109550. 3	24509. 44	0.047848

5　很难区分掉期交易商是投机者还是套期保值者，但 CFTC 先前的持仓报告都将掉期交易商归为"商业"类别，在 2008 年 9 月 CFTC 有关报告曾建议从"商业"类别中移除掉期交易商，而将其划分为一个新的类别。

续表

统计指标	生产商 净头寸	生产商 净头寸 一阶差分	掉期交易商 净头寸	掉期交易商 净头寸 一阶差分	资金管理人 净头寸	资金管理人 净头寸 一阶差分	期货收益率
偏度	0.008812	0.089548	0.140951	0.61824	−0.0166	−0.23861	−0.735641
峰度	2.406384	3.309893	2.051585	9.368663	2.571364	4.036265	7.133816
ADF 检验	0.1132	0.0000	0.2843	0.0000	0.0161	0.0000	0.0000

表 2　WTI 石油各类型交易者净头寸及净头寸变动基本统计特征

统计指标	生产商 净头寸	生产商 净头寸 一阶差分	掉期交易商 净头寸	掉期交易商 净头寸 一阶差分	资金管理人 净头寸	资金管理人 净头寸 一阶差分	期货收益率
均值	−109175	28.67265	−42497.3	−602.491	133543.2	414.3184	−0.000624
中值	−104632	−139.5	28678	−733.5	128902	1180	0.002616
最大值	50815	34105	210415	48094	339278	62599	0.241221
最小值	−257895	−57323	−421239	−60514	−42735	−56958	−0.31218
标准差	77406.82	9507.951	179642.5	14753.42	84527.01	16735.53	0.051003
偏度	0.117523	−0.25386	−0.618737	−0.141615	0.355641	−0.018	−0.896133
峰度	2.153347	6.117735	2.006495	3.493987	2.377324	3.339806	9.815478
ADF 检验	0.6431	0.0000	0.6975	0.0000	0.1013	0.0000	0.0000

注：ADF 检验指对变量进行 ADF 单位根检验后所得 P 值。

对所有数据序列进行平稳性检验，各统计量均通过了平稳性检验，用平稳时间序列依次进行格兰杰因果检验。检验结果如表3和表4所示。

表 3　WTI 石油分类交易净头寸变动和期货收益率格兰杰因果检验结果

原假设	F 统计量	P 值
期货收益率不是生产商净头寸变动的原因	0.10927	0.8965
生产商净头寸变动不是期货收益率的原因	1.62608	0.1979
期货收益率不是掉期交易商净头寸变动的原因	10.9713	0.001
掉期交易商净头寸变动不是期货收益率的原因	1.39858	0.2376
期货收益率不是资金管理人净头寸变动的原因	0.96048	0.4113
资金管理人净头寸变动不是期货收益率的原因	7.00443	0.0001

表 4　玉米期货市场分类交易净头寸和期货收益率的格兰杰因果检验结果

原假设	F 统计量	P 值
期货收益率不是生产商净头寸变动的原因	0.32108	0.7255
生产商净头寸变动不是期货收益率的原因	1.71853	0.1805

原假设	F 统计量	P 值
期货收益率不是掉期交易商净头寸变动的原因	0.91313	0.402
掉期交易商净头寸变动不是期货收益率的原因	2.49474	0.0837
期货收益率不是资金管理人净头寸变动的原因	9.22929	0.0025
资金管理人净头寸变动不是期货收益率的原因	1.69056	0.1942

从检验结果来看，生产商交易净头寸与期货收益率不具有格兰杰因果关系。然而，掉期交易净头寸、资金管理人净头寸都与期货收益率存在格兰杰因果关系。这说明大宗商品期货市场上的金融交易者与价格变动存在一定的领先滞后关系，大宗商品的金融化进程已经影响到大宗商品价格的变动。

总的来说，近十几年来大宗商品价格前所未有的波动程度伴随着全球大宗商品衍生品市场规模的迅猛扩张，大宗商品金融化不断发展，金融投资者已成为大宗商品期货市场非常重要的市场参与者，具有导致大宗商品价格偏离基本面因素的力量。

（四）大宗商品价格理论模型——投机存储模型

本部分在 Scheinkman 和 Schechtman（1983）的基础上建立一个简单的石油市场的投机存储模型，以说明大宗商品价格的定价机制。

假设精炼者需要生产一个最终产品 Y（如汽油），且在竞争市场上可以以 P_y 的价格出售。为生产 Y，精炼者可以使用线性生产函数，要求石油 X 作为投入要素，$Y = AX$，其中 A 是生产率转移系数（productivity shifter）。石油在现货市场可以 P_0 价格售出，而后可以作为存货 S 被储存，成本为 $k(S) \geqslant 0$，且 $k: [0, \infty] \rightarrow [0, \infty]$ 是一个二次可微函数，$k(0) = 0$ 且 $k'(S) \geqslant 0$。

库存可以降低脱销的风险，根据以往文献，这一风险可以用便利收益衡量，$c(S) \geqslant 0$，S 是期初的库存量，$c: [0, \infty] \rightarrow [0, \infty]$ 是一个二次可微函数，$c(0) = 0$，$c'(S) \geqslant 0$ 且 $c''(S) \leqslant 0$（Working，1934；Kaldor，1939；Brennan，1958）。可以用最终产出 $P_{y,t}$ 来表示便利收益。

假设精炼者通过随机折现因子（pricing kernel，亦称定价核）对未来收益进行折现 $\beta M_{t,t+1}$，石油生产流量为 Z，则

$$\max \mathrm{E}_0 \sum_{t=0}^{\infty} \beta^t M_{t,t+1} [P_{y,t} AX_t - P_{0,t} Z_t + P_{y,t} c(S_{t-1}) - k(S_t)] \tag{1}$$

其中，$\Delta S_t = Z_t - X_t$，E_t 为基于 t 时期的信息的理性预期算子。

让 $A = 1$，为不失一般性，对于方程的最优解存在必要条件：

$$P_{y,t} = P_{0,t} \tag{2}$$

由此得到

$$P_{0,t} + k^{'}(S_t) = \beta[1 + c^{'}(S_t)]E_t M_{t,t+1} P_{0,t+1} \qquad (3)$$

方程（2）使油价（用最终产出表示）等于其边际生产率，这对于内点解是一个必要条件，而方程（3）是一个跨期的欧拉方程，使多存储一单位石油库存的边际成本等于其预期边际收益的现值。

假设一个汽油等弹性需求函数弹性系数为 $\eta \geqslant 0$。两类冲击可以使需求发生变动：一类需求为 t 时期当期知道的 $\varepsilon_{x,t}$，一类冲击为提前 k 期知道的冲击 $\nu_{x,t-k}$。可以将后一种冲击视作新闻冲击（news shock）（Jaimovich & Rebelo，2009）。令 Y 的需求和供给相等，可以推导出石油需求方程（用小写字母表示对数形式）

$$x_t = -\eta_x p_{0,t} + \varepsilon_{x,t} + \nu_{x,t-k} \qquad (4)$$

简单地，假定一个无弹性的石油生产函数（以对数形式）

$$z_t = \eta_z p_{0,t} + \varepsilon_{z,t} + \nu_{z,t-k} \qquad (5)$$

石油生产转换系数 $\varepsilon_{z,t}$ 和 $\nu_{z,t-k}$ 分别为在 t 时期当期知道的，以及提前 k 期知道的。

引入期货（或远期）大宗商品市场，在这一市场中，精炼者可以买入（卖出）大宗商品期货合约在未来进行交付。设 $F_{t,t+1}$ 为在 t 时期约定的在 $t+1$ 时期进行商品交割的期货价格。这意味着精炼者的跨期欧拉方程中买入（卖出）石油的预期边际收益可以用期货价格（在 t 时期已知且固定）来衡量而不用在 t 时期未知的未来的现货价格来衡量。因此，与方程（3）类似，$P_{0,t}$ 用 $F_{t,t+1}$ 代替，得到

$$P_{0,t} + k^{'}(S_t) = \beta[1 + c^{'}(S_t)]F_{t,t+1}E_t M_{t,t+1} \qquad (6)$$

将方程（3）和方程（6）结合得出石油未来现货价格和期货价格的标准关系：

$$F_{t,t+1} = \frac{E_t M_{t,t+1} P_{0,t+1}}{E_t M_{t,t+1}} = E_t P_{0,t+1} + \frac{Cov(M_{t,t+1}, P_{0,t+1})}{E_t M_{t,t+1}} \qquad (7)$$

方程（7）意味着期货价格等于预期未来现货价格加风险溢价。期货价格，由系统其他部分决定，即通过方程（1）到方程（5），得到方程（6）[也可说得到方程（7）]。换言之，因果关系不是期货向现货价格而是相反方向。严格意义上说，在这种情况下，期货价格是由基本面因素决定的，也就是说，没有被"错误定价"。我们将方程（1）到方程（6）看作一个基本面系统，与之有关的基本面值用星号表示，如 $F_{t,t+1}^{*}$。

为了说明在期货市场偏离基本面的可能性（如被错误定价），设定下面这个简单的方程：

$$\log(F_{t,t+1}) = \log(F_{t,t+1}^{*}) + \omega_t \qquad (7^{'})$$

ω_t 是一个平衡过程，代表使实际期货价格偏离其基本值 $F_{t,t+1}^{*}$ 的冲击。与方程（7）相反，方程（7$^{'}$）不是方程（3）和方程（6）的结合。对于由方程（1）到方程（6）给定的系统，方程（7$^{'}$）是被过度定义的。为有一个准确定义的系统，需舍弃

一个方程。舍弃方程（3）是合理的，方程（3）是描述精炼者最优条件的跨期方程。新的系统，方程（1）、方程（2）、方程（4）、方程（5）、方程（6）和方程（7'）给定的，不能再被分割为两部分，期货价格由系统中其他部分决定。严格意义上说，非套利条件将期货市场和现货市场联系起来，方程（6）描述了期货价格如何影响现货价格和库存。当 $\omega_t \equiv 0$ 时，变成非基本面系统或上述基本面系统不再成立，也意味着，非基本面系统是围绕基本面系统的稳定状态摆动的。

另外，方程（3）可写成另一种形式：石油现货价格由未来预期现货价格加一个差额（wedge），$w_{t,t+1}$ 这个差额反映实际预期未来现货价格对基于基本面的预期价格的偏离。

$$P_{0,t} + k'(S_t) = \beta[1 + c'(S_t)][E_t M_{t,t+1} P_{0,t+1} - w_{t,t+1}] \qquad (3')$$

其中 $w_{t,t+1} = E_t M_{t,t+1}(P_{0,t+1} - P^*_{0,t+1})$，$P^*_{0,t+1}$ 是基本石油价格。

首先，令 $\omega_t \equiv 0$，关注基本面系统。线性化的理性预期均衡可以用两方程概括：

$$S^*_t = \frac{\lambda_1}{1+\gamma} S^*_{t-1} - (1+\gamma)^{-1} \sum_{j=0}^{\infty} \lambda_1^{j+1} E_t[\mu_{t+j+1} - \mu_{t+j}], \quad p^*_{0t} = \eta^{-1}(\Delta s^*_t - \mu_t)$$

其中，$\eta = \eta_z + \eta_x$，λ_1 是函数参数满足 $0 < \lambda_1 \leqslant 1$，$\mu_t = \varepsilon_t + \nu_{t\_k}$，$\varepsilon_t \equiv \varepsilon_{z,t} - \varepsilon_{x,t}$，$\nu_{t-k} \equiv \nu_{z,t-k} - \nu_{x,t-k}$。

据此，可以对来自基本面的冲击进行模型预测。

供给冲击：由于 $\lambda_1 \leqslant 1$，负向的石油生产冲击 ε_z 对油价的影响有明显的正向影响效应。石油价格弹性越小，供给冲击对石油价格的影响越大。供给冲击对库存有明显的负向影响。库存在最初会因缓冲生产的减少而下降，之后会逐渐回到稳定状态。由于石油的需求价格弹性严格为正，全球石油需求会明显下降。

需求冲击：正向的石油需求冲击 ε_x 对石油价格有明显的正向影响效应，对存货存在明显的负向影响效应。最终，由于需求价格弹性严格为正，全球石油生产明显上升。

与基本面（新闻冲击）有关的预期变动：与需求相关和与生产相关的新闻冲击对石油价格的影响效应相似。假设在时期 t（今天）对石油生产提前 k 期有一些负向的新闻冲击，预测在提前 k 期过剩的需求对今天的存货有正向影响效应，因此，与供给冲击相反，存货明显上升。如果石油消费减少或者石油生产增加，那么出于存货动机的石油需求会增加，石油现货价格上涨，弹性越小价格上涨幅度越大。无论 k 期结束，新闻是否成为现实，更多的存货水平都会减少油价上涨的压力，总体来说，这意味着额外的波动性。

油价与库存变动：最终，当存货高于其长期水平时，存货就会抑制油价上涨。这意味着当存在一个冲击同时使实际石油价格和存货水平上涨时，预期这两者都会逐渐下降至其长期均衡水平。

接下来看金融投机冲击，由 ω_t 表示，金融投机冲击使期货价格偏离其基本价格。式（8）和式（9）为偏离了基本系统的非基本系统。用波浪号来代表偏离了基本面价格的变量：

$$\tilde{S}_t = \frac{\tilde{S}_{t-1}}{1 + \eta^{\vartheta}} + \eta \frac{\tilde{f}_{t,t+1}}{1 + \eta^{\vartheta}} \tag{8}$$

$$\tilde{P}_{0t} = -\vartheta \frac{\tilde{S}_{t+1}}{1 + \eta^{\vartheta}} + \frac{1 + \gamma}{1 + \eta^{\vartheta}} \tilde{f}_{t,t+1} \tag{9 - a}$$

$$\tilde{f}_{t,t+1} = \omega_t \tag{9 - b}$$

其中，$\vartheta = k''(s) - c''(s) \geqslant 0$。

据此，可以总结出以下结论。

在金融投机冲击中，投机冲击对石油现货价格和存货的影响与新闻冲击类似，金融投机冲击引起的偏离是暂时的，且系统会恢复至其基本值。

总之，期货市场投机会引起实体原油存货波动，进而引起石油价格波动。然而，期货市场的异常和泡沫只是暂时的。此外金融投机冲击效应在短期和中期内会消失。

四、投机因素对大宗商品价格的影响——VAR 实证分析

向量自回归（Vector Autoregression，VAR）模型是基于统计数据建立的模型，VAR 模型将系统中每一个内生变量作为系统中所有内生变量的滞后值的函数来构造模型，从而将单变量自回归模型推广到由多元时间序列变量组成的"向量"自回归模型。1980 年西姆斯（C. A. Sims）将 VAR 模型引入到经济学中，推动了经济系统动态分析的广泛应用。VAR 模型常用于预测相互联系的时间序列系统及分析随机扰动对变量系统的动态冲击，从而解释各种经济冲击对经济变量形成的影响。[6]

前文基于文献研究、市场动态分析了大宗商品金融化的发展以及投机因素对大宗商品价格的影响机制，本部分将通过构建投机指标，选取 2000 年 1 月至 2014 年 12 月的月度相关数据建立 VAR 实证分析模型，考察基本面因素、货币因素与投机因素对于商品价格所起的作用。

（一）变量选取与数据来源

近十几年以来，大宗商品价格出现了较以往显著不同的巨大涨幅以及波动程度，因此本节选取大宗商品原油 2000 年 1 月至 2014 年 12 月的月度数据作为研究样本，

6　高铁梅．计量经济分析方法与建模［M］．北京：清华大学出版社，2009：267.

因变量选取大宗商品西得克萨斯中质原油（WTI）期货结算价，记为 proil，数据来源于 Wind 数据库。解释变量的选取如下：

1. 需求因素——全球工业产值，全球工业生产总值一般作为衡量世界经济活动的指标，其走势可以代表实体经济的发展，记为 ip，数据来源于 Netherlands Bureau for Economic Policy Analysis，以 2005 年为基期且经季节调整。根据经济学基本供需理论，需求与价格正相关，需求上升，原油价格上涨。图 12 显示全球工业生产总值与原油价格的走势基本一致，说明总需求因素是影响原油价格的关键因素。

图12　全球工业产值与原油期货价格关系

资料来源：彭博数据库（Bloomberg），Wind 数据库。

2. 供给因素——全球石油产量，记为 soil，数据来源于 Wind 数据库。根据经济学基本供需理论，供给与价格反向相关，供给上升，原油价格下降。然而图 13 中全球石油产量与原油价格之间并不呈现出供需理论中的变动关系，这与石油本身受生产周期、不可再生性、地理分布不平衡等因素影响有关。

图13　全球石油产量与原油期货价格关系

资料来源：彭博数据库（Bloomberg），Wind 数据库。

3. 货币因素——美元指数，记为 usd，数据来源于 Wind 数据库。美元作为国际主要大宗商品的计价单位，其价值与大宗商品价格反向相关。这种反向关系遵循一价定律法则。在大宗商品以美元计价的情况下，美元价值下跌，大宗商品以美元计量的价格必须上升，或以外币计量的价格必须下降，以保证商品价格用同一种货币计价的一致性。除了作为计价手段作用于大宗商品价格外，美元对大宗商品价格的作用机制还体现在两个方面：（1）资产转移。由于美元在国际货币体系的核心地位，美元也是投资者青睐的一种投资资产，美元指数的变动代表着美元资产对于投资者的吸引力变化。美元指数上升美元升值，引导投资者将资金由大宗商品市场转向美元投资，大宗商品价格因此下降。（2）预期。美元发生贬值后会引发市场对美元持续贬值和通货膨胀预期，且预期的自我增强的特点会使美元在短期内贬值加剧，从而导致更多资金从美元资产转移到大宗商品市场，推动大宗商品价格上涨。图 14 显示美元指数与石油价格的走向相反，与理论相符。

图 14　美元指数与原油期货价格关系

资料来源：Wind 数据库。

4. 投机因素——WTI 原油期货投机规模。采用纽约商业交易所 WTI 原油期货的持仓量代表投机规模，投机规模为 WTI 期货非商业多头头寸和非商业空头头寸之和，记为 ncoil，数据来源于美国商品期货交易委员会（CFTC）。图 15 显示投机规模与期货价格的走向基本一致。

（二）　模型构建

1. 变量平稳性检验

在建立 VAR 模型之前，要先对时间序列进行平稳性检验，以防止因数据的不平稳导致"伪回归"现象。由于宏观经济变量存在非平稳性，本节首先采用 ADF 单位根检验方法对用于模型构建的时间序列进行平稳性检验。

图 15　原油期货投机与原油期货价格关系

资料来源：美国商品期货交易委员会（CFTC），Wind 数据库。

在此对各变量数据序列取对数后进行一阶差分处理，然后采用 ADF 单位根进行平稳性检验，滞后期采用 SIC 准则在最大滞后期 12 期内选取，根据各变量各自的走势特征，确定在平稳性检验中的常数项和趋势项的选取，检验所得结果如表 5 所示，所有序列取对数后一阶差分处理均为平稳序列，因此可以建立 VAR 模型对上述变量进行实证分析。

表 5　　　　　　　　　　　变量的 ADF 检验结果

变量	原序列			对数差分序列		
	检验形式	ADF 统计量	P 值	检验形式	ADF 统计量	P 值
全球需求	（C, 0, 2）	− 0.3482	0.9138	（C, 0, 1）	− 4.8783	0.0001
全球产量	（C, 0, 2）	− 0.2018	0.9346	（C, 0, 1）	− 13.6269	0.0000
美元指数	（C, 0, 0）	− 1.4680	0.5477	（C, 0, 0）	− 12.8295	0.0000
投机规模	（C, 0, 4）	− 0.6605	0.8525	（C, 0, 3）	− 11.4487	0.0000
期货价格	（C, 0, 1）	− 2.15913	0.2222	（C, 0, 0）	− 9.6415	0.0000

注：检验形式为（C, T, K），其中 C、T、K 分别表示截距项、趋势项和滞后阶数，滞后阶数的选择标准参考 SIC 准则。

2. 模型滞后阶数的确定

在进行 VAR 模型的构建和分析前需确定模型的滞后阶数。对于 VAR 模型的滞后阶数 p 的选取，若 p 过小，误差项自相关会较为严重，会导致参数估计值的非一致性。若 p 过大，模型需要估计的参数会过多，自由度减少，会影响参数估计值的有效性。因此，在确定 VAR 模型的滞后阶数时，需综合考虑模型的滞后项和自由度。

本节 VAR 模型的滞后阶数用 LR、FPE、AIC、SC、HQ 方法进行选取，结果如

表 6 所示，对五个变量进行一阶差分处理后建立的 VAR 模型中，根据检验结果本节选取滞后阶数为 3。

表 6　　　　　　　　　　　　**R 模型滞后阶数检验结果**

滞后期	LogL	LR	FPE	AIC	SC	HQ
0	1949.284	NA	1.36e－16	－22.34810	－22.25732	－22.31127
1	2019.951	136.4604	8.02e－17	－22.87300	－22.32834 *	－22.65206 *
2	2052.263	60.53796	7.38e－17	－22.95705	－21.95849	－22.55197
3	2084.029	57.69075	6.84e－17 *	－23.03482 *	－21.58238	－22.44562
4	2105.971	38.58619 *	7.11e－17	－22.99966	－21.09334	－22.22634
5	2120.673	25.01110	8.04e－17	－22.88130	－20.52109	－21.92385

注：＊表示各方法准则下所选定的滞后阶数。

3. 格兰杰因果检验

经济变量之间存在相关关系并不代表一定有因果关系，向量自回归模型本身并不体现变量之间的经济关系，因此在建立 VAR 模型之前需要对时间序列之间的因果关系进行检验。对本节选取的各变量进行格兰杰因果关系检验，滞后阶数与模型的滞后阶数一致，选取 3 阶。检验结果如表 7 所示，全球总需求、美元指数、投机指标均为原油价格的格兰杰原因，"供给不是价格的格兰杰原因"的原假设无法拒绝。

表 7　　　　　　　　　　　　**格兰杰因果关系检验结果**

原假设	F 统计量	P 值
全球总需求不是期货价格的格兰杰原因	6.96088	0.0091
全球产量不是期货价格的格兰杰原因	2.00453	0.1152
美元指数不是期货价格的格兰杰原因	5.09758	0.0252
投机规模不是期货价格的格兰杰原因	3.75353	0.0121

4. VAR 模型稳定性

根据 VAR 模型理论，进行脉冲响应以及方差分解分析前，需对所建立的 VAR 模型的稳定性进行检验。对 VAR 模型进行滞后结构检验，若所有单位根的倒数都小于 1，即都在单位圆内，则说明建立的 VAR 模型稳定；若所有单位根的倒数都大于 1，即都在单位圆外，则说明建立的 VAR 模型不稳定。从图 16 可以看出，本节建立的 VAR 模型特征方程根的倒数值全部小于 1，说明模型稳定，可以进行进一步分析。

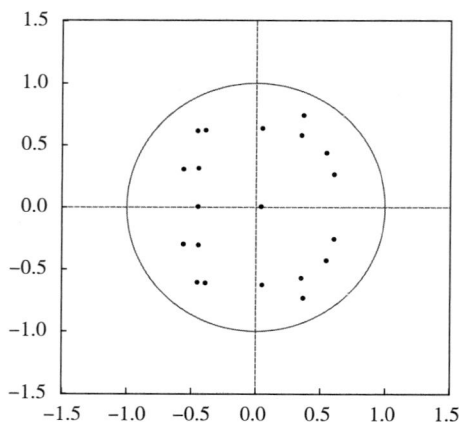

图 16　VAR 方程特征根倒数分布图

（三）VAR 模型分析

1. 脉冲响应分析

脉冲响应函数（Impulse Response Function，IRF）衡量的是变量之间相互影响的滞后性和持续性以及变量之间相互传导的动态过程。图 17 显示全球工业产值、全球石油产量、美元指数、原油投机指标对原油价格的脉冲响应结果。

表 8　　　　　　　　　　　　　　　VAR 模型的脉冲响应系数

响应时期	需求	供给	美元	投机
1	0.013057	− 0.008478	− 0.01561	0.020834
2	0.016338	− 0.008048	− 0.017223	0.013251
3	0.010479	− 0.002597	− 0.005202	0.003862
4	0.006124	− 0.001321	− 0.003133	0.001959
5	0.003668	− 0.000886	− 0.001948	0.001286
6	0.002207	− 0.000519	− 0.001173	0.000768
7	0.001326	− 0.000316	− 0.000704	0.000463
8	0.000797	− 0.000188	− 0.000423	0.000277
9	0.000479	− 0.000114	− 0.000254	0.000167
10	0.000288	− 6.81E − 05	− 0.000153	0.0001

Response to Cholesky One S.D. Innovations ± 2 S.E.

Response of DLNPROIL to DLNIP

Response of DLNPROIL to DLNSOIL

Response of DLNPROIL to DLNUSD

Response of DLNPROIL to DLNNC

Response of DLNPROIL to DLNPROIL

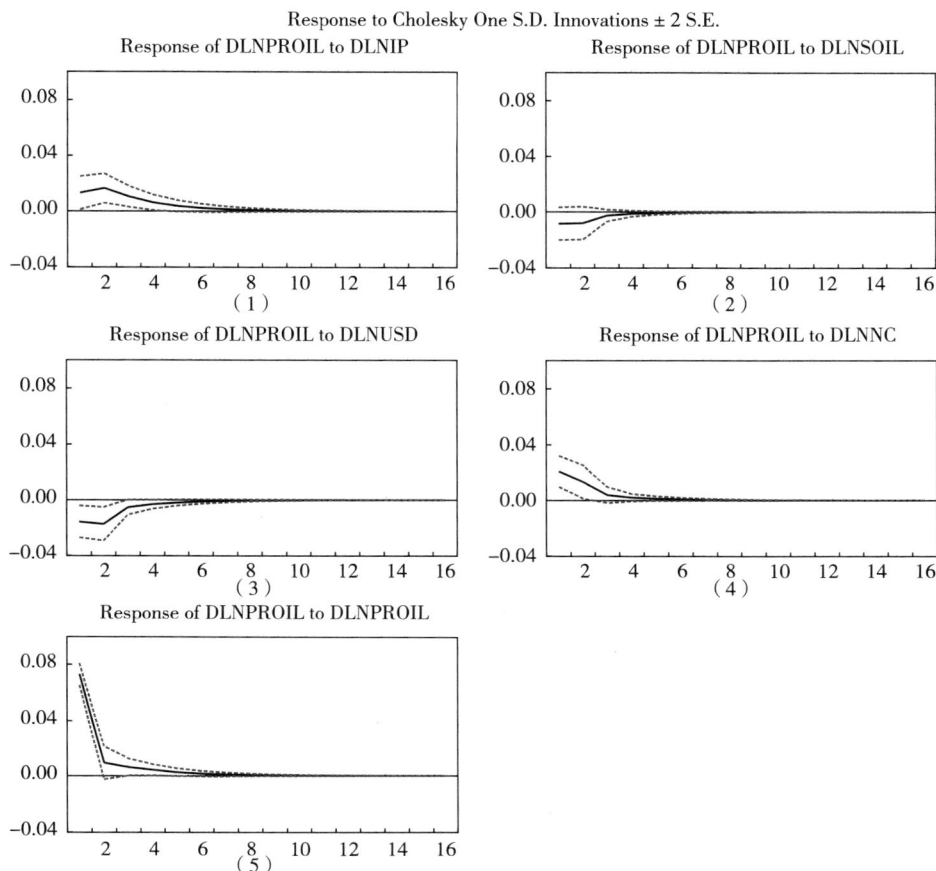

图 17　VAR 模型的脉冲响应结果

总需求全球工业产值上升一个单位标准差对原油价格产生正向冲击，冲击在第 2 个月达到峰值 0.0163，此后至第 8 个月总需求指标全球工业产值对石油价格的影响逐步下降，从第 9 个月起，该影响趋近于零。全球需求上升，对大宗商品的需求上涨从而推动大宗商品价格上涨，这与本节分析一致。

总供给全球石油产量上升一个单位标准差对原油价格产生负向冲击，冲击在第 1 个月达到峰值 − 0.008478，此后影响迅速减弱，在第 4 个月趋近于零。这与理论相一致。

美元指数上升一个单位标准差对原油价格产生负向冲击，该冲击在第 2 个月达到峰值 − 0.017223，此后影响逐步下降，在第 8 个月趋近于零。国际主要大宗商品都以美元标价，因而价格与美元价值呈负向变动关系，这种关系遵循一价定律法则。同时，美元指数的变动代表着美元资产对于投资者的吸引力变化，引导投资者在大宗商品和美元资产之间转移。结果与理论相一致。

投机指标上升一个单位标准差对原油价格产生正向冲击，该冲击在第 1 个月达到峰值 0.073033，此后影响迅速减弱。从第 8 个月起，该影响趋近于零。国际投资资金进入国际大宗商品市场，期货市场投机活动加剧推动大宗商品价格上涨。

总的来看，可以发现以下规律。

第一，原油价格对各冲击的脉冲响应程度不同，即各因素对原油价格的影响程度存在差异。原油价格对各冲击的脉冲响应在前 8 个月，自第 8 个月起各因素对原油价格的影响均趋近于零，对前 8 个月原油价格对各因素冲击的脉冲响应系数的平均值绝对值排序，得出对于原油价格影响的大小程度排序为全球总需求、投机规模、美元指数、全球总供给。

第二，各因素冲击对原油价格的影响机制不同。图 18 显示了原油价格对各冲击在 10 期内的脉冲响应结果，从图中可看出，全球总需求对于原油价格的影响呈现先升后降的趋势，从第 1 期开始到第 2 期达到峰值，随后逐渐减弱。美元也呈现类似特点，对原油价格的负向作用从第 1 期开始增强，到第 2 期达到峰值后影响逐渐减弱；而原油投机指标对石油价格的影响较为迅速，在第 1 期即达到峰值，随后迅速减弱，到第 6 期即趋近于零。供给冲击对原油价格的影响较为微弱，且很快消散。此外，从各冲击对原油价格的影响持续时间来看，全球总需求冲击对原油价格的影响最为持久，正向冲击到第 2 期达到峰值，之后逐渐减弱，一直持续到第 8 期才趋近于零。美元冲击相对需求冲击对原油价格的影响则较弱，到第 7 期开始就逐渐消散。投机指标对大宗商品冲击的传播速度较快，但其持续性较差，在第 1 期就达到峰值，之后便迅速减弱，到第 5 期就趋近于零。

综上所述，原油价格对全球总需求和投机因素最为敏感，且总需求对原油价格的影响较为持久，原油价格长期受总需求的影响；而原油投机对原油价格的影响较为短暂，在短期内对原油价格的影响较为迅速，随后迅速减弱。

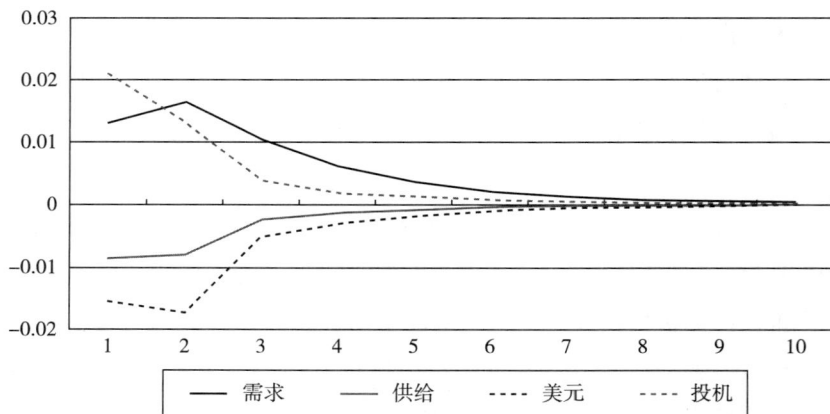

图 18　原油价格对各冲击的脉冲响应结果

2. 方差分解分析

方差分解（variance decomposition）是通过分析每一个自变量的变化对因变量变化的贡献度，进一步评价不同自变量的重要性。

图 19 显示了 VAR 模型的预测误差方差分解结果，描述了对于原油价格一个单位标准差的变动，需求因素、供给因素、美元因素以及投机因素对这一误差的贡献程度。从图中可以看出全球总需求、美元指数、投机因素均对原油价格的波动起到一定的解释作用，而供给冲击对石油价格波动的贡献则很有限。

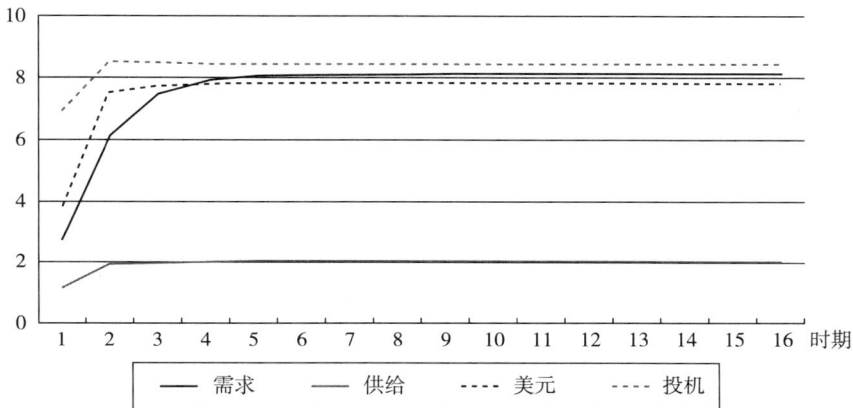

图 19　原油价格波动的方差分解结果

（四）递归 VAR 分析

全球经济近十年来在经济增长、金融市场发展、贸易结构、宏观经济政策等方面都发生了很大变化，尤其在 2008—2009 年爆发的金融危机使大宗商品价格出现了危机前的暴涨与危机后的暴跌现象。对 2000—2014 年的数据整体进行实证检验可以得出长期内大宗商品价格的波动影响因素，但可能会忽略这些变化带来的效应。因此，本节在前文建立的 VAR 模型的基础上，采取递归 VAR 模型对这些变量进行进一步检验，分析不同时期各冲击对大宗商品价格的作用，检验各因素对商品价格的影响随时间推移的变化趋势。具体做法为，选取 2000 年 1 月到 2003 年 12 月的数据作为基期，估计出一个初始的 VAR 方程，之后每个模型依次增加一个月的数据建立一个 VAR 方程，一直连续添加到 2014 年 12 月为止，这样一共得到 132 个 VAR 方程。然后对该 132 个 VAR 方程的方差分解的结果进行记录，统一选取各样本长度下多数方差分解结果达到稳定的期数进行分析。本节选取每个 VAR 方程方差分解的第 9 期进行分析，各个解释变量对原油价格变动的贡献程度的递归结果如图 20 所示。

从图 20 可以看出以 2008 年 6 月金融危机爆发时点为分界点，各因素对原油价格波动的贡献程度在分界点前后呈现显著差异，结合原油价格波动趋势以及经递归 VAR 得出全球总需求、全球总供给、美元指数、投机指标各因素对原油价格波动的方差分解结果，将 2000 年 1 月到 2014 年 12 月上述各因素的变动划分为以下四个阶段。

1. 2004 年 1 月到 2008 年 6 月

这一时期是大宗商品价格大幅上涨的阶段，大宗商品价格呈现长期的高位运行趋势，尤其在 2007 年到 2008 年上半年大宗商品价格暴涨至历史高点。同时，在这一时期新兴经济体经济增长迅速，全球经济处于新一轮的经济增长周期，全球总需求的提升带动了对大宗商品的需求从而拉动大宗商品价格上涨。正如本节前文所述，自 2004 年开始，大宗商品金融投资日益繁荣，投资于大宗商品衍生品市场的投资基金迅猛增长，且从 2007 年开始，美联储降息，全球主要发达国家下调利率，全球低利率的宽松货币环境在提高市场预期的同时提升投资者对大宗商品期货市场的投资热情，进一步鼓励了大宗商品期货市场的投机活动，促进了大宗商品价格的上涨。因此，这一时期真正促使大宗商品价格快速上涨的主要原因是全球经济增长和大宗商品市场的投机活动，其中投机活动对大宗商品价格的上涨起到主要作用。

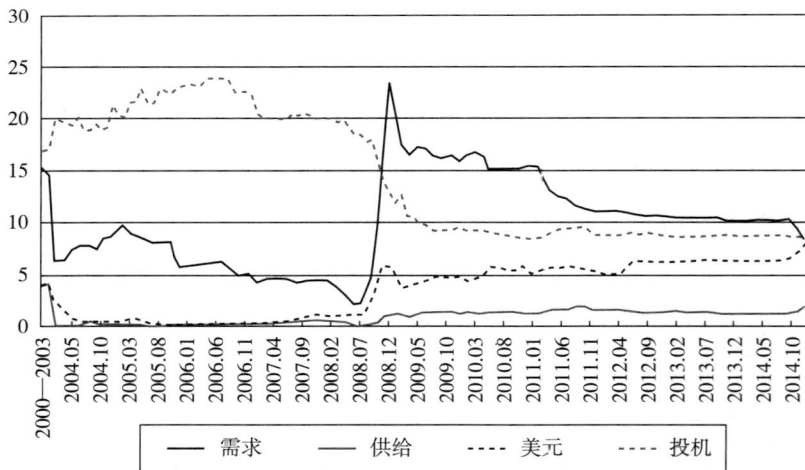

图 20　各因素对原油价格波动贡献程度的递归结果

2. 2008 年 6 月到 2008 年 12 月

这一时期是金融危机全面爆发并波及全球实体经济，大宗商品价格急剧下跌的阶段。2008 年 9 月，雷曼兄弟申请破产保护，标志着金融危机的爆发且在之后危机迅速传导到实体经济，全球经济陷入低迷。美国及欧元区失业率大幅上升，全美新建住房销售量及富国银行住房市场指数跌幅均超过20%。在这一时期，全球工业生产指数暴跌9.19%，其中发达国家工业生产指数下跌10.54%，发展中国家工业生产指数下跌7.56%。在这一阶段，全球经济陷入严重衰退，全球总需求的低迷削弱了对大宗商品的需求，造成大宗商品价格的持续下挫。从图20可以看出，在这一阶段，全球总需求对原油价格的贡献迅速上升，对原油价格的波动起到最主要的解释作用。同时，实体经济需求的萎缩以及对世界经济前景的悲观预期影响大宗商品投资者的预期和风险偏好，大宗商品期货市场的投机热情急剧下降，在这一阶段投机对原油价格波动的贡献程度迅速下降。此外，2008年11月25日，美联储首次开始实施量化宽松货币政策，公布将购买机构债券和抵押贷款支持证券（MBS），此次量化宽松政策主要是购买国家担保的问题金融资产，重建金融机构信用，向信贷市场注入流动性。金融市场的剧烈动荡促使投资者选择以美元等避险货币计价的资产进行投资，美元汇率在危机期间强势反弹，从货币层面进一步拉低原油价格，在这一阶段美元对原油价格波动的贡献程度有所上升。

3. 2009年1月到2011年1月

这一时期全球经济开始回暖。从2009年开始，各国政府为挽救受危机影响的经济实施的经济刺激政策开始发挥作用，全球经济逐渐升温，推动大宗商品价格反弹，增速回升。2010年11月4日美联储开始启动第二轮量化宽松政策，这一轮量化宽松中，美联储对资产负债表中到期债券的回笼资金进行了再投资，同时购入共6000亿美元中长期国债。各类救市计划向市场释放了巨额的流动性，对经济起到了一定的刺激作用，全球经济出现逐步复苏的迹象，但在后期，由于全球范围内利率已处于较低水平，货币政策对于经济的刺激作用日益减弱，全球经济总需求增速并不显著。可以看到在这一阶段全球总需求对原油价格波动起最主要作用，但对原油价格波动解释的贡献程度逐步减弱。此外，全球经济的复苏降低了投资者的风险预期，一系列的救市政策向市场注入了大量的流动性，推动更多资本流入大宗商品期货市场。然而由于危机刚过，市场参与者对于经济复苏的前景并不确定，对于投机活动的态度趋于保守，大宗商品期货市场并没有大规模扩张至危机前水平。因此，在这一阶段，期货投机对大宗商品价格波动也起到一定的解释作用，作用程度已不如危机前水平，对大宗商品价格波动的贡献程度呈现稳中有升的趋势。此外，美元在世界货币体系中处于主导地位，由于美国量化宽松货币政策的施行，美元汇率大幅贬值，对全球经济需求的提升作用并不显著，在商品供大于求的情况下，美元汇率的贬值也推动着大宗商品价格的回升。在这一阶段，美元指数对大宗商品价格波动也起到一定的解释作用，对大宗商品价格波动贡献程度呈现上升趋势。

4. 2011 年 1 月到 2014 年 12 月

2011 年之后，国际大宗商品价格波动加剧。2011 年 5 月欧元区成员国财政部长召开特别会议，启动希腊救助计划，标志着欧债危机爆发。全球经济前景不明朗，新兴经济体增速缓慢，全球主要国家施行的量化宽松货币政策释放出的流动性以及低利率环境对全球经济需求刺激效果日益微弱，经济总需求对大宗商品价格的提升作用有限。在这一阶段，全球总需求对大宗商品价格波动仍起到一定的解释作用，但贡献程度较之前阶段有所下降。对于投机因素而言，由于经济长期的缓慢复苏，大宗商品期货市场的投机活动已远不如危机前水平。2013 年 12 月 10 日，美国通过以前美联储主席保罗·沃尔克命名的"沃尔克规则"（Volcker Rule），"沃尔克规则"规定是 2010 年多德—弗兰克（Dodd – Frank）华尔街改革法案的核心。这项规定限制了华尔街投行提供大宗商品相关风险对冲及融资服务的能力，提高了大宗商品的交易成本，包括担保、清算、保证金等，从而对其进行投机性交易起到限制作用。对金融衍生品监管的加强以及投资于大宗商品的利润下滑致使摩根大通、德意志银行、摩根士丹利等金融机构纷纷剥离或缩减大宗商品业务。在这一阶段，投机活动对大宗商品价格下行起到了推动作用。2014 年 10 月 29 日，美联储宣布结束资产购买计划，为六年前开始实施的持续了四轮的量化宽松政策画上句号，并进一步提出下一步的政策重点将转向加息，这标志着金融危机以来宽松货币政策结束。美联储退出量化宽松以及紧缩货币政策的预期导致美元升值，推动着大宗商品价格的走低。在这一阶段，美元指数对大宗商品价格的波动起到日益显著的解释作用，对大宗商品价格波动的贡献程度有所上升。

总的来看，全球实体经济总需求与大宗商品期货投机活动是影响大宗商品价格波动的主要因素，尤其在 2004 年商品期货指数化投资兴起，大宗商品金融化趋势日益明显的背景下，直到 2008 年金融危机爆发前，投机因素对大宗商品价格的作用甚至比需求的影响作用更大。全球实体经济的总需求长期主导着大宗商品价格的波动，尤其在金融危机爆发时，大宗商品价格的波动对实体经济需求最为敏感。因此，全球总需求对大宗商品价格的影响在危机中比危机前更显著，投机因素对大宗商品价格的影响在危机前比危机中更显著。此外，在危机后美国的量化宽松政策导致的美元贬值也对大宗商品价格的波动产生了显著影响，而供给因素对于大宗商品价格的波动影响甚微。

（五）稳健性检验

为保证结论的稳健，通过换取指标对前文建立的模型进行稳健性检验。将代表全球总需求的全球工业产值指标替换为波罗的海干散货指数（Baltic Dry Index，

BDI）。波罗的海干散货指数是按照几条传统干散货船航线在航运市场中所占的比重以及重要程度综合计算其运价所得出的一个综合性指数。波罗的海干散货指数反映国际海运状况，因此也是用来指示全球贸易状况的领先指数。波罗的海干散货指数显著上扬，则意味着全球经济状况良好。因此，一般认为 BDI 指数可用来衡量全球经济的活跃程度，代表全球经济的走势。在本节的稳健性检验部分，选取 BDI 指数来代替工业产值指数代表全球总需求进行分析。BDI 指数与原油期货价格的走势如图 21 所示。

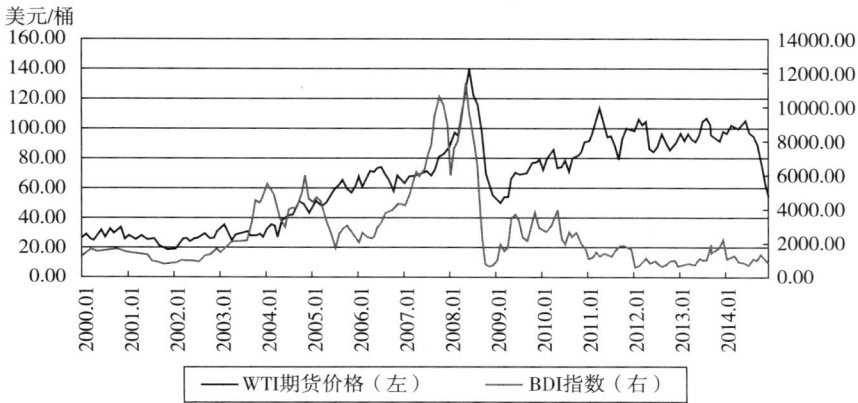

图 21　BDI 指数与原油期货价格

资料来源：彭博数据库（Bloomberg），Wind 数据库。

　　按照前文的模型构建步骤对新变量进行检验，BDI 指数的对数差分序列为平稳序列，新的 VAR 模型的最优滞后阶数仍选取 3 阶，对新的 VAR 模型进行脉冲响应分析及方差分解分析，结果如图 22 和图 23 所示，可以看出各因素对原油价格影响的大小程度排序仍为全球总需求、投机因素、美元指数、全球总供给。其中，全球总需求对原油价格的影响程度先升后降，在第 2 期达到峰值，随后逐渐减弱，且对原油价格影响最持久，持续到第 8 期才逐渐趋于零。原油投机活动对原油价格的影响较为迅速，在第 1 期就达到峰值，随后迅速下降，甚至在第 3 期呈负向冲击，在第 7 期趋于零。美元指数对石油价格的负向作用自第 1 期开始增强到第 2 期达到峰值，随后迅速减弱到第 7 期趋近于零。相比于需求冲击，美元指数与投机活动冲击对原油价格的影响持续性相对较差，而供给冲击对原油价格的影响更为微弱，且很快消散。

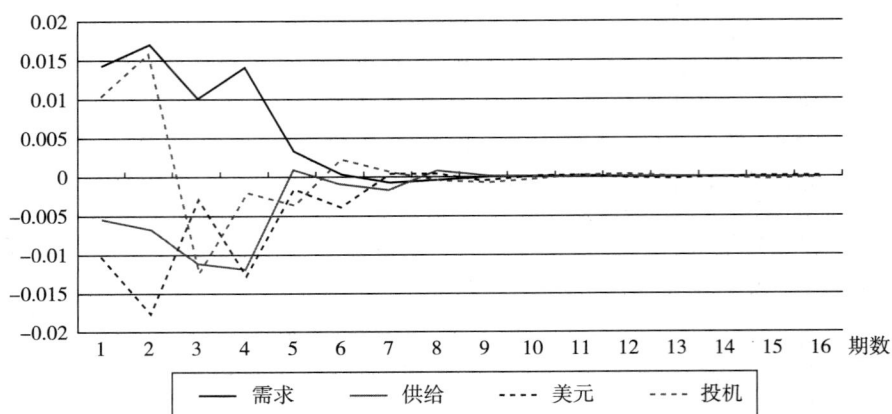

图22　替换总需求指标后原油价格对各冲击的脉冲响应结果

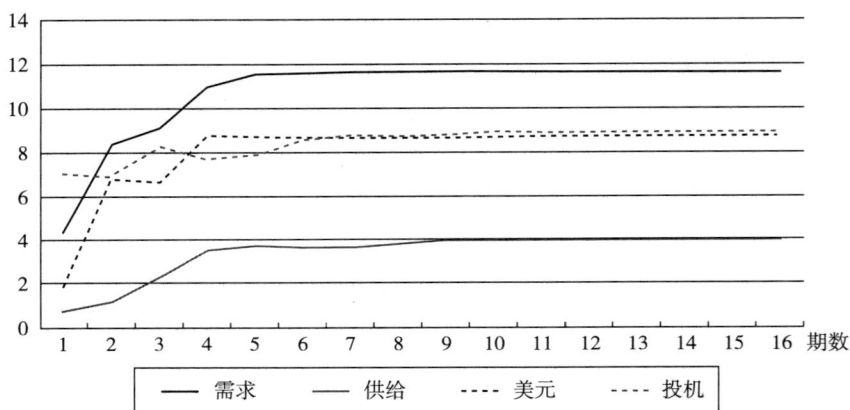

注：在此处，需求因素对石油价格波动的贡献程度最大，显著高于投机因素和美元汇率，这与 BDI 指数本身的构造结构有关，且 BDI 指数衡量国际海运贸易状况，与原油价格相关性更高。本节认为，此处的方差分解结果不与本节前述的 VAR 结果相悖，投机因素仍对原油价格波动起到相当的解释作用，结果具有稳健性。

图23　替换总需求指标后原油价格波动的方差分解结果

因此，脉冲响应的分析结果与前文基本一致，原油价格的波动对全球总需求和投机活动最为敏感，原油价格变动长期受经济总体需求的影响，需求冲击对原油价格的影响较为持久，而原油的期货投机活动对原油价格的影响体现为瞬时的影响，随后迅速消散。

从方差分解结果来看，全球总需求、美元指数、投机活动以及全球总供给均对原油价格波动起到一定的解释作用。

（六）实证结果总结分析

本部分从大宗商品价格驱动因素入手，选取 2000 年 1 月至 2014 年 12 月的月度数据建立包含大宗商品的全球总需求、全球总供给、美元指数、投机指标、大宗商品价格五个变量的向量自回归模型（VAR），对影响大宗商品价格波动的因素进行实证检验，并进一步进行了递归 VAR 分析以及稳健性检验。通过实证检验得到以下发现。

1. 从脉冲响应的检验结果来看，全球经济需求对大宗商品价格产生正向冲击，且对于原油价格的影响具有持久性和稳定性，因此本节认为实体经济需求长期对大宗商品价格波动产生影响；投机因素对大宗商品价格也产生正向冲击，影响程度较实体经济需求因素较小，且对大宗商品价格的冲击影响较为迅速，但持续性较差，冲击很快消散，因此本节认为投机因素对大宗商品价格波动主要是短期瞬时的影响；美元汇率对大宗商品价格产生负向冲击，影响程度较投机因素更小；供给因素对大宗商品价格产生较为微弱的负向冲击，影响程度最小。因此，需求冲击对大宗商品价格的影响最大，其次是投机冲击，然后是美元汇率冲击，最后才是供给冲击。

2. 从方差分解的检验结果来看，在 2000—2014 年的全样本时期，全球经济总需求和投机活动对大宗商品价格波动起到最为主要的解释作用，甚至投机因素对大宗商品价格波动的贡献程度要稍强于实体经济需求因素。美元汇率也对大宗商品价格的波动起到一定的作用，而供给对于大宗商品价格波动的解释力度稍弱。

3. 从递归 VAR 的检验结果来看，结合不同因素对大宗商品价格波动的作用大小和贡献程度，将大宗商品价格波动划分为四个阶段：2004 年 1 月到 2008 年 6 月，在此阶段全球经济增长和大宗商品期货市场的投机活动是影响大宗商品价格波动的主要因素，而投机活动对大宗商品价格上涨的贡献程度远超过总体经济需求对大宗商品价格的推动作用。2008 年 6 月到 2008 年 12 月，在此阶段大宗商品价格的暴跌现象主要由全球总需求的急剧萎缩造成，大宗商品价格对总体经济需求的敏感度迅速上升，需求因素对大宗商品价格的影响占主要地位，而投机活动对大宗商品价格的影响程度迅速减弱。同时，危机期间美元强势反弹，对大宗商品价格波动的解释作用有所上升。2009 年 1 月到 2011 年 1 月，这一时期在美国多轮量化宽松货币政策环境下，美元汇率对大宗商品价格的解释程度显著上升。对大宗商品价格变动起主导作用的仍为实体经济需求和投机因素，其中需求因素对大宗商品价格波动的贡献程度逐步下降，而投机因素对大宗商品价格波动的解释程度稳中有升。2011 年 1 月到 2014 年 12 月，需求因素、投机因素、美元汇率都对大宗商品价格波动起到一定的解释作用，其中实体经济需求占主导。

4. 从稳健性检验的结果来看，本节实证检验所得结果具有稳健性，可以得出上述结论，即全球总需求、美元汇率、投机活动均对大宗商品价格的波动起到一定的解释作用，而供给因素对大宗商品价格的影响较为微弱。大宗商品价格长期受经济需求的影响，投机活动对大宗商品价格的影响主要是短期的瞬时影响。此外，危机前投机因素对大宗商品价格的影响作用比需求因素更大，而危机后需求因素对大宗商品价格的影响作用更大。

五、结论及政策建议

本节从现有文献研究和对大宗商品市场动态的考察出发，分析了近十年大宗商品价格的波动趋势，以及大宗商品金融化的发展趋势，并通过实证检验分析了2000—2014 年国际大宗商品价格波动的影响因素及影响程度大小。

1. 在2000—2014 年整体时间段内，全球实体经济总需求一直是影响大宗商品价格波动的主要原因，进入 21 世纪，以印度、中国等新兴经济体经济迅猛增长为主要特征的全球经济蓬勃增长是大宗商品价格上涨的主要驱动因素。此外，来自实体经济需求层面的冲击对大宗商品价格的影响具有持久性和稳定性，在长期内主导着大宗商品价格的波动。

2. 自 2004 年开始，由于商品指数投资的兴起，大宗商品期货市场投机活动迅速增加，大宗商品金融化进程不断加快，投机因素对大宗商品价格的影响非常显著，尤其在危机前，投机对大宗商品的影响程度甚至超过总体经济需求而占主导地位，说明仅仅用基本面因素对大宗商品价格的波动进行解释远远不够，必须考虑投机在大宗商品价格波动中的作用。同时，本节的实证检验结果发现投机层面的冲击对大宗商品价格的影响是短暂瞬时的影响，很快消散，不具有持久性。

3. 金融危机过后，美元汇率对大宗商品价格波动的解释程度相较危机前较为显著，本节认为这可能与金融危机过后美国为稳定金融市场、刺激经济实施的多轮量化宽松政策有关。

4. 全球金融危机爆发前的 2004—2008 年，大宗商品价格的迅猛增长主要是由大宗商品期货投机活动的大量增加引起的；而在危机全面爆发的 2008—2009 年，大宗商品价格的暴跌主要是由于危机爆发引发的全球实体经济迅速萎缩。危机后随着全球宽松的货币政策和低利率市场环境，以及金融监管的加强，经济需求、投机活动、美元指数都对大宗商品价格波动产生了一定的影响。

总的来说，全球总需求和商品期货投机一直对大宗商品价格的波动起到一定的解释作用，而全球总需求对大宗商品价格的影响在危机中比危机前更显著，投机因素对大宗商品价格的影响在危机前比危机中更显著。

最近十几年来，大宗商品价格从增长幅度和波动频率来看都远远高于历史水平，而伴随着大宗商品价格剧烈波动的是以新兴经济体为主导的全球经济的快速增长、大宗商品金融化程度的不断加深，以及 2008 年金融危机对全球经济带来的负面影响。大宗商品价格的持续上涨会对大宗商品进口国的贸易条件造成负面影响，大宗商品价格的频繁波动会对通货膨胀和稳定产出带来一定风险，对宏观经济发展产生严重影响。尤其大宗商品价格与美元汇率等金融货币因素的关系增强，大宗商品金融化已经对大宗商品价格的形成机制产生重要影响。根据本节的实证检验得出的结论，在金融危机爆发前，投机因素对大宗商品价格的影响甚至超过经济需求占主导地位，而在危机之后对大宗商品价格的影响有所下降。这说明在大宗商品金融化的进程中，有效监管的缺乏会对大宗商品期货市场的健康运行造成一定的隐患。金融危机之后，美国监管当局开始加强对大宗商品衍生品交易的监管，限制大宗商品的期货投机性交易，对大宗商品期货市场的监管明显更严。面对频繁波动的大宗商品市场，在我国加快建设大宗商品期货市场的背景下，本节提出以下政策建议。

1. 对大宗商品市场发展动态及趋势保持高度敏感，加强监管对于大宗商品市场结构以及市场形式等方面变化的适应性。大宗商品市场的结构在改变，无论是交易所市场还是衍生品市场都是如此。大宗商品的期货市场开始于服务从事实体生产和交易的生产商、制造商以及最终消费者。随着大宗商品期货市场的发展，市场交易机制不断完善，大宗商品相关金融交易迅速扩张，大宗商品衍生品市场金融投资者的资金注入不断增加。大宗商品期货市场交易产品以及交易者类型不断丰富，价格的形成机制因此发生变化，因此对于衍生品市场的金融监管不再局限于套期保值活动。金融危机暴露了对大宗商品衍生品市场监管过松的问题，为稳定市场和减缓价格波动，美国进一步加强对金融衍生品的监管，适当限制投机活动。因此，对于大宗商品衍生品市场的监管，应保持动态监管，随着市场发展趋势及时调整监管政策。

2. 提高大宗商品期货市场的信息披露要求，完善期货市场的交易持仓报告，提高市场透明度。随着大宗商品金融化程度的不断加深，商品期货市场交易形式、交易者类型日趋复杂化是金融化发展的必然趋势。因此，我国的期货市场应提高期货市场的信息披露程度，提高投资者对于期货交易所及监管机构的信息披露要求，提高市场透明度，保证各类市场参与者能及时有效获取有关交易信息以作出正确判断。目前我国期货交易所按时发布有关交易会员的持仓状况和排名，而没有更进一步的详细数据信息，应借鉴美国商品期货交易委员会的持仓报告按持仓目的对不同类型的交易者进行分类并及时统计各类交易者的详细交易数据，根据中国期货市场交易的实际情况建立期货市场交易的分类持仓报告并进行公布，提高市场透明度，使监管机构对各类型交易者进行及时监管。

3. 加强对大宗商品期货市场投机活动的监管，防止出现过度投机现象，保证大宗商品期货市场的稳定。大宗商品金融化进程不可避免地对大宗商品价格的波动产生重要影响，尤其在经济高速增长、投机活动比较活跃的时期，投机活动对大宗商品价格波动的作用尤为显著，影响程度甚至超过实体经济需求，在一定程度上会扰乱大宗商品期货市场的正常秩序，因此需加强对大宗商品期货市场投机活动的监管，注意加强对对冲基金、指数投资基金等杠杆水平和持仓量的监测，通过制定合理的监管方案和措施抑制过度的投机活动，这对于预防和控制短期内国际大宗商品价格的过度波动具有重要意义。

4. 基于全球视角进行相关政策的制定，为保证大宗商品市场的有效运行，必须要有国际眼光。全球经济一体化的发展使世界各国的经济发展存在较强的联动性，一国的经济政策会对全球大宗商品市场产生影响。因而在制定政策时，应考虑国内政策对国际市场可能产生的影响。在宏观经济政策背景下，需要考虑货币政策的传导过程对大宗商品市场的作用，货币政策的变动会使利率、流动性、美元等因素对大宗商品价格的影响程度增大。如在危机后美国实施的多轮量化宽松货币政策的背景下，美元汇率对大宗商品价格的影响程度大幅增加，因而在制定相关大宗商品政策时应关注美国等发达经济体货币政策的溢出效应。因此，考虑到全球影响，世界各国在制定经济政策以及大宗商品监管机制时，可以通过信息共享与交换避免各国政策对其他国家所造成的负面影响。

5. 从根本上调整大宗商品供需结构，以稳定大宗商品市场，应对大宗商品价格的波动。供需基本面是大宗商品价格最根本的决定机制，其价格波动也会受到来自投机、货币政策、流动性方面的不同程度的影响，然而大宗商品价格最终要向供需基本面回归，因此应对大宗商品价格波动的最根本问题还是调整大宗商品市场的供需结构以适应经济增长从而保持大宗商品市场的稳定。从需求方面来看，应加快我国作为发展中国家经济增长模式的转型，改变目前以资源依赖和投资驱动经济增长的发展模式，转变为通过提高劳动者素质和依靠科技进步以推动经济增长的发展模式。尽快实现产业结构升级，提高资源使用效率和要素生产率，从而降低对大宗商品的需求压力。从供给方面来看，受大宗商品生产条件以及基础设施投资水平的限制，大宗商品的供给扩张长期落后于需求的增长，对大宗商品价格产生压力。因此需要增加大宗商品生产以及基础设施投资，以改善大宗商品中长期的供给能力，调节供需矛盾。

参考文献

［1］部慧，李艺，汪寿阳．国际基金持仓与大豆商品期货价格关系的实证研究［J］．管理评论，2008（5）：3－27．

［2］冯晓辰．国际大宗商品价格泡沫的财富效应研究［D］．上海：东华大学，2013．

［3］韩立岩，尹力博．投机行为还是实际需求？——国际大宗商品价格影响因素的广义视角分析［J］．经济研究，2012（12）：83－96．

［4］刘翔峰．国际大宗商品的金融属性日益凸显及中国的对策［J］．金融理论与实践，2008（9）：28－30．

［5］刘向东．2011年国际大宗商品价格走势判断及其影响分析［J］．中国物价，2011（2）：9－13．

［6］卢锋，李远芳，刘鎏．国际商品价格波动与中国因素——我国开放经济成长面临新问题［J］．金融研究，2009（10）：38－56．

［7］潘慧峰，石智超，唐晶莹．非商业持仓与石油市场收益率的关系研究［J］．国际金融研究，2013（12）：73－81．

［8］谢飞，韩立岩．投机还是实需：国际商品期货价格的影响因素分析［J］．管理世界，2012（10）：71－82．

［9］钟一鸣．大宗商品价格波动的影响因素探析——以基本金属铜为例［J］．中国管理信息化，2012（16）：48－49．

［10］周丽娜．金融资源的富集作用与商品金融化［J］．金融理论与实践，2007（5）：36－38．

［11］周小舟，马瑾．持仓量、持仓结构与油价［J］．金融研究，2014（3）：110－122．

［12］Anzuini A，Lombardi M J，Pagano P. The Impact of Monetary Policy Shocks on Commodity Prices［R］. European Central Bank Working Papers No. 1232，2010.

［13］Breitenfellner A，Cuaresma J C，Keppel C. Determinants of Crude Oil Prices：Supply，Demand，Cartel or Speculation？［J］. Monetary Policy & the Economy，2009，4：111－136.

［14］Breitenfellner A，Cuaresma J C，Keppel C. Determinants of Crude Oil Prices：Supply，Demand，Cartel or Speculation？［J］. Monetary Policy & the Economy，2009，4：111－136.

［15］ Belke A, Bordon I G, Volz U. Effects of Global Liquidity on Commodity and Food Prices ［J］. World Development, 2013, 44 （C）: 31 – 43.

［16］ Fattouh B, Kilian L, Mahadeva L. The Role of Speculation in Oil Markets: What Have We Learned So Far? ［R］. CEPR Discussion Paper No. 8916, 2012.

［17］ Gilbert C L. Speculative Influences On Commodity Futures Prices 2006 – 2008 ［R］. UNCTAD Discussion Paper No. 197, 2010.

［18］ Knittel C R, Pindyck R S. The Simple Economics of Commodity Price Speculation ［R］. NBER Working Paper No. 18951, 2013.

［19］ Morana C. Oil Price Dynamics, Macro-Finance Interactions and the Role of Financial Speculation ［R］. FEEM Working Paper, 2012.

［20］ Borensztein E, Reinhart C M . The Macroeconomic Determinants of Commodity Prices ［R］. IMF Working Paper, 1994.

［21］ Arbatli E C, Vasishtha G. Growth in Emerging Market Economies and the Commodity Boom of 2003 – 2008: Evidence from Growth Forecast Revisions ［R］. Bank of Canada Working Paper No. 2012 – 8, 2012.

［22］ Korniotis G. Does Speculation Affect Spot Price Levels? the Case of Metals with and Without Futures Markets ［R］. FEDS Working Paper No. 2009 – 29, 2009.

［23］ Thomas H. Commodity Prices and the Global Economy—A Retrospective ［R］. IMF Working Paper, 2012.

［24］ Askari H, Krichene N. Monetary Policy and World Commodity Markets: 2000 – 2007 ［J］. PSL Quarterly Review, 2010, 63 （253）: 145 – 177.

［25］ Vansteenkiste I. What is Driving Oil Futures Prices? Fundamentals Versus Speculation ［R］. European Central Bank Working Paper No. 1371, 2011.

［26］ Frankel J A. Expectations and Commodity Price Dynamics: The Overshooting Model ［J］. American Journal of Agricultural Economics, 1986, 68 （2）: 344 – 348.

［27］ Frankel J A. The Effect of Monetary Policy on Real Commodity Prices ［R］. NBER Working Paper No. 12713, 2006.

［28］ Frankel J A, Rose A K. Determinants of Agricultural and Mineral Commodity Prices ［R］. HKS Faculty Research Working Paper No. 10 – 038, 2010.

［29］ Hamilton J. Understanding Crude Oil Prices ［J］. The Energy Journal, 2009, 30 （2）: 179 – 206.

［30］ Tang K, W X. Index Investment and Financialization of Commodities ［R］.

NBER Working Paper No. 16385, 2010.

[31] Ke-Young Chu, Morrison T K. The 1981 – 82 Recession and Non-Oil Primary Commodity Prices, Staff Papers-International Monetary Fund [J]. IMF Staff Papers, 1984, 31 (1): 93 – 140.

[32] Aastveity K, Bjørnland H, Thorsrud L. What Drives Oil Prices? Emerging Versus Developed Economies [R]. Norges Bank Working Papers, 2012.

[33] Baldi L, Peri M, Vandone D. Price Discovery in Agricultural Commodities: Spot and Futures Prices of Agricultural Commodities: Fundamentals and Speculation [R]. International European Forum No. 122002, 2011.

[34] Juvenal L, Petrella I. Speculation in the Oil Market [R]. Federal Reserve Bank Working Paper No. 2011 – 027, 2011.

[35] Kilian L, Murphy D P. The Role of Inventories and Speculative Trading in the Global Market for Crude Oil [R]. CEPR Disussion Papers No. 7753, 2010.

[36] Kilian L. Not All Oil Price Shocks are Alike: Disentangling Demand and Supply Shocks in the Crude Oil Market [J]. American Economic Review, 2009, 99 (3): 1053 – 1069.

[37] Lombardi M J, Van I R. Do Financial Investors Destabilize the Oil Price? [R]. European Central Bank Working Paper No. 1346, 2011.

[38] Chambers M, Bailey R E. A Theory of Commodity Price Fluctuations [J]. Journal of Political Economy, 1996, 104 (5): 924 – 957.

[39] Manera M, Nicolini M, Vignati I. Futures Price Volatility in Commodities Markets: The Role of Short Term vs Long Term Speculation [R]. DEMS Working Paper No. 243, 2013.

[40] Masters M W. Testimony Before the Committee on Homeland Security and Governmental Affairs [R]. US Senate, 2008.

[41] Erbil N, Roache S K. How Commodity Price Curves and Inventories React to a Short-Run Scarcity Shock [R]. IMF Working Paper, 2011.

[42] Gervais O, Kolet I. The Outlook for the Global Supply of Oil: Running on Faith? [R]. Bank of Canada Discussion Paper, 2009.

[43] Akram Q F. Commodity Prices, Interest Rates and the Dollar [R]. Norges Bank Working Paper, 2008.

[44] Kaufmann R K, Ullman B. Oil Prices, Speculation, and Fundamentals: Inter-

preting Causal Relations Among Spot and Futures Prices ［J］. Energy Economics, 2009, 31 (4): 550 – 558.

［45］ Alquist R, Gervais O. The Role of Financial Speculation in Driving the Price of Crude Oil ［J］. The Energy Journal, 2013, 34 (3) .

［46］ Irwin S H, Sanders D R. The Impact of Index and Swap Funds on Commodity Futures Markets: Preliminary Results ［R］. OECD Food, Agriculture and Fisheries Papers No. 27, 2010.

［47］ Cevik S, Sedik T S. A Barrel of Oil or a Bottle of Wine: How Do Global Growth Dynamics Affect Commodity Prices? ［R］. IMF Working Paper, 2011.

［48］ Enders W, Holt M. Breaks, Bubbles, Booms, and Busts: the Evolution of Primary Commodity Price Fundamentals ［R］. MPRA Paper No. 31461, 2011.

［49］ Xiaoyi Mu, Haichun Ye. Understanding the Crude Oil Price: How Important Is the China Factor? ［J］. Energy Journal, 2011, 32 (4) .

第二节　经济不确定性、金融化与大宗商品价格协同性[1]

一、引言

大宗商品作为经济基础中的工业原材料、能源以及生活必需品的来源，其价格走势与特征对于全球经济状况具有重要的影响，因此一直受到各界的广泛关注。近20年来国际大宗商品价格呈现出大幅波动现象，一些文献试图从实体经济需求层面进行解释，将其归结于新兴经济体快速发展所带来的对于原材料的旺盛需求（Kilian，2009）；但与此同时有文献指出，供需的变化难以完全解释大宗商品价格如此剧烈的波动，认为近年来商品期货市场的快速发展与金融投资者的大量涌入所导致的"大宗商品金融化"，是近20年大宗商品价格剧烈波动的主要原因（Tang and Xiong，2012）。大宗商品金融化的直接表现之一是非商业交易者（Non-commercial Trader）的大量涌入，其原因有文献指出是由于商品期货与股票指数的历史关联性较低（Gorton and Rouwenhorst，2006），非商业交易者进入商品期货市场，利用商品期货对冲股市风险。此种跨市交易行为一方面使商品市场与股票市场的关联程度近年来不断上升；另一方面金融交易者存在"羊群效应"、情绪交易等非理性交易行为，导致全球流动性、美元实际利率、交易者情绪等传统金融市场影响因素的作用范围扩散到大宗商品市场，导致商品价格与其基本面的偏离。

除价格的大幅波动外，近年来多类大宗商品所表现出的协同性成为另一个广受关注的研究热点。大宗商品价格协同性指不同种类的大宗商品表现出价格同涨同跌的现象。目前对于大宗商品价格协同性成因的研究，主要集中于对大宗商品价格共同驱动因素的识别。Gruber和Vigfusson（2012）运用面板GARCH模型，证实了实际利率的下降将促进大宗商品价格的协同变动，指出实际利率可通过影响储藏成本的方式同向冲击多种大宗商品价格。此外，较早发现并提出"超额协同性"的Pindyck和Rotemberg（1990）将"超额协同性"定义为"超出共同因子能够解释之外的商品价格的协同变动部分"，并指出金融市场上的"羊群效应"很可能是此现象的成因。

――――――――――

1　本部分包括以下两个基金项目：（1）国家自然科学基金2018年应急管理项目"防范和化解金融风险"，汇率市场变化、跨境资本流动与金融风险防范（71850005）；

（2）教育部哲学社会科学研究后期资助重大项目，非金融企业杠杆率的分化与结构性去杠杆研究（18JHQ010）。

本部分作者为李沛然和谭小芬。

综上所述，在大宗商品金融化的驱使下，传统金融市场的影响因素对于大宗商品价格的形成日趋重要，且传统金融市场因素很可能作为一种普遍冲击，促进大宗商品价格的协同变动。其中经济不确定性影响金融投资者情绪与投资者预期，长期以来被视作传统金融市场的重要参考指标，而伴随着金融投资者涌入大宗商品期货市场，研究经济不确定性是否可以通过金融投资者对商品价格产生显著、同向的冲击以促进商品价格的协同变动，对于在当前商品市场新环境下加深对于大宗商品市场的理解、指导大宗商品贸易的运作，具有重要意义。

文章剩余部分结构安排如下：第二部分为文献综述，重点梳理了大宗商品价格、大宗商品协同性和经济不确定性的有关文献；第三部分为理论机制与研究设计，具体阐述了经济不确定性对于大宗商品价格及协同性的影响渠道，并提出相关的待检验假设与相对应的检验方法；第四部分为数据来源与实证结果；第五部分为稳健性检验；第六部分为总结与启示。

二、文献综述

驱动商品价格协同变化的原因，通常认为来自三个方面：（1）所有商品同时受到一个普遍的共同冲击，驱使商品价格协同变动；（2）个别商品受到特有冲击并通过商品市场间的渠道相互传导，产生协同反应；（3）不同商品碰巧受到相似的特有冲击。从上述三种原因出发，目前对于大宗商品价格协同性的研究主要可分为两类。第一类是探究商品价格的共同影响因素，以此推断商品价格协同变动的原因。此类文献的研究思路可分为两种：一是从宏观因素出发，分析供给与需求、全球流动性、美国货币政策、大宗商品金融化等因素对大宗商品价格的普遍作用；二是通过因子分析的方法提取不可观测的潜在因子，从因子冲击的视角分析大宗商品价格协同变动的原因。第二类文献主要集中于探究大宗商品市场之间的相互作用，通过研究不同大宗商品价格之间存在的关联性与溢出效应，借鉴产业链等理论解释大宗商品价格之间的相互作用。

（一）商品价格的普遍驱动因素

从宏观因素出发探究大宗商品价格的影响因素的文献，主要基于以下三个视角。一是从基本面供需角度出发，将中国、印度等新兴经济体的高速发展产生的对大宗商品当前需求和未来需求预期的冲击作为拉动大宗商品价格的主要原因（Kilian，2009；Wirl，2008；Kilian and Murphy，2010）。二是从利率、美元汇率、全球流动性等角度出发，探究宏观指标对于大宗商品价格的冲击作用。Anzuini、Lombardi 和 Pagano（2012）研究发现扩张型货币政策推升了大宗商品价格；Frankel（2008）、

Akram（2009）证实实际利率与多类商品价格呈现出负相关关系。在此类文献中，值得强调的是有关经济不确定性与大宗商品价格的研究。Dimitrios（2018）通过构建 VAR 模型分析了宏观经济不确定性、经济政策不确定性、金融不确定性（financial uncertainty）等不确定性冲击对能源类、金属类与农产品类大宗商品价格的冲击作用，证实了不确定性对于商品价格波动具有较为普遍的正向冲击作用，其中能源类商品的反应最为显著。这从侧面表明经济不确定性对大宗商品价格协同性可能存在影响。三是着重于大宗商品金融化的影响，Buyuksahin（2009）、Singleton（2011）等提出并证实了投资者交易头寸对大宗商品价格具有显著作用；谭小芬（2018）、Li（2011）通过 BEKK-GARCH、DCC-MGARCH 等方法分别证实金融市场和大宗商品市场具有相互的溢出效应和两种市场存在关联性，这与 Tang 和 Xiong（2012）提出的大宗商品指数内商品由于金融化程度较高这一观点与其相互间的关联性明显强于指数外商品间的关联性的观点相互支撑；此外，Ohashi（2016）通过 GARCH 类模型同样证实了自 2000 年起的大宗商品金融化对于大宗商品价格的超额协同性具有促进作用。

采用因子分析的方法探讨大宗商品价格的驱动因素的文献，主要借助动态因子模型提取大宗商品价格的共同因子与驱动各类商品价格的特有因子，通过分析二者在大宗商品价格形成过程中作用的相对强弱来验证大宗商品价格协同性的存在并分析成因。Lübbers（2016）通过提取涵盖 31 种大宗商品的共同因子，证实了在金融危机期间，商品价格尤其是黄金与原油价格与共同因子的关联性明显上升；Vansteenk-iste（2009）同样证实了非能源类大宗商品价格存在共同驱动因子，且共同因子的相对作用在经济危机期间表现出上升趋势，并发现包含原油价格、美元有效汇率、需求冲击在内的多种宏观指标对于共同因子具有显著作用。此类文献均表明了在经济危机期间共同因子在商品价格形成过程中的重要程度存在上升趋势，侧面证实了在经济不确定性程度较高期间大宗商品价格表现出更为明显的协同趋势。

（二）大宗商品市场之间的相互作用

针对大宗商品市场之间的相互作用，已有文献主要从大宗商品市场间的溢出效应与超额协同性两个角度分析大宗商品价格之间的协同特征。此类文献大多集中于研究能源类商品对非能源商品的溢出与协同作用且多采用 GARCH 类模型与 Diebold 和 Yilmaz（2012）的溢出指数法进行分析。Mensi（2015）通过 VAR-BEKK-GARCH 等方法分析了原油与农产品价格间的动态回报率关联性与波动溢出效应，研究结果表明二者之间确实存在关联性与波动溢出效应，且证实在 2008 年经济危机期间大宗商品间的条件相关系数剧烈波动且总体呈上升趋势；Nazlioglu、Erdem 和 Soytas

（2013）同样针对原油与农产品间的波动溢出效应的时变特征进行分析，结果证实波动溢出效应在食品价格危机前后由不显著转为显著。上述研究虽均未直接阐明经济不确定性对大宗商品间价格协同性的影响与作用，但都侧面展现出了在经济危机期间商品市场间的相互作用发生了显著变化。少数直接分析经济不确定性对于国际市场间关联的作用的文献中，Liow、Liao 和 Huang（2017）借助溢出指数法分别分析了多国股票市场、房地产市场、债券市场和货币市场之间以及各国经济不确定性之间的相互溢出作用，发现多国间经济政策不确定性的相互溢出效应可以作为金融市场间相互溢出效应增强的提示指标（short-term predictor），表明了经济不确定性与国际市场间的相互关联性可能存在联系。

上述文献从基本面、金融化等多种角度分析了大宗商品价格的影响因素并验证了大宗商品价格间存在协同关系，同时考察了大宗商品间协同关系的部分时变特征，但仍存在以下不足：（1）大多数文献局限于证实大宗商品价格协同性的存在，但对于协同性的影响因素有待进一步研究；（2）大部分文献在通过分析得到大宗商品价格协同性的部分时变特征之后，对协同性变化背后的影响机制缺乏深入探究；（3）对大宗商品价格协同性的研究主要集中在少数大宗商品种类之间，缺乏对于跨板块、多种类大宗商品间的全面分析。基于此，本节选取了包括能源、金属、农产品三个板块的 23 种大宗商品 1991 年 1 月至 2017 年 6 月的月度价格数据，利用 DCC-MGARCH 模型验证了大宗商品价格协同性的存在，并逐对计算大宗商品间的动态条件相关系数，以分析大宗商品间价格协同性的时变特点与不同商品间协同性的截面特征。此外，本节检验了经济不确定性对大宗商品价格协同性的影响作用，并采用大宗商品是否包含于大宗商品指数内、大宗商品市场与股票市场的关联程度两种思路分别度量大宗商品金融化程度与大宗商品市场整体金融化程度，着重分析大宗商品金融化如何影响经济不确定性对大宗商品价格协同性的作用。

三、理论机制和研究设计

（一）经济不确定性与大宗商品价格

经济不确定性促进大宗商品价格协同变动的前提，是经济不确定性对于多类大宗商品价格具有普遍的同向冲击作用，因此本节首先检验经济不确定性与大宗商品价格之间的相互联系。为解决大宗商品价格的方差可能存在非齐次性的问题，本节对选取的 23 种大宗商品价格月度收益率建立广义自回归条件异方差（GARCH）模型，并将经济不确定性指标作为外生变量分别加入到均值方程与方差方程之中，分别从价格与波动性两个角度，考察经济不确定性对于大宗商品价格的作用，以初步检验经济不确定性是否对大宗商品价格具有一个相对广泛的冲击作用。本节依据残差自相关，偏相关系数与 AIC、BIC 准则，依次判定各商品价格回归中均值方程的滞后项阶数与方差方程中 ARCH 项与 GARCH 项的滞后阶数，确保回归中 ARCH 项、GARCH 项的显著性。

$$r_t = \alpha + \sum_{i=0}^{k} r_{t-i} + \beta\, VIX_t + \varepsilon_t \tag{1}$$

$$\sigma_t^2 = \omega_0 + \sum_{i=1}^{k} \gamma_i\, \varepsilon_{t-i}^2 + \sum_{j=0}^{m} \theta_j\, \sigma_{t-j}^2 + \beta'\, VIX_t \tag{2}$$

本节借鉴 Bloom（2009）的方法，采取 VIX 指数作为经济不确定性的衡量指标，该指数作为隐含波动率能更直接地反映出金融市场投资者对未来经济形势的不确定性与恐慌程度。回归结果中，若均值方程中经济不确定性指标系数表现出同向显著趋势，则表明经济不确定性对于大宗商品价格具有同向显著的冲击作用；若方差方程中回归系数表现出同向显著趋势，则表明经济不确定性对于大宗商品价格波动具有同向影响。

（二）大宗商品价格协同性的度量

为准确刻画大宗商品价格间的相关关系，本节在此引入了动态条件相关多元 GARCH 模型（DCC – MGARCH）。DCC – MGARCH 模型由 Engle（2002）提出，模型集中刻画了条件相关系数 ρ_{ij} 的动态变动，因而可以表现出变量间的条件相关关系的时变特征，具体如下：模型假设 k 种资产收益率 $r_t = r_t' - \mu$ 服从均值为 0，协方差矩阵为 H_t 的多元正态分布，即 $r_t \mid \Omega_{t-1} \sim N(0, H_t)$，$\Omega_{t-1}$ 为 r_t 在时刻 t 的信息集，动态相关结构的设定为

$$H_t = (\sigma_{ij.t}) = D_t^{-1/2}\, R_t\, D_t^{-1/2} \tag{3}$$

$$D_t = diag(\sigma_{11,t}, \cdots, \sigma_{kk,t}) \tag{4}$$

$$R_t = \begin{bmatrix} 1 & \cdots & \rho_{1k,t} \\ \vdots & \ddots & \vdots \\ \rho_{1k,t} & \cdots & 1 \end{bmatrix} \tag{5}$$

R_t 为条件相关系数矩阵，DCC – MGARCH 模型假设此矩阵服从如下动态过程：

$$R_t = diag(Q_t)^{-1/2}\, Q_t\, diag(Q_t)^{-1/2} \tag{6}$$

$$Q_t = (1 - \alpha - \beta)R + \alpha\, \tilde{\varepsilon}_{t-1}\, \tilde{\varepsilon}_{t-1} + \beta\, Q_{t-1} \tag{7}$$

其中，$\tilde{\varepsilon}_t$ 为标准化的扰动项，即 $\tilde{\varepsilon}_t = D_t^{-1/2}\, \varepsilon_t$，$Q_t$ 即为标准化残差的协方差矩阵；参数 α，β 均为非负，且 $0 \leqslant \alpha + \beta < 1$。由此 DCC-MGARCH 模型得以刻画条件相关系数的动态过程。在此本节采取对商品价格取对数后一阶差分的形式计算各大宗商品的月收益率：

$$r_{i,t} = \log(p_{i,t}) - \log(p_{i,t-1}) \tag{8}$$

随后，将所选大宗商品两两组合，借鉴已有文献采用 DCC – MGARCH（1，1）模型对各商品对逐对进行估计，以商品对间的动态条件相关系数作为大宗商品价格协同性的代理变量。

（三）经济不确定性作用于大宗商品协同性的理论机制与研究设计

2000 年后由于大宗商品市场金融衍生工具的高度发展，大宗商品价格不再完全由基本面因素所驱动，金融与投机因素在商品价格形成过程中发挥了越发重要的作用（韩立岩和尹力博，2012），导致商品市场表现出了更多的与传统金融市场相似的特征。投资与投机交易量的剧烈增加是大宗商品金融化的主要特征之一。2000 年互联网泡沫破灭导致股票市场危机之后，个人与机构投资者发现大宗商品市场回报率与股票收益率之间并不存在显著关联（Gorton and Rouwenhorst，2006），因而将其视为新发现的一类可降低投资组合风险系数的投资资产，从而导致大量资金涌入大宗商品期货市场。大量资金的追捧促使大宗商品价格的变动和传统金融市场类似，大宗商品价格变动表现出了与投资者情绪等金融因素的相关性，同时也导致大宗商品市场与股票、债券市场的联系更加紧密。

风险规避效应理论（Bloom，2014）表明，经济不确定性的上升将刺激投资者的避险情绪，提高投资者所要求的风险补偿，降低投资者的投资意愿，对金融市场产生广泛影响；而随着大宗商品市场投机活动的逐渐增加与金融化程度的日渐加深，经济不确定性必然通过影响大宗商品市场投资者的决策行为对大宗商品市场产生整体作用。结合投资者情绪具有普遍性与传染性的特点，经济不确定性存在通过刺激大宗商品市场的投机交易者情绪，进而对大宗商品市场产生广泛的同向冲击，增加大宗商品价格协同变动的可能性，但显然不同种类的大宗商品由于具有不同的存储成本等相异特点，其在期货市场受投资者的欢迎程度与投机程度必然呈现异质性的特征。因此如果经济不确定性对于商品价格协同性的此作用渠道存在，那么经济不确定性对于不同种类的大宗商品价格的作用程度将由于其投机程度的不同而强弱不一，进而削弱经济不确定性对大宗商品价格协同性的作用效果。据此本节提出以下待检验假设：

H1：经济不确定性将促进大宗商品价格协同变动，但作用强度受到各类大宗商品投机程度差异的制约。

为检验该理论假设，本节将前述计算所得的各商品对条件相关系数整理为面板数据形式，并采取静态面板回归模型检验经济不确定性对大宗商品价格协同性的作用。基准模型如下：

$$corr_{ij,t} = \beta_1\, VIX_t + \beta_2\, Dollar_t + \beta_3\, Fdrate_t + \beta_4\, M2G_t + \beta_5\, BDI_t +$$
$$\beta_6\, Sp500_t + Year_t + \mu_{ij} + \varepsilon_{ij,t} \tag{9}$$

其中，$corr_{ij,t}$ 表示在 t 时刻大宗商品 i 与大宗商品 j 的条件相关系数；借鉴 Bloom（2009）的方法，本节选取 VIX 指数作为经济不确定性的衡量指标；此外本节选取的控制变量如下：1. 波罗的海干散货运价指数（BDI），作为全球实际经济需求的代理变量。除 BDI 指数外，全球 GDP 与 GDP 加权全球工业生产指数同样较常被用于衡量全球经济活动，但从数据来看由于本节采取月度数据因此无法使用全球 GDP 指标（GDP 数据频率为年度或季度），而对于 GDP 加权工业生产指数，目前研究认为其存在以下不足：（1）近年来各国产业结构不断变化，工业占 GDP 比重的不稳定容易导致数据序列的不稳定；（2）新兴经济体的快速发展使准确估计各国对全球经济的贡献比例成为难点，难以得到具有说服力的世界总体经济指标。因此本节借鉴 Kilian（2014）的方法，采用波罗的海干散货运价指数衡量全球经济实体需求。Kilian 指出该指数与全球经济活动具有显著的正向关系，可以作为全球经济活动的代理变量。2. 主要国家美元实际指数（Dollar）。国际大宗商品以美元作为计价单位，在商品价值不变的情况下美元的贬值将导致大宗商品价格普遍的上升，因此美元汇率与大宗商品价格总体呈反向变动趋势。此外，汇率因素同样通过影响外国投资者投资美国市场的实际收益率，通过金融市场渠道对大宗商品市场产生影响，进而影响大宗商品价格的协同性。3. 联邦基金实际利率（Fdrate）。联邦基金利率是反映金融市场流动性与美国货币政策的良好指标。利率上升一方面提高大宗商品的存货成本，从供需途径影响大宗商品价格；另一方面联邦基金利率的降低所反映出的宽松货币政策可以刺激产出并反映市场流动性的变化，且利率对于衍生品市场投资者的决策行为同样产生影响。此外已有文献证实利率上升将抑制大宗商品价格的协同变动（Gruber and Vigfusson，2012）。4. 全球 M2 增长率（M2G）。本节选取全球主要发达国家的月度 M2 数据，加总并计算出全球 M2 增长率作为全球流动性的代理变量。全球货币量与流动性的松紧对于企业及个人投资决策均具有影响，已有文献证实全球流动性对于大宗商品价格具有显著作用（Belke，2012）。5. 标准普尔 500 指数（Sp500）。大宗商品金融化的另一特征是大宗商品价格与金融市场的联系越发紧密，金融市场对多类大宗商品市场具有显著的溢出效应。因此本节加入标普 500 指数作为控制变量。此外，由于本节采用的变量均为时间序列，采用年度虚拟变量 $Year_t$ 以控制各商品对的时间固定效应；μ_{ij} 为各商品对虚拟变量，以控制商品对层面不可观测的固定效应；$\varepsilon_{ij,t}$ 为回归残差项。本节对回归系数标准差均在商品对层面进行聚类调整，以消除样本数据可能存在的聚集性特征。对于本节假设 H1 的前半部分检验，只需表明

回归系数 β_1 显著为正, 即证实经济不确定性对于大宗商品价格协同性具有正向作用。

为进一步检验上述金融渠道的存在, 即证实商品间投机差异的扩大将抑制经济不确定性对于大宗商品价格协同性的作用, 本节将代表投机差异的指标 ($Spec\_diff_{ij,t}$) 与经济不确定性指标的交乘项置入基准回归之中, 形式如下:

$$corr_{ij,t} = \beta_1\, VIX_t + \beta_2\, Dollar_t + \beta_3\, Fdrate_t + \beta_4\, M2G_t + \beta_5\, BDI_t + \beta_6\, Sp500_t +$$
$$\beta_7\, Spec\_diff_{ij,t} \times VIX_t + \beta_8\, Spec\_diff_{ij,t} + Year_t + \mu_{ij} + \varepsilon_{ij,t}$$

$$(10)$$

其中, $Spec\_diff_{ij,t}$ 表示商品 i, j 在时刻 t 的投机差异, 交乘系数显著为负即证明假设。具体本节采用以下三种方式构建投机差异指标:

1. 非商业投机净头寸差额

$$speculation_{i,t} = NCL_{i,t} - NCS_{i,t} \tag{11}$$

$$Spec\_diff_{ij,t} = |\,speculation_{i,t} - speculation_{j,t}\,| \tag{12}$$

其中, $NCL_{i,t}$ 代表商品 i 的非商业投资者多头头寸, $NCS_{i,t}$ 代表非商业投资者空头头寸。非商业投机净头寸被广泛视为期货投机量的度量指标, 本节分别计算商品 i, j 在 t 时刻的非商业投机净头寸并以二者差值的绝对值作为投机差额的代理指标, 指标数值越大表明商品间受投机冲击的差异越大。

2. 投机压力差异

$$speculation\_presure_{i,t} = \frac{NCL_{i,t} - NCS_{i,t}}{NCL_{i,t} + NCS_{i,t} + 2 \times NCSP_{i,t}} \tag{13}$$

$$Spec\_diff_{ij,t} = |\,speculation\_presure_{i,t} - speculation\_presure_{j,t}\,| \tag{14}$$

其中, $NCL_{i,t}$ 代表商品 i 的非商业投资者多头头寸, $NCS_{i,t}$ 代表非商业投资者空头头寸, $NCSP_{i,t}$ 代表套利头寸。投机压力指标采取非商业投机净头寸除以总投机规模以剔除投机规模的影响, 以衡量期货市场的投机力量所产生的价格压力, 数值的正负与大小反映了投资者对于期货价格的预期。本节同样采取两类大宗商品投机压力差值的绝对值反映投机差异的大小, 相对于非商业投机净头寸差额, 此指标剔除了投机规模的影响。

3. Working-T 指数

$$Working\text{-}T_{i,t} = \begin{cases} 1 + \dfrac{NCS_{i,t}}{CL_{i,t} + CS_{i,t}}, & CS_{i,t} > CL_{i,t} \\[3mm] 1 + \dfrac{NCL_{i,t}}{CL_{i,t} + CS_{i,t}}, & CL_{i,t} > CS_{i,t} \end{cases} \tag{15}$$

$$Spec\text{-}diff_{ij,t} = \begin{cases} \dfrac{Working\text{-}T_{i,t}}{Working\text{-}T_{j,t}}, & Working\text{-}T_{i,t} > Working\text{-}T_{j,t} \\[3mm] \dfrac{Working\text{-}T_{j,t}}{Working\text{-}T_{i,t}}, & Working\text{-}T_{j,t} \geqslant Working\text{-}T_{i,t} \end{cases} \quad (16)$$

$CL_{i,t}$ 表示大宗商品 i 的商业多头头寸，$CS_{i,t}$ 表示商业空头头寸。Working-T 指数衡量了投机头寸与对冲头寸的相对规模，是期货市场投机过度的衡量指标。本节采取两商品 Working-T 指数之比的形式衡量商品间投机过度程度的差异，相较于前述指标，此指标考虑了商业投资因素，衡量了过度投机的程度而非仅仅是投机量。

（四）商品金融化、经济不确定性与商品协同性的理论机制与研究设计

借鉴 Cheng、Kirilenko 和 Xiong（2012）提出的投机交易者信息优势假说，假说指出投机交易者相较于商业交易者，前者对于经济不确定性指数（如 VIX 指数）中所包含的信息更为敏感并将更快地作出反应；而商品金融化程度与投机交易者比例高度正相关，因此经济不确定性通过金融渠道对大宗商品价格协同性的作用强度，理应受到大宗商品金融化程度的影响。对于金融化程度较低的大宗商品，其价格更多由供需因素所驱动，投资者情绪波动等金融因素所导致的投机冲击对于其价格走势的影响相对较弱；反之金融化程度更高的大宗商品价格更易在投机行为的冲击下发生显著变化。因此本节试图验证经济不确定性通过金融渠道，相较金融化程度较低的大宗商品，对高度金融化的大宗商品间的价格协同变动是否具有更为显著的促进作用。对于如何判别大宗商品的金融化程度，从大宗商品期货市场的投资特点角度出发，Tang 和 Xiong（2012）指出大宗商品指数期货长期以来一直受到投资者的异常青睐，即投资者倾向于同时投资指数内的一篮子大宗商品，此种投资偏好所导致的资金大量涌入，致使指数内大宗商品具有更高的金融化程度，其价格受到投机行为的冲击更加明显。由此基于指数投资导致商品金融化程度差异这一观点，本节提出下述待检验假设：

H2：经济不确定性对于商品指数内大宗商品间的价格协同性具有更加强烈的冲击作用。

为证实上述假设，本节选取标准普尔—高盛商品指数（S&P - GSCI）作为参考指数将商品进行划分。高盛商品指数以商品期货价格为基础进行编制，涵盖能源、农产品、金属等多个板块的大宗商品种类，且高盛商品指数期货作为大宗商品期货市场的投资热点，被众多文献借鉴参考（Tang and Xiong，2012）。

为判断大宗商品金融化是否加强了经济不确定性对于大宗商品协同性的作用，本节借鉴 Tang 和 Xiong（2012）的方法建立如下模型：

$$corr_{ij,t} = \alpha + \{\beta_{1,ij} + \beta_2(year_t - 1991)I_{index}\}VIX_t +$$

$$\left\{ \gamma_{1,ij} + \gamma_2 \left(year_t - 1991 \right) I_{index} \right\} Dollar_t +$$

$$\left\{ \delta_{1,ij} + \delta_2 \left(year_t - 1991 \right) I_{index} \right\} Fdrate_t +$$

$$\left\{ \theta_{1,ij} + \theta_2 \left(year_t - 1991 \right) I_{index} \right\} M2G_t + \qquad (17)$$

$$\left\{ \partial_{1,ij} + \partial_2 \left(year_t - 1991 \right) I_{index} \right\} BDI_t +$$

$$\left\{ \vartheta_{1,ij} + \vartheta_2 \left(year_t - 1991 \right) I_{index} \right\} Sp500_t + \mu_{ij} + \varepsilon_{ij,t}$$

其中，I_{index} 为指数内外虚拟变量，当商品对中两种商品均为指数内商品时其值为 1，其余为 0。方程将回归系数分解为两部分，其中 $\beta_{1,ij}$ 用以度量经济不确定性对于大宗商品价格协同性的总体作用，在此本节借鉴 Tang 和 Xiong（2012）的方法采取变系数回归模型，即每一对大宗商品的相关系数具有特有的回归系数；而 $\beta_2 \left(year_t - 1991 \right) I_{index}$ 则衡量了指数内大宗商品对价格协同性所受到的经济不确定性对其的额外冲击。为避免其余变量对指数内大宗商品对间的价格协同性同样具有额外冲击，将其忽略所造成的结果偏差，本节对其余变量系数进行相同分解。此外，通过计算所有商品对的条件相关系数均值并与 VIX 指数进行对比（见图 1）可以发现，自 2008 年 8 月开始大宗商品条件相关系数均值与 VIX 指数均开始快速攀升并迅速达到历史峰值，在此时段二者呈现出比以往更为显著的正相关趋势，因此本节以 2008 年 8 月为分界点进行回归分析，以捕捉可能存在的此时点前后二者作用的结构性变化。

对假设 H2 的检验即检验回归系数 β_2 是否显著为正，显著为正表明指数内大宗商品间价格协同性相对于指数外大宗商品受到了经济不确定性的额外增强作用。

除上述检验方法外，为进一步在控制指数投机因素的条件下检验金融化程度对经济不确定性对大宗商品价格协同性作用强度的影响，本节引入指数投机交易量作为控制变量并对大宗商品对按指数内外标准进行分组回归。两类大宗商品均为指数内大宗商品则划为指数内大宗商品对，通过比较回归系数的相对大小并计算分组回归组间 VIX 指数回归系数的经验 P 值的方式，检验经济不确定性对指数内大宗商品对是否具有更强的作用。若指数内大宗商品组回归系数相对更大且经验 P 值拒绝二者无显著区别的原假设，则证实经济不确定性对于高度金融化大宗商品间协同性的促进作用更为强烈。

$$corr_{ij,t} = \beta_1 VIX_t + \beta_2 Dollar_t + \beta_3 Fdrate_t + \beta_4 M2G_t + \beta_5 BDI_t +$$

$$\beta_6 Sp500_t + \beta_7 Speculation_t + Year_t + \mu_{ij} + \varepsilon_{ij,t} \qquad (18)$$

其中，$Speculation_t$ 为指数投机因素的控制变量。本节借鉴已有文献，采取与前文相同的计算方法，通过标准普尔—高盛商品指数（S&P – GSCI）的期货交易数据，分别计算指数期货的非商业投机净头寸、投机压力指标与 Working-T 指数作为投机因素的控制变量，其中投机压力指标衡量投机交易者对商品价格的涨跌预期，而 Working-T

指数衡量投机头寸相对于对冲头寸的规模。

（五）商品市场金融化、经济不确定性与商品协同性的理论机制与实证检验

除以指数内外划分的方法从各类大宗商品金融化程度的角度分析外，大宗商品市场整体金融化程度的加深是否增强了经济不确定性对大宗商品价格协同的促进作用，仍有待考察。文献（Buyuksahin and Robe，2011）指出投资者将大宗商品期货与股票、债券等传统金融产品同时纳入投资组合之中的投资行为将导致大宗商品金融化程度的加深，具体表现为大宗商品市场表现出了与传统金融市场（如股票市场）更强的联动关系，即表现出与外部金融市场更为明显的同步涨跌、与金融市场的相互溢出效应增强等特点。经济不确定性显然可以通过影响投资者对于投资组合的调整，伴随大宗商品市场金融化程度的上升，对大宗商品价格产生更为强烈的冲击作用。因此以与金融市场的关联性判定大宗商品市场金融化程度的方法，本节提出以下待检验假设：

H3：大宗商品市场与外部金融市场整体关联程度的上升将促进经济不确定性对于大宗商品价格协同性的正向作用。

为证实上述假设，本节借鉴文献采用以下两种方法度量大宗商品市场整体与金融市场的关联程度：

1. 采用 DCC-MGARCH 模型，计算 S&P-GSCI 月度收益率与 S&P500 指数月度收益率的动态条件相关系数，以此作为商品市场与金融市场联动程度的代理变量；

2. 采用 Diebold 和 Yilmaz（2012）的溢出指数法，选取 S&P-GSCI 月度收益率与 S&P500 指数月度收益率，将滚动窗口回归和溢出指数的计算相结合，得到总溢出指数的时变序列，以度量金融市场与大宗商品市场相互的信息溢出效应。

进一步本节借鉴 Hansen（1999）所提出的固定效应面板门限回归模型（fixed-effect panel threshold model），判断伴随着金融化程度的上升，是否存在一个金融化程度门限值使门限值前后经济不确定性对大宗商品协同性的作用强度具有显著的结构性提升。对于是否存在门限效应的检验，检验方法本节采用 Hansen（1999）的抽样检验（bootstrap）方法，原假设为门限值前后回归系数没有显著差异。在确认存在门限效应的条件下建立以下模型：

$$corr_{ij,t} = \beta_1 VIX_t (Financialization_t < \gamma_1) + \beta_1' VIX_t (Financialization_t \geq \gamma_1) +$$
$$\beta_2 Dollar_t + \beta_3 Fdrate_t + \beta_4 M2G_t + \beta_5 BDI_t + \beta_6 Sp500_t + Year_t + \mu_{ij} + \varepsilon_{ij,t}$$
$$(19)$$

对于理论假设 H3 的检验即为证实$\beta_1' > \beta_1$，表明在大宗商品市场金融化程度超过门限值时经济不确定性表现出了对大宗商品协同性更加强烈的冲击作用。

四、数据来源与实证结果

（一）数据来源

本节选取 23 种大宗商品自 1991 年 1 月至 2017 年 6 月的月度价格数据，并选取美国 CPI 指数扣除通货膨胀因素以获得商品实际价格，其中包括 2 种能源类商品：WTI 原油、天然气；6 种金属类商品：铝、铜、镍、铅、锌、锡；15 种农产品类商品：大麦、可可、玉米、花生、棉花、橡胶、咖啡、大豆、大豆油、糖、大米、橄榄油、棕榈油、小麦、茶叶。商品价格数据来自 IMF 官网；美国 CPI 数据来自 Wind 数据库。借鉴已有文献（Bloom，2009），本节选取 VIX 指数作为经济不确定性的代理变量。此外本节选取美国联邦基金利率代表利率因素、波罗的海干散货运价指数（BDI）代表实体经济需求、全球发达国家 M2 增长率代表全球流动性、美国股票市场标准普尔 500 指数代表金融市场形势以及美元对主要货币实际指数代表汇率因素，作为控制变量。数据均来自 Wind 数据库。各大宗商品期货持仓数据与标准普尔—高盛商品指数（S&P – GSCI）期货持仓数据来自 CFTC 官网与 Wind 数据库。

（二）大宗商品对条件相关系数

表 1 展示了 253 对大宗商品组合的全样本时期条件相关系数的均值与标准差，均值大于零证明此商品组合价格在长期中表现出了协同变动趋势。结果可见在 253 个大宗商品对中仅有少数大宗商品组合（20 对）全时段相关系数均值小于零，证实大宗商品价格之间在长期中呈现出一定程度的协同关系；此外将平均条件相关系数中大于 0.4 的大宗商品组合挑出，可以发现金属类大宗商品之间具有最强的相关关系，这可能是由于各类金属商品的供给与需求具有较强的一致性。

图 1 展示了 253 对大宗商品对条件相关系数的时点均值与 VIX 指数。从图 1 可以看出，相关系数均值在 2007 年之前稳定在 0.15 左右，但波动幅度逐渐上升。自 2007 起年伴随着 VIX 指数的快速上涨，大宗商品之间的相关程度开始快速攀升并与 VIX 指数同时达到峰值，峰值超过 0.4，且在此时段大宗商品相关性与 VIX 指数表现出了比以往更强的正相关关系。此外，将大宗商品对按照板块与交叉板块分为能源、金属、农产品、能源—金属交叉、能源—农产品交叉、金属—农产品交叉 6 类，从图 2 可以看出，除能源与金属板块商品对外，其余板块均表现出了与总体均值相同的变动特征，且与 VIX 指数表现出较强的正向关系。金属板块相关性的波动程度较大，而能源与金属板块内部的相关性最强，峰值均达到 0.6 以上。

表1　大宗商品条件相关系数均值与标准差

	WTI原油	天然气	铝	铜	铅	镍	锡	锌	大麦	可可	棉花	花生	玉米	橄榄油	棕榈油	大米	咖啡	橡胶	大豆油	大豆	糖	茶叶	小麦
WTI原油																							
天然气	0.245																						
s.e.	0.14																						
铝	0.311	0.054																					
s.e.	0.09	0.06																					
铜	0.367	0.029	0.636																				
s.e.	0.12	0.03	0.11																				
铅	0.219	-0.031	0.406	0.501																			
s.e.	0.08	0.14	0.17	0.17																			
镍	0.246	0.007	0.491	0.528	0.380																		
s.e.	0.11	0.12	0.12	0.11	0.17																		
锡	0.227	0.066	0.503	0.460	0.382	0.488																	
s.e.	0.09	0.09	0.05	0.07	0.03	0.10																	
锌	0.212	0.079	0.552	0.545	0.583	0.510	0.392																
s.e.	0.07	0.14	0.11	0.21	0.19	0.12	0.15																
大麦	0.137	0.189	0.165	0.183	0.145	0.111	0.231	0.101															
可可	0.078	0.047	0.061	0.117	0.081	0.042	0.068	0.063	-0.030														
s.e.	0.06	0.00	0.06	0.14	0.08	0.05	0.01	0.04	0.14														
棉花	0.154	0.055	0.197	0.178	0.207	0.213	0.235	0.173	0.206	0.004													
s.e.	0.03	0.08	0.13	0.10	0.06	0.22	0.10	0.13	0.11	0.08													
花生	-0.037	0.092	0.139	0.052	0.085	0.058	0.051	0.046	0.057	-0.027	0.173												

	WTI原油	天然气	铝	铜	铅	镍	锡	锌	大麦	可可	棉花	花生	玉米	橄榄油	棕榈油	大米	咖啡	橡胶	大豆油	大豆	糖	茶叶	小麦
玉米	0.11	0.05	0.09	0.06	0.03	0.15	0.09	0.04	0.13	0.09	0.15	0.154											
s.e.	0.060	0.196	0.140	0.096	0.051	0.069	0.207	0.098	0.513	0.073	0.266	0.02											
橄榄油	0.12	0.02	0.06	0.21	0.11	0.08	0.11	0.10	0.05	0.15	0.03	0.088	-0.017										
s.e.	0.117	0.071	0.240	0.130	0.256	0.153	0.129	0.167	0.048	0.032	0.064	0.14	0.10										
棕榈油	0.10	0.13	0.05	0.09	0.08	0.10	0.07	0.10	0.10	0.04	0.15	0.043	0.292	0.008									
s.e.	0.141	-0.033	0.185	0.265	0.184	0.149	0.173	0.234	0.229	0.110	0.163	0.11	0.10	0.12									
大米	0.12	0.07	0.07	0.16	0.03	0.06	0.09	0.10	0.03	0.05	0.13	0.108	0.110	0.100	0.066								
s.e.	-0.045	-0.010	0.096	0.091	0.035	0.023	0.125	0.077	0.053	0.008	0.070	0.08	0.21	0.06	0.04								
咖啡	0.07	0.02	0.10	0.06	0.11	0.07	0.16	0.04	0.05	0.10	0.09	0.038	0.064	0.035	0.189	0.127							
s.e.	0.063	-0.009	0.143	0.169	0.135	0.158	0.080	0.214	0.055	0.195	0.065	0.04	0.11	0.13	0.15	0.03							
橡胶	0.12	0.08	0.08	0.06	0.03	0.10	0.11	0.07	0.14	0.02	0.14	0.079	0.196	0.101	0.287	0.042	0.212						
s.e.	0.282	0.064	0.283	0.367	0.167	0.308	0.289	0.193	0.148	0.048	0.280	0.14	0.20	0.08	0.09	0.06	0.06						
大豆油	0.03	0.05	0.15	0.08	0.18	0.09	0.15	0.17	0.13	0.10	0.05	0.090	0.525	0.000	0.723	0.051	0.175	0.307					
s.e.	0.108	0.022	0.200	0.301	0.207	0.217	0.231	0.190	0.421	0.126	0.259	0.08	0.07	0.18	0.06	0.08	0.02	0.20					
大豆	0.21	0.06	0.14	0.16	0.14	0.10	0.11	0.18	0.08	0.11	0.13	0.085	0.640	-0.035	0.371	0.028	0.143	0.285	0.719				
s.e.	0.124	0.097	0.176	0.203	0.122	0.156	0.184	0.144	0.527	0.093	0.267	0.10	0.02	0.14	0.15	0.14	0.13	0.13	0.10				
糖	0.08	0.13	0.04	0.13	0.05	0.10	0.10	0.15	0.07	0.08	0.03	-0.012	0.039	-0.003	0.071	0.048	0.037	0.068	0.131	0.077			
s.e.	0.007	-0.056	0.055	0.128	0.124	0.000	-0.014	0.101	-0.004	0.124	0.241	0.05	0.10	0.01	0.15	0.12	0.13	0.20	0.07	0.08			
茶叶	0.11	0.08	0.05	0.13	0.10	0.13	0.01	0.08	0.13	0.11	0.06	0.036	0.010	0.094	0.053	0.069	0.052	0.126	0.137	0.045	0.066		
s.e.	0.048	-0.022	0.000	0.074	0.124	0.019	-0.082	0.148	-0.033	0.091	0.144	0.13	0.05	0.07	0.10	0.20	0.12	0.11	0.13	0.10	0.09		
小麦	0.077	0.059	0.076	0.149	0.124	0.099	0.112	0.031	0.372	0.143	0.069	0.054	0.537	0.008	0.270	-0.024	0.116	0.159	0.381	0.447	0.108	0.087	
s.e.	0.05	0.08	0.09	0.09	0.06	0.06	0.13	0.12	0.02	0.16	0.12	0.07	0.08	0.03	0.10	0.07	0.06	0.13	0.04	0.07	0.04	0.18	

资料来源：作者计算。

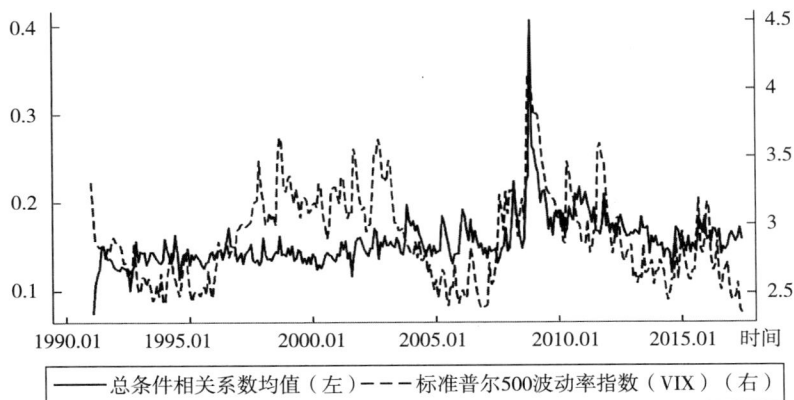

图1 大宗商品条件相关系数时点均值与 VIX 指数

资料来源：VIX 指数来源于 Wind 数据库；条件相关系数时点值由作者计算。

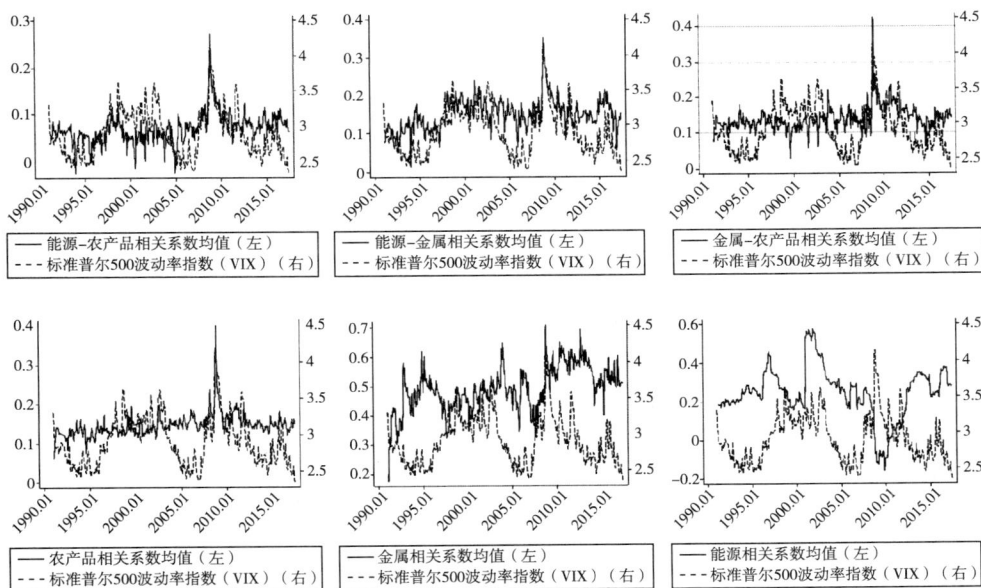

图2 各板块与交叉板块条件相关系数时点均值与 VIX 指数

资料来源：VIX 指数数据来源于 Wind 数据库；条件相关系数时点均值由作者计算。

（三）经济不确定性与大宗商品价格

本节采用对数收益率的计算方法计算 23 种大宗商品价格的月度收益率，并采用 AIC、BIC 滞后阶数准则判断大宗商品价格收益率的自相关性并以此建立均值方程，将 VIX 指数的一阶差分分别加入均值方程与方差方程之中，结果如表 2 所示。

回归结果表明，经济不确定性对于大宗商品价格具有相对普遍的同向作用，除天然气外，均值方程中所有回归系数均为负数。其中 17 个经济不确定性的回归系数显著为负，8 个在 1% 的显著性水平下显著，不显著的 6 类大宗商品绝大部分为农产品，而农产品由于其具有储存成本较高、折旧较快等特点，导致其投机水平与能源和金属类商品相比较低，这证实了经济不确定性对于金融化程度不同的商品，其作用效果可能存在差异的假设。方差方程中 VIX 指数回归系数 8 个显著为正，表明经济不确定性程度的上升对于部分大宗商品价格的波动具有促进作用。综上所述，结论证实经济不确定性对于大宗商品价格确实存在较为普遍的同向冲击，增强了大宗商品价格的协同变动趋势，但与此同时也使价格的短期波动更加明显。

表 2   经济不确定性与商品收益率回归结果

类别	能源类商品		金属类商品					
	WTI－原油	天然气	铝	铜	锡	镍	锌	铅
均值方程 D. VIX	－0.00306 ** （－2.24）	0.00036 （0.17）	－0.00270 *** （－3.90）	－0.00452 *** （－4.31）	－0.00189 * （－1.82）	－0.00834 *** （－8.33）	－0.00275 ** （－2.12）	－0.00317 *** （－4.49）
方差方程 D. VIX	0.136 *** （3.19）	0.00305 （0.10）	－0.00491 （－0.11）	0.105 *** （2.92）	0.129 *** （2.67）	－0.034 （－1.04）	0.0613 （1.63）	－0.10850 *** （－3.20）
类别	农产品							
	大豆	棕榈油	橡胶	大米	茶叶	小麦	玉米	大麦
均值方程 D. VIX	－0.00227 ** （－2.37）	－0.00345 *** （－2.77）	－0.00262 ** （－2.12）	－0.00103 * （－1.88）	－0.00132 （－1.18）	－0.00272 *** （－3.43）	－0.00154 * （－1.67）	－0.00151 * （－1.81）
方差方程 D. VIX	0.106 *** （3.81）	0.111 ** （2.55）	0.168 *** （3.95）	0.0205 （0.47）	－0.0397 （－0.94）	0.0133 （0.65）	0.0278 * （1.78）	0.0333 （1.27）
类别	大豆油	橄榄油	花生	糖	咖啡	可可	棉花	
均值方程 D. VIX	－0.00264 *** （－3.14）	－3.7E－05 （－0.05）	－0.00035 （－0.60）	－0.00051 （－1.50）	－0.00175 * （－1.81）	－0.00298 *** （－5.88）	－0.00096 （－1.42）	
方差方程 D. VIX	0.0116 （0.30）	－0.00267 （－0.12）	0.0890 *** （3.08）	0.0423 （1.26）	0.0478 （0.93）	－0.0431 ** （－2.53）	0.0265 （0.77）	

注：限于篇幅，本节未报告均值及方差方程中滞后项回归系数；*、** 和 *** 分别表示 10%、5% 和 1% 的显著性水平。

资料来源：作者计算。

（四）经济不确定性促进大宗商品价格协同性与渠道检验的实证结果

基准回归结果如表 3 所示。回归结果表明，VIX 指数在 1% 的水平下显著地正向作用于大宗商品对的条件相关系数，表明经济不确定性对于大宗商品价格协同性具有显著的促进作用，与假设 H1 相吻合。回归结果（1）为控制个体固定效应与时间固定效应的基准方程回归结果；回归结果（2）为控制个体效应并从板块层面控制板块时间固定效应的回归结果；回归结果（3）（4）（5）分别为采用非商业投机净头寸差额、投机压力差额、Working-T 比值反映商品间投机程度差异，并与经济不确定性指标交乘的回归结果。结果可见交乘项系数分别在 1%、5%、1% 的显著水平下显著为负，证实大宗商品间的投机差异将抑制经济不确定性对大宗商品价格协同性的促进作用。这证实经济不确定性可以通过非商业投资者渠道促进大宗商品价格的协同变动，但投机水平的差异导致经济不确定性通过非商业投资者渠道对于大宗商品价格的作用强弱不一，因而对于投机水平差距较大的商品间协同变动的促进作用有所减弱。

表3 VIX 指数与大宗商品价格协同性：基准回归与渠道检验

指标	（1）基准回归1	（2）基准回归2	（3）净头寸差额	（4）投机压力差异	（5）Working-T 差异
Dollar	0.0723 ***	0.0717 ***	0.0396	0.0251	0.0598 **
	（4.98）	（4.92）	（1.26）	（0.80）	（1.98）
M2G	0.499 ***	0.499 ***	0.178	0.118	0.161
	（6.85）	（6.84）	（1.63）	（1.10）	（1.47）
Fdrate	− 0.00236 ***	− 0.00234 ***	− 0.000556	− 0.000767	− 0.000444
	（− 2.65）	（− 2.62）	（− 0.34）	（− 0.47）	（− 0.28）
Sp500	− 0.00650 ***	− 0.00649 ***	− 0.00171	− 0.00294	− 0.00353
	（− 3.46）	（− 3.45）	（− 0.41）	（− 0.68）	（− 0.86）
BDI	− 0.0186 ***	− 0.0186 ***	− 0.0135 ***	− 0.0166 ***	− 0.0149 ***
	（− 8.04）	（− 8.05）	（− 3.41）	（− 3.86）	（− 3.77）
VIX	0.0157 ***	0.0157 ***	0.0419 ***	0.0323 ***	0.155 ***
	（4.61）	（4.62）	（3.63）	（3.36）	（3.68）
Spec _ diff			0.000000795 ***	0.0934 *	0.334 ***
			（2.87）	（1.93）	（3.18）
Spec _ diff × VIX			− 0.000000299 ***	− 0.0409 **	− 0.127 ***
			（− 2.89）	（− 2.33）	（− 3.33）
Cons	− 0.0742	− 0.0222	− 0.0612	0.0623	− 0.431 **
	（− 1.10）	（− 0.30）	（− 0.43）	（0.44）	（− 2.18）
Cluster[1]	Pair	Pair	Pair	Pair	Pair
Fixed _ Effect[2]	Yes	Yes	Yes	Yes	Yes
Time _ Effect[3]	Yes	Yes	Yes	Yes	Yes
N	80090	80090	14872	14872	14872
r2 _ a	0.046	0.074	0.057	0.053	0.049

注：1 估计系数标准误均经过商品对层面的聚类调整；2 商品对个体固定效应；3 年度时间固定效应；*、** 和 *** 分别表示 10%、5% 和 1% 的显著性水平。如无特别说明，下同。
资料来源：作者计算。

从表3的基准回归仍可发现，美元实际指数与全球流动性对于大宗商品价格协同性具有显著的正向作用，而联邦基金实际利率、标普500指数与BDI指数则表现出对于大宗商品价格协同性的显著负向作用。已有文献证实，利率下降将抑制大宗商品价格形成过程中特有冲击的作用，从而导致大宗商品价格协同性上升（Gruber and Vigfusson，2012），本节实证结果再次证实利率对于大宗商品价格协同性具有负向作用的结论；而标普500指数与VIX指数具有一定的反向变动关系，股票市场的走高侧面反映出较低的经济不确定性与投资者较强的市场信心，投资与投机表现出多样化与分散化的特点，导致大宗商品价格协同性的下降。全球流动性的上升则可以同时通过多种渠道冲击商品价格，流通中货币的增加将促进全球实业生产与金融市场的活跃程度，进而对大宗商品价格产生普遍的正向影响。BDI指数与大宗商品价格协同性具有反向关系，表明在全球经济的上升时期大宗商品价格的协同趋势减弱，这是由于实体经济的好转导致大宗商品价格更多地向基本供求面回归，各类大宗商品价格表现出供求方面的异质性。

（五）大宗商品金融化对于经济不确定性作用效果的促进作用的实证结果

本节根据前述模型，设置指数内外虚拟变量进行回归，旨在证实指数内大宗商品对由于受到更大程度的投机冲击，其具有更高的金融化程度，而由于经济不确定性可通过金融渠道对大宗商品价格产生广泛冲击，经济不确定性对于高金融化大宗商品对间的价格协同性具有更强的冲击作用的假设。验证假设需证实VIX指数对于指数内大宗商品对具有额外冲击作用，具体表现在回归系数β_2是否显著为正，系数显著为正则表明VIX指数对于指数内大宗商品对间价格协同性具有额外的正向作用。回归结果表4显示，在全时段与2008年9月前的时段回归中β_2均在1%的置信水平下显著为正，表明VIX指数对于指数内大宗商品对间协同性具有额外的正向作用，证实大宗商品金融化将促进经济不确定性对于大宗商品价格协同性的正向作用。此外较为明显的是标普500指数表现出了对指数内大宗商品价格协同性的额外抑制作用，分别在10%、5%的置信水平下显著，此结果同样与指数内大宗商品具有更高的金融化程度相关联。

表4　　　　　　　　　　　经济不确定性与大宗商品价格协同性：
证实指数内大宗商品受到更强的冲击作用

指标	危机前时段1991年1月至2008年9月		全时段1991年1月至2017年6月	
	（1）	（2）	（3）	（4）
β_2（VIX）	0.000731 ***	0.00326 ***	0.000712 ***	0.00246 ***
	(3.89)	(2.71)	(4.94)	(3.81)
γ_2（Dollar）		−0.00259 *		−0.000601
		(−1.95)		(−0.69)

续表

指标	危机前时段 1991 年 1 月至 2008 年 9 月		全时段 1991 年 1 月至 2017 年 6 月	
	（1）	（2）	（3）	（4）
θ_2（M2G）		0.0125		0.0138
		(0.70)		(0.88)
δ_2（Fdrate）		− 0.000794 ***		− 0.0000511
		(− 3.59)		(− 0.36)
ϑ_2（Sp500）		− 0.000864 *		− 0.000384 **
		(− 1.72)		(− 2.14)
∂_2（BDI）		0.00185 **		0.000253
		(2.32)		(0.65)
Cluster	Pair	Pair	Pair	Pair
Fixed _ Effect	Yes	Yes	Yes	Yes
Time _ Effect	No	No	No	No
N	53272	53272	80090	80090
r2 _ a	0.040	0.145	0.039	0.185

注：1. 限于篇幅，本节未报告 α、$\beta_{1,ij}$、$\gamma_{1,ij}$、$\theta_{1,ij}$、$\delta_{1,ij}$、$\vartheta_{1,ij}$ 和 $\partial_{1,ij}$ 的回归结果。

　　2. ***、** 和 * 分别表示在 1%、5% 和 10% 的显著性水平下显著。

资料来源：作者计算。

　　为在控制指数投机因素影响的情况下进一步证实假设，本节采取前述的分组回归的方式，比较分组回归中 VIX 指数的系数大小，并借鉴连玉君等（2010）的方法，采取 Bootstrap 自助法模拟抽样检验，采取 1000 次抽样并计算经验 p 值的方法判断组间回归系数是否存在显著差异。本节在回归中分别引入 S&P-GSCI 指数期货的非商业投机净头寸、投机压力指标与 Working-T 指数控制指数投机因素对于大宗商品价格协同性的影响。回归的样本时间区间选取为 2000 年后，旨在分析在大宗商品金融化趋势普遍出现后指数内大宗商品是否因金融化程度更高而受到经济不确定性更大的影响。回归结果见表 5。结果表明，在控制指数期货投机因素后，经济不确定性仍在 1% 的显著性水平下对于指数内大宗商品间价格协同性具有正向作用，而对于指数外大宗商品对间协同性的作用显著性普遍下降，只在 10% 的显著性水平下正向作用于大宗商品价格协同性，同时 VIX 指数的指数内回归系数均大于在指数外样本组的回归系数，经验 p 值同样表明在 1% 的显著性水平下二者回归系数具有显著差异，再次证实指数内大宗商品因更高的金融化程度其价格协同变动受到经济不确定性更加强烈的冲击作用。结果中除 VIX 指数回归结果外，值得关注的还有非商业投机净头寸、投机压力与 Working-T 指标的回归系数。结果发现，投机净头寸与投机压力对于大宗商品价格协同性具有显著的正向作用且对于指数内大宗商品对的影响作用相对更强，表明期货市场中指数投机活动的增加与看涨投资者所占比例的增多将促进大宗商品间的价格协同变动；Working-T 指数的回归系数显著为负，表现出与投机压力指标相反的作用，表明投机头寸相对于对冲头寸的增多所导致的大宗商品价格变动更多受投机因素影响而与基本面偏离，将抑制大宗商品价格的协同变动。

表5　经济不确定性与大宗商品价格协同性：控制指数投机因素的分组回归结果

指标	（1）指数内	（2）指数外	（3）指数内	（4）指数外	（5）指数内	（6）指数外
Dollar	0.107 *	0.0696	0.0982	0.0803 *	0.0534	0.0443
	（1.75）	（1.55）	（1.61）	（1.74）	（1.01）	（1.03）
M2G	0.0318	0.842 ***	0.186	0.950 ***	0.0799	0.866 ***
	（0.11）	（3.78）	（0.68）	（4.31）	（0.28）	（3.91）
Fdrate	−0.00271	−0.00675 ***	−0.00403	−0.00699 ***	−0.00436	−0.00747 ***
	（−0.76）	（−2.70）	（−1.20）	（−2.83）	（−1.34）	（−3.02）
Sp500	−0.00192	−0.0110 *	0.000399	−0.00956	−0.00113	−0.0106 *
	（−0.32）	（−1.77）	（0.06）	（−1.50）	（−0.19）	（−1.70）
BDI	−0.0284 ***	−0.0405 ***	−0.0296 ***	−0.0409 ***	−0.0307 ***	−0.0417 ***
	（−4.31）	（−7.94）	（−4.60）	（−7.96）	（−4.80）	（−8.00）
VIX	0.0304 ***	0.0170 *	0.0293 ***	0.0171 *	0.0278 ***	0.0158 *
	（3.24）	（1.91）	（3.14）	（1.92）	（3.05）	（1.80）
Spec[1]	0.00000416 ***	0.00000200 **				
	（3.31）	（2.40）				
Spec _ presure[1]			0.0191 ***	0.0145 ***		
			（2.70）	（2.75）		
Working _ T[1]					−0.0750 ***	−0.0408 ***
					（−3.69）	（−2.66）
Cons	−0.192	0.159	−0.156	0.0991	0.188	0.346
	（−0.57）	（0.61）	（−0.46）	（0.37）	（0.65）	（1.39）
经验 p 值	0.000 ***		0.000 ***		0.000 ***	
Cluster	Pair	Pair	Pair	Pair	Pair	Pair
Fixed _ Effect	Yes	Yes	Yes	Yes	Yes	Yes
Time _ Effect	Yes	Yes	Yes	Yes	Yes	Yes
N	9328	12936	9328	12936	9328	12936
r2 _ a	0.065	0.091	0.064	0.092	0.065	0.091

注：[1]Spec，Spec _ presure 和 Working _ T 分别代表标准普尔—高盛商品指数期货的非商业投机净头寸、投机压力和 Working-T 指数。

资料来源：作者计算。

（六）商品市场金融化对于经济不确定性作用效果的促进作用的实证结果

已有实证研究表明大宗商品金融化的另一显著特征是其收益率与外部资本市场收益率的关联程度不断上升。鉴于此，为具体度量大宗商品市场金融化的时变特征，以进一步证实假设 H3，本节分别采用 DCC-MGARCH 模型与 Diebold 和 Yilmaz（2012）的溢出指数法，计算 S&P-GSCI 月度收益率与标普 500 指数月度收益率的动态条件相关系数（Corr）和动态溢出总指数（SI），作为商品市场整体金融化程度的代理变量。本节借鉴 Hansen（1999）的门限固定效应面板模型的估计方法，以商品市场金融化程度指标作为门限变量（threshold variable），VIX 指数作为区间依赖变量（regime-dependent variable），判断金融化程度指标是否存在门限效应，并进行门限回归以判断在门限值前后 VIX 指数回归系数是否存在结构性变化，结果如表 6 所示。

表 6　　　　经济不确定性与大宗商品价格协同性：门限检验与门限回归结果

变量	（1）动态条件相关系数门限回归			（2）溢出指数门限回归		
	Corr < 0.21		Corr ≥ 0.21	SI < 28.72%		SI ≥ 28.72%
Dollar		0.0470 ***			0.0593 ***	
		(2.97)			(3.67)	
M2G		0.402 ***			0.504 ***	
		(5.18)			(6.14)	
Fdrate		−0.00213 ***			−0.00167 **	
		(−2.63)			(−2.00)	
Sp500		−0.00399 ***			−0.00596 ***	
		(−2.63)			(−3.93)	
BDI		−0.0140 ***			−0.0185 ***	
		(−8.12)			(−10.90)	
VIX	0.00938 ***		0.0243 ***	0.0188 ***		0.0256 ***
	(3.43)	—	(8.89)	(6.89)	—	(9.14)
Cons		0.0185			−0.00514	
		(0.25)			(−0.07)	
门限效应检验 F-stats		0.000 ***			0.000 ***	
		(192.46)			(116.05)	
Fixed_Effect		Yes			Yes	
Time_Effect		Yes			Yes	
N		79948			76659	
r2_a		0.0484			0.0458	

注：***、** 和 * 分别表示在 1%、5% 和 10% 的显著性水平下显著。

资料来源：作者计算。

从回归结果可见，分别以动态条件相关系数和溢出总指数作为门限变量，门限检验结果表明在1%的显著性水平下均存在显著的门限效应。其中动态相关系数的门限值为0.21，在门限值前后VIX指数回归系数的数值与显著性水平均存在明显上升，由0.009上升至0.024；溢出指数的门限值为28.72%，同样在门限值前后VIX指数的回归系数与回归系数显著性均表现出明显的结构性增强特点。回归结果证实了假设H3，当大宗商品市场整体金融化程度上升时，经济不确定性通过金融市场与投机交易渠道对多类大宗商品价格产生更为显著的同向冲击作用，更加显著地促进大宗商品价格的协同变动。

五、稳健性检验

（一）协同性度量方法的替换

虽然DCC-MGARCH模型很好地解决了大宗商品价格相关性可能存在的波动聚集和大宗商品价格序列存在的异方差等问题，为大宗商品间价格协同性提供了一个相对稳健的度量方法，但相对传统的简单相关系数仍为度量变量间相关性的常用手段。因此本节采取以下两种方式重新计算大宗商品间的价格相关性，并置入基准回归模型中以检验经济不确定性对于大宗商品价格协同性具有促进作用这一结论的稳健性。具体构造方式如下。

1. 递进相关系数：本节选用1991年1月至1991年12月的大宗商品价格数据计算1991年两类大宗商品价格的简单相关系数，并将其赋值于1991年12月；随后计算1991年1月至1992年1月两类大宗商品价格简单相关系数并赋值于1992年1月，以此类推采取逐步递进的方式以1991年1月为起点计算到目标月的两类大宗商品价格相关系数，并将其作为目标月的相关性度量指标。此种计算方法的优势在于前后两月相关系数的变化量完全反映了后一个月商品价格相关性的变化，最大限度地避免了数据窗口的选取可能造成的结果偏差。

2. 滚动相关系数：本节同时采用了较为普遍的滚动窗口法计算大宗商品价格间的相关系数，并借鉴文献采取窗口期为4年。

回归结果如表7所示，回归（1）与回归（2）为采用递进相关系数计算法所得的大宗商品间相关系数的回归结果，其中回归（1）采用年度时间固定效应，回归（2）从板块层面采取板块时间固定效应模型以排除板块特征随时间变化可能带来的影响；回归（3）与回归（4）为采用滚动窗口法计算所得的大宗商品价格相关性的回归结果，同理回归（3）采用年度时间固定效应模型，回归（4）采取板块时间固定效应模型以保证结果稳健。从回归结果可见VIX指数均在1%的显著性水平下正向作用于大宗商品价格协同性的度量指标，对大宗商品价格协同性具有显著的促进作用。

表 7 　　　　　　　　　　　替换协同性度量指标的稳健性检验

指标	（1） 递进相关系数	（2） 递进相关系数	（3） 滚动相关系数	（4） 滚动相关系数
Dollar	0.0532 ***	0.0532 ***	− 0.0241	− 0.0241
	(3.30)	(3.30)	(− 0.61)	(− 0.61)
M2G	0.159 ***	0.159 ***	− 0.283 ***	− 0.283 ***
	(2.90)	(2.90)	(− 3.38)	(− 3.38)
Fdrate	− 0.00603 ***	− 0.00603 ***	− 0.0116 ***	− 0.0116 ***
	(− 4.58)	(− 4.57)	(− 4.74)	(− 4.73)
Sp500	− 0.00281	− 0.00281	0.0185 ***	0.0185 ***
	(− 1.62)	(− 1.62)	(4.42)	(4.41)
BDI	0.00314 ***	0.00314 ***	0.00119	0.00119
	(2.67)	(2.66)	(0.32)	(0.32)
VIX	0.00939 ***	0.00939 ***	0.0265 ***	0.0265 ***
	(3.16)	(3.16)	(3.30)	(3.30)
Cons	0.0327	0.0836	0.176	0.176
	(0.42)	(1.02)	(0.92)	(0.94)
Cluster	Pair	Pair	Pair	Pair
Fixed _ Effect	Yes	Yes	Yes	Yes
Time _ Effect	Yes	Yes	Yes	Yes
N	77671	77671	68563	68563
r2 _ a	0.102	0.224	0.060	0.145

注：＊、＊＊和＊＊＊分别表示在10%、5%和1%的显著性水平下显著。

资料来源：作者计算。

（二）控制变量的替换

1. 全球经济活动指标

本节先前采用了目前研究普遍采用的 BDI 指数作为全球经济活动的代理变量，除 BDI 指数外，全球工业生产指数作为反映全球工业产成品数量的指标一直以来同样被广泛采用。本节选取发达国家工业生产指数之和作为全球工业生产指数（IPI - detrend），并采用 HP 滤波法剔除时间趋势，以此替换 BDI 指数作为全球经济实体活动的代理变量。

2. 利率指标

伦敦银行同业拆借利率（Libor）作为国际金融市场中众多浮动利率的基础利率，对国际金融市场具有重要作用，同时也是全球利率水平的重要度量指标之一。因此本节采取 Libor 实际利率替换美国联邦基金利率以检验前述分析结果的稳健性。

3. 金融市场度量指标

本节前文采用标普 500 指数作为金融市场的控制变量，但标普 500 指数的样本股均为美国上市公司，而大宗商品市场作为国际市场其价格可能受到除美国之外其他经济体的冲击作用。鉴于此本节选取 MSCI 全球发达国家股票指数（MSCI－dev）作为金融市场的控制变量，以涵盖全球股票市场对于大宗商品市场的溢出冲击作用。

4. 控制宏观经济不确定性（MU）与经济政策不确定性（EPU）

为证实 VIX 指数所代表的经济不确定性与宏观经济不确定性、经济政策不确定的作用不存在相互重叠，本节将宏观经不确定性与经济政策不确定性的代理变量加入基准回归模型之中。本节采用 Jurado（2015）利用 132 个宏观经济指标的条件波动率所构造的宏观经济不确定性指数（MU）作为宏观经济不确定性的代理变量；借鉴 Baker（2013）运用文本分析法从报纸新闻、专家预测报告中提取 EPU 指数（EPU）作为经济政策不确定的代理变量。

变量替换后的回归结果如表 8 所示，其中回归方程（1）与回归方程（2）分别采用年度时间固定效应与板块时间固定效应模型；回归方程（3）和回归方程（4）均采用年度时间固定效应模型且分别在替换控制变量前后加入宏观经济不确定性的代理变量与经济政策不确定性的代理变量以保证结论稳健。结果证实 VIX 指数均在 1% 的显著性水平下正向作用于大宗商品价格协同性的代理变量，证实结论稳健。

表 8　　　　　　　　　　替换控制变量的稳健性检验

指标	（1）	（2）	（3）	（4）
Dollar	0.0792 ***	0.0792 ***	0.0565 ***	0.0351 *
	(4.04)	(4.04)	(3.78)	(1.77)
M2G	0.937 ***	0.937 ***	0.510 ***	0.902 ***
	(7.94)	(7.93)	(6.81)	(7.43)
Libor	− 0.00351 ***	− 0.00351 ***		− 0.00394 ***
	(− 3.34)	(− 3.34)		(− 3.74)
MSCI _ dev	− 0.0527 ***	− 0.0527 ***		− 0.0455 ***
	(− 4.09)	(− 4.09)		(− 3.41)
IPI _ detrend	− 0.153 ***	− 0.153 ***		− 0.105 ***
	(− 5.32)	(− 5.32)		(− 3.64)
VIX	0.0230 ***	0.0230 ***	0.0154 ***	0.0225 ***
	(4.97)	(4.96)	(4.36)	(4.72)
Fdrate			− 0.00257 ***	
			(− 2.88)	

续表

指标	（1）	（2）	（3）	（4）
Sp500			−0.00635 ***	
			（−3.34）	
BDI			−0.0170 ***	
			（−7.52）	
MU			0.0447 ***	0.0901 ***
			（2.95）	（4.99）
EPU			−0.0000291 *	−0.0000468 **
			（−1.78）	（−2.44）
Cons	0.130	0.130	−0.0450	0.219
	（0.80）	（0.80）	（−0.66）	（1.34）
Cluster	Pair	Pair	Pair	Pair
Fixed _ Effect	Yes	Yes	Yes	Yes
Time _ Effect	Yes	Yes	Yes	Yes
N	50094	50094	80090	50094
r2 _ a	0.045	0.073	0.046	0.046

注：* 、** 和 *** 分别表示在 10% 、5% 和 1% 的显著性水平下显著。

六、总结

本节选取了 1991 年 1 月至 2017 年 6 月，涵盖能源、金属与农产品三个板块的 23 种大宗商品的月度价格序列，并借鉴 Bloom（2009）的方法选取 VIX 指数作为经济不确定性的代理变量，通过理论分析与实证检验证实了经济不确定性通过金融投机渠道对大宗商品价格协同性具有正向作用，并证实了大宗商品金融化将提升经济不确定性对于大宗商品价格协同性的冲击效果。具体而言，本节采用 DCC – MGARCH 模型计算所得的动态条件相关系数度量大宗商品间的价格协同程度，并从大宗商品是否包含大宗商品指数内和大宗商品市场与金融市场的关联程度两个角度，分别度量大宗商品金融化程度与大宗商品市场整体金融化程度，证实经济不确定性对包含多个板块的大宗商品价格间的协同变动具有显著的促进作用，且对于指数内大宗商品间价格协同变动具有更加显著的正向冲击；同时伴随着大宗商品市场整体金融化程度的上升，经济不确定性增强了对于大宗商品价格协同性的作用效果。

这一结论对于在目前大宗商品市场金融化的趋势下进一步加深对大宗商品市场的理解具有重要意义，为进一步探究大宗商品价格走势提供了新的研究思路与参考意见。结论表明仅考虑基本供需因素已经不能完全把握大宗商品市场动态，而金融市场影响因素的作用已经在大宗商品市场初露端倪，金融市场因素应该在未来被纳入大宗商品市场的分析之中。

参考文献

［1］韩立岩，尹力博．投机行为还是实际需求？——国际大宗商品价格影响因素的广义视角分析［J］．经济研究，2012（12）：83－96.

［2］连玉君，苏治，彭方平．融资约束与流动性管理行为［J］．金融研究，2010（10）：158－171.

［3］谭小芬，张峻晓，郑辛如．国际大宗商品市场与金融市场的双向溢出效应——基于 BEKK-GARCH 模型和溢出指数法的实证研究［J］．中国软科学，2018（8）：31－48.

［4］Akram Q F. Commodity Prices, Interest Rates and the Dollar［J］. Energy Economics, 2019, 31（6）：838－851.

［5］Anzuini A, Lombardi M J, Pagano P. The Impact of Monetary Policy Shocks on Commodity Prices［J］. SSRN Electronic Journal, 2012, 9（1232）：119－144.

［6］Baker S R, Bloom N, Davis S J. Measuring Economic Policy Uncertainty［R］. Chicago Booth Paper, 2013（13－2）.

［7］Belke A, Bordon I G, Volz U. Effects of Global Liquidity on Commodity and Food Prices［J］. World Development, 2012, 44（3）：31－43.

［8］Bloom N. The Impact of Uncertainty Shocks［J］. Econometrica, 2009, 77（3）：623－685.

［9］Bloom N. Fluctuations in Uncertainty［J］. Journal of Economic Perspectives, 2014, 28（2）：153－175.

［10］Buyuksahin B, Robe M A. Does "Paper Oil" Matter? Energy Markets' Financialization and Equity－Commodity Co－movements［J］. Social Science Electronic Publishing, 2009.

［11］Buyuksahin B, Robe M A. Speculators, Commodities and Cross－Market Linkages［J］. Journal of International Money and Finance, 2011, 42（C）：38－70.

［12］Cheng I H, Kirilenko A, Xiong W. Convective Risk Flows in Commodity Futures Markets［J］. Social Science Electronic Publishing, 2012, 19（5）.

［13］Diebold F X, Yilmaz K. Better to Give than to Receive: Predictive Directional Measurement of Volatility Spillovers［J］. International Journal of Forecasting, 2012, 28

（1）：57 - 66.

［14］Dimitrios B, Athanasios T. The Impact of Uncertainty Shocks on the Volatility of Commodity Prices ［J］. Journal of International Money and Finance, 2018, 87: 96 - 111.

［15］Engle R. Dynamic Conditional Correlation: A Simple Class of Multivariate Generalized Autoregressive Conditional Heteroskedasticity Models ［J］. Journal of Business & Economic Statistics, 2002, 20 （3）: 339 - 350.

［16］Frankel J A. The Effect of Monetary Policy on Real Commodity Prices ［R］. National Bureau of Economic Research Working Paper No. 12713, 2008.

［17］Gorton G, Rouwenhorst G. Facts and Fantasies about Commodity Futures ［J］. Financial Analysts Journal, 2006, 62 （2）: 47 - 68.

［18］Gruber J W, Vigfusson R J. Interest Rates and the Volatility and Correlation of Commodity Prices ［J］. International Finance Discussion Papers, 2012.

［19］Hansen B E. Threshold Effects in Non - Dynamic Panels: Estimation, Testing and Inference ［J］. Journal of Econometrics, 1999, 93 （2）: 345 - 368.

［20］Jurado K, Ludvigson S C, Ng S. Measuring Uncertainty ［J］. The American Economic Review, 2015, 105 （3）: 1177 - 1216.

［21］Kilian L. Not All Oil Price Shocks Are Alike: Disentangling Demand and Supply Shocks in the Crude Oil Market ［J］. American Economic Review, 2009, 99 （3）: 1053 - 1069.

［22］Kilian L, Murphy D. The Role of Inventories and Speculative Trading in the Global Market for Crude Oil ［J］. Journal of Applied Econometrics, 2010, 29 （3）: 25.

［23］Kilian L. Oil Price Shocks: Causes and Consequences ［J］. Cepr Discussion Papers, 2014, 6 （1）: 133 - 154.

［24］Li X M, Zhang B, Du Z J. Correlation in Commodity Futures and Equity Markets Around the World: Long-Run Trend and Short-Run Fluctuation ［J］. SSRN Electronic Journal, 2011.

［25］Liow K H, Liao W C, Huang Y. Dynamics of International Spillovers and Interaction: Evidence from Financial Market Stress and Economic Policy Uncertainty ［J］. Economic Modelling, 2017: S0264999317304625.

［26］Lübbers J, Posch P N. Commodities' Common Factor: An Empirical Assessment of the Markets' Drivers ［J］. Journal of Commodity Markets, 2016: S2405851316300381.

［27］ Mensi W, Hammoudeh S, Yoon S M. Structural Breaks, Dynamic Correlations, Asymmetric Volatility Transmission, and Hedging Strategies for Petroleum Prices and USD Exchange Rate ［J］. Energy Economics, 2015, 48: 46 – 60.

［28］ Nazlioglu S, Erdem C, Soytas U. Volatility Spillover Between Oil and Agricultural Commodity Markets ［J］. Energy Economics, 2013, 36 (3): 658 – 665.

［29］ Ohashi K, Okimoto T. Increasing Trends in the Excess Co-movement of Commodity Prices ［J］. Journal of Commodity Markets, 2016, 1 (1): 48 – 64.

［30］ Pindyck R S, Rotemberg J J. The Excess Co-movement of Commodity Prices ［J］. The Economic Journal, 1990, 100 (403): 1173 – 1189.

［31］ Singleton K J. Investor Flows and the 2008 Boom∕Bust in Oil Prices ［J］. Social Science Electronic Publishing, 2011, 60 (2): 300 – 318.

［32］ Tang K, Xiong W. Index Investment and the Financialization of Commodities ［J］. Social Science Electronic Publishing, 2012, 68 (6): 54 – 74.

［33］ Vansteenkiste I. How Important Are Common Factors in Driving Non-fuel Commodity Prices? A Dynamic Factor Analysis ［J］. Social Science Electronic Publishing, 2009, 27 (3): 697 – 711.

［34］ Wirl F. Why Do Oil Prices Jump (or Fall)? ［J］. Energy Policy, 2008, 36 (3): 1029 – 1043.

第三节　国际油价波动的成因：投机因素有多重要[1]

一、引言

石油始终是最重要的大宗商品之一，其价格对于各国工业生产和经济发展都有着举足轻重的影响。在过去的十多年间，国际原油价格先后发生了几次巨幅波动：2003年1月至2008年6月，WTI原油现货价格上涨了四倍多，自每桶32.95美元飙升至每桶133.88美元。其中，仅2007年1月至2008年6月的涨幅就达到145.61%；2008年6月至2009年2月又从每桶133.88美元跌至每桶39.09美元，跌幅超过70%。此后总体呈现出上涨的趋势，截至2013年7月底达到每桶104.67美元的水平。

各国学者对于国际油价巨幅涨跌的原因作出了多种解释。Stoll和Whaley（2010）、Kilian和Murphy（2012）等学者认为这与全球总需求的扩张和收缩有关。正如2008年6月23日奥本海默公司（Oppenheimer & Co. Inc.）分析师Fadel Gheit接受美国众议院质询时所言，经济基本面的冲击并不足以将油价推升至每桶65美元以上的水平。Michael Masters于2008年6月24日接受美国参议院质询时也指出，商品指数投资是推高商品期货价格的主要原因。因此，Kaufmann和Ullman（2009）、Manera、Nicolini和Vignati（2013）等学者提出，国际油价的波动来自同时期原油期货市场上的投机活动。

自2002年开始，国际原油市场的金融化趋势日趋明显：2002年底道琼斯商品指数（Dow Jones-UBS Commodity Index）为114.73，2008年6月底该指数为237.80，涨幅达到107.27%，同时期标普高盛商品指数（S&P GSCI）的涨幅则高达234.89%；Masters和White（2008）指出，2003年7月至2008年7月，构成S&P GSCI和DJ-AIG指数的25种商品的期货价格的平均涨幅超过200%，同时期与商品指数交易有关的资产额涨幅达到23.38倍，在2008年7月达到3170亿美元；巴克莱资本（Barclays Capital）指出，2003年底商品市场上投机者商品资产管理规模不足500亿美元，2011年3月该指标飙升至4100亿美元；2002年12月底，RJ CRB全球商品股票指数（Thomson Reuters CRB Commodity Equity Index）为903.61，2013年5月底该指数大幅上升为3144.921；如图1所示，原油期货市场的非商业多头、空头头寸之和与原油现货实际价格的走势也表现出高度的一致性。

1　本部分作者为谭小芬、刘育成。

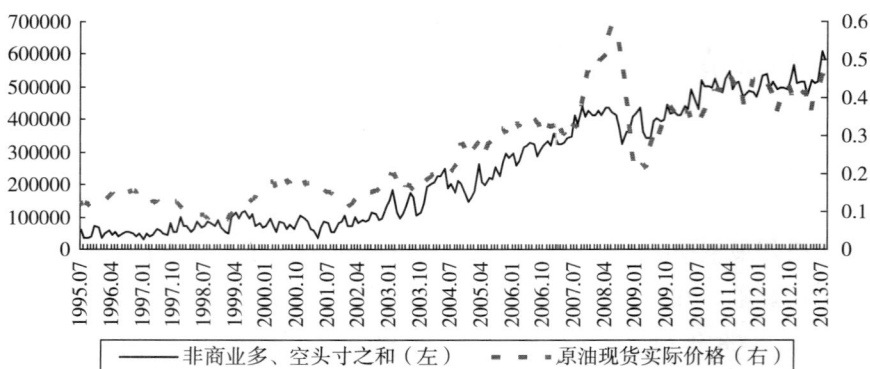

图 1 原油现货实际价格与原油期货非商业多、空头寸之和

资料来源：EIA、彭博数据库。

那么，过去十多年间国际油价波动的成因究竟是什么？是基本面因素还是投机因素更显著地影响了国际油价？针对以上问题，本节将以 1995 年 7 月至 2013 年 5 月的月度数据为研究样本，研究这一时期内国际油价波动的主要驱动因素。

本节剩余部分结构安排如下：第二部分对国内外学者关于国际油价波动成因的研究展开文献评述；第三部分通过构建递归向量自回归误差修正模型（Recursive VECM）进行实证检验，分阶段对于国际油价波动成因进行分析；第四部分进行稳健性检验；第五部分总结研究结论，并提出相关政策建议。

二、文献评述

进入 21 世纪后，全球各类大宗商品价格均表现出迅猛上升趋势，原油价格也出现类似走势，同时出现的还有持续增长的商品期货市场的资本流入以及全球范围内各类大宗商品价格波动协同性增强。因此，近年来有大量文献探究投机因素对全球大宗商品价格的影响。从研究结论来看，这些文献大致可分为两类，一类认为近十年来大宗商品价格的巨幅波动与投机因素不相关；另一类则认为投机因素对于近十年来大宗商品价格的大幅波动有着很强的解释能力。从研究方法来看，这些文献主要采用了施加符号约束的结构 VAR（SVAR）模型、施加或未施加符号约束的因子扩张 VAR（FAVAR）模型、广义自回归条件异方差（GARCH）模型、普通最小二乘法（OLS）、格兰杰（Granger）因果检验、历史分解等建模和实证检验方法。

第一类文献中，Brunetti 和 Buyuksahin（2009）通过研究纽约商品交易所（NY-MEX）的原油和天然气、芝加哥商品交易所（CBOT）的玉米等五类期货市场上不同类型交易者的交易头寸及商品期货价格间的格兰杰因果关系，发现 2005 年 1 月（玉米期货为 2006 年 8 月）至 2009 年 3 月交易头寸并非五种商品期货价格的格兰杰原因，即投机行为并未显著影响商品期货价格。Stoll 和 Whaley（2010）通过检验商品指数交易者（Commodity Index Traders，CIT）报告中包含的 12 种农产品的期货价格与指数投资者持仓量间的格兰杰因果关系，发现 2006 年 1 月至 2009 年 7 月，商品指数投资行为并未对商品期货价格产生显著影响。Alquist 和 Gervais（2012）同样通过格兰杰因果检验证实了原油现货、期货价差与原油期货净头寸的单向因果关系，表明投机因素并未导致原油价格波动。美国商品期货交易委员会（CFTC）的指数投资数据报告（Index Investment Data Report，IID）能准确全面地描述商品期货市场的指数投资活动，Irwin 和 Sanders（2012）利用该报告提供的头寸数据，采用 Fama-Mac-Beth 回归检验及格兰杰因果检验等方法，发现在原油、天然气等 19 类商品期货市场中，指数投资者的投机行为对期货价格及其波动性没有影响。Kilian（2009）指出原油供给冲击、总需求冲击和原油市场特定需求冲击会对原油价格产生影响。在此基础上，Kilian 和 Murphy（2012）以及 Kilian 和 Lee（2013）通过构建包含全球原油产量、全球实体经济需求、原油实际价格以及原油库存量四个变量在内的、施加符号约束和弹性约束的 SVAR 模型，依次测度了原油供给冲击、总需求冲击、投机需求冲击在不同历史时期对全球原油价格的影响程度，指出虽然投机因素对之前多次全球油价波动具有重要影响，但是 2003—2008 年国际油价的上扬主要是由实体经济需求的变化引起的。Kilian 和 Murphy（2012）将需求冲击分成总需求和投机性需求冲击，后者刻画了预期变动导致的库存需求的变化，而仅引入原油库存波动来描述投机因素，可能会放大基本面因素的作用，难以充分体现投机因素对国际油价的影响。Knittel 和 Pindyck（2013）假设现货市场上供给和需求是商品价格的等弹性函数，且两个弹性值均不随时间变化，对商品现货和库存市场建立均衡模型，结果表明投机因素对商品价格波动只有微弱的影响。Hamilton（2008）、Hamilton（2009）、孙泽生和管清友（2009），Fattouh、Kilian 和 Mahadeva（2012），IIF Commodities Task Force Submission to the G20（2011）等学者和研究机构也都认为，全球总需求的收缩和扩张才是大宗商品价格出现巨幅波动的主要原因，投机行为的推动作用并不明显。

第二类文献中，Kaufmann 和 Ullman（2009）通过分析原油现货、期货价格指出，投机性因素放大了经济基本面因素造成的油价上涨。Gilbert（2010）将期货市场活动对商品价格的影响分为投资泡沫和指数投资两类，细化了投机因素对原油、铝、铜、镍、小麦、玉米和大豆这七类商品价格的影响，发现商品期货市场中指数投资行为对能源和非铁类金属商品的价格有显著影响。通过建立关于原油期货价格的回归模型并控制其他变量，Singleton（2011）发现商品指数投资者的投机行为对于原油期货价格有显著影响。Fan 和 Xu（2011）认为油价受市场因素（包括美元市场、股票市场、黄金市场和原油期货市场）、供需因素和地缘政治因素影响，因此将 2000 年 1 月至 2009 年 9 月国际油价波动分成 2000 年 1 月至 2004 年 3 月（稳定期）、2004 年 3 月至 2008 年 6 月（泡沫积累期）及 2008 年 6 月至 2009 年 9 月（经济危机期）三段，分别建立 New-ey-West OLS 模型进行研究，发现投机因素对于国际油价在 2000—2008 年的波动有着重要影响。Vansteenkiste（2011）构建了一个基于噪声交易的异质人代理模型，发现 2004 年之后除基本面因素外的其他因素，如期货市场的投机活动，对于原油期货价格波动的解释能力日趋显著。Bicchetti 和 Maystre（2012）通过计算高频交易下商品市场及股票市场收益间的滚动相关性，指出该相关性水平在 2008 年出现结构性断裂，说明近年来商品市场的金融化趋势对商品价格确实有显著影响。美国商品期货交易委员会（CFTC）将商品期货市场上的交易者细分为四类，分别是货币经理、互换供应商、商业性操作者及其他。以 2006 年 6 月 13 日至 2010 年 12 月 28 日期货价格及各类交易者头寸的周频数据为研究样本，Lazzeri（2012）分别研究了上述前三类交易者的交易行为对 WTI 原油期货价格的影响，发现包括指数投资者和基金经理等交易者在内的货币经理的交易行为会降低原油期货价格的波动性，对原油期货市场产生重要影响。李卓和张茜（2012）建立施加符号约束的 VAR 模型，利用石油期货市场价格波动衡量投机冲击，得到的结论是，2007—2008 年投机冲击扭曲了石油市场的价格形成机制，导致油价显著偏离供需基本面决定的价格水平。Juvenal 和 Petrella（2012）认为传统 VAR 模型包含的信息不足以充分定义油价冲击，因此首次采用包含四个主成分因子与三个描述原油市场动态变化的变量在内的、施加符号约束的 FAVAR 模型，将原油供给者的投机行为从 Kilian（2009）提出的原油供给冲击中独立出来，指出投机因素对国际油价在 2004—2008 年的波动确实有着很强的解释能力。Morana（2012）通过建立描述全球及各国宏观经济、金融活动和原油市场的 FAVAR 模型，发现投机因素对国际油价在 2004—2010 年出现上涨的解释能力达到 44%，显著高于传统研究得到的结果。Lombar-di 和 Robays（2012）采用了施加符号约束的 SVAR 模型，分别研究了基本面冲击、原油市场特定需求冲击和金融活动冲击对于油价波动的影响，发现投机活动在短期内对油价作用显著，在 2007—2009 年尤其如此。通过建立误差修正模型并采用非商业交易者净头寸比例描述投机性压力（speculative pressure），D'Ecclesia、Magrini、Montalbano 等（2012）发现原油期货市场上的投机行为会导致油价偏离长期均衡水平。Manera、Nicolini 和 Vignati（2013）构建 GARCH 模型，分别采用 Working's T[2]、非商业性交易者

---

2 Working's T 指标描述了投机活动相对于套期保值行为的活跃程度，是描述期货市场投机活动活跃程度的传统指标。具体描述参见 Manera M, Nicolini M, Vignati I. Futures price volatility in commodities markets: The role of short term vs long term speculation [C]. Department of Economics and Management Working Paper No. 42（04 - 13），2013。

市场份额和投机者持有的净头寸比例描述长期投机、采用食价（scalping）描述短期投机，发现短期投机行为自 2000 年起对于油价波动有着显著影响。商品期货市场为不同类型的交易者提供规避或暴露风险的场所，商品期货价格又为现货市场上的交易者提供价格波动信息，Cheng 和 Xiong（2013）因此认为，期货市场上的投机者会影响商品市场风险交换和信息发现的机制，导致商品价格发生变化。周喜安和曲永冠（2004）、美国国土安全和政府事务委员会（2006）和马来西亚中央银行（2011）的研究和报告也均指出，投机行为对于大宗商品价格有重要影响。

通过以上综述不难发现，现有文献存在着以下几点需要改进：首先，投机因素可用不同指标衡量，只用一种指标描述投机活动难免会导致研究结果缺乏稳健性；其次，金融危机和欧债危机的冲击可能会导致油价决定机制出现变化，这有待进一步研究；再次，原油库存具有供需和金融两重属性，不同主体对库存的调整可能对油价产生不同影响，有待细化分析；最后，为保证变量平稳性，大多文献对变量直接采取差分处理，但这种方法只着眼于各变量间的短期经济关系，而对其中的长期影响因素有所忽视。

以上四点问题恰恰提供了对该研究领域进行创新的思路，对此我们做出了如下改进：第一，引入不同指标描述期货市场投机活动规模及活跃程度，得到相似的结论，证明了所得结论具有稳健性；第二，将样本更新至 2013 年 5 月并对样本进行分段研究；第三，细化分析原油库存指标在不同时期体现出的主要属性，准确评价各阶段原油库存对国际油价的影响机制；第四，在实证检验阶段采用递归处理方法，对不同样本长度的 VEC 模型的脉冲响应和方差分解结果进行滚动处理，以得到各类因素对于国际油价的解释能力随时间的变化过程；第五，建立向量误差修正模型，将长期均衡因素纳入对油价波动的解释机制中。

三、实证检验

（一）数据描述

本节建立的 VEC 模型包含以下五个变量，样本期间为 1995 年 7 月至 2013 年 5 月，共包括 215 个月度数据，各变量均采用 X11 加法方式进行季节调整：

原油供给量（OS），是欧佩克原油供给月度数据，数据来源于彭博数据库。

全球总需求（IP），是全球工业增加值指数，以各国产量为权重，以 2005 年为基期，数据直接来源于 IMF 数据库。

非商业多、空头寸之和（NONCOM ＿ TOTAL），是纽约商品交易所轻质低硫原油（WTI 原油）期货的持仓量数据。计算方法为原油期货非商业多头持仓量 ＋ 原油期货非商业空头持仓量。数据来源于彭博数据库。

原油库存量（OI），是 OECD 国家原油库存量。由于无法直接获得该数据，参照 Kilian 和 Murphy（2012）文献中的处理方法，利用 OECD 国家及美国的相关数据计算 OECD 国家原油库存量，计算方法如下：

$$原油库存量\ OI\ = OECD\ 国家原油及其他石油产品存量\ \times$$

$$\frac{全美原油存量}{全美原油及其他石油产品存量}$$

数据来源于美国能源信息署（EIA）网站。

原油现货实际价格（RSP），是扣除通货膨胀因素后的 WTI 原油现货价格。油价数据来源于美国能源信息署（EIA）网站，全美 CPI 以 1982—1984 年的平均水平为 100，数据来源于美国劳工统计局（BLS）网站。

（二）平稳性及协整关系检验

对以上五个变量进行单位根检验以检查其序列平稳性，检验时原始序列和一阶差分序列均带有截距项，结果如表 1 所示。从表 1 可以看到，五个变量均为一阶平稳，因此各变量间可能存在协整关系。

表1　　　　　　　　　　　　　　五变量单位根检验结果

时间序列	原始序列			一阶差分序列		
	检验形式	ADF 统计量	是否平稳	检验形式	ADF 统计量	是否平稳
原油供给量	(C, 0, 1)	−0.4796	否	(C, 0, 0)	−17.6475	是 ***
全球总需求	(C, 0, 2)	−0.6661	否	(C, 0, 1)	−5.3145	是 ***
非商业多、空头寸之和	(C, 0, 4)	0.5715	否	(C, 0, 3)	−11.2120	是 ***
原油库存量	(C, 0, 1)	−0.7697	否	(C, 0, 0)	−17.5823	是 ***
原油现货实际价格	(C, 0, 1)	−1.3523	否	(C, 0, 0)	−10.9162	是 ***

注：检验形式为（C，T，K），其中，C，T，K 分别表示截距项、趋势项和滞后阶数（0 表示没有相应项），滞后期的选择标准参考 SIC 准则；***表示在 1% 显著水平下平稳。

在滞后期的选择方面，如表 2 所示，在对五个变量进行差分处理所形成的 VAR 模型中，SC 准则显示滞后期为 2 期，HQ 准则显示滞后期为 3 期，AIC 准则与 FPE 准则显示滞后期为 4 期，LR 准则显示滞后期为 7 期。综合考虑，我们将 VAR 模型滞后期设定为 4 期，Johansen 协整检验及 VEC 模型的滞后期为 3 期。

表2 VAR 模型滞后期选择

滞后期数	LR 准则	FPE 准则	AIC 准则	SC 准则	HQ 准则
0	NA	1. 38E + 13	44. 374	44. 524	44. 476
1	2724. 772	22746170	31. 129	31. 612	31. 325
2	165. 656	12443250	30. 526	31. 411 *	30. 884
3	97. 076	9540234	30. 259	31. 547	30. 780 *
4	48. 517	9376241 *	30. 240 *	31. 930	30. 923
5	38. 999	9654532	30. 266	32. 359	31. 112
6	25. 030	10712772	30. 365	32. 861	31. 374
7	42. 489 *	10708273	30. 258	33. 256	31. 530
8	34. 351	11181898	30. 393	33. 693	31. 727

注：＊表示根据不同准则确定的最优滞后阶数。

Johansen 协整检验结果如表3所示，可以看到，特征根迹检验法和最大特征值检验法均显示五个变量间存在协整关系。

表3 Johansen 协整检验结果

原假设下协整向量数量	特征根迹检验法				最大特征值检验法			
	特征根	迹统计量	5%临界值	P 值	特征根	最大特征值统计量	5%临界值	P 值
没有 *	0. 2314	98. 7560	69. 8189	0. 0001	0. 2314	56. 5730	33. 8769	0. 0000
最多1个	0. 1050	42. 1829	47. 8561	0. 1537	0. 1050	23. 8474	27. 5843	0. 1401
最多2个	0. 0665	18. 3355	29. 7970	0. 5414	0. 0665	14. 7949	21. 1316	0. 3035
最多3个	0. 0158	3. 5406	15. 4947	0. 9370	0. 0158	3. 4168	14. 2646	0. 9152

注：加 * 表示在5%的显著性水平下拒绝原假设。

（三）格兰杰因果关系检验结果

以上五个变量的格兰杰因果关系如表4所示。不难看出，原油供给，全球总需求，非商业多、空头寸之和及原油库存这四个变量都是原油现货实际价格变动的格兰杰原因，说明选择以上四个变量作为国际油价的解释变量是合适的。

表4 各变量格兰杰因果关系

原假设	F 统计量	概率值
原油供给不是原油现货实际价格的格兰杰原因	5. 8767	0. 0033
全球总需求不是原油现货实际价格的格兰杰原因	12. 1786	0. 0000
非商业多、空头寸之和不是原油现货实际价格的格兰杰原因	6. 9643	0. 0012
原油库存不是原油现货实际价格的格兰杰原因	5. 9756	0. 0030
原油现货实际价格不是原油供给的格兰杰原因	2. 2884	0. 1039
原油现货实际价格不是全球总需求的格兰杰原因	17. 9649	0. 0000
原油现货实际价格不是非商业多、空头寸之和的格兰杰原因	0. 1756	0. 8391
原油现货实际价格不是原油库存的格兰杰原因	0. 9881	0. 3740

以上检验结果说明，建立 VEC 模型研究国际油价波动成因是合适的。另外，VEC 模型比传统 VAR 模型更适合于分析多个时间序列间的互动关系，尤其在这些序列间缺乏准确的结构表达式时。一方面，包含协整约束的 VEC 模型适用于具有协整关系的非平稳时间序列建模，能同时反映变量间长期均衡关系（通过误差修正项）和解释变量的短期波动对于被解释变量的影响（通过差分项）；另一方面，在各序列间存在协整关系的前提下建立 VEC 模型，不要求各序列平稳，避免差分过程中损失重要信息。因此，笔者使用 1995 年 7 月至 2013 年 5 月的月度数据建立 VEC 模型，研究影响国际油价波动的因素。

一般而言，根据经济理论，原油供给越低，全球总需求越高，非商业多、空头寸之和越高，原油库存量越低，则原油现货实际价格越高。

（四）向量误差修正（VEC）模型

1. 模型建立

VEC 模型形式如下：

$$\Delta y_t = \alpha\beta'y_{t-1} + \sum_1^3 \Gamma_i \Delta y_{t-i} + \varepsilon_t, t = 1,2,\cdots,T \qquad (1)$$

其中，y_t 包含原油供给，全球总需求，非商业多、空头寸之和，原油库存量及原油现货实际价格五个变量，各序列间存在协整关系；$\beta'y_{t-1}$ 是误差修正项向量，反映了变量在短期波动中偏离其长期均衡水平的程度。所有作为解释变量差分项的系数反映各变量短期波动对作为被解释变量（原油现货实际价格）的短期变化的影响；ε_t 为随机扰动项。

y_t 包含的序列名称及相应排序如左下矩阵所示；协整向量 β 为 5×1 的矩阵，是变量间协整形式的系数，具体形式如下所示；误差项 ε 相应为 5×1 的矩阵。

$$y_t = \begin{pmatrix} os_t \\ ip_t \\ noncom\_total_t \\ oi_t \\ rsp_t \end{pmatrix}_{5\times1}, \quad \beta = \begin{pmatrix} \beta_{os} \\ \beta_{ip} \\ \beta_{noncom\_total} \\ \beta_{oi} \\ \beta_{rsp} \end{pmatrix}_{5\times1}, \quad \varepsilon = \begin{pmatrix} \varepsilon_{os} \\ \varepsilon_{ip} \\ \varepsilon_{noncom\_total} \\ \varepsilon_{oi} \\ \varepsilon_{rsp} \end{pmatrix}_{5\times1}$$

如表 5 所示，经检验发现模型误差项序列平稳，说明协整关系成立。

表 5　　　　　　　VEC 模型误差修正项序列单位根检验结果

变量名称	ADF 统计量	p 值	是否平稳
误差修正项	-4.7977	0.0001	是 ***

VEC 模型稳定性检验结果如表 6 所示。理论上来说，具有 k 个变量、r 个协整关

系的（p－1）阶滞后 VEC 模型应出现（k－r）个根等于 1。本节建立的是包含 5 个变量、1 个协整关系的 3 阶滞后 VEC 模型，因此应出现 4 个单位根，与实际结果一致。

表 6 　　　　　　　　　　　　VEC 模型稳定性检验结果

单位根	模长	单位根	模长
1.000	1.000	0.332 − 0.503i	0.603
1.000	1.000	0.332 + 0.503i	0.603
1.000	1.000	− 0.545	0.545
1.000	1.000	− 0.475 − 0.143i	0.497
0.873 + 0.209i	0.897	− 0.475 + 0.143i	0.497
0.873 − 0.209i	0.897	− 0.198 + 0.315i	0.372
0.098 − 0.635i	0.643	− 0.198 − 0.315i	0.372
0.098 + 0.635i	0.643	0.189 + 0.172i	0.256
− 0.269 − 0.573i	0.633	0.189 − 0.172i	0.256
− 0.269 + 0.573i	0.633	− 0.188	0.188

图 2 为脉冲响应和方差分解结果，其揭示各变量的变化对系统内其他变量的影响程度和作用时间。

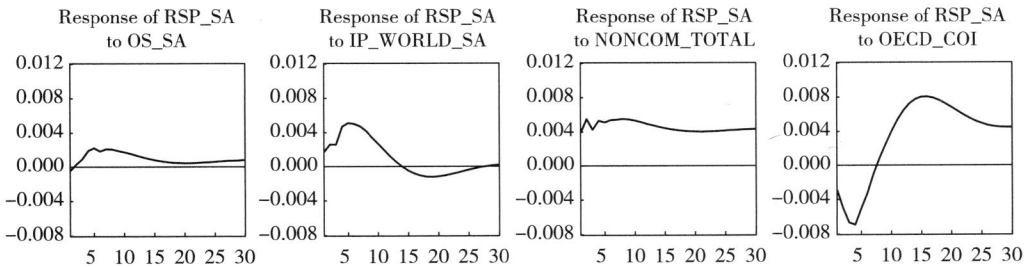

图 2　VEC 模型脉冲响应结果

图 2 及附录附图 1 报告了 VEC 模型各变量的脉冲响应图形，其中图 2 描述了国际油价对于原油供给，全球总需求，非商业多、空头寸之和及原油库存量这四个变量产生一个单位标准差的响应结果，由图 2 可得到以下结论。

首先，原油供给上升一个单位的标准差会对国际油价产生正向冲击，该冲击在第 5 个月达到峰值水平 0.00223，此后原油供给对国际油价的影响逐步下降。从第 18 个月起，该影响趋近于零。在原油供给冲击下国际油价产生同向变动，与理论相反，可能原因在于原油供给上升时全球经济和投机活动依然强劲，导致原油供给增加产生的对国际油价的负向影响被全球总需求和投机因素的正向影响抵消。

其次，全球总需求上升一个单位的标准差会先对国际油价产生正向冲击，该冲击在第 5 个月达到峰值水平 0.00512。此后，全球总需求对国际油价的影响逐步下降，并于第 14 个月起转为负向并逐渐上升，直到第 24 个月该影响趋近于零。从理论上来说，正向的全球总需求冲击会增加对于原油的需求，因此，在供给一定的情况下，供小于求的局面会抬高油价。上升的原油价格会带来一定程度的通货膨胀，导致货币政策趋于紧缩，促使国际油价回落至稳定水平，这造成在第 14 期时国际油价对于全球总需求的响应方向由正转负。

再次，非商业多、空头寸之和上升一个单位的标准差会对国际油价产生正向冲击，该冲击在第 4 个月达到峰值水平 0.00532，与全球总需求的脉冲响应水平持平。第 8 个月后，投机因素对国际油价的影响逐步下降，但并不趋近于零，表明投机活动冲击对国际油价的影响具有持续性。从理论上来说，原油期货市场投机活动规模的扩张会增加原油价格的泡沫，导致国际油价上涨。

最后，原油库存上升一个单位的标准差，对国际油价产生负向冲击，该冲击在第 4 个月达到峰值水平 −0.00691。此后，原油库存对国际油价的影响逐步回升，并于第 15 个月达到正向峰值 0.00801。接着，该影响平稳下降，但并不趋近于零，表明库存冲击对国际油价的影响具有持续性。从理论上来说，正向的库存冲击往往会伴随着原油供给的上升或全球总需求的下降，因此最初国际油价会呈现出负向变动趋势；而随着时间推移，若人们预期未来油价将高于当前低位水平，则会在当期囤积原油、在未来卖出，以获得投机收益，这会抬高当前油价。这也解释了国际油价在第 15 个月对于原油库存的正向峰值。

综上所述，在全样本时期，国际油价对全球总需求和投机因素最为敏感，这与本节之前的预期一致。

表 7 给出了 VEC 模型的预测误差方差分解结果，其描述了国际油价发生一个单位标准差的变动，原油供给，全球总需求，非商业多、空头寸之和以及原油库存变量对这一误差的贡献程度。可以看到，全球总需求，非商业多、空头寸之和以及原油库存对于国际油价波动的解释能力均比较显著。自第 16 个月起，原油库存变量的解释能力变为四个解释变量中最高的，与我们之前的预期不一致，可能原因在于原油库存同时具有实体供需和金融投机双重属性：一方面，全球经济的衰退以及国际原油"供大于求"的局面会导致原油被迫囤积，库存因此上升，伴随着国际油价的下降；另一方面，当人们预期未来油价将走高时会在当期囤积原油以获取未来的投机收益，推动了国际油价上升。因此，原油库存的调整对于国际油价的影响包含了实体供需因素和投机因素对于国际油价的影响，导致原油库存的解释能力非常高。

下文的分析印证了这个推测。

表 7　　　　　　　　　　　　　**VEC 模型方差分解结果**

时期	原油供给	全球总需求	投机因素	原油库存	原油实际价格
1	0.062289	0.827466	4.293154	2.311322	92.50577
4	0.279918	2.270448	5.406108	7.346407	84.69712
8	0.860443	5.128975	8.188225	6.446803	79.37555
12	1.165201	5.508443	11.31939	9.106167	72.9008
16	1.112060	4.810842	12.36084	15.34938	66.36688
20	1.019701	4.447602	12.91000	19.79012	61.83257
24	0.984841	4.260952	13.87566	22.13605	58.74250

2. 递归处理

考察各因素对于国际油价的影响程度随时间推移的变化趋势有助于细化分析。因此，在前文所建立 VEC 模型的基础上，改变模型样本区间，对于不同时间段的脉冲响应和方差分解结果进行递归处理。

如图 1 所示，1995 年 7 月至 2002 年 5 月，原油期货市场非商业多、空头寸之和增幅为 47.23%，同时期非商业多头头寸增幅为 184.17%；而 2002 年 6 月至 2013 年 5 月，非商业多、空头寸之和增幅达到 505.80%，同时期非商业多头头寸增幅为 715.68%。以上数据说明，原油期货市场规模自 2002 年下半年开始表现出持续而明显的扩张态势。因此，选择 2002 年 6 月作为递归处理的第一个截止日期，即所有具有不同样本区间的 VEC 模型中，最短样本区间为 1995 年 7 月至 2002 年 6 月，之后每个模型依次多加入一个月的数据，最后一个 VEC 模型的样本区间为 1995 年 7 月至 2013 年 5 月，本节一共对 132 个 VEC 模型的脉冲响应和方差分解结果进行了记录。脉冲响应递归处理中，选择各样本区间下多数响应值达到最大值的期数作为最佳滞后期数；方差分解递归处理中，选择各样本区间下多数贡献值达到平稳的期数作为最佳滞后期数。因此，脉冲响应递归处理中滞后期选为第 7 期，方差分解递归处理中滞后期选为第 24 期。

（1）脉冲响应递归结果

原油供给，全球总需求，非商业多、空头寸之和及原油库存这四个变量产生冲击，得到国际油价脉冲响应的递归结果，如图 3 所示。下文会专门分析原油库存的影响，因此本部分不重点关注原油库存对于国际油价的作用机制。以实际油价对投机因素的脉冲响应结果曲线为主要分段依据，结合原油供给、全球总需求和原油库存的响应结果曲线，分六个时间段依次分析国际油价对不同因素的脉冲响应结果。

在六个阶段中，国际油价对于原油供给，全球总需求，非商业多、空头寸之和及原油库存这四个变量上升一个单位标准差所作出响应的平均值如表 8 所示。不难看到，在 2002 年 6 月至 2013 年 5 月国际油价对全球总需求的变化始终最为敏感；而在 2007 年 8 月至 2008 年 6 月、2008 年 12 月至 2013 年 5 月，国际油价对于投机因素的响应程度则非常显著。

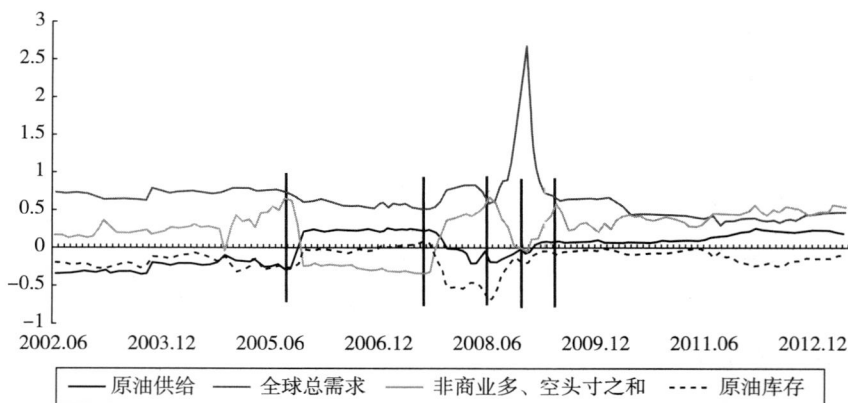

图 3　脉冲响应递归结果

表 8　　　　　　　　　　　　　　　六阶段各变量脉冲响应均值

时间区间	原油供给	全球总需求	非商业多、空头寸之和	原油库存
2002 年 6 月至 2005 年 8 月	− 0. 00249	0. 00725	0. 00269	− 0. 00196
2005 年 8 月至 2007 年 8 月	0. 00182	0. 00587	− 0. 00175	− 0. 00036
2007 年 8 月至 2008 年 6 月	− 0. 00018	0. 00715	0. 00328	− 0. 00412
2008 年 6 月至 2008 年 12 月	− 0. 00112	0. 01309	0. 00273	− 0. 00344
2008 年 12 月至 2009 年 6 月	0. 00044	0. 01122	0. 00276	0. 00086
2009 年 6 月至 2013 年 5 月	0. 00145	0. 00463	0. 00412	− 0. 00102

① 2002 年 6 月至 2005 年 8 月

该阶段中，实际油价对投机因素的敏感程度呈上升趋势，对同时期其他因素的响应程度变化不大。步入 21 世纪后，全球流动性变得更为宽松。例如，OECD 成员国宽口径货币供应量（OECD Broad Money，M3）持续上升，且 2000 年 1 月至 2001 年 12 月，该指标环比增长率的平均值达到 7. 14‰，高于同一指标在 1998 年 1 月至 1999 年 12 月 6. 96‰的平均增长率水平。宽松的货币环境为建立在实体经济活动之上的投机活动的迅猛发展奠定了坚实的基础：截至 2002 年 6 月底，非商业多、空头寸之和为 69723 手；而截至 2005 年 8 月底，该指标飙升至 265822 手，是 2002 年 6 月底水平的 3. 81 倍。大量涌入原油市场的投机性资本推动了国际油价对于投机因素敏感度的上升，解释了该阶段整体上扬的投机—实际油价脉冲响应曲线。

② 2005 年 8 月至 2007 年 8 月

原油价格对投机因素的响应程度迅速下降，甚至变为负向关系。结合原油期货市场非商业多、空头寸之和及原油实际价格的走势来看，该阶段总体呈下降态势的国际油价确实伴随着原油期货投机总规模的扩张，可能原因在于市场普遍存在的悲观预期。

美联储于 2004 年 1 月启动了新一轮的加息过程，联邦基金利率从 1.00% 持续攀升，自 2006 年 7 月起一直维持在 5.25% 左右的高位水平，显示了美联储力图收紧流动性的意图。该举措直接影响了市场预期，全美新建住房销售量、Case-Shiller 房价指数（S&P Case-Shiller 20-City Home Price Index）以及消费者敏感性指数（University of Michigan Consumer Sentiment）在本阶段的最大跌幅分别为 44.30%、6.06% 和 16.19%，说明投资者对市场普遍存在着悲观预期。该预期作用于原油期货市场，导致 2005 年 10 月至 2006 年 3 月非商业空头持仓量显著大于多头持仓量，且二者之和上升，即更多投机者看空原油期货市场，希望通过当前做空原油期货、高卖低买来获得未来的投机收益，最终导致实际油价的下跌。

另外，该阶段国际油价对于原油供给的响应方向变为正向，与经济直觉相悖，原因在于原油供给下降对国际油价的推高作用被预期引导的投机因素抵消，因此出现原油供给与国际油价同向波动的情况。

③ 2007 年 8 月至 2008 年 6 月

原油价格对于投机因素的响应程度呈上升趋势。结合直观数据来看，该阶段原油期货市场上的投机规模与国际油价表现出相似的上涨态势。

首先，2007 年 8 月 17 日，美国联邦公开市场委员会（FOMC）宣布降低窗口贴现利率 50 个基点至 5.75%；一个月后的 9 月 18 日，美联储又将联邦基金利率下调 50 个基点，低利率营造出的宽松货币环境在提高市场预期的同时进一步鼓励了期货市场的投机活动、显著抬高了油价，解释了投机指标和油价指标正向变动的脉冲响应关系。

其次，新兴市场国家发展势头强劲，极大地刺激了全球总需求，继而抬高了国际油价。以"金砖四国"为例，该阶段四个国家工业生产指数均出现同比增长，尤其是中国，该阶段工业增加值同比增幅保持在 10% 以上。从脉冲响应结果来看，该阶段国际油价对于全球总需求的响应程度上升，进一步说明了新兴市场国家持续扩张的总需求推动了大宗商品价格的持续攀升。

最后，新兴市场国家在推动全球需求扩张的同时也成为许多投机者关注的目标。比如，中国石油、石油相关产品及有关原料（SITC）当月进口总值在本阶段增幅达到 81.75%。对原油需求旺盛的亚洲和南美洲国家极大地提高了投机者在原油市场上的投机热情。

④ 2008 年 6 月至 2008 年 12 月

实际油价对于全球总需求因素的敏感性迅速上升。与此对应的是国际油价对于原油期货市场投机规模迅速下降的响应程度，但该响应方向仍为正向。2008 年 9 月雷曼兄弟申请破产保护，标志着金融危机正式爆发，危机传导至实体经济，导致全球总需求显著萎缩：2008 年 6 月至 12 月，全球工业生产指数暴跌 9.3%，其中发达国家工业生产指数下跌 10.76%、新兴市场国家下跌 7.5%，美国及欧元区的失业率均大幅上升，全美新建住房销售量及富国银行住房市场指数跌幅均超过 20%。由以上数据不难看出，全球经济出现了严重衰退，这无疑削减了对于原油这一基础原材料的需求，继而造成了国际油价的持续下挫。虽然 2008 年 9 月后多国政府出台的各项复苏计划在一定程度上稳定了金融市场和原油期货市场上的投机活动，但是，国际油价显然对于该阶段陷入泥沼的实体经济更为敏感。

⑤ 2008 年 12 月至 2009 年 6 月

原油价格对投机因素的响应程度迅速提高，说明国际油价对于原油期货市场投机活动的敏感性在本阶段内逐渐恢复。

首先，本阶段流动性更为宽松。美联储在 2008 年 11 月底宣布购买金融机构债和 MBS，标志着首轮量化宽松政策的开始；同年 12 月 16 日，美联储宣布将联邦基金利率下调至 0~0.25% 的超低区间；2009 年 3 月 18 日，美联储宣布联邦基金利率将维持此前 0~0.25% 的水平，同时宣布在年内投入一万亿美元用于金融资产的购买。一系列救市政策向市场注入了大量流动性，导致更多资本流入原油期货市场。

其次，新兴市场国家仍受到投机者的密切关注。2009 年 1 月至 6 月，中国石油、石油产品及有关原料（SITC）当月进口总值增幅达到 81.09%；同时期巴西和印度工业生产指数的同比跌幅收窄，收窄幅度分别达到 38% 和 66%。新兴市场国家蓬勃的发展势头伴随着其对于原油的海量需求，为希望低买高卖的投机者创造了投机机会。

在本阶段原油期货非商业多头持仓量持续高于空头持仓量，同时二者之和在 2009 年 3 月后与国际油价表现出同步上涨趋势，印证了国际油价对投机活动越发明显的正向响应关系。

最后，虽然各类救市计划也在放松流动性的同时促进了实体经济的复苏，但初期这些措施提振全球经济的效果并不显著。相较于前一阶段，该阶段国际油价对于全球总需求的响应水平出现一定程度的下降。

⑥ 2009 年 6 月至 2013 年 5 月

实际油价对投机因素的响应程度呈现稳中有升的态势。结合原始数据走势可以观察到，该阶段全球总需求与国际油价的相关性在逐渐减弱，而投机指标和国际油价的走势一致。

2010 年 5 月，欧元区成员国财政部长召开特别会议，启动希腊救助机制，决定和国际货币基金组织一道在未来 3 年内为希腊发放总额为 1100 亿欧元的贷款；同年 11 月，美联储宣布启动第二轮量化宽松计划，计划通过在 2011 年第二季度前收购 6000 亿美元的美国长期国债来解决政府的财政危机；次年 9 月，美联储宣布在维持现行联邦基金利率的前提下推出价值 4000 亿美元的扭曲操作；一年后的 2012 年 9 月，美联储宣布开启第三轮量化宽松计划，每月采购 400 亿美元的抵押贷款支持证券（MBS）以使金融市场环境更加宽松；三个月后，美联储又宣布推出第四轮量化宽松计划，每月采购 450 亿美元国债以替代扭曲操作，使美联储每月资产总采购额达到了 850 亿美元。两年之内，各国政府的救市计划向市场释放了巨额流动性，为期货市场投机活动规模的扩张奠定了坚实的基础，导致国际油价出现波动——2009 年 6 月至 2013 年 5 月，国际油价上涨 33.9%，原油期货市场非商业多、空头寸之和上涨了 32.4%，而同期全球工业生产指数只上升了 19.6%。

2011 年 5 月欧元区国家启动希腊救助计划标志着欧债危机的爆发，造成投资者对于全球经济复苏的预期信心不足，解释了 2011 年下半年起投机活动的停滞，导致同时期国际油价出现相似走势。

通过脉冲响应递归结果可得到以下两个主要结论。

其一，2002 年 6 月至 2013 年 5 月，国际油价对于全球总需求的变化始终最为敏感，尤其在 2008 年 6 月至 2009 年 6 月，国际油价对于全球总需求的敏感性显著高于其他时期。

其二，国际油价对于原油期货市场投机活动的反馈主要受同时期流动性和市场预期的影响。2002 年 6 月至 2005 年 6 月全球流动性趋于宽松、2005 年 8 月至 2007 年 8 月市场预期普遍不良、2010 年 5 月至 2013 年 5 月多国政府的各类救市计划向市场注入大量流动性，这些事件解释了国际油价在这三个阶段内对投机活动相对显著的响应程度。

（2）方差分解递归结果

国际油价发生一个单位标准差的变动，原油供给，全球总需求，非商业多、空头寸之和及原油库存变量对这一误差的贡献程度经递归处理后的结果如图 4 所示。以投机因素对国际油价波动的解释能力为主要分段依据，结合其他几个因素，将样本分为九个时间段依次进行分析。

在这九个阶段，原油供给，全球总需求，非商业多、空头寸之和及原油库存这四个变量对于国际油价发生一个单位标准差变动的贡献程度经递归处理的平均值如表9所示。不难看到，2002年6月至2008年10月，全球总需求对国际油价的解释能力始终是最显著的，尤其是在2002年6月至2005年10月；而2005年8月至2007年10月和2008年10月至2009年6月，原油期货市场上的投机规模对国际油价有着重要的决定作用。

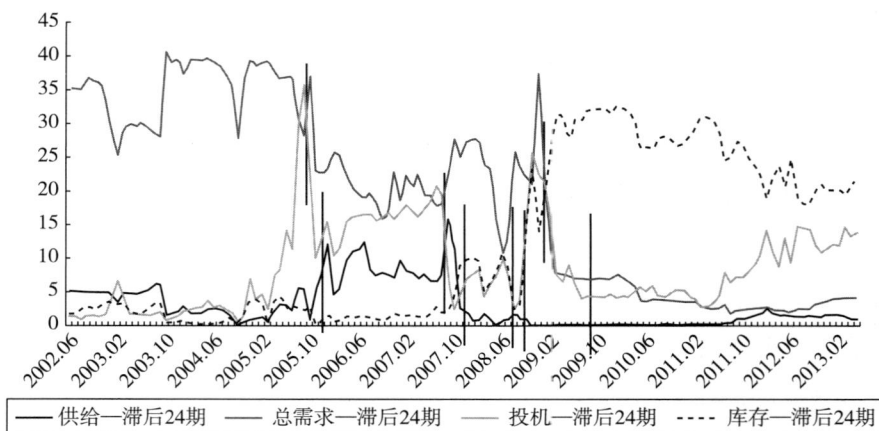

图4　方差分解递归结果

表9　　　　　　　　　　　　九个阶段各变量方差分解均值

时间阶段	原油供给	全球总需求	非商业多、空头寸之和	原油库存
2002年6月至2005年8月	4.38310	32.47198	3.98202	2.11301
2005年8月至2005年10月	4.09135	31.81352	29.30000	2.64103
2005年10月至2007年6月	7.94903	22.33670	15.89430	1.50218
2007年6月至2007年10月	9.71083	21.18436	13.60513	2.55061
2007年10月至2008年6月	2.43636	23.28210	6.41588	8.19454
2008年6月至2008年8月	1.25744	16.58890	6.77223	7.33014
2008年8月至2008年10月	1.34512	23.79532	7.40397	7.07663
2008年10月至2009年6月	0.21290	16.08257	14.52427	24.21609
2009年6月至2013年5月	0.80733	4.05583	7.74945	25.95691

① 2002年6月至2005年8月

投机因素对国际油价波动的解释能力逐步上升，尤其在2005年2月至2005年8月，其解释能力出现迅猛提升；同时期其他三个因素并未出现显著变化。可能原因在于该阶段趋于宽松的货币环境。除了前文提到的持续上升的 OECD 成员国宽口径货币供应量（OECD Broad Money, M3）外，同时期美联储联邦基金利率也持续走低，并于2003年底跌破1%，创历史新低。受宽松流动性的影响，投机性资本大量涌入原油期货市场，推高了国际油价。

② 2005 年 8 月至 2005 年 10 月

投机因素对油价波动的解释能力急速下降，与此对应的是原油供给因素和全球总需求因素解释能力的显著上升，说明此阶段实体供需因素，而非投机活动规模，才是造成实际油价波动的主要原因。2005 年 8 月至 9 月，卡特里娜飓风席卷墨西哥湾，导致 8 家美国炼油商被迫停产，极大地抑制了美国国内原油生产，并对美国国内需求产生不良影响，造成国际油价在 2005 年 9 月的大幅飙升，解释了该阶段的油价波动情况。

③ 2005 年 10 月至 2007 年 6 月

从绝对值来看，全球总需求对国际油价有着最主要的决定作用，但该阶段投机因素对国际油价的解释能力稳步上升。

如前所述，联邦基金利率的持续攀升导致投资者对原油期货市场产生悲观预期，造成 2005 年 10 月至 2006 年 4 月非商业空头持仓量显著大于多头持仓量，且二者之和上升，说明投资者试图通过高卖低买来获得未来的投机收益，这拉低了实际油价。

④ 2007 年 6 月至 2007 年 10 月

投机因素对于国际油价的影响程度迅速下降；与此对应，原油供给因素和全球总需求因素对于油价波动的解释能力显著上升。从直观数据来看，平稳上升的全球总需求和国际油价确实呈现出相似的走势，印证了方差分解递归结果。

首先，虽然美国次级房屋信贷问题造成美国国内实体经济的萎缩，但欧元区十七国和"金砖四国"的工业生产指数均表现出显著的同比增长趋势，中国和印度的增幅甚至超过了 10%，说明该阶段美国国内的次贷危机并未蔓延至全球，全球工业生产的良性增长仍是推动国际油价上涨的主要原因。

另外，不变的原油产量和受实体经济影响而持续上升的原油需求导致该阶段内原油供需缺口（原油供给 - 原油需求）持续为负，原油市场"供小于求"的局面也在一定程度上解释了实际油价在这五个月的持续上升。

⑤ 2007 年 10 月至 2008 年 6 月

在该阶段内，投机因素对于国际油价波动的解释能力总体上升，不过全球总需求因素仍是油价的最主要的决定因素。

首先，新兴市场国家发展势头强劲，这一方面刺激了全球总需求，另一方面，对新兴市场国家的良好预期吸引了投资者的注意力，为他们提供了新的投机概念，造成 2007 年 10 月至 2008 年 6 月原油期货市场非商业多头头寸始终高于空头头寸的看涨局面，推动了国际油价的上涨。

此外，如前所述，该阶段低利率营造的宽松货币环境鼓励了原油期货市场的投机活动，进一步促使国际油价不断提高。

⑥ 2008 年 6 月至 2008 年 8 月

投机因素及原油库存因素对于实际油价波动的解释能力显著下降，与此对应的是全球总需求因素解释能力的迅猛回升。

首先，从直观数据来看，2008 年 6 月至 8 月实际油价与全球工业生产指数一改之前的走势，一致表现出下降态势。该阶段内，美国 ECRI 领先指数大幅下挫 6.25 个百分点，消费者信心指数下跌 6.6 个百分点；自 2008 年 6 月开始，欧元区十七国工业生产指数开始呈现同比负增长趋势，而以"金砖四国"为代表的新兴市场国家工业生产指数的涨幅也开始回落。以上数据说明，逐渐恶化的全球经济抑制了工业生产对能源的需求，是造成原油价格由升转降的主要原因。

另外，2008 年 6 月 6 日，3 个月欧元 Libor 大幅上升近 10 个基点，创近 8 年的单日最大涨幅；同时期 3 个月美元 Libor 创下全球次级债务危机爆发以来的单日最大升幅，升幅达到 2.79%。走高的银行间利率说明全球货币市场持续紧缩，造成对原油期货市场的悲观预期，导致投机规模的萎缩，这在一定程度上解释了该阶段实际油价不再继续攀升的原因。

⑦ 2008 年 8 月至 2008 年 10 月

投机因素及原油库存因素对于实际油价波动的贡献程度迅速上升，全球总需求因素的解释能力相对下降。然而，从绝对水平来看，全球总需求仍是决定国际油价的首要原因。

首先，该阶段油价的大幅走低确实与全球流动性由松到紧的显著变化有着密切的关系。自 2008 年 6 月起，TED 利差逐步上升，2008 年 8 月至 10 月其涨幅甚至达到 210.19%，达到历史高位，说明市场流动性极为紧张，这导致原油期货投机规模收缩、投机活动规模下降，继而造成原油现货价格的下跌。

此外，该阶段油价的大幅走低也与投机者悲观预期有关。2008 年 7 月起，美联储圣路易斯分部金融压力指数（St. Louis Fed Financial Stress Index）开始出现上升，至 2008 年 10 月达到历史高位 5.576；同样在 2008 年 10 月，美国经济政策不确定性指数（Economic Policy Uncertainty Index for United States）达到历史高位 189.92。以上数据说明，2008 年 9 月雷曼兄弟破产后，全球金融市场受到巨大冲击，导致市场参与者普遍对未来产生悲观预期继而撤出投资，进一步造成了国际油价的暴跌。同时，原油库存的调整也能反映预期，因此对全球市场的悲观预期同样解释了该阶段内原油库存因素对于油价极强的解释能力。

⑧ 2008 年 10 月至 2009 年 6 月

投机因素及全球总需求因素对于国际油价波动的解释能力逐渐下降，而同时期库存因素的解释能力则出现显著上升。

首先，经济基本面是决定国际油价的首要因素。随着各国政府救市方案的初见成效，全球工业生产指数由跌转升，新建住房销售量、全美消费者信心指数以及欧元区 Sentix 投资信心指数的回升幅度分别达到 16.96%、22.92% 以及 36.77%，表明全球经济正逐步走出衰退。向好的实体经济扩大了市场对原油的需求，导致实际油价在 2009 年 2 月至 6 月出现上涨。正如下文将要单独阐述的，本阶段原油库存主要体现的是原油的供需属性，而非金融属性。因此，此阶段原油库存因素对于国际油价的解释能力显著，说明经济基本面（由库存主要的供需属性代表）是决定国际油价的首要因素。

此外，投机因素对于国际油价的影响处于正常水平。一方面，2008 年底各国政府着手出台各项救市计划，宽松的流动性推动了投机活动规模的扩张，同时促进了实体经济的复苏。另一方面，市场参与者对经济复苏的前景并不确定，对投机活动的态度遂趋于保守，因此原油期货市场投机规模不会出现大规模扩张，国际油价也不会受此影响出现大幅波动。由于以上这两股力量间的制衡，该阶段投机活动对于油价的解释能力不甚显著。

⑨ 2009 年 6 月至 2013 年 5 月

全球总需求和原油库存因素对国际油价波动贡献程度逐步降低，而投机因素对于国际油价的解释能力则稳步上升。

如前所述，该阶段各国政府出台了一系列的救市计划，向市场释放了巨额的流动性，有助于投资者对原油市场形成良性预期，为原油期货市场上的投机活动创造了绝佳条件，表现为非商业多、空头寸之和的稳步回升，解释了此阶段国际油价的相似波动。

通过对方差分解递归结果的分析可得到以下两个主要结论。

其一，2002 年 6 月至 2009 年 2 月，全球总需求对国际油价的解释能力始终是最显著的，尤其是在 2002 年 6 月至 2005 年 10 月、2007 年 6 月至 10 月和 2008 年 10 月至 2009 年 2 月这三个阶段。

其二，投机因素对于国际油价的决定作用主要受同时期流动性和市场预期的影响。新兴市场国家迅猛发展给投机者创造了收益机会并提高了市场预期，金融危机及欧债危机后的各项复苏计划导致全球流动性趋于宽松，这些事件解释了原油期货市场上的投机活动在 2005 年 2 月至 2007 年 6 月、2008 年 10 月至 2009 年 2 月和 2011 年 4 月至 2013 年 5 月这三个时间段内对国际油价的重要影响。

（3）对库存的进一步分析

原油库存的波动反映了多个因素的变化，包括投机因素和供需因素。

一方面，调节原油库存是进行实体经济活动投机的一种途径，比如预期未来油价将走高，则通过增加现阶段的原油囤积、将当前原油买卖转移到未来就可以获得更大收益。Kilian 和 Murphy（2012）定义的投机性需求冲击（speculative demand shock）描述了未包含在供给和总需求冲击中的、会增加未来原油需求的预期，该冲击通过库存的调整表现出来，且 Kilian 和 Murphy（2012）发现了这种冲击对于原油价格有着正向影响，即在正向冲击下，原油实际价格与原油库存同向变化。因此，原油库存具有金融属性，调整原油库存是进行投机的一种方式。

另一方面，原油库存受实体供需因素的影响。在其他条件一定时，全球经济的衰退或原油供给的上升造成国际原油市场出现供大于求的局面，导致原油库存量上升，同时伴随着国际油价的下跌；相反，当全球经济增长势头强劲或原油供给下降时，原油库存会相应下降以满足当前原油消费需求，同时伴随着国际油价的走高。因此，原油具有供需属性，调节原油库存是适应市场对原油需求的一种方式。

综上所述，原油库存表现出金融属性时，原油库存与投机活动规模和国际油价同向变动；原油库存表现出供需属性时，原油库存与原油供给同向变动，与全球总需求和国际油价反向变动。为了进一步分析库存因素对于实际油价的作用机制，特别是在 2009 年 2 月至 2013 年 5 月库存因素对于实际油价异常显著的解释能力，有必要结合具体时间段来分析在不同时期库存变量体现的原油的不同属性。

如图 5 所示，2009 年 2 月至 2013 年 5 月，原油期货市场投机活动规模逐步扩张，同时期原油库存量总体呈下降趋势，二者变化方向相反，说明该阶段原油库存的金融属性并不明显。

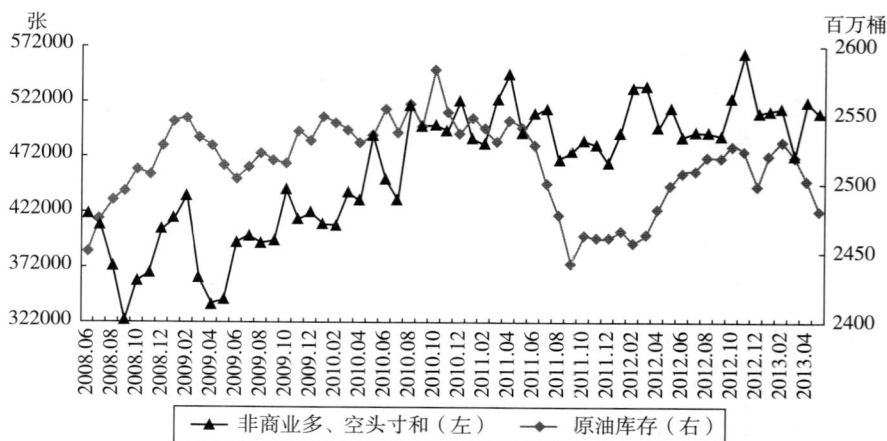

图 5　投机活动规模与原油库存走势

如图 6 所示，2009 年 2 月至 2010 年 9 月，原油供给量上升，同时期原油库存量表现出相同的上升趋势，二者变化方向相同，说明该阶段原油库存的实体供需属性更为显著，且原油库存的调整主要受原油供给状况的影响。

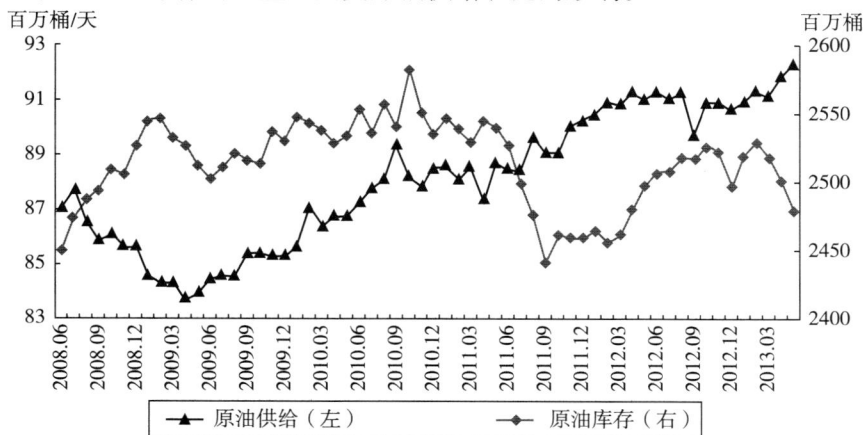

图6 原油供给与原油库存走势

如图 7 所示，2010 年 10 月至 2013 年 5 月，全球总需求稳步扩张，同时期原油库存量总体呈下降趋势，二者变化方向相反，说明该阶段原油库存的实体供需属性更为显著，且原油库存的调整主要受全球经济复苏导致的强劲需求的影响。

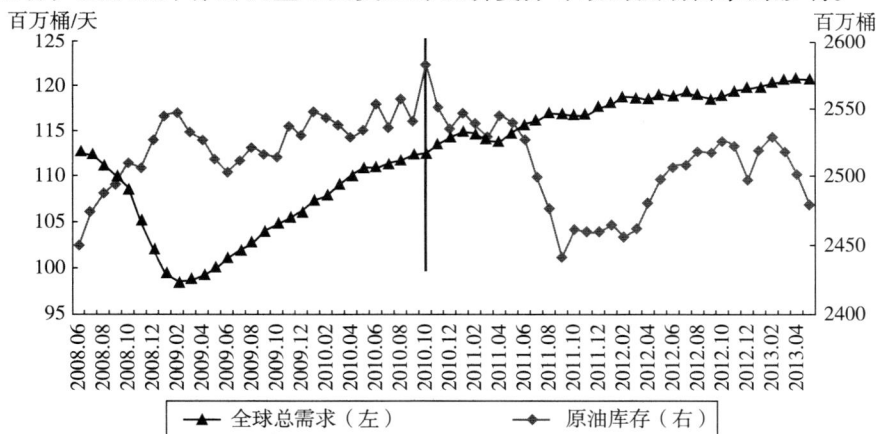

图7 全球总需求与原油库存走势

综上所述，2009 年 2 月至 2013 年 5 月，相较于金融属性，原油库存的供需属性更为显著，即该阶段库存的调整主要受到实体经济的影响，原油库存对国际油价的作用主要反映的是原油供给和全球总需求因素对国际油价的作用。更具体地说，2009 年 2 月至 2010 年 9 月原油库存的调整主要受原油供给状况的影响，而 2010 年 10 月至 2013 年 5 月原油库存的调整主要受全球经济复苏导致的强劲需求的影响。因此，该阶段原油库存对于国际油价的解释能力异常高，而全球总需求因素的解释能力异常低，可能原因在于原油库存的变动更多地反映了全球总需求对于国际油价的影响。

四、稳健性检验

(一) 更换投机指标

1. 投机指标描述

原模型采用非商业多、空头寸之和这个绝对指标来描述原油期货市场投机规模。为了保证所得结论的稳健性，参考 Büyükşahin 和 Robe（2010）的做法，选定非商业交易者市场份额（market share of non-commercial traders）这个比例指标作为衡量原油期货市场投机活动活跃程度的指标，用 MSNC 表示，计算方法为（非商业多头头寸 + 非商业空头头寸）/2 倍的总持仓。

经检验该指标一阶平稳，可以代替原始投机指标引入 VEC 模型。因此，新模型共包含五个指标，分别为原油供给量（OS）、全球总需求（IP）、非商业交易者市场份额（MSNC）、原油库存量（OI）及原油现货实际价格（RSP），各序列均为一阶单整。根据对应 VAR 模型的滞后阶数确定 Johansen 协整检验及新 VEC 模型的滞后阶数为 3 阶。特征根迹检验法和最大特征值检验法的检验结果均显示五个变量间存在协整关系。

对五个变量进行格兰杰因果关系检验。结果显示，原油供给、全球总需求、非商业交易者市场份额以及原油库存量这四个变量都是原油现货实际价格变动的格兰杰原因，说明引入新的投机指标作为国际油价的解释变量是合适的。

2. 递归处理

参照前文方法，分析新投机指标 MSNC 原始数据走势后重新建立包含五个变量的 VEC 模型，选择 2002 年 6 月作为第一个截止日期，对模型进行递归处理，考察脉冲响应和方差分解结果随时间推移表现出的变化趋势。

（1）更换投机指标后脉冲响应递归结果

采用新的投机指标后重新建立 VEC 模型，并对模型脉冲响应结果进行递归处理，重点关注国际油价对于全球总需求和非商业交易者市场份额的响应程度，如图 8 所示，稳健性检验结果与原模型结果基本一致。具体来说：

①更换投机指标后，国际油价对于全球总需求的响应程度与原模型高度一致，进一步印证了前文所得结论。一方面，自 2002 年 6 月至 2013 年 5 月，国际油价始终对全球总需求的变化最为敏感；另一方面，受全球经济严重衰退的影响，2008 年 6 月至 2009 年 6 月，国际油价对于全球总需求的敏感性显著高于其他时期。

②更换投机指标后，投机—油价脉冲响应曲线走势与原模型总体一致，但有以下两点值得注意。

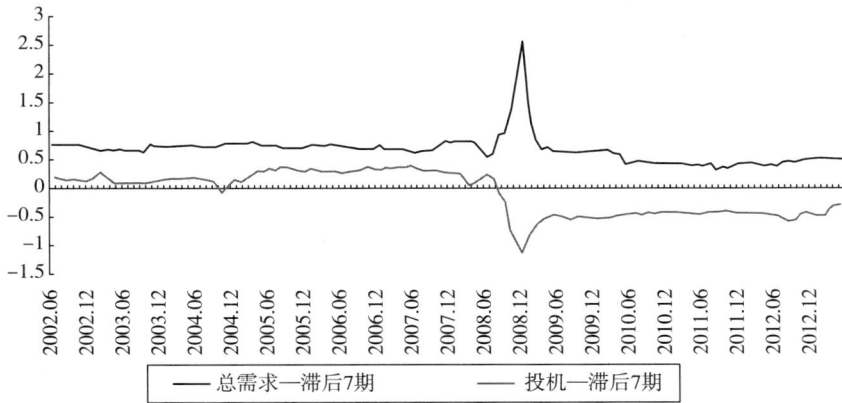

图 8　更换投机指标后脉冲响应递归结果

其一，2005 年 8 月至 2007 年 8 月，市场对油价预期较为悲观，且该阶段出现原油期货市场非商业空头头寸大于多头头寸，说明市场预期悲观。受此影响，该阶段原油期货市场投机活动活跃程度下降，非商业交易者市场份额及国际油价同步下跌。由于两类投机指标含义不同，虽然该阶段内两种投机指标的原始数据走势相反，但新模型结论与原模型结论一致。

其二，原始模型与稳健性检验结果近年来趋势一致：在 2008 年底，国际油价对于投机因素的响应程度达到最低点，此后迅速回升，2009 年 6 月至 2013 年 5 月又表现出缓慢提高的趋势。结合当时的历史背景来看，两个结果均显示，当时各国政府救市计划向市场释放的大量流动性改善了受金融危机冲击而大幅萎缩的期货市场，促进了投机活动发生。

（2）更换投机指标后方差分解递归结果

采用新的投机指标后重新建立 VEC 模型，并对模型方差分解结果进行递归处理，重点关注全球总需求、非商业交易者市场份额及原油库存对国际油价波动的解释能力，如图 9 所示，稳健性检验结果与原模型结果基本一致。

①更换投机指标后，全球总需求对于国际油价波动的解释能力与原模型高度一致，进一步印证了前文所得结论，即在 2002 年 6 月至 2013 年 5 月的大部分时期内，全球总需求对于国际油价有着最主要的决定作用。

②更换投机指标后，投机活动活跃程度对于国际油价波动的影响与原模型基本一致：在 2005 年 2 月至 2007 年 8 月、2008 年 10 月至 2009 年 2 月、2011 年 4 月至 2013 年 5 月，原油期货市场投机活动对国际油价的决定作用逐步上升。以上结果进一步印证了原模型的结论。

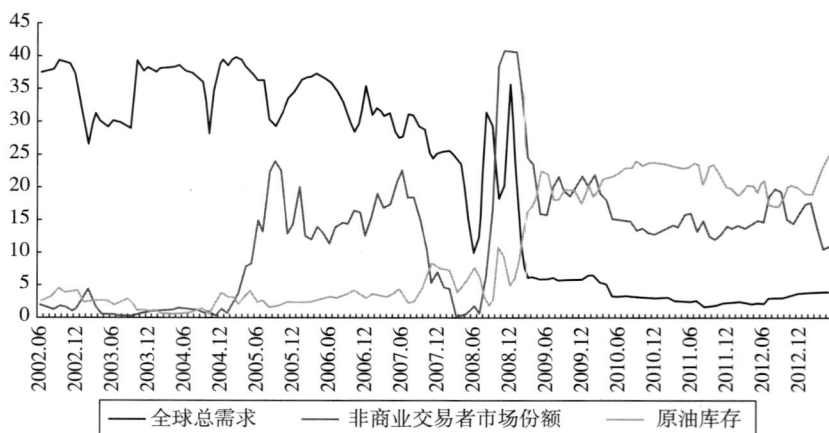

图 9　更换投机指标后方差分解递归结果

③更换投机指标后，原油库存因素对于国际油价波动的解释能力与原模型基本一致。因库存供需属性逐渐加强，2009 年后原油库存对国际油价的解释能力显著提高，弱化了全球总需求对于国际油价的解释能力，说明危机后实体经济供需因素仍是导致国际油价产生波动的主要原因，进一步印证了前文得到的结论。

（二）断点检验与分时期回归

2002 年底起原油期货市场规模开始迅猛扩张，同时期国际油价与原油期货市场上投机活动规模的相同变动趋势也开始变得更加明显。这使我们怀疑，2003 年前后影响国际油价波动的因素可能发生了某些变化，因此有必要进行断点检验与分时期回归。邹氏断点检验结果如表 10 所示。

邹氏断点检验（Chow Breakpoint Test）证明，在原模型下 2002 年 6 月是断点。于是，本节将原样本从 2002 年 6 月处断开，形成 1995 年 7 月至 2002 年 5 月和 2002年 6 月至 2013 年 5 月两个样本，分别用对应时期数据建立两个 VEC 模型，观察断点前后各变量脉冲响应和方差分解结果的变化，考察不同时期影响国际油价波动的主要因素。相应结果如图 10 所示。

表 10　　　　　　　　邹氏断点检验结果（2002 年 6 月）

原假设：在指定时间点无断裂			
样本长度：1995.07—2013.05			
F 统计量	10.3669	Prob. F（5，205）	0.0000
对数似然比（Log likelihood ratio）	48.4658	Prob. Chi-Square（5）	0.0000
Wald 统计量	51.8346	Prob. Chi-Square（5）	0.0000

（1）脉冲响应结果（1995年7月至2002年5月）

（2）脉冲响应结果（2002年6月至2013年5月）

（3）方差分解结果（1995年7月至2002年5月）

（4）方差分解结果（2002年6月至2013年5月）

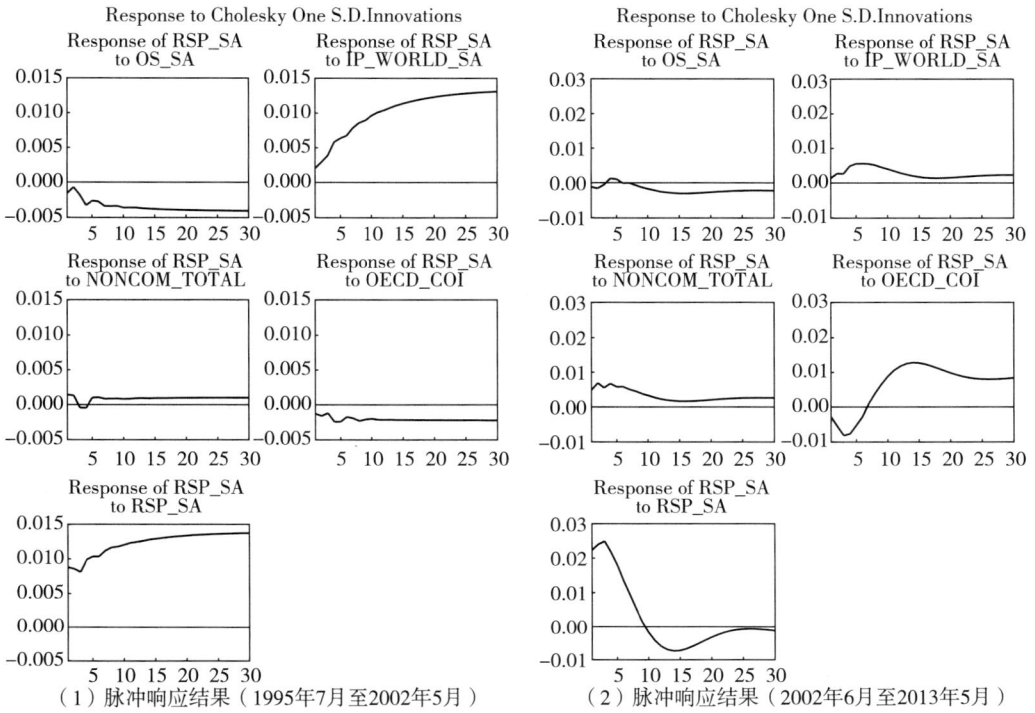

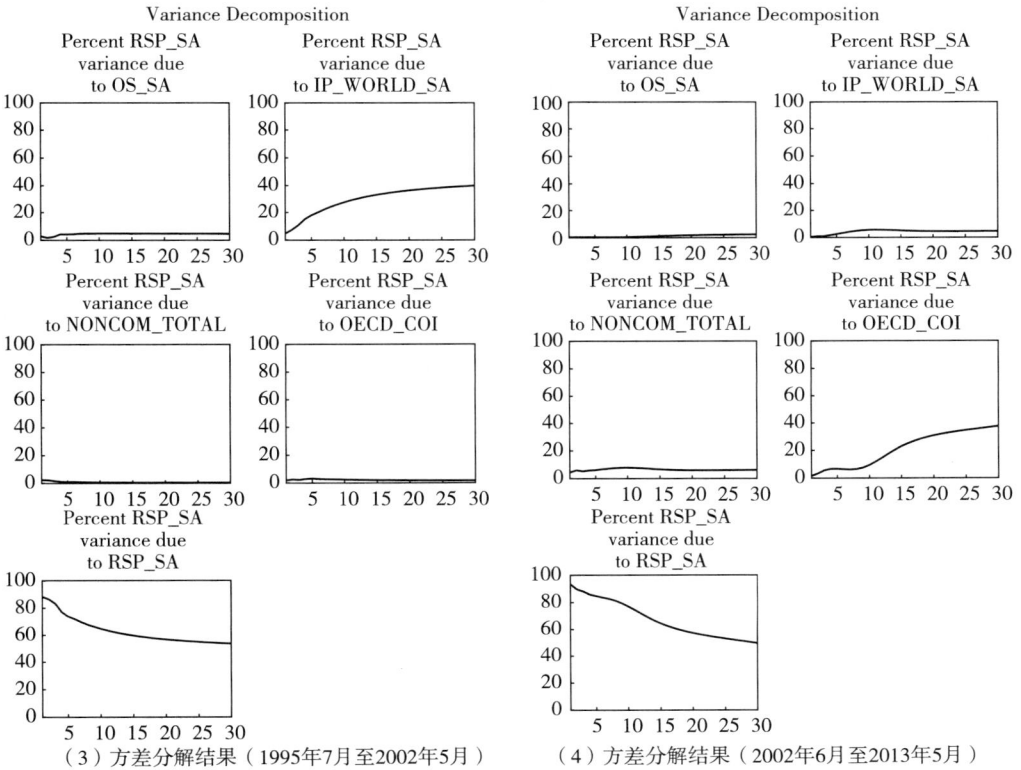

图 10　原模型分时期回归结果

首先，分时期回归的脉冲响应结果显示，相较于 1995 年 7 月至 2002 年 5 月，2002 年 6 月至 2013 年 5 月国际油价对原油供给的负向响应程度减弱，对全球总需求的正向响应程度减弱，对投机因素的正向响应程度提高，对原油库存的响应程度由持续负向转为先负后正。以上结果说明，2002 年 6 月后，国际油价对于供需层面因素的响应程度减弱，对投机因素的响应程度变得更加显著，国际原油市场金融化趋势日渐增强。

此外，分时期回归的方差分解结果显示，相较于 1995 年 7 月至 2002 年 5 月，2002 年 6 月至 2013 年 5 月国际油价发生一个单位标准差的变动，全球总需求对这一误差的贡献程度显著下降，非商业多、空头寸之和的贡献程度也有所上升。以上结果说明，2002 年 6 月后，全球总需求因素对于国际油价波动的影响程度下降，投机因素的影响程度则上升，解释了该阶段投机指标与国际油价间明显的共同变动趋势。

综上所述，2002 年 6 月后原油期货市场上的投机活动对于国际油价的影响趋于显著，而全球总需求因素对于国际油价的影响则相对减弱。

（三）更换投机及原油库存指标的顺序

原 VEC 模型变量排序方式为原油供给，全球总需求，非商业多、空头寸之和，原油库存及原油现货实际价格。改变变量排序方式、重新考察模型结果有助于检验原有结论的稳健性。本节尝试调换原模型中非商业多、空头寸之和及原油库存这两个变量的相对顺序，建立排序为原油供给，全球总需求，原油库存，非商业多、空头寸之和及原油现货实际价格的 VEC 模型，考察新模型的脉冲响应和方差分解结果，以验证原有结论的稳健性。

更换变量顺序后，新模型在全样本（1995 年 7 月至 2013 年 5 月）下脉冲响应和方差分解结果如图 11 所示。可以看到，变量相对顺序调换后，国际油价仍对于全球总需求和投机因素最为敏感，且全球总需求，非商业多、空头寸之和以及原油库存对于国际油价波动的解释能力仍很显著，即原模型基本结论并未改变，印证了原结论的稳健性。

五、结论及政策建议

本节利用 1995 年 7 月至 2013 年 5 月月度数据建立递归向量自回归误差修正模型（Recursive VECM），对影响国际油价波动的相关因素进行了分析。综合原 VEC 模型和稳健性检验结果，得出以下结论。

首先，在 2002 年 6 月至 2013 年 5 月的大部分时间内，全球总需求的变化是导致国际油价波动的主要原因，尤其是在 2002 年 6 月至 2005 年 10 月、2007 年 6 月至 10

Response to Cholesky One S.D.Innovations

Variance Decomposition

Response of RSP_SA
to OS_SA

Response of RSP_SA
to IP_WORLD_SA

Percent RSP_SA
variance due to OS_SA

Percent RSP_SA
variance due
to IP_WORLD_SA

Response of RSP_SA
to OECD_COI

Response of RSP_SA
to NONCOM_TOTAL

Percent RSP_SA
variance due
to OECD_COI

Percent RSP_SA
variance due
to NONCOM_TOTAL

Response of RSP_SA
to RSP_SA

Percent RSP_SA
variance due to RSP_SA

（1）脉冲响应结果（1995年7月至2013年5月）　　（2）方差分解结果（1995年7月至2013年5月）

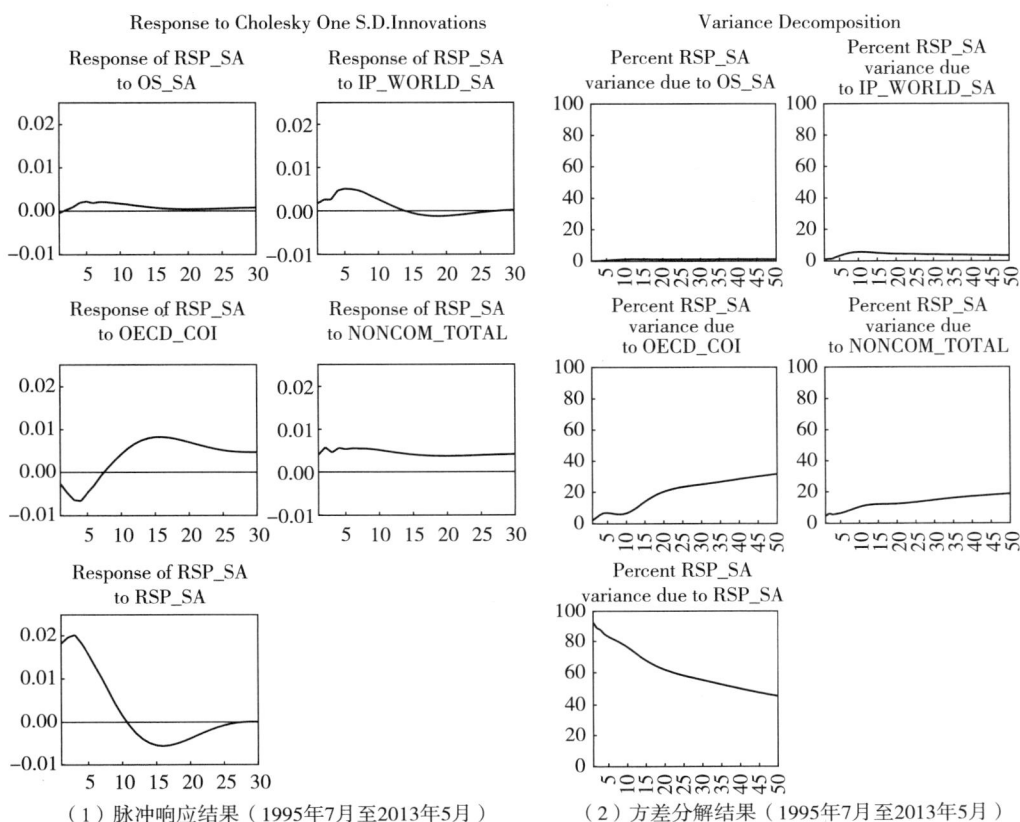

图 11　调整指标顺序后脉冲响应和方差分解结果

月和 2008 年 10 月至 2009 年 2 月这三个阶段。

其次，受同时期流动性和市场预期的影响，在 2005 年 2 月至 2007 年 6 月、2008 年 10 月至 2009 年 2 月和 2011 年 4 月至 2013 年 5 月，原油期货市场上的投机行为对于国际油价的解释能力呈上升态势。新兴市场国家发展迅猛给投机者创造了收益机会并提高了市场预期、金融危机及欧债危机后的各项复苏计划导致全球流动性趋于宽松，这些事件解释了原油期货市场上的投机活动对国际油价的重要影响。

另外，本节也细化了对具有多重属性的原油库存的分析。原油库存具有供需属性和金融属性，2009 年 2 月后原油库存对国际油价的解释能力异常高，原因在于该阶段原油库存对国际油价的作用部分体现了原油供给和全球总需求因素对国际油价的作用。因此，在 2009 年 2 月至 2013 年 5 月实体经济的变化仍是导致国际油价产生波动的重要原因。

结合以上研究结论，我们提出以下政策建议。首先，过去十多年内国际油价波动的主要原因在于全球总需求，因而，即使各国政府在过去十多年中出台了相关政策以加强对于原油金融衍生品的监管，仍不会达到抑制油价剧烈波动的目的。另外，近年来金融投机因素对于国际油价的决定作用越发明显，因此，各国应开始重视原油期货市场上投机行为对于油价的影响，树立金融监管的意识，积极制定相关预案和措施，防止投资者通过期货市场进行过度投机、操纵原油价格。

参考文献

［1］陈宇峰．后危机时代的国际油价波动与未来走势：一个多重均衡的视角［J］．国际贸易问题，2010（12）：3－11．

［2］杜伟．期货投机因素与油价——基于格兰杰因果检验和 ADL 模型的分析［J］．经济科学，2007（4）：70－83．

［3］李卓，张茜．国际油价波动与石油冲击——基于符号约束 VAR 模型实证分析［J］．世界经济研究，2012（8）：10－16．

［4］孙泽生，管清友．投机与国际石油价格波动——基于贸易中介视角的分析［J］．国际经济评论，2009（3）：57－59．

［5］周喜安，曲永冠．国际石油价格飙升的原因——影响与对策［J］．宏观经济研究，2004（7）：3－7．

［6］Alquist R，Gervais O，The Role of Financial Speculation in Driving the Price of Crude Oil［R］．Bank of Canada Discussion Paper No. 11－6，2011．

［7］Bicchetti D，Maystre N. The Synchronized and Long-lasting Structural Change on Commodity Markets：Evidence from High Frequency Data［C］．Munich Personal RePEc Archive Working Paper No. 37486，2012．

［8］Brunetti C，Büyükşahin B. Is Speculation Destabilizing?［R］．U. S. Commodity Futures Trading Commission Working Paper. Washington DC，2009．

［9］Büyükşahin B，Robe M. Speculators，Commodities and Cross-Market Linkages［R］．U. S. Commodity Futures Trading Commission Working Paper. Washington DC，2010．

［10］Cheng I，Xiong W. The Financialization Of Commodity Markets［R］．NBER Working Paper No. 19642，2013．

［11］Commodity Price Boom：Is Financialisation a Factor，Monetary and Financial Condition［R］．Bank Negara Malaysia Annual Report，2012：51－56．

［12］D'Ecclesia R L，Magrini E，Montalbano P，Triulzi U. Recent Oil Price Dynamics：Is This Time Speculation?［C］．XXI International Conference on Money，Banking and

Finance University LUISS Guido Carli, 2012. 12.

[13] Fan Y, Xu J. What Has Driven Oil Prices Since 2000? A Structural Change Perspective [J]. Energy Economics, 2011, 33：1082 – 1094.

[14] Fattouh B, Kilian L, Mahadeva L. The Role of Speculation in Oil Markets：What Have We Learned So Far [R]. CEPR Discussion Papers No. 8916, 2012.

[15] Gheit F. Testimony before the Subcommittee on Oversight and Investigations Committee on Energy and Commerce [R]. U. S. House of Representatives. http：//democrats. energycommerce. house. gov/images/stories/Documents/Hearings/PDF/Testimony/OI/110-oi-hrg. 062308. Gheit-testimony. pdf.

[16] Gilbert C. Speculative Influences on Commodity Futures Prices：2006 – 2008 [R]. UNCTAD Discussion Papers No. 197, 2010.

[17] Hamilton J. Understanding Crude Oil Prices [R]. NBER Working Paper No. 14492, 2008.

[18] Hamilton J. Causes And Consequences of The Oil Shock of 2007 – 08 [R]. NBER Working Paper No. 15002, 2009.

[19] IIF Commodities Task Force Submission to the G20. Financial Investment in Commodity Markets：Potential Impact on Commodity Prices & Volatility [C]. IIF 2012 Press Releases, 2011.

[20] Irwin S, Sanders D R. Index Funds, Financialization, and Commodity Futures Markets [J]. Applied Economic Perspectives and Policy, 2015, 33 (1)：1 – 31.

[21] Irwin S, Sanders D R. Testing the Masters Hypothesis in Commodity Futures Markets [J]. Energy Economics, 2012, 34 (2012)：256 – 269.

[22] Juvenal L, Petrella I. Speculation in the Oil Market [C]. Federal Reserve Bank of St. Louis Working Paper 2011 – 027E, 2011.

[23] Kaufmann R K, Ullman B. Oil Prices, Speculation, and Fundamentals：Interpreting Causal Relations Among Spot and Futures Prices [J]. Energy Economics, 2009, 31 (4)：550 – 558.

[24] Kilian L. Not All Oil Price Shocks Are Alike：Disentangling Demand and Supply Shocks in the Crude Oil Market [J]. American Economic Review, American Economic Association, 2009, 99 (3)：1053 – 1069.

[25] Kilian L, Murphy D P. The Role of Inventories and Speculative Trading in the Global Market for Crude Oil [C]. Department of Economics, University of

Michigan, 2012.

[26] Kilian L, Lee T K. Quantifying the Speculative Component in the Real Price of Oil The Role of Global Oil Inventories [J]. Journal of International Money and Finance, 2013, 42 (C): 71 – 87.

[27] Knittel C, Pindyck R. The Simple Economics of Commodity Price Speculation [R]. NBER Working Paper No. 18951, 2013.

[28] Lombardi M, Robays I. Do Financial Investors Destabilize the Oil Price [R]. European Central Bank Working Paper No. 1346, 2011.

[29] Lazzeri S. The Impact of Financialization on the WTI Market [R]. University of Trento, Department of Economics, 2012.

[30] Manera M, Nicolini M, Vignati I. Futures Price Volatility in Commodities Markets. The Role of Short Term vs Long Term Speculation [R]. Department of Economics and Management Working Paper, No. 42 (04 – 13), 2013.

[31] Masters M. Testimony before the Committee on Homeland Security and Governmental Affairs [R]. U. S. Senate. (2008 – 06 – 24). http: //www. hsgac. senate. gov/imo/media/doc/062408Masters. pdf? attempt = 2.

[32] Masters M W, White A K. The Accidental Hunt Brothers: How Institutional Investors Are Driving Up Food and Energy Prices. Special Repor. 2008. www. accidentalhuntbrothers. com.

[33] Morana C. Oil Price Dynamics, Macro-finance Interactions and the Role of Financial Speculation [J]. Journal of Banking and Finance, 2013, 37: 206 – 226.

[34] Permanent Subcommittee on Investigations of the Committee on Homeland Security and Governmental Affairs United States Senate. The Role of Market Speculation in Rising Oil and Gas Prices: A Need to Put The Cop Back on The Beat [R]. Staff Report S. PRT. 2006: 109 – 165, 2006.

[35] Singleton K. Investor Flows and the 2008 Boom/Bust in Oil Prices [R]. Working Paper. Stanford Graduate School of Business, 2011.

[36] Stoll H, Whaley R. Commodity Index Investing and Commodity Futures Prices [J]. Journal of Applied Finance, 2010, 20 (1): 7 – 46.

[37] Vansteenkiste I. What Is Driving Oil Futures Prices? Fundamentals VS Speculation [R]. European Central Bank Working Paper, No. 1371, 2011.

附录

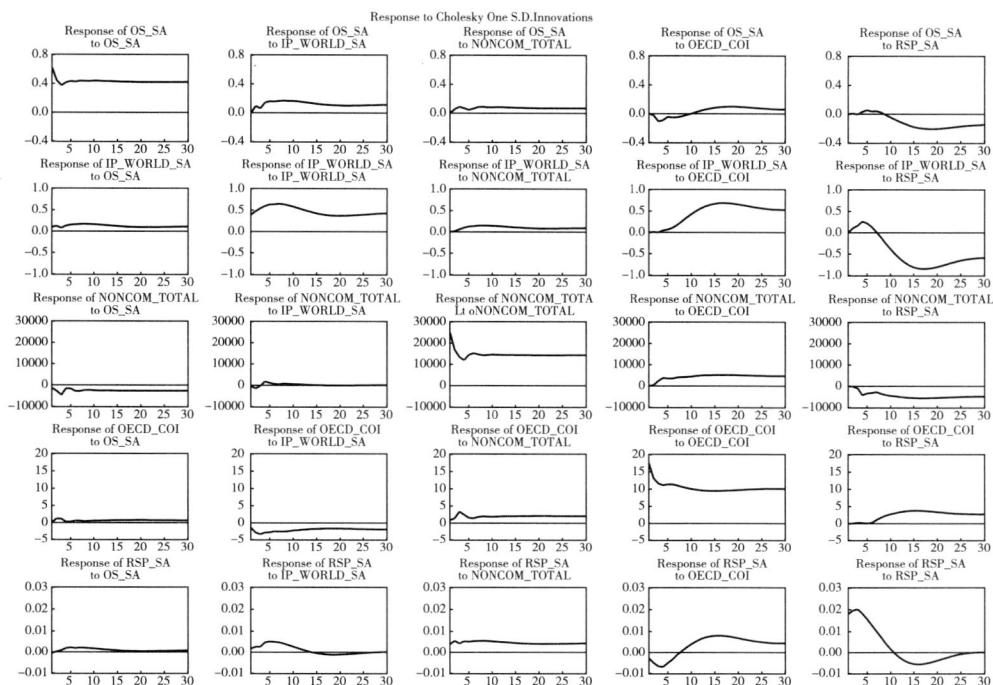

附图 1 原 VEC 模型脉冲响应结果

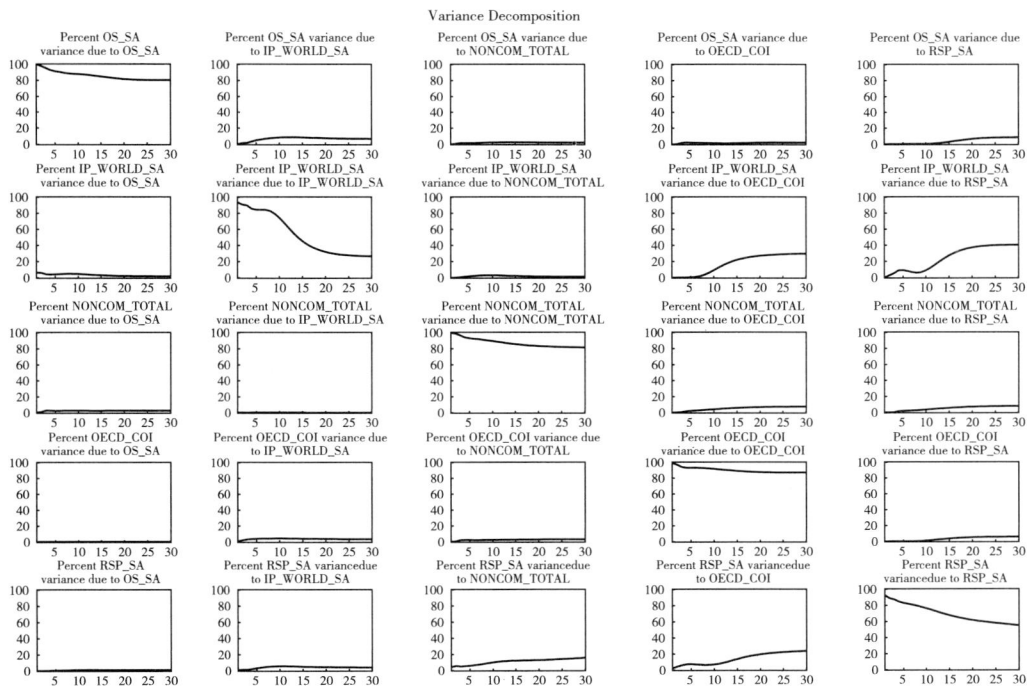

附图 2 原 VEC 模型方差分解结果

第四章
国际大宗商品价格：中国因素的作用

第一节　国际大宗商品价格波动：中国因素有多重要[1]

一、引言

在过去十多年里，国际大宗商品价格剧烈波动。从 2000 年 1 月到 2008 年 7 月，在全球经济增长强劲和流动性过剩的推动下，国际大宗商品市场出现了史无前例的长达七年的大宗商品牛市行情，以 TJ/CRB 指数衡量的大宗商品价格从 2001 年 11 月 15 日的 145.78 上升到 2008 年 7 月 2 日的 473.52，涨幅高达 225%。2008 年国际金融危机爆发后，金融市场的恐慌情绪引发了全球流动性紧缩，并迅速蔓延到实体经济，导致大宗商品价格出现急剧下跌，石油、金属产品以及农产品价格均呈现自由落体式的下降。2009 年 3 月 2 日 TJ/CRB 指数下跌到 200.34，相对峰值水平下跌 58%。2009 年 3 月，为应对经济衰退和通缩压力，各国政府和中央银行纷纷实施救助政策和量化宽松货币政策，经济增长重拾动力，大宗商品价格大幅回升，2011 年 4 月 29 日 TJ/CRB 指数上涨到 370.55。此后，受欧元区主权债务危机蔓延、中国经济增长放缓和美国失业率高企的影响，大宗商品价格呈震荡下行趋势，2013 年 12 月 31 日 TJ/CRB 指数下跌到 282.57。

国际大宗商品价格的剧烈波动一直以来备受各方关注，并引发了人们对于国际大宗商品价格驱动因素的讨论。在众说纷纭的因素中，中国因素对大宗商品快速、持续的需求增长一直被认为是这七年大宗商品价格上涨的重要拉动因素。由于全球制造业的转移和中国正处于工业化、城镇化的重要阶段，中国对能源和基础原材料等大宗商品的需求十分旺盛。以最有代表性的铜为例。2000 年以前，无论是否扣除中国消费增长，全球铜消费增长的曲线基本无变化；而 2001 年以后，全球铜消费增长在扣除中国消费情况后，增长率要下降一半以上。2003—2007 年，全球铅需求增长的增量几乎完全归功于中国，铝和铜分别为 70% 和 62%。从总量数据来看，中国是全球最大的铝、铜、铁矿石、锌、铅、镍、棉花和大米消费国，2010 年对上述各品种的需求分别占到全球需求的 40%、39%、59%、43%、44%、37%、40% 和 30%。如果中国需求突然消失，那么无疑会对大宗商品造成巨大影响。从需求增长速度看，中国也远远高于全球平均水平，这使中国需求在大宗商品中占有重要地位。以 2012 年为例，尽管中国整体经济增长放缓，但大宗商品进口量加速增长，原油、

1　本部分作者为谭小芬、刘阳。

铁矿石和铜的进口量均达到历史最高水平。2012年原油进口量增长6.8%，铜进口量增长14.1%，铁矿石进口量增长8.4%。因此，无论是从绝对数量，还是增长速度来看，中国需求都是全球大宗商品需求的重要力量。

在国际大宗商品价格暴涨的七年里，也正是中国经济高速增长的七年，七年里年均GDP增速接近10%，同时人口快速增加，基础设施建设和固定资产投资上升，对各类大宗商品特别是工业用途大宗商品的需求不断增加，初级原材料，包括原油、金属矿产和农产品的进口量和占全球的消费量都呈现上升趋势，中国因素对大宗商品价格的影响开始显现并日趋重要（Roache，2012）。在国内大宗商品产量无法满足高速增长需求的情况下，中国必须要大量进口大宗商品，这造成了国际市场上对大宗商品的需求量随着中国的经济增长而增加的现象。从2008年下半年开始，金融危机波及实体经济，大宗商品价格超级周期结束，CRB指数扭头向下。中国政府将此视为逢低吸纳的好时机，开始进行资源类资产的大举收储，此举的直接影响是从2009年1月开始，在世界经济形势尚未出现实质性好转的情况下，大宗商品价格指数开始反弹。进入2014年，中国工业产出、投资和零售销售数据表现低于预期，从而拖累了各种大宗商品的价格，尤其是同年3月中国企业债违约事件引发了人们对于投入到基础设施建设、房地产和矿业项目中去的信贷增长的担忧，其恐慌情绪引发了铜、铁矿石等大宗商品价格的暴跌，全球大宗商品市场遭受巨大冲击。这些都足以使"中国因素"在影响大宗商品价格波动的众多因素中成为令人关注的焦点。将中国因素加入到大宗商品价格波动原因的研究，客观分析"中国因素"在大宗商品价格波动中所起的作用，在理论上有助于更加准确地认识大宗商品价格的运行规律，在实践中有利于中国科学地制定大宗商品战略。

本节将"中国因素"界定为中国经济增长和中国的货币供应量。图1显示了这两者与国际大宗商品价格之间的变动趋势，可以看出，国际大宗商品价格波动与中国因素存在较高的联动性。经济学人智库（EIU）提出"价格高企并未减少需求，部分原因在于其他大宗商品价格同样也迅速上涨，从而限制了使用替代品的空间，但更重要的原因在于中国对原材料的需求日益飙升，其所有需求指标的增速都达到了两位数。"[2] 除中国需求外，中国的流动性也推升了国际大宗商品价格（Vespignani and Ratti，2013）。尤其是21世纪以来，中国的扩张性货币政策与人为的汇率低估政策，增加了中国对于以美元计价的资产的需求，包括大宗商品需求。中国中央银行为了维持汇率稳定，被迫购买美元资产，从而相应地增加了国内的流动性。这些流

2　朱冠华. 中国需求是大宗商品价格上涨主因［N］. FT中文网，2007 – 07 – 18.

动性超过了实体经济的需求，因而流入到其他资产市场（包括大宗商品市场），推高了大宗商品价格（Shostak，2006）。然而，相对于全球经济总量，中国仍只占 10% 左右；相对于美元等国际货币，人民币在全球货币体系中的地位仍然很低，其境外流动量和国际化程度有限。在目前全球大宗商品定价体系中，大宗商品价格的计价和结算仍然是美元占主导地位，定价权也被国外一些主要交易市场和交易商控制。中国的流动性水平和经济增长对于大宗商品价格的影响程度到底有多大，不能仅依赖于定性分析，需要诉诸经验研究和实证检验。

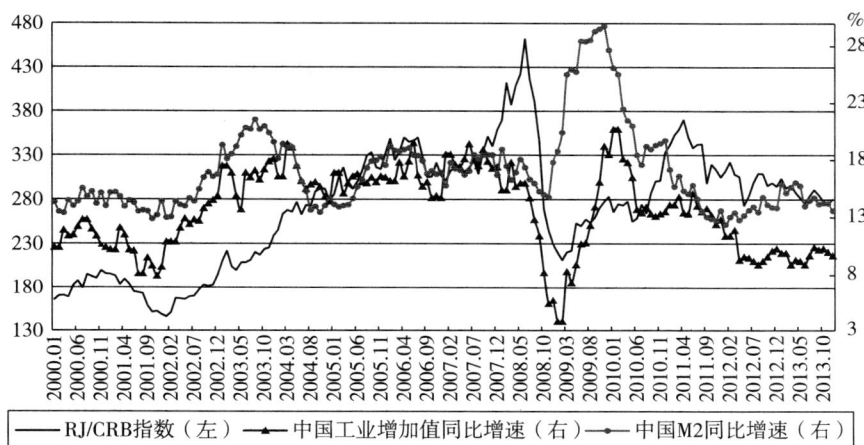

图1　国际大宗商品价格和中国因素的变动趋势

资料来源：Wind 数据库。

本节以供需理论为基础，将中国因素纳入分析框架，从需求层面和货币层面两个角度，选取 G5 集团（美国、欧盟、日本、加拿大及英国）和中国的代表性变量，以 GDP 为权重构造全球 GDP、全球流动性、全球 CPI 和全球短期利率指标，基于 1997 年第四季度至 2012 年第四季度的数据，使用向量自回归误差修正模型（VECM）、脉冲响应和方差分解方法，分析中国因素对国际大宗商品价格的影响。结果发现：（1）总需求对国际大宗商品价格变化的解释程度最高；（2）如果全球流动性的测度中包括中国，那么总需求对国际大宗商品价格的影响会上升，而流动性对国际大宗商品价格的影响会下降；（3）总需求对国际大宗商品价格的影响在危机中比危机前更显著，全球流动性对国际大宗商品价格的影响在危机前比危机中更显著；（4）中国因素对国际大宗商品价格的影响呈上升趋势，但是作用不如发达国家显著。

本节剩余部分的结构安排如下：第二部分针对国际大宗商品价格影响因素进行文献评述，第三部分通过构建 VECM 模型进行计量检验，第四部分采用递归 VECM 模型分析中国因素对大宗商品价格影响程度的动态变化，第五部分是结论与政策建议。

二、国际大宗商品价格的驱动因素：文献综述

近十年来，国际大宗商品价格出现大幅波动，主要原因包括全球实体经济需求的变化、各类金融投机性行为的推动和各国货币政策的冲击（Frankel and Rose，2010）。

第一类文献是基于基本面的解释，认为新兴经济体的高速增长而产生的实际需求增加和增长预期被大幅上调推高了国际大宗商品价格（Belke，Bordon and Hendricks，2010；Hamilton，2009；Kilian，2009；Kilian and Murphy，2012；Kilian and Hicks，2009；Thomas，Mühleisen and Pant，2010；Wirl，2008）。同时，资源的不可再生性；生产和基础设施的长期低投资水平；供给扩张滞后于需求的增长，导致存货水平和闲置生产力下降；市场结构具有垄断性；地缘政治风险和气候反常导致的供给短缺，使大宗商品市场更容易产生波动（Breitenfellner，Cuaresma and Keppel，2009；Cevik and Sedikz，2011）。Killian（2009）认为，全球总需求的扩张是推动国际油价上涨的主要因素。Cevik 和 Sedik（2011）发现，需求因素（包括实体经济需求和流动性水平）相对供给因素对大宗商品价格的影响更为显著，而且，他们首次将全球总需求分解为发达国家需求和新兴经济体需求两个部分，发现 1998—2010 年新兴经济体的需求对大宗商品价格的影响相对于 1990—1997 年上升。Cheung 和 Morin（2007）建立包含收入、滞后价格、利率和其他外生变量在内的大宗商品价格模型，发现 1997 年后亚洲新兴市场对大宗商品价格的影响显著上升。Kilian 和 Hicks（2009）也发现，从 2003 年中期到 2008 年中期的油价上升在很大程度上是由全球需求过度增加所致，而这主要反映了亚洲新兴经济体的快速发展。Arbatli 和 Vasishtha（2012）选取一系列的大宗商品进行研究，进一步说明了以美国为代表的发达国家和以中国、印度为代表的新兴市场国家在大宗商品价格变化过程中的作用。

这一类文献中，部分学者重点分析了中国因素对国际大宗商品价格的影响。U. S. International Trade Commission（2006）分析了中国对国际大宗商品不断增长的需求对大宗商品价格的影响，发现"中国因素"对不同种类大宗商品市场的影响是有差异的。Farooki（2009）考察了 2003—2008 年大宗商品价格"超级周期"背后的供需因素，着重分析了中国需求的重要性。卢锋和李远芳（2009）分析了 2002—2007 年大宗商品价格飙升的原因，认为中国对大宗商品需求的快速增长是推动其上涨的直接原因，中国因素的影响主要在于需求增长对全球增长的相对重要性，而我国相关工业的复苏及制造业生产率提升对大宗商品市场也有一定影响。Yu（2011）研究了中国经济增长与主要矿业大宗商品价格的关系，提出城镇化、工业化和出口

是中国需求增长的重要驱动因素，中国需求增长又进一步提高了世界需求。然而，Mu 和 Ye（2011）考察中国对原油价格的影响，指出中国石油净进口增长的影响并不显著，且与石油价格之间不存在格兰杰因果关系。Vespignani 和 Ratti（2013）在 Kilian（2009）模型的基础上引入中国工业产出、中国流动性及其他主要国家的流动性因素，发现中国流动性的提高和工业产出的增加均会引起石油价格上升以及石油产出增加。Roache（2012）考察了总体经济活动冲击、大宗商品特定需求冲击和货币政策冲击对不同种类大宗商品价格的影响，并将中国因素和美国因素分离出来进行比较，认为中国对国际大宗商品市场的影响正在加强，但这种影响要小于美国，且中国因素并非对所有大宗商品都能产生较明显的影响。韩立岩和尹力博（2012）使用 FAVAR 模型，引入包括实体经济指标、金融市场信号、大宗商品期货市场供需与库存因素以及投机因素在内的 532 个经济指标，结果发现在长期内，实体经济因素是大宗商品价格上涨的主要动力，中国因素的作用是间接而非主要的。

第二类文献是分析投机因素对国际大宗商品价格的影响。基于基本面的分析难以解释为何近十年来在没有出现重大供给冲击和需求冲击的情况下，国际大宗商品价格的波动幅度和涉及的商品范围都超过以往历次大宗商品价格周期表现。可能的一个原因是大宗商品的金融化特征日益显现，对大宗商品的定价机制和市场运行产生了直接影响。2003—2011 年，投资者对大宗商品相关金融工具的投资需求急剧增加，大宗商品相关资产价值从 130 亿美元上涨到 4500 亿美元，远远超出了实际消费需求（Nishimura，2011）。Masters（2008）认为，在大宗商品市场蓬勃发展的 2006—2008 年，不断增长的指数基金投资是推动大宗商品价格上涨的主要原因。Kaufmann 和 Ullman（2009）对石油期货价格和现货价格进行分析，发现投机性因素放大了基本面引发的价格上涨。Singleton（2011）的实证分析表明，即使在控制了其他解释变量的影响之后，金融投资者的交易头寸对期货价格的影响在统计上仍然是显著的。Baldi、Peri 和 Vandone（2011）考察了玉米和大豆的现货与期货价格，发现需求增长和金融投机都是造成大宗商品价格波动的原因，而且，期货市场的广度和深度在大宗商品价格发现中起着重要作用。Kilian 和 Murphy（2012）、Kilian 和 Lee（2013）通过构建包含全球原油产量、全球实体经济、原油实际价格以及地上原油库存量四个变量在内的带符号约束的 SVAR 模型，测度了原油供给冲击、需求冲击、投机性需求冲击在不同历史时期对于全球原油价格的影响程度，结果发现，虽然投机因素对以前多次价格波动具有重要影响，但 2003—2008 年油价上涨是由实体经济面的因素引起的，2012 年的油价上涨与投机因素密切相关。Juvenal 和 Petrella（2011）采用施加符号约束的 FAVAR 模型，发现投机因素虽然不如供需因素显著，但确实对于 2004—2008 年的油价波动具有很强的解释能力。Manera、Nicolini 和 Vignati（2013）采用广义自回归条件异方差（GARCH）模型，通过四种指标来衡量投机因素，发现投机对 21 世纪以来的油价波动有着显著的影响，尤其是期货市场上的短期投机行为影响最为显著。Gilbert（2010）进一步将期货市场对商品价格的影响分为投资泡沫和指数投资两类，分析了投机因素对于七类大宗商品价格的影响，发现商品期货市场中的指数投资行为对于能源和非铁类金属的价格有着显著的影响，2008 年上半年尤为显著。然而，Hamilton（2009）、Endle 和 Holt（2011）发现，投机并不是大宗商品价格上涨的决定因素，他们强调了基本面的重要性。Korniotis（2009）指出，金属行业中有期货市场的大宗商品和那些没有期货市场的大宗商品之间价格变动的相关性较强并且较为稳定，否定了投机对大宗商品价格形成的影响。

第三类文献强调了货币政策和全球流动性对大宗商品价格的影响。Frankel（2008）根据多恩布什的汇率"超调模型"提出了实际利率影响大宗商品价格的"超调模型"，并基于 1950—2008 年的数据，发现实际利率与大宗商品价格之间存在负相关关系，利率下降 1% 会推动大宗商品价格上升 4% ~ 6%。超调的原因在于，由于大宗商品的供给弹性较低，在流动性冲击下大宗商品短期内出现价格迅速上涨，超过其长期均衡水平。实际利率上升主要通过以下三种机制来影响大宗商品价格：一是"供给渠道"，当实际利率上升时，大宗商品生产商会增加产量，从而增加供给；二是"存货渠道"，持有大宗商品的企业由于较高的机会成本，会降低库存量，减少需求；三是"金融渠道"，投机者会倾向于做空商品期货合约，做多国库券。这三种机制都会使实际利率负向影响大宗商品价格。Frankel 和 Rose（2010）运用 Frankel（2008）"超调模型"的扩展形式，分析了从 20 世纪 60 年代初到 2008 年影响 12 种农产品和矿产品价格的宏观、微观因素。结果发现，尽管宏观因素（世界实际 GDP 增长率和实际利率）对国际大宗商品价格有影响，但微观因素（风险、库存量、远期与即期差价）才是影响大宗商品价格的最持久并且最显著的因素。Thompson 和 Summers（2010）基于这一超调模型，发现利率对大宗商品价格的影响出现了结构性突变。在 1985 年以前，利率下降 1% 会推动大宗商品价格上升 5.2%；1985 年以后，利率下降 1% 推动大宗商品价格上升 7%。Thompson 和 Summers（2012）的研究进一步发现，CRB 指数中的 26 种大宗商品价格与实际利率的关系在 1950—2005 年都有显著的结构突变，相关系数由负转正，而且大多发生在 20 世纪 80 年代初期，实际利率只能解释大宗商品价格变动的很小一部分，更重要的是需求、风险厌恶水平和指数投资等因素。Saghaian、Reed 和 Marchant（2002）运用 VECM 模型发现，农产品价格在受到货币供给冲击后，短期内存在超调现象，但是因为价格和货币供给不同步，长期内货币冲击对大宗商品价格的影响并不是中性的。李敬辉和范志勇（2005）认为大宗商品价格与货币供给和真实利率存在密切联系，并运用一个理性预期动态一般模型，说明预期通货膨胀波动和利率调整通过改变真实利率影响经济主体的存货需求。存货需求波动进一步使大宗商品价格变化幅度超过通货膨胀波动幅度，使大宗商品价格波动出现"超调"现象。Akram（2008）运用 SVAR 模型，基于 1990 年第一季度到 2007 年第四季度的数据，发现美国短期实际利率和美元汇率的冲击会负向影响大宗商品价格，并能够较大程度上解释大宗商品价格的变化；而且当实际利率变化时，石油和金属价格会有超调表现，但食品和工业产品的价格变化则会滞后。Anzuinie、Lombardi 和 Pagano（2010）运用 SVAR 模型发现，美国联邦基金利率下降 1 个百分点会使大宗商品价格在 5 个月后增加 5.6 个百分点。他们也发现利率影响大宗商品价格的三个渠道，不过，货币因素对大宗商品价格的影响非常小，它主要是通过促进经济增长和提高通货膨胀率等间接渠道来推升大宗商品价格。Cabrales、Castro 和 Joya（2011）运用 SVAR 模型分析了从 1980 年第一季度到 2010 年第三季度四种大宗商品价格（石油、煤、金和镍）与联邦基金利率、美国 M2、美国实际有效汇率和主要经济体加权 GDP 数据，发现货币政策可以较大程度地解释大宗商品价格的波动，并且发现联邦基金利率负向影响大宗商品价格并使之超调。Gruber 和 Vigfusson（2012）运用面板 GARCH 模型分析了从 1985 年到 2012 年中期的月度数据，发现降低利率会使大宗商品价格的波动性降低，并增加大宗商品价格变化的协同性。一些文献认为仅仅用某一个经济体的指标来研究货币政策对大宗商品价格的影响是不全面的，需要用全球的流动性指标来进行研究。Belke、Bordon 和 Hendricks（2010）分析了主要 OECD 国家从 1970 年第一季度到 2008 年第二季度的季度数据，包括实际 GDP、CPI、货币总量和大宗商品价格指数，发现全球流动性是大宗商品价格的有用预测指标，因而可以用来预测未来的通货膨胀水平。Belke、Bordon 和 Volz（2013）运用协整 VAR 模型分析 1980—2011 年的数据，发现大宗商品的价格和食品价格的变化与全球流动性存在长期的正相关关系，与利率存在负相关关系。Landgraf 和 Chowdhury（2011）分析了 1995—2010 年主要 OECD 国家和"金砖国家"的季度数据，发现总需求是大宗商品价格上涨的主要原因，而货币因素的影响不显著，但是当全球流动性的测算中加入"金砖国家"后，货币因素的影响增强。这表明，新兴市场的流动性水平会影响到全球大宗商品价格。

　　这三类文献对于国际大宗商品价格的研究更多地侧重于基本面和投机层面的分析，而关于货币因素对大宗商品价格影响的研究主要偏向利率方面。然而，2008 年国际金融危机以来，美国的短期利率几乎接近零，同时美联储通过量化宽松货币政策向金融体系注入大量流动性，这意味着如果用短期利率来衡量货币因素对大宗商品价格的影响，得出的结论很可能有偏颇。在这一时期，货币供给冲击对大宗商品价格的影响可能比短期利率冲击更大。关于全球货币流动性对大宗商品价格影响的研究中，全球流动性指标的测算基本上是考虑主要发达国家，忽略了中国等新兴市场国家的作用。然而，随着中国经济的迅速崛起，经济总量和货币供应量在全球比重的上升，中国流动性对大宗商品价格的影响日趋重要。现有文献主要考量发达国家的货币因素，而忽略了中国流动性对大宗商品的影响。虽然部分文献较为深入地分析了中国对国际大宗商品价格的影响，但是在以下三个方面仍有待改进：（1）大部分文献在分析国际大宗商品价格上升的原因中提及了"中国因素"的作用，但是没有比较"中国因素"中的经济增长和流动性对大宗商品价格产生影响的差异，以及"中国因素"在大宗商品价格波动中的作用机制和影响程度如何；（2）中国经济、金融结构的变化和开放程度的不断提高，很可能造成中国对大宗商品价格影响程度随时间发生变化，但是大部分文献没有考虑到这种动态变化；（3）相对于发达国家而言，中国能源消耗的密集度仍然较低，"中国因素"对大宗商品价格的影响相对发达国家的影响程度如何，现有文献分析较少。

本节的主要创新在于比较"中国因素"与"全球因素"在大宗商品价格运行周期中的相对重要性。与上述文献相比，本节具有以下特点：第一，构造 G5、G5 + 中国的全球指标（全球 GDP、全球 CPI、全球短期利率和全球流动性），测算包含中国与不包含中国的需求面因素和货币因素对国际大宗商品价格的影响。第二，运用分组比较法，在基准 VECM 模型中分别纳入中国 GDP 和流动性，具体做法是将中国的GDP 和货币供应量分别纳入不包含中国因素的 VECM 方程中，考察纳入这两个变量后各个因素对国际大宗商品价格影响程度的变化。第三，针对 2005 年人民币汇率改革和 2008 年国际金融危机爆发可能带来的影响，我们运用递归 VECM 方法进行分析，比较"全球因素"与"中国因素"对大宗商品价格的影响如何随时间发生变化，特别是对比 2008 年危机前后总需求和货币因素对大宗商品价格的影响差异。

三、基于全样本时期 VECM 模型的初步考察

（一）变量选取与数据处理

本节选取五大经济体（美国、欧盟、日本、加拿大和英国，以下简称 G5）1997年第四季度至 2012 年第四季度的数据作为研究样本。解释变量包括经汇率调整后的各经济体实际国内生产总值（GDP）、通货膨胀（CPI）、短期利率（IR）、广义货币供给量（M2），因变量国际大宗商品价格选取汤姆森—路透的 CRB 指数。产出 GDP

代表实体经济需求因素，M2 和利率反映货币层面的因素。数据来自中经网数据库，货币单位均折算为美元。对于广义货币供应量，各国的划分和界定内容不同，本节选取较宽范围的货币供应量指标。美国采用 M2，欧盟地区采取 M3，日本采用 M2 + CDs，加拿大采用 M2 +，英国采用 M4，中国采用 M2。根据这五个经济体的货币供应量进行加权来代表全球流动性。各经济体利率采用 3 个月的短期利率：加拿大采用 3 个月商业汇票利率，美国采用 3 个月联邦基金利率，欧盟采用 3 个月银行间利率，日本采用 3 个月存款单利率，英国采用 3 个月银行间利率，中国采用 3 个月国库券利率。各个经济体 CPI 数据采用的是以 2005 年为基期的 CPI 指数。

本节采用 Giese 和 Tuxen（2007）的方法，构建全球流动性、全球 GDP、全球 CPI、全球短期利率指标。构建方法如下：首先，采用实际 GDP 和汇率数据将各个国家或地区的 GDP 和广义货币供应量数据转换为以美元为计价单位的数据。其次，计算每个国家或地区的 GDP 占总量的比例作为 GDP 权重指标，即第 i 个国家或地区在第 t 时间内的权重为

$$w_{it} = \frac{GDP_{it} \times e_{it}}{\sum\limits_i GDP_{it}}$$

其中，GDP_{it} 为第 i 个国家或地区在时间 t 的 GDP，e_{it} 为第 i 个国家或地区在时间 t 本国货币兑美元的实际汇率，$\sum\limits_i GDP_{it}$ 为时间 t 按美元折算的加权后的 GDP 总额。然后计算出权重指数 w_{it}，运用该权重计算加权后的 G5 广义货币供应量来构建全球流动性指标。

对于各国原始数据，首先剔除价格因素，然后运用 X - 12 进行季节调整，剔除季节因素和不规则因素，最后将各国 GDP、M2 转换为以美元计价。同时，根据名义汇率剔除物价影响后计算出实际汇率：$e_{it} = E \times (CPI_{it}/CPI_{it-1}) / (CPI_{USt}/CPI_{ust-1})$。根据各国 GDP 权重和实际汇率水平，将各国的 M2、CPI、GDP 以及短期利率 IR 进行加权后得到全球指标。除了利率外，所有加权后的全球性指标均取对数。

根据这些数据，本节构造以下四组指标（见表 1）：（A）全球流动性、全球 GDP、全球短期利率和全球通货膨胀的构建只包含 G5 国家数据，不包含中国；（B）全球流动性、全球 GDP、全球短期利率和全球通货膨胀的构建均包括中国和 G5 国家；（C）在 A 组数据指标中加入中国 GDP，并将中国 GDP 作为一个独立的解释变量，这样可以单独研究中国 GDP 对国际大宗商品价格的影响；（D）在 A 组数据中纳入中国 M2，并将中国 M2 作为独立的解释变量，以便研究中国 M2 对国际大宗商品价格的影响。通过比较 A、B 两组数据的结果，可以发现包含中国与不包含中国的全球指标对大宗商品价格的影响是否存在差异。同时，通过比较 C、D 两组数据与 A

组数据结果的差异，可以分别考察中国产出和货币供应量对大宗商品价格的影响。

表1 全球指标的分组

分组	A 组	B 组	C 组	D 组
	基准模型	A 组 + 中国因素	A 组 + 中国 GDP	A 组 + 中国流动性
解释变量	GDP（G5）	GDP（G5+中国）	GDP（G5）	GDP（G5）
			GDP（中国）	
	流动性（G5）	流动性（G5+中国）	流动性（G5）	流动性（G5）
				流动性（中国）
	短期利率（G5）	短期利率（G5+中国）	短期利率（G5）	短期利率（G5）
	通货膨胀（G5）	通货膨胀（G5+中国）	通货膨胀（G5）	通货膨胀（G5）
标识符号	GDPG5，M2G5，IRG5，CPIG5	GDPG6，M2G6，IRG6，CPIG6	GDPG5，GDPCHINA，M2G5，IRG5，CPIG5	GDPG5，M2G5，M2CHINA，IRG5，CPIG5

图 2 至图 5 分别显示了以 CRB 指数为代表的大宗商品价格与包含中国和不包含中国的全球 GDP、全球短期利率、全球货币供应量的变动趋势，可以看出，全球 GDP、全球货币供应量、全球 CPI 与国际大宗商品价格呈现同方向变动；而且，相对于 2005 年以前，2005 年以后包含中国的全球 GDP（GDPG6）与不包含中国的全球 GDP（GDPG5）、包含中国的全球流动性（M2G6）与不包含中国的全球流动性（M2G5）之间的差距越来越大，说明中国因素在全球的重要性上升。另外一个可能的原因，是 2005 年中国进行的人民币汇率形成机制改革带来了结构性变化。全球短期利率与国际大宗商品价格的变动趋势在以下三个时间段呈现同方向变动趋势：1997—2001 年、2003—2005 年、2008—2009 年，这似乎与经济理论相背离，后文将对此给予详细解释。

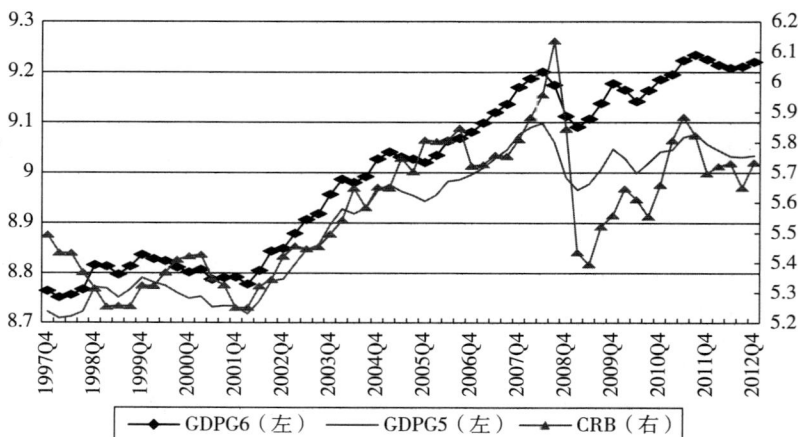

图 2　全球 GDP 与 CRB 指数的变动趋势

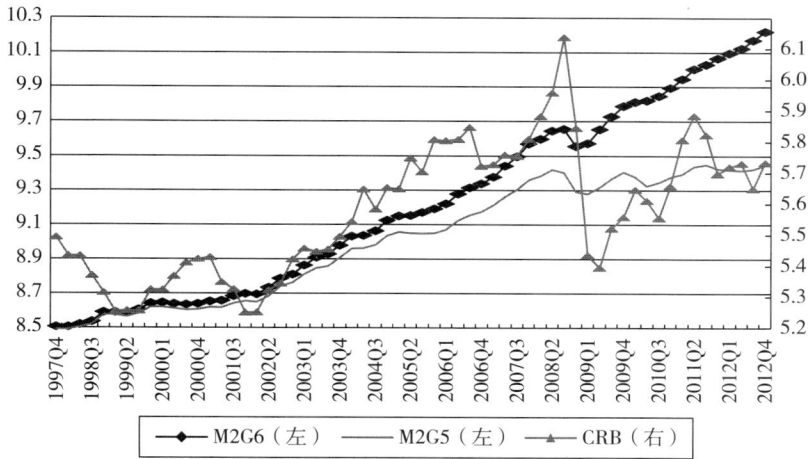

图 3 全球货币供应量与 CRB 指数的变动趋势

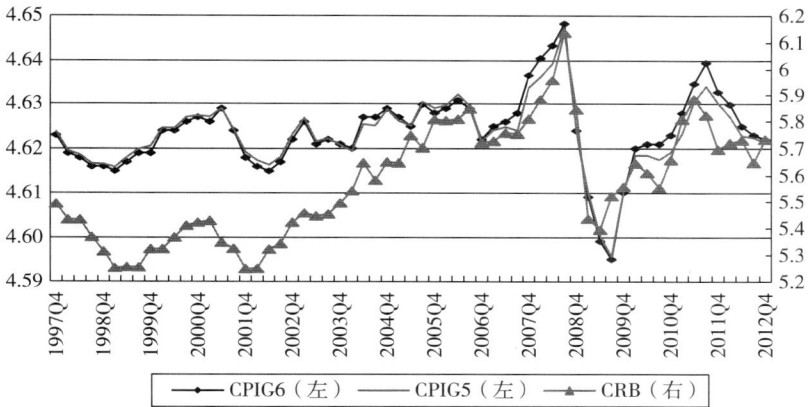

图 4 全球 CPI 与 CRB 指数的变动趋势

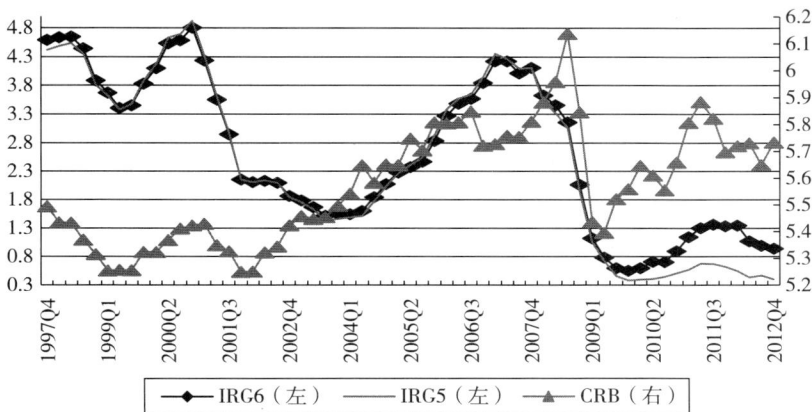

图 5 全球短期利率与 CRB 指数的变动趋势

（二）序列平稳性检验与协整检验

为了防止数据为非平稳时间序列而出现"伪回归"现象造成回归结果无效，在建立 VAR 模型之前，需要对时间序列数据进行平稳性检验。本节运用 ADF 单位根对所有变量进行平稳性检验。在 ADF 检验中，使用 SIC 准则在最大滞后期 12 期内选取，结合前面的各变量走势，确定在平稳性检验中是否加入常数项、趋势项。结果如表 2 所示。

表 2　　　　　　　　　　　　　变量的 ADF 检验结果

变量水平值	p 值	方程包含项目	变量一阶差分	p 值	方程包含项目
CRB	0.2201	常数项	D（CRB）	0.0008	无
GDPG5	0.7762	常数项	D（GDPG5）	0.0071	无
M2G5	0.8365	常数项	D M2G5）	0.0458	无
CPIG5	0.7368	无	D（CPIG5）	0.0000	无
IRG5	0.3059	常数项	D（IRG5）	0.0008	无
GDPCHINA	0.9998	常数项	D（GDPCHINA）	0.0000	常数项
M2CHINA	0.9999	常数项	D（M2CHINA）	0.0845	无
GDPG6	0.9000	常数项	D（GDPG6）	0.0132	无
M2G6	0.9998	常数项	D（M2G6）	0.0000	常数项
CPIG6	0.7489	无	D（CPIG6）	0.0000	无
IRG6	0.1813	常数项	D（IRG6）	0.0111	无

从表 2 可以看出，所有序列均在 90% 的置信水平下为非平稳序列，而所有序列的一阶差分均在 90% 的置信水平下为平稳序列，也就是所有序列为一阶单整 I（1）。为判断它们之间是否存在长期均衡关系，本节采用 Johansen 协整检验方法对每一组数据进行检验。结果如表 3 和表 4 所示，可以看出，在 95% 的置信水平下，四组数据都至少存在一个长期协整关系，因此可以构建误差修正（VECM）模型。

表 3　　　　　　　　　　　　　Johansen 协整检验结果

检验模型	H_0	迹检验			最大特征值检验
		统计量	概率	最大特征值统计量	概率
A 组	$\gamma = 0$	88.21387	0.0009 ***	37.82157	0.0160 **
	$\gamma < 1$	50.39230	0.0283 **	25.49339	0.0904
	$\gamma < 2$	24.89890	0.1651	18.95299	0.0982
B 组	$\gamma = 0$	113.9425	0.0000 ***	42.04830	0.0043 ***
	$\gamma < 1$	71.89419	0.0001 ***	30.40286	0.0212 **
	$\gamma < 2$	41.49132	0.0015 ***	25.29854	0.0122 **
	$\gamma < 3$	16.19278	0.0392 **	15.72497	0.0292 **
	$\gamma < 4$	0.467807	0.4940	0.467807	0.4940

检验模型	H_0	迹检验			最大特征值检验
		统计量	概率	最大特征值统计量	概率
C 组	$\gamma = 0$	130.4707	0.0000 ***	50.55648	0.0024 **
	$\gamma < 1$	79.91420	0.0063 ***	29.56295	0.1503
	$\gamma < 2$	50.35125	0.0286 **		
	$\gamma < 3$	25.84451	0.1334		
D 组	$\gamma = 0$	124.3512	0.0001 ***	42.27936	0.0278 **
	$\gamma < 1$	82.07183	0.0038 ***	31.60883	0.0911
	$\gamma < 2$	50.46301	0.0279 **		
	$\gamma < 3$	29.31554	0.0567		

注：*、**、***分别表示在 10%、5%、1% 的显著性水平下显著。

表4　　　　　　　　　　各组变量的协整关系个数

组别	迹检验	最大特征值检验
A 组	2	1
B 组	4	4
C 组	3	1
D 组	3	1

（三）格兰杰非因果关系检验

变量之间的长期均衡关系是否具有因果性，可以通过格兰杰（Granger）非因果关系检验来验证。格兰杰因果检验要避免变量不平稳的"伪回归"问题，前面的检验表明各组数据为一阶单整且彼此之间都存在协整关系，因此可以进行格兰杰因果检验。根据 AIC、SC 准则确定每一组的滞后阶数为均为 2（见表 5）。各组数据的格兰杰非因果关系检验结果见表 6，可以看出，四组数据中的自变量在 95% 的置信水平下都是大宗商品价格的格兰杰原因，其中大多数的变量在 99% 的置信性水平下是国际大宗商品价格的格兰杰原因。

表5　　　　　　　　　　格兰杰因果检验的滞后阶数

滞后阶数 分组	AIC 准则			SC 准则		
	1	2	3	1	2	3
A	−2.17583	−2.4904	−2.44424	−1.9664	−2.10307	−1.87584
B	−2.10667	−2.45445	−2.42595	−1.89723	−2.06711	−1.85755
C	−2.15093	−2.44318	−2.42147	−1.90659	−1.98542	−1.7465
D	−2.14542	−2.43615	−2.41687	−1.90108	−1.97838	−1.7419

表6   格兰杰非因果关系检验结果

原假设	F-统计量	P 值
发达国家 GDP（GDPG5）不是 CRB 的格兰杰原因	15.7322	0.00000
发达国家 CPI（CPIG5）不是 CRB 的格兰杰原因	3.79848	0.0286
发达国家流动性（M2G5）不是 CRB 的格兰杰原因	14.716	0.000008
发达国家短期利率（IRG5）不是 CRB 的格兰杰原因	5.36328	0.0075
全球 GDP（GDPG6）不是 CRB 的格兰杰原因	13.1719	0.00002
全球 CPI（CPIG6）不是 CRB 的格兰杰原因	3.5805	0.0347
全球流动性（M2G6）不是 CRB 的格兰杰原因	13.2515	0.00002
全球短期利率（IRG6）不是 CRB 的格兰杰原因	6.29985	0.0035
中国 GDP（GDPCHINA）不是 CRB 的格兰杰原因	3.79848	0.0286
中国流动性（M2CHINA）不是 CRB 的格兰杰原因	6.21013	0.000008

（四）基于协整约束的误差修正模型（VECM）

按照 VAR 模型的常规分析方法，在构造模型之前，需要检验各时间序列的平稳性。如果某些时间序列是不平稳的，那么要对其进行差分、将其变得平稳后再建立模型。然而在差分的过程中，会损失掉很多信息，而且只是衡量了变量之间的短期变动关系，忽略了长期的均衡关系，以致影响 VAR 模型的可决系数。基于协整关系的 VAR 模型，可以在不对变量进行差分的前提下，直接检验相同单整阶数的变量之间是否存在协整关系。如果存在协整关系，那么就可以直接对相同单整阶数的变量建立 VAR 模型即向量自回归误差修正（VECM）模型。既然上述变量之间存在协整关系，那么本节就可以构建 VECM 模型，考察实际需求因素和货币因素对大宗商品价格的影响。根据 SC 准则、AIC 准则，本节选取滞后期为 2 期。

1. 脉冲响应结果分析

脉冲响应函数描述的是一个变量的冲击对模型内生变量当前值和未来值所带来的影响。图 6 描述了国际大宗商品价格对 A 组、B 组、C 组和 D 组变量冲击的响应。

A 组的结果表明：（1）全球需求上升一个单位的标准差会对大宗商品价格产生正向冲击，该冲击会在第 3 期达到峰值水平 0.057789，在第 4 期后，全球需求对国际大宗商品价格的影响逐步下降但是并没有趋近于零，表明需求冲击对国际大宗商品价格的影响具有持续性；（2）全球流动性上升一个单位的标准差会对大宗商品价格产生正向冲击，该冲击会在第 2 期达到峰值水平，然后随着时间的推移影响逐步下降，在第 7 期全球流动性对大宗商品价格的影响趋近于零；（3）全球短期利率上升一个单位的标准差会对国际大宗商品价格产生正向冲击，该冲击会在第 5 期达到峰值水平，然后随着时间推移逐步趋近于零；（4）通货膨胀上升一个单位的标准差首先会对国际大宗商品价格产生正向冲击，在第 2 期达到峰值水平 0.046491，从第 4 期开始转为负向冲击，负向冲击在第 6 期达到峰值水平，然后开始收敛。这表明，通货膨胀首先会带来大宗商品价格上升，然后通货膨胀水平上升可能会带来利率提升，从而抑制大宗商品价格上涨。

B 组的结果表明：（1）全球需求上升一个单位的标准差会对大宗商品价格产生正向冲击，该冲击会在第 3 期达到峰值水平 0.069668，第 4 期后，全球需求对国际大宗商品价格的影响逐步下降但是并没有趋近于零，表明需求冲击对国际大宗商品价格的影响具有持续性；（2）全球流动性上升一个单位的标准差会对大宗商品价格产生正向冲击，该冲击会在第 2 期达到峰值水平，然后随着时间的推移影响逐步下降，从第 7 期后全球流动性对大宗商品价格的影响趋近于零；（3）全球短期利率上升一个单位的标准差会对国际大宗商品价格首先会产生正向冲击，该冲击会在第 2 期达到峰值水平 0.028470，然后从第 7 期开始转为负值；（4）通货膨胀上升一个单位的标准差对国际大宗商品价格产生正向冲击，在第 2 期达到峰值水平 0.019232，然后在第 7 期趋近于零。

C 组的结果表明：（1）全球需求上升一个单位的标准差会对大宗商品价格产生正向冲击，该冲击会在第 3 期达到峰值水平 0.070754，从第 4 期后，全球需求对国际大宗商品价格的影响逐步下降，最后稳定在 0.01 左右，表明需求冲击对国际大宗商品价格的影响具有持续性；（2）全球流动性上升一个单位的标准差会对大宗商品价格产生正向冲击，该冲击会在第 2 期达到峰值水平，然后随着时间的推移影响逐步下降；（3）全球短期利率上升一个单位的标准差会对国际大宗商品价格产生正向冲击，该冲击会在第 3 期达到峰值水平，然后随着时间推移逐步下降，在第 7 期开始转为负向冲击，表明利率对大宗商品价格的影响存在时滞，利率提升时可能经济增长依然强劲，这时利率对大宗商品的负向影响被需求的正向影响所抵消，随着时间推移利率提升效应逐渐显现；（4）通货膨胀上升一个单位的标准差首先会对国际大宗商品价格产生正向冲击，在第 1 期达到峰值水平 0.022101，从第 3 期开始转为负向冲击，负向冲击在第 6 期达到峰值水平，然后逐渐收敛到零；（5）中国需求上升一个单位的标准差会对大宗商品价格产生正向冲击，该冲击会在第 2 期达到峰值水平 0.048759，从第 5 期开始转为负向冲击。

D 组的结果表明：（1）全球需求上升一个单位的标准差会对大宗商品价格产生正向冲击，该冲击会在第 3 期达到峰值水平 0.068423，在第 4 期后，全球需求对国际大宗商品价格的影响逐步下降但是并不趋近于零，表明需求冲击对国际大宗商品价格的影响具有持续性；（2）全球流动性上升一个单位的标准差会对大宗商品价格

Response to Cholesky One S.D.Innovations

Response of CRB to GDPG5 / Response of CRB to CPIG5 / Response of CRB to M2G5 / Response of CRB to IRG5

A组

Response to Cholesky One S.D.Innovations

Response of CRB to GDPG6 / Response of CRB to CPIG6 / Response of CRB to M2G6 / Response of CRB to IRG6

B组

Response to Cholesky One S.D.Innovations

Response of CRB to GDPG5 / Response of CRB to GDPCHINA / Response of CRB to CPIG5 / Response of CRB to M2G5 / Response of CRB to IRG5

C组

Response to Cholesky One S.D.Innovations

Response of CRB to GDPG5 / Response of CRB to CPIG5 / Response of CRB to M2G5 / Response of CRB to M2CHINA / Response of CRB to IRG5

D组

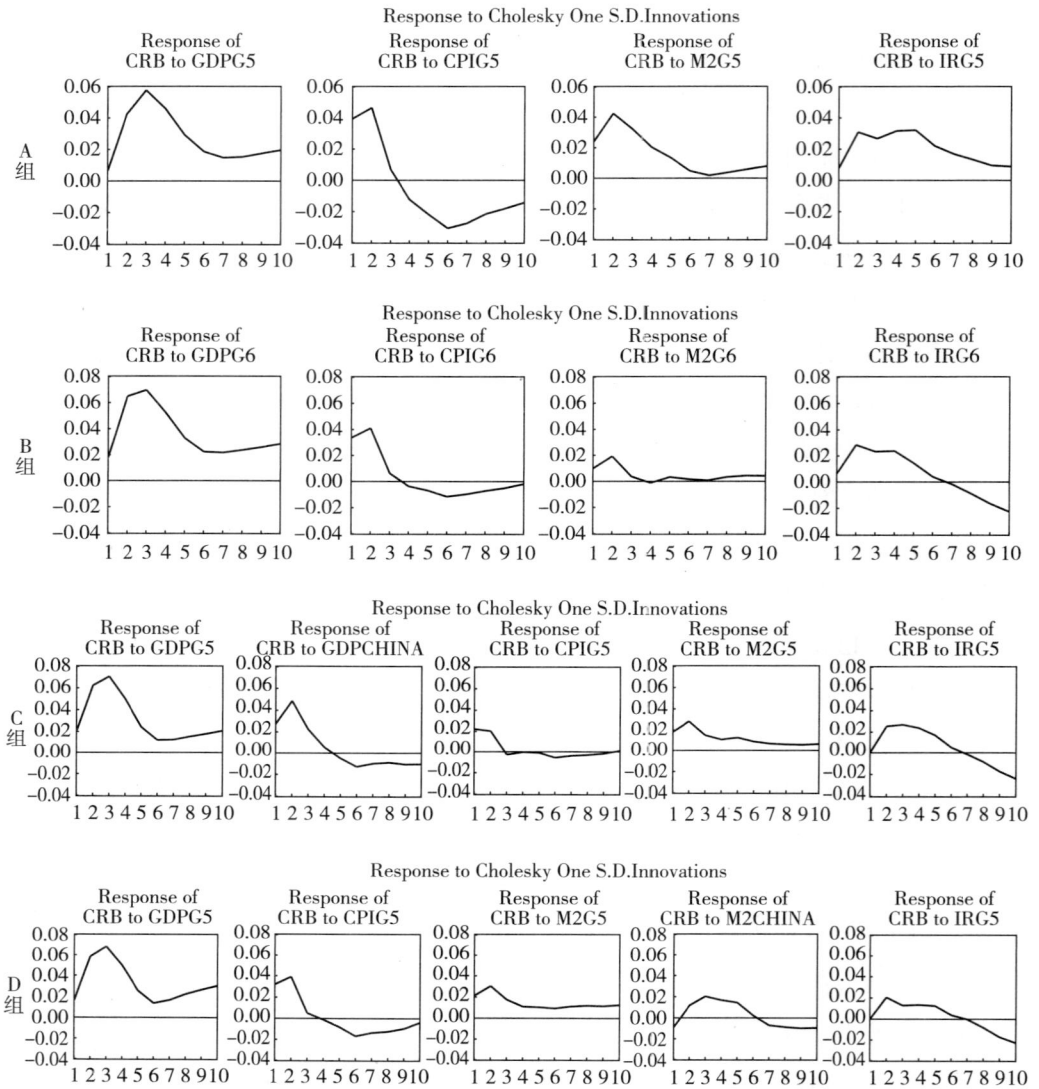

图6　国际大宗商品价格对各项冲击的脉冲响应结果

产生正向冲击，该冲击会在第 2 期达到峰值水平 0.030287，然后随着时间的推移影响逐步下降，在第 6 期全球流动性对大宗商品价格的影响趋近于零；（3）全球短期利率上升一个单位的标准差会对国际大宗商品价格产生正向冲击，该冲击会在第 2 期达到峰值水平，然后在第 7 期转为负向冲击；（4）通货膨胀上升一个单位的标准差首先会对国际大宗商品价格产生正向冲击，在第 2 期达到峰值水平 0.039173，从第 4 期开始转为负向冲击，负向冲击在第 6 期达到峰值水平 － 0.016770，然后开始收敛，这表明，通货膨胀首先会导致大宗商品价格上升，然后由于通货膨胀上升可能会导致利率提升，从而抑制大宗商品价格上涨；（5）中国流动性上升一个单位的标准差会对大宗商品价格产生正向冲击，在第 4 期达到峰值水平 0.016833，然后从第 7 期开始转为负向冲击。

从上文分析可以看出，除了利率以外，其他经济变量与大宗商品的关系都符合经济理论。国际大宗商品价格与短期利率的同向变动趋势与经济理论背离，具体表现在三段时期：1997—2001 年、2003—2005 年和 2008—2009 年。主要原因是经济衰退或者经济繁荣掩盖了利率与大宗商品价格之间的传导机制：（1）1997—2001 年：1997 年的亚洲金融风暴使这一时期 GDP 对大宗商品价格的影响程度上升，削弱了短期利率与国际大宗商品价格的反向变动关系。（2）随着互联网泡沫的破灭，2001 年美国经济陷入危机，GDP 增长率从 1997 年的 4% 左右跌落至 0.8% 左右，美联储从 2001 年 1 月开始的短短两年半时间里，将美国的基准利率从 6.50% 持续下调至 40 年以来的最低点（约 1.00%）。在这一段时期，尽管利率下降，但是由于经济并没有迅速恢复，大宗商品价格仍然低迷。从 2004 年 6 月开始，美联储进入加息周期，在经过连续 17 个月的持续加息之后，利率快速上升至 5.25%，但是由于前期宽松的货币政策刺激了美国经济增长，美国加息的同时美国房地产出现繁荣景象，2003—2005 年美国房价年均上涨 10% 左右，实体经济增长强劲推动了大宗商品价格上涨。尽管利率在提升，但是其作用被实体经济对大宗商品价格的推升所抵消，从而出现实际利率与大宗商品价格相背离的现象。（3）2008 年金融危机爆发后，全球 GDP 对国际大宗商品价格的冲击远远超过短期利率，危机期间即使全球主要中央银行都大幅降低利率，但是由于投资者对经济前景预期普遍悲观，消费者信心和投资者信心下降，国际大宗商品需求疲软。尽管利率降低，国际大宗商品价格不升反降，导致利率和大宗商品价格出现同向变动。

通过比较 A、B 两组的结论（见图 7），可以发现：（1）两组数据都表明，来自 GDP 的一个单位标准差的正向冲击会使大宗商品价格上升，在第 3 期左右达到峰值，之后影响程度有所下降并趋于平稳，但仍然保持正向影响，表明实际需求冲击对大宗商品价格的影响具有持续性。同时，两组数据中，国际大宗商品价格对 GDP 的响应程度都是最高的，表明经济增长是大宗商品价格的最主要决定因素。（2）两组数据都表明，来自流动性的一个单位标准差的正向冲击，导致大宗商品价格短期内迅速上升，在第 2 期左右达到峰值，随后逐渐下降直到为零。然而，两组数据中国际大宗商品价格对流动性的响应存在明显的差异：在包含中国的 B 组数据中，国际大宗商品价格对流动性的响应在第 4 期趋于零；而在不包含中国的 A 组数据中，国际大宗商品价格对流动性的响应在第 4 期明显大于零，直到第 7 期左右趋于零。这表明，中国货币供应量扩张对大宗商品价格的影响并不如发达国家显著和持久。（3）

根据大宗商品价格对中国和发达国家的 GDP 与货币供应量的脉冲响应系数（结果如图 7 所示），可以看出，纳入中国后全球产出对国际大宗商品价格的影响程度上升，前 10 期国际大宗商品价格对 GDPG5 的脉冲响应值最大值为 0.058，平均值为 0.027，而国际大宗商品价格对 GDPG6 的脉冲响应值最大值为 0.070，平均值为 0.036；纳入中国后的全球流动性对国际大宗商品价格的影响程度下降，前 10 期国际大宗商品价格对 M2G5 的脉冲响应值最大值为 0.043，平均值为 0.016，而国际大宗商品价格对 M2G6 的脉冲响应值最大值为 0.019，平均值为 0.005。这表明，中国因素对国际大宗商品价格的影响主要是通过需求渠道而非流动性水平。（4）两组数据表明来自利率的一个单位标准差的正向冲击，会导致大宗商品价格先上升，在第 2 期达到峰值后下降趋近于零或者为负，其中的原因可能在于，当利率上升时，经济往往处于繁荣时期，由于货币政策效应存在时滞，货币政策紧缩前期大宗商品价格受需求的影响仍然呈现上升趋势，当货币政策的效应开始显现后，大宗商品价格才开始出现下跌趋势。在不包含中国的 A 组数据中，大宗商品价格对利率的响应方向始终为正，而在包含中国的 B 组数据中，大宗商品价格对利率的响应方向转变为负，这表明，加入中国后的全球利率提升会使大宗商品价格下降，反映出中国利率对于大宗商品价格的影响较为显著。原因可能是中国利率提升往往会带来随后的经济放缓，从而对大宗商品价格产生负向影响。（5）大宗商品价格对 CPI 的响应均为先正后负，表明通货膨胀上升首先会引起大宗商品价格上涨，然后随着通货膨胀引发的政策紧缩导致大宗商品价格随后下跌。

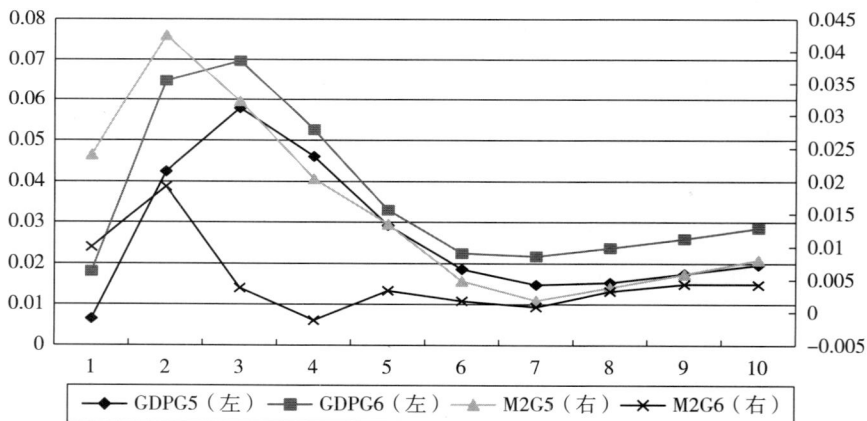

图 7　不加入中国（A 组）与加入中国（B 组）的脉冲响应结果比较

C、D 两组数据是为了进一步详细研究"中国因素"中的产出因素和流动性因素对大宗商品价格的影响。图 6 中 C、D 两组的脉冲响应结果表明，国际大宗商品价格对中国 GDP 的一个单位标准差正向冲击的响应是正向的，但是在第 4 期时出现了反转。国际大宗商品价格对中国流动性的一个单位标准差的正向冲击响应为正，但是在第 6 期也出现了反转，可能的原因在于，流动性扩张引起大宗商品价格上升和通货膨胀，通货膨胀使中央银行开始紧缩货币政策或提高利率，从而引起大宗商品价格下跌。根据图 6 的脉冲响应结果，选出国际大宗商品价格对于 G5 国家和中国的产出冲击、流动性冲击的脉冲反应，如图 8 所示。结果表明：（1）G5 国家需求冲击对大宗商品价格的影响高于中国需求冲击，从前 10 期的脉冲响应结果看，发达国家需求冲击的影响大都高于中国，前 10 期 G5 国家产出冲击对大宗商品价格的脉冲响应值平均值为 0.03，而中国产出冲击对大宗商品价格脉冲响应值的平均值为 0.004，远远低于发达国家；前 6 期 G5 国家产出冲击对大宗商品价格的脉冲响应值平均值为 0.04，而中国产出冲击对大宗商品价格脉冲响应值的平均值为 0.014，也低于发达国家。（2）平均而言，G5 国家流动性冲击对大宗商品价格的影响高于中国的流动性冲击，从前 10 期的脉冲响应结果看，发达国家需求冲击的影响大都高于中国，前 10 期 G5 国家流动性冲击对大宗商品价格的脉冲响应系数平均值为 0.015，而中国流动性冲击对大宗商品价格的脉冲响应系数的平均值为 0.002，远远低于发达国家；前 6 期 G5 国家流动性冲击对大宗商品价格的脉冲响应系数平均值为 0.017，而中国流动性冲击对大宗商品价格脉冲响应系数的平均值为 0.01，也低于发达国家。总之，无论是从需求冲击还是流动性冲击来看，中国对大宗商品价格的影响程度低于发达国家。

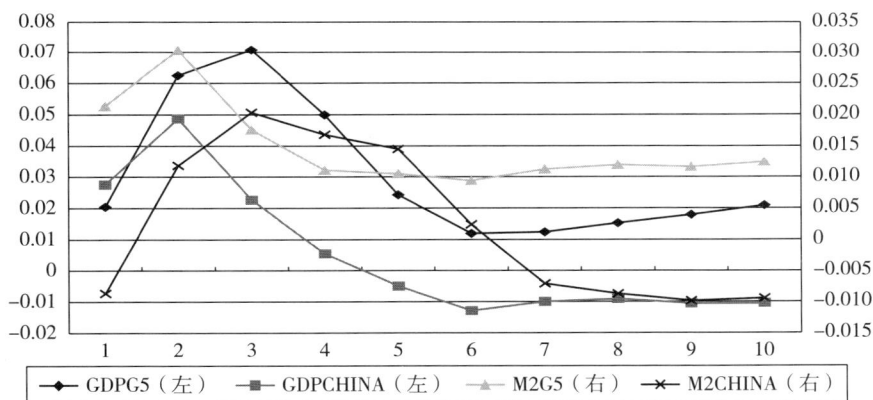

图 8　国际大宗商品价格对中国（左）和发达经济体（右）的脉冲响应结果比较

2. 方差分解

方差分解的主要思想是把系统中每个内生变量（共 m 个）的波动按其成因分解为与各方程信息相关联的 m 个组成部分，从而了解各信息对模型内生变量的相对重要性，是将内生变量的预测均方误差分解成系统中各变量的随机冲击所作的贡献率。因此，本节将分析全球 GDP 指标、全球流动性指标、全球 CPI 指标和全球短期利率指标的变化对国际大宗商品价格变化一个单位标准差的解释度，A、B、C、D 四组数据的方差分解结果如图 9 所示。

我们选取第 9 期的结果作为方差分解结果，可以发现 A 组结果中各变量对大宗商品贡献度依次为全球需求（27.82%）、通货膨胀（20.66%）、全球短期利率（14.46%）、全球流动性（12.30%）；B 组的结果依次为全球需求（58.48%）、通货膨胀（12.41%）、全球短期利率（9.75%）、全球流动性（2.04%）；C 组的结果依次为全球需求（52.02%）、中国需求（16.35%）、全球短期利率（10.25%）、全球流动性（7.13%）、通货膨胀（3.80%）；D 组的结果依次为：全球需求（52.38%）、通货膨胀（13.38%）、全球流动性（9.56%）、中国流动性（5.37%）、全球短期利率（5.18%）。

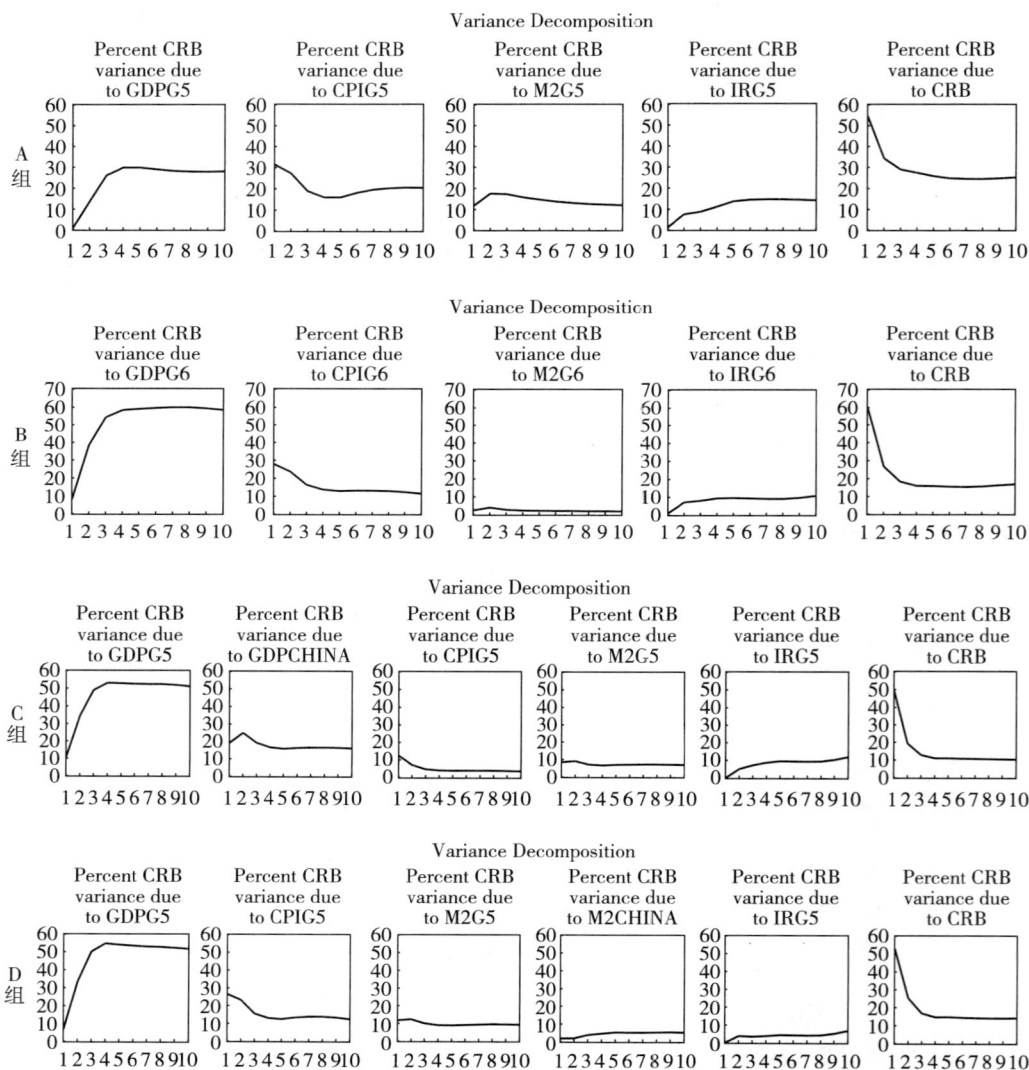

图 9　国际大宗商品价格波动的方差分解结果

通过比较 A、B 两组结果，可以看出：（1）需求层面对国际大宗商品价格的影响高于货币层面的因素。包含中国因素后，全球货币供应量对大宗商品价格的解释程度反而下降，而需求层面因素对大宗商品价格的解释程度上升，表明中国因素对大宗商品价格的影响主要是通过实体经济的需求起作用。（2）不包含"中国因素"的 A 组指标方差分解结果表明，利率和货币供应量对国际大宗商品价格的影响大致相同。货币供应量对大宗商品价格的影响既包括通过影响实际利率，进而通过"供给渠道""存货渠道"和"金融渠道"间接影响大宗商品价格，还包括通过促进经济增长和提高通货膨胀率等渠道来推升大宗商品价格。（3）无论是否包含中国，全球货币供应量对大宗商品价格的解释度略低于利率对大宗商品价格的解释度。

比较 C、D 两组数据与 A 组数据的方差分解结果，可以发现，中国因素对国际大宗商品价格的影响低于发达经济体，但是影响程度也不容忽视。C 组数据中，五个发达经济体 GDP 对大宗商品价格波动的贡献度达到 52.02%，中国 GDP 对大宗商品价格波动的贡献度达到 16.35%；D 组数据中，五个发达经济体的货币供应量对大宗商品价格波动的贡献度达到 9.56%，中国货币供应量对大宗商品价格波动的贡献达到 5.37%。因此，无论是从需求层面还是货币供应量来看，"中国因素"对国际大宗商品价格波动的贡献度低于发达经济体。

四、基于递归 VECM 模型的进一步考察

近年来中国经济市场化程度、需求结构和金融改革与开放程度的巨大变化，使 VECM 模型可能存在结构性裂变，将 1997—2012 年作为整个样本进行检验可能忽略了这种结构变化带来的效应。因此，本节采用递归 VECM 方法检验中国的需求面和货币供应量对大宗商品价格的影响是否会随时间发生变化。具体做法如下：分别将 C 组数据、D 组数据中 1997 年第四季度到 2005 年第一季度的数据估计出第一个 VECM 方程，然后每次增加一个季度建立一个 VECM 方程，一直添加到 2012 年第四季度为止，这样每组共 32 个 VECM 方程。本节选取 VECM 方程的方差分解结果达到稳定的一期（第 7 期）数据，C 组国家选取发达经济体 GDP、中国 GDP 对大宗商品价格变动的贡献度，D 组国家选取发达经济体 M2 和中国 M2 对大宗商品价格变动的贡献度，通过比较需求面和货币供应量对大宗商品价格贡献度的变动趋势，研究中国因素对国际大宗商品价格的变化如何随时间发生变化。

1. 中国 GDP 与发达经济体 GDP 的递归结果比较

从大宗商品的供求关系看，除农产品外的其他大宗商品的产能增加周期至少需要数年时间。因此，在短期内决定大宗商品供求关系的是需求，而大宗商品的需求

又受制于经济增长。在 2002 年经济走出低谷以后，全球经济在 2003 年和 2004 年加速增长，经济增长速度的加快拉动了大宗商品需求，特别是 2006 年超出人们预期的全球经济增长，使大宗商品的需求增长明显加快，从而推动了大宗商品价格的上涨，而 2008 年国际金融危机后全球需求的急剧下滑又触发了大宗商品价格的下跌。图 10 显示了 2005—2012 年发达经济体 GDP 和中国 GDP 对国际大宗商品价格波动贡献度的变动趋势。可以看出：

（1）相对于 G5 经济体 GDP，中国 GDP 对国际大宗商品价格波动的贡献度更低，这意味着，尽管中国从 2003 年开始进入快速增长期，GDP 以每年平均 9% 的速度上升，但是对大宗商品价格波动的贡献度仍然低于发达国家。不过，从 2007 年到 2008 年第三季度，中国 GDP 和 G5 经济体 GDP 对大宗商品价格贡献度的差异在缩小，表明中国需求对大宗商品价格的影响相对 G5 经济体的作用在上升。主要原因在于，这一时期中国经济仍处于投资快速增长和经济过热时期，而美国等发达经济体实际上已经步入房地产周期下滑和经济放缓阶段。

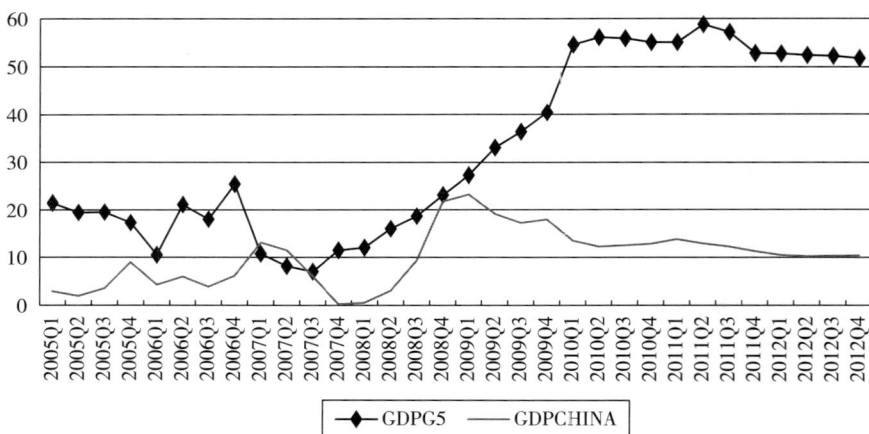

图 10　发达经济体 GDP 和中国 GDP 对大宗商品价格波动贡献度的递归结果

（2）2008 年国际金融危机爆发前，无论是发达经济体还是中国的 GDP 对国际大宗商品价格波动的解释能力都相对较低；国际金融危机爆发后，无论是 G5 经济体的 GDP 还是中国的 GDP，其对大宗商品价格波动的解释能力都趋于上升且明显高于危机前的水平。这种明显的变化和反差表明，在金融危机期间总需求冲击更显著地影响到国际大宗商品价格的波动。可能的原因是，危机后全球需求的下滑，尤其是欧美发达国家经济增长的放缓，沉重地打击了国际大宗商品价格。因此，2009 年第一季度后，中国 GDP 和 G5 经济体的 GDP 对大宗商品价格贡献度的差异在扩大，表明这一时期主要是发达经济体的经济复苏状况主导着大宗商品价格走势。

（3）中国需求相对上升的时期：2005 年、2006 年下半年到 2007 年上半年以及 2008 年，在这三段时期，中国经济增长都相对于欧美国家增长更为强劲。在国际金融危机期间，正是中国需求，为 2008 年下半年价格暴跌之后的大宗商品市场提供了支持。在铁矿石领域，这种需求体现得最为明显。原因在于中国政府出台经济刺激政策，大举投资需要使用大量钢材的基础设施项目。

（4）从 G5 经济体和中国在危机后的情况看，中国在 2009 年后经济增长对大宗商品价格的影响在下降，而发达国家在 2011 年第二季度后其产出对大宗商品价格的影响在下降，这主要与危机后刺激的效应递减有关。从发达国家情况看，美国的量化宽松政策在 QE1、QE2 期间边际效应递减，中国的刺激政策在 2009 年达到最大效应后从 2010 年开始递减，中国工业增加值从 2010 年开始下降，这些因素都对大宗商品价格造成不利冲击。

2. 中国 M2 与发达经济体 M2 的递归结果比较

货币供应量影响大宗商品价格的机制如下：大宗商品相对于其他商品供给缺乏弹性，供给不能及时变化，因此在流动性过剩的情况下，过多流动性会流入大宗商品市场，导致对大宗商品需求增加而此时供给不能迅速增加，引起大宗商品价格的上升。

图 11 显示了中国货币供应量（M2CHINA）和 G5 经济体货币供应量（M2G5）对国际大宗商品价格贡献度的变动趋势，从中可以看出：（1）中国货币供应量 M2 对国际大宗商品价格的贡献度低于 G5 经济体货币供应量的贡献度。从平均水平来看，中国货币供应对大宗商品价格的贡献度仅为 G5 经济体的一半左右，尽管近十年来中国货币供应量增长迅速，但是由于人民币境外流通量有限以及人民币国际化程度较低，货币因素对大宗商品价格的影响主要来源仍然是发达经济体。尤其是在 2005 年到 2007 年中，G5 经济体货币供应量对大宗商品价格的贡献度很高，随后由于欧美国家收紧货币政策，其贡献度开始下降，尤其是在 2008 年金融危机期间，发达国家流动性对国际大宗商品价格的贡献度急剧下降，明显低于正常时期的水平。同时，流动性扩张也推动了大宗商品市场的金融化趋势，在 2003—2008 年，与大宗商品相关联的指数基金的投资增长了 19 倍，从 130 亿美元增至 2600 亿美元，增长势头比中国对石油的需求还要迅猛。资金的大量涌入，在一定程度上改变了大宗商品市场的运行周期和方式。（2）中国货币供应量对大宗商品价格的贡献度在以下三个时期高于 G5 发达经济体：2005 年第三季度至 2005 年第四季度、2008 年第三季度至 2009 年第三季度、2010 年第三季度至 2011 年第二季度这三个时期。在 2005 年第三季度至 2005 年第四季度和 2010 年第三季度至 2011 年第二季度这两段时期，中国流

动性对国际大宗商品价格波动的解释力度呈上升趋势，原因可能在于：前者与人民币汇率形成机制改革带来的热钱流入有关，后者与人民币重启升值进程以及欧债危机恶化有关；而 2008 年第三季度至 2009 年第三季度中国流动性对大宗商品价格的贡献度大幅上升，与当时政府推出 4 万亿元人民币的财政刺激计划以及随后的巨额货币投放和信贷扩张密切相关。（3）美联储量化宽松货币政策推升了大宗商品价格。图 11 显示，2009 年初到 2010 年第一季度以及 2010 年第四季度到 2012 年，发达经济体（G5）的流动性对大宗商品价格的贡献都呈上升趋势，这与美联储的量化宽松政策推出时点正好吻合。从 2008 年 11 月到 2010 年 3 月，美联储推出第一轮量化宽松货币政策（QE1），共购买 1.25 万亿美元的抵押贷款支持证券，3000 亿美元的美国国债和 1750 亿美元的机构证券，累计 1.725 万亿美元。从 2010 年 11 月到 2011 年6 月，美联储实施第二轮量化宽松货币政策（QE2），主要购买标的是美国长期国债，规模为 9000 亿美元。2011 年 9 月后实施扭曲操作和第三轮量化宽松货币政策（QE3）。大规模的量化宽松货币政策推动大宗商品价格攀升，以原油价格为例，QE1期间上涨 23.5%，QE2 期间上涨 33.6%，而 QE1 至 QE2 期间下降了 10.3%。目前大宗商品价格下降的主要原因是由于全球经济放缓导致某些大宗商品临时性供给过剩。

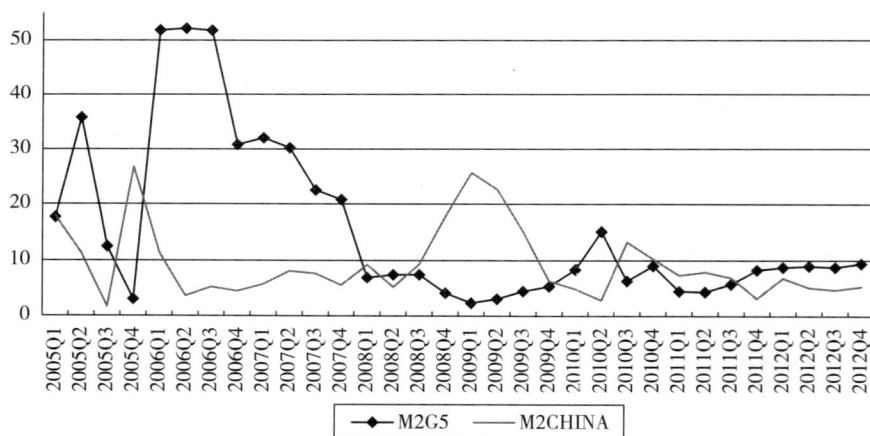

图 11　发达经济体 M2 与中国 M2 对大宗商品价格波动贡献度的递归结果

总之，从经济增长、流动性水平与大宗商品价格的关系看，宏观经济增长、货币供应量在 2002 年、2003 年、2004 年均同商品市场的表现是一致的。然而在 2005年，宏观经济增速减缓，流动性仍然宽松，大宗商品价格暴涨；2006 年后，宏观经济增长加速，美联储在 6 月 30 日加息到本轮升息周期最高点后，货币政策开始收缩，从 2006 年的下半年开始，商品市场开始大规模调整，此时大宗商品市场的主导因素是货币政策。2008 年第三季度雷曼兄弟倒闭导致美国金融危机急剧恶化，这时期利率迅速下降，货币供应量上升，实体经济需求急剧下滑，同时大宗商品价格继续探底，这时期大宗商品市场的主导因素回归到经济增长，但是在三轮量化宽松货币政策期间，货币供应对大宗商品价格波动的贡献度有所上升，表明量化宽松政策支持了这一时期的大宗商品市场价格上升。

五、结论及政策建议

本节从需求层面和货币层面两个角度选取五个发达经济体和中国的代表性变量，构造了全球 GDP、全球 CPI、全球短期利率和全球流动性指标，基于 1997 年第四季度至 2012 年第四季度的数据，分析了国际大宗商品价格波动的原因，发现大宗商品价格波动主要取决于总需求。（1）经济增长是大宗商品价格上涨的最主要推动力，如果全球流动性的测度中包括中国，那么基本面对国际大宗商品价格的影响会上升，而流动性对国际大宗商品价格的影响会下降。这表明，中国因素对国际大宗商品价格的主要影响渠道是实体经济而非流动性水平。（2）全球金融危机通过打击需求水平影响到大宗商品定价机制。需求面对国际大宗商品价格的影响在危机中比危机前更显著，全球流动性对国际大宗商品价格的影响在危机前比危机中更显著。（3）无论是全球流动性还是全球需求指标，若扣除中国因素后得到的结果会有偏差，表明"中国因素"会影响国际大宗商品价格，但是，中国需求对国际大宗商品价格的影响明显低于发达经济体，危机前中国需求对大宗商品价格的影响日趋重要，但是危机后的作用相对发达经济体显著下降。（4）除了在某些特殊时期（如人民币汇率形成机制改革或大规模信贷投放）外，中国流动性对国际大宗商品价格的影响也远低于发达经济体的流动性对国际大宗商品价格的影响，平均而言，中国流动性对大宗商品价格的影响程度不到 G5 经济体的一半。中国是多种大宗商品的最大消费国。从过去十年来看，大宗商品价格呈现整体上涨态势，且价格的波动频度扩大，幅度增强，这种波动不仅通过贸易条件造成国民收入的潜在损益，而且对国内的物价水平和产出稳定也会造成一定风险。为有效应对国际大宗商品价格波动及其给中国带来的负面冲击，中国需要采取以下几个方面的政策措施。

第一，多年以来，中国一直奉行以投资驱动的经济增长模式，在道路、房屋和电网建设等方面消耗了大量原材料，使中国成为大宗商品价格上涨的一大推动力。目前中国出现房产市场过度投资的迹象，中国经济从注重基础设施建设、建筑和出口的模式向注重国内消费和服务驱动的模式转变。这场转型意味着中国经济增长将会放缓，这会带来大宗商品需求减少，且其贸易伙伴的经济增长也将受限，会抑制大宗商品价格上扬。不过,即便中国经济增速低于过去10年,中国仍处于城市化和工业化推进阶段,对大宗商品的需求在未来还将持续快速增长,加上亚洲其他国家(特别是印度)对原材料的需求将变得越来越大,大宗商品价格仍有可能在高位波动。

第二,作为许多大宗商品的全球最大的市场,中国需要将日益加大的购买力转变为议价能力,逐步改变供给方对全球大宗商品定价权的垄断地位[3],在全球大宗商品定价方面发挥更大的影响力。目前大宗商品市场供求双方的博弈不平衡,大宗商品供应基本形成寡头垄断,供给方可以采取控制供给和囤积库存等蓄意拉升价格的措施,而需求方由于大宗商品是基础性商品,替代性不强,需求弹性很小,在供求博弈中则处于不利地位。作为全球第二大经济体,中国对大宗商品需求快速上升,"中国因素"对大宗商品价格的作用也日益显著,中国应该在全球大宗商品供求平衡中扮演更重要的角色,从资源需求国的角度审视和思考如何争取本国在大宗商品定价中的主导权,利用中国强大的购买力,争取更低的价格,改变以往被动接受国际价格的不利局面。

第三,应密切关注发达国家货币政策对大宗商品市场的溢出效应。尽管中国的基本面和流动性对大宗商品价格都具有一定的影响,但是其影响程度低于发达国家,大宗商品价格的走势仍然受发达国家经济走势和流动性水平的影响。发达经济体实施大规模刺激政策,对全球流动性形成巨大冲击,在未来若缺乏有效机制回收这些流动性,必将对大宗商品价格上涨起到助推作用。目前全球过多地重视中国需求对于大宗商品价格走势的作用,却忽视了美联储等发达国家中央银行量化宽松货币政策带来的低利率和低信贷成本对大宗商品价格产生的作用。作为一个大宗商品进口大国,中国需要密切关注发达国家货币政策对大宗商品的影响,进而给中国物价水平和通货膨胀带来的影响。

第四,中国是大宗商品的贸易大国,但还不是大宗商品的金融大国。在目前全球大宗商品定价体系中,大宗商品价格的计价和结算仍然是美元占据主导地位,定价权也被国外一些主要交易市场和交易商控制,这对中国企业从事大宗商品贸易极为不利。中国政府亟须出台相关扶持政策,营造支持大宗商品融资业务发展的外部环境,为中国大宗商品贸易的蓬勃发展奠定坚实基础。首先,中国政府应与非洲、中东、拉美等地区的资源出口国进行协商,对于中国进口量占据全球市场较大比重

---

3 国际矿业行业,已形成寡头垄断,四大矿业巨头已初步垄断了全球的矿业供给,在铁矿石、铜精矿等产品上有着绝对的定价权。力拓收购加铝,以及必和必拓试图收购美铝,表明全球未来矿业的垄断程度将进一步加强。以OPEC为代表的石油行业,利益集团操控也非常明显。

的商品，如能源、矿产、粮食等，推动其以人民币定价和结算，从而推进大宗商品贸易的人民币跨境结算业务的发展。此外，完善境内商品期货交易市场，增加交易商品品种，丰富商品衍生品交易工具，逐步将境内商品期货交易所建成具有国际影响力的世界性交易所，从而影响和掌握国际大宗商品定价权。

参考文献

［1］李敬辉，范志勇. 利率调整和通货膨胀预期对大宗商品价格波动的影响［J］. 经济研究，2005（6）：61－68.

［2］韩立岩，尹力博. 投机行为还是实际需求？——国际大宗商品价格影响因素的广义视角分析［J］. 经济研究，2012（12）：83－96.

［3］卢锋，李远芳，刘鎏. 国际商品价格波动与中国因素——我国开放经济成长面临新问题［J］. 金融研究，2009（10）：38－56.

［4］Akram Q F. Commodity Prices，Interest Rates and the Dollar［J］. Energy Economics，2009，31（6）：838－851.

［5］Anzuini A，Lombardi M J，Pagano P. The Impact of Monetary Policy Shocks on Commodity Prices［R］. ECB Working Paper No. 1232，August 2010.

［6］Arbatli E C，Vasishtha G. Growth in Emerging Market Economies and the Commodity Boom of 2003－2008：Evidence from Growth Forecast Revisions［R］. Bank of Canada Working Paper No. 2012－8，2012.

［7］Cabvales C A，Granados Castro J C，Ojeda-Joya J. The Effect of Monetary Policy on Commodity Prices：Disentangling the Evidence for Individual Prices［J］. Borradores De Economia，2014.

［8］Baldi L，Peri M，Vandone D. Price Discovery in Agricultural Commodities：the Shifting Relationship Between Spot and Futures Prices［C］. EAAE 2011 Congress，Change and Uncertainty Challenges for Agriculture，Food and Natural Resources，August 2011.

［9］Belke A，Bordon I G，Hendricks T W. Global Liquidity and Commodity Prices——a Cointegrated VAR Approach for OECD Countries［J］. Applied Financial Economics，2010，20（3）：227－242.

［10］Belke A，Bordon I G，Volz U. Effects of Global Liquidity on Commodity and Food Prices［J］. World Development，2013，44：31－43.

［11］Breitenfellner A，Cuaresma J C，Keppel C. Determinants of Crude Oil Prices：

Supply, Demand, Cartel or Speculation [R]. Österreichische National Bank. Monetary Policy and the Economy Q4: 111 – 136, 2009.

[12] Cevik S, Sedik T S. Barrel of Oil Or a Bottle of Wine: How Do Global Growth Dynamics Affect Commodity Prices? [R]. International Monetary Fund, Working Paper 1101, 2011.

[13] Cheung C, Morin S. The Impact of Emerging Asia on Commodity Prices [R]. Bank of Canada Working Paper No. 2007 – 55, 2007.

[14] Farooki M Z. China's Structural Demand and the Commodity Super Cycle: Implication for Africa [R]. Paper Prepared for Research Workshop China-Africa Development Relations, February 2009.

[15] Frankel J A, Rose A K. Determinants of Agricultural and Mineral Commodity Prices [R]. HKS Faculty Research Working Paper Series RWP10 – 038. John F. Kennedy School of Government. Harvard University, 2010.

[16] Frankel J. The Effect of Monetary Policy on Real Commodity Prices [R]. NBER Working Paper No. 12713, 2008.

[17] Gilbert C L. Speculative Influences on Commodity Futures Prices 2006 – 2008 [R]. Unctad Discussion Paper No. 197, March 2010.

[18] Giese J V, Tuxen C K. Global Liquidity and Asset Prices in a Cointegrated VAR [R]. Nuffield College, University of Oxford, and Department of Economics, Copenhagen University, 2007.

[19] Gruber J W, Vigfusson R J. Interest Rates and the Volatility and Correlation of Commodity Prices [R]. Federal Reserve Board International Finance Discussion Papers No. 2012 – 1065, 2012.

[20] Hamilton J D. Causes and Consequences of the Oil Shock of 2007 – 2008 [R]. National Bureau of Economic Research No. w15002, 2009.

[21] Juvenal L, Petrella I. Speculation in the Oil Market [R]. FRB of St. Louis Working Paper No. 2011 – 027E, October 1, 2011.

[22] Kaufmann R K, Ullman B. Oil prices, Speculation, and Fundamentals: Interpreting Causal Relations Among Spot and Futures Prices [J]. Energy Economics, 2009, 31 (4): 550 – 558.

[23] Kilian L. Not All Oil Price Shocks Are Alike: Disentangling Demand and Supply Shocks in the Crude Oil Market [J]. American Economic Review. American Economic As-

sociation, 2009, 99 (3)：1053 – 1069.

[24] Kilian L, Hicks B. Did Unexpectedly Strong Economic Growth Cause the Oil Price Shock of 2003 – 2008? [R]. CEPR Discussion Papers No. 7265, 2009.

[25] Kilian L, Murphy D P. The Role of Inventories and Speculative Trading in the Global Market for Crude Oil [R]. University of Michigan, 2012.

[26] Lutz K, Lee T K. Quantifying the Speculative Component in the Real Price of Oil：The Role of Global Oil Inventories [R]. Cepr Discussion Papers No. 9297, 2013.

[27] Korniotis G M. Does Speculation Affect Spot Price Levels? The Case of Metals With and Without Futures Markets [M]. Division of Research & Statistics and Monetary Affairs, Federal Reserve Board. Finance and Economics Discussion Series 2009 – 29, 2009.

[28] Landgraf S, Chowdhury A. Factoring Emerging Markets into the Relationship Between Global Liquidity and Commodities [R]. Working Paper 2011 – 07, 2011.

[29] Manera M, Nicolini M, Vignati I. Returns in Commodities Futures Markets and Financial Speculation：A Multivariate Garch Approach [R]. Fondazione Eni Enrico Mattei Working Papers. Paper 674, May 09, 2012.

[30] Masters M. Testimony Before the Committee on Homeland Security and Governmental Affairs [R]. U. S. Senate, May 2008.

[31] Mu X, Ye H. Understanding the Crude Oil Price：How Important is the China Factor? [J]. Energy Journal, 2011, 32 (4).

[32] Nishimura K G. Financial Factors in Commodity Markets [J]. Speech at the Paris Europlace International Financial Forum in Tokyo, Bank of Japan, November 28, 2011.

[33] Pant M, Mhleisen M, Thomas A H. Peaks, Spikes, and Barrels：Modeling Sharp Movements in Oil Prices [R]. International Monetary Fund, 2010.

[34] Rasmus R, Stracca L. What is Global Excess Liquidity, and Does it Matter? [R]. European Central Bank Working Paper Series No. 696, 2006.

[35] Ratti R A, Vespignani J L. Liquidity and Crude Oil Prices：China's Influence Over 1996 – 2011 [J]. Economic Modelling, 2013, 33 (517 – 525).

[36] Roache S K. China's Impact on World Commodity Markets [R]. International Monetary Fund Working Paper No. 12 – 115, 2012.

[37] Saghaian S H, Reed M R, Marchant M A. Monetary Impacts and Overshooting of Agricultural Prices in an Open Economy [J]. American Journal of Agricultural Econom-

ics, 2002, 84 (1): 90 – 103.

[38] Shostak F. How China's Monetary Policy Drives World Commodity Prices [N/OL]. Mises Daily-Von Mises Institute. http: //mises. org/daily/2134, 2006.

[39] Singleton K. Investor Flows and the 2008 Boom/Bust in Oil Prices [R]. Working Paper. Stanford Graduate School of Business, 2011.

[40] Thomson A S, Summers P M . The Effect of Monetary Policy on Real Commodity Prices: A Re-examination [J]. The Journal of Economics, 2012, 38 (1): 1 – 21.

[41] U. S. International Trade Commission. The Effects of Increasing Chinese Demand on Global Commodity Markets [R]. Office of Industries. Publication 3864, June 2006.

[42] Wirl F. Why Do Oil Prices Jump (or Fall)? [J]. Energy Policy, 2008, 36 (3): 1029 – 1043.

[43] Yu Y. Identifying the Linkages Between Major Mining Commodity Prices and China's Economic Growth—Implications for Latin America [R]. IMF Working Paper No. 86, April 2011.

第二节 中国需求对各类国际大宗商品价格的影响[1]

一、引言

21世纪以来，国际大宗商品价格经历了快速上涨和剧烈波动，引起各国政府和社会各界的广泛关注。在这一时期，中国经济发展势头强劲，同时人口快速增加，基础设施建设和固定资产投资上升，对大宗商品的需求规模巨大、增长迅速，因此中国因素被认为是国际大宗商品价格上涨的重要推手。从总量数据来看，中国是全球最大的铝、铜、铁矿石、锌、铅、镍、棉花和大米消费国，2010年对上述商品的需求分别占到全球需求的40%、39%、59%、43%、44%、37%、40%和30%。中国需求的小幅变动就会引起大宗商品市场的剧烈震荡。从增量数据来看，目前中国对多种大宗商品的需求增速位居全球第一。2010年中国对水泥、猪肉、煤炭、钢铁、铅、棉花、铝、铜、镍和石油的消费量分别占到世界消费总量的56%、50%、48%、45%、44%、40%、40%、38%、37%和10%。其中，在2000年以前，剔除中国消费的全球铜消费增长曲线与原曲线基本相同；而2001年以后，全球铜消费增长在剔除中国消费后，增长率要下降一半以上。2003—2007年，中国贡献了全球几乎所有的铅需求增量、70%的铝需求增量和62%的铜需求增量。

中国因素在国际大宗商品市场占有重要地位，主要表现在以下三个时期：(1) 2001—2007年，2001年后以中国为代表的新兴市场国家经济增长迅速且持续，对大宗商品的需求一直处于高位，国际大宗商品价格呈现出史无前例的上涨态势。TJ/CRB指数是衡量大宗商品整体价格的重要指标，2001年11月15日该指数只有145.78，而2008年7月2日已高至473.52，上升幅度达225%。在这七年时间里，大宗商品价格经历了全面上涨，中国经济也正值高速增长，年均GDP增速近10%，人口增加，投资上升，对各类大宗商品特别是工业用途大宗商品的需求持续增加，初级原材料，包括原油、金属和农产品的进口量和占全球消费量的比重都呈现上升趋势。中国因素对大宗商品价格的影响开始显现且日益重要（Roache，2012）。(2) 2008年至2011年5月。2008年国际金融危机爆发后，金融市场的震荡对实体经济造成了十分不利的冲击，进而引起大宗商品价格暴跌。2009年3月2日TJ/CRB

---

1 本部分作者为谭小芬、任洁。

指数下降至 200.34，相对峰值水平下降 58%。此时，中国政府为稳定经济，推出 4 万亿元经济刺激计划并大举进行信贷扩张，使投资特别是基础建设投资显著增加，带来对大宗商品的巨大需求。因此，在全球经济形势尚未出现实质性好转的情况下，大宗商品价格于 2009 年 1 月开始迅速反弹，截至 2011 年 4 月 29 日，TJ/CRB 指数已上升至 370.55。（3）2011 年 5 月后，大宗商品价格呈现震荡下行趋势，2013 年 12 月 31 日 TJ/CRB 指数下降至 282.57。这一时期正值欧洲主权债务危机蔓延、中国经济增长放缓和美国失业率高企。2014 年后，中国经济增速未达预期，进而对大宗商品价格造成不利影响，特别是当年 3 月中国企业债违约事件引发了铜、铁矿石等大宗商品价格的暴跌。

本节将"中国因素"分为中国经济需求和中国货币供应量两个具体的方面。经济学人智库（EIU）提出："大宗商品价格高企并未减少需求，……更重要的原因在于中国对原材料的需求日益飙升，其所有需求指标的增速都达到了两位数。"[2] 同时，中国的流动性增加也推升了国际大宗商品价格（Vespignani and Ratti，2013）。特别是 21 世纪以来，人民币汇率低估政策给中国带来了巨额的国际收支顺差，中国中央银行为了维持汇率稳定被迫购买美元资产，从而增加了国内的流动性。这些流动性超出了实体经济的需求，部分流入到国际大宗商品市场，推升了大宗商品价格（Shostak，2006）。图 1 显示了中国工业增加值、中国 M2 与大宗商品价格指数的变化情况。从图 1 可以发现，大宗商品价格波动与中国因素存在较高的相关性，但是，存在相关性并不等同于具有因果关系。中国产出仅占全球总量的 10% 左右；相对于美元等国际货币，人民币的境外流动量和国际化程度有限。因此，需要通过经验研究和实证检验，考察中国因素在大宗商品价格决定中的相对重要程度。本节基于传统的供需理论，从需求因素和货币因素两个角度，选取经合组织（OECD）国家和中国的需求、流动性变量及国际石油、铜、铝、铅、镍、锡、锌供给变量，研究 2000 年 1 月到 2013 年 7 月国际大宗商品价格波动的原因，重点考察中国因素对大宗商品价格的相对影响程度。

本节剩余部分的结构安排如下：第二部分针对国际大宗商品价格影响因素进行文献综述，第三部分通过建立非限制性 VAR 模型进行计量分析，第四部分建立递归 VAR 模型以研究中国因素对大宗商品价格影响程度的动态变化，第五部分为结论与政策建议。

二、文献综述

21 世纪以来，国际大宗商品价格出现剧烈波动，主要原因包括经济需求的变化、

2　朱冠华. 中国需求是大宗商品价格上涨主因［N］. FT 中文网，2007 – 07 – 18.

图1　大宗商品价格和中国因素的变动趋势

资料来源：Wind 数据库，国际货币基金组织（IMF）。

金融投机的推动和货币政策的冲击（Frankel and Rose，2010）。相关文献根据研究的关注点不同可以分为以下三类。

第一类，关注供需因素。该观点认为需求增加，特别是因新兴经济体的高速增长而产生的实际需求增加，以及增长预期的提高，使国际大宗商品价格上涨（Hamilton，2009；Kilian，2009；Kilian and Murphy，2012；Kilian and Hicks，2009；Mühleisen，Pant and Thomas，2010）。Kilian（2007）对石油价格进行结构性分解，研究原油供给冲击、全球工业用大宗商品需求总体冲击及针对原油市场需求的冲击对石油价格的影响，发现20世纪70年代中期以来主要的油价冲击都是全球工业用大宗商品需求上升及针对原油市场的需求上升所引起。Cevik 和 Sedik（2011）发现，相比于供给因素，需求和流动性对大宗商品价格的影响程度更高；并且首次将全球总需求分解为发达国家需求和新兴市场国家需求两个部分，发现1998—2010年新兴市场国家需求对大宗商品价格的影响相比1990—1997年有所上升。U. S. International Trade Commission（2006）分析了中国在国际大宗商品市场上不断增长的需求对大宗商品价格的影响，发现"中国因素"对于不同种类大宗商品市场的影响是有差异的。卢锋、李远芳和刘鎏（2009）分析了2002—2007年大宗商品价格飙升的原因，认为中国对大宗商品需求的快速增长是其价格上涨的直接动因。Yu（2011）研究了中国经济增长与主要矿业大宗商品价格的关系，提出城镇化、工业化和出口是中国需求增长的重要驱动因素，中国需求增长又进一步提高了世界需求。然而，Mu 和 Ye（2010）考察中国对原油价格的影响，指出中国净石油进口增长对原油价格的影响并不显著，且与石油价格之间不存在格兰杰因果关系。

第二类，关注投机因素。近年来国际大宗商品市场的金融化特征日益显现，这对大宗商品的定价机制和市场运行产生了直接影响。2003—2011 年，投资者对大宗商品相关金融工具的投资需求急剧增长，大宗商品相关资产价值从 130 亿美元上涨到 4500 亿美元，远远超出了实际消费需求（Nishimura，2011）。Masters（2008）认为，在大宗商品市场蓬勃发展的 2006—2008 年，不断增长的指数基金投资是推动大宗商品价格上涨的主要原因。Kaufmann 和 Ullman（2009）对石油期货价格和现货价格进行分析，发现投机性因素放大了基本面引发的价格上涨。Singleton（2011）的实证分析表明，即使在控制了其他解释变量的影响之后，金融投资者的交易头寸对期货价格的影响在统计上仍然是显著的。Baldi、Peri 和 Vandone（2011）考察了玉米和大豆的现货与期货价格，发现需求增长和金融投机都是造成大宗商品价格波动的原因，而且，期货市场的广度和深度在大宗商品价格发现中起着重要作用。韩立岩和尹力博（2012）使用 FAVAR 模型，引入包括实体经济指标、金融市场信号、大宗商品期货市场供需与库存因素以及投机因素在内的 532 个经济指标，结果发现：长期来看，实体经济和金融投机是影响国际大宗商品价格的主要因素；短期而言，投机因素是造成大宗商品价格波动的最主要因素。

第三类，关注货币因素。Frankel（2008）基于多恩布什的汇率"超调模型"提出了实际利率影响大宗商品价格的"超调模型"，并选取 1950—2008 年的数据进行研究，发现实际利率与大宗商品价格之间存在负相关关系。Thompson 和 Summers（2012）基于上述超调模型，发现在 1950—2005 年，26 种大宗商品价格与实际利率的关系都发生了显著的结构突变，相关系数由负转正，且大多发生在 20 世纪 80 年代初期，实际利率对大宗商品价格的解释力很小。Akram（2008）运用 SVAR 模型，选取 1990 年第一季度到 2007 年第四季度的数据，发现美国短期实际利率和美元汇率变化会对大宗商品价格产生负向影响，对大宗商品价格的解释力较强。Anzuinie、Lombardi 和 Pagano（2010）运用 SVAR 模型，发现美国联邦基金利率下降 1 个百分点会使大宗商品价格 5 个月后上升 5.6 个百分点，而货币供应量主要是通过促进经济增长和提高通货膨胀率等间接渠道来推升大宗商品价格。Cabrales、Castro 和 Joya（2011）运用 SVAR 模型分析了从 1980—2010 年四种大宗商品价格（石油、煤、金和镍）与联邦基金利率、美国 M2、美国实际有效汇率和主要经济体加权 GDP 数据，发现货币政策可以较大程度地解释大宗商品价格的波动。其他文献认为仅仅用某一个经济体的指标来研究货币政策的影响是不全面的，应当采用全球流动性指标来进行研究。Belke、Bordon 和 Volz（2013）分析了 1980—2011 年的数据，发现大宗商品价格与全球流动性存在长期的正相关关系，与利率存在负相关关系。Landgraf 和

Chowdhury（2011）基于 1995—2010 年的季度数据,发现 OECD 的货币因素对大宗商品价格的影响不显著,但是当全球流动性的测算中加入"金砖国家"后,货币因素的影响增强。Vespignani 和 Ratti（2013）在 Kilian（2009）模型的基础上引入中国工业产出、中国流动性及其他主要国家的流动性因素,发现中国流动性的提高和工业产出的增加均会引起石油价格上升以及石油产出增加。

现有文献对于国际大宗商品价格的研究主要侧重于对供需因素和投机因素的分析,有关货币因素对大宗商品价格影响的研究主要集中在利率方面。然而,2008 年国际金融危机后,美国的短期利率几乎接近于零,同时美联储通过推出量化宽松货币政策来影响长期利率和实体经济。在危机后的这一时期,货币供应量冲击对大宗商品价格的影响可能比短期利率冲击更为显著。此外,现有文献在研究全球流动性对大宗商品价格的影响时,对全球流动性指标的测算往往只考虑发达国家,忽略了新兴市场国家特别是中国的流动性。事实上,随着中国经济的迅速发展,中国流动性对大宗商品市场的重要性日益显现。2007—2012 年,在全世界 16 个最大经济体的广义货币增长中,中国贡献了大约 40%。现有关于"中国因素"的文献,在以下四个方面有待改进:（1）虽然在研究大宗商品价格驱动因素时考虑到"中国因素",但是极少比较"中国因素"中的需求方面和流动性方面对大宗商品价格影响的差异,以及"中国因素"在大宗商品价格波动中的作用机制和影响程度;（2）随着中国经济、金融结构的变化以及对外开放程度的不断提高,中国对大宗商品价格影响程度很可能发生变化,但是极少有研究注意到这种动态变化;（3）相比发达国家,中国能源消耗的密集度较低,货币的国际化程度也较低,现有文献较少分析中国因素和发达国家因素对大宗商品价格影响的差异;（4）现有文献大多研究中国对石油价格的影响,很少涉及中国对更多品种大宗商品价格的影响的研究。

本节的主要创新在于,比较"中国因素"与"发达国家因素"在石油和铜、铝、铅、镍、锡、锌六种普通金属价格决定中的相对重要性,并且具体考察这种相对重要性的动态变化及其原因。本节具有以下特点:第一,研究样本的时间区间覆盖了 2008 年金融危机前后的不同阶段,并且包含最新的大宗商品价格波动状况。本节选取 2000 年 1 月到 2013 年 7 月的月度数据,研究国际大宗商品市场上的影响因素。第二,针对 2008 年国际金融危机爆发可能带来的变化,本节运用递归 VAR 方法进行分析,比较发达国家因素与中国因素对大宗商品价格的影响如何随时间发生变化。

三、基于全样本时期 VAR 模型的初步考察

（一）变量选取与数据处理

本节选取 2000 年 1 月到 2013 年 7 月的月度数据进行实证分析,采用变量如下。

石油和普通金属（铜、铝、铅、镍、锡、锌）产量。数据均为同比增长率形式，其中石油产量数据来自美国能源信息署（EIA）和笔者计算，普通金属产量数据来自 Bloomberg 数据库和笔者计算，经过 X – 12 季节调整。

经济合作与发展组织（OECD）成员国工业产出，用 OECD 国家工业生产指数表示。数据为同比增长率形式，来自中经网统计数据库和作者计算，经过 X – 12 季节调整。

中国工业产出，用中国工业增加值表示。数据为同比增长率形式，来自国际货币基金组织（IMF）。

石油和普通金属实际价格。数据均为同比增长率形式，来自国际货币基金组织（IMF）和笔者计算，经过美国 CPI 调整和 X – 12 季节调整。

OECD 成员国实际 M2 指数。数据为同比增长率形式，来自中经网数据库和笔者计算，经过美国 CPI 和 X – 12 季节调整。

中国实际 M2。数据为同比增长率形式，来自国际货币基金组织（IMF）。

其中，美国 CPI 数据来自美国劳动局。石油和普通金属产量代表供给因素，OECD 国家工业产出和中国工业产出代表需求因素，OECD 国家实际 M2 指数和中国实际 M2 代表货币因素。我们将上述数据按照大宗商品种类分成七组，每组都包含供给因素、需求因素、价格、货币因素共 6 个指标。

各变量的描述性统计结果如表 1 所示。

表 1　　　　　　　　　　　　　　**变量描述性统计**

变量名称	平均值	最大值	最小值	标准差	偏差	个数
OECD 工业产出	0.0117	0.1013	− 0.1682	0.0504	− 1.7902	163
中国工业产出	0.1374	0.2094	0.0382	0.0353	− 0.3679	163
OECD M2	0.0425	0.0941	− 0.0018	0.0206	0.5956	163
中国 M2	0.1712	0.2970	0.1257	0.0376	1.5189	163
石油供给	0.0135	0.0734	− 0.0324	0.0228	0.3756	163
石油实际价格	0.1531	1.2787	− 0.5778	0.3422	0.3579	163
铜供给	0.0288	0.1072	− 0.0484	0.0314	− 0.1128	163
铜实际价格	0.1498	1.3738	− 0.5731	0.3560	0.7876	163
铝供给	0.0541	0.2179	− 0.1317	0.0545	− 0.6298	163
铝实际价格	0.0247	0.6247	− 0.5585	0.2090	0.0008	163
铅供给	− 0.0004	0.7860	− 0.2942	0.1083	2.1520	163
铅实际价格	0.1583	1.8599	− 0.6300	0.4265	1.1665	163
镍供给	0.0505	0.3017	− 0.1278	0.0686	0.7459	163

续表

变量名称	平均值	最大值	最小值	标准差	偏差	个数
镍实际价格	0.1600	1.9800	-0.6888	0.5284	1.0926	163
锡供给	0.0343	0.3922	-0.2446	0.1111	0.4348	163
锡实际价格	0.1351	0.9206	-0.4631	0.3560	0.4301	163
锌供给	0.0359	0.2549	-0.1095	0.0643	0.4875	163
锌实际价格	0.0960	1.7112	-0.5773	0.4573	1.6290	163

（二）序列平稳性检验

在建立 VAR 模型时，如果变量的时间序列是非平稳序列，容易产生"伪回归"现象，导致结果无效。因此，我们运用 ADF 单位根检验对所有变量进行平稳性检验。在 ADF 检验中，滞后期使用 SIC 准则在最大滞后 8 期内选取；结合各变量走势，确定是否在平稳性检验中加入常数项、趋势项。检验结果如表 2 所示。

表 2　　　　　　　　　　　变量的 ADF 单位根检验结果

时间序列	p 值	方程包含项	是否平稳
OECD 国家工业生产	0.0007	常数项	是
中国工业增加值	0.0398	常数项	是
OECD 国家 M2	0.0024	常数项	是
中国 M2	0.0487	常数项	是
石油供给	0.0605	常数项	是
石油实际价格	0.0079	常数项	是
铜供给	0.0002*	常数项	是
铜实际价格	0.0353	常数项	是
铝供给	0.0059*	常数项	是
铝实际价格	0.0014	无	是
铅供给	0.0023	常数项	是
铅实际价格	0.0000	无	是
镍供给	0.0004*	常数项	是
镍实际价格	0.0224	常数项	是
锡供给	0.0000	无	是
锡实际价格	0.0199	无	是
锌供给	0.0100	常数项	是
锌实际价格	0.0130	无	是

注："＊"表示该变量 ADF 检验不平稳，PP 检验平稳，p 值为 PP 检验结果。

从表 2 可以看出，所有序列在 90% 的置信水平下为平稳序列，因此可以构建向量自回归（VAR）模型。

（三）格兰杰非因果关系检验

格兰杰非因果关系检验是验证一个变量的滞后变量是否可以引入其他变量的方程中，即检验一个变量是否会受到另一变量的滞后影响。由于各变量均为平稳序列，可以进行格兰杰非因果关系检验。检验结果如表 3 所示，可以看出，在大多数情况下，各变量在 90% 的置信水平下都是石油和普通金属价格的格兰杰原因。

表 3 格兰杰非因果关系检验结果

原假设	F 统计量	概率	滞后阶数
石油产量（S）不是石油价格的格兰杰原因	0.5792	0.6295	3
OECD 国家工业产出（OECDIP）不是石油价格的格兰杰原因	3.7007	0.0131	3
中国工业产出（CHINAIP）不是石油价格的格兰杰原因	6.0624	0.0006	3
OECD 国家流动性（OECDM2）不是石油价格的格兰杰原因	1.4457	0.2217	3
中国流动性（CHINAM2）不是石油价格的格兰杰原因	1.0809	0.3590	3
铜产量（S）不是铜价格的格兰杰原因	0.1606	0.9227	3
OECD 国家工业产出（OECDIP）不是铜价格的格兰杰原因	2.2811	0.0815	3
中国工业产出（CHINAIP）不是铜价格的格兰杰原因	4.7769	0.0033	3
OECD 国家流动性（OECDM2）不是铜价格的格兰杰原因	1.6741	0.1749	3
中国流动性（CHINAM2）不是铜价格的格兰杰原因	3.9153	0.0100	3
铝产量（S）不是铝价格的格兰杰原因	3.5058	0.0169	3
OECD 国家工业产出（OECDIP）不是铝价格的格兰杰原因	6.3912	0.0004	3
中国工业产出（CHINAIP）不是铝价格的格兰杰原因	8.2807	0.0000	3
OECD 国家流动性（OECDM2）不是铝价格的格兰杰原因	2.8490	0.0394	3
中国流动性（CHINAM2）不是铝价格的格兰杰原因	4.1030	0.0078	3
铅产量（S）不是铅价格的格兰杰原因	1.1748	0.3213	3
OECD 国家工业产出（OECDIP）不是铅价格的格兰杰原因	0.7506	0.5236	3
中国工业产出（CHINAIP）不是铅价格的格兰杰原因	1.8545	0.1397	3
OECD 国家流动性（OECDM2）不是铅价格的格兰杰原因	1.7864	0.1521	3
中国流动性（CHINAM2）不是铅价格的格兰杰原因	2.0723	0.1062	3
镍产量（S）不是镍价格的格兰杰原因	0.5954	0.6190	3
OECD 国家工业产出（OECDIP）不是镍价格的格兰杰原因	3.2827	0.0225	3
中国工业产出（CHINAIP）不是镍价格的格兰杰原因	3.5919	0.0151	3
OECD 国家流动性（OECDM2）不是镍价格的格兰杰原因	2.9079	0.0365	3
中国流动性（CHINAM2）不是镍价格的格兰杰原因	2.3249	0.0771	3
锡产量（S）不是锡价格的格兰杰原因	1.6014	0.1914	3
OECD 国家工业产出（OECDIP）不是锡价格的格兰杰原因	2.0264	0.1125	3
中国工业产出（CHINAIP）不是锡价格的格兰杰原因	5.3669	0.0015	3

原假设	F 统计量	概率	滞后阶数
OECD 国家流动性（OECDM2）不是锡价格的格兰杰原因	0.3396	0.7968	3
中国流动性（CHINAM2）不是锡价格的格兰杰原因	3.0055	0.0322	3
锌产量（S）不是锌价格的格兰杰原因	3.2487	0.0236	3
OECD 国家工业产出（OECDIP）不是锌价格的格兰杰原因	1.7905	0.1513	3
中国工业产出（CHINAIP）不是锌价格的格兰杰原因	1.1421	0.3340	3
OECD 国家流动性（OECDM2）不是锌价格的格兰杰原因	0.8639	0.4613	3
中国流动性（CHINAM2）不是锌价格的格兰杰原因	1.9214	0.1285	3

（四）向量自回归模型（VAR）

由于各变量均为平稳序列，我们建立非限制 VAR 模型。根据 SC 和 AIC 准则，本节选取的滞后期为 3 期。非限制 VAR 模型为：$y_t = \Phi_1 y_{t-1} + \cdots + \Phi_p y_{t-p} + \varepsilon_t$，$t = 1$，$2$，$\cdots$，$T$，其中 y_t 为内生变量，包括大宗商品供给（S）、OECD 国家工业产出（OECDIP）、中国工业产出（CHINAIP）、大宗商品价格（P）、OECD 国家 M2（OECDM2）和中国 M2（CHINAM2），ε_t 为白噪声扰动项。根据大宗商品种类不同，本节建立了石油、铜、铝、铅、镍、锡和锌共 7 个 VAR 模型。VAR 模型估计的单个系数没有很强的经济学含义，不能揭示某个变量的变化对系统内其他变量的影响及支持时间，因此本节在这里不汇报具体的估计结果，而是采用脉冲响应、方差分解和历史分解的方法对模型展开分析。

1. 脉冲响应结果分析

脉冲响应函数描述的是一个变量的冲击对系统的动态影响。图 2 到图 8 描述了国际大宗商品价格对供给、OECD 国家总体经济需求、中国经济需求、大宗商品特定需求、OECD 国家总体流动性和中国流动性这 6 个变量冲击的响应。从图 2 至图 8 可以看出，除了流动性外，其他变量与石油、铜、铝、铅、镍、锡六种大宗商品价格的关系都符合经济理论。国际锌价对 OECD 国家总体经济需求冲击的反应与理论背离，主要原因在于国际锌产量波动比较剧烈，国际锌价受供给影响很大，掩盖了 OECD 国家总体经济需求与国际大宗商品价格之间的传导机制。由于锌的价格决定与其他大宗商品有较大不同，不具有一般性，在后文不再具体分析。国际石油、铜、铝、铅、锡价格对流动性冲击的反应在前期出现与理论背离的情况，主要原因在于货币政策调控的背景及滞后性导致大宗商品价格不能马上对流动性变化作出相应反应。在经济低迷时，政府倾向于采取宽松的货币政策，向市场注入流动性从而提振经济。然而，在流动性增长初期，政策效果还未显现，经济仍会维持低迷状态甚至走向衰退，投资者对经济前景预期普遍悲观，大宗商品需求疲软。尽管流动性提高，但经济需求下降对大宗商品影响更大，导致流动性和大宗商品价格在短期内呈反向变动趋势。在经济过热时，政府倾向于采取紧缩的货币政策，降低市场流动性从而稳定经济。然而，在流动性降低初期，政策效果还未显现，经济仍会维持过热的状态，投资者信心高涨，大宗商品需求旺盛。尽管流动性降低，但经济需求上升对大宗商品影响更大，同样导致流动性和大宗商品价格在短期内反向变动。

图2到图8分别表示国际石油、铜、铝、铅、镍、锡和锌价格对于各种冲击的反应，各图从左到右依次为价格对OECD国家总体经济需求和中国经济需求、价格对OECD国家总体流动性和中国流动性、价格对大宗商品特定需求和供给的脉冲响应结果。通过比较七种大宗商品的脉冲响应结果，可以发现：（1）除锌以外，来自工业产出的冲击在前期都对大宗商品价格存在正向影响。其中，来自OECD国家工业产出的一个单位标准差的正向冲击首先使大宗商品价格上升，在第5期左右达到峰值，之后影响程度呈下降趋势，对石油、铝和锡的影响在第15期左右由正转负，对铜、铅和镍的影响在第11期左右由正转负，在第25期之后影响趋于零。来自中国工业产出的一个单位标准差的正向冲击首先使大宗商品价格上升，在第3期左右达到峰值，之后影响程度呈下降趋势，对石油、铅和锡的影响基本为正；对铜、铅的影响在15期左右由正转负，对镍的影响在12期左右由正转负，且负向影响程度小于OECD国家总体经济需求，在20期后影响趋于零。工业产出对大宗商品价格的影响在后期存在反转的情况，其原因可能在于：工业产出增加引起大宗商品价格上升和通货膨胀，中央银行实行紧缩的货币政策或提高利率以抑制通货膨胀、防止经济过热，进而导致大宗商品价格下降。通过对比脉冲响应结果可以发现，OECD国家总体经济需求冲击对石油、镍、锡价格的正向影响在短期高于中国经济需求冲击，在长期低于中国经济需求冲击；对铜、铝、铅价格的正向影响在短期和长期均低于中国经济需求冲击。从前10期的脉冲响应结果看，OECD国家工业产出冲击对石油、镍、锡价格的脉冲响应系数平均值分别为0.0406、0.0265和0.0236，而中国工业产出冲击对石油、镍、锡价格的脉冲响应系数平均值分别为0.0397、0.0238和0.0156，低于发达国家；OECD国家工业产出冲击对铜、铝、铅价格的脉冲响应系数平均值分别为0.0215、0.0254、0.0145，而中国工业产出冲击对铜、铝、铅价格的脉冲响应系数平均值分别为0.0356、0.0256、0.0243，高于发达国家。从前30期的脉冲响应结果看，OECD国家工业产出冲击对石油、铜、铝、铅、镍、锡价格的脉冲响应系数平均值分别为0.0065、−0.0131、0.0004、−0.0065、−0.0111、−0.0034，而中国工业产出冲击对石油、铜、铝、铅、镍、锡价格的脉冲响应系数平均值分别为0.0152、0.0120、0.0084、0.0196、0.0035、0.0098，高于发达国家。

（2）对七种大宗商品的研究都表明，来自流动性的冲击在总体上对大宗商品价格产生正向影响。其中，来自 OECD 国家总体流动性的一个单位标准差的正向冲击，会导致石油、铜、铝和铅的价格在短期内小幅下降；对石油和铜价格的影响在第 6 期后由负转正，对铝价格的影响在第 9 期后由负转正，对铅价格的影响在第 2 期后由负转正；除锌以外，OECD 国家流动性对价格的影响程度在 14 期左右达到峰值，之后影响趋于零但一直为正。来自中国流动性的一个单位标准差的正向冲击，会导致石油、铅和锡的价格在短期内小幅下降；对石油和锡价格的影响在第 2 期后由负转正，对铅价格的影响在第 4 期后由负转正；中国流动性对大宗商品价格的影响程度在第 9 期左右达到峰值，之后呈下降趋势，对石油、铜、铅、镍和锌的影响在第 19 期左右由正转负，对铝和锡的影响在第 24 期左右由正转负。流动性的正向冲击会导致部分大宗商品价格先下降后上升，其原因可能在于：增加流动性通常是在经济低迷时期，由于货币政策效应存在时滞，流动性扩张初期大宗商品价格受需求影响仍然呈下降趋势；当货币政策效应开始显现后，大宗商品价格才会有所上升。中国流动性对大宗商品价格的影响在后期反转，原因可能在于：流动性提高推动大宗商品价格上升和通货膨胀，中央银行实行紧缩的货币政策或提高利率以抑制通货膨胀，进而导致大宗商品价格下降。通过对比脉冲响应结果可以发现，在短期，OECD 国家总体流动性冲击对铅、镍、锡价格的正向影响高于中国流动性冲击，对石油、铜、铝的正向影响低于中国流动性；在长期，OECD 国家总体流动性对石油、铜、铅、镍、锡价格的正向影响高于中国流动性冲击，对铝价格的正向影响低于中国流动性冲击。从前 10 期的脉冲响应结果看，OECD 国家流动性冲击对铅、镍、锡价格的脉冲响应系数平均值分别为 0.0286、0.0304、0.0332，而中国流动性冲击对铅、镍、锡价格的脉冲响应系数平均值分别为 0.0070、0.0242、0.0224，低于 OECD 国家；OECD 国家流动性冲击对石油、铜、铝价格的脉冲响应系数平均值分别为 0.0006、0.0053、-0.0068，而中国流动性冲击对石油、铜、铝价格的脉冲响应系数平均值分别为 0.0117、0.0298、0.0178，高于 OECD 国家。从前 30 期的脉冲响应结果看，OECD 国家流动性冲击对石油、铜、铅、镍、锡价格的脉冲响应系数平均值分别为 0.0100、0.0175、0.0350、0.0330、0.0321，而中国流动性冲击对石油、铜、铅、镍、锡价格的脉冲响应系数平均值分别为 0.0032、0.0112、-0.0002、0.0075、0.0158，低于 OECD 国家；OECD 国家流动性冲击和中国流动性冲击对铝价格的脉冲响应系数平均值分别为 0.0065、0.0103，中国流动性的系数平均值低于 OECD 国家。

（3）对七种大宗商品的研究都表明，来自供给的一个单位标准差的正向冲击，在 30 期内会导致大宗商品价格几乎全部为负的反应；除锌以外，影响程度总体小于经济需求和流动性因素。（4）对七种大宗商品的研究都表明，来自大宗商品特定需求的一个单位标准差的正向冲击，在第 1 期会导致价格显著上升，影响程度远远大于经济需求和流动性变量；之后影响程度总体呈下降趋势，在一定时间后由正转负。总之，在短期，需求方面，中国对石油、镍、锡价格的影响程度低于发达国家，对铜、铝、铅价格的影响程度高于发达国家；在货币方面，中国对铅、镍、锡价格的影响程度低于发达国家，对石油、铜、铝价格的影响程度高于发达国家。在长期，需求方面，中国对大宗商品价格的影响程度高于发达国家；在货币方面，中国对大宗商品价格的影响程度低于发达国家。

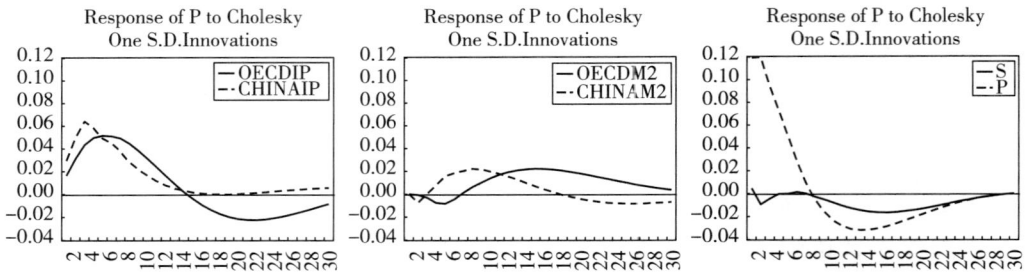

图 2　国际石油价格的脉冲响应结果比较

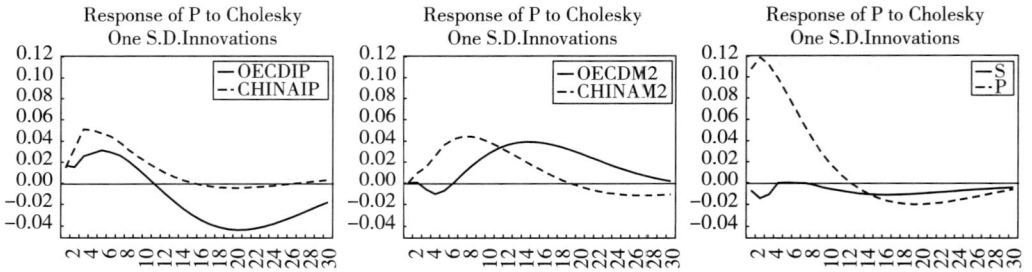

图 3　国际铜价格的脉冲响应结果比较

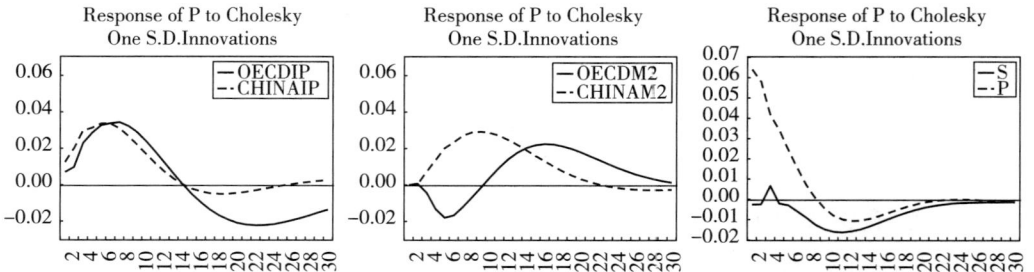

图 4　国际铝价格的脉冲响应结果比较

Response of P to Cholesky
One S.D.Innovations

Response of P to Cholesky
One S.D.Innovations

Response of P to Cholesky
One S.D.Innovations

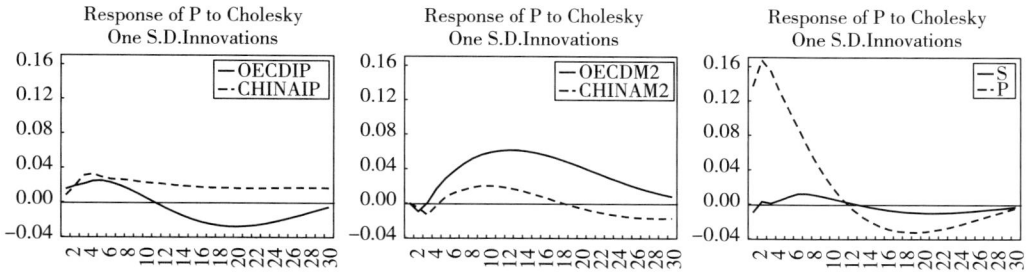

图5　国际铅价格的脉冲响应结果比较

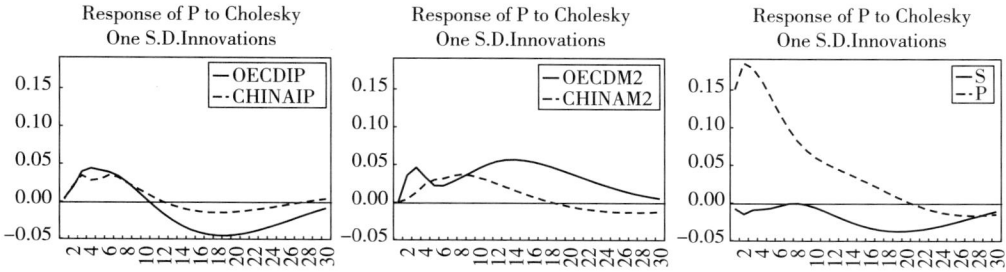

Response of P to Cholesky
One S.D.Innovations

Response of P to Cholesky
One S.D.Innovations

Response of P to Cholesky
One S.D.Innovations

图6　国际镍价格的脉冲响应结果比较

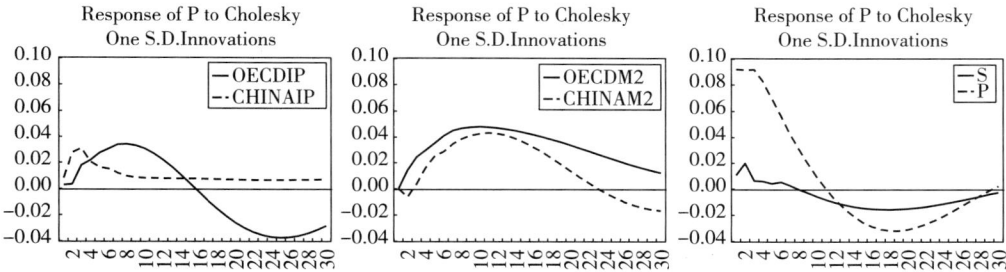

Response of P to Cholesky
One S.D.Innovations

Response of P to Cholesky
One S.D.Innovations

Response of P to Cholesky
One S.D.Innovations

图7　国际锡价格的脉冲响应结果比较

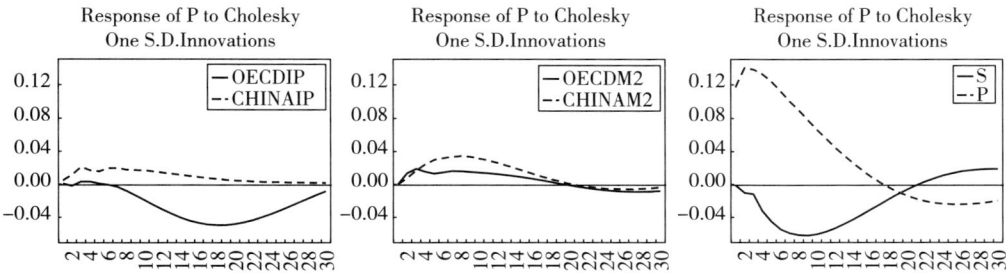

Response of P to Cholesky
One S.D.Innovations

Response of P to Cholesky
One S.D.Innovations

Response of P to Cholesky
One S.D.Innovations

图8　国际锌价格的脉冲响应结果比较

2. 方差分解结果分析

方差分解通过分析每一种冲击对内生变量变化（通常用方差度量）的贡献度，能够给出对 VAR 模型中变量产生影响的各随机扰动项的相对重要性。表 4 描述了石油和六种普通金属价格波动的方差分解结果。我们选取第 18 期的结果，可以发现各变量对石油价格的贡献度依次为供给（2.58%）、OECD 国家总体经济需求（21.31%）、中国经济需求（16.87%）、大宗商品特定需求（50.53%）、OECD 国家总体流动性（5.14%）、中国流动性（3.57%）；对铜价格的贡献度依次为供给（1.38%）、OECD 国家总体经济需求（18.24%）、中国经济需求（10.15%）、大宗商品特定需求（47.84%）、OECD 国家总体流动性（11.45%）、中国流动性（15.37%）；对铝价格的贡献度依次为供给（4.57%）、OECD 国家总体经济需求（27.49%）、中国经济需求（15.75%）、大宗商品特定需求（25.27%）、OECD 国家总体流动性（11.54%）、中国流动性（15.37%）；对铅价格的贡献度依次为供给（0.86%）、OECD 国家总体经济需求（5.59%）、中国经济需求（5.98%）、大宗商品特定需求（60.80%）、OECD 国家总体流动性（24.15%）、中国流动性（2.61%）；对镍价格的贡献度依次为供给（5.50%）、OECD 国家总体经济需求（10.45%）、中国经济需求（2.84%）、大宗商品特定需求（63.45%）、OECD 国家总体流动性（13.94%）、中国流动性（3.83%）；对锡价格的贡献度依次为供给（2.55%）、OECD 国家总体经济需求（15.70%）、中国经济需求（2.92%）、大宗商品特定需求（38.13%）、OECD 国家总体流动性（26.13%）、中国流动性（14.57%）；对锌价格的贡献度依次为供给（16.52%）、OECD 国家总体经济需求（12.86%）、中国经济需求（1.73%）、大宗商品特定需求（62.73%）、OECD 国家总体流动性（1.51%）、中国流动性（4.64%）。

表 4 国际大宗商品价格波动的方差分解结果

大宗商品	时期	S	OECDIP	CHINAIP	P	OECDM2	CHINAM2
	10	0.27	20.52	21.02	54.79	0.58	2.82
石油	20	2.34	19.40	17.74	52.91	4.42	3.19
	30	2.58	21.31	16.87	50.53	5.14	3.57
	10	0.45	5.35	14.47	66.33	1.94	11.45
铜	20	1.18	11.88	11.43	52.58	11.40	11.53
	30	1.38	18.24	10.15	47.84	11.45	10.95
	10	2.57	22.86	22.13	35.44	3.17	13.85
铝	20	4.98	21.68	17.38	28.05	10.97	16.96
	30	4.57	27.49	15.75	25.27	11.54	15.37

续表

大宗商品	时期	S	OECDIP	CHINAIP	P	OECDM2	CHINAM2
铅	10	0.49	2.43	4.48	81.43	9.90	1.27
	20	0.62	4.14	5.16	64.78	23.68	1.62
	30	0.86	5.59	5.98	60.80	24.15	2.61
镍	10	0.26	4.43	3.18	83.31	5.23	3.60
	20	3.47	8.32	2.90	68.11	13.58	3.62
	30	5.50	10.45	2.84	63.45	13.94	3.83
锡	10	0.90	9.13	4.08	57.51	17.79	10.59
	20	2.22	8.58	3.12	42.78	26.92	16.38
	30	2.55	15.70	2.92	38.13	26.13	14.57
锌	10	13.17	0.40	1.71	78.95	1.31	4.45
	20	16.94	9.25	1.85	65.66	1.37	4.92
	30	16.52	12.86	1.73	62.73	1.51	4.64

比较供给因素、需求因素和货币因素对七种大宗商品价格波动的贡献度，可以看出：（1）需求因素对国际大宗商品价格的解释力高于货币因素（除锡以外）。（2）供给因素对大宗商品价格的解释力一般小于其他各变量（除镍、锌以外）。供给对锌价格波动的贡献度非常特殊，达16.52%，可能的原因在于锌的供给剧烈波动导致价格产生巨大变动。

通过比较发达国家因素和中国因素对七种大宗商品价格波动的贡献度，可以看出：（1）总体而言，发达国家需求对国际大宗商品价格的解释力高于中国需求（除铅以外，发达国家需求对铅价格的解释力略低于中国需求），但中国需求的影响程度也不容忽视。OECD国家工业产出对石油、铜、铝这三种主要产品价格波动的贡献度分别达21.31%、18.24%、27.49%，中国工业产出对石油、铜、铝价格波动的贡献度分别达16.87%、10.15%、15.75%。（2）总体而言，发达国家流动性对国际大宗商品价格的解释力高于中国流动性（除铝、锌以外），但中国需求的影响程度同样不容忽视。OECD国家货币供应量对石油、铜、铝、铅、镍、锡、锌价格波动的贡献度分别达5.14%、11.45%、11.54%、24.15%、13.94%、26.13%、1.51%，中国货币供应量对石油、铜、铝、铅、镍、锡、锌价格波动的贡献度分别达3.57%、10.95%、15.37%、2.61%、3.83%、14.57%、4.64%。总之，无论是从需求方面还是货币方面来看，中国因素对国际大宗商品价格波动的贡献度通常都低于发达国家。

3. 历史分解结果分析

为了深入了解2000—2013年不同冲击在各个时点对大宗商品价格的影响程度，

本节采用历史分解（historical decomposition）的方法进行分析。历史分解将变量的历史数据分为两个部分，用方程表示为 $X_{T+j} = \sum_{i=0}^{j-1} \phi_i u_{T+j-i} + \sum_{i=j}^{\infty} \phi_i u_{T+j-i}$。其中，第一部分是以 T 时刻为基期，从 $T+1$ 至 $T+j$ 时刻各个冲击对当前变量的影响，这种影响导致实际值与预测值之间产生偏差；第二部分是根据基期 T 时刻得到的信息对 $T+j$ 时刻的预测值，实际值等于预测值与冲击贡献值之和。石油、铜、铝、铅、镍、锡、锌七种大宗商品价格的历史分解结果如图9到图15所示，可以发现：（1）供给冲击方面。相比于经济需求冲击、特定需求冲击和流动性冲击，供给冲击对大宗商品价格的影响程度很小。（2）经济需求冲击方面。OECD国家总体经济需求对大宗商品价格的影响程度普遍大于中国经济需求；2008年后，OECD国家总体经济需求的影响程度普遍上升，中国总体经济需求对石油、铜、铝、镍价格的影响有一定程度的上升。（3）特定需求冲击方面。特定需求冲击对大宗商品价格的影响程度最大；除锡以外，特定需求冲击对大宗商品价格的影响均呈先上升后下降的趋势。（4）流动性冲击方面。除锡和镍以外，对于石油、铜、铝、铅、锌，2008年以前，中国流动性冲击的影响程度大于OECD国家总体流动性；2008年后，中国流动性冲击和OECD国家总体流动性的影响没有显著差异，且均有一定程度的下降。

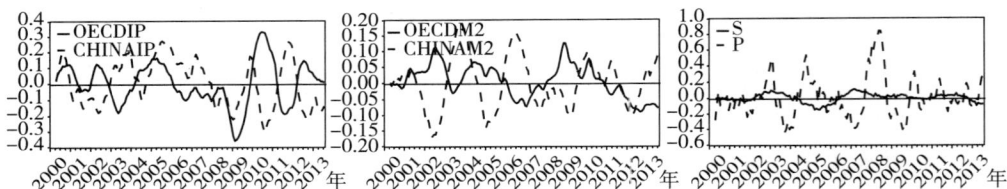

图9　国际石油价格的历史分解结果比较

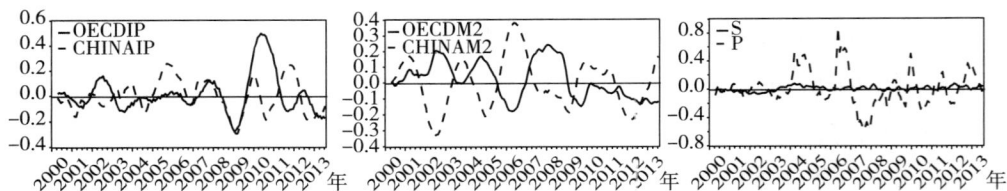

图10　国际铜价格的历史分解结果比较

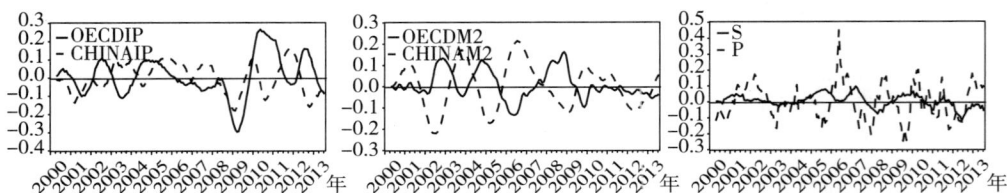

图11　国际铝价格的历史分解结果比较

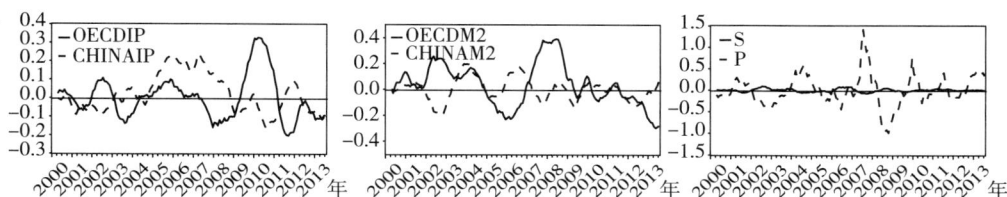

图 12　国际铅价格的历史分解结果比较

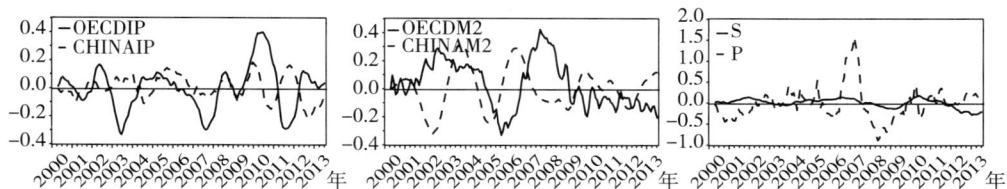

图 13　国际镍价格的历史分解结果比较

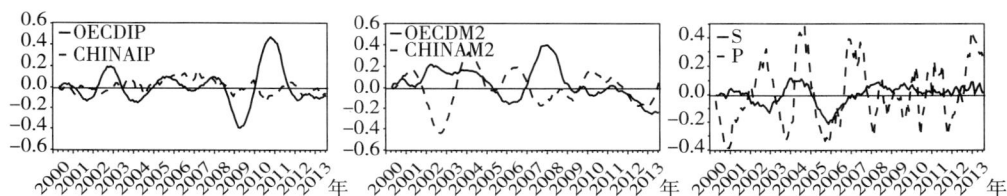

图 14　国际锡价格的历史分解结果比较

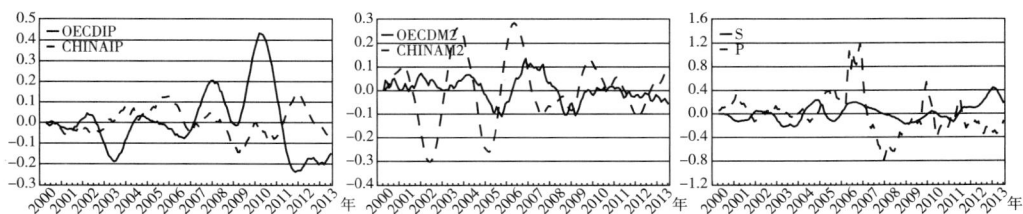

图 15　国际锌价格的历史分解结果比较

本节将样本区间划分为三个阶段，计算大宗商品价格的历史分解结果在不同阶段的平均值，可以发现：在不同时期，影响大宗商品价格变动的因素存在明显变化。各类大宗商品在不同阶段的冲击平均值如图 16 至图 22 所示。

第一阶段（2000 年 4 月至 2008 年 6 月）为金融危机爆发以前，供给对铝、镍价格具有显著推升作用；OECD 国家经济需求对石油、锡价格具有显著提升作用，对镍价格具有显著压低作用；中国经济需求对石油、铜、铝、铅、镍、锡、锌价格均具有显著推升作用；特定需求对石油、铜、铅、锌价格有显著推升作用，对锡价格有显著压低作用；OECD 国家流动性对石油、铜、铝、铅、镍、锡、锌价格均具有显著推升作用；中国流动性对铜、铝、铅价格有显著推升作用。这表明，在金融危机前的这一段时间，中国经济增长迅速，OECD 国家整体货币供应量上升，从而引起石油和六种基本金属的价格上涨；大宗商品供给一般比较稳定，OECD 国家经济增长速度总体小于中国，中国流动性虽有上升但货币国际化程度较低，三种冲击仅对小部分商品的价格有较为明显的正向影响，作用不具有普遍性。

第二阶段（2008 年 7 月至 2010 年 6 月）为金融危机爆发以后，供给对铝、锡价格具有显著推升作用，对锌价格具有显著压低作用；OECD 国家经济需求对铜、铅、镍、锌价格具有显著提升作用，对石油、铝、锡价格具有显著压低作用；中国经济需求对镍价格具有显著推升作用，对石油、铜、铝、铅、锡、锌价格具有显著压低作用；特定需求对石油、铜、铅、镍、锡、锌价格有显著压低作用；OECD 国家流动性对石油、铝、铅价格均具有显著推升作用，对铜、锌价格有显著压低作用；中国流动性对锡、锌价格有显著推升作用。这表明，2008 年金融危机爆发后，全球经济形势恶化，OECD 国家和中国需求下降，导致石油和部分金属价格下跌；部分金属价格上升可能是由于相关产业需求未随整体经济下滑。在这一阶段，美国推出第一轮量化宽松货币政策（2008 年 12 月至 2010 年 4 月），OECD 国家流动性提高，推升了石油和部分普通金属的价格，但也压低了部分金属的价格，其正向影响有限；中国推出财政刺激政策，流动性增加，但只推升了部分金属的价格，对石油和其他金属价格作用不显著。

第三阶段（2010 年 7 月至 2013 年 7 月）为金融危机爆发后、美国退出第一轮量化宽松货币政策（QE1）后，供给对铜、锡、锌价格具有显著推升作用，对铝、镍价格具有显著压低作用；OECD 国家经济需求对石油、铜、铝、锡价格具有显著提升作用，对铅、锌价格具有显著压低作用；中国经济需求对石油、铜、铅、镍、锌价格具有显著压低作用；特定需求对石油、铅、镍、锡价格有显著推升作用，对锌价格有显著压低作用；OECD 国家流动性对石油、铜、铝、铅、镍、锡价格有显著压低作用；中国流动性对铜、铝、铅、锡价格有显著压低作用。这一阶段的开始正值美国退出第一轮量化宽松货币政策，此后又经历了第二轮量化宽松货币政策（QE2）（2010 年 11 月至 2011 年 6 月）和扭曲操作（2011 年 9 月至 2012 年 12 月），OECD 国家经济处于复苏阶段，这推升了石油和部分金属的价格；中国经济增速放缓，压低了石油和普通金属价格。经历过第二阶段的量化宽松政策，OECD 国家和中国流动性的增长速度减缓，压低了石油和普通金属的价格。

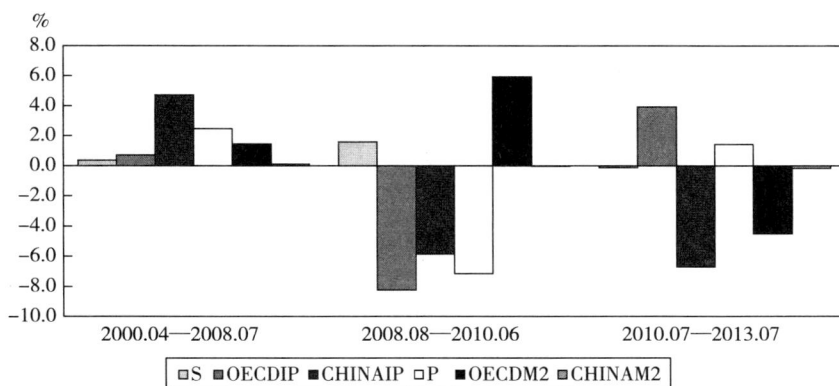

图 16　冲击的阶段平均值（石油）

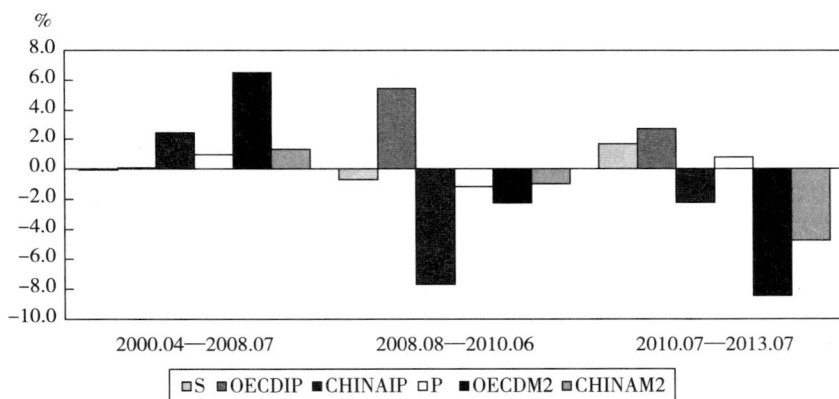

图 17　冲击的阶段平均值（铜）

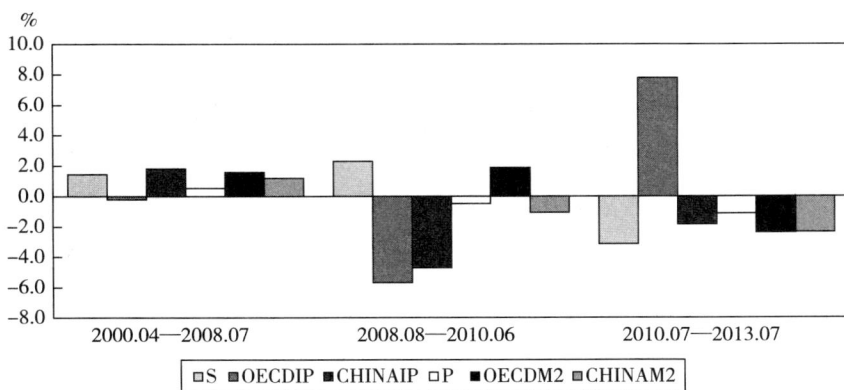

图 18　冲击的阶段平均值（铝）

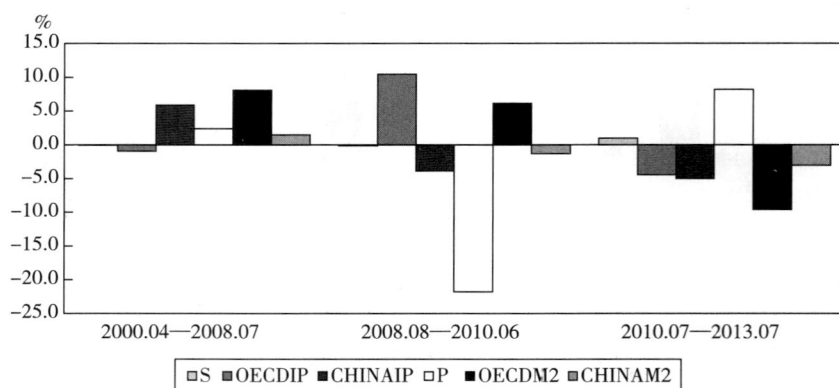

图 19　冲击的阶段平均值（铅）

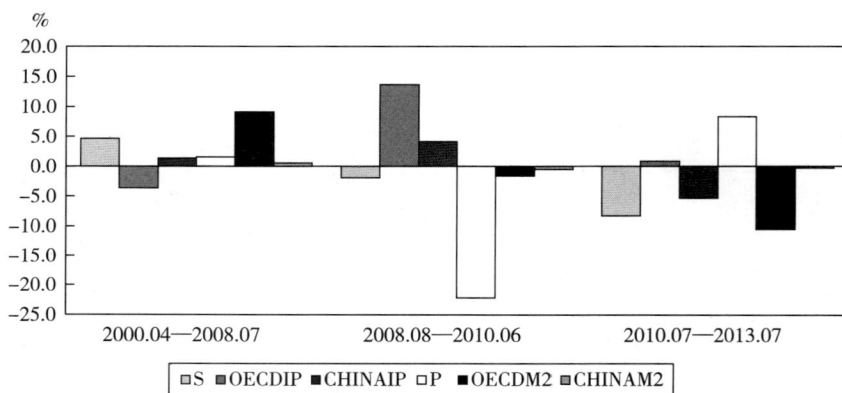

图 20　冲击的阶段平均值（镍）

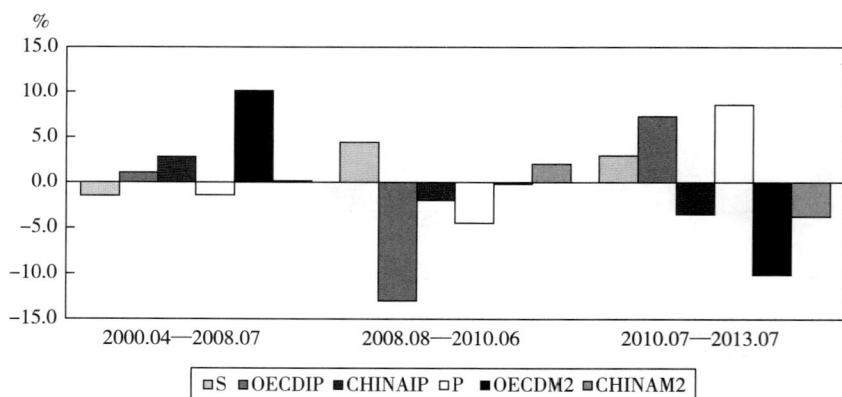

图 21　冲击的阶段平均值（锡）

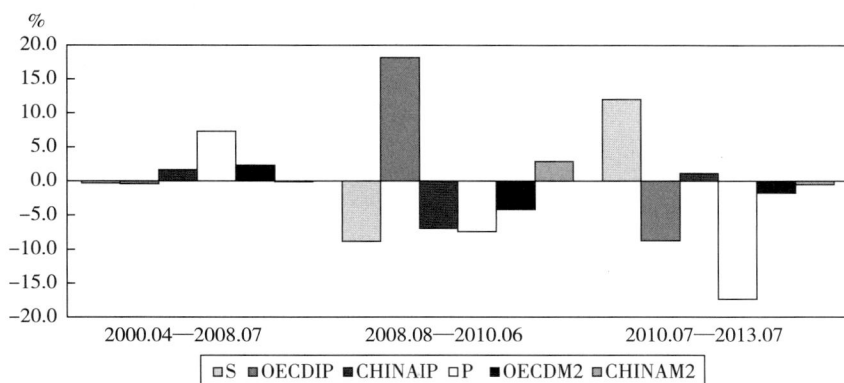

图 22　冲击的阶段平均值（锌）

四、基于递归 VAR 模型的进一步考察

近十年间，中国经济、金融改革不断深入，供需结构、市场化程度以及开放程度都发生了巨大变化，将 2000—2013 年整体作为样本进行研究可能会忽略这些变化的影响。因此，本节采用递归 VAR 方法检验中国需求因素和货币因素对大宗商品价格的影响是否会随时间发生变化。具体做法如下：分别将石油、铜、铝、铅、镍、锡、锌七组数据中从 2000 年 1 月到 2002 年 12 月的数据作为样本基期，估计出第一个 VAR 方程；之后每次向前扩展一个月建立新的 VAR 方程，一直扩展到 2013 年 7 月为止，可以得到每组各 128 个 VAR 方程。本节选取 VAR 方程的累积脉冲响应结果达到稳定的一期（第 15 期）进行分析；变量中选取 OECD 国家工业产出、中国工业产出、OECD 国家 M2、中国 M2，通过比较需求因素和货币因素对大宗商品价格影响的变化情况，研究中国因素对国际大宗商品价格的影响程度如何随时间发生变化。

1. 中国工业产出与 OECD 国家工业产出的递归结果比较

从大宗商品的供求状况看，除农产品外的其他大宗商品的产能增加周期至少需要数年时间，短期内大宗商品供求状况主要取决于需求，而经济增长又是影响需求的主要因素。全球经济在 2002 年走出低谷后，经历了 2003—2004 年的加速增长，引起大宗商品需求上升；2006 年全球经济的超预期增长，更使大宗商品需求的增长明显加快，进一步推升了大宗商品价格；而 2008 年金融危机爆发后，需求的迅速减少又导致大宗商品价格下跌。图 23 到图 29 显示了 2002—2013 年国际大宗商品价格对中国工业产出与 OECD 国家工业产出的累积脉冲响应结果。可以发现，（1）总体而言，OECD 国家工业产出和中国工业产出对大宗商品价格的影响程度上升。比较金融危机前后的累积脉冲响应系数平均值，可以发现，除锌以外的大宗商品价格对 OECD

国家工业产出的脉冲响应系数平均值上升，石油、铜、铝、铅、锌价格对中国工业产出的脉冲响应系数平均值上升。（2）时间区间和大宗商品种类不同，OECD 国家工业产出和中国工业产出对大宗商品价格的相对影响程度不同。从 2002 年 12 月到 2007 年 4 月，OECD 国家工业产出对石油和锌价格的影响程度大于中国工业产出，对铜、铝、铅、镍、锡价格的影响程度小于中国工业产出。这种现象产生的主要原因在于：在国际金融危机爆发前，世界经济运行良好，需求层面对大宗商品价格存在向上的推动力；此时中国经济增速大于发达国家，对大宗商品的需求明显上升，因此对多数普通金属的价格有更大的推升作用。从 2008 年 8 月到 2010 年 4 月，OECD 国家工业产出对各类大宗商品价格的影响程度均大于中国工业产出。这种现象产生的主要原因在于：这一时期正值国际金融危机爆发和蔓延，世界范围内需求普遍下滑，而发达国家经济下滑尤为明显，对国际大宗商品价格的拉低作用也尤为显著。从 2010 年 6 月到 2013 年 7 月，OECD 国家工业产出对石油、铝、锡价格的影响程度大于中国工业产出，对铜、铅、镍、锌价格的影响程度小于中国工业产出。这可能是因为发达国家经济复苏明显，相比金融危机前，其对大宗商品价格的影响程度相对中国工业有所上升。（3）国际金融危机期间，OECD 国家工业产出和中国工业产出的影响程度存在两次显著上升，并且出现阶段性峰值。第一次上升从 2008 年 8 月左右开始，于 2009 年 1 月达到峰值。这种现象表明，在 2008 年金融危机期间，需求冲击对国际大宗商品价格的影响更加显著。可能的原因是：金融危机对全球特别是发达国家的经济产生不利影响，导致需求下降，进而严重影响到国际大宗商品价格。第二次上升从 2009 年 3 月左右开始，最后趋于平稳。可能的原因是中国在这一时期推出 4 万亿元经济刺激政策，美国第一轮量化宽松货币政策（QE1）仍在进行中，对中国乃至全球的经济起到推升作用。

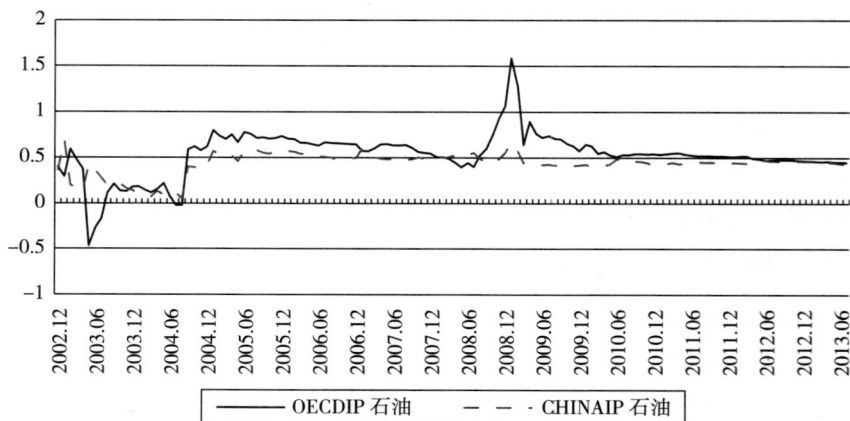

图 23 递归 VAR 模型需求因素对石油价格的累计脉冲响应结果

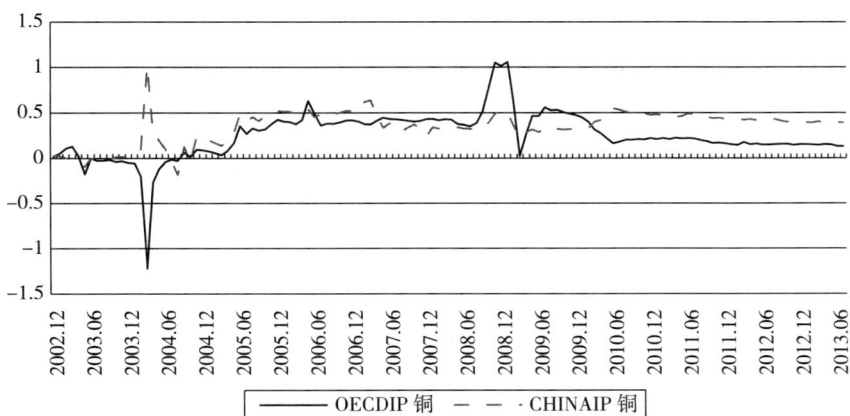

图 24 递归 VAR 模型需求因素对铜价格的累计脉冲响应结果

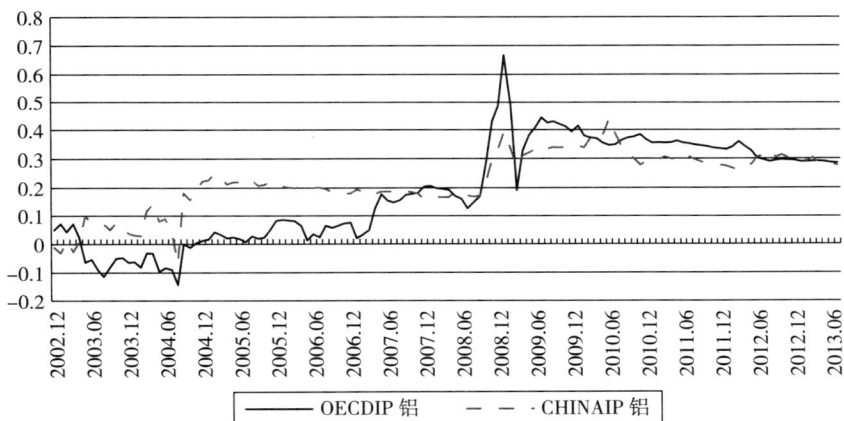

图 25 递归 VAR 模型需求因素对铝价格的累计脉冲响应结果

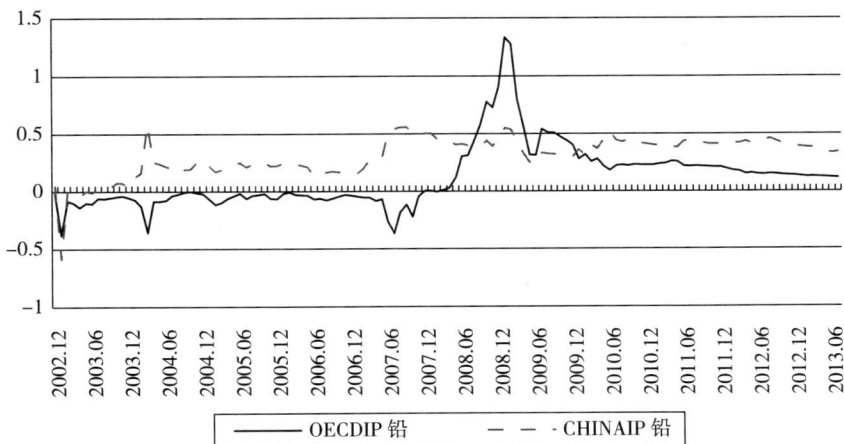

图 26 递归 VAR 模型需求因素对铅价格的累计脉冲响应结果

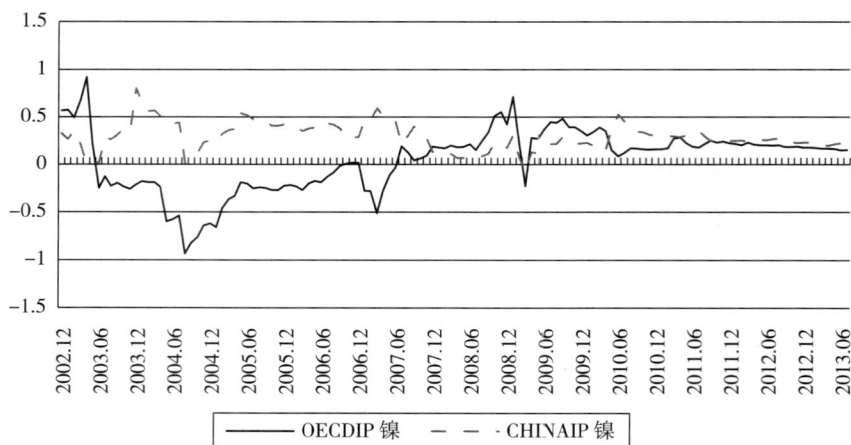

图 27　递归 VAR 模型需求因素对镍价格的累计脉冲响应结果

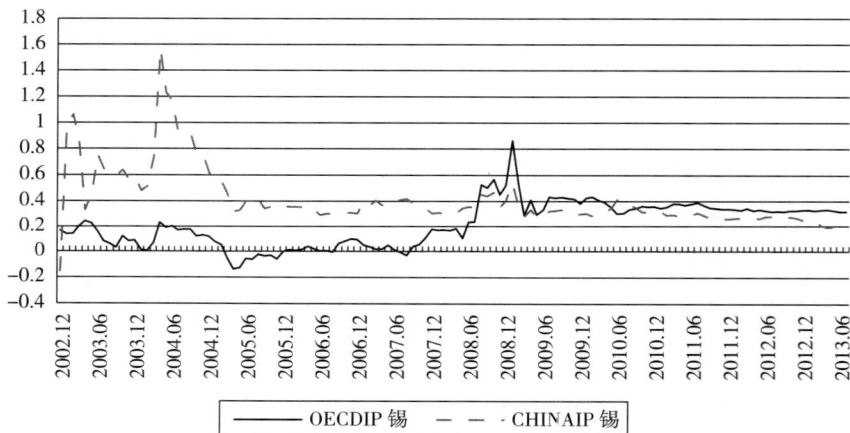

图 28　递归 VAR 模型需求因素对锡价格的累计脉冲响应结果

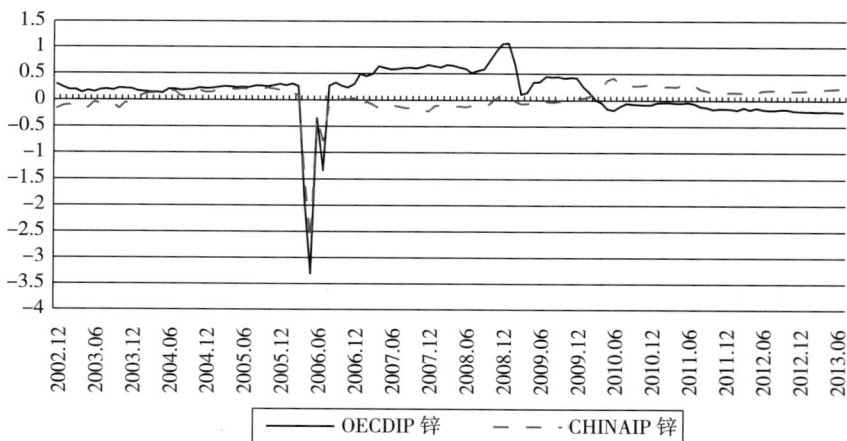

图 29　递归 VAR 模型需求因素对锌价格的累计脉冲响应结果

2. 中国 M2 与发达国家 M2 的递归结果比较

通过比较中国货币供应量和 OECD 国家货币供应量的递归结果，可以看出：（1）总体而言，OECDM2 对铅、镍、锡价格的影响程度有所上升，中国 M2 对铜、铝、镍、锡价格的影响程度上升。比较金融危机前后的累积脉冲响应系数平均值，可以发现：铅、镍、锡价格对 OECDM2 的脉冲响应系数平均值上升，铜、铝、镍、锡价格对中国工业产出的脉冲响应系数平均值上升。（2）时间区间和大宗商品种类不同，OECDM2 和中国 M2 对大宗商品价格的相对影响程度不同。2002 年 12 月到 2008 年 7 月，中国货币供应量对石油、铅、镍、锡价格的平均影响程度低于 OECD 国家货币供应量，对铜、铝、锌价格的影响程度高于 OECD 国家货币供应量。2008 年 8 月到 2010 年 6 月，中国货币供应量对石油、铅、锡价格的平均影响程度低于 OECD 国家货币供应量，对铜、铝、镍、锌价格的影响程度高于 OECD 货币供应量；2010 年 7 月到 2013 年 7 月，中国货币供应量对铅、镍、锡价格的平均影响程度低于 OECD 国家的货币供应量，对石油、铜、铝、锌价格的影响程度高于 OECD 国家货币供应量。这表明，尽管近十年来中国货币供应量迅速增长，由于人民币国际化程度较低、境外流通量有限，发达国家货币供应量对大宗商品价格的影响程度在总体上还是高于中国。然而，中国货币供应量对部分大宗商品价格能够产生相当的影响，而且相比 2002 年 12 月到 2008 年 7 月这一段时间，2008 年 8 月到 2010 年 6 月 OECD 国家货币供应量、中国货币供应量对大宗商品（除铅、锡以外）价格影响程度的差异减小，表明这一时期中国货币供应量对大宗商品价格的平均影响程度相对 OECD 国家在上升。可能的原因在于：中国在 2009 年推出 4 万亿元财政刺激计划，并在随后实施巨额货币投放以及信贷扩张政策。（3）在国际金融危机后的第二阶段（2008 年 8 月至 2010 年 6 月），中国货币供应量对石油和普通金属价格变化的影响程度相对第一阶段（2002 年 12 月至 2008 年 7 月）均上升；在第三阶段（2010 年 7 月至 2013 年 7 月），中国货币供应量对普通金属价格变化的影响程度相对第二阶段（2008 年 7 月至 2010 年 6 月）均下降。这可能是因为：中国在 2009 年实施财政刺激计划推动大宗商品价格攀升，而 2010 年 6 月以后这种政策效应有所减弱。（4）美联储量化宽松货币政策对大宗商品价格有一定的推升作用。在国际金融危机后的第二阶段（2008 年 8 月至 2010 年 6 月），OECD 国家货币供应量对国际石油、铅、镍、锡价格变化的影响程度相对第一阶段（2002 年 12 月至 2008 年 7 月）上升；在第三阶段（2010 年 7 月至 2013 年 7 月），OECD 国家货币供应量对铜、铝、铅、镍、锌价格变化的影响程度相对第二阶段（2008 年 7 月至 2010 年 6 月）上升。这两段时期正值美联储推出量化宽松货币政策。从 2008 年 12 月到 2010 年 4 月，美联储实施第一轮量化宽松货币政策，累计购买 1.725 万亿美元证券。从 2010 年 11 月到 2011 年 6 月，美联储实施第二轮量化宽松货币政策，主要购买了9000亿美元长期国债。2011年9月后，美联储又实施扭曲操作和第三轮量化宽松货币政策。大规模、长时间的量化宽松货币政策推动了大宗商品价格的上涨。

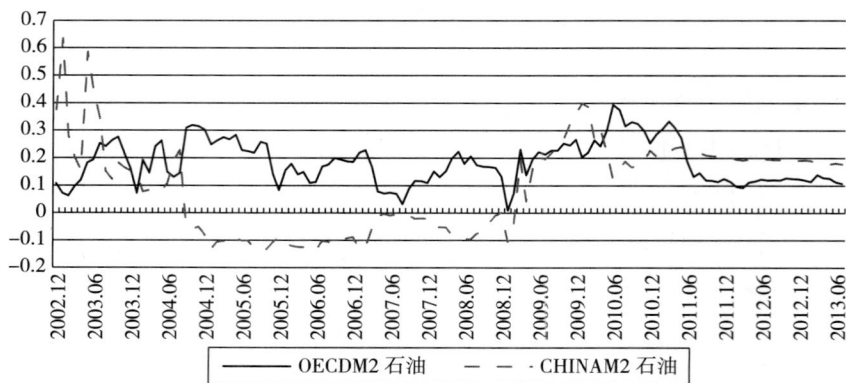

图30　递归 VAR 模型货币因素对石油价格的累计脉冲响应结果

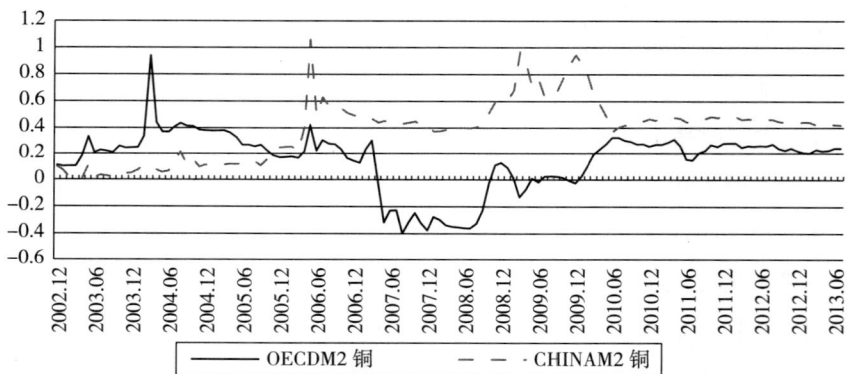

图31　递归 VAR 模型货币因素对铜价格的累计脉冲响应结果

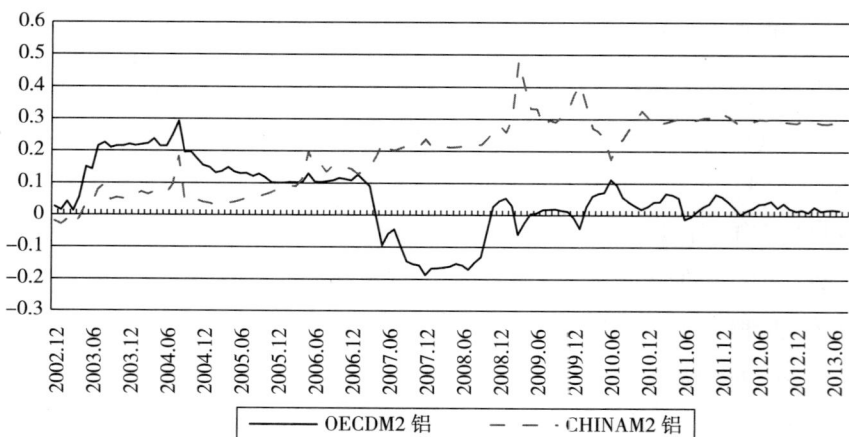

图32　递归 VAR 模型货币因素对铝价格的累计脉冲响应结果

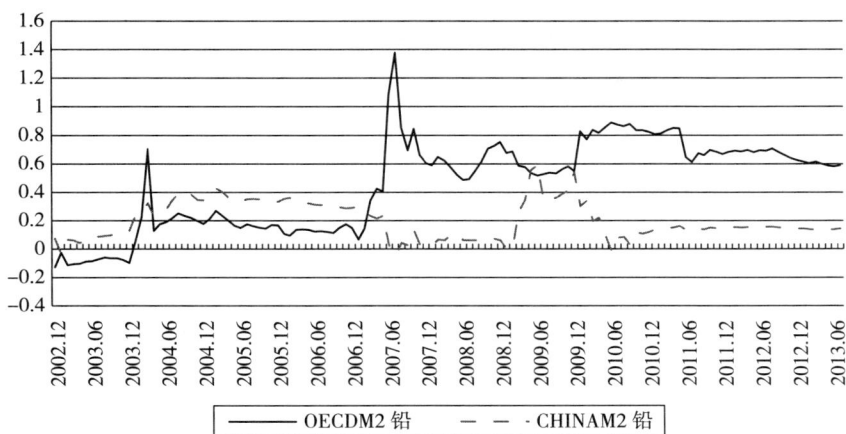

图33 递归 VAR 模型货币因素对铅价格的累计脉冲响应结果

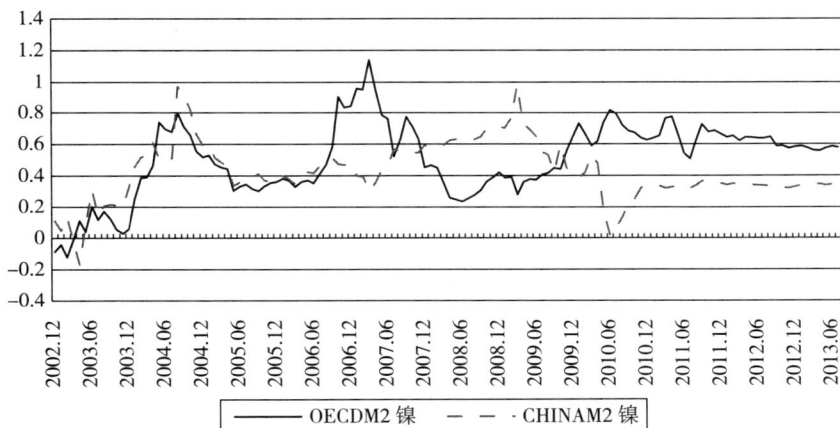

图34 递归 VAR 模型货币因素对镍价格的累计脉冲响应结果

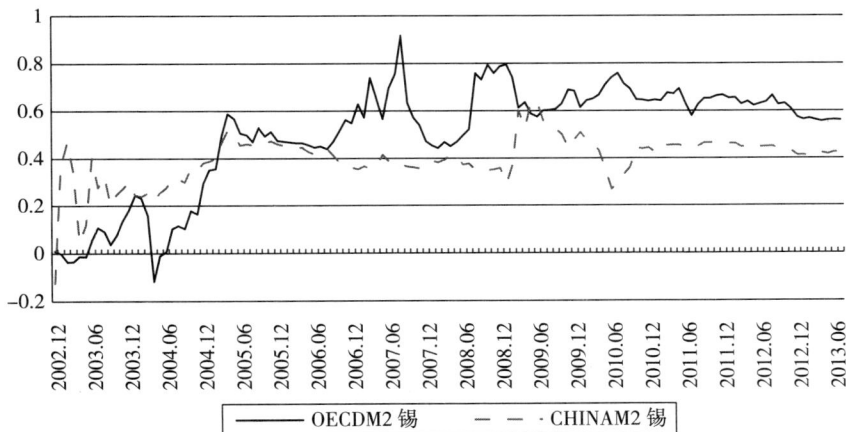

图35 递归 VAR 模型货币因素对锡价格的累计脉冲响应结果

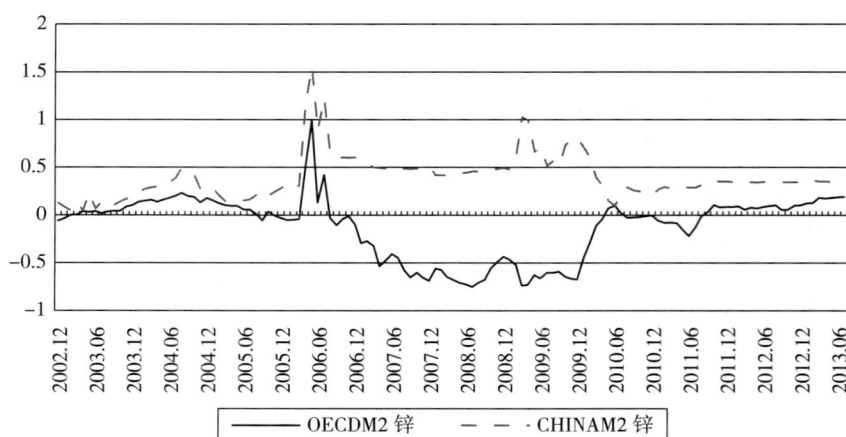

图 36　递归 VAR 模型货币因素对锌价格的累计脉冲响应结果

五、结论及政策建议

本节基于 VAR 模型，从需求因素和货币因素两个角度，考察了 2000 年 1 月到 2013 年 7 月国际石油和普通金属价格波动的原因，得出以下结论：（1）需求是大宗商品价格波动的最主要影响因素，且影响程度整体呈上升趋势；流动性对大宗商品价格有一定影响，但总体而言不如经济基本面的影响显著。（2）总体而言，中国需求变动对大宗商品价格的影响程度大于发达国家需求变动，但国际金融危机期间中国需求变动对大宗商品价格的影响程度小于发达国家需求变动。（3）总体而言，中国流动性变动对大宗商品价格的影响程度小于发达国家流动性变动，但国际金融危机期间中国流动性变动对大宗商品价格的影响程度相比发达国家有所上升。（4）政策引起的流动性大幅增加，会使货币因素对大宗商品价格的影响程度显著增强。美国推出量化宽松政策期间，发达国家货币流动性对大宗商品价格的影响程度增强。中国实施财政刺激政策及信贷扩张后，中国流动性对大宗商品价格的影响程度也有所增强，且增长幅度大于发达国家；在政策效应逐渐减弱后，中国流动性的影响程度也相应减弱。

从过去十多年来看，国际大宗商品价格在整体上呈现上升趋势，并且价格的波动频率增加、幅度扩大。在国际市场上，中国对能源、金属、食品等各类大宗商品的需求也在持续增长。这种频繁、大幅的价格波动对中国经济的良性发展形成巨大挑战。第一，大宗商品价格波动会对国内的产出稳定性，特别是原材料主要依靠进口的行业的产出稳定性造成不利冲击，增加企业经营管理的不确定性乃至全国的经济发展的不确定性。第二，大宗商品价格波动会在相当程度上威胁国内物价稳定。

第三，这种价格波动通过贸易条件会导致国民收入的潜在损益，影响国民福利。中国已经成为许多大宗商品的最大消费国，国内产出对于大宗商品价格影响显著。为有效应对国际大宗商品价格波动、缓解其带来的负面冲击，中国需要调整经济结构、转变投资驱动型经济增长模式，从资源需求国的角度思考如何争取本国在大宗商品定价中的主导权，利用中国强大的购买力，争取更低的价格，而不是继续被动接受国际价格。同时，由于激进的货币政策会使货币因素对大宗商品价格的影响程度显著增强，中国需要密切关注发达国家货币政策对大宗商品市场的溢出效应，在制定货币政策时也需要审慎思考。

附录

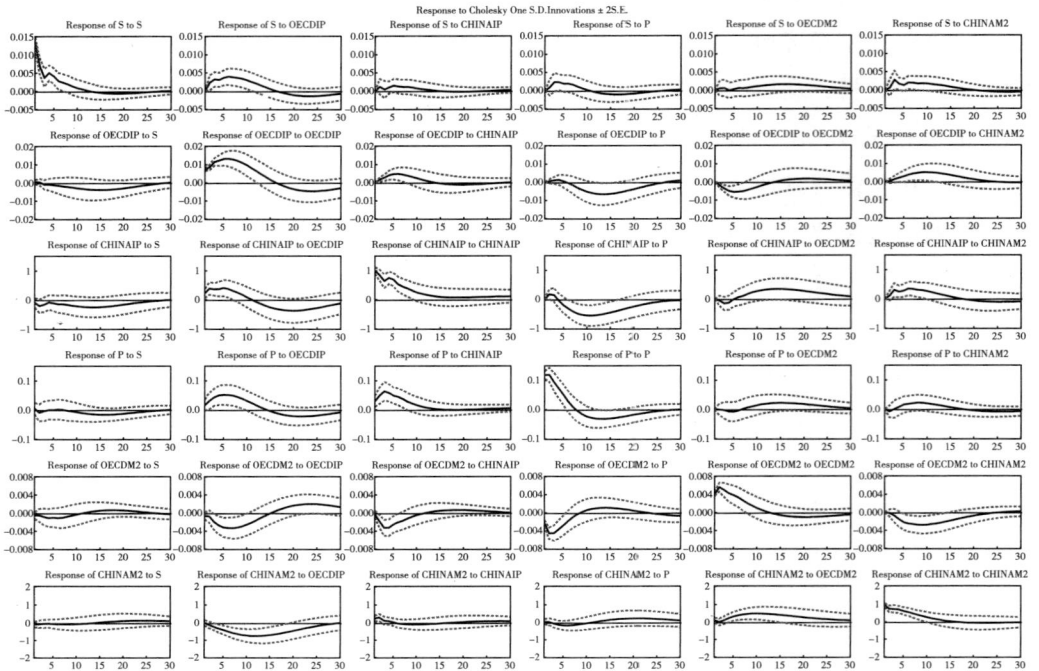

附图 1　非限制性 VAR 模型脉冲响应结果（石油，2000. 1—2013. 7）

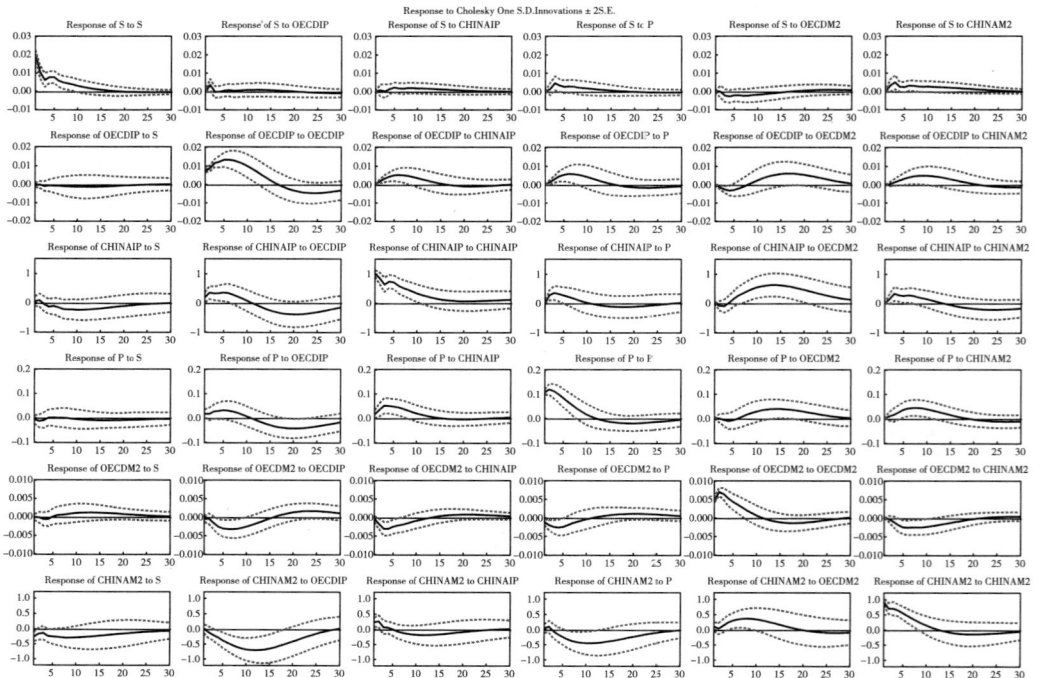

附图 2　非限制性 VAR 模型脉冲响应结果（铜，2000. 1—2013. 7）

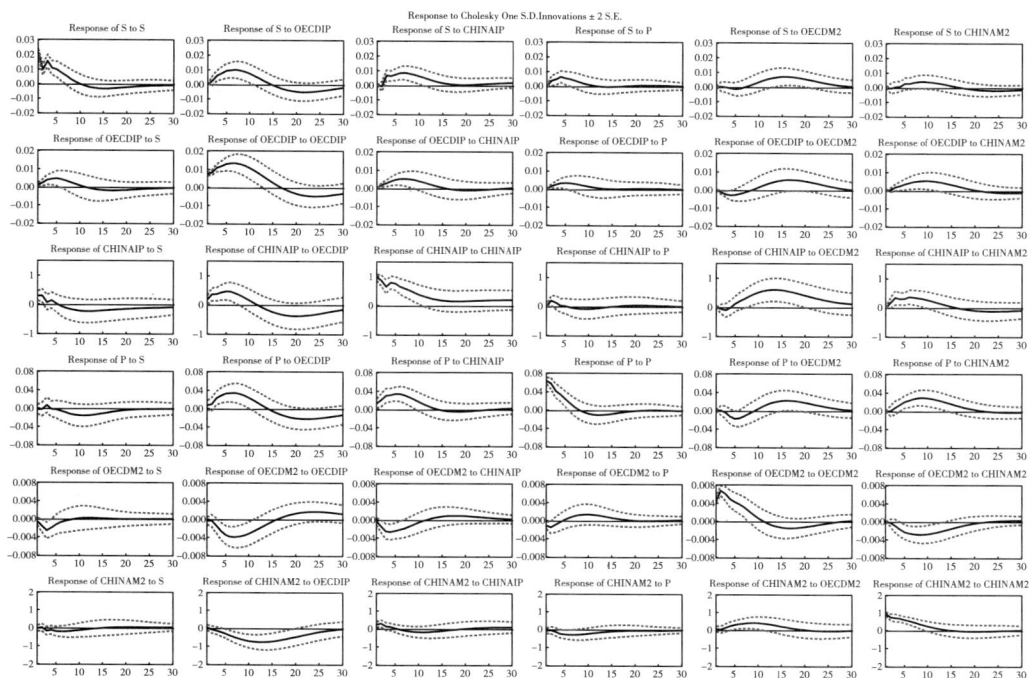

附图3　非限制性 VAR 模型脉冲响应结果（铝，2000.1—2013.7）

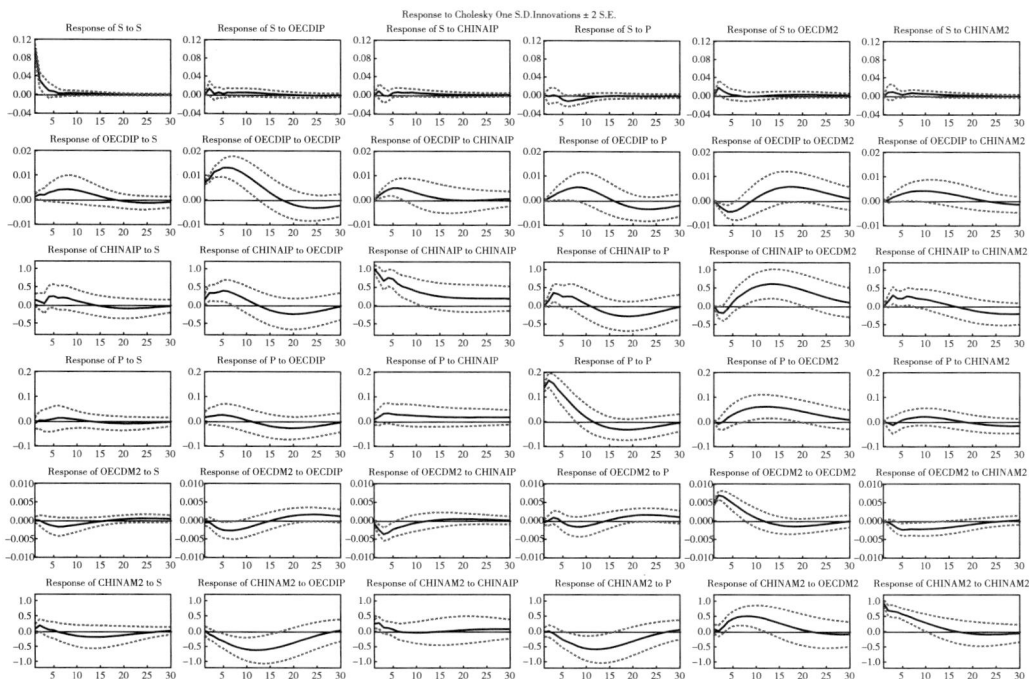

附图4　非限制性 VAR 模型脉冲响应结果（铅，2000.1—2013.7）

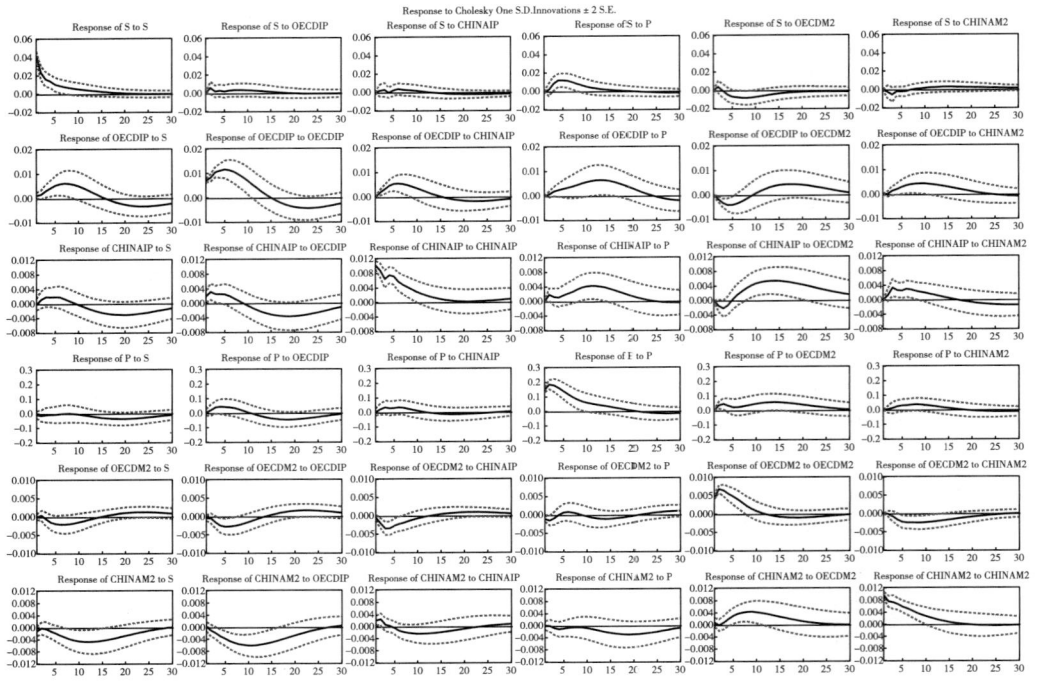

附图5 非限制性 VAR 模型脉冲响应结果（镍，2000.1—2013.7）

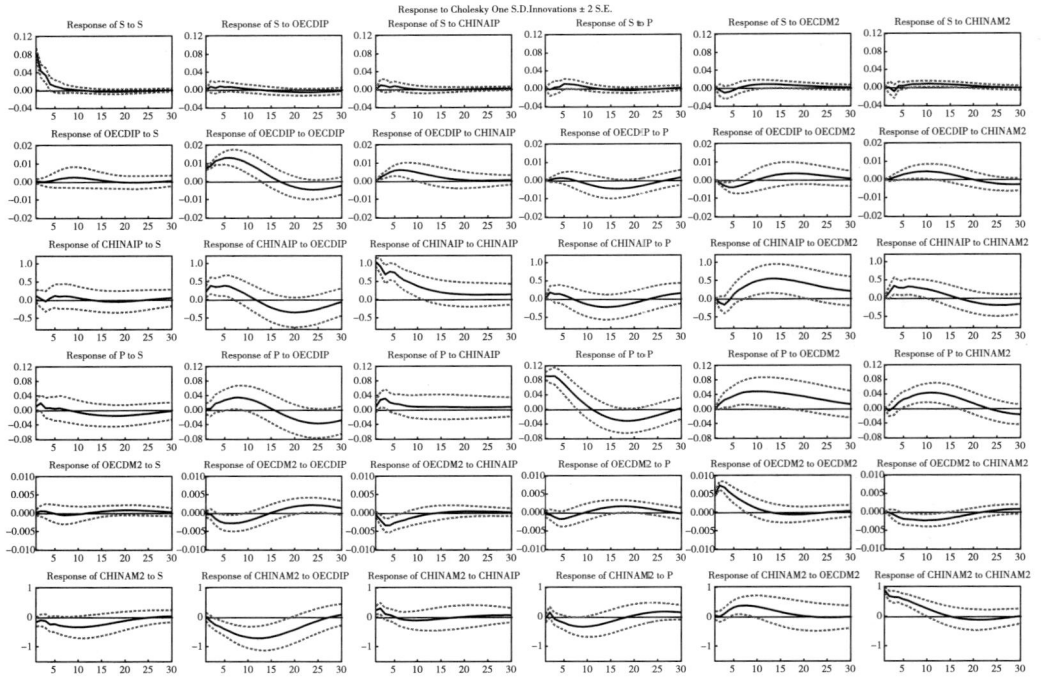

附图6 非限制性 VAR 模型脉冲响应结果（锡，2000.1—2013.7）

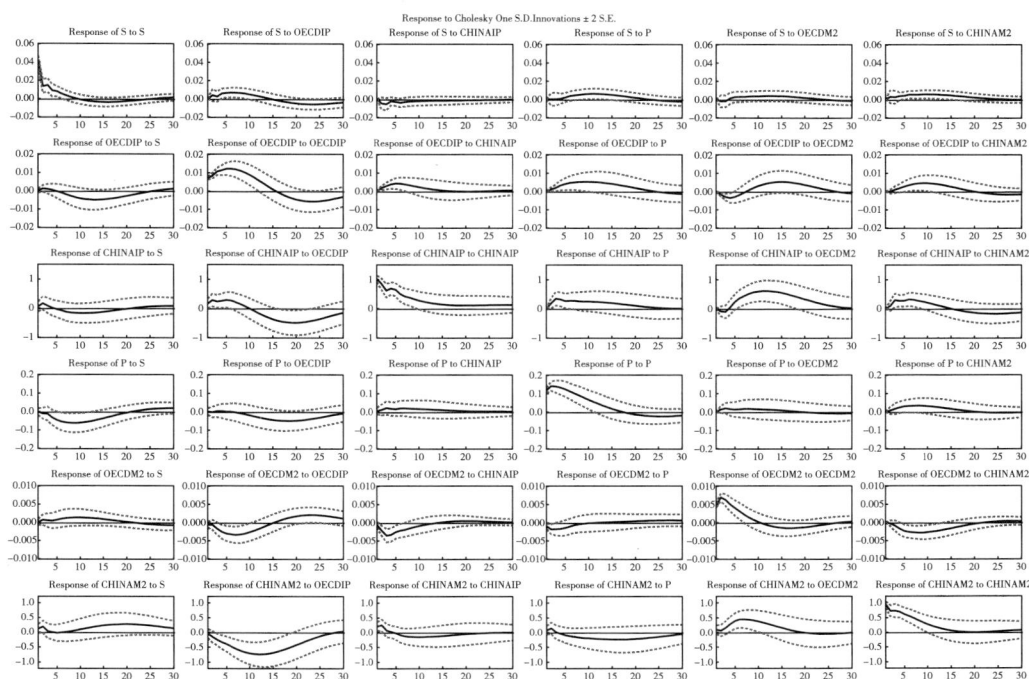

Response to Cholesky One S.D.Innovations ± 2 S.E.

附图7 非限制性 VAR 模型脉冲响应结果（锌，2000.1—2013.7）

参考文献

［1］韩立岩，尹力博．投机行为还是实际需求？——国际大宗商品价格影响因素的广义视角分析［J］．经济研究，2012（12）：83-96.

［2］卢锋，李远芳，刘鎏．国际商品价格波动与中国因素——我国开放经济成长面临新问题［J］．金融研究，2009（10）：38-56.

［3］Akram Q F. Commodity Prices, Interest Rates and the Dollar［J］. Energy Economics, 2009, 31（6）：838-851.

［4］Anzuini A, Lombardi M J, Pagano P. The Impact of Monetary Policy Shocks on Commodity Prices［R］. ECB Working Paper No. 1232, August 2010.

［5］Arbatli E C, Vasishtha G. Growth in Emerging Market Economies and the Commodity Boom of 2003 - 2008：Evidence from Growth Forecast Revisions［R］. Bank of Canada. Working Paper No. 2012 - 8, 2012.

［6］Baldi L, Peri M, Vandone D. Price Discovery in Agricultural Commodities：the Shifting Relationship Between Spot and Futures Prices［C］. EAAE 2011 Congress, Change and Uncertainty Challenges for Agriculture, Food and Natural Resources, 2011.

［7］Belke A, Bordon I G, Volz U. Effects of Global Liquidity on Commodity and Food

Prices [J]. World Development, 2013, 44: 31 – 43.

[8] Breitenfellner A, Cuaresma J C, Keppel C. Determinants of Crude Oil Prices: Supply, Demand, Cartel or Speculation? [R]. Österreichische Nationalbank, Monetary Policy and the Economy Q4: 111 – 136, 2009.

[9] Cevik S, Sedik T S. Barrel of Oil Or a Bottle of Wine: How Do Global Growth Dynamics Affect Commodity Prices? [R]. International Monetary Fund. Working Paper 1101, 2011.

[10] Cheung C, Morin S. The Impact of Emerging Asia on Commodity Prices [J]. Bank of Canada Working Paper No. 2007 (55), 2007.

[11] Frankel J. The Effect of Monetary Policy on Real Commodity Prices [R]. NBER Working Paper No. 12713, 2008.

[12] Giese J V, Tuxen C K. Global Liquidity and Asset Prices in a Cointegrated VAR [R]. Nuffield College, University of Oxford, and Department of Economics, Copenhagen University, 2007: 1 – 28.

[13] Hamilton J D. Causes and Consequences of the Oil Shock of 2007 – 08 [R]. National Bureau of Economic Research No. w15002, 2009.

[14] Juvenal L, Petrella I. Speculation in the Oil Market [R]. FRB of St. Louis Working Paper No. 2011 – 027E, October 1, 2011.

[15] Kaufmann R K, Ullman B. Oil Prices, Speculation, and Fundamentals: Interpreting Causal Relations Among Spot and Futures Prices [J]. Energy Economics, 2009, 31 (4): 550 – 558.

[16] Kilian L. Not All Oil Price Shocks Are Alike: Disentangling Demand and Supply Shocks in the Crude Oil Market [J]. American Economic Review, American Economic Association, 2009, 99 (3) : 1053 – 1069.

[17] Kilian L, Hicks B. Did Unexpectedly Strong Economic Growth Cause the Oil Price Shock of 2003 – 2008? [R]. CEPR Discussion Papers No. 7265, 2009.

[18] Kilian L, Murphy D P. The Role of Inventories and Speculative Trading in the Global Market for Crude OilR. University of Michigan, May 2012.

[19] Kilian L, Lee T K. Quantifying the Speculative Component in the Real Price of Oil: The Role of Global Oil Inventories [R]. CEPE Discussion Papers No. 9297, 2013.

[20] Korniotis G M. Does Speculation Affect Spot Price Levels? The Case of Metals With and Without Futures Markets [M]. Division of Research & Statistics and Monetary

Affairs, Federal Reserve Board. Finance and Economics Discussion Series, 2009 – 29.

[21] Landgraf S, Chowdhury A. Factoring Emerging Markets into the Relationship Between Global Liquidity and Commodities [R]. Working Paper 2011 – 07, 2011.

[22] Manera M, Nicolini M, Vignati I. Returns in Commodities Futures Markets and Financial Speculation: A Multivariate Garch Approach [R]. Fondazione Eni Enrico Mattei Working Papers. 2012: 674.

[23] Masters M. Testimony Before the Committee on Homeland Security and Governmental Affairs [R]. U. S. Senate, May 2008.

[24] Mu X, Ye H. Understanding the Crude Oil Price: How Important is the China Factor? [J]. Energy Journal, 2011, 32 (4) .

[25] Pant M, Mhleisen M, Thomas A H. Peaks, Spikes, and Barrels: Modeling Sharp Movements in Oil Prices [R]. International Monetary Fund, 2010.

[26] Rasmus R, Stracca L. What is Global Excess Liquidity, and Does it Matter? [R]. European Central Bank Working Paper Series No. 696, 2006.

[27] Ratti R A, Vespignani J L. Liquidity and Crude Oil Prices: China's Influence Over 1996 – 2011 [J]. Economic Modelling, 2013, 33 (517 – 525) .

[28] Roache S K. China's Impact on World Commodity Markets [R]. International Monetary Fund. Working Paper No. 12 – 115, 2012.

[29] Saghaian S H, Reed M R, Marchant M A. Monetary Impacts and Overshooting of Agricultural Prices in an Open Economy [J]. American Journal of Agricultural Economics, 2002, 84 (1): 90 – 103.

[30] Shostak F. How China's Monetary Policy Drives World Commodity Prices [R]. Mises Daily-Von Mises Institute. http: //mises. org/daily/2134, 2006.

[31] Singleton K. Investor Flows and the 2008 Boom/Bust in Oil Prices [R]. Working Paper, Stanford Graduate School of Business, 2011.

[32] Thomson A S, Summers P M. The Effect of Monetary Policy on Real Commodity Prices : a Re – examination [J]. The Journal of Economics, 2012, 38 (1): 1 – 21.

[33] U. S. International Trade Commission. The Effects of Increasing Chinese Demand on Global Commodity Markets [R]. Office of Industries Publication 3864, June 2006.

[34] Yu Y. Identifying the Linkages Between Major Mining Commodity Prices and China's Economic Growth——Implications for Latin America [R]. IMF Working Paper No. 86, April 2011.

第五章
国际大宗商品价格波动的溢出效应
及其对我国经济的影响

第一节　国际大宗商品市场与金融市场的双向溢出效应[1]

一、引言

　　随着经济全球化和金融自由化的进程加快，过去二十年间国际商品市场和金融市场的一体化程度正逐渐加深且波动性逐渐增大。21 世纪以来，单个商品价格和大宗商品价格指数的波动幅度和频率都超过历史水平（见图 1）。以美国西得克萨斯轻质原油现货价格为例，WTI 原油均价自 20 世纪 80 年代中期至 20 世纪末一直维持在 13.1～24.2 美元/桶的范围内。从 2003 年开始原油价格持续上涨，至 2008 年中达每桶 138.68 美元，创下了有史以来原油现货价格的最高值。2008 年美国次贷危机爆发并扩散至世界各国，WTI 原油在不到 6 个月的时间里下跌 70%，最低至 38.92 美元/桶，之后油价随着经济回升又大幅上涨，于 2011 年达到 102.36 美元/桶。2011 年以后油价在 123～102 美元/桶的范围内小幅震荡下行，到 2014 年下半年加速下跌，至 2015 年 3 月跌幅超过 50%。此外，不同类别商品的价格受共同因素驱动而呈现价格联动趋势。IGC 的报告显示，与原油价格类似，小麦、玉米等谷物价格在 2006 年之后的波动幅度和频率亦创下历史新高。国际大宗商品价格的波动虽与大宗商品金融属性密切相关，而大宗商品金融化归因于大宗商品相关衍生品市场的迅速发展。CFTC 的报告显示，各类金融投资机构通过大宗商品相关的指数工具投资于期货市场的资金规模在 2003—2011 年翻了 30 倍。交易所数据显示，2005 年铜和原油的期货、期权的交易规模分别达到其世界产量的 36.1 倍和 3.9 倍。随着大宗商品的金融属性逐渐加强，商品市场与资本市场之间的互动关系越发密切，在此背景下，大宗商品价格与股票、债券、外汇等金融资产价格之间存在什么样的关联性和溢出效应？原油、黄金、铜等价格波动会对其他商品产生何种冲击？来自某一商品市场的冲击会对其他商品市场产生什么样的作用？这些互动关系是怎样随时间而变化的？现有文献尚未系统全面地探讨这些问题，而这些问题对于理解大宗商品价格形成和波动机制具有理论意义，并且能够为我国防范金融风险和稳定大宗商品价格提供深刻的启示。

　　本节在已有文献基础上，采用 BEKK-GARCH 模型和溢出指数法，从收益溢出和波动溢出两个角度研究商品市场与金融市场之间的双向溢出效应，并通过滚动窗口

1　本部分为教育部哲学社会科学研究重大课题攻关项目（14JZD016）。
　作者为谭小芬、张峻晓、郑辛如。谭小芬和张峻晓来自中央财经大学，郑辛如来自中国人民大学。

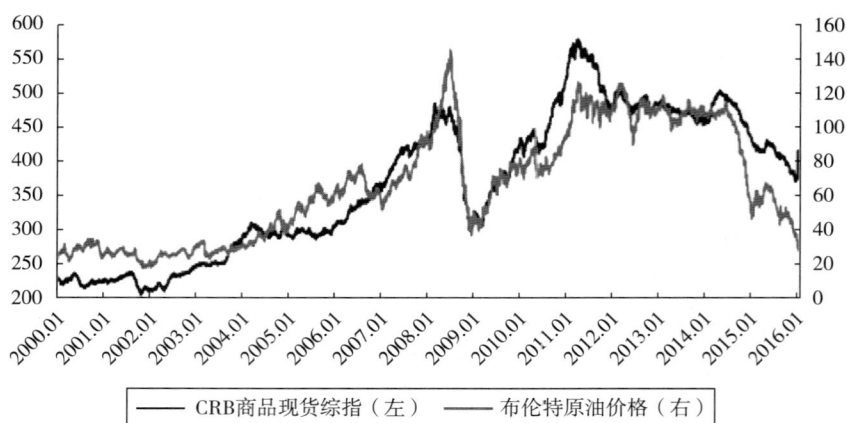

图 1　CRB 商品现货综指与原油价格

回归的方法研究了溢出指数的时变特征。本节的主要特色在于，相对于常相关多元GARCH 模型，BEKK-GARCH 模型突破了金融变量之间的相关系数保持恒定的假设限制，通过分析商品市场和金融市场间二阶矩阵的关联性来找出两市场收益率和波动率的影响因素，进一步采用构建溢出指数的方法全面科学地研究市场间和市场内部的溢出效应。

二、文献综述

（一）商品市场与金融市场的相互影响渠道

已有文献认为金融市场对商品市场的渠道主要来自三个层面（韩立岩和尹力博，2012）：投资或投机需求、市场流动性和美元汇率。第一，投资或投机需求方面。投资者或投机者可以通过在金融市场的衍生品交易影响商品市场中以石油为代表的大宗商品价格。殷剑峰（2008），Hamilton 和 Wu（2014），Chong 和 Miffre（2010），Lombardi 和 Robays（2012），Eickmeier 和 Lombardi（2012），Baldi、Peri 和 Vandone（2011）分别对石油、玉米和大豆等大宗商品的价格的波动进行分析，发现实体经济需求和投机都是造成大宗商品价格波动的主要因素。Manera、Nicolini 和 Vignati（2013）证实了短期投机行为会对商品价格的波动产生正向冲击。第二，市场流动性方面。世界主要经济体的货币供给调整，尤其是美元的政策调整会通过改变市场流动性进而对商品价格产生重要影响。Giese 和 Tuxen（2007），Darius 和 Radde（2010），Askari 和 Krichene（2010），Gruber 和 Vigfusson（2012），Gospodinov 和 Jamali（2013），Reuven 和 Sylvain（2012）等研究认为，在全球连通的金融市场环境中，世界主要经济体货币供给的调整会在世界范围内对资产和商品价格产生冲击。第三，美元汇率方面。美元汇率是影响大宗商品价格的重要因素，Chu 和 Morrison（1984）认为世界利率水平和美元汇率变化也会作用于商品市场，并且两者与商品价格明显负相关。Breitenfellner 和 Cuaresma（2008）阐述了美元汇率影响原油价格的五条核心逻辑。

（二）商品市场与金融市场之间的溢出效应

溢出效应可分为收益溢出效应和波动率溢出效应，前者衡量市场间价格信息的相互传导，后者测度市场波动和风险的相互传导。

国内外有相当部分的文献针对商品市场对金融市场的溢出效应展开研究。根据金融化程度高低，张思成等（2014）将商品金融化程度分为高、中、低三个层次。高级金融化商品的交易行为主要由投资或投机动机决定，呈现出与金融市场较为一致的波动规律。Buyuksahin 和 Robe（2014）的研究表明商品的金融属性越强，其对股票市场的溢出效应越强，以原油为例（Malik and Hammoudeh，2007；Park and Rat-ti，2008），原油的金融属性较强，其价格变动对其他国家股市能够产生显著影响。另外，Lombardi 和 Ravazzolo（2012），Kawamoto、Kimura 和 Morishita（2011），Chan（2011）认为全球性的"危机"能够增强这一溢出效应。在方法的选择上，这类文献主要采用了多元 GARCH、VAR 模型。

已有文献大多研究商品市场与金融市场之间的联动性。Gorton 和 Rouwenhorst（2006）与 Silvernn – Oienen 和 Thorp（2012）以及 Sadorsky（2014）从商品金融属性增强、投资多样化的角度，分析了商品市场和金融市场之间的联动性。Aboura 和 Chevalier（2014），Hillier、Draper 和 Faff（2006），Arouri、Jouini 和 Nguyen（2012）证实了两市场之间联动性的存在，并测度了金、银、白金等金属市场与股票市场等金融市场之间的联动性。国内的研究中，田利辉和谭德凯（2014）分析了中、美股票市场与中国黄金、铜、棉花和白糖四种大宗商品现货价格之间的联动关系。这类文献采用的方法主要是广义条件异方差模型（GARCH）及其拓展形式，如 DSTCC-GARCH、VSRMA-AGARCH、DCC-AGARCH、Bivariate GARCH 等。

还有一部分学者研究不同商品市场之间的溢出效应。已有研究集中在能源商品与非能源商品之间的联动性与溢出效应上。Ji 和 Fan（2012），Mitchell（2008），Harri 和 Hudson（2009），Erdem 和 Soytas（2013），Liu（2014），Mensi、Hammoudeh 和 Nguyen（2014）发现在收益率和波动率方面，原油价格对非能源商品（农产品）价格存在显著的溢出效应。Nazlioglu 和 Soytas（2012）通过方差因果检验和脉冲响应分析，检验了原油价格、美元汇率和小麦、5 种土耳其农产品价格之间的联动关系，发现原油价格的影响为中性。Kazuhiko 和 Tatsuyoshi（2013）发现 2000 年之后指数内商品价格的协同性显著上升，而指数外商品不具有这种特征。Antonakakis 和 Kizys

（2015）借鉴 Diebold 和 Yilmaz（2012）提出的溢出指数法分析商品市场和外汇市场之间的收益率和波动率溢出效应。Du、Yu 和 Hayes（2011）从产业链视角分析了原油和农产品价格之间的波动率溢出效应。

（三）简要总结

上述文献采用多种方法、从不同视角分析了商品市场、金融市场和溢出效应之间的关系，证实了商品市场与金融市场之间存在不同程度的溢出效应，为本节的研究市场间与市场内部之间的溢出效应提供了有益的参考和借鉴。然而上述文献仍然存在以下不足：（1）大多数文献对收益率溢出和波动率溢出进行单独的分析，没有放在同一个分析框架中进行研究；（2）单独分析一种金融资产与大宗商品之间的联动关系和溢出效应，缺乏对金融市场内部、商品市场内部以及不同资产与商品之间的溢出效应综合性的研究；（3）缺少对于溢出效应时变特征的考察。本文选择了 8 种代表性商品和 4 种金融资产分析商品市场和金融市场的双向溢出效应，并对各类溢出效应进行了对比，进一步深化了同类研究。

三、模型构建

（一）BEKK-GARCH 模型的建立

信息溢出效应可以分为均值溢出效应和波动溢出效应，前者衡量的是市场间价格信息的相互传导，后者测度的是市场波动和风险的相互传导。本节借鉴 Engle 和 Kroner 于 1995 年提出的 BEKK 参数化方法，建立条件方差矩阵正定的 BEKK-GARCH 模型，相对于常相关多元 GARCH 模型，该模型突破了金融变量之间的相关系数保持恒定的假设限制。为了同时反映收益率溢出（均值溢出效应）和波动率溢出（波动溢出效应），假设收益率 r_{1t}、r_{2t} 满足下面的均值方程和方差方程（以二元 BEKK-GARCH 模型为例）。

$$\begin{cases} r_{1t} = \mu_1 + \varphi_{1i} \sum_{i=1}^{T} r_{1,t-i} + \varepsilon_{1t} \\ r_{2t} = \mu_2 + \varphi_{2i} \sum_{i=1}^{T} r_{2,t-i} + \varepsilon_{2t} \end{cases} \tag{1}$$

$$\varepsilon_t = \begin{bmatrix} \varepsilon_{1t} \\ \varepsilon_{2t} \end{bmatrix}, H_t = \begin{bmatrix} h_{11,t} & h_{12,t} \\ h_{21,t} & h_{22,t} \end{bmatrix} \tag{2}$$

$$H_t = K'K + A \varepsilon_{t-1} \epsilon'_{t-1} A' + B H_{t-1} B' \tag{3}$$

$$K = \begin{bmatrix} \omega_{11} & 0 \\ \omega_{21} & \omega_{22} \end{bmatrix}, A = \begin{bmatrix} \alpha_{11} & \alpha_{12} \\ \alpha_{21} & \alpha_{22} \end{bmatrix}, B = \begin{bmatrix} \beta_{11} & \beta_{12} \\ \beta_{21} & \beta_{22} \end{bmatrix} \tag{4}$$

$$
\left\{
\begin{aligned}
h_{11,t} &= \omega_{11}^2 + \beta_{11}^2 h_{11,t-1} + 2\beta_{11}\beta_{21} h_{12,t-1} + \beta_{21}^2 h_{22,t-1} \\
&\quad + \alpha_{11}^2 \varepsilon_{11,t-1}^2 + 2\alpha_{11}\alpha_{21}\varepsilon_{1,t-1}\varepsilon_{2,t-1} + \alpha_{21}^2 \varepsilon_{2,t-1}^2 \\
h_{12,t} &= \omega_{11}\omega_{21} + \beta_{11}\beta_{12} h_{11,t-1} + (\beta_{11}\beta_{22} + \beta_{21}\beta_{12}) h_{12,t-1} + \beta_{21}\beta_{22} h_{22,t-1} \\
&\quad + \alpha_{11}\alpha_{12}\varepsilon_{1,t-1}^2 + (\alpha_{11}\alpha_{22} + \alpha_{12}\alpha_{21})\varepsilon_{1,t-1}\varepsilon_{2,t-1} + \alpha_{22}\alpha_{21}\varepsilon_{2,t-1}^2 \\
h_{22,t} &= (\omega_{11}^2 + \omega_{22}^2) + \beta_{12}^2 h_{11,t-1} + 2\beta_{12}\beta_{22} h_{12,t-1} + \beta_{22}^2 h_{22,t-1} \\
&\quad + \alpha_{12}^2 \varepsilon_{1,t-1}^2 + 2\alpha_{22}\alpha_{12}\varepsilon_{1,t-1}\varepsilon_{2,t-1} + \alpha_{22}^2 \varepsilon_{2,t-1}^2
\end{aligned}
\right.
\tag{5}
$$

其中，r_1、r_2 表示两个市场变量的收益率，ε_1、ε_2 为均值方程的残差项。K 是下三角常数项系数矩阵，H_t 是条件协方差矩阵，其中 $h_{11,t}$ 表示变量 1 的条件方差，$h_{22,t}$ 表示变量 2 的条件方差，$h_{12,t}$ 表示变量 1 与变量 2 之间的条件协方差。A 和 B 分别为残差项系数矩阵与条件异方差系数矩阵，上述模型能够保证 H_t 的半正定性。根据以上各式，影响两个市场变量波动的因素主要来自两个方面，一是来自自身因素以及其他相关因素的前期冲击 $\varepsilon_{11,t-1}$、$\varepsilon_{22,t-1}$ 的影响，二是自身以及其他相关变量条件方差 $h_{12,t-1}$、$h_{11,t-1}$、$h_{22,t-1}$ 的影响。因此，为判断某一变量是否受到来自相关市场的冲击和波动溢出的影响，我们作出以下假设：当 $\alpha_{12} = \beta_{12} = 0$ 时，说明不存在变量 2 到变量 1 的溢出效应；当 $\alpha_{21} = \beta_{21} = 0$ 时，说明不存在变量 1 到变量 2 的溢出效应；当 $\alpha_{12} = \beta_{12} = \alpha_{21} = \beta_{21} = 0$ 时，说明两个市场变量之间不存在相互的波动溢出（双向溢出）。

（二）溢出指数模型的构建

Diebold 和 Yilmaz 在 2009 年最先在论文中提出了溢出指数的概念后，于 2012 年将溢出指数的测算拓展到广义方差分解领域，使该方法不再依赖变量进入模型的次序，而且能够针对性地测算单个变量或者单个市场的溢出效应值。此外，模型具备捕捉市场时变特征的功能，能够从结合滚动回归分析动态地分析不同市场间的联动关系。以下是该溢出指数模型的构造。

在方程满足协方差平稳前提下，Φ_i 为一个 $N \times N$ 系数矩阵，ε_t 为方程残差，则滞后阶数为 p 的 N 维向量自回归模型（VAR）：$x_t = \sum_{i=1}^{p} \Phi_i x_{t-i} + \varepsilon_t$ 可以转换为如下形式（VMA）：$x_t = \sum_{i=0}^{\infty} A_i \varepsilon_{t-i}$，若 $i > 0$，则 A_i 满足下式中的递归方程：

$$
A_i = \Phi_1 A_{i-1} + \Phi_2 A_{i-2} + \cdots + \Phi_p A_{i-p}
\tag{6}
$$

若 $i < 0$，则 $A_i = 0$；若 $i = 0$，则 A_i 为 N 维单位矩阵。

在以上向量自回归模型框架下，运用 KPSS 处理法预测残差项的冲击。相比于 Cholesky 方差分解，KPPS 方法的估算结果不依赖于各变量的顺序，且不要求方程误差正交化。变量x_j对变量x_i的溢出效应的估计值为x_i的H步预测误差的方差中来自x_j部分的θ_{ij}（H）；公式表示如式（7）（$i \neq j$）：

$$\theta_{ij}(H) = \frac{\sigma_{jj}^{-1}(e'_i A_k e_i)^2}{\sum_{h=0}^{H-1}(e'_i A_k \sum A'_k e_i)} \tag{7}$$

其中，σ_{jj}^{-1}为第j个变量预测误差的标准差，e_i为第i个元素为1，其余元素为0的N维列向量。θ_{ij}（H）为x_j对x_i的溢出指数，且要求$\sum_{j=1}^{N} \theta_{ij}(H) \neq 1$，$\theta_{ij}(H)$标准化处理后得

$$\tilde{\theta}_{ij}(H) = \frac{\theta_{ij}(H)}{\sum_{j=1}^{N} \theta_{ij}(H)} \tag{8}$$

从式（8）可以推出：$\sum_{j=1}^{N} \tilde{\theta}_{ij}(H) = 1$ 和 $\sum_{i,j=1}^{N} \tilde{\theta}_{ij}(H) = N$。

由上，本节从总溢出指数、定向溢出指数和动态溢出指数的角度估算市场间的溢出效应值。

1. 总溢出指数作为衡量金融市场整体相关程度的指标，测算的标的是所有进入模型的变量互相的信息溢出对模型总预测残差的贡献度。总溢出效应构造如式（9）：

$$S(H) = \frac{\sum_{i,j=1,i \neq j}^{N} \tilde{\theta}_{ij}(H)}{\sum_{i,j=1}^{N} \tilde{\theta}_{ij}(H)} \times 100 = \frac{\sum_{i,j=1,i \neq j}^{N} \tilde{\theta}_{ij}(H)}{N} \times 100 \tag{9}$$

2. 定向溢出指数（directional spillovers）对不同板块之间溢出效应的方向加以度量。其中，

（1）j市场对i市场的定向溢出指数表述为

$$S_{ij}(H) = \frac{\tilde{\theta}_{ij}(H)}{\sum_{i,j=1}^{N} \tilde{\theta}_{ij}(H)} \times 100 = \frac{\tilde{\theta}_{ij}(H)}{N} \times 100 \tag{10}$$

（2）所有其他市场对i市场的定向溢出指数可以表述为

$$S_{ig}(H) = \frac{\sum_{j=1,i \neq j}^{N} \tilde{\theta}_{ij}(H)}{\sum_{j=1}^{N} \tilde{\theta}_{ij}(H)} \times 100 = \frac{\sum_{j=1,i \neq j}^{N} \tilde{\theta}_{ij}(H)}{N} \times 100 \tag{11}$$

（3）i市场对所有其他市场的定向溢出指数可以表述为

$$S_{gi}(H) = \frac{\sum_{j=1,i \neq j}^{N} \tilde{\theta}_{ji}(H)}{\sum_{i,j=1}^{N} \tilde{\theta}_{ji}(H)} \times 100 = \frac{\sum_{j=1,i \neq j}^{N} \tilde{\theta}_{ji}(H)}{N} \times 100 \tag{12}$$

3. 动态溢出指数。由于金融系统是动态变化的体系，在不同的历史时期金融市场变量之间的相互关系往往呈现出不同的特征。本节将滚动窗口回归和溢出指数的估算方法相结合，以得到总溢出指数和定向溢出指数的时变图。

四、实证分析

（一）变量选取与数据处理

为测算国际商品市场与资本市场之间的联动关系，本节选取国际商品市场和资本市场的代表性价格序列。首先，在国际商品市场方面，本节选取涵盖了能源、金属、农产品三类重要大宗商品的八类代表性商品价格序列[2]：IPE 布伦特原油期货结算价、COMEX 天然气期货结算价、伦敦金银市场协会黄金现货价格、NYMEX 白银期货结算价、NYMEX 铜期货结算价、LME 铝期货结算价、CBOT 小麦期货结算价和CBOT 玉米期货结算价。其次，在资本市场方面，本节选取能够刻画全球股票市场、债券市场、外汇市场和长期利率波动的四类代表性价格序列：MSCI[3] 全球股票指数、JPM 全球债券总指数，美元实际有效加权汇率指数（对主要国家）和美国 10 年期国债收益率。数据为 2000 年 1 月 4 日至 2015 年 12 月 30 日的日度数据，对价格序列中的缺漏值采用三次样条法（Spline interpolation）进行填充。日度收益率数据采用先取对数后差分的方法进行处理。此外，本节采用 ADF 方法和 PP 方法检验数据的平稳性。表 1 描述了八种商品和四种金融市场的日度收益率的统计特征，并表明在 5%的显著性水平下所有序列达到平稳。

表 1　　　　　　　　大宗商品与金融资产收益率的统计描述（日度数据）

（A）国际商品市场							
统计指标	原油	天然气	黄金	白银	铜	铝	小麦	玉米
均值	0.010069	0.001013	0.033205	0.023814	0.023373	− 0.00163	0.016046	0.01426
中位数	0.070998	0.00041	0.048682	0.104548	0.007002	0.000006	− 0.06838	0.00007
最大值	12.7066	32.40767	6.841429	12.37885	13.8395	7.542085	25.80534	10.8838
最小值	− 14.4372	− 19.7997	− 9.59617	− 14.903	− 14.9652	− 7.03921	− 22.5688	− 39.8614
标准差	2.214518	3.469345	1.140161	1.990097	1.717208	1.323089	2.120239	1.94892
偏度	− 0.29506	0.576897	− 0.37228	− 0.83785	− 0.17341	− 0.20476	0.247395	− 2.18694
峰度	6.288502	8.883076	8.39355	9.704409	8.782548	5.384753	13.57189	49.5588
ADF	− 21.91 ***	− 22.20 ***	− 22.39 ***	− 27.19 ***	− 14.48 ***	− 25.60 ***	− 22.27 ***	− 22.98 ***
PP 检验	− 22.31 ***	− 22.10 ***	− 22.44 ***	− 26.77 ***	− 24.46 ***	− 25.47 ***	− 22.30 ***	− 22.98 ***

2　商品价格数据来源于纽约商品交易所（COMEX）、纽约商业交易所（NYMEX）、芝加哥商品交易所（CBOT）、伦敦金属交易所（LME）、国际石油交易所（IPE）。

3　MSCI 全球股票指数和 JPM 全球债券总指数来源于 Bloomberg 数据库。

	（B）金融市场			
指标	MSCI 全球股票指数	JPM 全球债券总指数	美元实际汇率	美国 10 年期国债收益率
均值	0.01975	− 0.00037	0.006707	− 0.02587
中位数	0.017526	0.004137	0.058592	0.000045
最大值	2.751432	2.155325	9.096366	8.923113
最小值	− 1.88437	− 4.10743	− 7.3253	− 18.4974
标准差	0.351819	0.464082	1.045475	1.918754
偏度	0.080491	− 0.2372	− 0.32731	− 0.08453
峰度	5.715609	6.481571	10.67471	7.098287
ADF	− 24.52 ***	− 25.53 ***	− 25.06 ***	− 23.00 ***
PP 检验	− 24.48 ***	− 25.64 ***	− 25.06 ***	− 23.00 ***

注：***、** 和 * 分别代表在 1%、5% 和 10% 的显著性水平下显著。

（二）基于 BEKK – GARCH 模型的溢出效应分析

表 2 描述了股票市场、债券市场、外汇市场与长期利率与商品价格序列两两之间的溢出效应。结果表明，国际大宗商品市场与金融市场之间存在双向溢出效应。在 5% 的显著性水平下，MSCI 全球股票指数与原油、黄金、白银、铜、小麦和玉米价格之间存在收益率或波动率的双向溢出效应，JPM 全球债券总指数与铝、小麦和玉米价格之间存在收益率或波动率的双向溢出效应，美元实际汇率指数与铝、小麦和玉米价格之间存在收益率或波动率的双向溢出效应，美国 10 年期国债收益率与天然气和铝价格之间存在收益率或波动率的双向溢出效应。

此外，不同的金融资产价格与商品价格之间的溢出关系呈现不同的特征。首先，股票价格与大宗商品价格之间的联动关系最为显著，二者呈现出双向的互动关系。商品市场对股票市场的收益率溢出多为正向，而股票市场对商品市场的收益率溢出多为负向。贵金属与股票市场之间呈现负的波动率溢出关系，这反映了市场投资者倾向于将贵金属特别是黄金作为避险资产；工业金属（铜、铝）与股票之间则呈现正的波动率溢出关系，这体现出工业金属市场与股票市场之间存在明显的风险传递。其次，全球债券指数、美元实际汇率与商品市场的关系更多地表现为单边影响。债券收益率和美元汇率的变化反映了短期利率、全球货币政策和流动性的变动。总体来看，可以将债券市场和外汇市场的波动对商品市场的溢出效应看作从货币层面对大宗商品价格产生冲击，即市场流动性及货币预期的变化直接作用于商品价格，这反映了国际大宗商品的金融属性。反过来，商品价格的波动也会对全球货币市场产生影响，但对溢出指数的测算表明，大宗商品市场对全球债券指数和美元汇率的溢出效应相对较弱。最后，10 年期国债收益率与商品市场之间存在不同强度的双向互动关系，商品价格波动对 10 年期国债收益率的正向溢出效应更为明显。原因可能是，一方面，商品价格的变化反映了实体经济需求的变化，在商品价格的上行期，长端国债收益率的运行中枢会在经济乐观预期中上升，在商品价格的下行期，长端国债收益率的运行中枢会在经济预期恶化的局势中下移；另一方面，作为中下游产业最重要的原材料来源，大宗商品价格的涨跌直接对应物价水平预期的变化，因此当商品市场价格普遍上涨时，考虑到通货膨胀因素，长期国债收益率也将上升。

表 2   **金融市场与各类商品价格的溢出效应结果**

MSCI—全球股票指数（x）	收益率溢出：y 对 x	收益率溢出：x 对 y	波动率溢出：y 对 x	波动率溢出：x 对 y
布伦特原油（y）	0.00038 ** （0.00019）	− 0.00277 *** （0.00020）	3.82E − 05 ***	− 0.00014 ***
天然气（y）	3.76E − 05 （2.36E − 05）	− 0.00036 *** （8.72E − 05）	− 1.10E − 05 （0.00011）	− 6.78E − 05 * （3.19E − 05）
金价（y）	0.00333 *** （0.00050）	0.00239 *** （0.00051）	− 0.00029 *** （6.07E − 05）	− 0.00805 *** （0.00010）
银价（y）	0.00027 * （0.00014）	− 0.00112 *** （0.00028）	− 0.00023 *** （1.94E − 05）	0.01380 *** （0.00012）
铜价（y）	0.00041 （0.00029）	− 0.00477 *** （0.00033）	− 0.00059 *** （2.65E − 05）	0.00384 *** （6.31E − 05）
铝价（y）	3.60E − 06 （0.00073）	0.00057 （0.00517）	9.73E − 06 （0.00014）	0.0004 1（0.00166）
小麦（y）	0.000935 *** （0.000304）	− 0.000702 （0.001126）	− 0.000905 *** （2.30E − 05）	0.005444 *** （0.000213）
玉米（y）	− 0.000404 （0.000561）	− 0.025606 *** （0.004362）	− 0.000547 *** （3.14E − 06）	− 0.007775 * （0.003999）
JPM—全球债券指数（x）	收益率溢出：y 对 x	收益率溢出：x 对 y	波动率溢出：y 对 x	波动率溢出：x 对 y
布伦特原油（y）	− 0.000118 （0.000416）	0.000756 ** （0.000376）	− 9.51E − 05 * （5.32E − 05）	0.000348 *** （7.02E − 05）
天然气（y）	3.76E − 05 （0.000416）	0.012643 *** （0.002029）	0.000159 （0.001872）	0.000449 （0.000735）
金价（y）	0.001089 ** （0.001107）	0.000114 （0.003308）	− 0.001737 * （0.000902）	0.001717 （0.001301）
银价（y）	− 0.000348 （0.000298）	− 0.002965 ** （0.00789）	− 0.000169 （0.003579）	0.000906 ** （0.000317）
铜价（y）	7.38E − 06 （0.000677）	− 4.05E − 05 （0.001440）	− 3.98E − 05 （0.000171）	− 2.50E − 05 （0.000327）

续表

JPM—全球债券指数（x）	收益率溢出：y 对 x	收益率溢出：x 对 y	波动率溢出：y 对 x	波动率溢出：x 对 y
铝价（y）	0.083208 ***	− 0.156920 ***	0.003165 **	− 0.000448
	(0.003951)	(0.015021)	(0.001232)	(0.001212)
小麦（y）	0.003310 ***	− 0.050280 ***	0.004737 ***	0.008157 ***
	(0.000754)	(0.003766)	(0.000517)	(0.000965)
玉米（y）	0.005944 ***	− 0.192130 ***	− 0.057333 **	− 0.192130 ***
	(0.002121)	(0.018800)	(0.027372)	(0.018800)
外汇—美元汇率指数（x）	收益率溢出：y 对 x	收益率溢出：x 对 y	波动率溢出：y 对 x	波动率溢出：x 对 y
布伦特原油（y）	− 0.000522	0.001978 ***	− 0.000389	− 0.001320 ***
	(0.000501)	(0.000523)	(0.000320)	(0.000141)
天然气（y）	0.000582	0.005461 ***	0.000340	− 0.001053 ***
	(0.000543)	(0.000620)	(0.000251)	(9.38E − 05)
金价（y）	0.000452	− 0.009276	− 0.000395	0.003598
	(0.002026)	(0.007484)	(0.014047)	(0.014989)
银价（y）	8.98E − 05	− 0.000448 ***	− 8.02E − 05 *	3.77E − 05
	(7.89E − 05)	(0.000198)	(4.07E − 05)	(4.05E − 05)
铜价（y）	0.001430	− 0.004041 ***	− 0.000264	− 5.69E − 05
	(0.000881)	(0.001112)	(0.000219)	(0.000184)
铝价（y）	− 0.004080 *	− 0.001355	− 0.020868 ***	0.006988 ***
	(0.002405)	(0.002701)	(0.004299)	(0.001170)
小麦（y）	0.007200 ***	0.003067	0.004944 ***	− 0.009151 ***
	(0.001026)	(0.001897)	(0.000775)	(0.001302)
玉米（y）	0.009943 ***	0.067278 ***	0.014316 ***	− 0.048552 ***
	(0.001149)	(0.007397)	(0.001326)	(0.002425)
美国十年期国债收益率（x）	收益率溢出：y 对 x	收益率溢出：x 对 y	波动率溢出：y 对 x	波动率溢出：x 对 y
布伦特原油（y）	0.013963 ***	− 0.099379	− 0.106188	0.093427
	(0.003313)	(0.109042)	(0.128638)	(0.110178)
天然气（y）	− 0.001217 *	− 0.048447 ***	0.002796 ***	0.008393 ***
	(0.000664)	(0.001302)	(0.000151)	(0.000250)
金价（y）	0.016293 **	− 0.002908	− 0.001003	− 0.001399
	(0.006831)	(0.018469)	(0.021424)	(0.021367)
银价（y）	− 0.001344	0.002513 ***	− 6.43E − 05	− 0.000134 *
	(0.001029)	(0.000491)	(5.89E − 05)	(0.000094)
铜价（y）	0.000294 ***	− 0.011524 ***	0.000696 *	0.000556 *
	(0.000113)	(0.002175)	(0.000487)	(0.000321)

美国十年期国债收益率（x）	收益率溢出：y 对 x	收益率溢出：x 对 y	波动率溢出：y 对 x	波动率溢出：x 对 y
铝价（y）	0.097972 ***	− 0.086538 ***	0.002403	− 0.003216
	（0.008894）	（0.025915）	（0.022645）	（0.020508）
小麦（y）	0.037795 ***	− 0.011734	− 0.008881	0.001383
	（0.003297）	（0.011023）	（0.005740）	（0.004244）
玉米（y）	0.031567 ***	− 0.015438	− 0.006026	0.001988
	（0.005964）	（0.015859）	（0.006534）	（0.005204）

注：括号内为估计值标准误差，*** 、** 和 * 分别代表在 1%、5% 和 10% 的显著性水平下显著。

（三）基于溢出指数模型的分析

本节通过分别对商品价格和代表性金融市场价格的同期周度收益率与波动率序列建立 VAR 模型来进一步分析国际大宗商品市场与金融市场之间的联动关系。周度收益率采用每周五的价格序列取对数后差分的形式，并调整为同期。若周五数据缺失则选用同周周四的收盘价格代替。波动率数据的构造借鉴 Alizadeh 等（2002）、Diebold 和 Yilmaz（2012）的方法，使用周内价格运行的最高值（H_t）和最低值（L_t）来计算，变量均为对数形式。具体公式为：

$$\overline{\sigma}_t^2 = 0.361 \times \left[\ln(H_t) - \ln(L_t) \right]^2 \tag{13}$$

表 3、表 4 分别表述了八种商品和四种金融市场价格周度收益率与波动率的基本统计特征和序列的平稳性检验。检验结果表明序列平稳达到建立 VAR 模型的计量条件。

表3　　　　　　　　大宗商品与金融资产收益率的统计描述（周度数据）

（a）国际商品市场								
指标	原油	天然气	黄金	白银	铜	铝	小麦	玉米
均值	0.059448	− 0.0075	0.160552	0.123241	0.10922	− 0.00923	0.074514	0.067755
中位数	0.37	− 0.25	0.29	0.22	0.01	− 0.09	− 0.16	0.11
最大值	20.1	25.18	12.35	14.61	15.3	8.34	29.88	20.28
最小值	− 29.71	− 30.49	− 9.83	− 31.05	− 26.05	− 16.5	− 16.99	− 38.84
标准差	4.694123	7.210122	2.515317	4.327705	3.806531	2.925414	4.562075	4.438712
偏度	− 0.7804	0.087933	− 0.29126	− 1.01554	− 0.7721	− 0.44295	0.488652	− 0.94621
峰度	6.793267	4.06234	4.623838	7.996983	8.260227	5.214802	5.692893	12.11411
ADF	− 21.91 ***	− 22.20 ***	− 22.39 ***	− 27.19 ***	− 14.48 ***	− 25.60 ***	− 22.27 ***	− 22.98 ***
PP 检验	− 22.31 ***	− 22.10 ***	− 22.44 ***	− 26.77 ***	− 24.46 ***	− 25.47 ***	− 22.30 ***	− 22.98 ***

续表

（b）金融市场				
指标	MSCI 全球股票	JPM 全球债券	美元实际汇率	美国 10 年期国债
均值	0.023818	0.095342	− 0.00226	− 0.12767
中位数	0.23	0.09	− 0.04	− 0.29
最大值	11.64	3.33	4.34	16.35
最小值	− 22.38	− 2.73	− 3.84	− 19.94
标准差	2.476658	0.806496	1.001812	4.095608
偏度	− 1.1782	− 0.06666	0.321446	0.192232
峰度	12.78897	3.452824	4.067373	5.020954
ADF	− 24.52 ***	− 25.53 ***	− 25.06 ***	− 23.00 ***
PP 检验	− 24.48 ***	− 25.64 ***	− 25.06 ***	− 23.00 ***

注：***、** 和 * 分别代表在 1%、5% 和 10% 的显著性水平下显著。

表 4 　　　　　　　　大宗商品与金融资产波动率的统计描述（周度数据）

（a）国际商品市场								
指标	原油	天然气	黄金	白银	铜	铝	小麦	玉米
均值	1.320232	2.05953	0.690601	1.166026	0.992225	0.819985	1.297609	1.15387
中位数	1.104421	1.750493	0.59038	0.958653	0.809797	0.705793	1.123416	0.960597
最大值	6.828685	8.367248	3.779308	7.530852	5.303419	3.71071	8.206051	11.97501
最小值	0.126022	0.279995	0.028734	0.037717	0.088362	0.035364	0.160365	0.070603
标准差	0.866415	1.238702	0.454729	0.883541	0.690954	0.509981	0.754214	0.811962
偏度	2.157101	1.512986	2.193195	2.518709	2.05531	1.668284	2.293615	3.963226
峰度	10.27753	6.118985	10.93955	12.77755	9.33287	6.953925	14.63007	42.16543
ADF	− 21.91 ***	− 22.20 ***	− 22.39 ***	− 27.19 ***	− 14.48 ***	− 25.60 ***	− 22.27 ***	− 22.98 ***
PP 检验	− 22.31 ***	− 22.10 ***	− 22.44 ***	− 26.77 ***	− 24.45 ***	− 25.47 ***	− 22.30 ***	− 22.98 ***

（b）金融市场				
指标	MSCI 全球股票	JPM 全球债券	美元实际汇率	美国 10 年期国债
均值	0.643237	0.224429	0.290629	1.136639
中位数	0.506326	0.194711	0.249492	0.969169
最大值	3.99252	0.871871	1.488714	5.709221
最小值	0.039687	0.027655	0.037178	0.000781
标准差	0.507054	0.125378	0.170086	0.756969
偏度	2.567056	1.308038	1.651719	1.861474
峰度	13.26127	5.485148	8.128412	8.701247
ADF	− 24.52 ***	− 25.53 ***	− 25.06 ***	− 23.00 ***
PP 检验	− 11.31 ***	− 21.08 ***	− 12.32 ***	− 23.76 ***

注：***、** 和 * 分别代表在 1%、5% 和 10% 的显著性水平下显著。

表 5 和表 6 分别描述了股票、债券、外汇和长期国债收益率与代表性大宗商品市场之间的收益率与波动率溢出指数矩阵（spillover table）。矩阵中的行数据代表该资产价格受到其他市场的溢出效应程度，列数据则表示该资产价格波动对其他市场变量的溢出效应程度。矩阵的右侧两列（FF 和 FC）分别表示受到其他金融市场的信息溢出程度和受到其他商品市场价格波动的信息溢出程度，矩阵的下方两行（TF 和 TC）分别表示对其他金融市场和对其他商品市场的信息溢出程度。为了考察两个市场间的溢出程度将如何随着测算区间长度的增加而变化，本节分别计算了溢出持续时间设为 H 为 2、4、6 时的收益率溢出效应值和溢出持续时间设为 H 为 4、8、12 波动率溢出效应值。

表 5　　　　　　　　　　基于溢出指数法的金融市场与国际大宗商品市场的

溢出效应测算结果（收益率）

H=2	股票	债券	美元	国债	原油	燃气	金价	银价	铜价	铝价	小麦	玉米	FF	FC
股票	98.7	0.2	0.0	0.1	0.1	0.1	0.3	0.1	0.1	0.0	0.0	0.2	0.3	1.0
债券	1.4	97.4	0.4	0.0	0.1	0.4	0.1	0.0	0.2	0.1	0.0	0.0	1.8	0.8
美元	16.7	53.2	29.7	0.1	0.0	0.1	0.0	0.0	0.1	0.0	0.1	0.0	70	0.3
国债	12.3	34.4	17.1	35.1	0.1	0.1	0.3	0.0	0.1	0.1	0.2	0.0	63	1.9
原油	9.3	1.0	5.5	0.1	82.6	0.3	0.2	0.2	0.1	0.0	0.0	0.7	15.9	1.5
燃气	0.9	1.5	1.1	0.2	4.9	90.1	0.3	0.0	0.1	0.0	0.1	0.1	3.7	6.1
金价	1.1	16.0	9.4	1.4	1.5	0.2	69.5	0.0	0.4	0.2	0.4	0.0	27.9	2.7
银价	7.3	7.3	8.9	0.4	2.3	0.4	34.6	37.7	0.4	0.5	0.1	0.1	23.9	35.9
铜价	22.2	0.3	5.2	0.5	2.0	0.3	2.9	2.8	63.4	0.0	0.3	0.0	28.2	8.3
铝价	17.1	1.6	5.6	0.5	1.8	0.0	1.3	1.7	18.4	51.0	0.0	0.2	24.8	24.2
小麦	2.9	0.7	3.0	0.3	1.1	0.0	0.7	0.7	0.9	0.2	89.5	0.0	6.9	3.6
玉米	4.0	1.3	2.5	0.3	1.1	0.0	0.9	1.1	0.7	0.2	23.1	64.8	8.1	27.1
TF	30.4	87.8	17.5	35.3	0.3	1.1	0.7	0.1	0.5	0.2	0.3	0.2		
TC	64.8	29.7	41.2	3.7	14.7	2.0	40.9	7.1	21.0	1.1	24.2	1.1		32.5
H=4	股票	债券	美元	国债	原油	燃气	金价	银价	铜价	铝价	小麦	玉米	FF	FC
股票	96.5	0.2	0.9	0.2	0.1	0.1	0.8	0.4	0.2	0.1	0.0	0.2	1.3	1.9
债券	1.5	96.1	0.6	0.1	0.3	0.4	0.1	0.3	0.4	0.1	0.0	0.1	2.2	1.7
美元	16.4	52.1	29.6	0.6	0.0	0.1	0.5	0.0	0.2	0.3	0.1	0.1	69.1	1.3
国债	12.7	33.5	16.7	34.1	1.3	0.0	0.4	0.2	0.4	0.2	0.0	0.0	62.9	3.1
原油	10.4	1.0	5.4	0.2	80.9	0.5	0.2	0.3	0.3	0.0	0.0	0.7	17.0	2.0
燃气	0.9	1.6	1.1	0.2	4.8	88.7	0.3	1.3	0.3	0.1	0.3	0.3	3.8	7.3
金价	1.3	15.8	9.3	1.5	1.5	0.3	68.5	0.1	0.4	0.2	0.7	0.4	27.9	3.6
银价	7.2	7.4	8.8	0.4	2.3	0.6	34.1	37.2	0.4	0.6	0.8	0.4	23.8	39.2

续表

H＝4	股票	债券	美元	国债	原油	燃气	金价	银价	铜价	铝价	小麦	玉米	FF	FC
铜价	23.1	0.3	5.0	2.1	2.0	0.3	2.8	3.0	60.8	0.2	0.4	0.0	30.5	8.7
铝价	17.4	1.7	5.5	0.9	1.8	0.8	1.4	1.9	18.1	50.4	0.0	0.2	25.5	24.2
小麦	3.1	0.8	3.1	0.4	2.0	0.1	0.7	0.8	0.9	0.4	87.8	0.0	7.4	4.9
玉米	4.7	1.3	2.6	0.4	1.5	0.1	1.5	1.1	0.8	0.3	22.5	63.2	9.0	27.8
TF	30.6	85.8	18.2	0.9	1.7	1.1	1.8	0.9	1.2	0.6	0.3	0.4		
TC	68.1	29.9	40.8	6.1	15.9	2.7	41	8.5	21.1	2.0	24.5	2.0		33.8
H＝6	股票	债券	美元	国债	原油	燃气	金价	银价	铜价	铝价	小麦	玉米	FF	FC
股票	96.5	0.2	0.9	0.2	0.2	0.1	0.8	0.4	0.3	0.1	0.0	0.2	1.3	2.1
债券	1.5	96.1	0.6	0.1	0.3	0.4	0.1	0.3	0.4	0.1	0.0	0.1	2.2	1.7
美元	16.4	52.1	29.6	0.6	0.0	0.1	0.5	0.0	0.2	0.3	0.1	0.0	69.1	1.3
国债	12.7	33.5	16.6	34.1	1.3	0.5	0.5	0.2	0.4	0.1	0.2	0.0	62.8	3.2
原油	10.4	1.0	5.4	0.2	80.9	0.5	0.2	0.4	0.4	0.1	0.0	0.7	17.0	2.2
燃气	0.9	1.6	1.2	0.3	4.8	88.7	0.3	1.3	0.2	0.3	0.1	0.3	4.0	7.3
金价	1.3	15.8	9.3	1.5	1.5	0.4	68.5	0.7	0.6	0.6	0.7	0.0	27.9	4.1
银价	7.2	7.4	8.8	0.4	2.3	0.6	34.1	37.2	0.4	0.6	0.8	0.4	23.8	39.2
铜价	23.0	0.3	5.0	2.1	2.0	0.3	2.8	3.0	60.7	0.2	0.4	0.0	30.4	8.7
铝价	17.5	1.7	5.5	0.9	1.8	0.8	1.4	1.9	18.1	50.4	0.0	0.2	25.6	24.2
小麦	3.1	0.8	3.1	0.4	2.0	0.1	0.7	0.8	0.9	0.4	87.7	0.0	7.4	4.9
玉米	4.7	1.3	2.6	0.4	1.5	0.1	1.5	1.1	0.8	0.3	22.5	63.2	9.0	27.8
TF	30.6	85.8	18.1	0.9	1.8	1.1	1.9	0.9	1.3	0.6	0.3	0.4		33.9
TC	68.1	29.9	40.9	6.2	15.9	2.7	41.0	8.6	21.2	2.4	24.6	2.0		

表6 基于溢出指数法的金融市场与国际大宗商品市场的溢出效应测算结果（波动率）

H＝4	股票	债券	美元	国债	原油	燃气	金价	银价	铜价	铝价	小麦	玉米	FF	FC
股票	95.9	0.7	0.4	1.0	0.2	0.7	0.5	0.1	0.1	0.3	0.1	0.0	2.1	2.0
债券	0.4	94.6	1.7	0.3	0.8	0.5	0.4	0.1	0.5	0.4	0.3	0.1	2.4	3.1
美元	0.6	6.2	82.7	1.9	1.9	0.0	2.1	2.0	0.2	0.6	1.0	8.7	8.6
国债	0.8	6.7	2.5	88.0	0.1	0.1	0.6	0.2	0.1	0.0	0.7	0.3	10.0	2.1
原油	0.0	2.7	2.8	1.2	90.7	1.0	0.7	0.1	0.3	0.1	0.3	0.0	6.7	2.5
燃气	0.4	0.1	0.3	1.4	0.9	95.5	0.2	0.4	0.2	0.2	0.0	0.2	2.2	2.2
金价	0.1	6.1	0.4	2.2	0.7	0.4	87.2	0.8	1.0	0.2	1.0	0.0	8.8	4.1
银价	0.1	2.7	0.8	1.8	1.9	0.3	26.4	61.2	2.6	0.3	1.8	0.1	5.4	33.4
铜价	0.1	0.9	1.2	2.3	5.1	0.3	11.7	9.1	67.7	0.5	0.6	0.5	4.5	27.8
铝价	0.5	0.8	1.1	2.4	1.4	0.5	4.6	7.3	17.7	63.0	0.5	0.2	4.8	32.2

续表

H = 4	股票	债券	美元	国债	原油	燃气	金价	银价	铜价	铝价	小麦	玉米	FF	FC
小麦	0.2	2.0	0.1	1.3	0.4	0.4	0.7	3.0	1.0	0.5	90.3	0.1	3.6	6.1
玉米	0.0	2.1	0.1	0.5	0.4	0.4	1.0	1.4	0.6	0.1	11.8	81.6	2.7	15.7
TF	1.8	13.6	4.6	3.2	3.0	1.3	2.3	2.5	2.7	0.9	1.7	1.4		
TC	1.4	17.4	6.8	13.1	10.8	3.3	45.3	22.1	23.4	2.0	16.0	1.1		16.8
H = 8	股票	债券	美元	国债	原油	燃气	金价	银价	铜价	铝价	小麦	玉米	FF	FC
股票	93.1	1.2	0.8	1.8	0.3	1.2	0.7	0.1	0.1	0.4	0.2	0.0	3.8	3.0
债券	0.5	92.9	1.9	0.3	1.3	0.8	0.5	0.2	0.7	0.4	0.3	0.1	2.7	4.3
美元	1.0	6.8	78.3	2.3	2.7	0.1	1.4	2.6	2.5	0.3	1.0	1.0	10.1	11.6
国债	1.3	6.6	3.1	86.3	0.1	0.1	0.8	0.3	0.1	0.0	1.0	0.2	11.0	2.6
原油	0.1	3.3	3.2	1.1	88.8	1.4	1.0	0.1	0.5	0.1	0.4	0.0	7.7	3.5
燃气	0.6	0.2	0.3	1.7	1.3	94.4	0.2	0.5	0.3	0.3	0.0	0.3	2.8	2.9
金价	0.1	6.2	0.6	2.5	0.8	0.3	84.7	1.5	1.5	0.0	1.4	0.0	9.4	5.8
银价	0.1	3.0	1.1	2.0	1.9	0.4	26.1	59.6	3.3	0.4	2.2	0.1	6.2	34.4
铜价	0.1	1.8	1.7	2.2	5.6	0.3	13.2	9.7	62.9	0.6	1.3	0.5	5.8	31.3
铝价	0.5	1.4	1.4	2.3	1.8	0.7	5.4	8.1	17.7	59.8	0.9	0.2	5.6	34.8
小麦	0.3	2.1	0.3	1.5	0.5	0.4	1.0	3.6	1.4	0.6	88.4	0.1	4.2	7.6
玉米	0.0	2.2	0.2	0.7	0.6	0.4	1.5	1.6	0.8	0.1	11.8	80.0	3.1	16.8
TF	2.8	14.6	5.8	4.4	4.4	2.2	3.4	3.2	3.4	1.1	2.5	1.3		
TC	1.8	20.2	8.8	14	12.5	4.0	48.4	25.1	25.5	2.4	18.0	1.2		19.2
H = 12	股票	债券	美元	国债	原油	燃气	金价	银价	铜价	铝价	小麦	玉米	FF	FC
股票	92.0	1.4	1.0	2.1	0.5	1.3	0.8	0.1	0.1	0.4	0.3	0.0	4.5	3.5
债券	0.6	92.6	1.9	0.3	1.4	0.8	0.5	0.2	0.8	0.4	0.3	0.1	2.8	4.5
美元	1.1	6.9	77.3	2.4	2.8	0.2	1.6	2.7	2.6	0.3	1.1	1.0	10.4	12.3
国债	1.4	6.6	3.1	85.8	0.1	0.1	0.9	0.4	0.1	0.0	1.1	0.2	11.1	2.9
原油	0.1	3.4	3.3	1.1	88.3	1.5	1.0	0.1	0.6	0.1	0.4	0.0	7.9	3.8
燃气	0.6	0.2	0.3	1.7	1.4	94.2	0.2	0.5	0.3	0.3	0.0	0.3	2.8	3.0
金价	0.1	6.2	0.7	2.6	0.9	0.3	84.1	1.6	1.6	0.3	1.5	0.0	9.6	6.2
银价	0.1	3.0	1.1	2.0	2.0	0.4	26.0	59.2	3.4	0.4	2.2	0.1	6.2	34.5
铜价	0.2	2.0	1.8	2.2	5.7	0.4	13.3	9.8	62.0	0.7	1.4	0.5	6.2	31.8
铝价	0.5	1.5	1.5	2.2	1.9	0.7	5.5	8.2	17.6	59.1	1.0	0.2	5.7	35.1
小麦	0.3	2.1	0.3	1.6	0.5	0.4	1.1	3.6	1.4	0.6	88.0	0.1	4.3	7.7
玉米	0.0	2.2	0.3	0.8	0.6	0.4	1.6	1.7	0.9	0.1	11.8	79.6	3.3	17.1
TF	3.1	14.9	6.0	4.8	4.8	2.4	3.8	3.4	3.6	1.1	2.8	1.3		
TC	1.9	20.6	9.3	14.2	13.0	4.1	48.8	25.5	25.8	2.5	18.3	1.2		19.8

总体来看，全球金融市场与商品市场之间的收益率溢出大于波动率溢出，且波

动率溢出持续时间要长于收益率溢出。收益率方面，在2周内，两个市场的代表性资产价格收益率之间的溢出总指数为32.5%，说明商品市场与股票、债券、外汇和长期国债等金融资产价格之间存在显著的均值溢出效应。在4周和6周内，收益率溢出总指数分别升至33.8%和33.9%，表明跨市场之间的相互冲击基本在6周之内完全平复，溢出效应的测量值达到饱和状态。波动率方面，跨市场资产价格的波动率溢出总指数在4周内为16.8%，说明金融市场与商品市场的波动率传递相对于收益率较弱。8周和12周的测算结果分别为19.2%和19.8%，表明市场间的波动率溢出效应要在12周内才能被完全吸收。

基于区分金融市场和商品市场的累计溢出指数统计，发现收益率的溢出形式呈现如下特征：首先，单个金融资产对金融市场其他资产价格产生的溢出效应要大于其对商品市场的溢出效应，且金融资产价格波动受到来自其他金融资产的信息溢出影响大于来自商品市场的；其次，商品价格受到金融资产价格波动的冲击与受到其他商品价格波动的冲击基本持平，但其对金融资产造成的溢出效应远小于对其他商品造成的溢出效应；最后，股票和债券市场能够对其他资产价格的收益率产生显著的影响，但其自身的价格波动在更大程度上是由自身市场内部因素导致。依照定向累计溢出效应指数的大小，各类金融资产对大宗商品市场的收益率溢出效应由大到小依次为股票（64.8%）、美元汇率（41.2%）、债券（29.7%）和10年期国债收益率（3.7%），而对金融市场收益率溢出效应最大的四种商品依次为：黄金（1.9%）、原油（1.8%）、铜（1.3%）和天然气（1.1%）。综上所述，金融市场对商品市场的收益率溢出效应要大于商品市场对金融市场的溢出效应，但无论是金融市场还是商品市场，其收益率变化对自身市场其他资产收益率的影响要大于对外部市场的影响（见表7）。

表7　　　　　国际大宗商品市场与金融市场的平均溢出指数（收益率层面）

金融资产对其他金融资产的溢出效应		商品价格对其他商品价格的溢出效应		金融资产对商品价格的溢出效应		商品价格对金融资产的溢出效应
	>		>		>	
36.75%		34.85%		14.8%		1.04%

跨市场的波动率溢出的特征与收益率很不同。首先，从市场间的整体溢出效应值来看，在金融市场和大宗商品市场间波动率的信息溢出相比于收益率较弱，但部分资产之间的波动率溢出要超过收益率，其中大宗商品对金融市场的波动率溢出超过收益率溢出，这反映了大宗商品价格对金融资产价格存在显著的风险传递效应。其次，金融资产对大宗商品的波动率溢出大于对其他金融资产的波动率溢出，这意味着金融市场的动荡会对国际商品市场形成巨大冲击（见表8）。最后，根据定向累

计溢出效应指数，各类金融资产对大宗商品市场的波动溢出效应由大到小依次为债券（20.6%）、10 年期国债收益率（14.2%）、美元汇率（9.3%）和股票（1.9%），而对金融市场波动溢出效应最大的四种商品依次为：原油（4.8%）、黄金（3.8%）、铜（3.6%）和银（3.4%）。

结合两个层面的溢出效应测算结果，本节发现，原油、黄金和铜在收益率溢出和波动率溢出层面都是影响金融市场最主要的商品，且相比于其他商品市场，股票、债券等金融资产价格与该三类商品价格之间存在更为紧密的互动关系。

表8　　　　　　国际大宗商品市场与金融市场的平均溢出指数（波动率层面）

大宗商品价格对其他商品价格的溢出效应		金融资产对大宗商品价格的溢出效应		金融资产对金融资产的溢出效应		大宗商品价格对金融资产的溢出效应
17.4 %	>	11.5 %	>	7.2 %	>	2.9 %

（四）基于滚动窗口回归的动态溢出分析

21 世纪以来，全球金融市场与大宗商品市场的运行环境和格局都发生了深刻的变化，为了跟踪记录市场间溢出效应的时变特征，下面结合滚动窗口模型对大宗商品市场和金融市场的收益率溢出和波动率溢出进行分析。

1. 收益率和波动率总溢出指数

图 2 描述了窗口期为 100 周的市场间收益率溢出总指数的测算结果。结果显示，2002 年以来，跨市场的收益率溢出程度总体呈先升后降的走势，13 年内一共出现了三次高峰。第一次高峰在 2004—2006 年，期间跨市场间的收益率溢出指数首次升至 45%～50%。这一时期以中国为代表的新兴经济体的高速发展推动了资源密集型产业的蓬勃发展，在实体经济层面建立了大宗商品超级牛市的根基。为分享新兴市场国家的发展红利，大量机构投资者通过商品期货或商品指数基金等渠道进入商品市场，深化了以原油、金属为代表的商品金融化程度，大宗商品与金融市场之间的联动关系随之上升。第二次是 2008—2010 年的金融危机期间，全球资产价格受危机影响剧烈波动，随后在美联储量化宽松和中国"四万亿元"财政刺激计划的提振下，国际市场风险偏好又迅速被扭转且增强，CRB 商品指数和 MSCI 全球股票指数在这一时期都经历了剧烈的"V"形走势。第三次是 2011—2012 年，欧债危机的爆发再次冲击了全球资产价格，导致跨市场的信息溢出程度明显上升，全球流动性对于经济刺激的边际效应从这一时期开始下降，大宗商品也开始步入漫长的熊市阶段。在 2008 年金融危机和 2011 年欧债危机时期，收益率溢出指数快速攀升并突破了 50%，这说明在危机期间各类资产的联动性大大提升，商品与金融资产价格变化信息的传导速度加快。此外，自 2013 年以后金融、商品市场间的收益率溢出指数明显走弱，反映了

近几年商品市场与金融市场联动关系的减弱和大宗商品定价回归基本面的趋势。

图2　全球金融市场与国际大宗商品市场的动态溢出总指数（收益率）

图 3 描述了窗口期为 100 周的市场间波动率溢出总指数的测算结果。总体来看，2008 年金融危机后的市场间波动率溢出要强于危机前，14 年内市场间波动率溢出总指数出现了两段高峰。第一次高峰是金融危机前后，这一期间波动率溢出指数在45% 附近，可以看出在 2008 年次贷危机爆发后商品市场与金融市场间的波动传导迅速加快，随后在美联储大规模量化宽松刺激下全球风险偏好恢复，市场间的波动率溢出有所下降，但在 2009 年之后随着大宗商品市场的全面反弹，金融市场与商品市场间的波动率溢出指数再次回升至高位。第二次高峰是在 2014 年下半年至 2015 年第一季度，这一时期大宗商品价格受油价大幅下跌拖累加速下滑，与全球流动性拐点和新兴市场国家经济增速下滑预期相叠加，给全球金融市场带来了很大的不确定性，因此在跨市场间的收益率溢出效应降低的背景下，市场间的波动率溢出指数仍处于高位。此外，虽然跨市场的收益率和波动率溢出总指数在近些年都出现下滑并降至金融危机后的低位，但在 2015 年溢出效应指数出现反弹。

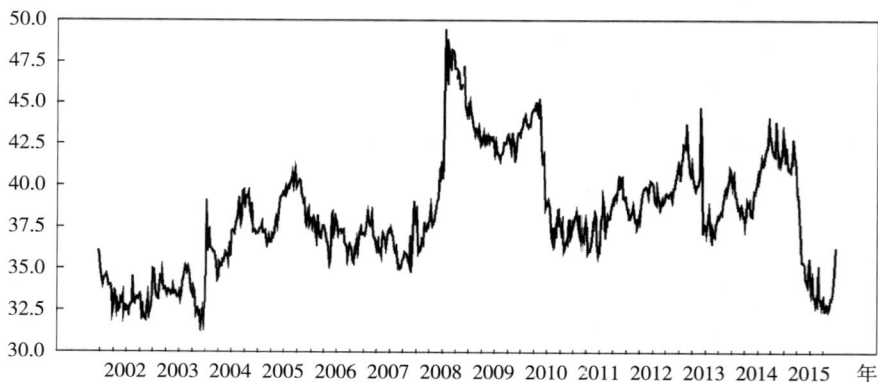

图3　全球金融市场与国际大宗商品市场的动态溢出总指数（波动率）

2. 收益率和波动率双向溢出指数

图 4 描述了国际大宗商品市场和金融市场之间整体的双向动态收益率溢出指数，即把八类代表性商品市场和四类金融市场各作为一个整体，测算二者之间的定向溢出指数。总体来看，商品市场对金融市场的收益率溢出要弱于金融市场向商品市场的收益率溢出，2004 年始，两个市场定向的收益率溢出指数持续攀升，且联动关系持续增强。至金融危机期间，金融市场对商品价格的影响达到顶峰，溢出指数一度接近 60%，而商品市场对金融市场的信息溢出作用力仍在增强，直到 2013 年才达到顶峰。2013 年之后，两个市场之间的信息溢出开始减弱，商品市场与全球金融市场的收益关联性下滑，2013 年以后商品价格与全球股票指数走势发生了明显的背离，大宗商品的价格开始向实体供需基本面回归，特别是 2014 年OPEC 国家宣布石油增产后，国际原油价格波动中的地缘政治因素为商品价格走势增添了更多的不确定性。然而自 2015 年始，两个市场之间的收益率溢出指数出现反转势头。

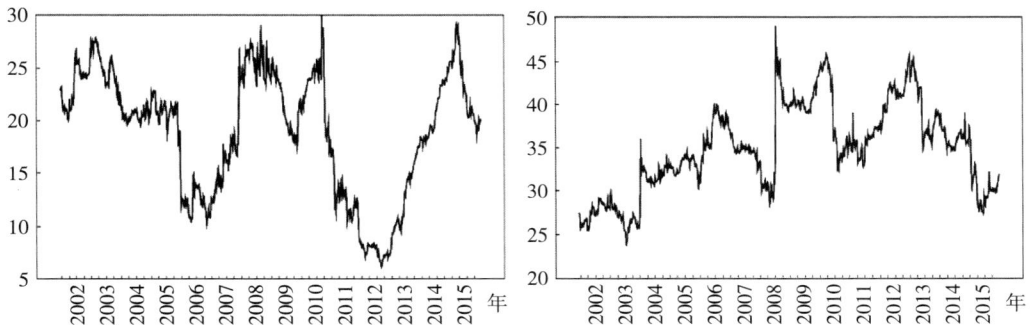

图 4　定向收益率溢出：大宗商品对金融市场（左），金融市场对大宗商品（右）

图 5 描述了大宗商品价格波动与金融市场之间的双向波动率溢出指数走势。从商品市场对金融资产价格的波动率溢出可以发现，商品价格波动对金融市场的冲击在商品市场牛市时期趋向于减弱，而在商品市场熊市时期则更趋向于上升。在2003—2007 年与 2009—2011 年的商品价格上涨时期，商品价格对金融市场的波动率溢出减弱；而 2008 年金融危机前后和 2011 年商品价格大跌期间商品价格波动对金融市场的风险传递效应增强。金融市场对商品市场的波动率溢出则呈现先升后降的走势，且在 2008 年金融危机前后和欧债危机期间达到峰值，说明在危机期间金融市场自身的波动风险将迅速波及商品市场。

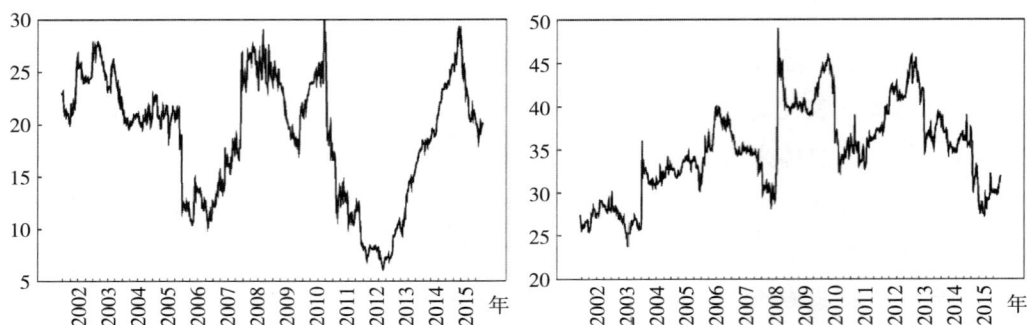

图5　定向波动率溢出：大宗商品对金融市场（左），金融市场对大宗商品（右）

（五）稳健性检验

本节从两个角度进行稳健性检验。首先是更换变量进入模型的次序，将大宗商品市场各类价格指标更换到金融市场之前，分别测算收益率和波动率的动态总溢出指数；其次是更改动态指数运算过程中的滚动窗口长度，将窗口长度由2年（100周）调整为125周。更换变量顺序和更改滚动窗口期长度之后的收益率动态溢出总指数和波动率动态溢出总指数走势如图6至图9所示。

图6　收益率动态溢出总指数（更换变量顺序）

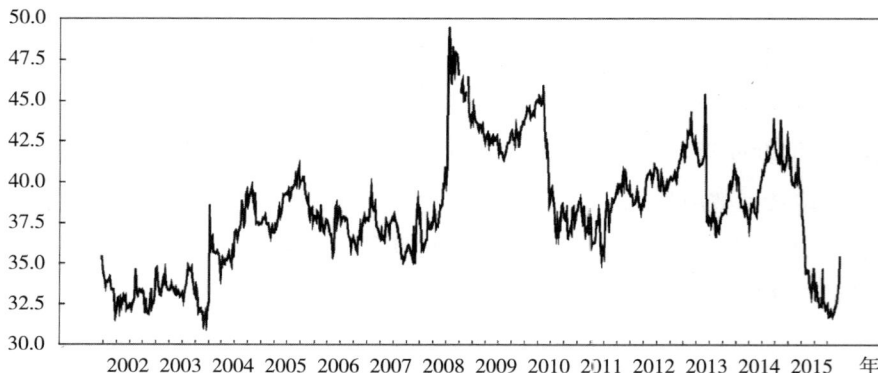

图7　波动率动态溢出总指数（更换变量顺序）

图8　收益率动态溢出总指数（更改模型预测期窗口长度）

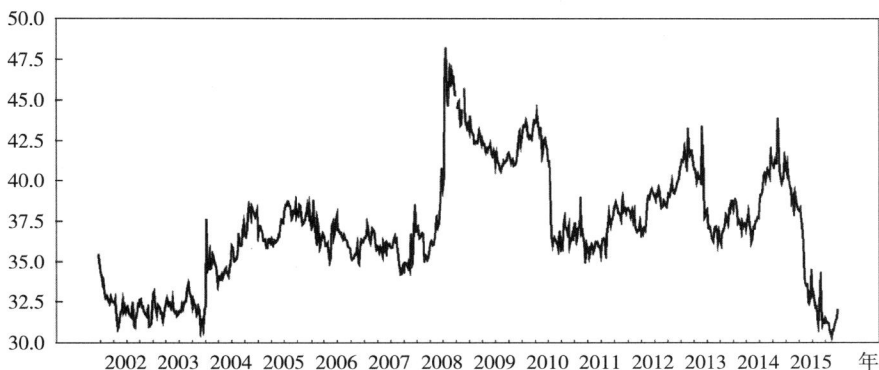

图9　波动率动态溢出总指数（更改模型预测期窗口长度）

从以上稳健性检验的结果可以看出，在更换模型变量的顺序和预测期窗口长度后，不论是收益率层面还是波动率层面的动态总溢出指数走势均与更换前基本一致。差别之处在于，预测期窗口拉长后，大宗商品市场与金融市场之间的溢出指数在2015年的反转程度有所减弱，但总体来看触底反弹的趋势仍然未发生变化，即全球金融资产价格与商品价格之间的互动关系在2015年升温的结论依然成立。

五、主要结论及启示

本节通过结合 BEKK-GARCH 和 Diebold 溢出指数模型对国际大宗商品市场与金融资产之间的信息溢出效应作了系统性的分析。根据实证分析部分关于溢出效应指数的测算结果，得到以下几点结论。

1. 总体来看，大宗商品与各类金融资产之间存在显著的信息溢出影响，但各类互动关系呈现出不同的特点。就金融资产而言，股票与商品市场之间表现为双向互动关系，美元汇率与债券更偏向于对商品价格的单向溢出，而10年期国债收益率则更倾向于受商品价格的影响。在大宗商品市场中，原油、黄金和铜与金融市场之间的互动关系最为密切。

2. 就整体市场而言，大宗商品与金融市场在收益率层面的总溢出指数（33.9%）要超过波动率层面的总溢出指数（19.8%）。收益率方面，金融市场内部的平均溢出指数（36.75%）＞商品市场内部的平均溢出指数（34.85%）＞金融市场对商品价格的平均溢出指数（14.80%）＞商品价格对金融市场的平均溢出指数（1.04%）；波动率方面，商品市场内部的平均溢出指数（17.4%）＞金融资产对商品价格的平均溢出指数（11.5%）＞金融市场内部的平均溢出指数（7.2%）＞商品市场对金融市场的平均溢出指数（2.9%）。

3. 根据动态溢出指数的走势，跨市场间溢出效应的时变特征可以总结如下：（1）从2003年开始大宗商品市场与金融市场之间的联动关系整体呈震荡上升趋势，2013年以后开始明显减弱，2015年再次回升；（2）在金融危机和欧债危机等风险偏好快速改变阶段，跨市场间的收益率和波动率溢出都出现明显抬升；（3）大宗商品价格对于金融资产的波动率溢出在商品牛市阶段趋于减弱，而在商品熊市阶段则趋于上升。

国际大宗商品市场与金融市场之间存在明显的互动关系，根据全球大宗商品的金融化进程，可以将2000年之后的商品市场分为两个阶段，2003—2012年为金融属性强化阶段，2013年以后为去金融化阶段，但通过实证分析的结果可以看出，2015年商品市场与金融市场的联动关系再次升温。大宗商品的金融属性是未来学术界和投资领域必须要保持关注的问题。当前原油、黄金和铜等个别商品的金融化程度已经相当之高，投资者对大宗商品的定价必须要考虑来自金融市场的信息溢出的影响。虽然大宗商品价格最终仍将回归实体经济供需基本面，但短期内的市场风险偏好、投资者预期以及政策不确定性等因素会对商品价格产生显著影响，尤其在金融危机期间，须警惕跨市场之间的风险传递。此外，就金融市场而言，也应当注意商品价格持续下行期间的风险溢出。

大宗商品的金融化以及大宗商品与金融资产价格之间的信息溢出给大宗商品市场监管带来了挑战，当局在政策制定过程中应考虑以下两个方面。首先，针对来自全球金融市场的冲击，我国亟须建立有效的风险防范与管理机制，当大宗商品价格出现非预期的波动时，进行适当的价格干预或窗口指导。此外，为平稳大宗商品价格波动、抑制大宗商品市场泡沫，监管层需提高大宗商品资产市场的透明度，严格控制大宗商品相关衍生品的杠杆水平，更有效地发挥大宗商品期货市场依据供需基本面变化的价格发现功能。

参考文献

[1] 韩立岩，尹力博．投机行为还是实际需求？——国际大宗商品价格影响因

素的广义视角分析 [J]. 经济研究，2012（12）：83 – 96.

[2] 殷剑锋. 商品市场的金融化和油价泡沫 [J]. 中国货币市场，2008（11）：36 – 41.

[3] 张成思，刘泽豪，罗煜. 中国商品金融化分层与通货膨胀驱动机制 [J]. 经济研究，2014（1）：140 – 154.

[4] 田利辉，谭德凯. 大宗商品现货定价的金融化和美国化问题——股票指数与商品现货关系研究 [J]. 中国工业经济，2014（10）：72 – 84.

[5] Askari H, Krichene N. Monetary Policy and World Commodity Markets：2000 – 2007 [J]. PSL Quarterly Review 2010（63）：143 – 175.

[6] Aboura S, Chevallier J. Volatility Returns With Vengeance：Fiancial Markets Vs. Commodities [J]. Research in International Business and Finance，2014（33）：334 – 354.

[7] Arouri M, Jouini J, Nguyen D. On the Impacts of Oil Price Fluctuations on European Equity Markets：Volatility Spillover and Hedging Effectiveness [J]. Energy Economics，2012（34）：611 – 617.

[8] Antonakakis N, Kizys R. Dynamic Spillovers Between Commodity and Currency Markets [R]. International Review of Financial Analysis，2015.

[9] Baldi L, Peri M, Vandone D. Price Discovery in Agricultural Commodities：the Shifting Relationship Between Spot and Futures Prices [R]. Food and Natural Resources，Eaae 2011 Congress，August，2011.

[10] Breitenfellner A, Cuaresma J C. Crude Oil Prices and the USD/ERE Exchange Rate [J]. Monetary Policy & the Economy，2008（8）：112 – 145.

[11] Buyuksahin B, Robe M A. Speculators, Commodities and Cross – market Linkage [J]. Journal of International Money and Finance，2014（42）：38 – 70.

[12] Chong J, Miffre J. Conditional Correlation and Volatility in Commodity Futures and Traditional Asset Markets [J]. Journal of Alternative Investments，2010（12）：61 – 75.

[13] Chu K Y, Morrison T K. The 1981 – 82 Recession and Non – oil Primary Commodity Prices [R]. Staff Papers. International Monetary Fund，1984（31）：93 – 140.

[14] Chan K F, Karuna S T, Brooks R, Gray S. Asset Market Linkages：Evidence From Financial, Commodity and Real Estate Assets [J]. Journal of Banking & Finance，2011（35）：1415 – 1426.

[15] Darius R, Radde S. Can Global Liquidity Forecast Asset Prices？ [R]. International Monetary Fund Working Paper No. 196，2010.

［16］Diebold F X, Yilmaz K. Better to Give Than to Receive: Predictive Directional Measurement of Volatility Spillovers ［J］. International Journal of Forecasting, 2012, 28 (1): 57 – 66.

［17］Du X, Yu C L, Hayes D J. Speculation and Volatility Spillover in the Crude Oil and Agricultural Commodity Markets: a Bayesian Analysis ［J］. Energy Economics, 2011 (33): 497 – 503.

［18］Eickmeier S, Lombardi M J. Monetary Policy and the Oil Futures Market ［C］. Deutsche Bundesbank Discussion Paper No. 35, 2012.

［19］Giese J V, Tuxen C K. Global Liquidity and Asset Prices in a Cointegrated VAR ［R］. Nuffield College, University of Oxford and Department of Economics, Copenhagen University, 2007: 1 – 28.

［20］Gruber J W, Vigfusson R J. Interest Rates and Volatility and Correlation of Commodity Prices ［R］. Board of Governors of the Federal Reserve System. International Finance Discussion Paper No. 1065, 2012.

［21］Gospodinov N, Jamali I. Monetary Policy Surprises, Positions of Traders, and Changes in Commodity Futures Prices ［R］. Federal Reserve Bank of Atlanta Working Paper No. 201312, 2013.

［22］Gorton G, Rouwenhorst G. Facts and Fantasies About Commodity Futures ［J］. Financial Analysts Journal, 2006 (62): 47 – 68.

［23］Hamilton J D, Wu J C. Risk Premia in Crude Oil Futures Prices ［J］. Journal of International Money and Finance, 2014 (42): 9 – 37.

［24］Hillier D, Draper P, Faff R. Do Precious Metal Shine? An Investment Perspective ［J］. Financial Analysts Journal, 2006 (62): 98 – 106.

［25］Harri A, Hudson D. Mean and Variance Dynamics Between Agricultural Commodity Prices and Crude Oil Prices ［R］. The Economics of Alternative Energy Sources and Globalization: The Road Ahead Meeting, Orlando, FL, 2009, November 15 – 17.

［26］Ji Q, Fan Y. How Does Oil Price Volatility Affect Non – energy Commodity Markets? ［J］. Applied Energy, 2012 (89): 273 – 280.

［27］Kawamoto T, Kimura T, Morishita K. What Has Caused the Surge in Global Commodity Prices and Strengthened Cross – market Linkage? ［R］. Bank of Japan Working Paper No. 11 – E – 3, 2011.

［28］Kazuhiko O, Tatsuyoshi O. Increasing Trends in the Excess Comovement of

Commodity Prices [R]. The Research Institute of Economy, Trade and Industry. Discussion Paper Series No. 13 - E - 048, 2013.

[29] Lombardi M J, Robays V I. Do Financial Investors Destabilize the Oil Price? [R]. ECB Working Paper No. 1346, 2011.

[30] Lombardi M J, Ravazzolo F. Oil Price Density Forecasts: Exploring the Linkages With Stock Markets [R]. Norges Bank Working Paper No. 2012 - 24, 2012.

[31] Liu L. Cross - correlations Between Crude Oil and Agricultural Commodity Markets [J]. Statistical Mechanics and its Applications, 2014 (395): 293 - 302.

[32] Manera M, Nicolini M, Vignati I. Futures Price Volatility in Commodities Markets: the Role of Short Term Vs Long Term Speculation [R]. Department of Economics and Management Working Paper No. 4204 - 13, 2013.

[33] Malik F, Hammoudeh S. Shock and Volatility Transmission in the Oil, Us and Gulf Equity Markets [J]. International Review of Economics and Finance, 2007 (16): 357 - 368.

[34] Mitchell D. A Note on Rising Food Prices [R]. Policy Research Working Paper, No. 4682, 2008.

[35] Mensi W, Hammoudeh S, Nguyen D K, Yoon S. Dynamic Spillovers Among Major Energy and Cereal Commodity Prices [J]. Energy Economics, 2014 (43): 225 - 243.

[36] Nazlioglu S, Erdem C, Soytas U. Volatility Spillover Between Oil and Agricultural Commodity Markets [J]. Energy Economics, 2013 (36): 658 - 665.

[37] Nazlioglu S, Erdem C, Soytas U. Volatility Spillover Between Oil and Agricultural Commodity Markets [J]. Energy Economics, 2013 (36): 658 - 665.

[38] Park J, Ratti R A. Oil Price Shocks and Stock Markets in the Us and 13 European Countries [J]. Energy Economics, 2008 (30): 2587 - 2608.

[39] Reuven G, Sylvain L. Central Bank Announcements of Asset Purchases and the Impact on Global Financial and Commodity Markets [J]. Journal of International Money and Finance, 2012 (31): 2078 - 2101.

[40] Silvennoinen A, Thorp S. Financialization, Crisis and Commodity Correlation Dynamics [J]. Journal of International Financial Markets, Institutions and Money, 2012, 24 (4): 42 - 65.

[41] Sadorsky P. Modeling Volatility and Correlations Between Emerging Market Stock Prices and the Prices of Copper, Oil and Wheat [J]. Energy Economics, 2014 (43): 72 - 81.

第二节　基于油价冲击分解的国际油价波动对中国工业行业的影响（1998—2015 年）[1]

一、问题提出

国际油价波动问题一直以来都是各国政府及社会各界关注的焦点。石油作为基础性能源，其价格变化不仅通过贸易条件造成国民收入的潜在损益，还会对国内的物价水平和产出稳定造成一定风险。改革开放以来，中国经济持续快速增长，推动石油需求迅速上升，中国原油进口量从 1998 年的 2732 万吨上升到 2014 年的 3.08 亿吨，对外依存度从 6.79% 上升到 58.82%，[2] 超过国际公认的 50% 的安全警戒线。随着中国成为第二大石油消耗国和第一大石油进口国，石油价格波动使中国比以往更容易受到冲击。图 1 显示了 2001—2013 年中国工业生产指数增速与国际油价波动率的变动趋势，可以看出，在 2005 年之前，油价和工业生产指数之间的相关关系并不明显，但是在 2005 年之后，两者的负相关关系非常显著，这与近十年来国内经济增长主要依靠能源消耗较高的工业部门和投资驱动密切相关。

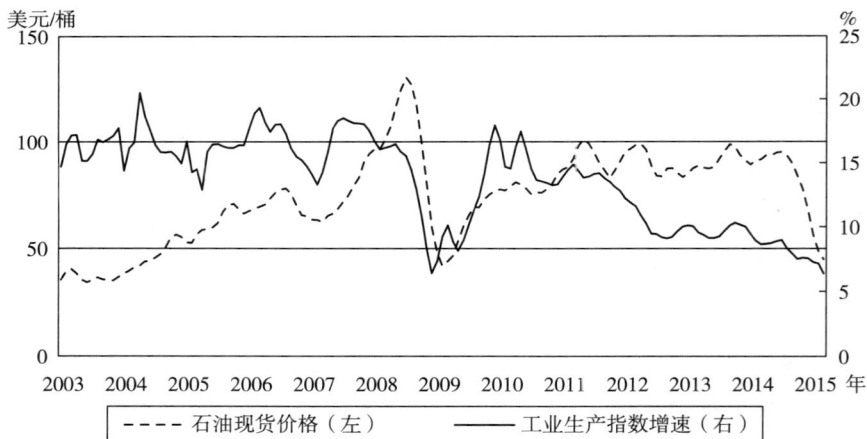

图 1　中国工业生产指数与油价的变动关系（3 个月移动平均）

资料来源：国家统计局，EIA 网站。

近年来学术界就油价冲击对整个宏观经济及产业部门的影响进行了广泛研究。Kilian（2009）发现，相对供给冲击，需求冲击引起的油价上涨对美国 GDP 和通货

1　本部分作者为谭小芬、殷无弦、韩剑。

2　对外依存度为净进口量占表观消费量的比例，表观消费量等于净进口量加上国内原油产量。

膨胀的影响更大。Cashin、Mohaddes 和 Raissi（2012）与 Melolinna（2012）发现，供给冲击和预防性需求冲击带来的油价上涨会抑制产出，需求冲击带来的油价上涨短期内提高产出，长期内增加通货膨胀压力。Lippi 和 Nobili（2012）发现美国国内需求冲击可以解释油价变化的 20%，石油总供给下降带来的油价上涨使国内产出减少，总需求上升带来的油价上涨则对 GDP 有正向且持续的影响。Blanchard 和 Gali（2007）发现，由于货币政策有效性的提高、工资弹性的增加及石油在生产、消费中所占份额的减少，油价波动对发达国家的影响有逐渐减弱的趋势。Anzuini、Pagano 和 Pisani（2013）发现特定需求冲击带来的油价上涨会立即引发 CPI 指数的上升，而对产出的负向影响在滞后 6 个月后较明显。Donayre 和 Wilmot（2015）发现，正向油价冲击对产出的影响高于负向油价冲击，这种非对称性在经济衰退时期尤其显著，但是在经济扩张时期有所下降。任若恩和樊茂清（2010）发现油价对宏观经济部门价格的影响具有滞后性。陈宇峰和陈启清（2011）认为油价冲击对中国宏观经济的作用机制有明显的时段效应。张斌和徐建炜（2010）认为，石油价格变化对国内宏观经济有显著影响的前提是油价波动传导从而导致一般价格水平上升、要素投入变化及货币政策调整。孙立坚、汤维祺和吴加波等（2011）发现，由于国内市场价格机制有严重扭曲的现象，价格冲击传导不充分，油价冲击对实体经济的长期影响更严重且更持久。唐运舒和焦建玲（2012）发现油价冲击的短期作用较小，在较长时间里才会对经济造成显著的负面影响。Arezki 和 Blanchard（2015）指出，中国石油消费占 GDP 的比重为 5.4%，2014 年下半年以来的油价下跌使 2015 年、2016 年中国 GDP 分别提升 0.4～0.7 个百分点和 0.5～0.9 个百分点。少量文献涉及油价冲击对产业的影响。Ciscar、Russ、Parousos 等（2004）发现油价上涨对原油生产、提炼及能源密集型产业有很大负面影响。Guidi（2009）发现，对于服务业产出，油价下跌对其的影响比油价上涨的作用更显著；对于制造业，油价上涨导致其产出持续缩减，而油价下跌时其产出上下波动；制造业部门比服务业部门受油价变化的影响更大。Lagalo（2011）发现，经济需求冲击与预防性需求冲击较供给冲击而言，对各部门有更显著的影响；从影响的时间跨度和部门数量来看，预防性需求冲击的作用最为持久、广泛。同时，美国产业的能源密集程度与结构性石油冲击的效应没有明显的关联。Caaporale、Ali 和 Spagnolo（2014）发现，在需求冲击下，石油价格波动与股票回报率（除消费服务、金融、石油和天然气行业外）正相关；在供给冲击下，石油和天然气行业的股票回报率与油价波动负相关；在预防性需求冲击下，油价波动和股票回报率的相关性不显著。Tsai（2015）发现，2008 年金融危机时和金融危机后，能源密集度高的制造业股票回报率对油价波动的反应要比能源密集度低的行业更大。

上述文献对于油价与经济波动的研究从两个角度展开：一是把油价作为外生变量，考察其在货币供应、汇率等宏观经济条件下对产出和物价的影响；二是把油价作为内生变量，以引起油价波动的结构性因素为切入点，考察不同来源的油价冲击对一国经济的影响。这两个不同角度具有很大的差异。如果油价下跌是外生的，即油价变动与全球需求无关，而是由全球供给或投机引起的，那么油价下跌会导致企业的成本下降和产量上升。然而，如果油价是内生的，即全球需求萎缩引发油价下跌，那么这种价格下跌在短期内反而会伴随产出萎缩。从过去的油价走势和全球需求来看，油价表现出一定的内生性，而目前关于油价冲击对行业影响的文献，忽略了不同来源的油价冲击对行业影响的差异，没有结合各个行业所处的油价冲击传导过程中的不同环节，去分析油价冲击对行业的影响程度和滞后时间。

本节的特点在于：研究方法上，借鉴 Kilian（2009）的方法，将油价波动的结构性冲击分解为石油供给冲击、经济总需求冲击和石油特定需求冲击，并进一步将经济总需求分解为发达国家需求与新兴经济体需求、国内经济需求与国外的经济需求，将特定需求冲击进一步区分为金融投机冲击与其他特定需求冲击、库存冲击与其他特定需求冲击，观察不同的冲击对工业行业的影响差异；研究对象上，将 1998—2015 年中国 37 个工业子行业作为研究对象，考察油价冲击对行业影响的程度，并从产业链条传导、能源消耗度、贸易依存度、人民币汇率升值状况、行业竞争程度和成品油价格形成机制等方面分析不同类型油价冲击的影响差异。本节通过 SVAR 模型将油价冲击进行分解，然后提取结构式残差向量，分析这些结构性冲击对整个中国工业行业及相关行业的影响，并考察这种影响差异背后的原因和机制。

二、基于 SVAR 模型的油价冲击分解

1. 结构向量自回归模型（Structural Vector Auto-Regressive，SVAR）

本节建立结构向量自回归模型公式如下：$C_0 x_t = \alpha + \sum_{j=1}^{p} C_j x_{t-j} + u_t$

其中，$C_0 = \begin{bmatrix} 1 & -c_{12} & \cdots & -c_{1k} \\ -c_{21} & 1 & \cdots & -c_{2k} \\ \vdots & \vdots & \ddots & \vdots \\ -c_{k1} & -c_{k2} & \cdots & 1 \end{bmatrix}$，$x_t = (dpro_t, dbdi_t, drop_t)'$，$dpro_t$、$dbdi_t$、$drop_t$ 分

别代表石油供给、需求和油价的一阶差分序列。u_t 为结构式冲击向量，代表石油供给冲击（shock1）、经济总需求冲击（shock2）和石油特定需求冲击（shock3）三种结构性冲击。根据 SVAR 模型的估计原理，结构式冲击向量 u_t 并不能直接计算得到，

需通过简化式 VAR 的残差向量 ε_t 求得。假设 A_0 可逆，导出式（1）：

$$x_t = C_0^{-1}\alpha + C_0^{-1}\sum_{j=1}^{p} C_j x_{t-j} + C_0^{-1} u_t = \phi_0 + \sum_{j=1}^{p}\phi_j x_{t-j} + \varepsilon_t \qquad (1)$$

ε_t 可以看作简化式模型的扰动项，从而简化式扰动项 ε_t 是结构式扰动项 u_t 的线性组合，$\varepsilon_t = C_0^{-1} u_t$，对 C_0^{-1} 施加约束即可识别 SVAR 模型。

$$\varepsilon_t \equiv \begin{pmatrix} \varepsilon_t^{dpro} \\ \varepsilon_t^{dbdi} \\ \varepsilon_t^{drop} \end{pmatrix} = \begin{bmatrix} c_{11} & 0 & 0 \\ c_{21} & c_{22} & 0 \\ c_{31} & c_{32} & c_{33} \end{bmatrix} \begin{pmatrix} u_t^{oil-supply-shock} \\ u_t^{aggregate-demand-shock} \\ u_t^{oil-specific-demand-shock} \end{pmatrix} \qquad (2)$$

ε_t 表示世界石油产量、世界经济活动及实际油价变量的扰动，这一扰动来自对经济系统的结构性冲击（u_t 向量）。根据 k 元 p 阶 SVAR 模型需要施加约束个数的要求，模型应该施加 3 个约束条件。式（2）给出了约束条件的最终形式：①由于石油生产规模调整周期较长，不能对需求变化迅速作出调整，经济总需求冲击和石油特定需求冲击在同期对石油产量无影响。②石油特定需求冲击对全球经济活动在当期也无影响，但供给冲击和经济总需求冲击对当期全球经济活动会产生影响。③不能被供给冲击及经济总需求冲击解释的油价波动为石油特定需求冲击的影响，表示对未来石油供给不确定而产生的预防性需求，也包含库存和金融投机等需求因素的变化状况。

2. 变量说明和数据来源

以下变量的时间区间均为 1998 年 1 月至 2015 年 3 月。

实际油价（ROP）：在名义油价的基础上根据美国物价指数扣除通货膨胀因素得到。名义油价数据来源于美国能源信息署（EIA），以 2005 年为基期；美国物价指数选取以 2005 年为基期的 CPI 指数，数据来源于经济学人智库（EIU）。

石油产量（PRO）：反映了各种政治变化、战争、垄断活动的影响，这些变化都可能造成石油产量的波动，数据来源于 Bloomberg。

波罗的海干散货指数（BDI）、全球工业生产指数（WIP）、发达经济体工业生产指数（AD）、新兴经济体工业生产指数（EM）、OECD 国家工业生产指数（OECD）和中国工业生产指数同比增速（CH）。全球经济活动的活跃程度会影响石油需求，导致石油价格的波动，因此经济越繁荣，油价上涨的动力越强。本节用来衡量全球经济活动的指标需要满足两大条件：一是数据频率须为月度；二是能够反映全球经济总需求的变化。若将所有国家工业增加值进行加权来衡量全球经济活动，会存在三个方面的问题：①近十年来各个国家的产业结构（尤其是工业在 GDP 中的比重）发生了很大变化，这种结构性的变化容易造成数据序列不稳定；②新兴经济体发展迅速，其经济总量在全球的份额越来越大，而要得到一般性的世界经济总体指标，准确估计各经济体对全球经济总体的贡献大小成为难点；③用加权后的全球工业增加值表示石油需求的前提条件是各国能源密集度非常稳定。考虑到上述问题，Kilian（2009）提出航运指数与经济活动有很大的正相关性，于是运用干散货航海运费指数来表示世界经济的活跃程度。这一指数在之后的很多研究中得到了广泛的运用。本节也采用波罗的海干散货指数（BDI）作为衡量全球经济活动活跃程度的指标，这一指数代表了国际干散货运输市场的走势，是全球经济活动的缩影。为保证结果的稳健性，本节在稳健性检验中选取了全球工业生产指数代替 BDI 指数，数据来源于Bloomberg。

轻质低硫原油非商业多头、空头及套利持仓数量。美国商品期货交易委员会（CFTC）交易者持仓报告将石油期货投资者分为商业交易者、非商业交易者和未报告的交易者三类。Sanders、Boris 和 Manfredo（2004）构建石油期货市场的投机压力指标为非商业净头寸数据比非商业长头寸、非商业短头寸及套利头寸之和，计算公式为：$NC_t = \dfrac{NCL_t - NCS_t}{NCL_t + NCS_t + 2NCSP_t}$，其中，$NCL$ 表示非商业多头持仓数量，NCS 表示非商业空头持仓数量，$NCSP$ 表示非商业套利持仓数量。这一构造方式剔除了规模因素，用来衡量期货市场的投机力量对石油价格产生的压力，其数值正负代表投机者对石油价格涨跌的判断，数值正负对价格影响方向不同。本节采用每月末最后一天交易日的持仓数据，数据来源于 Bloomberg。

石油库存量（ST）。石油库存的变化反映了政府对油价的态度，政府往往通过改变战略库存量影响供需关系，进而影响油价，数据来源于 EIA。

3. 单位根检验和格兰杰因果关系检验

对上述各变量进行 ADF 单位根检验，结果如表 1 所示，可以看出：石油期货市场投机、中国工业生产指数增速为平稳序列，实际油价、石油产量、BDI 指数、全球工业生产指数、发达经济体和新兴经济体工业生产指数、OECD 国家工业生产指数、石油库存量的对数差分序列平稳。在本节中，发达经济体工业生产指数、新兴经济体工业生产指数分别表示发达经济体、新兴经济体的经济需求，OECD 国家工业生产指数、中国工业生产指数以区分国外、国内经济需求。

表 1　　　　　　　　　　　　　　变量单位根检验（ADF）

序列	原始序列			对数差分序列			
	检验形式	ADF 统计量	是否平稳	序列	检验形式	ADF 统计量	是否平稳
ROP	（C，0，1）	−2.25	否	DLNROP	（C，0，0）	−10.97	是 ***
PRO	（C，0，0）	−0.17	否	DLNPRO	（C，0，1）	−12.37	是 ***
BDI	（C，0，1）	−2.92	是 **	DLNBDI	（C，0，0）	−12.35	是 ***

序列	原始序列			对数差分序列			
	检验形式	ADF 统计量	是否平稳	序列	检验形式	ADF 统计量	是否平稳
WIP	(C, 0, 2)	-0.57	否	DLNWIP	(C, 0, 1)	-5.31	是***
AD	(C, 0, 3)	-2.82	否	DLNAD	(C, 0, 1)	-5.15	是***
EM	(C, 0, 2)	0.78	否	DLNEM	(C, 0, 1)	-7.12	是***
OECD	(C, 0, 2)	-2.10	否	DLNOECD	(C, 0, 1)	-5.14	是***
ST	(C, 0, 0)	-1.40	否	DLNST	(C, 0, 11)	-3.12	是**
CH	(C, 0, 2)	-2.62	是*	—	—	—	—
NC	(C, 0, 2)	-3.84	是***	—	—	—	—

注：检验形式为（C，T，K），其中，C、T、K 分别表示截距项、趋势项和滞后阶数（0 表示没有相应项），滞后期的选择标准参考 SIC 准则；否表示不平稳，*** 表示在 1% 的显著水平下平稳，** 表示在 5% 的显著水平下平稳，* 表示在 10% 的显著水平下平稳。

为了考察不同变量之间的因果关系，对实际油价波动与石油产量、BDI 指数、全球工业生产指数、新兴或发达国家工业生产指数的对数差分序列及石油期货市场投机指标、石油库存量序列进行格兰杰因果检验，结果如表 2 所示。从表 2 可以看出，BDI 指数的滞后 3 期变量、全球工业生产指数的滞后 2 期变量、新兴经济体工业生产指数及发达经济体工业生产指数的滞后 1 期变量、OECD 国家工业生产指数的滞后 1 期变量、石油期货市场投机的滞后 3 期变量、石油库存的滞后 2 期变量均构成实际油价的格兰杰原因，这表明经济需求情况、投机因素、库存量高低对油价变化的影响在短期内显著，但石油供给与实际油价之间不存在显著的因果关系。模型稳定性检验表明，所有根模的倒数小于 1，即都位于单位圆以内，表明模型是稳定的。

表2 各变量之间的格兰杰因果检验

原假设	F 统计量	概率	滞后期
石油供给不是实际油价的格兰杰原因	1.19707	0.3096	6
BDI 不是实际油价的格兰杰原因	3.24643	0.0230	3
全球工业生产指数不是实际油价的格兰杰原因	2.48683	0.0858	2
新兴经济体工业生产指数不是实际油价的格兰杰原因	6.09787	0.0144	1
发达经济体工业生产指数不是实际油价的格兰杰原因	3.52063	0.0621	1
OECD 国家工业生产指数不是实际油价的格兰杰原因	3.37383	0.0677	1
中国工业生产指数不是实际油价的格兰杰原因	1.73217	0.1039	7
石油期货投机不是实际油价的格兰杰原因	2.25107	0.0837	3
石油库存不是实际油价的格兰杰原因	8.21032	0.0004	2

4. SVAR 模型的结果分析

图 2 显示了给定结构性残差一个标准差的变动，在前 10 期内油价等变量受各种冲击影响的情况。图中的冲击均为正向冲击，可以看出：①石油供给冲击对油价波动在前 3 期为负向影响，第 3 期的响应系数绝对值最大，为 -0.006。第 4~8 期响应系数为正，第 9 期后趋于零，总体影响十分微弱且不稳定，这说明近十年油价的剧烈波动并非由供给因素引发的。事实上，1998 年以来石油产量较稳定，供不应求的情形只在 1999 年下半年、2002 年末和 2004 年初比较明显，其他时期基本上都是供给略大于需求。②经济总需求冲击在前 4 期对油价上涨有显著的正向影响，在第 2 期达到最大，最大值是 0.017，第 5 期后逐渐趋于零，这意味着全球经济活动的活跃程度加剧了油价的波动，经济越繁荣，对石油的需求越大，导致油价上升的动力越强劲。③石油特定需求冲击对石油价格波动的影响在前 3 期显著为正，第 1 期响应系数最大，为 0.08，随后冲击的响应系数递减，第 8 期后趋于零。很显然，在三种结构性冲击中，特定需求冲击的影响程度最大，持续时间最长，而特定需求冲击部分反映了投资者对油价变化的未来预期和库存、金融投机因素的变化等。

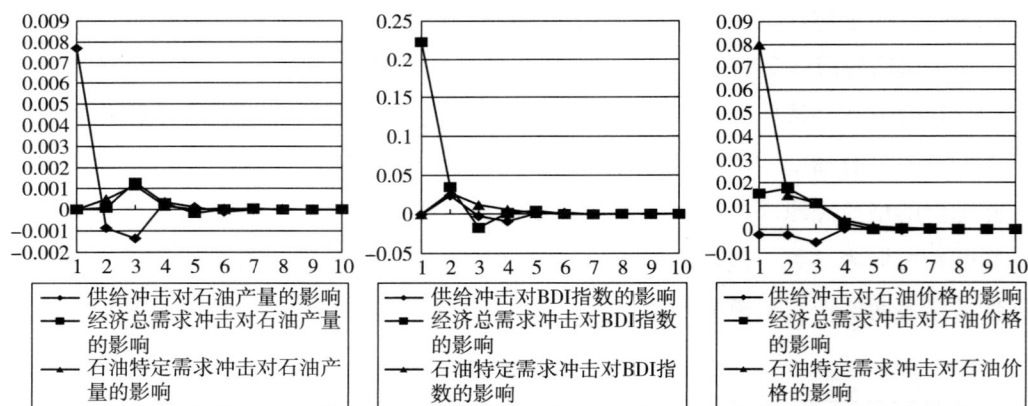

图 2　SVAR 的脉冲响应结果

上述脉冲响应结果具有较强的经济含义。随着国际经济环境的变化、各国金融市场的迅速发展，造成油价波动的因素已经发生了很大变化。20 世纪 70 年代国际油价波动的主要原因为供给冲击，而这一轮油价上涨主要源于经济总需求冲击和特定需求冲击。油价冲击的来源不同，其对宏观经济的影响机制也不一样。因此，有必要从油价冲击的来源入手，分析这些结构性冲击对经济影响的差异，从而有利于从行业层面防范油价波动带来的不利影响。

表 3 显示了油价波动的方差分解结果。在三种结构性冲击中，对油价波动贡献

度最大的是石油特定需求冲击，其次为经济总需求冲击，供给冲击贡献度最低。同时，随着滞后期数的增加，供给冲击贡献度逐渐减小最后稳定在 0.058%；经济总需求冲击贡献度有上升的趋势，最后稳定在 8.94%；而特定需求冲击的贡献度最高，大约为 90.48%。脉冲响应和方差分解的结果都表明，全球经济总需求冲击和石油特定需求冲击对油价波动的影响远远高于供给冲击。此外，石油供给和经济总需求冲击对油价波动的贡献加起来为 9%，远低于特定需求冲击的贡献（90.48%），表明近年来原油价格的波动主要是由于石油市场参与者的预期变化、库存调整和金融投机等因素的推动，供求因素只能解释油价波动的 9% 左右。

表3　　　　　　　　　石油价格波动的方差分解结果

时期	标准差	石油供给冲击（%）	全球经济总需求冲击（%）	特定需求冲击（%）
1	0.0815	0.0860	3.5210	96.3929
2	0.0847	0.1645	7.5206	92.3148
3	0.0863	0.5743	8.8742	90.5515
4	0.0864	0.5729	8.9403	90.4868
5	0.0864	0.5728	8.9385	90.4887
6	0.0865	0.5757	8.9389	90.4855
7	0.0865	0.5757	8.9397	90.4846
8	0.0865	0.5757	8.9397	90.4846
9	0.0865	0.5757	8.9397	90.4846
10	0.0865	0.5757	8.9397	90.4846

为进一步了解 1998—2015 年各个时点不同油价冲击对油价影响的历史累计贡献，本节加入了国内外经济需求冲击、发达经济体和新兴经济体市场需求冲击、投机及库存冲击变量，采用历史分解方法进行分析。历史分解方程可以表示为：$x_{T+j} = \sum_{i=0}^{j-1} C_i u_{T+j-i} + \sum_{i=j}^{\infty} C_i u_{T+j-i}$，其中第一部分 $\sum_{i=0}^{j-1} C_i u_{T+j-i}$ 指以时点 T 为样本基期，从 $T+1$ 到 $T+j$ 时刻的冲击对当前变量的贡献，而方程第二部分 $\sum_{i=j}^{\infty} C_i u_{T+j-i}$ 是根据 T 时刻的信息得到的 $T+j$ 时点的原始估计值，实际值等于原始估计值与冲击贡献值之和。从基本模型来看，近十年，与经济总需求冲击和特定需求冲击相比，供给冲击对油价变化的影响程度很小，石油特定需求冲击的影响在 2003 年以后呈显著上升的趋势，其对于油价波动的影响幅度最为显著。如果将三种结构性冲击按阶段划分并计算累计值，可以发现，在不同时期，推动油价变动的因素发生了明显变化（见表4）。在 1998 年 4 月至 2003 年 3 月和 2003 年 4 月至 2008 年 6 月，经济总需求冲击、特定需求冲击均

推高了油价；2008 年 7 月至 2009 年 2 月，金融危机爆发前后，全球经济总需求和石油特定需求迅速下降进而导致油价下跌。这一阶段由于美国次贷危机引发的全球金融风暴在开始阶段并未对实体经济造成太大冲击，BDI 指数在 2008 年上半年的持续上涨趋势甚至推动了石油价格创历史新高，直到 2008 年 10 月，金融危机迅速恶化并波及实体经济，全球经济明显减速，消费和投资迅速减少，经济总需求冲击及预防性需求冲击大幅下降，油价随之降低。2009 年 3 月至 2014 年 6 月，全球经济处于恢复时期，实体经济开始好转但是复苏动力不足，金融危机后发达经济体的财政救助政策和大规模量化宽松货币政策造成流动性充足，大量的流动性在实体经济领域找不到投资机会，开始流入到大宗商品市场，推动了石油期货市场和期权市场的投机活动的增加，这一时期石油特定需求对油价的影响显著为正，使油价在全球经济尚未实质性好转的情况下大幅反弹。2014 年 7 月至 2015 年 3 月，此阶段三种结构冲击对油价形成负的累计贡献，油价大幅下跌。这一轮油价下跌一方面与美国非常规油气改革有关，页岩气勘探开发相关技术的突破改变了全球对未来能源格局的看法，并主要通过石油特定需求冲击影响油价波动；另一方面，全球经济增速放缓、石油供给增加同样导致了油价下跌。

表 4 结构性冲击的历史分解阶段累计值

时间段	石油供给冲击	全球经济总需求冲击	石油特定需求冲击
1998.04—2003.03	0.082	0.151	0.243
2003.04—2008.06	−0.023	0.305	0.683
2008.07—2009.02	0.011	−0.437	−0.728
2009.03—2014.06	−0.014	−0.060	0.701
2014.07—2015.03	−0.042	−0.046	−0.732

5. 油价冲击分解的稳健性检验

为保证结果稳健性，本节对以下自变量进行替换或进一步分解，发现结论是稳健可靠的。①BDI 指数作为衡量全球经济活动活跃程度的指标，与常用的工业总产值或工业增加值有一定差异。为检验结果的稳健性，本节采用全球工业生产指数（WIP）作为替代变量进行分析，发现采用全球工业生产指数后的油价受经济总需求冲击的影响略大于采用 BDI 指数的影响，这是由于 BDI 指数主要反映了世界工业部门大宗商品市场的经济活动，与石油等原料的关系更为密切，而全球工业生产指数涵盖的经济活动更广泛，因而两者对油价的影响程度有所差别。②将全球经济需求分解为发达经济体需求（AD）和新兴经济体的需求（EM），结果表明，新兴经济体的经济需求对油价上涨的推动力略高于发达经济体，石油特定需求冲击对石油价格的影响最大。③将全球经济需求进一步分为国外经济需求（OECD）与中国国内经济需求（CH）发现，供给冲击、特定需求冲击的结果没有发生明显变化，国外需求冲击的影响在当期略大于国内需求冲击。④将特定需求冲击分解为金融投机冲击和其他特定需求冲击，发现投机需求冲击在前6期对油价波动有显著的正向作用，说明投机需求导致油价在短期内产生较大波动。⑤将特定需求冲击分解为库存冲击和其他特定需求冲击，类似地，发现库存冲击在前5期对油价波动也有显著的正向影响。

三、不同来源的油价冲击对中国工业的影响

基于供给冲击、全球经济总需求冲击和特定需求冲击的SVAR模型，本节得到结构性残差的时间序列。下面结合行业特性、冲击来源和产业链的价格传导，对中国工业受不同来源油价冲击的影响进行分析。

1. 工业增加值同比增速指标的选取

工业增加值增速（Y）。这里选取国内工业总体、轻工业、重工业及37个工业行业，以工业增加值同比增速作为衡量行业产出情况的指标，时间区间为2006年1月至2015年3月。由于每年1月的数据因春节原因未列示，本节将上年12月与当年2月的算术平均值作为1月的数据将其补全[3]。

能源密集度和外贸依存度。这两个指标从不同侧面体现了行业的生产、贸易特点，可以作为分析不同行业受石油价格冲击影响的参考因素。能源密集度用能源消费与工业总产值的比值表示，虽然不同年份的统计结果有差异，但行业的整体排名大致稳定。因此，本节选取2011年的数据作为参考依据。外贸依存度用出口交货值/工业生产总值表示，代表行业出口贸易的水平。表5和表6分别列示了各行业能源密集度和外贸依存度的排序情况。

表5　　　　　　　　　　　　　　行业能源密集度排序

排名	子行业	能源密集度	排名	子行业	能源密集度
1	其他采矿业	16.8902	20	木材加工及木、竹、藤、棕、草制品业	0.1219
2	黑色金属冶炼及压延加工业	0.9193	21	食品制造业	0.1081
3	水的生产和供应业	0.8794	22	医药制造业	0.1019
4	非金属矿物制品业	0.7470	23	酒、饮料和精制茶制造业	0.1012
5	化学原料及化学制品制造业	0.5707	24	印刷和记录媒介的复制业	0.1009

3　考虑到数据的可得性，轻工业、重工业的增加值增速数据的时间区间为2006年1月至2013年8月。

续表

排名	子行业	能源密集度	排名	子行业	能源密集度
6	电力、热力的生产和供应业	0.5147	25	通用设备制造业	0.0933
7	石油加工、炼焦及核燃料加工业	0.4624	26	文教、工美、体育和娱乐用品制造业	0.0725
8	煤炭开采和洗选业	0.3999	27	专用设备制造业	0.0722
9	有色金属冶炼及压延加工业	0.3897	28	铁路、船舶、航空航天和其他运输设备制造业	0.0632
10	造纸及纸制品业	0.3298	29	农副食品加工业	0.0604
11	石油和天然气开采业	0.3053	30	纺织服装、服饰业	0.0557
12	非金属矿采选业	0.3051	31	电气机械及器材制造业	0.0443
13	黑色金属矿采选业	0.2430	32	仪器仪表制造业	0.0417
14	化学纤维制造业	0.2293	33	皮革、毛皮、羽毛及其制品和制鞋业	0.0416
15	其他制造业	0.2284	34	计算机、通信和其他电子设备制造业	0.0411
16	有色金属矿采选业	0.2277	35	烟草制品业	0.0400
17	燃气生产和供应业	0.1925	36	家具制造业	0.0397
18	纺织业	0.1920	37	废弃资源综合利用业	0.0340
19	金属制品业	0.1513			

资料来源：CEIC 数据库。

表6   **行业外贸依存度排序**

排名	子行业	外贸依存度	排名	子行业	外贸依存度
1	计算机、通信和其他电子设备制造业	5.9641	20	农副食品加工业	0.5495
2	文教、工美、体育和娱乐用品制造业	4.6757	21	造纸及纸制品业	0.4930
3	仪器仪表制造业	3.0910	22	非金属矿物制品业	0.4231
4	皮革、毛皮、羽毛及其制品和制鞋业	2.7435	23	有色金属冶炼及压延加工业	0.3466
5	其他制造业	2.6344	24	黑色金属冶炼及压延加工业	0.3262
6	纺织服装、服饰业	2.5468	25	水的生产和供应业	0.2496

续表

排名	子行业	外贸依存度	排名	子行业	外贸依存度
7	家具制造业	2.4883	26	酒、饮料和精制茶制造业	0.1664
8	电气机械及器材制造业	1.7329	27	废弃资源综合利用业	0.1128
9	纺织业	1.5926	28	石油加工、炼焦及核燃料加工业	0.0960
10	金属制品业	1.3720	29	燃气生产和供应业	0.0878
11	铁路、船舶、航空航天和其他运输设备制造业	1.0758	30	非金属矿采选业	0.0793
12	通用设备制造业	0.9424	31	石油和天然气开采业	0.0646
13	专用设备制造业	0.8748	32	烟草制品业	0.0444
14	木材加工及木、竹、藤、棕、草制品业	0.8238	33	煤炭开采和洗选业	0.0206
15	印刷和记录媒介的复制业	0.7571	34	有色金属矿采选业	0.0185
16	医药制造业	0.7006	35	电力、热力的生产和供应业	0.0161
17	食品制造业	0.6442	36	黑色金属矿采选业	0.0057
18	化学纤维制造业	0.6295	37	其他采矿业	0.0000
19	化学原料及化学制品制造业	0.5983			

资料来源：CEIC 数据库。

2. 不同来源的油价冲击对中国工业行业的影响

（1）结构性冲击的行业响应方程

不同阶段油价波动是由不同来源的结构性因素引起的，在油价作为内生变量的前提下，结构性残差可以体现这三种结构性冲击对油价变动的影响。石油产业链自上而下大体可以分为三个环节：上游的石油开采；中游的原材料类；下游的加工制造类（既包括生产资料中的机械设备，也包括生活资料中的家电、纺织等）。上游、中游、下游行业之间既存在自下而上的需求传递关系，也存在自上而下的成本传递关系。油价冲击对于产出的影响取决于油价波动的来源：①供给冲击和特定需求冲击带来的油价上升，主要是自上而下的成本传递，即首先会提升能源密集型产品的生产成本，这时企业降低成本的途径只有三个：涨价维持盈利，挤压利润和压缩生产，快速提升生产率。如果涨价，最终会传导到消费者，出现通货膨胀压力，中央银行可能会紧缩货币政策，其传导过程可以简化为：结构性冲击→石油价格变化→企业生产成本的变化和要素投入的调整→产出和物价水平→货币政策调整→工业产出。如果挤压利润，企业生产萎缩甚至破产倒闭，经济出现调整压力，也会导致产出下降。如果提升生产率水平，则有望实现产业升级和经济转型，但这是一个较为长期的过程。②需求冲击带来的油价上升，主要是自下而上的需求传递关系，对石油的需求是经济总需求引起的，因而油价上升可能伴随生产的上升或者对生产的影响可能不显著。其传导过程可以简化为需求冲击→工业产出扩张→油价上升→货币政策调整→工业产出放缓甚至下降。

根据上述传导机制，将结构式残差作为工业增加值指标的解释变量，可以考察不同来源的油价冲击与工业产出的变动关系。表7为供给冲击、全球经济总需求冲击、石油特定需求冲击这三种结构残差序列的相关系数表。从表7可以看出，它们之间的相关系数均不足0.1，可以同时作为解释变量放入方程中。为衡量不同结构性冲击对中国工业行业的影响程度，本节建立行业响应方程 $y_{i,t} = c + \sum_{j=0}^{12} \theta_j u_{s,t-j} + \eta_t$。其中，$s = 1，2，3，u_1，u_2，u_3$ 表示结构冲击序列，每一结构性冲击取其当期值和滞后1至12期的序列作为解释变量，$y_{i,t}$ 表示工业增加值增速序列，θ_j 表示所有被估计参数的数值。本节基于各个行业的增加值同比增速和结构性冲击序列，测算了工业总体、轻工业和重工业以及37个子行业工业增加值增速在结构性冲击下的响应系数。

表7 结构残差序列相关系数表

冲击类型	供给冲击	全球经济总需求冲击	石油特定需求冲击
供给冲击	1.0000	−0.0672	0.0231
全球经济总需求冲击	−0.0672	1.0000	−0.0495
石油特定需求冲击	0.0231	−0.0495	1.0000

（2）石油供给冲击对工业的影响

考察供给冲击的行业影响，国内工业、轻工业、重工业以及各子行业受到正向供给冲击时的响应系数的均值基本为负。这一结果表明，正向供给冲击导致的油价下跌并没有导致工业的繁荣，反而导致工业增加值增速有所下降。从轻工业、重工业的情况来看，由石油供给冲击导致的油价波动对工业行业的作用效果也并不显著，供给增加只在短期内对重工业有微弱的正向影响。对于37个细分子行业而言，受石油供给增加的影响，行业的工业增加值增速在短期内有所增长的行业仅有11个，其余26个子行业均受到负向影响。假设冲击是对称的，那么供给减少导致的油价上涨对各行业的影响大体是积极而非消极的。

原因可能有以下三个方面。一是石油供给变动对实际油价的影响不显著且不稳定，石油供给的微小变动，往往伴随着石油预防性需求的更大变动，实际油价变化反映的是供给预期引起的市场调整行为而不是石油供给因素本身。Kilian（2009）研究发现，供给冲击的效应经常能够被人们提前预期到，因而预防性需求冲击中包含了部分供给冲击的效应。二是国内成品油价格变动明显滞后于国际油价，没有体现出明显的弹性，加上人民币兑美元升值的影响部分抵消了油价的上升的影响，同时国内上游企业的垄断程度较高、对石油生产企业及相关行业的大量财政补贴导致石油价格变动在产业链中的传导失效。[4] 三是中国能源消费结构主要依赖煤炭而非石油，石油在整个能源消费中占 21.00%，远低于石油在全球能源消费中的比例，而煤炭占 69.10%，远高于全球 26.50% 的平均水平。

为探究各个行业对不同来源的油价冲击的反应为何不同，文章试图从能源密集度、外贸依存度等视角分析背后的原因。将 37 个行业分别按能源密集度、外贸依存度排序后，选择排名第 1 至第 12 的行业为"能源密集度—高"或"外贸依存度—高"行业，排名第 13 至第 25 为"能源密集度—中"或"外贸依存度—中"行业，排名第 26 至第 37 为"能源密集度—低"或"外贸依存度—低"行业，并作出排序后响应系数随时间变化图形。图 3 为子行业受供给冲击影响，按能源密集度、外贸依存度排序后的响应结果图。结果表明：①对正向供给冲击引起的油价下跌，能源密集度高的行业受到的不利影响大于能源密集度低的行业，相应地，在供给减少导致的油价上涨时期，能源密集度高的行业受到的有利影响也更大。出现上述结果的原因主要在于：高能源密集度行业集中于产业链的上游，且主要为国有企业，垄断程度和议价能力更高，容易将上涨的原油成本转移给下游行业；另外国内成品油定价进程滞后于国外，加之政府往往在油价高涨阶段给予企业补贴以弥补油价上涨带来的生产压力，近几年供给变动导致的油价上涨对工业整体的不利影响十分微弱。②在正向供给冲击下，外贸依存度低的行业受到的不利影响大于外贸依存度高的行业，相应地，负向供给冲击带来的油价上涨，对高外贸依存度的行业的有利影响很小，对部分高外贸依存度行业则有不利影响，比如计算机、通信和其他电子设备制造业，文教、工艺美术、体育和娱乐用品制造业，仪器仪表制造业等。原因在于：作为国内企业，虽然在石油供给不足时，得益于政府补助，各行业不会出现严重衰退的情形，但出口贸易依存度更高的企业，更多地参与国际市场，在国际贸易中被动接受产品价格，价格竞争激烈，油价上涨带来的成本上升难以转嫁出去，容易受到不利冲击。此外，供给因素导致的油价上涨往往会打击全球经济，因而贸易品产出减少。

4　2011 年至 2014 年上半年，中石油获得政府补贴 316 亿元人民币。截至 2014 年上半年的近 10 年间，中石油和中石化共获得高达 1258 亿元人民币的政府补贴。中国还对大量钢铁、冶金、水泥等高耗能行业的企业进行过补贴，石油、石化和煤炭企业还从政策性银行得到大量的低息贷款。

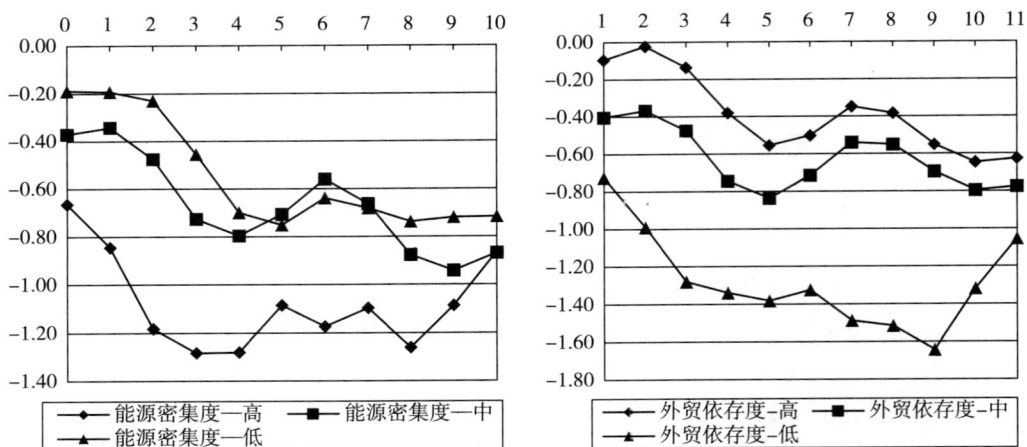

图3 行业受供给冲击影响的响应结果

（3）经济总需求冲击对工业的影响

考察经济总需求冲击对工业的影响。从各行业响应系数均值来看，全球经济总需求冲击会推动产出扩张。由于需求冲击一般是在繁荣的经济环境下发生的，各行业的工业产出会同步增加。需求冲击引起的油价上涨使工业行业整体产出扩张。从轻工业、重工业的情况看，在经济总需求冲击引发油价上涨时，两部门的工业增加值同比增速没有受到不利影响，其产出扩张作用较明显，并且正向总需求冲击对轻工业部门的产出扩张作用超过重工业部门，这一结论符合石油产业链的传导机制理论，即对轻工业等终端产品的需求引起对中游产品和上游石油产品的需求。

由图4可知，全球经济总需求冲击引起的油价上涨对工业行业产出的影响，与能源密集度、外贸依存度相关性不明显。大多数子行业在需求强劲的情形下，即便油价上涨，受到的平均影响也为正。少数子行业如非金属矿采选业、其他采矿业、农副食品加工业、纺织服装、服饰业、医药制造业、专用设备制造业、水的生产和供应业受到微弱的不利影响。石油和天然气开采业受不利影响十分显著，原因可能有两个方面：一是相比中下游的其他企业，石油开采很难通过仅仅投入资本或劳动力以扩大产能，容易受到供给方与已探明石油储量的约束。2008年中国原油储采比约为11，即剩余储量按当前生产水平尚可开采的年数仅为11年，石油储量限制问题在我国已经十分突出；[5] 二是需求增加带来国际油价上涨，但由于国内政府为控制通货膨胀而实行油价管制，国内炼油商的积极性下降。中国的成品油定价机制虽然在

5　储采比，指某地剩余储量按当前生产水平尚可开采的年数。数据来源：英国石油公司（BP）2009年《石油能源统计回顾》，http：//www. bp. com/。

不断改进和完善，但是市场化程度还不是很高，比如在 2008 年上半年，国际油价在 130 美元/每桶以上高位运行，石油炼油企业的炼油成本达到历史上的最高水平，而我国成品油价格却未松动，即使上涨也远低于理论价格，出现了"油价倒挂"的现象，造成炼油业务出现一定程度的亏损，导致炼化企业并不能很好地安排生产或者将价格压力向下游传导，国内炼油企业积极性不足。

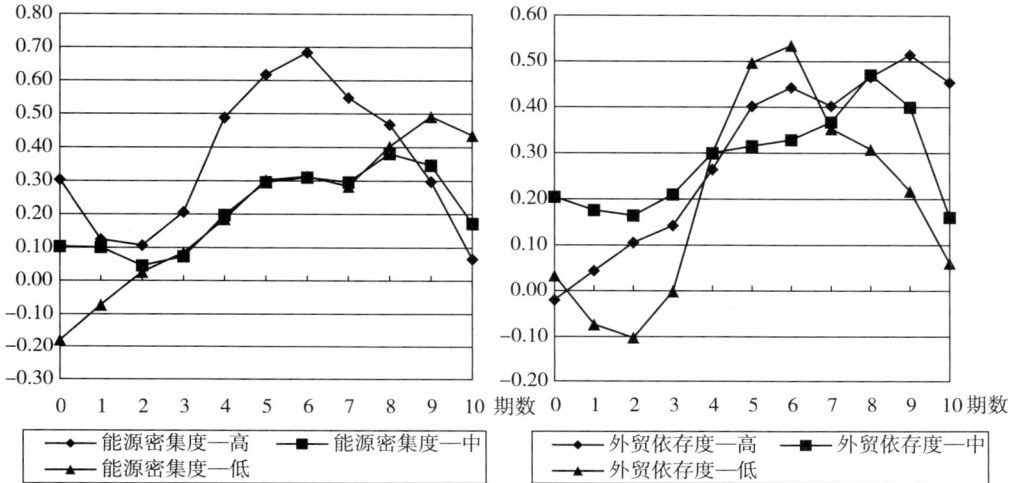

图 4　行业受经济总需求冲击影响的响应系数变化

为了进一步解释经济需求冲击与工业增长的关系，本节将经济总需求冲击进一步分解为发达经济体需求冲击及新兴市场需求冲击，国内需求冲击和国外需求冲击。发达国家和新兴市场国家是中国制造业出口增值的主要来源地，考虑到这两类经济体在产业结构、外贸结构和定价机制方面存在差异，其需求增长引起的油价变化对中国工业行业的影响并不相同。对经济总需求冲击进行分解后发现：①比较发达经济体需求冲击与新兴经济体需求冲击引起的油价上涨，新兴经济体需求冲击对除文教、工艺美术、体育和娱乐用品制造业、水的生产和供应业外的其他行业均产生正向影响，而发达经济体需求冲击对不少制造业企业却有负向影响。总体而言，新兴经济体需求对中国工业的促进作用大于发达经济体需求。这表明由新兴市场需求引起的油价上涨，会伴随着国内产出更大幅度的扩张。原因在于，中国与新兴市场国家经济增长的协同性较强，能源密集度和能源利用效率也较为相似，从而其工业产出与新兴市场国家需求的同步性更强。2008 年国际金融危机爆发后，以亚洲、非洲和拉丁美洲部分地区为代表的新兴市场，经济增长速度超过了美国和欧盟国家，对全球经济的推动作用显著。②区分国外需求冲击与国内需求冲击，主要是两者对国内工业产出的影响机制不同。通常而言，如果原油价格的上升是由国外需求冲击引起的，由于中国原油消耗依靠进口的比重越来越高，原油价格上升主要体现为国内成本的上升，这会导致工业利润增速的下降和生产的减少；如果原油价格的上升源于国内需求上升，则原油价格上升可能伴随工业企业利润增速上升和生产扩张。分解结果与之大致符合：对于国内需求冲击引起的油价上涨，几乎所有行业都出现生产扩张，而且其正向影响都大于国外需求冲击。国外需求冲击引起的油价上涨，对于石油和天然气开采业等 11 个行业的影响是负向的，这主要是由于国内外原油价格和成品油定价机制的差异以及原材料产品进口成本的上升。

表 8 显示了不同经济需求冲击与行业本身特性的关系。从表 8 可以得出以下两个结论。①能源密集度越高，受发达经济体需求冲击的不利影响越大，受国外需求冲击的有利影响越小，原因主要在于国内高能源密集度行业更易受进口原料成本的上升的影响，导致其产品在国际市场上的竞争力不足进而影响其行业发展；而新兴市场需求冲击、国内需求冲击与能源密集度的关联不大，这些需求冲击对国内各行业都有较显著的促进作用；②外贸依存度越高，发达经济体需求冲击的正向影响越大，相应地，国外需求冲击的正向影响也越大，表明高外贸依存度行业与国外经济需求的联动性更强，受他国经济市场需求刺激，常常会获益更多。新兴经济需求冲击、国内需求冲击引起的油价上涨对国内工业的正向影响与外贸依存度的关系不显著，各子行业在国内需求、新兴市场需求强劲时期，行业增加值增速随之上升。

表 8   经济总需求分解后的油价冲击对行业产出的平均影响

程度	发达经济体需求冲击		新兴经济体需求冲击		国外需求冲击		国内需求冲击	
	能源密集度	外贸依存度	能源密集度	外贸依存度	能源密集度	外贸依存度	能源密集度	外贸依存度
高	− 0.2525	0.0308	0.8883	0.7217	0.0617	0.3067	1.1567	0.8333
中	− 0.1346	− 0.0692	0.7362	0.6154	0.1246	0.1454	0.8723	0.6762
低	− 0.1267	− 0.4808	0.7442	1.0417	0.1708	− 0.0967	0.9633	1.4992

（4）特定需求冲击对工业的影响

特定需求冲击造成的油价上涨对国内工业总体在第 1 期至第 10 期均有积极影响。比较轻、重工业，其对重工业在第 5 期至第 8 期有不利影响，对轻工业为有利影响。对 37 个子行业而言，其中石油和天然气开采业、其他采矿业、纺织业、文教、工艺美术、体育和娱乐用品制造业、化学纤维制造业、废弃资源综合利用业、水的生产和供应业 7 个子行业受到负的平均影响，其余行业受到正的平均影响。

能源密集度、外贸依存度与行业受影响大小的关系，如图 5 所示。从图 5 可以发现，对于特定需求冲击引起的油价上涨，能源密集度越高的行业在响应前期受到的正向影响越大。原因可能在于,一方面,处于上游的高能源密集型行业成本转移能力强,垄断程度高;另一方面,部分高能源密集度的行业,本身可能就是特定需求冲击产生的源头,油价上升时,它们买入原油期货或存储石油、增加库存来规避油价波动的风险,进而推升油价。实际上,1998—2003 年成品油定价实施直接接轨制,其价格每个月调整,但这种机制是跟踪上个月成品油均价,因此比较容易预测下个月国内的成品油价格,进而引起投机行为。然而滞后 3 期以后,特定需求冲击与能源密集度的关系不再显著,当投机或库存储备无法完全规避油价上涨的风险时,行业将不再具备维持高速增长的动力。从外贸依存度看,特定需求冲击引起的油价上涨对行业的影响与行业本身外贸依存度大小没有显著的相关关系。由于特定需求冲击包含了除供需以外的所有其他因素,有必要进一步分解特定需求冲击。

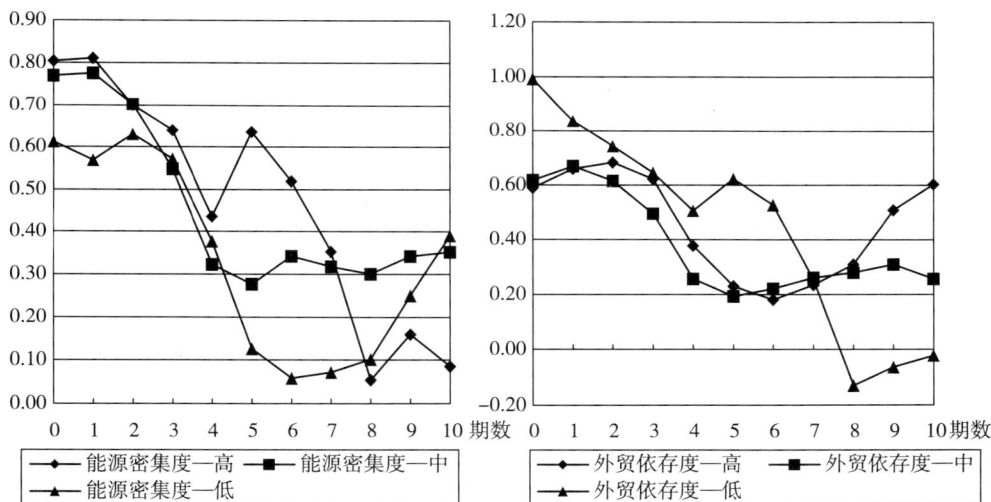

图5 行业受特定需求冲击影响的响应系数变化

将特定需求冲击分解为金融投机冲击和其他冲击,可以观察到:受投机冲击影响,国内工业在滞后 0 ~ 10 期内受到显著的不利冲击,其对工业行业的负面效应高于全球经济总需求冲击和供给冲击,这表明,对供求因素的预期和金融市场投机引发的冲击抬高了油价,提高了工业行业的成本,抑制了产出扩张。金融投机引发的油价上涨对产出影响较大的行业有:非金属矿采选业、有色金属矿采选业、其他采矿业等上游采掘业,煤炭开采和洗选业、废弃资源综合利用业、铁路、船舶、航空航天和其他运输设备制造业、专用设备制造业等中游原料类、设备制造类行业,而对文教、工艺美术、体育和娱乐用品制造业和化学纤维制造业的负面影响最小,对金属冶炼及压延加工业、金属制品业、医疗制造、化学原料及化学制品制造业、造纸及纸制品、印刷业等影响居中。这种影响与油价波动引发各个行业上游原材料价格协同变化密不可分。近年来，国际大宗商品市场上的金融投资者数量迅速增加，相关金融工具的投资需求自 2003 年开始急剧膨胀，至 2011 年大宗商品相关资产价值已经上涨到 4500 亿美元。资金在各种大宗商品之间频繁进出以实现资产组合调整和套利交易，会造成大宗商品价格轮番上涨或下跌。本节通过比较 1998—2006 年和 2007—2015 年 16 种大宗商品之间的价格变动相关系数，发现在 120 个相关系数中，有 105 个相关系数在上升，这充分表明大宗商品价格之间的协同性在增强。原油价格的变化会影响到煤炭、生物燃料等替代品价格的变化，也会影响有色金属等其他大宗商品价格的变化，煤炭行业的变化会影响到水泥、钢材、电价，钢铁行业的变化进而影响机械行业，而生物燃料的价格会影响到农业的生产，有色金属包括铜、铝、铅、锌，其价格变动会影响电力、家电、汽车行业的生产。因此，金融投机需求冲击引起的油价上涨，对上游采掘业和中游原料类行业的影响较大，而对文教、工艺美术、体育和娱乐用品制造业和化学纤维制造业影响较小。

将特定需求冲击分解为库存需求冲击及其他冲击，考察库存调整对工业行业的影响，发现国内工业总体在滞后 0~5 期内受到一定的不利影响，重工业行业受到的不利冲击大于轻工业行业，这是因为，重工业对石油初级产品的依赖性更强，如果本身没有采取防范措施以应对库存风险，面临石油库存的调整，往往难以立即作出反应，将最先受到不利冲击。对于 37 个工业子行业，大多数的平均响应系数为负。需要注意的是，以煤炭开采、石油开采、金属矿采选业为代表的能源行业受到的不利影响并不显著，它们本身可能就是库存需求冲击的源头，通过库存调整来规避石油价格上涨的风险。然而对于中下游的大多数制造业，受到冲击后几乎最先受到不利影响，并且持续时间较长。

特定需求分解后的油价冲击对行业产出的平均影响如表 9 所示。根据表 9 的结果，可以发现，金融投机冲击、库存冲击对行业的影响与能源密集度高低没有必然的联系，而与外贸依存度相关。外贸依存度越高，受到金融投机冲击的不利影响越小，受到库存冲击的不利影响越大。外贸依存度越高的行业，出口占比较大，国际市场环境的波动对其产出影响也更大，为了规避这类风险，它们会选择自身成为投机参与者，因此金融投机冲击得以抵消一部分消极影响；而外贸依存度较低的行业之所以可以不受库存冲击的不利影响，一方面可以归因于国内成品油定价的滞后性，另一方面，它们通常不需要进入国际市场参与激烈的竞争，因而避免了在油价高企时期被迫打价格战，受到不利影响的情况。

表9　　　　　　　　特定需求分解后的油价冲击对行业产出的平均影响

程度	金融投机冲击		库存冲击	
	能源密集度	外贸依存度	能源密集度	外贸依存度
高	− 1.4397	− 0.5014	0.5758	− 0.5810
中	− 0.8062	− 0.7072	− 0.2354	− 0.1758
低	− 0.8680	− 1.9136	− 0.2330	0.8594

四、结论与政策建议

本节考察了1998—2015年油价波动的结构性冲击对中国工业部门的影响，发现油价波动主要是由特定需求和经济总需求引起的，供给因素的影响较小。不同冲击下的油价波动对中国经济的影响是有差异的，供给冲击对工业产出的影响不显著且不稳定，经济总需求冲击带来的油价上涨会扩大产出。经济总需求的不同来源也会造成油价对工业部门影响的差异，其中新兴经济体需求冲击带来的油价变化对工业行业的正向影响高于发达国家需求冲击。外贸依存度越高，国外需求冲击和发达经济体需求冲击引起的油价变化对国内工业的积极影响越显著，原因是中国与他国外贸产品的互补性较强；而能源密集度越高的行业，受制于进口原料成本的上升，受到发达经济体需求冲击的不利影响更大，受国外需求冲击的有利影响更小。金融投机冲击带来的油价上涨会抑制工业产出，这种抑制效应在低外贸依存度行业更为显著。金融投机需求冲击会对上游采掘业和中游原料类行业有较大的不利影响，而对文教、工艺美术类中下游制造业的不利影响较小。库存冲击导致的油价上涨同样会对工业行业有不利影响，外贸依存度越高，在激烈的国际竞争中越容易受到不利影响。

为有效应对油价波动给中国经济带来的负面冲击，可以采取以下政策措施。

①从供给层面来看，目前中国的石油进口量占到所消费石油的60%且比例不断上升，而中国石油的供给来源比较单一，主要是中东和波斯湾地区。作为世界第二大石油消费国和第一大石油进口国，中国需要更加重视石油安全问题，充分利用国际石油市场，建立多元化的海外石油供应体系，加强与中亚、非洲地区产油国的石油外交。同时，与西方国家相比，中国的战略石油储备体系建设还比较落后。美、日、德国的战略石油储备（政府储备加民间储备）早已超过IEA规定的规模水平，分别为158天、169天和127天，中国一期国家石油储备工程可以储备的原油仅为1243万吨，仅能维持15天左右。因此，中国需要进一步加强原油战略储备建设，争取在2020年以前让石油储备量大约达到90天原油进口量的水平。

②从经济需求层面看，以中国为代表的新兴经济体需求上升导致油价上涨，对国内工业部门有一定的产出扩张作用。然而，高度依赖投资与出口拉动的发展模式

不利于经济的可持续发展，中国需要转变经济增长方式，从需求端拉动消费，供给端升级传统产业、促进服务业发展，降低能源密集度，控制能源消费，提高能源效率，加强能源供应能力，降低化石能源比重，发展清洁能源和可再生能源。此外，推动能源定价市场化也有利于减少油价波动的不利冲击。中国原油价格自 1998 年 6 月以来和国际油价接轨，两者走势基本相同，但国内成品油价格与国际脱轨且波动程度更大，因而对工业部门的不利影响会更突出。中国的石油进出口权长期被国有石油公司高度垄断，近年来个别民营能源企业虽然获得了政府的海外投资和进出口许可，但却在接收站、油库和管道建设许可权等诸多方面存在障碍，致使政府颁发给它们的石油进出口资质形同虚设。为此，需要进一步完善国内成品油价格形成制度，在全产业链的各个环节放宽准入标准，吸引民营及社会资本进入上游油气资源、油气主要管网、油气销售行业，一方面可以缓解上游油气开采资本开支压力，另一方面也有助于提升生产效率，促进油气产量提升。同时，中国推出原油期货后，放开国内原油进口权，有利于增加原油期货参与者，也有助于解决地方炼厂原油供应，提升油品品质。

③从特定需求冲击来看，伴随国际金融市场的发展，基于石油等大宗商品标的的衍生品市场发展迅速，企业可以利用衍生品交易规避油价变动的不利影响。然而，作为全球第一大原油进口国，中国对国际原油价格没有定价权和话语权。因此，中国应尽快构建开放的原油期货市场及能源金融体系，力争使中国原油期货成为亚太地区进口国际原油的定价基准和世界第三大基准原油期货，从资源需求国的角度争取中国在国际大宗商品定价中的主导权。发展原油期货及相关衍生产品，有助于中国争取亚洲地区乃至全球的原油定价权，同时为原油生产及炼化企业、国内石化及相关行业企业、原油流通企业、原油进口、仓储、贸易公司提供便利的风险对冲工具，同时推动我国工业行业健康发展。

附录

Inverse Roots of AR Characteristic Polynomial

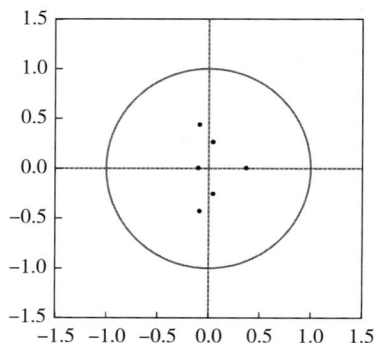

附图 1　SVAR 模型的 AR 根检验结果

Response to Cholesky One S.D.Innovations ± 2 S.E.

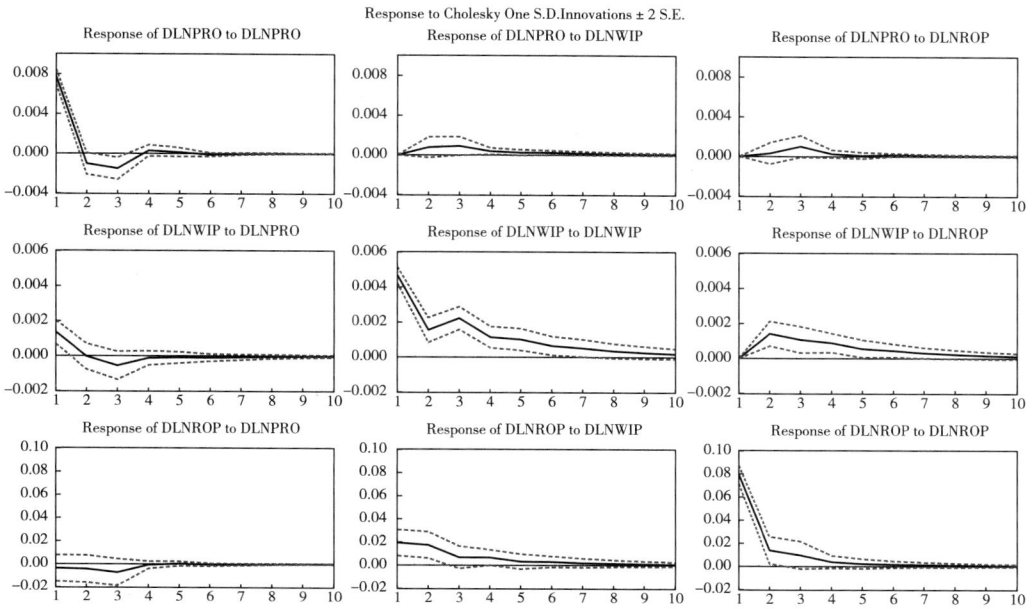

附图 2　SVAR 模型的脉冲响应结果（将全球工业生产指数替换 BDI 指数）

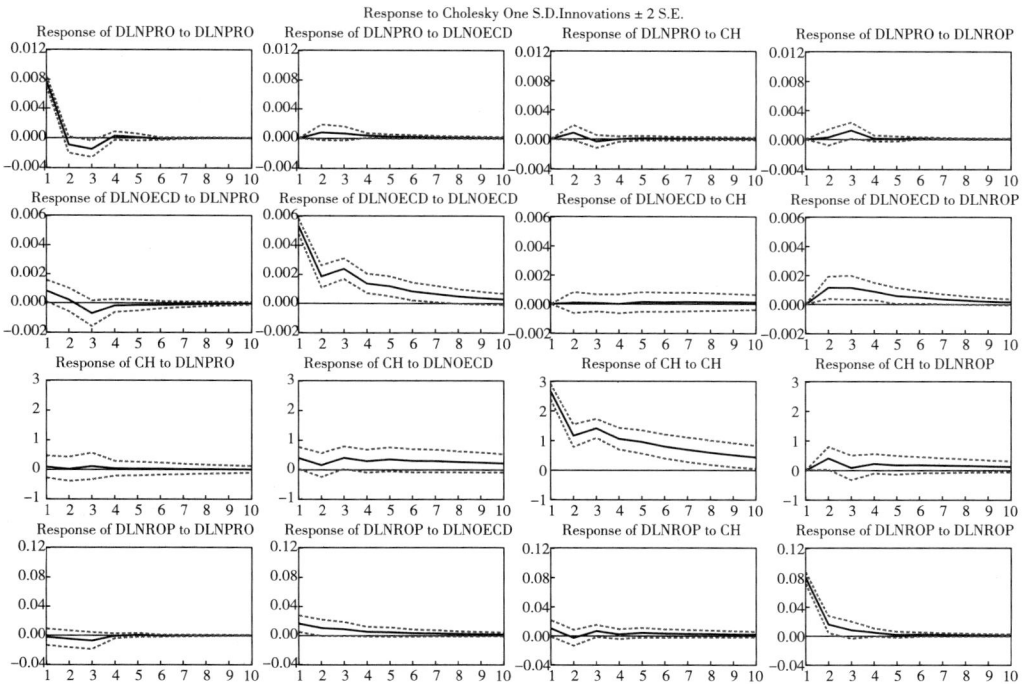

Response to Cholesky One S.D.Innovations ± 2 S.E.

附图 3　区分国内及国外经济活动的脉冲响应结果

Response to Cholesky One S.D.Innovations ± 2 S.E.

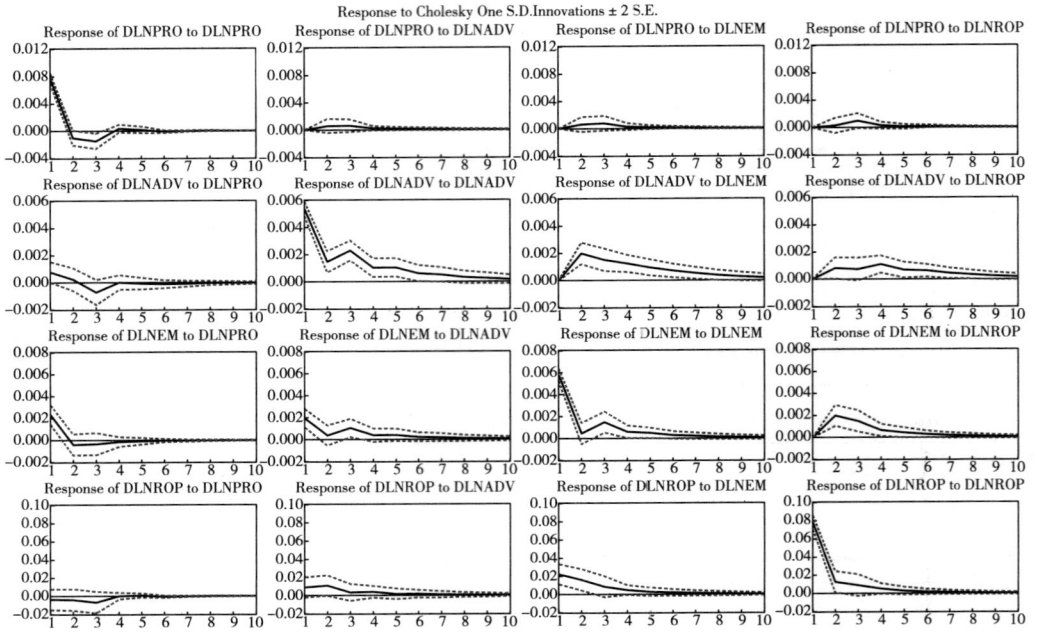

附图 4　区分发达经济体及新兴经济体经济活动的脉冲响应结果

Response to Cholesky One S.D.Innovations ± 2 S.E.

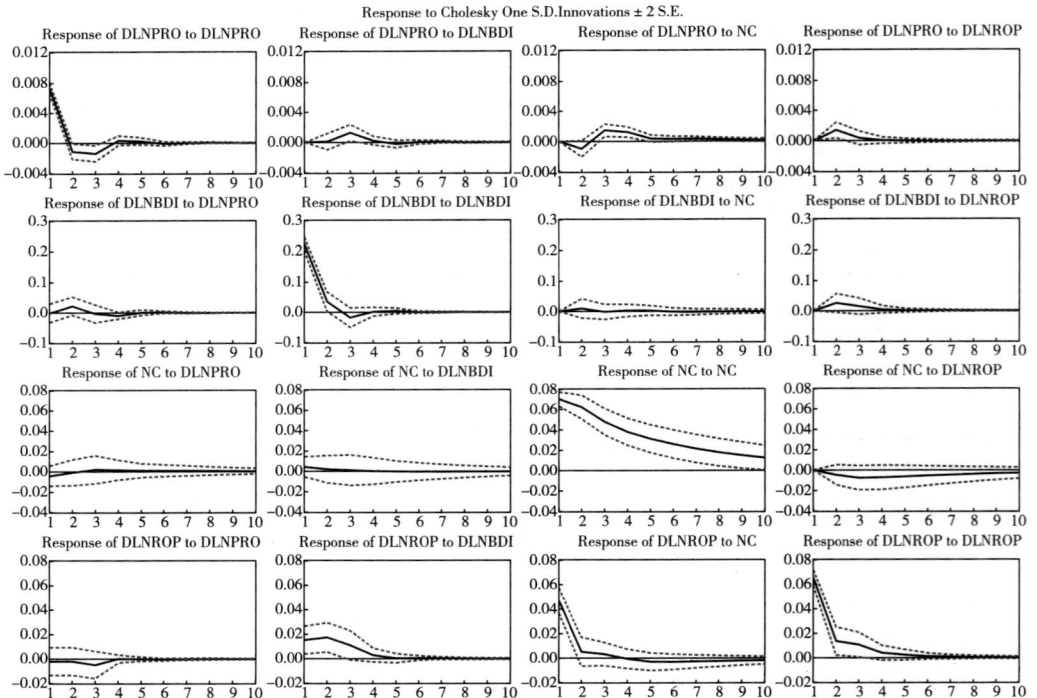

附图 5　加入金融投机冲击的脉冲响应结果

Response to Cholesky One S.D.Innovations ± 2 S.E.

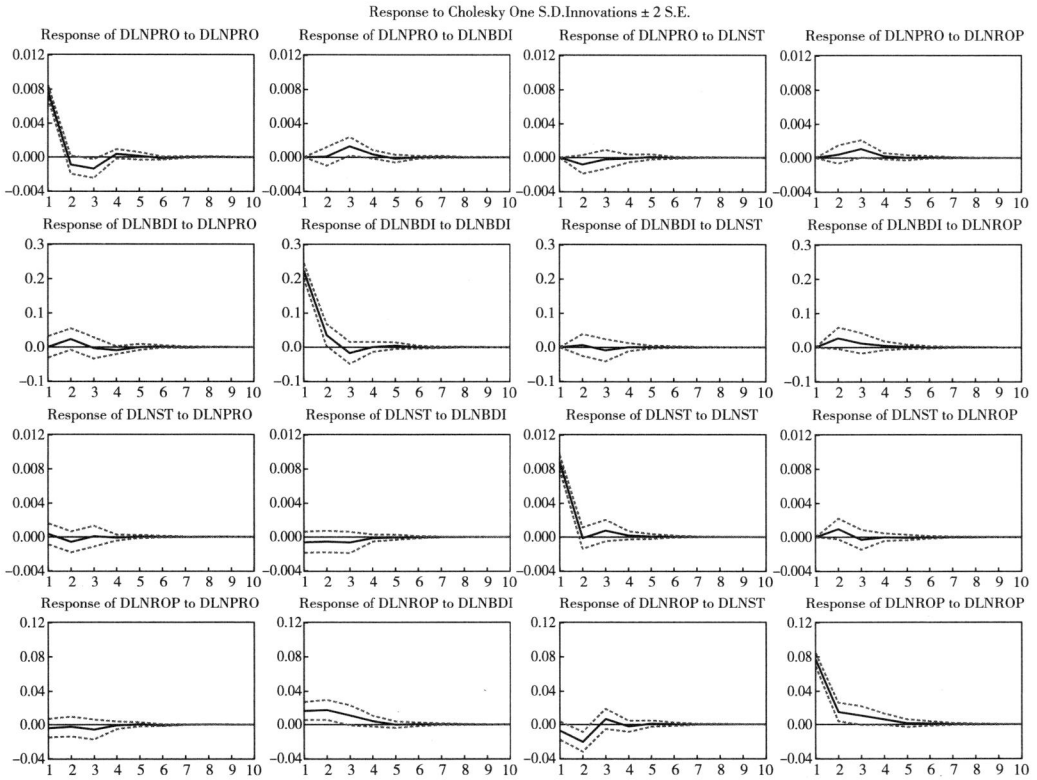

附图6 加入库存冲击的脉冲响应结果

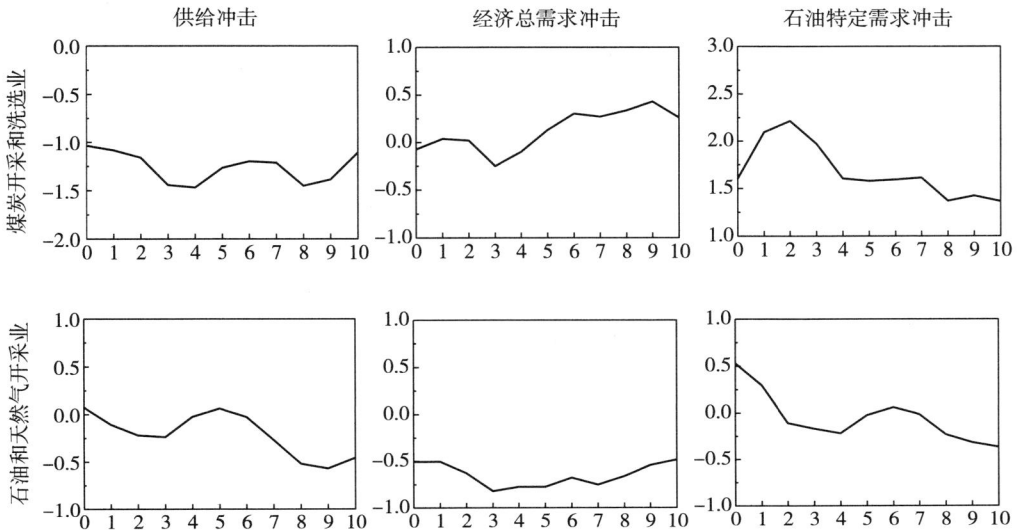

附图7 工业增加值增速对结构性冲击的响应系数变化

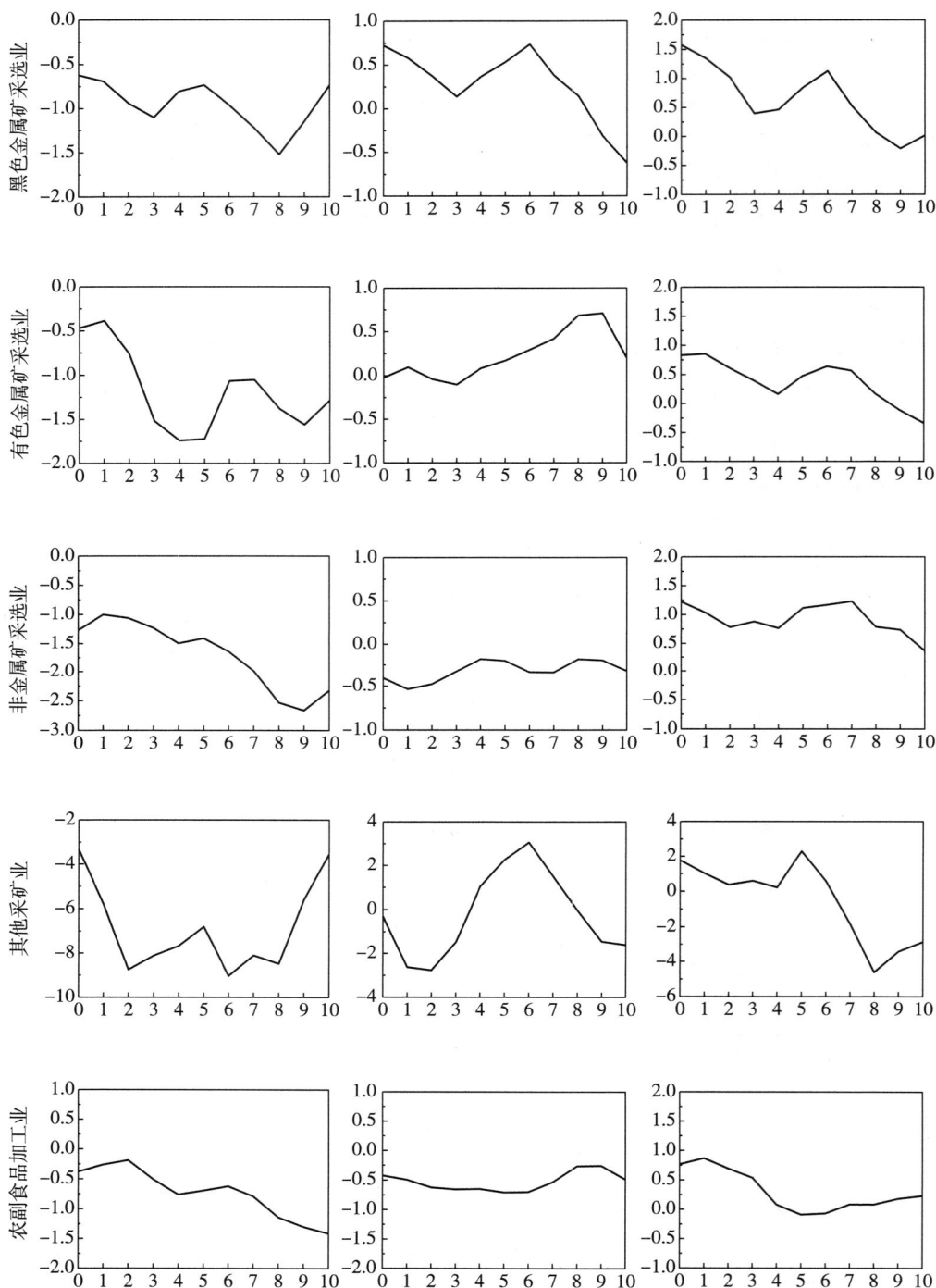

附图7 工业增加值增速对结构性冲击的响应系数变化（续）

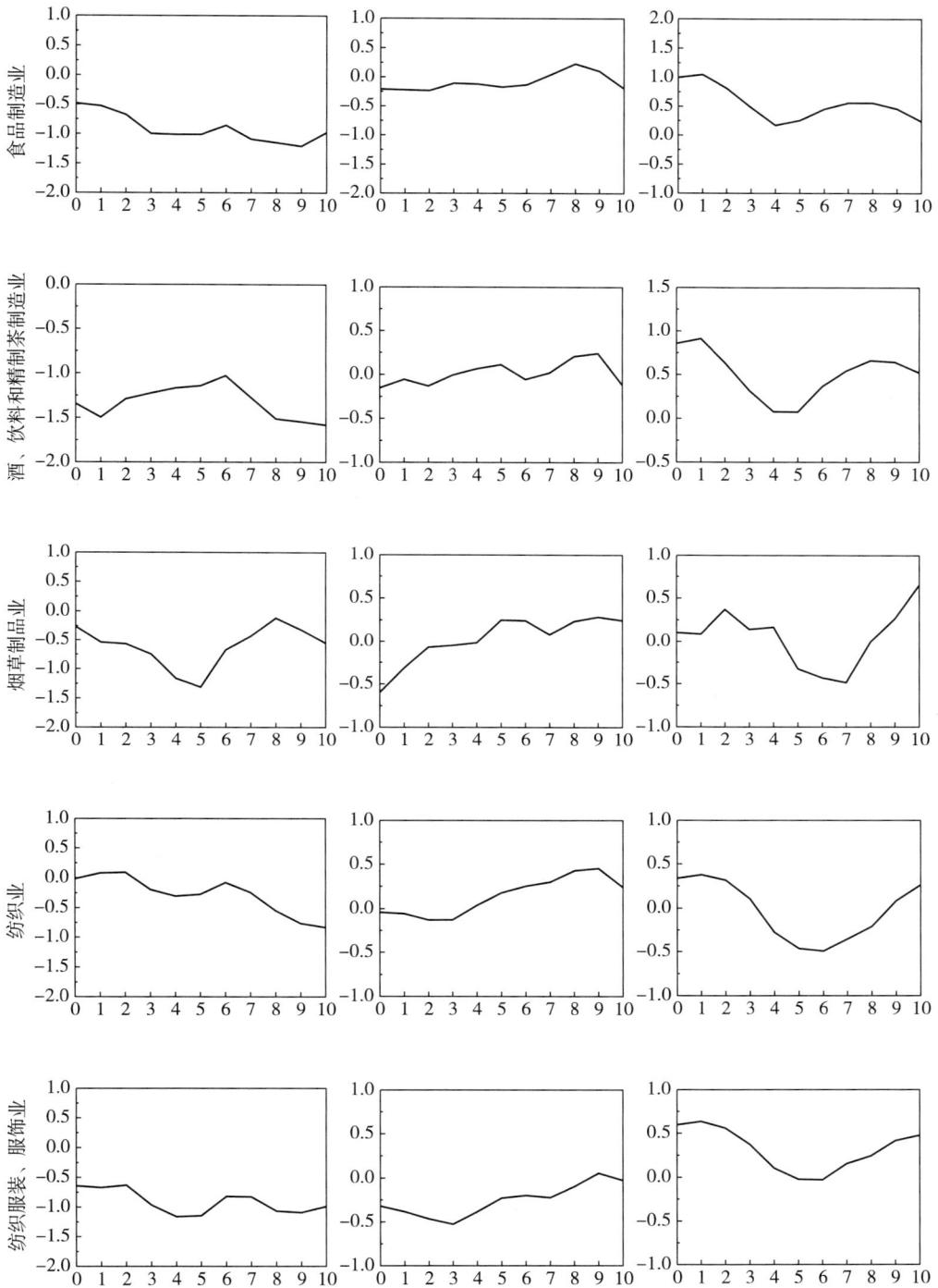

附图 7 工业增加值增速对结构性冲击的响应系数变化（续）

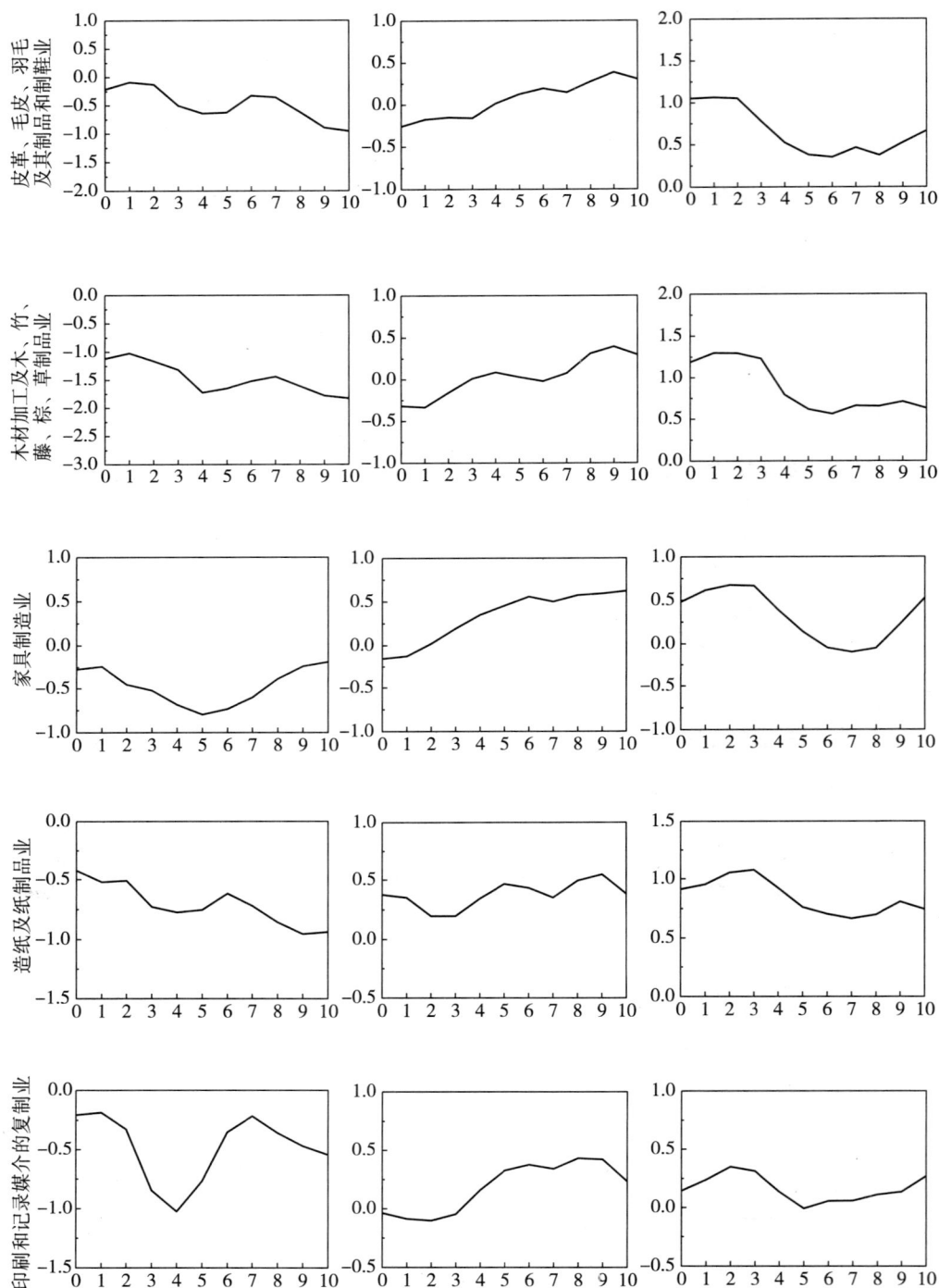

附图7　工业增加值增速对结构性冲击的响应系数变化（续）

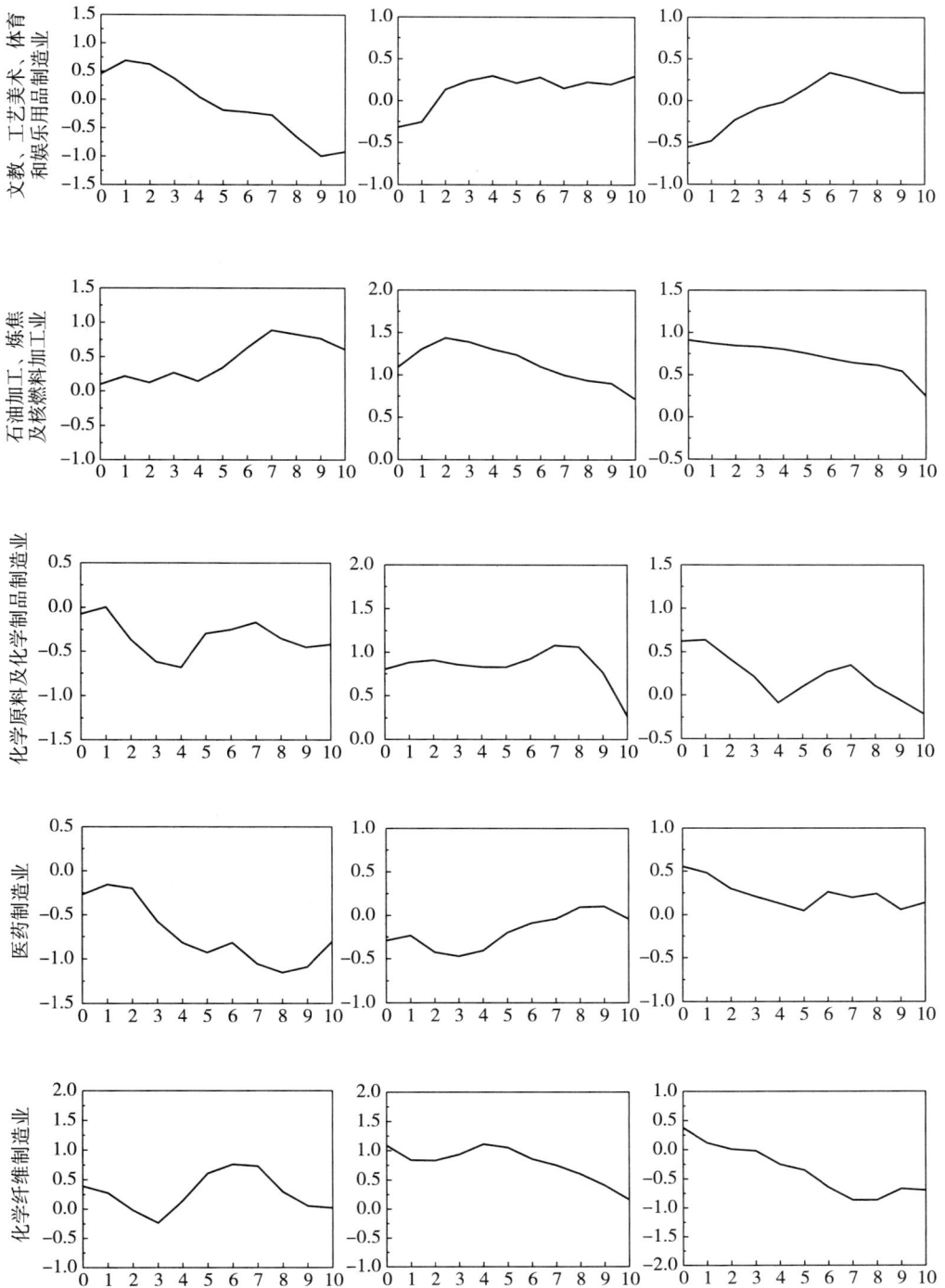

附图 7　工业增加值增速对结构性冲击的响应系数变化（续）

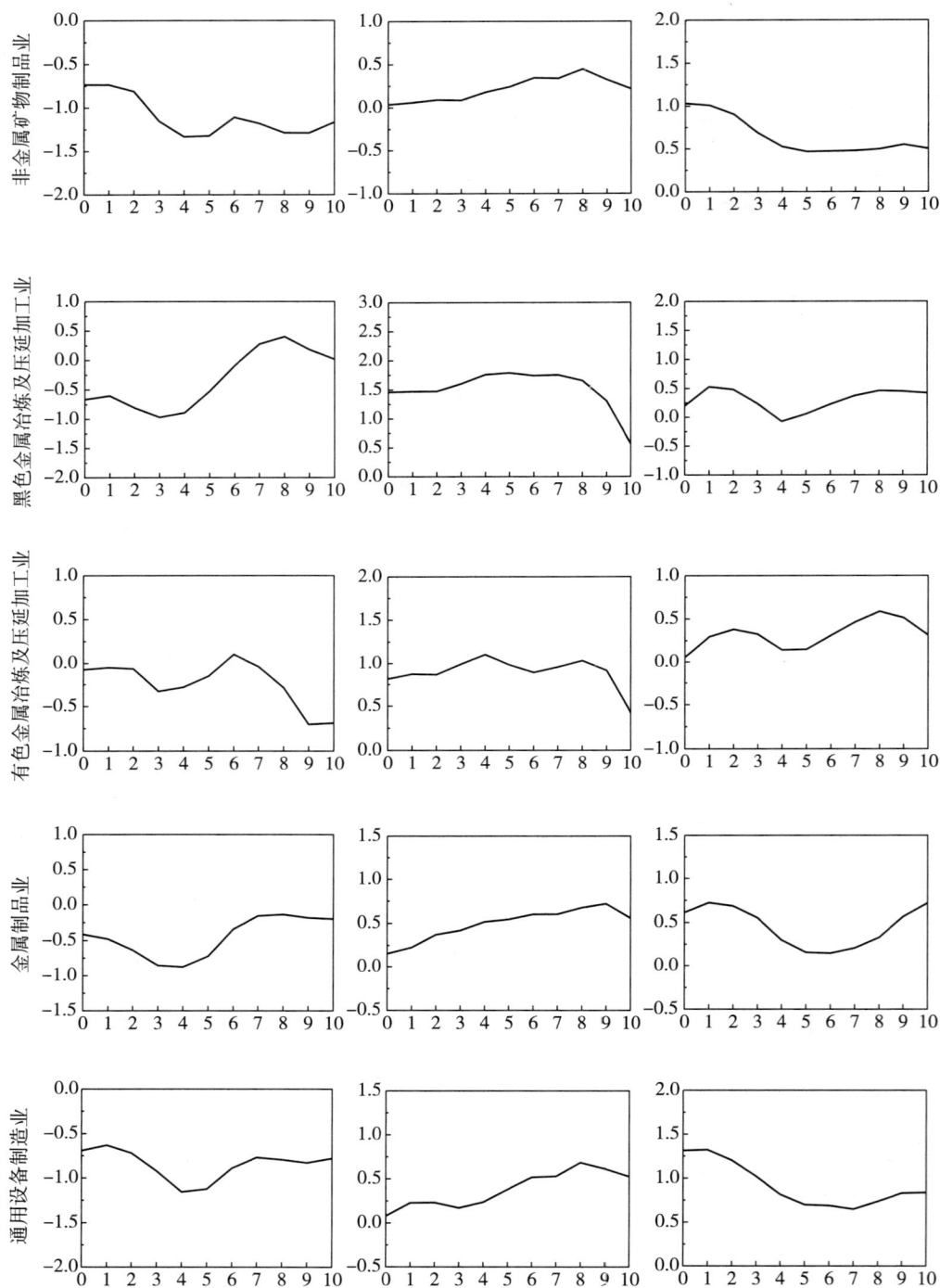

附图7　工业增加值增速对结构性冲击的响应系数变化（续）

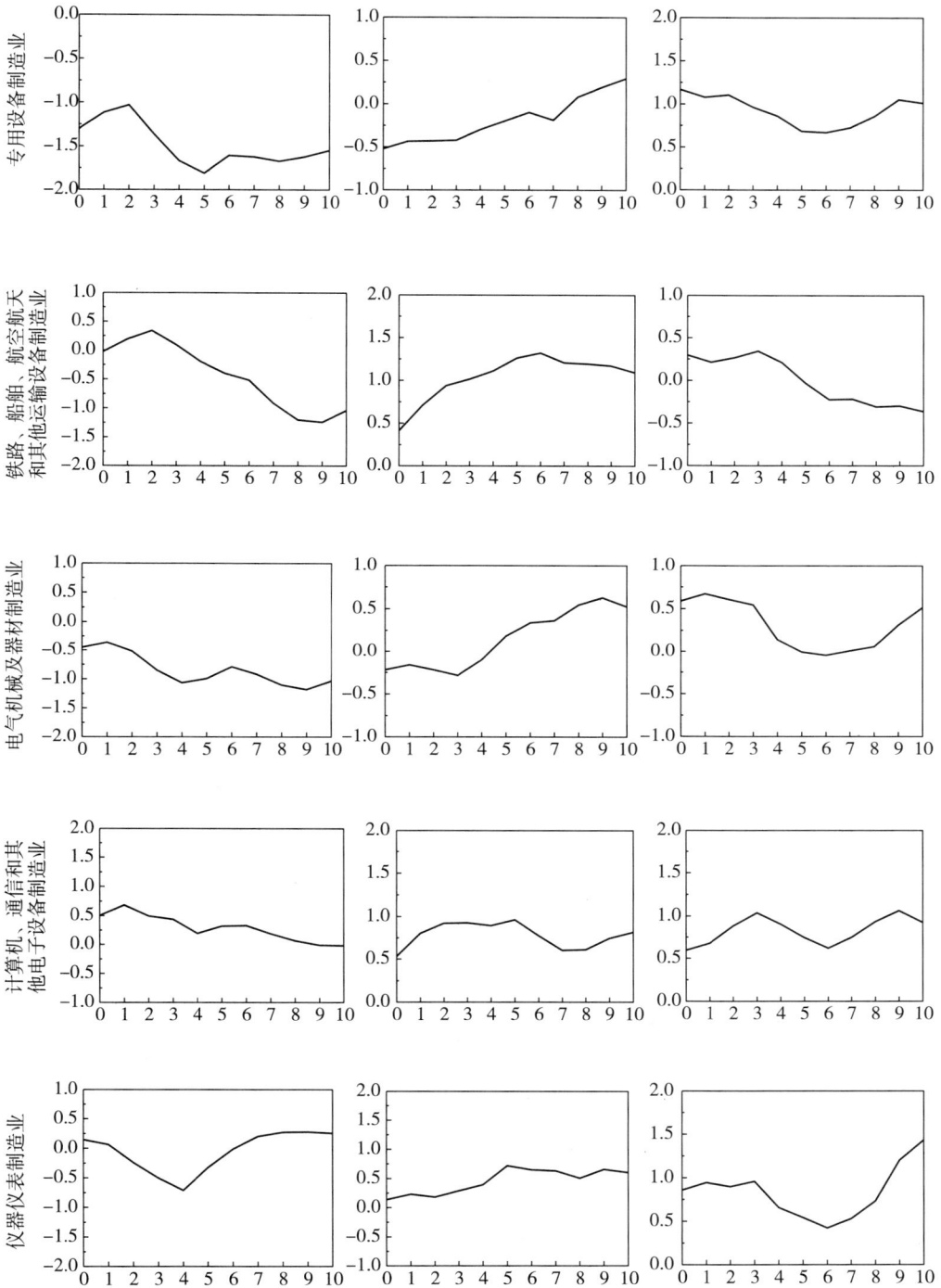

附图7　工业增加值增速对结构性冲击的响应系数变化（续）

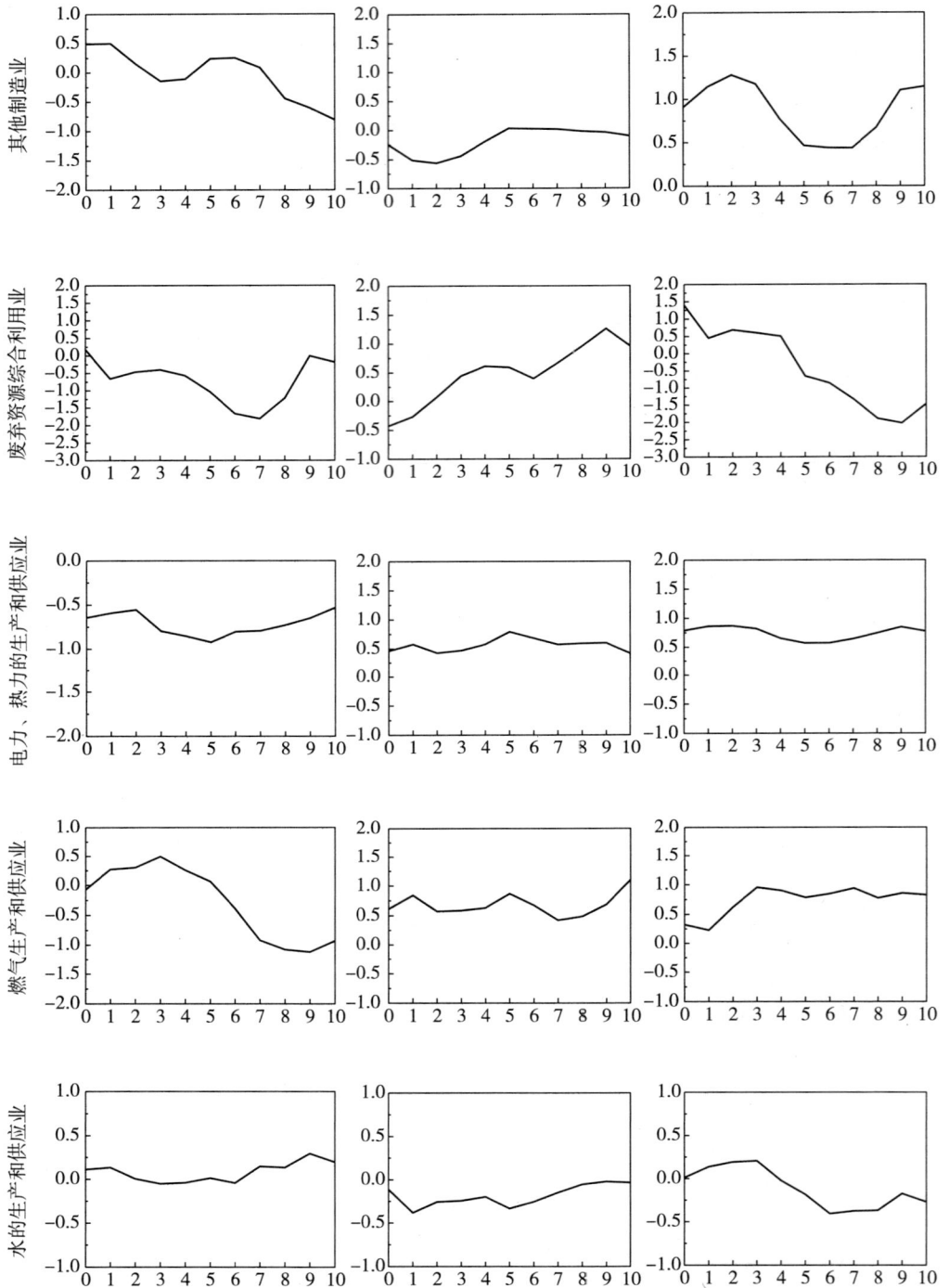

附图 7 工业增加值增速对结构性冲击的响应系数变化（续）

附表 1　石油市场正向供给冲击对工业增加值增速的影响（3 个月移动平均）

	0	1	2	3	4	5	6	7	8	9	10	均值
国内工业	−0.30	−0.27	−0.37	−0.58	−0.68	−0.59	−0.43	−0.48	−0.61	−0.69	−0.66	−0.51
重工业	0.26	0.02	−0.20	−0.57	−0.70	−0.63	−0.39	−0.44	−0.49	−0.46	−0.38	−0.36
轻工业	−0.03	−0.22	−0.46	−0.72	−0.75	−0.64	−0.50	−0.50	−0.49	−0.39	−0.27	−0.45
煤炭开采和洗选业	−1.04	−1.08	−1.16	−1.44	−1.47	−1.27	−1.20	−1.21	−1.45	−1.39	−1.11	−1.26
石油和天然气开采业	0.08	−0.11	−0.22	−0.24	−0.02	0.06	−0.03	−0.27	−0.52	−0.57	−0.46	−0.21
黑色金属矿采选业	−0.62	−0.69	−0.94	−1.10	−0.81	−0.74	−0.96	−1.22	−1.52	−1.14	−0.74	−0.95
有色金属矿采选业	−0.47	−0.39	−0.76	−1.52	−1.74	−1.72	−1.06	−1.05	−1.38	−1.56	−1.29	−1.18
非金属矿采选业	−1.27	−1.00	−1.06	−1.23	−1.50	−1.41	−1.64	−1.99	−2.53	−2.67	−2.33	−1.69
其他采矿业	−3.34	−5.80	−8.76	−8.12	−7.68	−6.80	−9.04	−8.11	−8.49	−5.61	−3.56	−6.85
农副食品加工业	−0.38	−0.26	−0.19	−0.51	−0.76	−0.69	−0.62	−0.79	−1.14	−1.30	−1.41	−0.73
食品制造业	−0.48	−0.53	−0.68	−1.00	−1.01	−1.01	−0.86	−1.09	−1.15	−1.21	−0.98	−0.91
酒、饮料和精制茶制造业	−1.34	−1.50	−1.29	−1.22	−1.17	−1.14	−1.03	−1.27	−1.51	−1.55	−1.58	−1.33
烟草制品业	−0.26	−0.54	−0.57	−0.75	−1.17	−1.31	−0.67	−0.43	−0.12	−0.32	−0.55	−0.61
纺织业	−0.02	0.08	0.09	−0.20	−0.30	−0.28	−0.08	−0.24	−0.55	−0.77	−0.83	−0.28
纺织服装、服饰业	−0.64	−0.67	−0.63	−0.97	−1.16	−1.15	−0.82	−0.83	−1.07	−1.09	−0.99	−0.91
皮革、毛皮、羽毛及其制品和制鞋业	−0.21	−0.09	−0.13	−0.50	−0.64	−0.63	−0.33	−0.36	−0.62	−0.90	−0.96	−0.49
木材加工及木、竹、藤、棕、草制品业	−1.12	−1.02	−1.16	−1.32	−1.73	−1.65	−1.52	−1.44	−1.61	−1.78	−1.83	−1.47
家具制造业	−0.27	−0.24	−0.45	−0.52	−0.69	−0.80	−0.73	−0.60	−0.39	−0.24	−0.19	−0.47
造纸及纸制品业	−0.42	−0.52	−0.51	−0.73	−0.77	−0.75	−0.62	−0.72	−0.86	−0.95	−0.94	−0.71
印刷和记录媒介的复制业	−0.21	−0.19	−0.33	−0.84	−1.03	−0.77	−0.35	−0.22	−0.36	−0.47	−0.55	−0.48
文教、工艺美术、体育和娱乐用品制造业	0.46	0.69	0.62	0.37	0.05	−0.18	−0.22	−0.27	−0.66	−0.99	−0.92	−0.10
石油加工、炼焦及核燃料加工业	0.10	0.22	0.12	0.27	0.15	0.34	0.63	0.89	0.83	0.77	0.61	0.45
化学原料及化学制品制造业	−0.07	0.00	−0.37	−0.62	−0.68	−0.29	−0.25	−0.17	−0.35	−0.45	−0.42	−0.33
医药制造业	−0.27	−0.16	−0.20	−0.58	−0.82	−0.93	−0.82	−1.06	−1.15	−1.09	−0.81	−0.72
化学纤维制造业	0.39	0.27	−0.02	−0.23	0.14	0.61	0.76	0.73	0.29	0.05	0.02	0.27
非金属矿物制品业	−0.73	−0.74	−0.81	−1.15	−1.33	−1.32	−1.11	−1.18	−1.29	−1.29	−1.16	−1.10

	0	1	2	3	4	5	6	7	8	9	10	均值
黑色金属冶炼及压延工业	-0.66	-0.60	-0.81	-0.97	-0.89	-0.52	-0.09	0.27	0.40	0.18	0.02	-0.33
有色金属冶炼及压延工业	-0.07	-0.05	-0.07	-0.33	-0.28	-0.15	0.10	-0.04	-0.29	-0.70	-0.69	-0.23
金属制品业	-0.41	-0.48	-0.63	-0.85	-0.88	-0.72	-0.34	-0.16	-0.13	-0.18	-0.20	-0.45
通用设备制造业	-0.69	-0.63	-0.72	-0.92	-1.16	-1.12	-0.89	-0.77	-0.79	-0.83	-0.78	-0.85
专用设备制造业	-1.30	-1.12	-1.03	-1.36	-1.67	-1.81	-1.61	-1.62	-1.67	-1.62	-1.55	-1.49
铁路、船舶、航空航天和其他运输设备制造业	-0.03	0.19	0.34	0.09	-0.20	-0.40	-0.52	-0.92	-1.20	-1.24	-1.04	-0.45
电气机械及器材制造业	-0.45	-0.36	-0.52	-0.85	-1.07	-0.99	-0.79	-0.92	-1.10	-1.18	-1.03	-0.84
计算机、通信和其他电子设备制造业	0.50	0.68	0.50	0.44	0.19	0.32	0.33	0.19	0.06	-0.01	-0.02	0.29
仪器仪表制造业	0.14	0.06	-0.24	-0.50	-0.71	-0.33	-0.01	0.20	0.27	0.27	0.25	-0.05
其他制造业	0.49	0.50	0.15	-0.15	-0.11	0.24	0.25	0.09	-0.44	-0.61	-0.81	-0.04
废弃资源综合利用业	0.18	-0.66	-0.47	-0.40	-0.57	-1.04	-1.67	-1.81	-1.22	-0.01	-0.19	-0.71
电力、热力的生产和供应业	-0.64	-0.59	-0.56	-0.80	-0.85	-0.92	-0.80	-0.79	-0.73	-0.65	-0.53	-0.72
燃气生产和供应业	-0.07	0.27	0.30	0.50	0.26	0.06	-0.39	-0.92	-1.08	-1.12	-0.93	-0.28
水的生产和供应业	0.11	0.13	0.00	-0.05	-0.04	0.01	-0.04	0.15	0.13	0.29	0.19	0.08

附表2　石油市场正向经济总需求冲击对工业增加值增速的影响

（3个月移动平均）

	0	1	2	3	4	5	6	7	8	9	10	均值
国内工业	0.26	0.34	0.33	0.31	0.37	0.46	0.48	0.46	0.53	0.50	0.31	0.39
重工业	-0.30	-0.27	-0.26	-0.26	-0.11	0.13	0.25	0.31	0.41	0.53	0.42	0.08
轻工业	0.38	0.50	0.50	0.47	0.61	0.78	0.91	0.89	0.93	0.95	0.76	0.70
煤炭开采和洗选业	-0.07	0.04	0.02	-0.25	-0.10	0.13	0.30	0.27	0.34	0.43	0.26	0.12
石油和天然气开采业	-0.51	-0.50	-0.63	-0.82	-0.78	-0.78	-0.68	-0.75	-0.66	-0.54	-0.48	-0.65
黑色金属矿采选业	0.72	0.58	0.37	0.14	0.37	0.53	0.74	0.38	0.14	-0.31	-0.62	0.28
有色金属矿采选业	-0.02	0.10	-0.04	-0.10	0.08	0.17	0.29	0.42	0.68	0.71	0.20	0.23
非金属矿采选业	-0.40	-0.54	-0.48	-0.33	-0.18	-0.20	-0.34	-0.34	-0.18	-0.19	-0.32	-0.32

	0	1	2	3	4	5	6	7	8	9	10	均值
其他采矿业	-0.30	-2.63	-2.77	-1.47	1.03	2.25	3.06	1.50	-0.03	-1.45	-1.61	-0.22
农副食品加工业	-0.42	-0.49	-0.62	-0.66	-0.65	-0.71	-0.70	-0.53	-0.26	-0.26	-0.49	-0.53
食品制造业	-0.21	-0.22	-0.24	-0.11	-0.12	-0.17	-0.13	0.04	0.23	0.10	-0.19	-0.09
酒、饮料和精制茶制造业	-0.15	-0.06	-0.13	-0.01	0.06	0.11	-0.06	0.02	0.21	0.24	-0.12	0.01
烟草制品业	-0.60	-0.31	-0.07	-0.05	-0.01	0.25	0.24	0.08	0.23	0.28	0.24	0.03
纺织业	-0.04	-0.06	-0.13	-0.13	0.04	0.18	0.25	0.30	0.43	0.45	0.24	0.14
纺织服装、服饰业	-0.32	-0.38	-0.47	-0.53	-0.38	-0.23	-0.20	-0.22	-0.10	0.05	-0.03	-0.26
皮革、毛皮、羽毛及其制品和制鞋业	-0.26	-0.18	-0.15	-0.16	0.02	0.13	0.19	0.15	0.28	0.39	0.30	0.06
木材加工及木、竹、藤、棕、草制品业	-0.32	-0.34	-0.16	0.01	0.09	0.03	-0.02	0.08	0.31	0.40	0.30	0.03
家具制造业	-0.15	-0.12	0.02	0.19	0.35	0.45	0.56	0.50	0.57	0.59	0.62	0.33
造纸及纸制品业	0.38	0.35	0.20	0.20	0.34	0.47	0.43	0.49	0.55	0.38	0.38	0.38
印刷和记录媒介的复制业	-0.04	-0.09	-0.10	-0.05	0.16	0.32	0.38	0.34	0.43	0.42	0.23	0.18
文教、工艺美术、体育和娱乐用品制造业	-0.32	-0.25	0.14	0.24	0.30	0.21	0.28	0.15	0.22	0.20	0.29	0.13
石油加工、炼焦及核燃料加工业	1.09	1.30	1.44	1.39	1.30	1.24	1.10	1.00	0.93	0.90	0.71	1.13
化学原料及化学制品制造业	0.80	0.88	0.91	0.86	0.83	0.83	0.92	1.08	1.06	0.76	0.27	0.84
医药制造业	-0.29	-0.23	-0.43	-0.47	-0.41	-0.20	-0.09	-0.04	0.10	0.10	-0.04	-0.18
化学纤维制造业	1.09	0.84	0.83	0.94	1.11	1.05	0.86	0.75	0.60	0.41	0.16	0.78
非金属矿物制品业	0.03	0.06	0.09	0.09	0.18	0.24	0.35	0.34	0.45	0.32	0.22	0.22
黑色金属冶炼及压延加工业	1.46	1.47	1.47	1.60	1.76	1.79	1.74	1.76	1.66	1.31	0.57	1.51
有色金属冶炼及压延加工业	0.81	0.87	0.87	0.99	1.10	0.98	0.89	0.95	1.03	0.91	0.42	0.89
金属制品业	0.15	0.22	0.37	0.42	0.52	0.55	0.60	0.60	0.68	0.72	0.56	0.49
通用设备制造业	0.08	0.23	0.23	0.17	0.24	0.38	0.52	0.53	0.68	0.61	0.53	0.38
专用设备制造业	-0.52	-0.43	-0.43	-0.42	-0.30	-0.20	-0.10	-0.19	0.08	0.19	0.29	-0.18
铁路、船舶、航空航天及其他运输设备制造业	0.41	0.71	0.94	1.01	1.11	1.26	1.32	1.21	1.19	1.17	1.09	1.04

	0	1	2	3	4	5	6	7	8	9	10	均值
电气机械及器材制造业	−0.22	−0.16	−0.22	−0.28	−0.10	0.18	0.34	0.36	0.54	0.63	0.52	0.15
计算机、通信和其他电子设备制造业	0.53	0.80	0.92	0.93	0.89	0.96	0.77	0.60	0.61	0.74	0.81	0.78
仪器仪表制造业	0.14	0.23	0.18	0.29	0.39	0.72	0.65	0.63	0.50	0.65	0.60	0.45
其他制造业	−0.25	−0.51	−0.57	−0.44	−0.20	0.03	0.02	0.02	−0.02	−0.04	−0.10	−0.19
废弃资源综合利用业	−0.43	−0.27	0.07	0.44	0.61	0.59	0.40	0.67	0.96	1.26	0.96	0.48
电力、热力的生产和供应业	0.46	0.58	0.43	0.47	0.58	0.79	0.68	0.57	0.59	0.60	0.41	0.56
燃气生产和供应业	0.61	0.84	0.57	0.58	0.63	0.87	0.67	0.42	0.48	0.69	1.10	0.68
水的生产和供应业	−0.11	−0.38	−0.26	−0.24	−0.20	−0.33	−0.25	−0.15	−0.05	−0.02	−0.03	−0.19

附表 3   石油市场正向特定需求冲击对工业增加值增速的影响

（3 个月移动平均）

	0	1	2	3	4	5	6	7	8	9	10	均值
国内工业	0.71	0.77	0.74	0.63	0.41	0.36	0.37	0.41	0.41	0.46	0.44	0.52
重工业	0.58	0.58	0.52	0.29	0.02	−0.25	−0.31	−0.28	−0.14	0.07	0.28	0.12
轻工业	0.81	0.88	0.85	0.66	0.37	0.18	0.13	0.17	0.23	0.34	0.38	0.46
煤炭开采和洗选业	1.60	2.09	2.21	1.97	1.61	1.58	1.59	1.61	1.37	1.42	1.36	1.68
石油和天然气开采业	0.53	0.30	−0.11	−0.17	−0.22	−0.02	0.06	−0.01	−0.23	−0.31	−0.36	−0.05
黑色金属矿采选业	1.57	1.35	1.02	0.40	0.46	0.84	1.13	0.52	0.06	−0.21	0.02	0.65
有色金属矿采选业	0.83	0.85	0.61	0.40	0.16	0.48	0.64	0.57	0.17	−0.11	−0.34	0.39
非金属矿采选业	1.22	1.03	0.78	0.88	0.76	1.12	1.17	1.23	0.79	0.74	0.37	0.92
其他采矿业	1.76	1.01	0.37	0.59	0.21	2.29	0.57	−1.83	−4.62	−3.42	−2.87	−0.54
农副食品加工业	0.76	0.87	0.69	0.54	0.08	−0.09	−0.07	0.09	0.08	0.18	0.23	0.31
食品制造业	1.00	1.05	0.81	0.48	0.17	0.26	0.45	0.56	0.56	0.46	0.24	0.55
酒、饮料和精制茶制造业	0.85	0.91	0.63	0.32	0.08	0.07	0.36	0.54	0.66	0.64	0.52	0.51
烟草制品业	0.10	0.09	0.37	0.14	0.17	−0.33	−0.43	−0.49		0.26	0.65	0.05
纺织业	0.34	0.38	0.31	0.10	−0.28	−0.46	−0.49	−0.35	−0.21	0.08	0.26	−0.03
纺织服装、服饰业	0.60	0.64	0.56	0.37	0.10	−0.02	−0.03	0.15	0.24	0.41	0.47	0.32
皮革、毛皮、羽毛及其制品和制鞋业	1.05	1.06	1.05	0.78	0.52	0.38	0.35	0.47	0.38	0.52	0.66	0.66

续表

	0	1	2	3	4	5	6	7	8	9	10	均值
木材加工及木、竹、藤、棕、草制品业	1.19	1.30	1.30	1.23	0.79	0.62	0.56	0.66	0.65	0.71	0.63	0.88
家具制造业	0.48	0.62	0.67	0.67	0.39	0.14	−0.05	−0.10	−0.05	0.23	0.53	0.32
造纸及纸制品业	0.91	0.95	1.05	1.08	0.92	0.76	0.70	0.67	0.70	0.81	0.74	0.85
印刷和记录媒介的复制业	0.14	0.24	0.35	0.31	0.13	−0.01	0.06	0.06	0.11	0.13	0.27	0.16
文教、工艺美术、体育和娱乐用品制造业	−0.56	−0.48	−0.23	−0.09	−0.02	0.15	0.34	0.27	0.18	0.10	0.10	−0.02
石油加工、炼焦及核燃料加工业	0.91	0.87	0.85	0.83	0.80	0.75	0.69	0.64	0.61	0.54	0.25	0.71
化学原料及化学制品制造业	0.63	0.64	0.42	0.21	−0.09	0.10	0.26	0.35	0.10	−0.05	−0.22	0.21
医药制造业	0.55	0.48	0.30	0.21	0.13	0.05	0.26	0.20	0.24	0.06	0.14	0.24
化学纤维制造业	0.38	0.12	0.01	−0.02	−0.25	−0.35	−0.64	−0.86	−0.86	−0.67	−0.69	−0.35
非金属矿物制品业	1.03	1.01	0.90	0.69	0.53	0.47	0.47	0.48	0.50	0.55	0.50	0.65
黑色金属冶炼及压延加工业	0.20	0.53	0.48	0.24	−0.07	0.06	0.23	0.37	0.46	0.45	0.42	0.31
有色金属冶炼及压延加工业	0.05	0.30	0.38	0.33	0.14	0.15	0.31	0.46	0.59	0.51	0.31	0.32
金属制品业	0.61	0.72	0.69	0.55	0.30	0.16	0.15	0.21	0.33	0.57	0.72	0.45
通用设备制造业	1.31	1.32	1.20	1.02	0.82	0.70	0.69	0.65	0.74	0.83	0.84	0.92
专用设备制造业	1.17	1.08	1.10	0.96	0.86	0.68	0.67	0.73	0.86	1.05	1.01	0.93
铁路、船舶、航空航天和其他运输设备制造业	0.30	0.21	0.27	0.34	0.21	−0.03	−0.22	−0.22	−0.31	−0.30	−0.36	−0.01
电气机械及器材制造业	0.59	0.67	0.61	0.54	0.14	−0.01	−0.05	0.01	0.06	0.31	0.51	0.31
计算机、通信和其他电子设备制造业	0.60	0.68	0.88	1.04	0.91	0.75	0.62	0.75	0.93	1.06	0.92	0.83
仪器仪表制造业	0.86	0.95	0.90	0.96	0.66	0.54	0.42	0.53	0.73	1.20	1.43	0.83
其他制造业	0.91	1.14	1.28	1.18	0.77	0.47	0.44	0.44	0.67	1.10	1.14	0.87
废弃资源综合利用业	1.40	0.45	0.69	0.60	0.50	−0.65	−0.86	−1.33	−1.90	−2.03	−1.47	−0.42
电力、热力的生产和供应业	0.79	0.86	0.87	0.82	0.65	0.57	0.57	0.64	0.74	0.85	0.77	0.74

续表

	0	1	2	3	4	5	6	7	8	9	10	均值
燃气生产和供应业	0.33	0.23	0.62	0.95	0.90	0.78	0.85	0.94	0.77	0.86	0.83	0.73
水的生产和供应业	0.01	0.14	0.19	0.20	−0.02	−0.18	−0.41	−0.37	−0.37	−0.17	−0.27	−0.11

附表4　　　　　分解后的经济总需求冲击对行业产出的影响均值

行业	发达经济体需求冲击	新兴经济体需求冲击	国外需求冲击	国内需求冲击
国内工业	−0.03	0.77	0.24	0.82
重工业	−0.05	0.39	0.09	0.43
轻工业	−0.08	1.03	0.32	0.88
煤炭开采和洗选业	−0.43	1.46	0.17	1.77
石油和天然气开采业	−0.46	0.14	−0.42	0.50
黑色金属矿采选业	−0.40	1.39	0.06	1.42
有色金属矿采选业	−0.38	0.78	−0.11	1.34
非金属矿采选业	−0.62	1.19	−0.14	2.03
其他采矿业	−2.62	2.04	−1.71	5.07
农副食品加工业	−0.56	0.41	−0.35	0.91
食品制造业	−0.32	0.72	−0.02	0.97
酒、饮料和精制茶制造业	−0.35	0.62	−0.11	0.95
烟草制品业	−0.05	0.13	0.04	0.04
纺织业	−0.09	0.32	0.05	0.42
纺织服装、服饰业	−0.27	0.41	−0.07	0.73
皮革、毛皮、羽毛及其制品和制鞋业	−0.08	0.74	0.23	1.08
木材加工及木、竹、藤、棕、草制品业	−0.45	1.28	0.03	1.72
家具制造业	0.14	0.51	0.38	0.86
造纸及纸制品业	−0.05	1.00	0.28	1.03
印刷和记录媒介的复制业	0.05	0.13	0.08	0.22
文教、工艺美术、体育和娱乐用品制造业	0.25	−0.21	0.20	−0.27
石油加工、炼焦及核燃料加工业	0.41	1.08	0.74	0.51
化学原料及化学制品制造业	0.19	0.76	0.42	0.64
医药制造业	−0.23	0.22	−0.13	0.33
化学纤维制造业	0.49	0.30	0.57	−0.12
非金属矿物制品业	−0.22	0.99	0.16	1.24
黑色金属冶炼及压延加工业	0.30	1.04	0.58	0.56
有色金属冶炼及压延加工业	0.30	0.37	0.36	0.07
金属制品业	0.16	0.60	0.37	0.51

行业	发达经济体需求冲击	新兴经济体需求冲击	国外需求冲击	国内需求冲击
通用设备制造业	− 0.11	1.23	0.35	1.52
专用设备制造业	− 0.53	1.02	− 0.09	1.62
铁路、船舶、航空航天和其他运输设备制造业	− 0.30	2.02	0.37	2.26
电气机械及器材制造业	− 0.28	0.74	0.01	1.12
计算机、通信和其他电子设备制造业	0.49	0.72	0.72	0.30
仪器仪表制造业	0.45	0.55	0.64	0.28
其他制造业	0.01	1.03	0.43	1.19
废弃资源综合利用业	− 0.78	1.89	− 0.03	2.63
电力、热力的生产和供应业	0.04	0.83	0.30	0.86
燃气生产和供应业	− 0.13	0.95	0.05	0.87
水的生产和供应业	0.13	− 0.24	0.00	− 0.40

附表 5 　　　　　分解后的特定需求冲击对行业产出的影响均值

行业	金融投机冲击	库存冲击
国内工业	− 0.68	− 0.05
重工业	− 0.08	− 0.76
轻工业	− 0.47	− 0.17
煤炭开采和洗选业	− 1.23	0.10
石油和天然气开采业	− 0.57	0.52
黑色金属矿采选业	− 1.55	0.92
有色金属矿采选业	− 1.68	0.50
非金属矿采选业	− 1.87	0.02
其他采矿业	− 10.01	5.78
农副食品加工业	− 1.17	0.07
食品制造业	− 0.88	− 0.24
酒、饮料和精制茶制造业	− 1.16	− 0.59
烟草制品业	− 0.62	− 0.37
纺织业	− 0.61	− 0.28
纺织服装、服饰业	− 0.67	− 0.57
皮革、毛皮、羽毛及其制品和制鞋业	− 0.73	− 0.61
木材加工及木、竹、藤、棕、草制品业	− 1.58	− 0.09
家具制造业	− 0.67	− 0.92
造纸及纸制品业	− 0.66	− 0.18
印刷和记录媒介的复制业	− 0.35	− 0.85
文教、工艺美术、体育和娱乐用品制造业	0.17	− 1.23
石油加工、炼焦及核燃料加工业	0.22	0.39

续表

行业	金融投机冲击	库存冲击
化学原料及化学制品制造业	− 0.59	0.21
医药制造业	− 0.57	− 0.38
化学纤维制造业	0.04	− 0.51
非金属矿物制品业	− 1.19	− 0.12
黑色金属冶炼及压延加工业	− 0.74	0.56
有色金属冶炼及压延加工业	− 0.13	0.16
金属制品业	− 0.28	− 0.75
通用设备制造业	− 0.96	− 0.19
专用设备制造业	− 1.71	− 0.38
铁路、船舶、航空航天和其他运输设备制造业	− 1.87	2.01
电气机械及器材制造业	− 1.23	− 0.04
计算机、通信和其他电子设备制造业	0.67	− 1.17
仪器仪表制造业	0.39	− 1.57
其他制造业	− 0.23	− 1.65
废弃资源综合利用业	− 2.99	1.98
电力、热力的生产和供应业	− 0.85	0.01
燃气生产和供应业	− 0.65	1.06
水的生产和供应业	0.33	− 0.53

附表 6　商品实际收益率的简单相关系数变化量：2007—2015 年减 1998—2006 年

	RAL	RCC	RCF	RCL	RCN	RCP	RCT	RHO	RNG	RNI	ROJ	RSB	RSO	RTI	RWT
RCC	0.27														
RCF	− 0.02	0.18													
RCL	0.36	0.20	0.38												
RCN	0.15	0.16	0.37	0.36											
RCP	0.03	0.25	0.03	0.42	0.28										
RCT	0.24	0.37	0.38	0.31	0.11	0.32									
RHO	0.35	0.17	0.37	0.01	0.42	0.38	0.31								
RNG	0.23	0.18	0.31	− 0.08	0.10	0.03	− 0.06	− 0.20							
RNI	0.13	0.21	0.02	0.23	0.17	0.01	0.09	0.19	0.07						
ROJ	− 0.10	0.10	0.05	− 0.09	0.14	− 0.16	0.03	0.02	0.06	− 0.16					
RSB	0.12	0.31	0.20	0.39	− 0.05	0.19	0.02	0.42	− 0.06	0.01	− 0.01				
RSO	0.42	0.25	0.52	0.63	0.23	0.45	0.35	0.59	0.09	0.34	0.11	0.22			
RTI	0.16	0.34	− 0.04	0.34	0.25	0.27	0.42	0.42	0.11	0.18	0.01	0.38	0.67		
RWT	0.12	0.03	0.42	0.19	0.15	0.30	0.21	0.21	− 0.07	0.21	0.09	0.26	0.47	0.24	
RZI	0.11	0.29	− 0.06	0.32	0.03	0.07	0.11	0.28	0.01	0.00	− 0.17	0.08	0.26	0.10	0.09

注：16 种大宗商品包括原油（CL）、天然气（NG）取暖油（HO）、铜（CP）、铝（AL）、锌（ZI）、锡（TI）、镍（NI）、小麦（WT）、玉米（CN）、棉花（CT）、大豆（SB）、大豆油（SO）、可可（CC）、咖啡（CF）、浓缩橙汁（OJ）。

参考文献

［1］任若恩，樊茂清．国际油价波动对中国宏观经济的影响：基于中国 IGEM 模型的经验研究［J］．世界经济，2010（12）：29 – 47.

［2］陈宇峰，陈启清．国际油价冲击与中国宏观经济波动的非对称时段效应：1978—2007［J］．金融研究，2011（5）：86 – 99.

［3］张斌，徐建炜．石油价格冲击与中国的宏观经济：机制、影响与对策［J］．管理世界，2010（11）：18 – 27.

［4］孙立坚，汤维祺，吴力波，张中祥．原油价格冲击的动态传导机制——基于中国工业部门的实证研究［J］．世界经济文汇，2011（4）：89 – 106.

［5］焦建玲，唐运舒．油价冲击、货币政策调整与产出波动——基于中国的经验证据［J］．经济理论与经济管理，2012（7）：17 – 27.

［6］李金昌，项莹．中国制造业出口增加值份额及其国别（地区）来源［J］．中国工业经济，2014（8）：84 – 96.

［7］Anzuini A，Patrizio P，Pisani M. Macroeconomic Effects of Precautionary Demand for Oil［R］. Bank of Italia Working Paper No. 918，2013.

［8］Arezki R，Blanchard O J. The 2014 Oil Price Slump：Seven Key Questions［R］. The IMF Blog，December 22，2014.

［9］Blanchard O J，Gali J. The Macroeconomic Effects of Oil Shocks：Why are the 2000s So Different From the 1970s?［R］. NBER Working Paper No. 13368，2007.

［10］Cashin P，Mohaddes K，Maziar R，Raissi M. The Differential Effects of Oil Demand and Supply Shocks on the Global Economy［R］. IMF Working Paper No. 12/253，2012.

［11］Ciscar J C，Russ P，Parousos L，Stroblos N. Vulnerability of the EU Economy to Oil Shocks：A General Equilibrium Analysis With the Gem-E3 Model［R］. 13th Annual Conference of the European Association of Environmental and Resource Economics，Budapest，Hungary，2004.

［12］Caporale G M，Ali F M，Spagnolo N. Oil Price Uncertainty and Sectoral Stock Returns in China：A Time – Varying Approach［R］. DIW Berlin Discussion Paper No. 1394，June 2014.

［13］Donayre L，Wilmot N A. The Asymmetric Effects of Oil Price Shocks on the Canadian Economy［R］. 2015 – 02，http：//ssrn. com/abstract = 2567576.

［14］ Guidi F. The Economic Effects of Oil Price Shocks on the UK Manufacturing and Services Sector ［R］. MPRA Paper No. 16171, 2009.

［15］ Kilian L. Not All Oil Price Shocks are Alike: Disentangling Demand and Supply Shocks in the Crude Oil Market ［J］. The American Economic Review, 2009, 99（3）: 1053 – 1069.

［16］ Lippi F, Nobili A. Oil and the Macroeconomy: A Quantitative Structural Analysis ［J］. Journal of the European Economic Association, 2012, 10（5）: 1059 – 1083.

［17］ Lagalo L G. Separating Demand and Supply Shocks in the Oil Market——An Analysis Using Disaggregated Data ［R］. Wayne State University, Manuscript, 2011.

［18］ Melolinna M. Macroeconomic Shocks in an Oil Market VAR ［R］. European Central Bank Working Paper No. 1432, 2012.

［19］ Sanders D R, Boris K, Manfredo M. Hedgers, Funds, and Small Speculators in the Energy Futures Markets: An Analysis of the CFTC's Commitments of Traders Reports ［J］. Energy Economics, 2004, 26（3）: 425 – 445.

［20］ Tsai C L. How Do U. S. Stock Returns Respond Differently to Oil Price Shocks Pre-crisis, Within the Financial Crisis, and Post-Crisis? ［J］. Energy Economics, 2015, 50（3）: 47 – 62.

第三节　国际大宗商品价格对中国通货膨胀的影响[1]

一、引言

在开放经济中，一国的价格水平必定受到国际价格水平的影响，国内外学者对国际大宗商品价格对国内通货膨胀的影响十分重视，如 Impavido（2018）研究国际石油价格对巴巴多斯通货膨胀率的影响，发现虽然影响程度较小，却在统计上十分显著。21 世纪后，我国与世界经济的联系日益紧密，大宗商品进口量大幅增加，国际大宗商品价格对我国国内物价水平的影响不容忽视。

图 1 显示，我国通货膨胀率与国际大宗商品价格呈现同向变动趋势。2000 年以来，国际大宗商品价格持续上涨，尤其是从 2003 年开始，国际市场原油、金属、农产品等价格持续上涨。2008 年，由于金融危机的爆发，全球需求疲软，国际大宗商品价格暴跌。在全球经济刺激政策出台后，2009 年初开始，国际大宗商品价格开始反弹，到 2011 年中期基本恢复甚至超过了危机前的水平。随着主要经济体再工业化程度加深，生产效率提高，大宗商品供给显著增加，而 2013 年全球经济几乎没有扩张，这就导致大宗商品的供给大于需求。因此，2014 年中期开始，国际大宗商品价格大幅度下跌。另外，发达经济体国内经济复苏基础仍不牢固，新兴经济体面临着资本外流、货币贬值等问题，导致 2015 年底国际大宗商品价格甚至低于危机时期，2016 年开始虽有小幅回升，但总体仍然处于较低水平。与国际大宗商品价格的变化类似，中国通货膨胀在金融危机前后也经历了两轮上涨和两轮下跌。危机前，2006年至 2008 年中期，中国物价水平快速上升，到 2008 年金融危机爆发前夕达到峰值8.6%。2009 年下半年至 2011 年第三季度，中国物价水平开始又一轮上涨。然而，到 2011 年第四季度，伴随着欧债危机的恶化，全球经济复苏放缓，总需求降低，中国物价水平又开始下降。2012 年至今，中国物价水平在较窄范围内小幅波动，CPI始终保持在 101 左右，处于较低水平。

近十年，中国对大宗商品的依存度越来越高，已成为世界上石油、大豆、小麦、玉米、铁矿石、铜、铝、铬等多种大宗商品的进口大国。因此，深入分析国际石油、食品、农产品、金属等大宗商品价格与我国价格水平之间的联动关系及其影响程度和时滞影响具有重要的现实意义。

---

[1]　本部分作者为谭小芬、邓丽婷、邵涵。

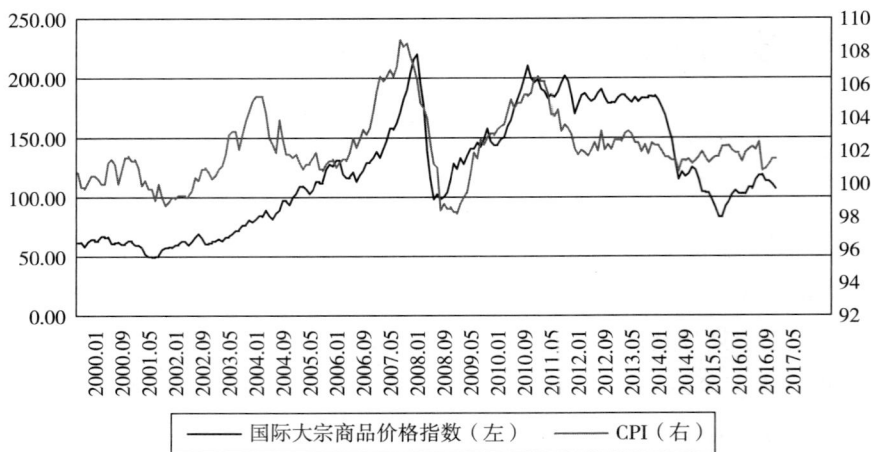

图 1　国际大宗商品价格与中国消费者价格指数（CPI）的关系

资料来源：国际货币基金组织和中经网统计数据库。

虽然国内已有不少文献分别从理论、实证层次研究国际大宗商品价格对中国通货膨胀率影响，但是现有文献中仍存在不足。第一，在国内通货膨胀指标的选择上主要是进口价格指数、PPI 和 CPI，没有针对不同国际大宗商品价格指数选择对应的国内物价指数进行分析。第二，在对国际大宗商品价格的度量上，已有实证文献大多选择国际大宗商品期货价格指数（CRB），而 CRB 指数与大宗商品现货价格存在一定的偏差。第三，已有的文献大多从农产品、石油和食品大宗商品价格的角度来考察国际大宗商品价格与中国通货膨胀之间的联动关系，对金属这一类大宗商品考虑甚少。

基于此，本节首先建立国际大宗商品总价格指数与中国通货膨胀的关系，然后分别对四大类大宗商品价格与中国通货膨胀的关系进行探讨。就外部因素而言，分类指数比总指数更具有针对性；就内部因素而言，本节将考察国内通货膨胀的结构性因素，将其与外部因素联系起来分析，这样更具有系统性。其次，本节数据使用的是国际货币基金组织公布的国际大宗商品现货价格指数及其分类指数，对衡量通货膨胀的指标，除了 PPI 和 CPI 之外，也增加了国内不同类型商品价格指数。最后，本节将利用 VAR 模型中的脉冲响应和方差分解方法讨论国际大宗商品价格对中国通货膨胀的传导时滞和影响程度，进一步采用历史方差分解方法在时间轴上考察2000—2017 年各因素在影响通货膨胀中的重要程度及其变化。

相较于以往的文献，本节存在以下三方面的边际贡献：①在指标的选择上，本节将分别研究国际大宗商品总指数和分类指数对中国各种通货膨胀指标的影响。通过比较两者的影响程度、传导机制，来分析中国通货膨胀的结构性特点。②本节在已有研究的基础之上采用递归 VAR 模型和历史分解方法，考察金融危机前后国际大宗商品价格对中国通货膨胀的动态影响。

本节剩余部分结构安排如下：第二部分是文献综述；第三部分梳理了国际大宗商品价格与中国价格水平的联动与影响机制；第四部分建立 VAR 实证模型，基于2000—2017 年月度数据进行实证分析；第五部分是稳健性检验；第六部分是结论与政策建议。

二、文献综述

随着全球经济开放程度的提高，国际价格之间的传导更加通畅，国际原材料价格与一国国内物价水平的联系日益紧密。在国际大宗商品价格大涨大跌、中国对国际大宗商品需求日益旺盛的背景下，国内外学者关于国际大宗商品价格与中国通货膨胀关系进行了广泛研究。文献大致分为以下四类。

第一类文献主要是从中国通货膨胀的影响因素角度，分析国际大宗商品价格对中国通货膨胀的影响。谭小芬和徐琨（2011）、陈鹏和郑曼娴（2018）、王广生（2018）证实了国际大宗商品价格是中国通货膨胀的影响因素之一。李洪凯、张佳菲和罗幼强（2006），赵进文和丁林涛（2012）发现国际石油价格波动已经对我国物价水平产生了一定的影响。吴翔和张小宇（2016）利用非线性 ST-SVAR 模型进行建模，发现国际大宗商品价格对我国 CPI、PPI 产生了较为显著的影响。Imai、Gaiha 和Thapa（2008）发现大多数国内农产品价格与国际农产品价格之间具有显著的联动关系。张延群（2012）区分长短期进行研究，发现在短期内进口价格波动对通货膨胀有推动作用。

第二类文献从传导过程角度，研究国际大宗商品波动对中国通货膨胀的影响。陈玉财（2011）从理论上进行分析，认为国际大宗商品价格对国内通货膨胀的传导途径包括直接消费、生产和间接渠道，其中间接渠道又可分为预期、联动和扩散渠道。赵俊强（2017）则认为国际大宗商品价格会通过进口、预期、金融三个渠道影响国内价格。实证方面文献大多探究国际大宗商品价格冲击的传导是否通畅。陈六傅和刘厚俊（2007）发现石油冲击对进口价格方差的解释能力较强，而对消费者价格的影响非常有限。张翼（2009）也发现国际大宗商品价格能够显著影响 PPI 和工业品购进价格指数，对 CPI 的影响不显著。相似地，卢延纯和赵公正（2017）发现国际大宗商品价格对 PPI 影响显著，对 CPI 则不显著。范志勇和向弟海（2006）得到了相反的结论，他们发现在短期内，进口价格冲击是 PPI、CPI 波动的重要原因。陆军、刘威和李伊珍（2012）也发现进口价格和国内中间价对通货膨胀具有显著传递效应，尤其是国际能源价格。焦军普（2007）通过实证研究发现国际市场价格的上升会推升我国原材料价格、工业品出厂价格、居民消费价格。相似地，石先进和赵志君（2016）发现国际原油价格会影响我国进口产品价格，通过中间品价格传导至消费品价格。杨国中和姜再勇（2009）也发现国际油价对进口价格指数影响最大，紧接着是 PPI、CPI。更进一步，Liu 和 Tsang（2008）发现如果国际大宗商品价格上涨 10%，那么 3 个月后国内 PPI 会上涨 1.2%，进而国内 CPI 会上涨 0.24%。在其他渠道方面，王道平和贾昱宁（2018）发现在中长期内大宗商品价格会影响我国投资者情绪，而投资者情绪会对通货膨胀率产生影响。

第三类文献研究比较不同类型的国际大宗商品价格对中国通货膨胀的影响。罗锋和牛宝俊（2009）发现国际农产品现货价格对国内农产品价格的影响在滞后三个月显现，国际农产品期货价格的影响不存在滞后性且对国内农产品价格的影响程度更大。聂娟和王琴英（2017）发现国内大豆价格对短期国际大豆价格冲击较为敏感。白钦先和张志文（2011）发现国际食品价格对 CPI 有显著的推动作用；而国际能源价格上涨对 CPI 的影响在统计上不显著。相似地，中国经济增长与宏观稳定课题组（2008）发现国际食品价格在短期内成为国内物价上涨的主要原因，而国际原油价格对国内通货膨胀的影响要在中长期才能显现。肖争艳、安德燕和易娅莉（2009）研究发现国际油价和国际粮食价格对我国 CPI 的影响是短期的，而国际工业品价格在较长的时间内会对我国 CPI 产生显著影响，且存在一定的持续期。吴剑飞和方勇（2010）利用贝叶斯 VAR 模型发现国际食品价格上涨对中国通货膨胀影响越来越显著，国际原油价格主要通过对要素价格和工业生产成本的影响进而作用于中国通货膨胀。更进一步，王孝松和谢申祥（2012）研究了国际农产品价格对中国农产品价格的影响，发现国内外农产品价格存在长期均衡关系，国内玉米、大豆和大米的价格对国际同种产品的价格弹性在 0.2 到 0.36 之间，而国内小麦的价格弹性在 0.05 左右。吴周恒、李静鸿、王明炘（2018）则发现国际大宗商品价格对国内上游价格影响稳定，但对下游价格的影响在长期较小。

第四类文献是研究影响国际大宗商品价格波动对中国通货膨胀影响的非对称性。朱学红、谌金宇和钟美瑞（2016）发现国际有色金属价格对我国 31 个省市通货膨胀的传递会显著受到对外开放度、有色金属行业投资、人民币汇率、石油价格的影响。唐正明和郭光远（2018）利用空间计量分析方法发现国际大宗商品价格对我国通货膨胀的冲击主要来自能源价格，且与市场份额负相关，且能源价格越高，造成的冲击越显著，表现出非对称性。

从上述文献来看，学术界对国际大宗商品价格与中国通货膨胀之间作用基本上能够达成共识：国际大宗商品价格能够影响中国物价水平；国际石油、食品、农产品价格对国内的大宗商品价格具有显著正向影响，而且国际食品、农产品价格的波动对通货膨胀的影响程度要大于国际石油价格的波动的影响。

三、国际大宗商品价格与中国通货膨胀

改革开放以来，中国的通货膨胀一直存在。从改革开放开始到 20 世纪末，中国经济运行以"高投入、高增长、高通胀"为特征，先后经历了四次范围较广、程度较大的通货膨胀。此阶段物价上涨率与 GDP 增长率、固定资产投资增长率、货币供应量增长率具有高度的一致性，因此可以判断通货膨胀主要是需求过热、价格改革因素所致，即这一阶段通货膨胀类型是由需求拉动的通货膨胀。

进入 21 世纪之后，由国际初级产品进口价格上升造成的输入型通货膨胀成为 21 世纪以来中国通货膨胀重要的表现形式。随着中国与世界经济的联系日益紧密，我国对国际大宗商品的依赖程度日益增加。中国已经成为原油、大豆、铁矿石等国际大宗商品的进口大国。中国 2000 年以后的原油进口量与消费量变化趋势如图 2 所示。2008 年之后国内原油进口量占消费量的比例超过了 50%，消费缺口主要依靠进口填补，而对进口原油的依赖会导致我国经济面对油价波动时更易受影响。中国也是国际农产品的进口大国，对大豆、小麦、大米的对外依存度较高，尤其是大豆，2017 年大豆进口量已经超过 9000 万吨。同时，中国对工业品的需求也日益旺盛，对铁、铬、铜、锰等金属的进口量也在快速增长。

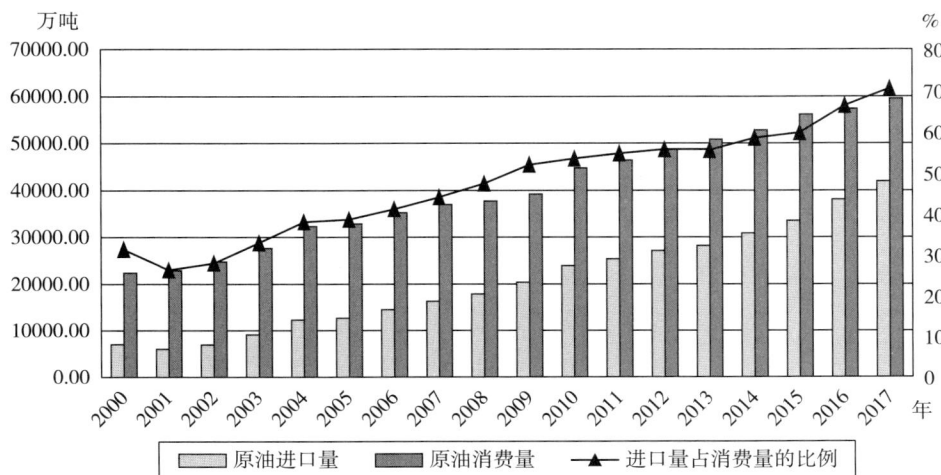

图 2　原油进口量与消费量变化趋势

从表 1 可以看出，在国内物价水平中，生产者价格指数和工业品购进价格指数

与国际大宗商品的相关系数更大；另外，PPI 与国际大宗商品价格及其分类价格的相关系数都较大，并且对国内物价水平、中国食品价格指数与国际食品价格指数的相关系数比其他国际大宗商品价格指数都大；中国农产品价格指数与国际农产品价格指数的相关系数比其他国际大宗商品价格指数都大；中国工业品进口价格指数与国际农产品价格指数、国际工业品价格指数的相关系数更大。

表1 　　　　　　　　国际大宗商品价格指数与国内物价指数相关系数

商品价格	CPI	PPI	中国食品价格	中国农产品价格	工业品进口价格
国际大宗商品价格	0.1937	0.3913	0.0865	0.1310	0.3521
国际食品价格	0.2402	0.1779	0.1996	0.1621	0.1587
国际农产品价格	0.2060	0.3933	0.1019	0.2218	0.3869
国际工业品价格	0.2081	0.4044	0.1354	0.1716	0.3724
国际原油价格	0.1363	0.3181	0.0376	0.0857	0.2784

中国在全球大宗商品进口和消费中的重要地位决定了国际大宗商品价格的波动对国内通货膨胀的影响。国际大宗商品价格对国内通货膨胀的传导主要包括两个阶段：一是进口阶段，二是国内传导阶段。国内传导阶段又包括生产渠道、消费渠道、其他渠道。

1. 进口阶段

在进口阶段，受国际大宗商品价格波动影响的是进口依赖度高的企业。对于进口企业，当国际大宗商品价格上涨时，大宗商品的采购成本会上升，进而通过成本转嫁的方式转移到下游，导致终端消费品价格上升。

2. 国内传导阶段

国内传导主要包括三个渠道：生产渠道、消费渠道和其他渠道。（1）生产渠道指国际大宗商品通过进口渠道，提高生产企业的原材料成本和加工成本，企业为了维持利润，会将这一部分价格上涨的成本转嫁到产品价格中去，就会抬高产成品的出产价格，进而引起终端消费品价格的上涨。这一渠道是国内外价格传递的主要通道，其传导效果取决于产业结构、要素价格管制程度、进口成本占企业总成本的比重，以及成本转嫁程度等因素。（2）直接消费渠道指像大豆、玉米、小麦等农产品，它们本身可以作为最终消费品，会直接促使消费品价格的上涨或是带动其他相关产品价格的上涨。这一渠道的传递效果主要取决于消费领域中大宗商品的总需求数量及成本。（3）其他渠道主要是预期渠道和扩散渠道。这些传递途径与生产渠道、直接消费渠道相比，更多的是起到推波助澜的作用。国际大宗商品价格的波动主要是通过心理、行为传导到国内物价水平上。通过预期渠道，当国际大宗商品价格上涨时，人们预期未来价格会继续上涨，会导致当前国内的交易、投资需求上升，从而引起当期产品价格水平的提高，进而导致大宗商品价格—物价水平螺旋上升。通过扩散渠道，国际大宗商品价格上涨引起社会各部门产品价格的普遍上涨。

3. 汇率的作用

汇率对国内价格水平的影响主要表现在两个方面：一是汇率升值会降低进口成本，在一定程度上抵消进口产品价格上升的冲击；二是汇率升值会带来资本流入，导致国内经济升温，从而使产品市场价格攀升。

考虑到 2000 年以来国际大宗商品价格波动幅度较大，本节选择 2000 年 1 月至 2017 年 5 月的数据作为样本，研究国际大宗商品价格波动对中国通货膨胀的影响。根据对中国物价水平的分析，本节在实证部分中将选择国际大宗商品价格指数、人民币名义有效汇率、货币供应量、经济增长率、通货膨胀指数作为实证指标。其中国际大宗商品价格指数包括国际大宗商品价格总指数、国际农产品价格指数、国际食品价格指数、国际工业品价格指数、国际石油价格指数。通货膨胀指数包括 CPI、PPI。在稳健性检验中，使用中国农产品价格指数、工业品进口价格指数和食品零售价格指数替代 PPI 和 CPI 以确保结论的稳健性。

四、构建向量自回归（VAR）模型

（一）向量自回归模型的构建

本节建立五向量 VAR 模型。VAR（p）模型的一般形式可以表示为

$$y_t = \alpha_0 + \alpha_1 y_{t-1} + a_2 y_{t-2} + \cdots + \alpha_p y_p + \beta x_t + \varepsilon_t$$

在本节中，y_t 是 5 维内生变量列向量，p 是滞后阶数，y_t 可以表示为

y_t =（国际大宗商品价格指数及其分类指数，人民币名义有效汇率，货币供应量，工业增加值，国内物价指数）′。

由于需要对 VAR 模型进行脉冲响应分析和方差分解，历史分解时需要使用乔利斯基分解，而乔利斯基分解的结果会受到变量的顺序影响，变量的顺序具有重要的意义。由于本节主要研究的问题是国际大宗商品价格在国际环境中波动时会对中国通货膨胀率产生怎样的影响，国际大宗商品价格的当期波动被看作是外生冲击，国际大宗商品价格的波动可以看作在当期不受到其他变量的当期影响，进而可以将国际大宗商品价格指数作为乔利斯基中的第一个变量。按照前文的传导渠道分析，国际大宗商品价格波动，会通过汇率机制将波动传导到国内，再受到货币供应量、工业增加值等其他变量的综合影响，为了更准确地衡量国际大宗商品价格对中国通货膨胀率的影响，按照国际大宗商品价格冲击的传导顺序，货币供应量和工业增加值

在当期会受到人民币汇率的影响，必须将人民币有效汇率作为乔利斯基中的第二个变量。对货币供应量与工业增加值在国际大宗商品价格冲击传导过程中的作用顺序无法进行理论区分，而格兰杰因果检验的结果表明，在 2000 年 1 月至 2017 年 5 月，货币供应量对工业增加值存在格兰杰原因，但工业增加值对货币供应量不存在格兰杰原因，因此将货币供应量置于乔利斯基分解中的第三位，将工业增加值置于乔利斯基分解中的第四位。然而需要注意的是，这样的顺序只考虑了国际大宗商品价格波动对国内物价水平的传导过程，忽略了中国工业增加值、货币供应量、汇率也会对大宗商品价格产生一定的作用，可能导致得到的国际大宗商品价格对国内物价水平的影响偏大。

本节将分别讨论国际大宗商品价格总指数、国际农产品价格指数、国际食品价格指数、国际工业品价格指数、国际石油价格指数对 PPI、CPI 的影响。在建立 VAR 模型的过程中，本节选择 AIC 的最小值确定模型的滞后期数。[2]

（二）变量选择和数据来源

由于国际大宗商品价格指数的编制存在差异，本节统一选择由国际货币基金组织公布的国际大宗商品价格总指数及其分类指数：国际大宗商品价格总指数、国际食品价格指数、国际农产品价格指数、国际工业品价格指数和国际石油价格指数。由于中国通货膨胀的衡量指标有很多，同时为了进一步验证国际大宗商品价格对国内价格水平的传导效应，从价格链的角度选择了消费者价格指数、生产者价格指数、工业品购进价格指数、中国农产品价格指数、食品零售价格指数作为中国通货膨胀的衡量指标。除了国际大宗商品价格指数和中国通货膨胀指标外，为了控制影响中国通货膨胀的其他因素，选取人民币名义有效汇率、货币供应量和工业增加值作为控制变量。

由于时间序列变量通常是不平稳的，本节先对所有变量的月度水平值使用 X－12 季节调整方法进行季节调整，再计算环比增长率。由于 GDP 没有公布月度数据，采用工业增加值来表示经济增长。对于工业增加值而言，国家统计局不再公布工业增加值的绝对值，从公开数据中只能获得工业增加值同比增长率，因此根据 2006 年以前的工业增加值绝对值计算出 2006 年以后各月份的绝对值，对其进行季节调整后再计算环比增长率。

由于宏观经济变量存在不平稳性，为避免出现对非平稳序列的"伪回归"现象，本节采用 ADF 单位根方法检验序列的平稳性，检验结果表明所有变量的原序列都是

2　采用单位根检验，发现本节 VAR 模型的残差均在单位根内，说明模型十分稳健，结果见附录。

平稳序列。

各变量的字母表示、数据来源和单位根检验（ADF）如表2所示。

表2　　　　　　变量的字母表示、数据来源和单位根检验（ADF）

变量（环比增长率）	字母表示	数据来源	P 统计量	是否平稳
国际大宗商品价格指数	ICPI	国际货币基金组织	0.0000 ***	是
国际石油价格指数	IOPI	国际货币基金组织	0.0000 ***	是
国际农产品价格指数	IAPI	国际货币基金组织	0.0000 ***	是
国际食品价格指数	IFPI	国际货币基金组织	0.0000 ***	是
国际工业品价格指数	IIPI	国际货币基金组织	0.0000 ***	是
人民币名义有效汇率	NEER	国际清算银行	0.0000 ***	是
工业增加值	IVA	国家统计局	0.0000 ***	是
货币供应量	M2	中国人民银行	0.0000 ***	是
生产者价格指数	PPI	中经网数据库	0.0000 ***	是
消费者价格指数	CPI	中经网数据库	0.0000 ***	是
工业品购进价格指数	IPI	中经网数据库	0.0000 ***	是
中国农产品价格指数	API	中国人民银行官网	0.0000 ***	是
食品零售价格指数	FPI	中经网数据库	0.0000 ***	是

注：*** 表示在1%显著性水平下平稳。

（三）格兰杰因果检验

由于向量自回归模型本身并不体现变量之间的经济关系，在建立 VAR 模型之前需要对序列之间的因果关系进行格兰杰检验。对每对变量，先用 AIC 准则确定最优滞后阶数，再在最优滞后阶数下进行格兰杰因果检验，结果如表3所示。

表3　　　　　　　　　　　格兰杰检验结果

原假设	滞后期数	P 值	结果
ICPI 不是 PPI 的格兰杰原因	2	0.0000	是 ***
IOPI 不是 PPI 的格兰杰原因	2	0.0000	是 ***
IAPI 不是 PPI 的格兰杰原因	3	0.0331	是 **
IFPI 不是 PPI 的格兰杰原因	2	0.0000	是 ***
IIPI 不是 PPI 的格兰杰原因	3	0.0000	是 ***
ICPI 不是 CPI 的格兰杰原因	3	0.1636	否
IOPI 不是 CPI 的格兰杰原因	3	0.3433	否
IAPI 不是 CPI 的格兰杰原因	3	0.0179	是 **
IFPI 不是 CPI 的格兰杰原因	3	0.0918	是 *
IIPI 不是 CPI 的格兰杰原因	3	0.0000	是 ***
ICPI 不是 API 的格兰杰原因	2	0.4454	否
IOPI 不是 API 的格兰杰原因	2	0.5588	否
IAPI 不是 API 的格兰杰原因	3	0.2574	否

续表

原假设	滞后期数	P 值	结果
IFPI 不是 API 的格兰杰原因	2	0.0247	是 **
IIPI 不是 API 的格兰杰原因	3	0.0493	是 **
ICPI 不是 FPI 的格兰杰原因	2	0.6819	否
IOPI 不是 FPI 的格兰杰原因	2	0.8144	否
IAPI 不是 FPI 的格兰杰原因	3	0.1193	否
IFPI 不是 FPI 的格兰杰原因	2	0.2619	否
IIPI 不是 FPI 的格兰杰原因	3	0.4582	否
ICPI 不是 IPI 的格兰杰原因	2	0.0000	是 ***
IOPI 不是 IPI 的格兰杰原因	3	0.0000	是 ***
IAPI 不是 IPI 的格兰杰原因	3	0.0925	是 *
IFPI 不是 IPI 的格兰杰原因	2	0.0000	是 ***
IIPI 不是 IPI 的格兰杰原因	2	0.0000	是 ***

注：*** 表示在1%显著性水平下平稳，** 表示在5%显著性水平下平稳，* 表示在10%显著性水平下平稳。

从理论上来看，生产者价格指数和工业品购进价格指数作为价格链的上游端，应该能够直接受到进口商品价格的影响。从格兰杰因果检验结果看，对生产者价格指数和工业品购进价格指数而言，各类国际大宗商品价格都是 PPI、IPI 的格兰杰原因，即国际大宗商品价格直接作用于 PPI、IPI，与理论相符。

在消费品价格指数方面，从格兰杰因果检验结果来看：国际食品价格指数、国际农产品价格指数、国际工业品价格指数都是 CPI 的格兰杰原因，而国际大宗商品总指数、国际原油价格指数不是 CPI 的格兰杰原因；对农产品价格指数而言，国际食品价格指数和国际工业品价格指数都是农产品价格指数的原因；国际大宗商品价格指数及其分类指数均不是食品零售价格指数的格兰杰原因。

由上述实证检验结果可以推出：PPI 作为国内价格链传导的上游，可以直接受到国际大宗商品价格的影响；国际食品、农产品、工业品的价格冲击可以通过 PPI 顺畅地传导到 CPI，影响 CPI 指数；国际食品、工业品的价格冲击可以通过 PPI 影响国内农产品价格；国内食品零售价格不会受到国际大宗商品价格冲击产生的直接影响。国际食品、农产品、工业品的价格冲击会影响 CPI，而国际石油价格不会直接影响 CPI 的原因可能在于 CPI 指数是用于表示居民消费生活资料和服务的最终价格，主要包括八大类生活资料而不包括生产资料，从而导致国际石油价格冲击传导效果不显著。

（四）脉冲响应和方差分解

通过脉冲响应可以分析国际大宗商品价格对通货膨胀的影响速度和时滞效应；通过方差分解可以分析 VAR 模型中变量影响程度的相对大小。表4、表5分别呈现了国际大宗商品价格指数对 PPI 和 CPI 的实证结果。[3]

表4   国际大宗商品价格总指数及其分类指数对 PPI 的脉冲响应和方差分解

变量	脉冲响应与方差分解	大宗商品价格指数	人民币名义有效汇率	货币供应量	工业增加值	价格指数自身
总指数	方向	正	负	先负后正	正	正
	最大值滞后期	2	3	1	1	1
	脉冲最大值	0.3589	−0.1722	−0.0979	0.0767	0.4832
	持续时间	7	8	8	6	6
	贡献率（%）	30.24	9.01	2.41	1.90	56.44
国际食品价格指数	方向	正	负	先负后正	正	正
	最大值滞后期	2	3	1	1	1
	脉冲最大值	0.2451	−0.1773	−0.0949	0.1064	0.5099
	持续时间	8	7	9	7	8
	贡献率（%）	19.76	8.90	2.21	3.45	65.69
国际农产品价格指数	方向	正	负	先负后正	正	正
	最大值滞后期	2	2	7	1	1
	脉冲最大值	0.1737	−0.2210	0.0491	0.1276	0.5154
	持续时间	9	10	13	8	14
	贡献率（%）	12.59	22.93	1.50	2.95	60.03
国际工业品价格指数	方向	正	负	先负后正	正	正
	最大值滞后期	2	4	1	1	1
	脉冲最大值	0.3399	−0.1942	−0.0583	0.1147	0.4901
	持续时间	9	9	13	7	12
	贡献率（%）	27.10	14.75	0.99	2.54	54.63
国际石油价格指数	方向	正	负	先负后正	正	正
	最大值滞后期	2	3	1	1	1
	脉冲最大值	0.3124	−0.2065	−0.1009	0.0821	0.4933
	持续时间	7	8	8	6	6
	贡献率（%）	20.82	13.18	2.47	2.08	61.44

注：货币供应量对 PPI 的冲击在滞后 3 个月都是负向的，4 个月开始转为正。

从表4可以看出，就方差贡献率而言，国际大宗商品价格总指数对 PPI 具有显著影响，仅次于 PPI 自身影响，达 30.24%。其中，国际工业品价格指数和国际石油价格指数对 PPI 的影响在国际大宗商品分类指数中占据前两位，贡献率分别达27.10% 和 20.82%；国际农产品价格和国际食品价格指数对 PPI 的影响程度相对较

3　国际大宗商品价格指数对 PPI、CPI 的脉冲响应图见附录。

弱，分别占 12.59%、19.76%。产生这种结果的原因可能是：PPI 表示工业企业产品出厂价格，对原材料、能源价格波动更敏感。

从脉冲响应结果可以得出，对于国际大宗商品价格的冲击，PPI 会在滞后 2 个月给予最大正响应，国际大宗商品总指数、国际石油价格指数对 PPI 的冲击持续时间为 7 个月，国际食品价格指数对 PPI 的冲击持续时间为 8 个月，国际农产品价格指数、国际工业品价格指数对 PPI 的冲击持续时间为 9 个月。国际大宗商品价格冲击对 PPI 的脉冲响应最大值均在 0.15 以上，其中国际大宗商品总指数对 PPI 的脉冲响应最大值为 0.3589，即国际大宗商品价格同比增加一个标准差，会使 PPI 同比增加 0.3589 个标准差。对于人民币名义有效汇率的冲击，PPI 会在滞后 3 个月左右给予最大负响应，响应的持续时间为 7~13 个月。对于货币供应量的冲击，PPI 在滞后 4 个月给予正向响应，响应持续时间约为 8 个月。这可能是由于货币政策的传导本身存在一定时滞性，PPI 的响应为先负后正，直到在滞后 4 个月才给予正向响应。PPI 给予正向响应的第 1 期也通常是正向响应最大的一期，因此可以说明除去货币政策本身的时滞，货币政策对 PPI 产生冲击的实际滞后时间是很短的。对于工业增加值而言，PPI 会在滞后 1 期达到最大正向响应，响应持续时间约为 7 个月。

通过比较 PPI 对不同的变量的脉冲响应和方差分解结果，可以发现国际大宗商品价格波动对 PPI 产生冲击程度最大、方差贡献率最大，人民币有效汇率对 PPI 产生冲击程度、方差贡献率其次，作为外部因素的国际大宗商品价格和人民币名义有效汇率对 PPI 的影响程度远远高于作为国内因素的货币供应量和工业增加值。从实证结果来看，21 世纪以来的中国通货膨胀主要由进口产品成本上升引起的，属于输入型通货膨胀。

表 5　国际大宗商品价格总指数及其分类指数对 CPI 的脉冲响应和方差分解

变量	脉冲响应和方差分解	大宗商品价格指数	人民币名义有效汇率	货币供应量	工业增加值	价格指数自身
总指数	方向	正	先正后负	先负后正	正	正
	最大值滞后期	1	4	4	2	1
	脉冲最大值	0.0660	-0.0542	0.0331	0.1833	0.5493
	持续时间	4	7	5	5	7
	贡献率（%）	2.28	5.03	1.90	10.85	79.93
国际食品价格指数	方向	正	先正后负	先负后正	正	正
	最大值滞后期	1	4	4	2	1
	脉冲最大值	0.1042	-0.0434	0.0388	0.1793	0.5410
	持续时间	5	5	6	5	7
	贡献率（%）	5.62	5.39	1.76	10.25	76.98

续表

变量	脉冲响应和方差分解	大宗商品价格指数	人民币名义有效汇率	货币供应量	工业增加值	价格指数自身
国际农产品价格指数	方向	正	先正后负	先负后正	正	正
	最大值滞后期	3	4	4	2	1
	脉冲最大值	0.0831	−0.1081	0.0851	0.1440	0.5469
	持续时间	6	9	11	7	9
	贡献率（%）	3.49	7.17	5.65	6.22	77.49
国际工业品价格指数	方向	正	先正后负	先负后正	正	正
	最大值滞后期	1	4	4	2	1
	脉冲最大值	0.0656	−0.0993	0.0886	0.1524	0.5442
	持续时间	8	8	11	7	7
	贡献率（%）	3.33	7.48	5.09	7.19	76.92
国际石油价格指数	方向	正	先正后负	先负后正	正	正
	最大值滞后期	2	4	4	2	1
	脉冲最大值	0.0379	−0.0590	0.0316	0.1863	0.5543
	持续时间	4	8	10	9	10
	贡献率（%）	0.95	4.50	1.82	11.09	81.64

注：货币供应量对 CPI 的冲击在滞后 3 个月都是负向的，4 个月开始转为正向；人民币有效汇率对 CPI 的冲击在滞后 1 个月是正向的，之后转为负向。

从表 5 可知，就方差贡献率而言，CPI 自身的影响始终占据主导地位，方差贡献率达 70% 以上，即通货膨胀具有很强的通货膨胀惯性，与何启志和范从来（2011）的观点一致。在国际大宗商品价格中，国际食品价格指数对 CPI 影响最大，为 5.62%，说明国际食品价格冲击对国内消费价格产生较大影响，这可能是由于 CPI 指数中食品价格占有较大比例。与 PPI 不同，国际大宗商品价格指数及其分类指数中，除国际大宗商品总指数和国际食品价格指数外，其他指数对 CPI 的影响均低于货币供应量和工业增加值，即平均而言国际大宗商品价格对 CPI 的影响小于国内因素。人民币名义有效汇率的方差贡献率在 4.5% ~ 7.18% 之间，说明人民币汇率升值一方面可以抵消进口成本上升对最终消费品价格的影响。另一方面，货币供应量和工业增加值对 CPI 的方差贡献率要高于 PPI。

从脉冲响应结果可以得出，对于国际大宗商品价格的冲击，CPI 会在滞后 1 ~ 3 个月给予最大正响应，国际大宗商品总指数、国际石油价格指数对 CPI 的冲击持续时间为 4 个月，国际食品价格指数对 CPI 的冲击持续时间为 5 个月，国际农产品价格指数对 CPI 的冲击持续时间为 6 个月，国际工业品价格指数对 CPI 的冲击持续时间为 8 个月；国际石油价格指数对 CPI 的脉冲响最大值最小，国际食品价格指数对

CPI 的脉冲响应最大值最大，国际大宗商品总指数对 CPI 的脉冲响应最大值为 0.0660，即国际大宗商品价格同比增速增加一个标准差，会使 CPI 同比增速增长 0.0660 个标准差。对于人民币名义有效汇率的冲击，CPI 会在滞后 4 个月左右给予最大负响应，响应的持续时间为 5~9 个月。对于货币供应量的冲击，CPI 在滞后 4 个月给予正向响应，响应持续时间为 5~11 个月。可能由于货币政策的传导本身存在一定时滞性，CPI 的响应为先负后正，直到在滞后 4 个月才给予正向响应。然而 CPI 给予正向响应的第 1 期也通常是正向响应最大的一期，因此可以说明除去货币政策本身的时滞，货币政策对 CPI 产生冲击的实际滞后时间是很短的。对于工业增加值而言，CPI 会在滞后 2 期达到最大正向响应，响应持续时间为 5~9 个月。

比较国际大宗商品价格对 PPI 和 CPI 的脉冲响应结果，可以发现，对 PPI 和 CPI 而言，国际大宗商品总指数、国际石油价格指数的冲击持续时间最短，国际农产品价格指数、国际工业品价格指数的冲击持续时间最长，但国际大宗商品各价格指数对 PPI 的冲击持续时间均比对 CPI 冲击持续时间长。另外，国际大宗商品价格对 PPI 和 CPI 方差分解对比如图 3 所示。国际大宗商品指数与国际工业品价格指数对 PPI 的方差贡献率、脉冲响应值最大，国际农产品价格指数对 PPI 的方差贡献率、脉冲响应值最小；国际食品价格指数对 CPI 的方差贡献率、脉冲响应值最大，国际石油价格指数对 CPI 的方差贡献率、脉冲响应值最小，而且国际大宗商品对 PPI 的冲击大小、方差贡献率都远大于 CPI。

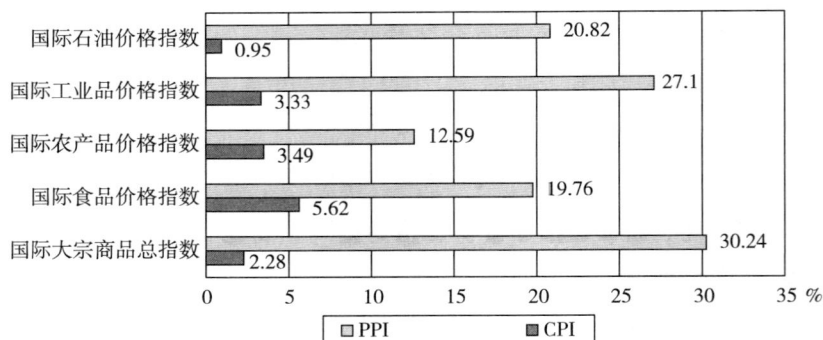

图 3 国际大宗商品价格对 PPI 和 CPI 方差分解对比

（五）递归 VAR

为了更加准确地分析在不同时间 PPI、CPI 受到不同变量的影响，采用递归方法检验大宗商品价格和其他变量对 PPI、CPI 的动态变化。具体做法如下：以 2000 年 1 月到 2002 年 1 月的数据作为基准估计出第一个方程，然后每次增加一个月数据建立一个新的 VAR 方程，一直添加到 2017 年 5 月为止，对每一个 VAR 方程求出 PPI、

CPI 对各变量的累计脉冲响应方程，选取较为稳定的第 15 期响应数据记录下来。递归 VAR 的脉冲响应结果如图 4、图 5 所示。

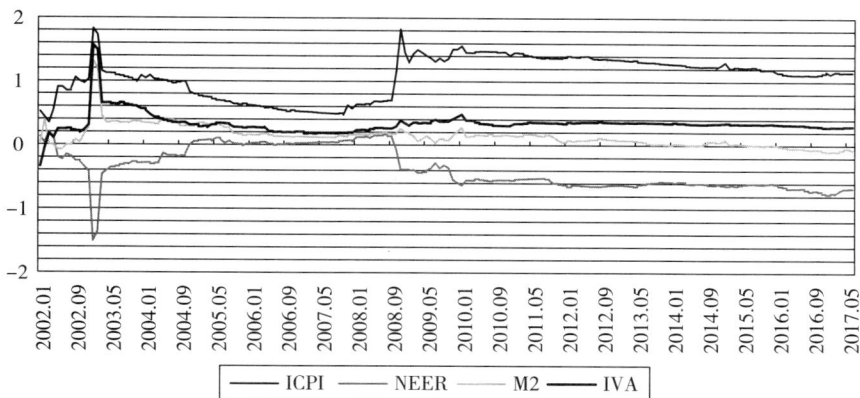

图 4　PPI 递归 VAR 累计脉冲响应

通过 PPI 的递归 VAR 累计脉冲响应结果可以发现，在整个样本期内，PPI 对国际大宗商品价格的累计脉冲响应系数最大。在 2002 年 10 月至 2003 年 5 月，PPI 对四个变量的累计脉冲响应系数均先迅速增大，然后骤然下降。2004 年 9 月，PPI 对国际大宗商品的累计脉冲响应系数表现出加速增大的趋势，下降趋势保持至 2008 年金融危机。在 2008 年金融危机期间，国际大宗商品价格、人民币有效汇率的累计脉冲响应系数均增大，而且保持至金融危机后。此后 PPI 对国际大宗商品价格的累计冲击响应系数一直保持在 1 以上水平，即国际大宗商品价格增速增长一个标准差会导致 PPI 增速累计增加超过一个标准差。这说明，金融危机后，国际大宗商品价格波动对 PPI 的传导更加通畅，对国际大宗商品价格冲击 PPI 的响应程度更大。

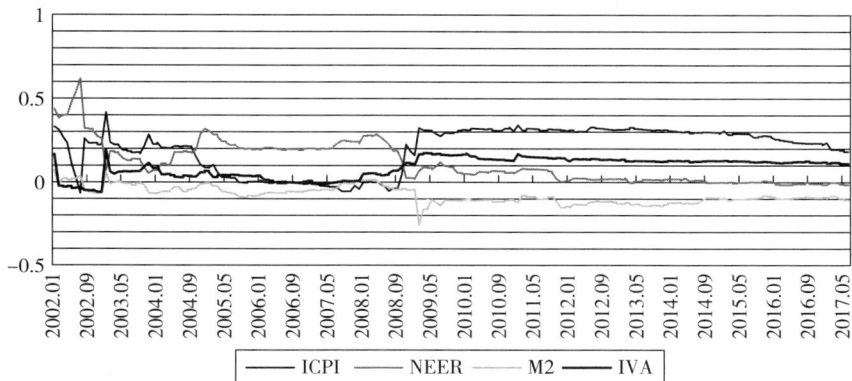

图 5　CPI 递归 VAR 累计脉冲响应

通过 CPI 的递归 VAR 累计脉冲响应结果可以发现，与 PPI 相似，在 2002 年 10 月至 2003 年 5 月，CPI 对国际大宗商品价格的累计脉冲响应系数也表现出了先增后减的趋势；2004 年 9 月，CPI 对国际大宗商品的累计脉冲响应也表现出加速增大的趋势，下降趋势保持至 2008 年金融危机。在 2008 年金融危机期间，国际大宗商品价格的累计脉冲响应系数也迅速增大，甚至超过人民币有效汇率与工业增速，且保持至金融危机后。这说明，金融危机后，国际大宗商品价格波动对 CPI 的传导更加通畅，对于国际大宗商品价格冲击 CPI 的响应程度更大。然而对于国际大宗商品价格增速一个标准差的冲击，CPI 的累计响应程度约只是 PPI 的四分之一。

（六）历史分解

为了进一步了解 2000 年 1 月至 2017 年 5 月各个时间段各变量对 PPI、CPI 实际造成影响的大小，本节采取历史分解方法，求出每阶段各冲击的历史贡献大小的均值加以比较，结果如表 6、表 7 所示。可以发现：PPI 在样本期间一直受到国际大宗商品的较大影响，国际大宗商品价格历史贡献大小远大于货币供应量与工业增加值。在 2003 年 4 月至 2015 年 3 月，国际大宗商品价格是影响 PPI 的最重要因素，2015 年后，国际大宗商品价格影响程度略小于人民币有效汇率历史贡献，但仍然是影响 PPI 的关键因素之一。21 世纪初，CPI 受到国际大宗商品影响较小，2003 年 4 月至 2015 年 3 月，国际大宗商品价格成为影响 CPI 的最重要因素，2015 年 4 月后，国际大宗商品价格对 CPI 的历史贡献远小于工业增加值与货币供应量。货币供应量冲击和工业增加值分别从 2014 年 7 月和 2015 年 4 月开始对 PPI、CPI 的影响大幅增加，并成为影响 CPI 的最重要因素。整个样本期内，相对于其他三个变量，国际大宗商品价格对 PPI、CPI 都造成了较大影响。通过历史分解可以说明，21 世纪后，中国的通货膨胀是输入型的。

表 6　　　　　　　表 6　生产者价格指数（PPI）的历史分解

时间段	国际大宗商品价格冲击	人民币有效汇率冲击	货币供应量冲击	工业增加值冲击
2000.01—2003.03	− 0.021	0.081	− 0.012	0.015
2003.04—2008.06	0.211	− 0.005	0.000	0.063
2008.07—2009.02	− 0.913	− 0.413	− 0.099	− 0.099
2009.03—2014.06	0.074	− 0.050	− 0.000	− 0.020
2014.07—2015.03	− 0.594	− 0.171	0.104	0.021
2015.04—2017.06	− 0.112	0.189	0.028	− 0.097

表7　　　　　　　　消费者价格指数（CPI）的历史分解

时间段	国际大宗商品价格冲击	人民币有效汇率冲击	货币供应量冲击	工业增加值冲击
2000.01—2003.03	-0.006	-0.003	-0.007	0.013
2003.04—2008.06	0.024	0.006	-0.009	0.021
2008.07—2009.02	-0.123	-0.038	-0.043	-0.060
2009.03—2014.06	0.015	-0.002	-0.011	-0.005
2014.07—2015.03	-0.085	0.039	0.083	0.009
2015.04—2017.06	-0.010	-0.010	0.043	-0.042

五、稳健性检验

（一）变量替换

由于衡量通货膨胀的指标多种多样，在实证部分采用了两个衡量通货膨胀的核心指标 PPI 和 CPI。为了更有针对性地讨论国际大宗商品价格对国内物价的影响渠道，本节选取工业品购进价格指数、食品零售价格指数和中国农产品价格指数来替换 PPI 和 CPI（工业品购进价格指数、食品零售价格指数和中国农产品价格指数脉冲响应和方差分解的结果见附录）。

结果表明，国际大宗商品价格指数对工业品购进价格指数的影响与国际大宗商品价格指数对 PPI 的影响具有高度的一致性，原因可能在于 PPI 的统计分类中生产资料占 70% 以上，工业品购进价格指数能直接影响企业的进口成本，进而对 PPI 产生直接影响。国际大宗商品价格指数、国际食品价格指数、国际工业品价格指数和国际石油价格指数对工业品购进价格指数的影响分别达 38.44%、24.78%、23.84% 和 28.10%。食品零售价格指数和中国农产品价格指数和 CPI 类似，受自身价格惯性影响最大。

根据因变量替换的检验结果可以发现，国际大宗商品价格指数、人民币名义有效汇率、货币供应量和工业增加值对物价水平的影响方向并没有发生改变，而且各变量对工业品购进价格指数的影响与对 PPI 的影响具有高度的一致性，对食品零售价格指数和中国农产品价格指数的影响与对 CPI 的影响保持一致。从理论上来看，工业品购进价格指数与 PPI 都处在价格链的上游端，它们受国际大宗商品的影响应该保持一致；食品零售价格指数和农产品价格指数与 CPI 类似，都处在消费端，因此三者受到的影响大小应该类似。因变量替换检验结果也正好符合这一理论假设。

（二）乔利斯基分解顺序变化

乔利斯基分解的结果会受到变量的顺序影响，因此变量的顺序具有重要的意义。然而，按照国际大宗商品价格、人民币名义有效汇率、货币供应量、工业增加值、国内物价指数的顺序只考虑了国际大宗商品价格波动对国内物价水平的传导过程，可能导致得到的国际大宗商品价格对国内物价水平的影响偏大。因此，改变乔利斯基分解的顺序，按照工业增加值、货币供应量、人民币有效汇率、国际大宗商品价格的顺序重新对 CPI、PPI 进行 VAR 估计，检验实证结果是否稳健。

实证结果表明，对于 PPI，各变量的脉冲响应结果变化较小；方差分解中，国际大宗商品价格的方差贡献率由 12.59% ~ 30.24% 减小为 8.26% ~ 19.26%，人民币有效汇率的方差贡献率均值由 13% 左右增大为 18% 左右，工业增加值的方差贡献率由 1.90% ~ 3.45% 增大为 3.08% ~ 4.92%，货币供应量变化较小。改变乔利斯基分解顺序后，国际大宗商品价格的方差贡献率有所降低，但仍然远大于工业增加值与货币供应量。对于 CPI，各变量的脉冲响应结果变化较小；方差分解中，国际大宗商品价格的方差贡献率反而增大，由 0.95% ~ 5.62% 增大为 1.37% ~ 6.89%，人民币有效汇率的方差贡献率由 4.50% ~ 7.48% 减小为 3.63% ~ 3.81%，货币供应量、工业增加值变化较小。因此可以说明，文章的结论是稳健的。

六、结论及政策建议

本节通过构建 VAR 模型，发现不同种类大宗商品对不同国内物价水平的影响存在差异。首先，对 PPI 和 CPI 而言，国际大宗商品总指数、国际石油价格指数的影响持续时间最短，国际农产品价格指数、国际工业品价格指数的影响持续时间最长。国际大宗商品指数与国际工业品价格指数对 PPI 的影响最大，国际农产品价格指数对 PPI 的影响最小；国际食品价格指数对 CPI 的影响最大，国际石油价格指数对 CPI 的影响最小。其次，在金融危机后，国际大宗商品冲击对 PPI、CPI 的传导更加通畅，但国际大宗商品对 PPI 的影响大小、持续时间仍远大于 CPI，对 CPI 的累计影响不到 PPI 的四分之一。最后，因变量替换的结果显示，工业品购进价格指数和 PPI 相似，会显著地受到国际大宗商品价格的影响。食品零售价格指数与中国农产品价格指数和 CPI 相似，受自身价格惯性影响最大，受国际大宗商品价格影响相对较小。

针对实证结果，为货币当局政策制定提供以下建议。

第一，建立国内大宗商品期货市场和价格监测机制。由于国际大宗商品价格的波动对我国通货膨胀具有显著影响，我国应该密切关注国际大宗商品价格变动趋势，提前防范其对国内通货膨胀的不利影响。密切关注不同种类大宗商品价格指数的走势，针对那些需求量大、对中国通货膨胀影响显著的几种大宗商品价格走势应该建立监测预警机制。

第二，深化汇率制度改革。人民币汇率的升值能够显著地抵消由于国际进口产品价格上升带来的国内物价上涨，即人民币汇率升值确实能在一定程度上抑制国内输入型通货膨胀。人民币汇率决定的市场化，也能降低人们对汇率水平的预期，防止国外资本流入，推高资产价格。因此，应深化汇率改革制度，使人民币汇率朝着更加市场化的方向发展。

第三，加快要素价格市场化改革。生产者价格指数向消费者价格指数的传导在一定程度上受到厂商定价能力差异的制约。我国工业品市场基本处于充分竞争甚至过度竞争状态，下游企业很难同等幅度地提高终端产品售价，国内的 CPI 并没有反映出实际的物价水平。为此，应该完善市场决定价格机制，加快要素价格市场化改革，让价格对供求变化反应更敏感。

第四，在监控通货膨胀时关注 PPI 的变化。从研究结果中可以看到，国际大宗商品价格对 CPI 的影响较小，对 PPI 的影响却十分显著。因此，仅从 CPI 的角度难以判断国际大宗商品价格对国内通货膨胀的影响程度。CPI 更侧重于反映居民消费成本，而 PPI 则反映的是企业的消费成本，CPI 不能完整地反映国内物价总水平。货币当局在维持币值稳定时不能只关注 CPI 水平，也要关注 PPI 的变化。

参考文献

［1］陈六傅，刘厚俊．人民币汇率的价格传递效应——基于 VAR 模型的实证分析［J］．金融研究，2007（4）：1－13.

［2］陈玉财．国际大宗商品价格波动与国内通货膨胀——基于中国数据的实证分析［J］．金融评论，2011（5）：22－43＋123－124.

［3］陈鹏，郑曼娴．国际大宗商品价格波动多重分形特征及传导效应研究［J］．价格理论与实践，2018（10）：81－84.

［4］范志勇，向弟海．汇率和国际市场价格冲击对国内价格波动的影响［J］．金融研究，2006（2）：36－43.

［5］何启志，范从来．中国通货膨胀的动态特征研究［J］．经济研究，2011（7）：91－101.

［6］焦军普．国际市场价格上涨对我国国内价格影响的实证分析［J］．经济与管理研究，2007（9）：22－25.

［7］罗锋，牛宝俊．国际农产品价格波动对国内农产品价格的传递效应——基于 VAR 模型的实证研究［J］．国际贸易问题，2009（6）：16－22.

［8］李洪凯，张佳菲，罗幼强．石油价格波动对我国物价水平的影响［J］．统计与决策，2006（6）：81－83.

［9］陆军，刘威，李伊珍．开放经济下中国通货膨胀的价格传递效应研究［J］．世界经济，2012，35（3）：3－23.

[10] 卢延纯, 赵公正. 国际大宗商品价格对我国 PPI 和 CPI 传导效应的新变化 [J]. 价格理论与实践, 2017 (7): 25 - 28.

[11] 聂娟, 王琴英. 国际市场因素对我国大豆价格的传导效应分析 [J]. 价格理论与实践, 2017 (2): 112 - 115.

[12] 石先进, 赵志君. 国际原油期货价格波动对中国物价的冲击 [J]. 世界经济研究, 2016 (4): 94 - 106 + 136.

[13] 谭小芬, 徐琨. 近十年中国通货膨胀成因的实证分析 [J]. 投资研究, 2011 (7): 67 - 77.

[14] 唐正明, 郭光远. 大宗商品价格冲击下国内外通货膨胀的空间关联性研究 [J]. 国际金融研究, 2018 (12): 40 - 51.

[15] 吴翔, 张小宇. 国际大宗商品价格波动对我国物价水平非线性影响研究——基于非线性 ST-SVAR 模型的实证分析 [J]. 价格理论与实践, 2016 (5): 108 - 111.

[16] 吴剑飞, 方勇. 中国的通货膨胀: 一个新开放宏观模型及其检验 [J]. 金融研究, 2010 (5): 13 - 29.

[17] 吴周恒, 李静鸿, 王明炘. 国际大宗商品价格至中国上下游价格的时变传导效应 [J]. 经济理论与经济管理, 2018 (9): 90 - 102.

[18] 王孝松, 谢申祥. 国际农产品价格如何影响了中国农产品价格? [J]. 经济研究, 2012, 47 (3): 141 - 153.

[19] 王道平, 贾昱宁. 投资者情绪、大宗商品价格与通货膨胀——基于微观调查数据 "大宗商品信心指数" 的分析 [J]. 国际金融研究, 2018 (2): 77 - 86.

[20] 王广生. 国际大宗商品价格波动对我国影响研究 [J]. 价格理论与实践, 2018 (10): 85 - 88.

[21] 肖争艳, 安德燕, 易娅莉. 国际大宗商品价格会影响我国 CPI 吗——基于 BVAR 模型的分析 [J]. 经济理论与经济管理, 2009 (8): 17 - 23.

[22] 杨国中, 姜再勇. 外部冲击与我国物价水平的决定——基于结构 VAR 模型的分析 [J]. 财经研究, 2009 (8): 91 - 104.

[23] 中国经济增长与宏观稳定课题组, 张平, 刘霞辉, 张晓晶, 汪红驹. 外部冲击与中国的通货膨胀 [J]. 经济研究, 2008 (5): 4 - 18 + 115.

[24] 赵进文, 丁林涛. 贸易开放度、外部冲击与通货膨胀: 基于非线性 STR 模型的分析 [J]. 世界经济, 2012, 35 (9): 61 - 83.

[25] 赵俊强. 国际大宗商品价格波动对我国经济运行的传导机制及应对策略

[J]. 价格理论与实践，2017（6）：23－26.

[26] 张翼. 国际大宗商品期货价格与中国物价变动的关系研究——基于 CRB 指数的实证分析 [J]. 南京审计学院学报，2009（1）：12－18.

[27] 张延群. 超额工资、过剩流动性、进口价格与中国通货膨胀因素的量化分析 [J]. 金融研究，2012（9）：74－87.

[28] 朱学红，谌金宇，钟美瑞. 国际有色金属价格向我国通货膨胀传递的时空特征及影响因素研究 [J]. 国际贸易问题，2016（7）：130－140.

[29] Imai K, Gaiha R, Thapa G. Transmission of World Commodity Prices to Domestic Commodity Prices in India and China [J]. Social Science Electronic Publishing，2008.

[30] Impavido G. Short Term Inflation Determinants in Barbados [R]. IMF Working Paper，2018（134）.

[31] Liu L, Tsang A. Pass-through Effects of Global Commodity Prices on China's Inflation：An Empirical Investigation [J]. China & World Economy，2008，16（6）：22－34.

附录

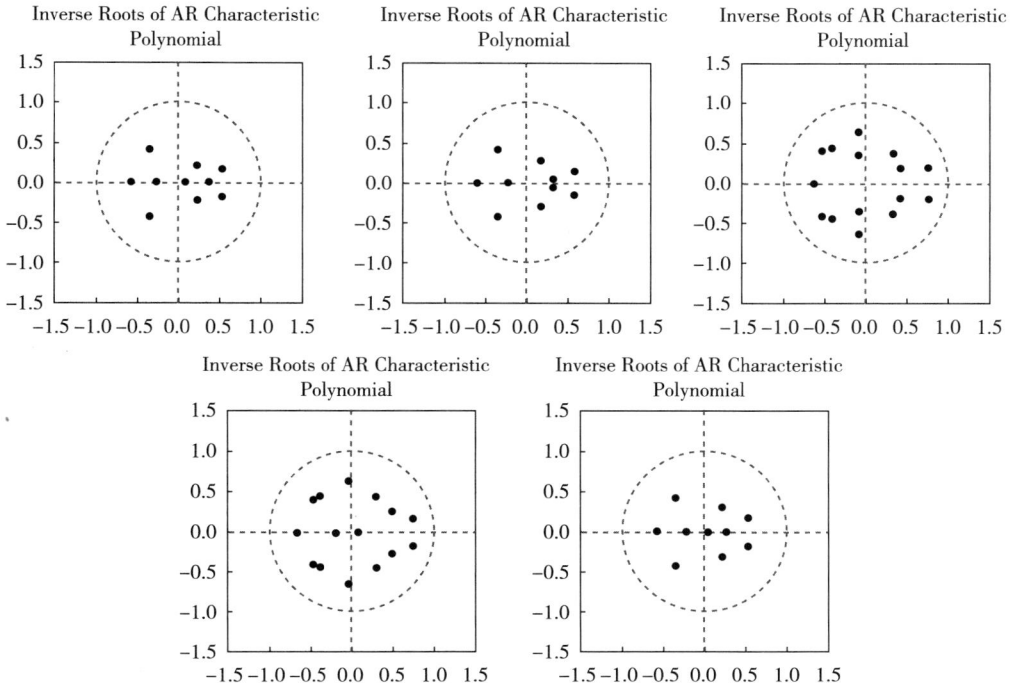

附图 1 ICPI、IFPI、IAPI、IIPI、IOPI 与 PPI 的 VAR 模型单位根检验

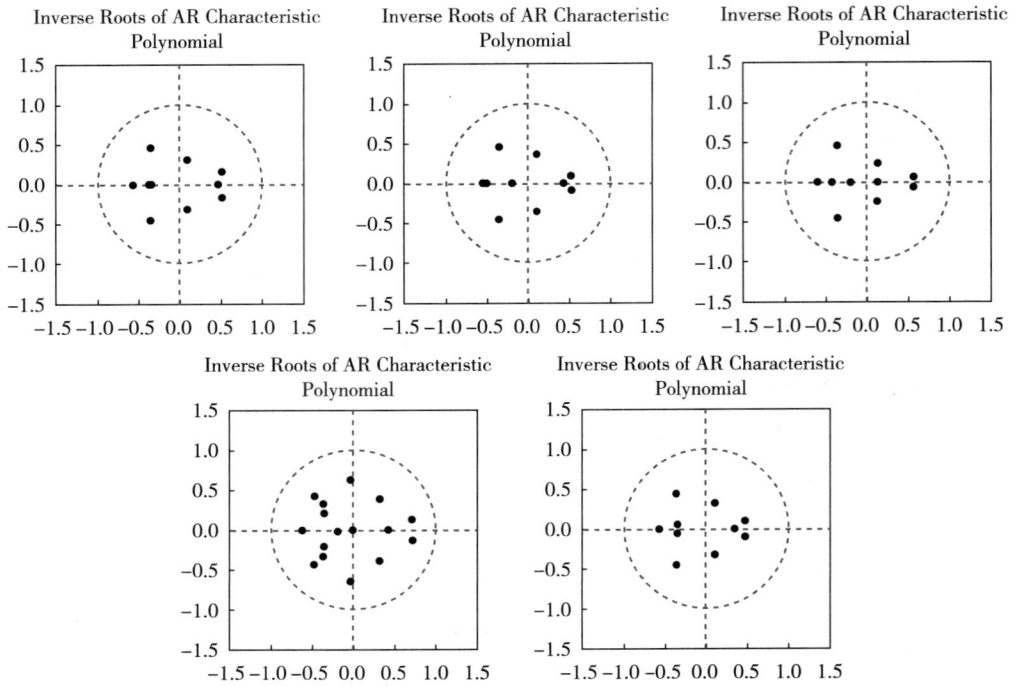

附图2　ICPI、IFPI、IAPI、IIPI、IOPI 与 CPI 的 VAR 模型单位根检验

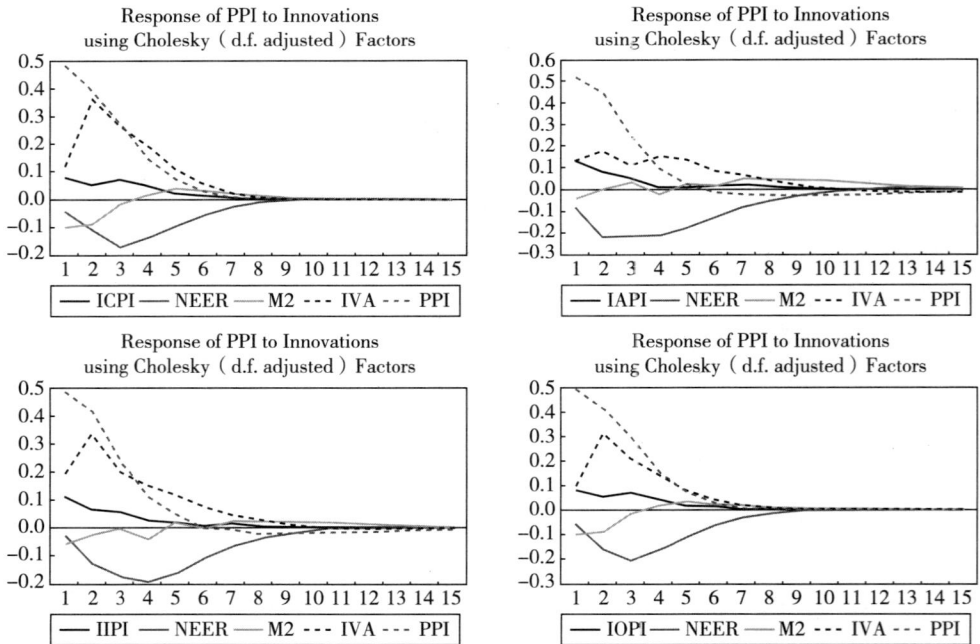

附图3　ICPI、IFPI、IAPI、IIPI、IOPI 与 PPI 的 VAR 模型脉冲响应分析

Response of PPI to Innovations
using Cholesky（d.f. adjusted）Factors

—— IFPI —— NEER —— M2 --- IVA --- PPI

Response of PPI to Innovations
using Cholesky（d.f. adjusted）Factors

—— ICPI —— NEER —— M2 --- IVA --- CPI

Response of CPI to Innovations
using Cholesky（d.f. adjusted）Factors

—— IFPI —— NEER —— M2 --- IVA --- CPI

Response of CPI to Innovations
using Cholesky（d.f. adjusted）Factors

—— IAPI —— NEER —— M2 --- IVA --- CPI

Response of CPI to Innovations
using Cholesky（d.f. adjusted）Factors

—— IIPI —— NEER —— M2 --- IVA --- CPI

Response of CPI to Innovations
using Cholesky（d.f. adjusted）Factors

—— IOPI —— NEER —— M2 --- IVA --- CPI

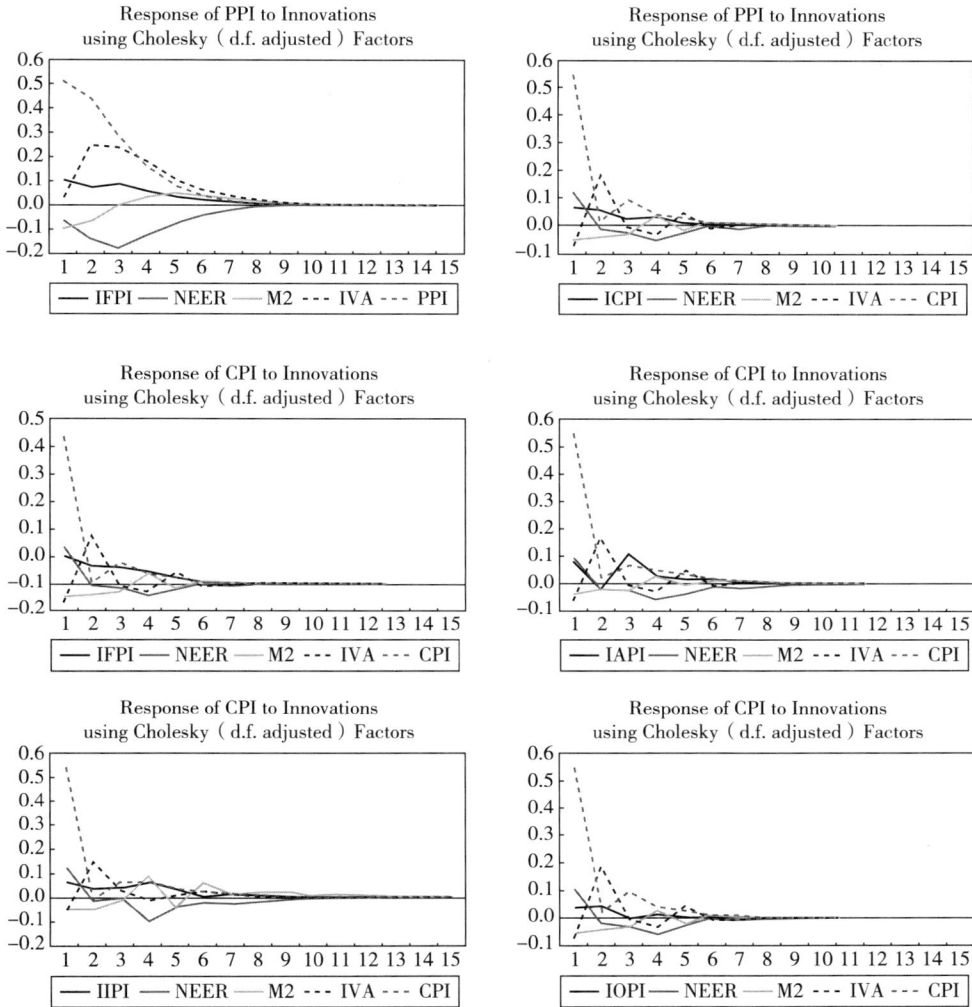

附图 4　ICPI、IFPI、IAPI、IIPI、IOPI 与 CPI 的 VAR 模型脉冲响应分析

附表 1　ICPI、IFPI、IAPI、IIPI、IOPI 与 PPI 的 VAR 模型 AIC 准则

滞后阶数	ICPI	IFPI	IAPI	IIPI	IOPI
0	18. 38696	17. 55616	17. 57294	17. 87805	19. 52559
1	16. 78517	15. 90283	16. 10730	16. 38685	17. 96960
2	16. 62888 *	15. 74474 *	15. 96163	16. 18434	17. 81155 *
3	16. 63202	15. 75119	15. 85867 *	16. 10008 *	17. 83949
4	16. 74634	15. 88545	15. 97912	16. 20530	17. 95696
5	16. 87162	16. 01296	16. 09719	16. 32548	18. 07574
6	16. 92864	16. 12269	16. 22683	16. 48218	18. 16655
7	16. 93868	16. 01828	16. 21812	16. 48145	18. 18177

注：* 表示根据 AIC 准则选择的最优滞后阶数。

附表 2　　**ICPI、IFPI、IAPI、IIPI、IOPI 与 CPI 的 VAR 模型 AIC 准则**

滞后阶数	ICPI	IFPI	IAPI	IIPI	IOPI
0	17.67975	16.67346	16.86517	17.13823	18.80182
1	17.06622	16.06746	16.24289	16.56854	18.25857
2	16.91573*	15.89825*	16.08505	16.41214	18.10180*
3	16.93782	15.94287	16.03290*	16.39148*	18.12627
4	17.09091	16.10213	16.20016	16.54356	18.27979
5	17.19769	16.23192	16.32745	16.68187	18.39138
6	17.32987	16.39760	16.49470	16.85835	18.53211
7	17.41811	16.40412	16.58237	16.99151	18.63028

附表 3　　**国际大宗商品价格对工业品购进价格指数的脉冲响应和方差分解**

变量	最优滞后期数	脉冲响应和方差分解	大宗商品价格指数	人民币名义有效汇率	货币供应量	工业增加值	价格指数自身
总指数	2	方向	正	负	先负后正	正	正
		最大值滞后期	2	3	1	4	1
		脉冲最大值	0.5326	−0.2282	−0.0836	0.0356	0.7157
		持续时间	11	11	10	7	9
		贡献率（%）	38.44	8.17	0.99	0.27	52.16
国际食品价格指数	2	方向	正	负	先负后正	正	正
		最大值滞后期	3	3	1	1	1
		脉冲最大值	0.3740	−0.2389	−0.0821	0.0737	0.7636
		持续时间	12	10	10	9	11
		贡献率（%）	24.78	8.25	0.86	0.84	65.27
国际农产品价格指数	3	方向	正	负	先负后正	正	正
		最大值滞后期	2	4	7	1	1
		脉冲最大值	0.2314	−0.3440	0.1004	0.1193	0.7651
		持续时间	8	12	14	10	15
		贡献率（%）	12.03	26.59	2.83	1.71	56.83
国际工业品价格指数	3	方向	正	负	先负后正	正	正
		最大值滞后期	2	4	6	1	1
		脉冲最大值	0.3980	−0.3134	0.0738	0.1062	0.7504
		持续时间	10	10	14	8	15
		贡献率（%）	23.84	18.87	1.77	1.65	53.87
国际石油价格指数	2	方向	正	负	先负后正	正	正
		最大值滞后期	2	3	1	1	1
		脉冲最大值	0.4883	−0.2797	−0.0871	0.0384	0.7257
		持续时间	11	11	8	7	10
		贡献率（%）	28.10	12.48	0.98	0.26	58.18

注：货币供应量对 PPI 的冲击在滞后 3 个月都是负向的，3 个月以后转为正。

附表 4　　国际大宗商品价格及其分类指数对食品零售价格指数的影响

变量	最优滞后期数	脉冲响应和方差分解	大宗商品价格指数	人民币名义有效汇率	货币供应量	工业增加值	价格指数自身
总指数	2	方向	正	负	先负后正	正	正
		最大值滞后期	2	2	4	2	1
		脉冲最大值	0.0857	−0.0949	0.0929	0.4015	1.5987
		持续时间	4	7	7	8	5
		贡献率（％）	0.35	4.93	1.16	6.94	86.61
国际食品价格指数	2	方向	正	负	先负后正	正	正
		最大值滞后期	1	2	4	2	1
		脉冲最大值	0.2515	−0.0734	0.1062	0.3853	82.7658
		持续时间	5	7	7	8	7
		贡献率（％）	3.38	6.32	1.12	6.42	83.65
国际农产品价格指数	3	方向	正	负	先负后正	正	正
		最大值滞后期	3	2	4	2	1
		脉冲最大值	0.1661	−0.1132	0.2246	0.3565	1.5890
		持续时间	10	9	12	10	9
		贡献率（％）	1.86	5.93	3.79	5.03	83.38
国际工业品价格指数	3	方向	正	负	先负后正	正	正
		最大值滞后期	1	4	4	2	1
		脉冲最大值	0.1093	−0.1617	0.2367	0.3812	1.5836
		持续时间	8	8	12	10	9
		贡献率（％）	1.03	6.98	3.50	5.82	82.67
国际石油价格指数	2	方向	正	负	先负后正	正	正
		最大值滞后期	2	2	4	2	1
		脉冲最大值	0.0580	−0.1087	0.0904	0.4072	1.6038
		持续时间	4	7	7	8	5
		贡献率（％）	0.20	4.40	1.10	7.10	87.21

注：货币供应量对 CPI 的冲击在滞后 3 个月都是负向的，4 个月开始转为正向。

附表 5　　国际大宗商品价格及其分类指数对中国农产品价格指数的影响

变量	最优滞后阶数	脉冲响应和方差分解	大宗商品价格指数	人民币名义有效汇率	货币供应量	工业增加值	价格指数自身
总指数	2	方向	正	负	先负后正	正	正
		最大值滞后期	2	3	2	2	1
		脉冲最大值	0.1371	−0.1934	−0.1687	0.4953	1.6336
		持续时间	7	7	6	8	7
		贡献率（％）	0.83	3.48	1.37	8.35	85.97

续表

变量	最优滞后阶数	脉冲响应和方差分解	大宗商品价格指数	人民币名义有效汇率	货币供应量	工业增加值	价格指数自身
国际食品价格指数	2	方向	正	负	先负后正	正	正
		最大值滞后期	2	4	4	2	1
		脉冲最大值	0.3148	−0.1399	0.0802	0.4697	1.6227
		持续时间	7	7	14	8	7
		贡献率（%）	4.56	2.44	1.28	7.69	84.03
国际农产品价格指数	3	方向	正	负	先负后正	正	正
		最大值滞后期	1	4	4	2	1
		脉冲最大值	0.1785	−0.1713	0.1849	0.4081	1.6258
		持续时间	12	10	14	10	9
		贡献率（%）	2.72	2.98	5.46	5.74	83.10
国际工业品价格指数	3	方向	正	负	先负后正	正	正
		最大值滞后期	2	4	4	2	1
		脉冲最大值	0.2358	−0.1531	0.1919	0.4078	1.6401
		持续时间	8	9	14	11	9
		贡献率（%）	3.50	2.12	4.15	6.01	84.21
国际石油价格指数	2	方向	正	负	先负后正	正	正
		最大值滞后期	2	3	2	2	1
		脉冲最大值	0.0452	−0.2112	−0.1659	0.5069	1.6303
		持续时间	5	7	6	8	7
		贡献率（%）	0.63	3.68	1.35	8.69	85.65

注：货币供应量对 CPI 的冲击在滞后 3 个月都是负向的，4 个月开始转为正向。

附表 6　　国际大宗商品价格及其分类指数对 PPI 价格指数的影响[1]

变量	脉冲响应与方差分解	工业增加值	货币供应量	人民币名义有效汇率	大宗商品价格指数	价格指数自身
总指数	方向	正	先负后正	负	正	正
	最大值滞后期	3	1	3	2	1
	脉冲最大值	0.0928	−0.0947	−0.2415	0.3083	0.4832
	持续时间	7	8	8	7	6
	贡献率（%）	3.08	2.07	19.39	19.02	56.44
国际食品价格指数	方向	正	先负后正	负	正	正
	最大值滞后期	1	1	3	2	1
	脉冲最大值	0.0996	−0.0997	−0.2353	0.1953	0.5099
	持续时间	7	9	8	8	7
	贡献率（%）	3.58	2.32	16.46	11.95	65.69
国际农产品价格指数	方向	正	先负后正	负	正	正
	最大值滞后期	1	2	3	2	1
	脉冲最大值	0.1171	−0.0825	−0.2405	0.1654	0.5242

变量	脉冲响应与方差分解	工业增加值	货币供应量	人民币名义有效汇率	大宗商品价格指数	价格指数自身
国际农产品价格指数	持续时间	7	8	9	7	7
	贡献率（%）	4.14	1.67	20.12	8.26	65.82
国际工业品价格指数	方向	正	先负后正	负	正	正
	最大值滞后期	1	1	4	2	1
	脉冲最大值	0.1224	−0.0846	−0.1938	0.2757	0.4938
	持续时间	7	8	9	6	9
	贡献率（%）	4.92	1.57	19.92	15.43	58.16
国际石油价格指数	方向	正	先负后正	负	正	正
	最大值滞后期	3	1	3	2	1
	脉冲最大值	0.0953	−0.0951	−0.2460	0.2694	0.4933
	持续时间	7	8	8	7	6
	贡献率（%）	3.27	2.01	20.10	13.18	61.44

注：[1] 乔利斯基分解顺序变化后的脉冲响应结果。

附表 7 国际大宗商品价格及其分类指数对 CPI 价格指数的影响[1]

变量	脉冲响应与方差分解	大宗商品价格指数	人民币名义有效汇率	货币供应量	工业增加值	价格指数自身
总指数	方向	正	负	先负后正	正	正
	最大值滞后期	1	4	2	2	1
	脉冲最大值	0.1026	−0.0573	−0.0584	0.1811	0.5493
	持续时间	4	7	6	5	5
	贡献率（%）	3.33	3.81	2.26	10.67	79.93
国际食品价格指数	方向	正	负	先负后正	正	正
	最大值滞后期	1	4	2	2	1
	脉冲最大值	0.1345	−0.0512	−0.0593	0.1740	0.5410
	持续时间	5	5	6	5	7
	贡献率（%）	6.89	3.66	2.41	10.07	76.98
国际农产品价格指数	方向	正	负	先负后正	正	正
	最大值滞后期	3	4	4	2	1
	脉冲最大值	0.1082	−0.0569	0.0438	0.1636	0.5539
	持续时间	6	7	7	5	7
	贡献率（%）	5.17	3.63	1.53	8.88	80.79
国际工业品价格指数	方向	正	负	先负后正	正	正
	最大值滞后期	1	4	2	2	1
	脉冲最大值	0.1313	−0.0610	−0.0515	0.1712	0.5468
	持续时间	5	7	6	5	7
	贡献率（%）	6.32	3.76	1.84	9.61	78.47

变量	脉冲响应与方差分解	大宗商品价格指数	人民币名义有效汇率	货币供应量	工业增加值	价格指数自身
国际石油价格指数	方向	正	负	先负后正	正	正
	最大值滞后期	1	4	2	2	1
	脉冲最大值	0.0643	−0.0581	−0.0584	0.1838	0.5543
	持续时间	2	5	6	5	7
	贡献率（％）	1.37	3.79	2.28	10.93	81.64

注：[1] 乔利斯基分解顺序变化后的脉冲响应结果。